# Die Englischen Maskenspiele, Volumes 15-16

## Rudolf Brotanek

**Nabu Public Domain Reprints:**

You are holding a reproduction of an original work published before 1923 that is in the public domain in the United States of America, and possibly other countries. You may freely copy and distribute this work as no entity (individual or corporate) has a copyright on the body of the work. This book may contain prior copyright references, and library stamps (as most of these works were scanned from library copies). These have been scanned and retained as part of the historical artifact.

This book may have occasional imperfections such as missing or blurred pages, poor pictures, errant marks, etc. that were either part of the original artifact, or were introduced by the scanning process. We believe this work is culturally important, and despite the imperfections, have elected to bring it back into print as part of our continuing commitment to the preservation of printed works worldwide. We appreciate your understanding of the imperfections in the preservation process, and hope you enjoy this valuable book.

# WIENER BEITRÄGE

ZUR

# ENGLISCHEN PHILOLOGIE

UNTER MITWIRKUNG

VON

DR. K. LUICK
ORD. PROF. DER ENGL. PHILO-
LOGIE AN DER UNIVERSITÄT
IN GRAZ

DR. R. FISCHER
A. O. PROF. DER ENGL. PHILO-
LOGIE AN DER UNIVERSITÄT
IN INNSBRUCK

DR. A. POGATSCHER
ORD. PROF. DER ENGL. PHILO-
LOGIE AN DER DEUTSCHEN
UNIVERSITÄT IN PRAG

HERAUSGEGEBEN

VON

DR. J. SCHIPPER
ORD. PROF. DER ENGL. PHILOLOGIE UND WIRKLICHEM MITGLIEDE DER
KAISERL. AKADEMIE DER WISSENSCHAFTEN IN WIEN.

XV. BAND.

WIEN UND LEIPZIG.
WILHELM BRAUMÜLLER
K. U. K. HOF- UND UNIVERSITÄTS-BUCHHÄNDLER.
1902.

# DIE
# ENGLISCHEN MASKENSPIELE.

VON

RUDOLF BROTANEK
DR. PHIL. (WIEN).

WIEN UND LEIPZIG.
WILHELM BRAUMÜLLER
K. U. K. HOF- UND UNIVERSITÄTS-BUCHHÄNDLER.
1902.

Alle Rechte, insbesondere das der Übersetzung, vorbehalten.

153636

K. k. Universitäts-Buchdruckerei ‚Styria‘, Graz.

DEM ANDENKEN
MEINES THEUREN VATERS

## Zur Einleitung.

Wenn wir in einem Ziergarten wandeln, hemmen wir wohl unseren Schritt vor einer unter den vielen herrlichen Pflanzen, die uns seltsam bekannt vorkommt. Wir sehen näher zu und erinnern uns endlich, eine bescheidene, dürftige Schwester der vollerblühten Schönheit einst draußen in fröhlicher Wildnis gefunden zu haben. Der Gärtner hat die nun verwandelte Waldblume auf besseres Erdreich verpflanzt, durch seine Pflege hat sich ihr wirres Blattwerk üppig entfaltet, haben sich ihre Blumenblätter vermehrt und eine tiefere, lachende Farbe angenommen; was im Walde regellos wucherte, der wilde Trieb, wurde durch die Kunst des Gärtners schön gleichmäßig gezogen und gebogen: es ist dieselbe Pflanze und ist es doch wieder nicht.

Auch im weiten Garten der englischen Literatur stoßen wir mitten in seinen von Spaten und Schere der Kunstmäßigkeit kaum berührten, parkartigen Anlagen auf sorgsam gepflegte Beete, wo die Blumen des Waldes und der Wiese, an Stöcken gezogen, in leuchtenden Farben und prächtigen Formen prangen. Eine solche gehegte und veredelte Pflanze ist das Maskenspiel.

Mit Mühe erkennen wir in ihm den Abkömmling der schlichten Maskeraden des Volkes wieder, so gewaltig hat sich unter den Händen kunstgeübter Dichter und Bühnenmeister das wilde Reis verändert. Die urwüchsigen Mummereien und Maskentänze der fröhlichen Bauern und Bürger, in feststehenden Verkleidungen ausgeführt und, wenn es hoch kam, durch ein paar holprige Verslein eingeleitet, sind unter den Augen des Hofes zu bunten Festen erblüht, die ihre Darstellungsmittel aus allen Reichen der Kunst entnehmen. Aber der Kern bleibt der gleiche: beim ländlichen Fest wie im Bankettsaal zu Whitehall steht im

Mittelpunkt der Aufzug und Tanz der Verkleideten und Verlarvten.

Man hat dieses wichtigste Merkmal der Maskenform, so augenfällig es auch sein mag, nur zu oft übersehen, und wohl von keiner andern Gattung der englischen Literatur sind so irrige Ansichten verbreitet, mit keiner Bezeichnung wird so viel Missbrauch getrieben wie mit dem Worte Maske. Von Dr. Johnsons seltsamer Definition[1]) bis zu der nicht minder falschen Erklärung der Antimaske im *Oxford Dictionary* haben die meisten einschlägigen Aufsätze und Notizen nur dazu beigetragen, die schon um die Mitte des 17. Jahrhunderts eingerissene Begriffsverwirrung zu steigern.

Und doch haben Männer von klingendem Namen diesem Zweig der dramatischen Dichtung ihre Aufmerksamkeit geschenkt. Disraeli[2]) und Leigh Hunt[3]) schrieben geistreiche Essays über den Gegenstand, ohne ihn jedoch zu erschöpfen oder auch nur die Grenzen für eine weiter ausgreifende Darstellung zu ziehen. Dasselbe gilt von Blocks Vortrag *Die englischen Maskenspiele*,[4]) während eine Abhandlung Immanuel Schmidts[5]) sich auf Ben Jonsons Spiele beschränkte und auf ihre Vorläufer nur einen flüchtigen Blick warf.

Die erwähnten Arbeiten begehen, ohne die Erforschung der Gattung sonderlich zu fördern, doch keine allzu groben Missgriffe. Wenn aber ein Mann wie Edmond Gosse[6]) erklärt, Jonsons erste „reine" Maske sei *The Satyr*, wenn er ferner neben andern höchst anfechtbaren Aufstellungen behauptet, dass erst Daniel und Campion Reden in die Masken einführten, so braucht die Nothwendigkeit, einmal

---

[1]) „*Masque, a dramatic performance, written in a tragic style, without attention to rules or probability.*"

[2]) *Curiosities of Literature. Ninth Edition.* London 1834, vol. V 48 ff.

[3]) *Some Account of the Origin and Nature of Masks.* Einleitung zu *The Descent of Liberty, A Mask. A New Edition.* London 1816.

[4]) *Neuphilol. Centralblatt* IV 105.

[5]) *Archiv für das Studium der neueren Sprachen und Litteraturen* XXVII 55 ff.

[6]) Vortrag in der Elizabethan Society, 5. Februar 1890. Referate in der *Academy* vom 22. Februar 1890 und in der *St. James's Gazette* vom 6. Februar d. J. Vgl. auch A. Weisz in der *Allgemeinen Zeitung* 1890, Beilage 171.

gründlich Ordnung in die Sache zu bringen, wohl nicht mehr betont zu werden.

Freilich war dies zum guten Theil schon acht Jahre vor Gosses Vortrag durch Alfred Soergel geschehen. In seiner 1882 zu Halle erschienenen Dissertation, *Die englischen Maskenspiele*, hat er zuerst Entstehung und Wesen der Gattung in den Grundzügen richtig erfasst und eine scharfe Grenzlinie zwischen den echten Masken und den unter demselben Namen gehenden Dramen, wie Miltons *Comus* u. s. w., gezogen, anderseits auch die vorbereitenden Stufen, höfische Maskeraden und Gelegenheitsdichtungen, an richtiger Stelle besprochen. Seine im ganzen wohlgelungene Arbeit leidet jedoch namentlich in dem Abschnitt über die Aufführungen des 16. Jahrhunderts unter der Unvollständigkeit des Materials; ein Mangel, der freilich dem Verfasser kaum zur Last fällt, wenn man bedenkt, wie wenig unsere Bibliotheken vor zwanzig Jahren dem Anglisten bieten konnten. War doch Soergel nicht imstande, das Hauptwerk über die Maskeraden unter Elisabeth sich zu verschaffen.

Seinem Nachfolger, Herbert Arthur Evans, können wir keine ähnliche Entschuldigung zugute kommen lassen. Trotzdem er an der Quelle saß, gieng er in der Einleitung seiner *English Masques*[1]) nur in wenigen Einzelheiten über Soergel hinaus. Das Buch kam mir erst im Juli 1899 in die Hände, als ich mein Material fast vollständig beisammen hatte, und konnte mir nichts Neues bieten.

Die folgenden Untersuchungen trachtete ich auf möglichst breite Basis zu stellen. Zunächst galt es, eine Übersicht der Feste des englischen Hofes bis zur Bildung einer festen Form der Maskendichtungen zu geben. In diesen Capiteln durften wir nicht wählerisch sein und haben Gelegenheitsstücke, Maskenbälle und selbst lebende Bilder in den Kreis unserer Betrachtungen gezogen, mögen die Darsteller Masken tragen oder nicht. Denn alle diese Aufführungen sind als Vorstufen der vollwertigen Spiele gleich wichtig, und ein Maskenball von der Art der Dreikönigs-

---

[1]) *The Warwick Library*. London, Blackie, 1897. Auch in seinen Worterklärungen ist Evans wenig glücklich; p. 106 erklärt er z. B. *orcedure* als Druckfehler für *ochre-dust*!! Das Wort ist ja noch heute geläufig als *orsedew, orsedue* „Bronzefolie".

maske¹) des Jahres 1512 ist ebensoweit von der entwickelten Form entfernt wie z. B. die Charakterrede zwischen dem Thürsteher und dem Boten:²) dem einen Auftritt fehlt die dramatische Einleitung, dem andern der Maskentanz. Doch wurden Feste wie das erstgenannte vorbildlich für den der Musik und dem Tanz eingeräumten Theil der Spiele, die charakteristischen Scenen jedoch für die dramatische Eröffnung.³)

Umso strenger waren wir bei der Stoffwahl für die Capitel, welche das Maskenspiel des 17. Jahrhunderts behandeln. Als gemeinsames Merkmal der classischen Denkmäler dieser Zeit musste schon bei flüchtiger Betrachtung das Auftreten stummer, maskierter Tänzer in die Augen fallen. Von diesen in den Mittelpunkt gerückten Reigen hat die ganze Gattung ihren Namen, und wo sie fehlen, haben wir es mit keinem echten Maskenspiel zu thun. So wird man gerade jenes Stück, welches von vielen als die Krone der ganzen Maskendichtung bezeichnet wurde, Miltons herrlichen *Comus*, vergeblich in den folgenden Blättern suchen. Denn die charakteristische Maskenform ist in diesem Drama nicht mehr zu erkennen: an Stelle der stummen Maskentänzer führen Personen, die früher handelnd und redend aufgetreten waren, die Reigen aus. Daher könnte der *Comus* zusammen mit einigen andern Stücken, wie Bromes *Antipodes*, Dekker-Fords *Sun's Darling*, Nabbes *Microcosmus* und *The Spring's Glory*, nur in einem Abschnitt über die durch reichliche Gesang- und Tanzeinlagen oder durch allegorische Wendung der Vorwürfe sich geltend machenden Einflüsse der Maskenspiele auf andere dramatische Gattungen Platz finden. Dieses Capitel und ein stofflich verwandtes über die in das große Drama eingeschobenen Masken hat übrigens Soergel in vollkommen ausreichender Weise erledigt.

Andere Denkmäler kommen für unsere Untersuchung nicht in Betracht, weil sie sich den Namen Maske ganz willkürlich aneigneten. So wendete man diese Bezeichnung, offenbar wegen des Vorherrschens desselben Stoffkreises in den Maskenspielen des 17. Jahrhunderts, mit Vorliebe auf mythologische Dramen an, besonders wenn sie Gesänge

---

¹) Vgl. p. 65. — ²) Vgl. p. 44. — ³) Vgl. p. 139.

und Tänze einschalteten. Thomas Heywood dramatisiert die Sage von Amor und Psyche unter dem Titel *Love's Maistresse, or, the Queen's Masque;* Shirley (1646) und Thomas Duffett (1676) bringen das Urtheil des Paris auf die Bühne als *The Triumph of Beautie, A Masque.* Auch Crownes *Calisto*, Drydens *Secular Mask*, Granvilles *Peleus and Thetis*, Benj. Victors *Cupid's Vagaries* und aus der neueren Zeit Longfellows *Masque of Pandora* haben mit den echten Masken wenig gemeinsam. Selbst eine dramatische Travestie der Sage von Venus und Adonis in Samuel Hollands *Don Zara del Fogo* (1656) maßt sich den Titel Maske an.

Im 18. Jahrhundert wurden dann häufig Opern so bezeichnet. Händels berühmtes Musikdrama *Acis and Galatea* (Text von Gay, Pope, Hughes und Dryden) gieng unter den Namen *Masque, Serenata* oder *Pastoral Opera;* Congreves *Judgement of Paris,* Colley Cibbers *Venus and Adonis,* John Hughes *Apollo and Daphne,* Theobalds *Decius and Paulina,* Cumberlands *Calypso* sind echte Opern, wenn sie sich auch als Masken geben.

Frühzeitig wurde ferner dieselbe Benennung im Sinne von Gelegenheitsstück geläufig, wie ja die richtigen Maskenspiele oft auf den besonderen Anlass ihrer Aufführung hinzuweisen hatten. Der posthume zweite Band der Folioausgabe Ben Jonsons bezeichnet zwei burleske Scenen als *The Masque of Christmas* und *The Masque of Owls*, offenbar nur weil sie zu bestimmten Anlässen verfasst worden waren. Francis Kinaston begrüßt die Kinder des Königs in dem neugegründeten *Museum Minervae* mit einer scenischen Dichtung: *Corona Minervae, a Masque* (1635). Anthony Sadler gibt seiner Freude über die Wiedereinsetzung des Königs in einer Folge recht mangelhaft verbundener Scenen Ausdruck, die er *A Sacred Masque* zu nennen beliebt.

Im 18. Jahrhundert dichtete man gleichfalls „Masken" zu denkwürdigen Tagen. George Lillo schreibt seine *Britannia and Batavia,* Mallet seine *Britannia* und im Verein mit Thomson den *Alfred.* Das verflossene Säculum behielt diese Bezeichnung für dramatische Festgedichte bei; wir haben z. B. von James Hogg *The Royal Jubilee, A Scottish Mask* (1822), von J. Sh. Knowles eine allegorische Scene zur Verherrlichung Walter Scotts. Die Vermählung der

Königin Victoria besang R. Kennedy in *Britain's Genius, A Mask*.

Häufig suchten die echten Maskenspiele ihre Stoffe in der Welt des Märchenhaften und Überirdischen. Schon Bacon betont in einem *Essay of Masques and Triumphs*, diese Erzeugnisse seien nicht mit dem Maßstab strenger Logik zu messen.[1] Die Folge dieser Auffassung ist, dass sich eine Reihe von Dichtungen Masken nennen, welche wie diese den Boden der Wirklichkeit verlassen. Sothebys Dramatisierung von Wielands *Oberon* gilt als Maske; B. Taylor überschreibt eine dramatisch angelegte religionsphilosophische Dichtung *The Masque of the Gods*, und auch der jüngste Versuch, die Maskenform wieder aufleben zu lassen, hat sein Ziel nicht erreicht; denn *Beauty's Awakening, A Masque of Winter and of Spring*, von Londoner Künstlern mit Meister Crane an der Spitze verfasst und am 29. Juni 1899 aufgeführt, hat mit den alten Spielen keine weiteren Berührungspunkte als die Verwendung von Musik und Tanz und die allegorisch-satirischen Beziehungen in dem frei erfundenen, romantischen Stoff.

Nachdem so eine ganze Schar von Aufnahmswerbern *a limine* abgewiesen war, konnte den Quellen zur Geschichte der Maskeraden und echten Maskenspiele umso größere Aufmerksamkeit zugewendet werden. Sie sind höchst mannigfacher Natur.[2] Für die Anfänge sind wir hauptsächlich auf Notizen bei Chronisten, auf Rechnungen und Haushaltungsbücher angewiesen. Über die erste Blütezeit der Maskeraden unter Heinrich VIII. ist uns der treffliche Hall[3] ein zuverlässiger Gewährsmann. Anfangs schien mir die überraschende Genauigkeit seiner Beschreibungen der Decorationen und Costüme fast verdächtig; aber als mir in den

---

[1] Bacon, *Works*, edd. Spedding, Ellis, Heath; vol. VI, p. 468: „not respect petty wonderments".

[2] Sehr zu bedauern ist der Verlust des *Noble Booke of Feastes Royall*, welches John Byddell in der ersten Hälfte des 16. Jahrhunderts druckte (Ames, *Typographical Antiquities*, edd. Herbert und Dibdin, III 397 n), und des *Treatise on the Art of Revels* aus der Feder des sachkundigen *Master of the Revels*, Sir George Buck (vgl. *Dictionary of National Biography*).

[3] *The Vnion of the two noble and illustre famelies of Lancastre and Yorke*. London 1550. Fol. Citiert als *Hall*.

*Letters and Papers of the Reign of Henry VIII*[1]) Auszüge aus den Rechnungen der Hofzahlämter bekannt wurden, musste mir sogleich die große Übereinstimmung[2]) der Nachrichten Halls mit diesen Documenten auffallen, und ich zweifle nicht, dass dem Geschichtschreiber die Aufzeichnungen des Zahlmeisters zugänglich waren.

Über die Maskeraden unter Elisabeth und die Spiele unter Jakob hat John Nichols[3]) ein reiches Material zusammengetragen. Daneben kommen die leider nur auszugsweise von Cunningham[4]) veröffentlichten Rechnungsbücher des *Master of the Revels* in Betracht, ferner zahlreiche Memoirenwerke und Briefe, die letzteren meist unter den Papieren des Staatsarchives erhalten und in den Regesten dieser ungeheueren Sammlung, den *Calendars of State Papers*, musterhaft beschrieben. Über die sehr umfangreiche kleinere Literatur geben meine Anmerkungen genauen Aufschluss.

Viele Zeugnisse und Texte waren auf dem Continent überhaupt nicht zu erreichen. Dass ich sie dennoch einsehen konnte, verdanke ich der Liberalität des hohen k. k. Ministeriums für Cultus und Unterricht, welches mir einen mehrwöchentlichen Aufenthalt in England ermöglichte. Herrn Hofrath Prof. Dr. Schipper bin ich für die Aufnahme meiner Arbeit in die Serie der *Wiener Beiträge* tief verpflichtet. Dem British Museum, dem Herrn Bibliothekar des Trinity College zu Cambridge, Rev. R. Sinker, der Bibliothek zu South Kensington und der kgl. Bibliothek zu Berlin schulde ich vielen Dank für manche Erleichterung in der Benützung ihrer unvergleichlichen Schätze. Meinem

---

[1]) Arranged by J. S. Brewer. London 1862 ff.

[2]) Man vergleiche z. B. *Hall*, Fol. 9, mit den *Letters and Papers* II 1494 (Aufführungen vom 6. Jänner und 13. Februar); *Hall* 10 b mit *Letters* II 1495 f.; *Hall* 15 b mit *Letters* II 1497; *Hall* 22 mit *Letters* II 1499; *Hall* 59 b mit *Letters* II 1509; *Hall* 70 mit *Letters* III 1552.

[3]) a) *The Progresses and Public Processions of Queen Elizabeth*. 1. Auflage, London 1788—1821. 4 Bde. (Citiert als *Progr. El.*¹.) — 2. Auflage, London 1823. 3 Bde. (Citiert als *Progr. El.*² oder einfach *Progr. El.*) — b) *The Progresses, Processions, and Magnificent Festivities of King James the First*. London 1828. 3 Bde. (Citiert als *Progr. James.*)

[4]) *Extracts from the Accounts of the Revels at Court*. London, Shakespeare Society, 1842. (Citiert als *Cunningham, Extracts.*)

lieben Collegen, Herrn Priv.-Doc. Dr. Robert F. Arnold, bleibe ich für treue Berathung und aufopfernde Unterstützung bei der Correctur stets verbunden.

Mögen alle Leser dieser Studien mit derselben freundlichen Gesinnung wie er mir drei Wünsche erfüllen, die ich in die bündigen Worte Heywoods zusammenfasse: *„Read perfectly, examine strictly, but censure charitably!"*

Wien, am 3. October 1901.

R. B.

# Inhalts-Verzeichnis.

|  | Seite |
|---|---|
| Zur Einleitung | VII |
| Inhalts-Verzeichnis | XV |
| I. Abschnitt. Die ältesten Zeugnisse für Maskeraden | 1 |
| II. Abschnitt. Die Maskeraden des 16. Jahrhunderts | 18 |
|     Capitel 1. Die Stoffkreise | 18 |
|     Capitel 2. Die Formen | 64 |
|     Capitel 3. Äußere Einrichtung, Anlässe und Behelfe der Aufführungen | 89 |
|     Capitel 4. Die Bezeichnungen für Maskeraden | 115 |
| III. Abschnitt. Die Maskenspiele des 17. Jahrhunderts | 128 |
|     Capitel 1. Entstehung und weitere Entwickelung der festen Form | 128 |
|     Capitel 2. Die Stoffkreise | 182 |
|     Capitel 3. Äußere Einrichtung, Behelfe und Anlässe der Aufführungen | 223 |
| IV. Abschnitt. Fremde Einflüsse | 283 |
| Anhang | 303 |
|     A. Lydgates Maskenzüge | 305 |
|     B. „Die Minneburg" | 325 |
|     C. Die Feste zu Kenilworth | 326 |
|     D. Die Maske von Cole-Orton | 328 |
|     E. Compositionen zu Maskenspielen | 338 |
|     F. Chronologisches Verzeichnis und Bibliographie der im dritten Abschnitt behandelten Maskenspiele | 339 |
| Berichtigung | 366 |
| Register | 367 |

NB. Die wenigen in den Fußnoten gebrauchten Abkürzungen sind am Schlusse der Einleitung (p. XII—XIII) erklärt.

# I. Abschnitt.

# Die ältesten Zeugnisse für Maskeraden.

Die ersten bisher bekannten Nachrichten über Mummereien am englischen Hofe stammen aus der Regierungszeit Edwards III. Der gleichgiltige Ton jedoch, in welchem über diese Unterhaltungen berichtet wird, und die relative Häufigkeit solcher Belustigungen machen es wahrscheinlich, dass der Mummenschanz schon früher sich fest in das Repertoire der höfischen Lustbarkeiten eingefügt hatte.

Ein *lusum*[1] *in camera Dominae Eleonorae* (1333) ist zu undeutlich bezeichnet, um sichere Schlüsse zu erlauben. Bei der Vorliebe der Schwester Edwards III. für die Künste der Geselligkeit ist es aber nicht ausgeschlossen, dass dies eine Aufführung von der Art jener war, welche im Jahre 1347 vor dem König stattfand und in den Garderobe-Rechnungen recht ausführlich beschrieben wird. Thomas Warton[2] hat zuerst auf diese Quelle hingewiesen, theilt jedoch die in Betracht kommende Stelle nur im ungenauen Auszug und in Übersetzung mit. Die Wichtigkeit der ersten Nachrichten über Aufführungen, aus welchen so zahlreiche glänzende Hoffeste erwuchsen, wird den vollständigen Abdruck des in unclassischestem Latein abgefassten Documentes rechtfertigen.[3]

---

[1] Collier, *Hist. Dram. Poetry*² I 22.
[2] *History of English Poetry*. Ed. by W. C. Hazlitt. London 1871, II 219.
[3] *Accounts of the Expenses of the Great Wardrobe of King Edward III.* Archaeologia XXXI 37 sq. Die zahlreichen Abkürzungen habe ich aufgelöst.

„Et ad faciendum ludos domini Regis ad festum Natalis domini celebratum apud Guldefordum anno Regis XXI°· in quo expendebantur· IIII · tunice de bokeram diuersorum colorum· XLII · viseres diuersorum similitudinum · XXVIII · crestes · XIII · cloce depicte· XIIII · capita draconum · XIIII · tunice albe · XIIII · capita pauonum cum alis· XIIII · tunice depicte cum oculis pauonum · XIIII · capita cygnorum cum suis alis · XIIII · tunice de tela linea depicte · XIIII · tunice depicte cum stellis de auro et argento vapulato.

| | |
|---|---|
| XLVI. peces de . . . . . | Bokeram |
| LXVI. ulne curte . . . . | Tele Anglice |
| VIII. pelles de . . . . . | Roan |
| VI. libri . . . . . . . | fili de lyno |
| XIIII. similitudines facierum mulierum . . | |
| XIIII. similitudines facierum hominum cum barbis . . . . . . | viseres |
| XIIII. similitudines capitum angelorum de argento . . . . . | |
| XIIII. crestes cum tibiis reuersatis et calciatis | crestes |
| XIIII. crestes cum montibus et cuniculis . . . . | |
| XIIII. cloche depicte . . . | cloce depicte |
| XIIII. capita draconum . . | capita draconum |
| XIIII. tunice albe depicte . | tunice de Bokeram |
| XIIII. capita pauonum . . | capita pauonum |
| XIIII. paria alarum pro eisdem capitibus . . | ale pauonum |
| XIIII. tunice depicte cum oculis pauonum . . | tunice depicte cum oculis pauonum |
| XIIII. capita cygnorum . . | capita cygnorum |
| XIIII. paria alarum pro eisdem capitibus . . | ale cygnorum |
| XIIII. tunice de tela linea depicte . . . . . | tunice linie depicte |
| XIIII. tunice depicte cum stellis . . . . . . | tunice depicte cum stellis." |

Je 14 Theilnehmer treten also als Frauen, als bärtige Männer und als Engel auf. Drei andere Gruppen, gleichfalls zu je 14 Personen, erscheinen als Drachen, Pfauen und Schwäne. Die Kleidung der 84 Maskierten wird mit der Maske in Einklang gebracht: die Costüme der Pfauen sind mit Pfauenaugen bemalt; die *tunice albe* gehören zu den

Schwanenköpfen, die mit Sternen verzierten Mäntel zum Costüm der Engel.

Bisher wurde immer nur diese Stelle aus den Garderobe-Rechnungen Edwards III. angezogen. In dem kurzen Zeitraum von etwa drei Jahren, über welchen uns diese Documente unterrichten, wurden aber noch zwei ganz ähnliche Maskeraden aufgeführt. Zu Weihnachten 1348 kommen folgende Requisiten zur Verwendung:

„*Et ad faciendum ludos Regis ad festum Natalis domini anno Regis · XXII$^{do}$ · celebratum apud Ottefordum vbi expendebantur viseres videlicet · XII · capita hominum et desuper tot capita leonum · XII · capita hominum et tot capita elephantum. XII · capita hominum cum alis vespertilionum · XII · capita de wodewose · XVII · capita virginum · XIIII · supertunice de worstedo rubro . . . et totidem tunice de worstedo viridi.*"[1]

Hervorzuheben sind die *XII capita de wodewose:* es ist das erste belegte Auftreten der später ungemein beliebten *woodhouses* oder *wilde men.*[2]

In bescheidenerem Maßstabe wird ein verwandter Mummenschanz 1349 zu Merton aufgeführt:

„*Et ad faciendum ludos Regis in festo Epiphanie domini celebrato apud Mertonum vbi expendebantur · XIII · viseres cum capitibus draconum et · XIII · viseres cum capitibus hominum habentibus dyademata.*"[3]

Eine sehr erwünschte Ergänzung dieser genauen, aber herzlich trockenen Nachrichten über Hoffestlichkeiten unter Edward III. gewinnen wir aus einer kostbaren, in der Bodleiana verwahrten[4] Handschrift des *Roman d'Alexandre*. Ein Künstler namens Jehan de Grise hat die Ränder einzelner

---

[1] *Accounts of the Expenses of the Great Wardrobe of King Edward III.* Archaeologia XXXI 43. — Nicolas (ebd. p. 122) übersetzt ganz falsch: „*men's heads surmounted by elephants' heads.*" *Desuper* heißt einfach: überdies, außerdem.

[2] Vgl. Stratman-Bradley s. v. wodewose (p. 698).

[3] *Accounts of the Expenses of the Great Wardrobe of King Edward III.* Archaeologia XXXI 43.

[4] Nr. 264. Der Text ist picardisch; doch dürften die Miniaturen in England entstanden sein, wie die Capitelüberschriften, welche entschieden anglo-normannische Formen zeigen. Um 1400 wurde ein Fragment des englischen *Alexander and Dindimus* eingetragen, und 1466 ward die Handschrift in London feilgeboten. Vgl. P. Meyer, *Romania* XI 290 ff.

Blätter mit prächtigen, ungemein belebten Darstellungen von Spielen, Tänzen, Fechtscenen geschmückt und seine Arbeit am 18. April 1344 vollendet. Wie eine Illustration zu den angeführten Berichten des *Master of the Wardrobe* muthen uns die Bilder an, welche Strutt[1]) der Handschrift der Bodleiana nachbildet.

Auf dem ersten derselben bewegen sich drei Herren und zwei Damen zur Musik einer Laute im Tanzschritt. Die Damen sind unmaskiert und daher wohl aus dem Kreise der Zuschauer in den Reigen getreten. Die Herren erscheinen in grotesken Thiermasken: ein Hirsch, ein Hase, ein Eber.

Ein zweites Bild stellt fünf Herren dar, welche recht anzügliche Thierköpfe tragen: ein Esel, ein Affe, ein Ziegenbock, ein Rind, ein Papagei (oder eine Eule) reichen sich die Hände zum Reigen.

Diese Darstellungen geben uns nun einige Aufschlüsse über die Art solcher Vergnügungen: die Aufzüge der Maskierten wirkten zunächst durch die Pracht der Costüme oder den grotesken Anblick der Thierköpfe. Gewiss fehlte es dann bei der Demaskierung nicht an Anspielungen auf die Rolle, welche dieser oder jener in der Maskerade gespielt hatte.

Die rhythmischen Bewegungen, in welchen die Masken auf den erwähnten schönen Miniaturen begriffen sind, fügen zum Bericht des Garderobemeisters eine wichtige Ergänzung hinzu: die Vermummten führten unter sich und mit andern Theilnehmern des Festes Tänze auf. Reden zwischen den Maskierten oder Anreden derselben an den versammelten Hof kamen wohl nicht vor, schon weil die schweren, den ganzen Kopf bedeckenden Masken das Sprechen sehr erschweren oder ganz verhindern mussten.

Maskeraden wurden unter Edward III. auch bei Tournieren veranstaltet, wie aus den folgenden, gleichfalls den Garderobe-Rechnungen entnommenen Stellen hervorgeht. Es handelt sich hier nicht einfach um Larven, wie sie die Damen zum Schutz gegen die Einflüsse der Witterung zu tragen pflegten; denn auch für Herren sind Masken vorgesehen.

---

[1]) *The Sports and Pastimes of the People of England.* A new edition .., by William Hone. London 1841, p. 160. Vgl. auch Brand, *Observations on Popular Antiquities.* Arranged ... by Ellis. London 1841—1842, II 293 ff.

*„Et ad faciendum · XLIIII · visers factas pro hastiludio Cantuariensi pro Rege Comitibus Baronibus militibus et dominabus.*[1])

*Et ad faciendum visuras de bazano rubro et cetera apparamenta pro hastiludio Regis apud Redyng anno Regis · XXI^{mo}.*[2])

*Et eidem liberatur ad · CC$_{IIII}^{XX}$ · VIII · visers factas pro dictis dominabus et domicellis; eis liberatur de dono Regis durante tempore hastiludii (de Lichefeld) . . . pelles de Roan etc."*[3])

Der romantische Sinn Edwards III. fand ferner Ausdruck in den Festen der Tafelrunde, welche der prachtliebende König seit 1344 zu Windsor in einem eigens erbauten prunkvollen Saale feierte. *„La Table Ronde d'Arthur"* nannte er diese Versammlungen zu Kampfspielen und Festen, und seine tapfersten Ritter übernahmen gleichsam die Rollen der Helden Arthurs. In dieser Anknüpfung an den Sagenkreis des als Muster aller Ritterlichkeit verehrten Königs, welche übrigens schon Edwards II. großer Gegner, Robert Bruce, in Scene setzte,[4]) erblicken wir die Anfänge der später so häufig wiederkehrenden romantischen Einkleidungen und maskenartigen Einleitungen der Tourniere.[5])

Um diese Zeit nimmt auch die nationale Dichtung schon von den Maskentänzen Kenntnis und hebt solche Aufführungen hervor, wenn es gilt, Glanz und Gepränge einer Festlichkeit dem Leser recht eindringlich vor Augen

---

[1]) *Accounts of the Expenses of the Great Wardrobe of King Edward III.* Archaeologia XXXI 30.

[2]) Ebd. 39.

[3]) Ebd. 29. Mit welchem Recht übersetzt Nicolas, der Herausgeber des Garderobebuches, das öfters vorkommende Wort *ghita* (Archaeologia XXXI 27, 42, 51) mit *mask* (ebenda p. 117, 144)? Das romanisch aussehende Wort ist nichts anderes als eine Latinisierung des seltenen ME. *gite = vestis* (Chaucer, *Cant. Tales* 3952, 6141; Henryson. *Test. Creseide* bei Sibbald, *Chron. Scott. Poetry* I 162). Mätzner hält *gite* für identisch mit dem häufigeren *gide*.

[4]) Vgl. Barbour, *Bruce*, ed. Skeat, EETS., ES. XI, Buch XIII, v. 379; vgl. Note p. 585.

[5]) *„Festum tabule rotunde, tentum apud Wyndesore"*: Archaeologia XXXI 6 und Nicolas, ebenda p. 104 nach Froissart und Thomas Walsingham. Der letztgenannte berichtet, dass Philipp von Frankreich diese Stiftung Edwards sogleich nachahmte, um die italienischen und deutschen Ritter an seinen Hof zu ziehen. Vgl. auch Joinville, *Louis IX*, p. 178.

zu stellen. So wird im *William of Palerne* die Begegnung des römischen mit dem griechischen Kaiser und der Einzug der beiden in Rom mit lebhaften Farben geschildert wie folgt:

> „& eche a strete was striked · & strawed wiþ floures,
> & realy railled · wiþ wel riche cloþes,
> & alle maner menstracie · maked him a-ʒens;
> and also daunces disgisi · redi diʒt were,
> & selcouþ songes · to solas here hertes."[1]

Trotz der fremdländischen, vom Bearbeiter der französischen Romanze *Guillaume de Palerne* gewählten Bezeichnung: *daunces disgisi* ist in der letzteren[2]) an dieser Stelle von Maskentänzen nicht die Rede: ein Beweis mehr, wie gründlich sich diese um die Mitte des 14. Jahrhunderts in England eingebürgert hatten.

Die nächste Maskerade, über welche wir ausführlicher unterrichtet sind, wurde 1377 von Bürgern Londons vor dem jungen Prinzen Richard (dem späteren Richard II.) aufgeführt.[3]) Sie reiten, 130 Mann stark, nach Kennington. Voran 48 Reiter als Knappen maskiert; dann 48 Ritter, ein Kaiser, ein Papst, 24 Cardinäle. Es folgen acht oder zehn in Negermasken, *„not amiable, as if they had been Legates from some forraigne Princes"*, eine Fiction, welche in den Maskenzügen bis tief in das 17. Jahrhundert beliebt blieb. In der Halle des Schlosses werden die Masken von dem Prinzen empfangen. Pantomimisch geben sie zu verstehen, dass sie mit ihm das Glück der Würfel zu versuchen wünschen und wissen das Spiel so zu wenden, dass Richard

---

[1]) *The Romance of William of Palerne*, ed. Skeat, EETS., ES. I, vv. 1617—1621.

[2]) Publié par H. Michelant. *Société des anciens textes*. Paris 1876, vv. 2915—2947.

[3]) Stowe, *Survey of London*, ed. 1633, p. 78 f., nach Ms. Harl. 247. Das Ms. Harl. 6217, auf welches der unzuverlässige Collier sich bezieht (*Hist. Dram. Poetry* I 26) enthält nichts über diesen Aufzug; vgl. auch *Archaeologia* XXII 250.

Stowes Erzählung enthält einen merkwürdigen Widerspruch: einmal soll die Festlichkeit zu Weihnachten stattgefunden haben, ein andermal wird Lichtmess als Datum angegeben. Das letztere ist das Datum in der Chronik, welcher Stowe sonst folgt.

stets gewinnt. Dann tanzen der Prinz und sein Gefolge mit den Bürgern und diese führen auch ihre einstudierten Tänze auf.[1] Wir erinnern uns, dass die Darstellungen des MS. 264 der Bodleiana Tänze der Maskierten untereinander und mit den Zuschauern kennen.[2]

Richard II. hat an dergleichen Aufführungen noch später Gefallen gefunden, und 1389 muss sogar die ernste Amtstracht der Juristen zur Unterhaltung des Hofes herhalten:

„*Pro XXI coifs de tela linea pro hominibus de lege contrafactis, pro ludo regis tempore natalis Domini, anno XII.*"[3]

Eine am Hofe Heinrichs IV. geplante Aufführung hätte beinahe aus der heiteren Welt des Scheines in die Tragik der Weltgeschichte hinübergespielt. In den ersten Tagen des Jahres 1400 war eine Erhebung zu Gunsten des abgesetzten Richard II. im Zuge, und einige der Verschwörer bereiteten für den Abend vor dem Dreikönigtag eine Maskerade vor, um sich dem König unauffällig zu nähern und ihn zu ermorden. Alles war bereit, so erzählt Fabyan,[4] da wurde der Duke of Aumarle in letzter Stunde zum Verräther. Dass die Verschwörer gerade zu diesem Mittel griffen, beweist, wie gewöhnlich Mummereien bei Hofe schon waren.

Zu Weihnachten des nächsten Jahres bringen zwölf Rathsherren mit ihren Söhnen dem König zu Eltham ihre

---

[1] So müssen wir wohl die Worte verstehen: „*the Prince and Lords danced on the one part with the Mummers, who did also dance.*"

[2] Soergel erblickt in den Fackeln, welche bei dem Ritt nach Kennington (aber nicht in der Halle!) zur Verwendung kommen, die erste Spur der später in allen Masken von den *torchbearers* gehaltenen Lichter. Doch der Zug der Bürger findet zur Nachtzeit statt und die Fackelbeleuchtung hatte daher einen recht naheliegenden Grund!

[3] *Computus Magnae Garderobae Ricardi II* bei Warton II 220.

[4] *Chronicle*, ed. Pynson, 1516, fol. 169. Vgl. auch Thomas Walsingham (ca. 1440) bei Camden: *Anglica, Normannica, Hibernica, Cambrica a veteribus scripta*. Francofurti 1603, p. 362, 555. — Holinshed (III 515, b 50) folgt Walsingham. Sein Bericht scheint geradezu Quelle geworden zu sein für die Verwendung der Maske als Mittel der Intrigue oder der blutigen Katastrophe in einer Reihe von Dramen, welche Soergel p. 91 aufzählt. Diesen ist gewiss auch der von Wolfgang Keller *(Jahrbuch der Shakespeare-Gesellschaft,* XXXV) herausgegebene „*Richard II. Erster Theil*" zuzuzählen (Act IV, Scene II). Der Verfasser benützt ja Holinshed auch sonst öfters.

Huldigung dar in einem Maskenzuge, der nach Stowe dem im Jahre 1377 veranstalteten ähnlich war.[1]

Wenn wir dem gelehrten und gewissenhaften Ben Jonson glauben dürfen, hat der aus Chaucers *Envoy* bekannte Henry Skogan für den wilden Prinzen Heinz und seine Brüder den *maître de plaisir* abgegeben und ihre Maskeraden geleitet, vielleicht auch schon Reden für diesen Zweck geschrieben. In einer köstlichen Scene der *Fortunate Isles and their Union* (1625) will der Luftgeist Johphiel vor Merefool die Dichter Skelton und Skogan erscheinen lassen.[2] Eifrig fragt

„Merefool: *Skogan! what was he?*
Johphiel: *O, a fine gentleman, and master of arts,*
*Of Henry the fourth's time, that made disguises*[3]
*For the king's sons, and writ in ballad-royal daintily well.*
Merefool: *But wrote he like a gentleman?*
Johphiel: *In rhyme, fine tinkling rhyme, and flowing verse,*
*With now and then some sense! and he was paid for't*
*Regarded and rewarded.*" etc.

Das 15. Jahrhundert, trotz des breiten Stromes rhetorischer Poesie, welcher auf den Höhen der Kunst Chaucers seinen Ursprung nimmt, ein recht unfruchtbarer Boden, war auch für die kleine Gattung der Maskendichtung unergiebig, und es hatte den Anschein, als ob sich die große, bis in das letzte Viertel des Jahrhunderts reichende Lücke nicht ausfüllen ließe.

---

[1] Stowe, *Survey of London*, ed. 1633, p. 79, nach dem Ms. Harl. 565 (herausgegeben von Nicolas „*A Chronicle of London*", London 1827, p. 87).

[2] Jonson, ed. Gifford VIII 74. Über das Datum dieses Stückes vgl. weiter unten die Bibliographie der Maskenspiele.

[3] „*Disguise was the old English word for a Masque.*" Jonson, *Masque of Augurs*, ed. Gifford VII 429. Skogan's „*Moral balade to my Lord þe Prince*" (ich finde sie im Ms. Ashmole 59, Nr. 9, und Ms. Harl. 2251, Nr. 108; gedruckt bei Chalmers, *British Poets* I 552), bestätigt einigermaßen Jonsons Angabe; denn einmal geht aus ihr hervor, dass Skogan mit den Prinzen auf recht vertrautem Fuß stand. Dann berichtet Stowe, *Survey of London*, p. 256 (wie auch Ms. Ashmole 59), dass der Dichter diese Ballade den Prinzen sandte, als sie bei einem ihnen zu Ehren von den Kaufleuten veranstalteten Mahl saßen, ganz wie Lydgate einen Herold mit einer Ballade an die Sheriffs sandte (vgl. weiter unten). — Im übrigen weiß Chaucer bekanntlich von Werken Skogans, auf welche die Bezeichnung „*moral*" durchaus nicht anwendbar ist.

Ein interessantes Zeugnis eines vertrauenswürdigen Gewährsmannes lag freilich vor. Ritson erwähnt in seiner *Bibliographia Poetica* (London 1802, p. 79) folgende Werke John Lydgates:

„*147. A disguising, or mumming, before the king at Eltham. 148. Another at Windsor. 149. Another, before the mayor of London, by the mercers. 150. Another by the goldsmiths. 151. Another, before the great estates of the land.*"

Diese Dichtungen wurden von mehreren Gelehrten eifrig gesucht. Freilich befand sich sowohl Collier[1]) als Fairholt[2]) mit der Annahme, Ritson verweise fälschlich auf das Manuscript der Harleiana Nr. 2255, auf der unrichtigen Fährte; denn dieses Citat gehört zu ganz andern Gedichten, und bei den gesuchten Maskendichtungen fehlt in der *Bibliographia Poetica* jede Quellenangabe. So stehen auch bei Tanner,[3]) dem Ritson diese Notiz jedenfalls entnahm, die bezeichneten Werke Lydgates mit andern Gedichten zwischen zwei Hinweisen auf das Ms. Ashmole Nr. 59, der richtige Quellennachweis aber ist wohl durch ein Versehen des Druckers ausgefallen.

Auch Soergel[4]) hielt an dem angeblichen Irrthum Ritsons fest und stand nicht an, die Möglichkeit eines mit Text versehenen *disguising* zu dieser Zeit rundweg abzuweisen. Im Hinblick auf die zahlreichen erhaltenen Dichtungen für Aufzüge und *pageants* hielt ich das Wiederauftauchen der schmerzlich vermissten Maskendichtungen Lydgates nicht für ausgeschlossen, musste aber noch in meiner Anzeige eines Buches von Levi[5]) zugeben, dass sie vorläufig als verloren zu gelten hätten.

In jüngster Zeit hatte nun Frl. E. P. Hammond das Glück, die vielgesuchten Gedichte in einer Handschrift des Trinity College, Cambridge (R. 3. 20.) und zugleich in einer Abschrift aus dem Besitze des bekannten Antiquars John Stowe (Brit. Mus., Ms. Add. 29.729) wiederzufinden.

---

[1]) *Hist. Dram. Poetry*² I 28 n.
[2]) *Lord Mayors' Pageants.* London 1843—1844, II 289. (*Percy Society* X.)
[3]) *Bibliotheca Britannico-Hibernica* p. 491. Londini 1748.
[4]) *Maskenspiele* p. 9.
[5]) *Beiblatt* X 47.

Leider hat diese Dame nur eines derselben in diplomatischem Abdruck veröffentlicht[1]) und auf jede Ausbeutung ihres für die Geschichte des Dramas nicht unwichtigen Fundes in philologischer und culturhistorischer Richtung von vornherein verzichtet.

Ich drucke die übrigen Maskendichtungen Lydgates nach einer für mich in Cambridge hergestellten und mit der Handschrift des British Museums verglichenen Abschrift im Anhang dieser Studie ab, wohin auch alle Untersuchungen über Chronologie und Textgestaltung der Gedichte verwiesen seien.

An dieser Stelle wird uns nur Inhalt und Form der ersten, mit einem Text uns überlieferten *disguisings* beschäftigen.

Lydgates Personal besteht bei diesen Maskeraden aus heidnischen Göttern, allegorischen Personen, Berühmtheiten des Alten Bundes, geschichtlichen Personen und Figuren des niederen Alltagslebens.

Die Frührenaissance mit ihrer aufdringlichen, unbeholfenen und wenig correcten Verwendung der classischen Mythologie hat die Idee zu zwei Aufzügen geliefert.

In dem ersten derselben (Nr. I) überreichen Kaufleute im Auftrage des Bacchus, der Juno und der Ceres Geschenke: Wein, Getreide und Öl, um die Fülle aller Güter und ihren friedlichen Genuss anzudeuten, dessen sich der König jederzeit erfreuen solle. So segnete auch Isaak den Jakob (Gen. 27, 28) mit symbolischen Geschenken. Recht unvermittelt werden dann die Gaben als von Gott verliehen hingestellt und der Sehnsucht nach Frieden und Niederwerfung der „Rebellen" in bewegten Worten Ausdruck gegeben. Noch einmal stellt der Dichter alles Glück und allen Segen als Geschenk der heidnischen Gottheiten hin, lässt aber Ceres von einer allegorischen Gestalt, ihrer Schwester *Providence* begleitet sein: mehr kann man füglich an Herbeiziehung von heterogenen Vorstellungskreisen in einem kurzen Gedicht nicht leisten. Mit recht lästigen Wiederholungen wird dann derselbe Glückwunsch an die Königin-Mutter gerichtet.

Eine wüste Aufzählung mythologischer Namen und der sich an diese knüpfenden Fabeln eröffnet auch das vierte

---

[1]) *Anglia* XXII 364 ff.

Stück. Die Formen, welche die Sagen und Namen des Alterthums bei Lydgate annehmen, wollen wir lieber nicht auf ihre Richtigkeit untersuchen. Mit v. 34 beginnt erst die eigentliche Erzählung. Jupiter sendet seinen Herold aus Syrien[1]) nach London — es ist nicht recht ersichtlich, in welchem besonderen Auftrag. Unsere Aufgabe kann es nicht sein, ihm auf seinen ausführlich beschriebenen Irr- und Umwegen zu folgen. Es genügt uns, zu wissen, dass der treffliche Götterbote unterwegs Zeit findet, auf allegorisch zu verstehende und durch französische Verse nicht eben allzu klar gedeutete Boote und Schiffe zu achten, dass er endlich glücklich in London ankommt, vor den Lord Mayor tritt und den Besuch seiner auf den Schiffen zurückgebliebenen Begleiter ankündigt, welche offenbar die im Titel des Stückes erwähnten *Mommers* sind.

In diesen kümmerlichen Vorboten der Renaissance-dichtung haben sich allegorische Gestalten zu wiederholten-malen bemerkbar gemacht. Eine andere Maskerade Lydgates (Nr. II) wird ganz von der mittelalterlichen Form der Allegorie beherrscht. Dieses Stück besteht aus fünf Auftritten. Zuerst erscheint *dame Fortune* und wird von einem Erklärer in langer Rede charakterisiert. Die Insel der Fortuna, so heißt es mit starker Anlehnung an den *Roman de la Rose*, ist zuzeiten mit bunten Blumen und stattlichen Bäumen bedeckt, die Vögel singen dort und mildes Wetter herrscht. Doch plötzlich bricht die Flut herein und vernichtet alle Herrlichkeit. Das Haus der Fortuna ist auf einer Seite aus dem kostbarsten Material, auf der andern eine baufällige Lehmhütte, die bald der Flut zum Opfer fällt. So ist auch Fortuna selbst höchst veränderlich und hat schon an Tausenden ihre Unbeständigkeit bewiesen. Denn wer ihren vielbegehrten süßen Trank genießt, muss auch aus dem zweiten Fass kosten, das sie im Keller hat, und dessen Inhalt ist bitter wie Galle. Aber es gibt vier mächtige Damen, welche der Tücke Fortunas mit Erfolg entgegentreten können. Diese erscheinen nun nacheinander im Saal. Ihnen voran *dame Prudence*. Sie kann der bösen *dame Fortune* vermöge ihrer Umsicht trotzen;

---

[1]) Dieses Land erkennen wir wenigstens in dem gar nicht fremdländisch, sondern gut englisch klingenden Namen *Surreye* wieder.

denn sie hat drei Augen: für die Gegenwart, Vergangenheit und Zukunft. Die nächste allegorische Figur, *dame Rightwysnesse*, wird mit den gewöhnlichen Attributen der Justitia geschildert und die Unparteilichkeit der Richter gepriesen. Die dritte Dame, *Fortitudo*, wird auch *Magnyfysense* genannt und hat sowohl die alten Philosophen zur Weltentsagung als auch die Helden zur muthigen That begeistert, unter den letzteren auch Henry V. Die Beschreibung der vierten Schwester, *dame Attemperaunce*, artet in eine langathmige Predigt aus; denn ihre Aufgabe ist es, die andern zum maßvollen und sittlichen Leben anzuhalten. Glücklich, wer sich von allen vier Schwestern leiten lässt! Er braucht die Wechselfälle des Geschickes nicht zu fürchten. Mögen die vier Schwestertugenden auch im kommenden Jahr ihren Wohnsitz in diesem Haus aufschlagen!

Die lange Rede endet mit einer Aufforderung an die vier Damen, ein Lied anzustimmen.

Das dritte Stück, obwohl keine Maskerade in unserem Sinn, mag, da Lydgate es als *mumming* bezeichnet, hier gleich mitbesprochen werden. Es ist ein Prolog zu einer pantomimischen oder tableau-artigen Darstellung der durch den Einfluss der heiligen Chlothilde erfolgten Bekehrung des Chlodwig. In Verbindung damit wird der frommen Sage gedacht, wie ein Engel das Wappen Frankreichs, drei goldene Lilien im blauen Feld, vom Himmel brachte. Chlodwig habe das neue Wappen angenommen und sei zu Reims von St. Remigius getauft und zum König gesalbt worden. Letztere heilige Ceremonie solle nächstens an Heinrich VI. vorgenommen werden. Bei der Schilderung der Vorzüge der Königin Chlothilde kann sich's Lydgate nicht versagen, einen gutmüthig ironischen Panegyricus auf das schöne Geschlecht im allgemeinen anzustimmen.

Ganz vereinzelt in der Literatur der Maskendichtungen steht der Aufzug von Personen des Alten Testaments im fünften Stück. *Fortuna* als Herold überreicht dem Bürgermeister Eastfield einen Brief des Inhalts, dass David und die zwölf Stämme gekommen seien, um ihn zu besuchen und Geschenke zu überreichen. Sie bringen die Bundeslade mit, als Zeichen, dass der Stadt alles Glück und Wohlergehen beschieden sein solle, solange das Heiligthum und die in ihm verschlossenen Geschenke im Hause des Mayor gehütet würden. Auch dieses *mommyng* war mit Gesang verbunden: *Fortuna* fordert die Leviten auf, ein Loblied auf Gott anzustimmen (v. 29 ff.).

Frischer als alle diese mit einer nicht eben tiefen Gelehrsamkeit prunkenden Stücke ist die genrehafte Schilderung aus dem Eheleben der niederen Stände, welche Lydgate zur Unterhaltung des Hofes im Schlosse zu Hertford verfasste.[1]

Das *disguising* beginnt in Form einer Bittschrift: Sechs Landleute führen Klage über das unerträgliche, tyrannische Regiment ihrer Weiber.[2] Da ist Schultheiß *Robin*, dem sein Weib *Beatrix Bittersweete* nicht einmal ein ordentliches Abendessen bereit hält, wenn er müde vom Pflug heimkehrt. Klagt er über diese Vernachlässigung, so setzt es Prügel. Nicht besser ergeht es *Colyn Cobeller* mit seinem Gespons *Cecely Soure-chere*, welche sich namentlich durch niederschmetternde Beredsamkeit und Verständnis für geistige Getränke auszeichnet. Selbst der stämmige Metzger *Berthilmewe* zieht im Streit mit seinem Weibe regelmäßig den Kürzern. Sein Schicksal theilen noch *Tom Tynker* und *Colle Tyler*. Sie alle flehen den König um Abhilfe an.

Die Weiber entgegnen durch eine Sprecherin aus ihrer Mitte: Sie wären jederzeit bereit, ihr Recht im Zweikampf zu vertreten, doch sähen sie nicht ein, wie man sie so verleumden könne: sie sind es ja, heißt es mit einer Anspielung auf das *Weib von Bath*, welche ihren Männern Gelegenheit geben, durch Übung der Geduld sich das Himmelreich zu sichern u. s. w.

Nach Anhörung beider Theile verkündigt ein Sprecher des Königs ausweichende Entscheidung: Ein Urtheil könne erst erfließen, wenn über den schwierigen Fall Erhebungen gepflogen worden wären. Inzwischen sollte noch ein Jahr lang die Herrschaft der Weiber fortdauern. Darum kann ich, fährt der Sprecher nun in der ersten Person fort, euch unverheirateten Männern nur den einen Rath geben: Bindet

---

[1] Lydgate, *Mumming at Hertford*, ed. E. P. Hammond. *Anglia* XXII 364—374.

[2] Satire auf die Weiber auch in Lydgates *Minor Poems*, ed. Halliwell, *Percy Society* II 139.

euch nicht; denn aus der Knechtschaft der Ehe befreit kein Lösegeld!

Der Form nach geben sich zwei der Dichtungen Lydgates (IV und V) als poetische Briefe,[1]) welche von Herolden überreicht werden. Im vierten Stück wird der Gesandte Jupiters nicht näher charakterisiert, im fünften übernimmt die geläufige Figur der Fortuna die Rolle der Botin; ein etwas befremdlicher Aufzug freilich, die zwölf Stämme Israels von einer heidnischen Göttin eingeführt!

Die Briefe wurden nun offenbar laut verlesen. Darauf deutet die Ansprache an die Leviten,[2]) welche doch ganz wirkungslos und verfehlt wäre, wenn etwa der Mayor allein von dem Inhalt des Schriftstückes Kenntnis genommen hätte. Die Verlesung der Briefe war ja auch das einzige Mittel, um der ganzen Festversammlung die Bedeutung des Maskenzuges klarzulegen.

Auf mündlichen Vortrag deuten wohl auch die Zeichen am Rande ($\mu\,\mu$), für welche ich keine andere Erklärung weiß, als dass sie den Vorleser auf jene Stellen aufmerksam machen sollten, wo er auf die Darsteller des Maskenzuges hinzuweisen oder an den König und die Königin sich zu wenden hatte.[3]) Deutlicher noch sind die Randnoten in dem von Frl. Hammond gedruckten Stücke: „demonstrando.

---

[1]) „*a lettre made in wyse of balade*.“ Recht ähnlich in der Form, doch nicht mit voller Sicherheit als *disguising* zu bezeichnen, ist ein Gedicht Lydgates, welches Nicolas im Anhang von „*A Chronicle of London*, London 1827“, nach der Handschrift Ashmole 59, und später Fr. W. Fairholt in den *Lord Mayors' Pageants*, London 1843—1844, II 240 (*Percy Society* X), abdrucken: „*A balade by Lydegate sente by a poursyant to þe Shirreves of London ... vponne Mayes daye at Busshopes wode at an honurable dyner.*“ Flora hat ihre Tochter *Veere* (Frühling) gesandt, die Macht des Winters ist gebrochen, Natur lacht in neuer Schönheit. Mögen mit der milden Jahreszeit auch die Geschicke der Menschen eine glückliche Wendung nehmen, möge Ordnung und Ruhe überall herrschen. — Aus dem Titel (*a balade ... sente by a p.*) geht wohl zur Genüge hervor, dass wir es hier gleichfalls mit einem poetischen Brief zu thun haben, und einige Ausdrücke des Gedichtes scheinen sogar auf ein persönliches Erscheinen der *Lady Veere* (oder May) hinzudeuten: „*tythinges wheeche þat wee have brought*“, „*she to yowe hathe brought so glad tythinge*“, „*May is nowe comen to fore yowe.*“

[2]) V 29.

[3]) Z. B. I 78.

*VI. Rusticos"*, *„demonstrando Carnificem"*, *„demonstrando þe Tynker"*, in welchen wir nur scenische Weisungen zu erblicken vermögen.

Beim fünften Aufzug scheint Fortuna selbst ihre Botschaft vorgetragen zu haben. Es wäre doch gar zu ungeschickt, wenn jemand aus den Reihen der Zuschauer die in der Bundeslade verborgenen Geschenke erwähnt[1]) oder mit einer directen Ansprache an den Bürgermeister sich gewendet hätte.[2]) Auch konnte eine außerhalb des *mummings* stehende Person nicht wohl die Leviten zum Singen auffordern.

Im vierten Auftritt dagegen ist von dem Herold Jupiters öfters in der dritten Person die Rede. Diese Gestalt dürfte sich daher darauf beschränkt haben, den Brief einem vorher bestimmten Vorleser zu überreichen.

Klarer noch ist die Zuweisung der Reden in dem *Mumming zu Hertford.*[3]) Hier wird die Bittschrift der bedrängten Ehemänner dem König überreicht *(putte to þe kyng)* und etwa von seinem Secretär verlesen. Die Weiber antworten aber in der ersten Person, wohl durch eine Sprecherin aus ihrer Mitte. Die Entscheidung des Königs wird wieder von einem Sprecher kundgegeben, der zum Schluss seiner Ausführungen gleichfalls in die erste Person übergeht.

Die Texte zu den Auftritten I und II wurden, ohne den Umweg über die Briefform zu nehmen, einem Erklärer in den Mund gelegt, der außerhalb der Maskerade steht, wie der Vorleser der vierten Scene oder der „Secretär" in der Mummerei von den Ehemännern. Dass nur das lebende Wort hier zur Verwendung kam, geht besonders deutlich aus den zahlreichen persönlichen Wendungen der zweiten Maskerade hervor, wie *„I dare sey soo"* (v. 267), oder *„I suppose"* (v. 271), *„þus I mene"* (v. 315): auch aus den vielen directen Hinweisen auf die auftretenden allegorischen Masken: *„Loo here þis Lady"*, *„Seoþe here þis lady"*, *„Takeþe heede"* u. s. w.

Die Mehrzahl der besprochenen sechs Maskenreden Lydgates setzt die Anwesenheit der Maskierten im Saal

---

[1]) V 80.
[2]) V 74 ff.
[3]) *Anglia* XXII 367.

voraus. Etwas verschieden in der Anlage ist das vierte Stück, welches das Auftreten des Maskenzuges erst vorbereitet und der erklärende Prolog zu einer wohl pantomimischen Darstellung der Bekehrung Chlodwigs (Nr. III).

Wichtig für die Entwickelung der Maskendichtung ist die Heranziehung des Gesanges in zwei der Scenen Lydgates: die vier Tugenden im zweiten und die Leviten im fünften Aufzuge stimmen über Aufforderung des Erklärers Lieder an.

Die Wirren der Rosenkriege waren natürlich dem munteren Treiben der Masken wenig günstig. Doch vergaß man sie auch in diesen schweren Zeitläuften nicht gänzlich. Das Haushaltungsbuch[1]) Edwards IV. preist den sagenberühmten Cassibellanus wegen seiner fürstlichen Lebensführung und hebt mit beneidenswerter Detailkenntnis die an seinem Hof aufgeführten *disguisings* besonders hervor. Wir werden uns durch dieses Document kaum veranlasst fühlen, über die britischen Maskeraden zu Cäsars Zeiten weitere Forschungen anzustellen, sondern nur den Schluss ziehen, dass der Mummenschanz dem Hofe Edwards IV. nicht fremd war.

Die nächsten Nachrichten über solche Lustbarkeiten stammen nicht vom königlichen Hofe, sondern von einem ruhigen Landsitz. Auf dem Schlosse Stoke Neylond Sir John Howards, des spätern Herzogs von Norfolk, wurde im Jänner 1483 ein *dysgysing* aufgeführt. In dem Haushaltungsbuche dieses Edelmanns sind noch Rechnungen über die aufgelaufenen Kosten erhalten.[2])

Zwei Jahre später, am 24. December 1484, verbietet Lady Morley wegen des vor einigen Monaten erfolgten Ablebens ihres Gemahles für diese Weihnachten alle Mummerei.[3])

Die durch die düsteren Ereignisse der Bürgerkriege gewaltsam zurückgedrängte Festesfreude brach alsbald

---

[1]) *A Collection of Ordinances and Regulations for the ... Royal Household*, p. 17. London, Soc. of Antiquaries 1790.

[2]) *Household Books of John Duke of Norfolk, and Thomas Earl of Surrey; Temp. 1481—1490.* Ed. by J. P. Collier. 1844. (Roxburghe Club Nr. 61.) Auch in *The Shakespeare Society's Papers* II 90 f.

[3]) *Paston Letters*, ed. J. Gairdner 1872—75. III 314.

wieder hervor, als mit Heinrich VII. Ruhe und Frieden in England wieder einzogen. Der große Sparmeister Heinrich war freilich eher ein duldsamer Zuschauer bei Maskeraden und andern Hoffestlichkeiten als ein Förderer dieser Aufführungen. Seine Stellung zu den Freuden der Geselligkeit hat Bacon treffend gekennzeichnet mit den Worten: *„He did by pleasures as great Princes do by banquets, come and look a little upon them, and turn away; ... insomuch as in triumphs of justs and tourneys and balls and masks (which they then called disguises) he was rather a princely and gentle spectator than seemed much to be delighted."*[1]

Dagegen war seine Gemahlin Elisabeth eine warme Freundin der glänzenden Schauspiele. In dem *Household Book of Henry VII.* erscheint ein Ausweis über £ 10 *„paid to the Quenes grace for the disguysing"*[2], und nach dem Rechnungsbuch der Königin selbst bestritt sie auch gelegentlich die Auslagen für Costüme und Musikanten bei einem Maskentanz.[3]

So konnte es einem ungenannten Chronisten[4] schon auffallen, wenn zu Weihnachten 1489 keine Maskeraden aufgeführt wurden und er klagt: *„This cristmas I saw no disgysyngs, & but right few plays."* Doch schon im nächsten Jahre berichtet er mit Befriedigung: *„on neweres day at nyght there was a goodly disgysing."* In demselben Jahre gab es wieder Mummereien auf dem Landsitz der Howards.[5]

---

[1] Bacon, *Henry VII.*, ed. Spedding, p. 243 f. Die lateinische Ausgabe übersetzt *masks* mit *in saltationibus personatis.* Ebd. p. 262.
[2] Collier, *Hist. Dram. Poetry* I 52.
[3] Ebd. I 54.
[4] Bei Leland, *Collectanea*, ed. Hearne 1770, vol. III, App. 256. Der Chronist ist natürlich nicht der um 1506 geborene Leland selbst, wie bei Strutt (p. 840) zu lesen ist.
[5] *Howard Household Books*, l. c. p. 517.

## II. Abschnitt.
# Die Maskeraden des 16. Jahrhunderts.
### Capitel 1.
## Die Stoffkreise.

Mit dem 16. Jahrhundert beginnen die Quellen für die Geschichte der Hofmaskeraden reichlicher zu fließen. Zunächst haben wir freilich nur die Posten in verschiedenen Haushaltungsbüchern, deren Collier eine ganze Menge mittheilt.[1]) Dann aber, wie wir uns der classischen Zeit der Maskeraden unter Heinrich VIII. nähern, mehren sich die ausführlichen zeitgenössischen Nachrichten und gestatten uns erst einen tieferen Einblick in das Wesen dieser Aufführungen. Während daher unser Bericht über die ältesten Vorstufen der Masken mangels näherer gleichzeitiger Nachrichten[2]) nothgedrungen chronikartig sich gestalten musste — ein Verfahren, das übrigens der eingehenden Interpretation der Quellen zugute kam, — können wir vom Beginn des 16. Jahrhunderts an die Maskeraden bereits nach stofflichen Gruppen besprechen und die Eigenthümlichkeiten und Fortschritte der Darstellungsweise zusammenfassend hervorheben.

Wenn wir die Übersicht der Stoffkreise voranstellen, so wird diese Anordnung einerseits später die Erörterung der Formen, welche die Maskendichtungen annahmen, erheblich entlasten und übersichtlicher gestalten, anderseits wird diese Trennung uns gestatten, durch Seitenblicke auf das große Drama genauer festzustellen, inwieweit die kleine Gattung mit der Entwickelung der dramatischen Kunst in Inhalt und Form Schritt hielt.

Um diesen Überblick zu erhalten, ist es angezeigt, die Dichtungen des 16. Jahrhunderts im Zusammenhang zu

---
[1]) *Hist. Dram. Poetry* I 50—54.
[2]) Die einzige Ausnahme sind Lydgates Maskendichtungen.

behandeln bis zu dem Stück, in welchem wir die erste Maske der von Ben Jonson aufgenommenen und zur Vollendung geführten Form erblicken. Was an Maskenauftritten nach dieser Zeit (1595) noch in älteren Bahnen sich bewegt, mag anhangsweise gleich mitbesprochen und so in den richtigen Zusammenhang gerückt werden, zumal da der erwähnte Versuch von 1595 (in den *Gesta Grayorum*) etwa ein Decennium lang keine directe Nachahmung fand und die weniger ausgebildeten Dichtungen zwischen 1595 und 1604 noch zu den Vorstufen der ersten Masken Jonsons zu rechnen sind.

Eine mit den Maskendichtungen eng verwandte Gattung wird nur gelegentlich und vergleichsweise heranzuziehen sein: die reiche Literatur der zur Feier von Einzügen, des Amtsantrittes des Lord Mayor und anderer Anlässe verfassten und costümierten, aber meist nicht maskierten Personen in den Mund gelegten Festgedichte. Namentlich unter Heinrich VIII. war die Wechselwirkung zwischen höfischer Maskerade und bürgerlichem *pageant* sehr lebendig und vieles, was die alten Chronisten als *disguising* bezeichnen, müssen wir, namentlich wo die belebende Rede fehlt, als bloßes Schaustück beiseite lassen.

Die alte Neigung zur Allegorie trat in der Literatur des beginnenden 16. Jahrhunderts wiederum besonders deutlich hervor. Das Hauptwerk dieser Richtung, Stephen Hawes' *Pastime of Pleasure*, hat mit dem *Roman de la Rose* geradezu ganze Themen und einzelne Züge den Dichtern der höfischen Maskeraden an die Hand gegeben. Auch das Drama dieser Zeit stand unter dem Banne der Allegorie, und so darf es nicht wundernehmen, wenn die *disguisings* dem Zug der Zeit so weit folgen, dass man manche schlechtweg als zur Pantomime zusammengestrichene Moralitäten bezeichnen könnte.

[Allegorische Maskeraden.]

So sehr sich derlei Aufführungen vom Charakteristischen in der Richtung auf das Abstracte hin entfernen, so lag doch in der Aufnahme des allegorischen Elementes ein Keim, der diese Abart der Maskendichtung einer schnellen Entwickelung zuführte: was bei den auf handgreifliche, äußerliche Wirkung berechneten Aufzügen unter Edward III. nicht nöthig war, die Erklärung, erwies sich als Erfordernis bei Darstellungen mit allegorischem Personal. Schon einige der Maskenreden Lydgates entsprangen diesem Bedürfnis.

Die Nothwendigkeit der Deutung des tieferen Sinnes, der leicht von dem bedeutenden äußeren Gepränge erdrückt werden konnte, stellte sich z. B. heraus bei einer zur Feier der Verlobung der Prinzessin Marie[1]) mit dem Dauphin am 8. October 1518 in Scene gesetzten Allegorie. Den Apparat derselben beschreibt Hall mit folgenden Worten:

„... *at night they (the straungers) were brought into the hall, where was a rock ful of al maner of stones ... and upon the middes of the Rock sate a fayre lady, richely appareled with a Dolphin in her lap. In this Rock were ladies and gentelmen ... These gentlemen and ladyes sate on the neyther parte of the Rocke, and out of a caue in the said Rock came X. knightes, armed at all poyntes, and faughte together a fayre tournay. And when they were seuered and departed, the disguysers dissended from the rock and daunced a great space and sodeynly the rocke moued and receaued the disguysers and ymediatly closed agayn. Then entred a person called Reaport, appareled in Crymosyn satyn full of tonges, sitting on a flyeing horse with wynges and fete of gold called, Pegasus. Thys person in Frenche declared the meaning of the rocke, and the trees and the Tournay.*"[2])

Auch ein Tournier, mit welchem Heinrich die Geburt seines ersten Sohnes feierte (1511), wurde durch eine allegorische Erfindung eingeleitet. *Noble Renome*, die Königin des Reiches *Ceure noble*, so heißt es in der Ausschreibung[3]) des Kampfspiels, habe von dem freudigen

---

[1]) Strutt *(The Sports and Pastimes,* p. 161) und mit ihm Soergel *(Maskenspiele,* p. 11) verwechseln natürlich die Schwester Heinrichs mit seiner Tochter und den König Ludwig XII. mit Franz, dem erstgeborenen Sohne des Königs Franz I.

[2]) Hall, *The Union* etc. Henry VIII., fol. 66. — Dasselbe Costüm trägt *Fama* bei Stephen Hawes, *Rumour* bei Shakespeare, *Henry IV.*, 2. Theil, Induction, und bei Campion, *The Squires' Masque* (ed. Bullen 216). Vgl. auch Ronsard, ed. Marty-Laveaux III 509. *Loseley Manuscripts,* ed. Kempe, 1886, p. 90: *a cote and a capp with Jes (eyes) tonges, and eares for fame* (6 Edward VI.).

[3]) Im Original erhalten: Cart. Harl. 83. H. 1; gedruckt bei H. Ellis, *Original Letters illustrative of English History,* Second Series, vol. I 179.

Ereignis gehört und sende ihre tapfersten Ritter, *Ceure loyall, Valliaunt desyre, Bone valoyr* und *Joyous panser*, das Fest durch Waffenthaten zu verherrlichen.

Unter Elisabeth büßen die allegorischen Maskeraden nichts an Beliebtheit ein, sondern gewinnen eher neuen Boden. Auch das Drama trug ja beim Regierungsantritt der Königin noch schwer an den Fesseln der Allegorie, welche es zu Ende des Jahrhunderts keineswegs völlig abgestreift hatte.[1]) Und noch 1605 räumt Bacon[2]) der *allusive poesy* den Vorrang vor der epischen (*narrative*) und dramatischen (*representative*) Gattung ein.

Übrigens erstattete die Dichtung der Maskeraden und *pageants* der abstracten Poesie die Anregung, welche sie von der letzteren empfieng, reichlich zurück, indem sie namentlich in ihrer gleich zu nennenden allegorisch-romantischen Richtung den Boden für die großen Allegorien, wie Spensers *Faerie Queene*, so gründlich vorbereitete, dass der Geschmack an den Personificationen allgemein wurde und der allegorische Dichter wieder für das Volk schrieb, wie Langland die gewaltigen Mahnungen des *Piers Plowman*.

Im allgemeinen können wir um die Mitte des 16. Jahrhunderts in den festlichen Aufführungen eine Wendung zum Einfachen und Sinnigen bemerken. Selbst das unvermeidliche Schaugepränge, durch welches die Bürger ihre Liebe zur Herrscherin glaubten beweisen zu müssen, hatte bereits viel von der unter Heinrich VIII. ihm anhaftenden Unnatur und grotesken Prunkentfaltung abgelegt, als Elisabeth am Tage vor ihrer Krönung (14. Jänner 1559) durch die Straßen Londons nach Westminster zog. Wie einfach und sinnreich ist z. B. folgende Erfindung, wenn wir die mannigfachen Geschmacklosigkeiten der höfischen und bürgerlichen Feste unter Heinrich VIII. dagegenhalten, von denen wir noch viele Proben werden anführen müssen: Auf einem Schaugerüst erscheint *Time* als alter

---

London 1827. Weitere Berichte bei Hall, fol. 9; *Letters and Papers of Henry VIII.* I 220; Ms. Harl. 69, fol. 4 b (Starkey, *Booke of certaine Triumphs*).

[1]) Man denke nur beispielsweise an einige Stücke Lylys, an Nashes *Summer's Last Will and Testament* etc.

[2]) *On the Proficience and Advancement of Learning divine and human.*

Mann mit Flügeln, Stundenglas und Sense und hilft seiner Tochter *Veritas* an der Hand aus einer Höhle heraus. Die Wahrheit überreicht der Königin mit einer Ansprache ein Buch: *Verbum Veritatis,* die Bibel.[1]

Es ist eine schöne Sache um die Bibelfestigkeit, aber nach unserem Gefühl bedeutet es doch nur eine Profanierung des Evangeliums, wenn die herrliche Parabel von den klugen und thörichten Jungfrauen einem Maskentanz zur Einleitung dienen muss. Brantôme sah dieses merkwürdige Schauspiel, als er im Gefolge des Herzogs von Montmorency und des Großpriors François de Lorraine auf der Rückreise von Schottland den Hof Elisabeths besuchte. Die Königin soll den Auftritt selbst erfunden und an dem Tanz theilgenommen haben.[2]

Eine verwandte religiöse Allegorie, die *Mask of Ladies with lights, being VI vertues,* wurde zu Lichtmess 1574 vorbereitet, kam jedoch nicht zur Aufführung „*for the Tediusnesse of the playe*", d. h. wegen der Länge des vorhergehenden Dramas *Timoclia*.[3]

Als im nächsten Jahre Leicester seiner Königin die berühmten Feste zu Kenilworth gab, erschienen seine ehrgeizigen Hoffnungen personificiert in der Figur *Deep Desire.* Beim Abschied legte ihr Gascoigne den Ausdruck der Gefühle seines Herrn in den Mund:

„*Stay, stay your hastie steppes,*
*O Queene without compare,*
*And heare him talke whose trusty tongue*
*Consumed is with care*" u. s. w.[4]

Das Pathos dieser Verse ist so falsch wie der Sinn Leicesters.

Ein Stückchen Scandalgeschichte aus den Kreisen der Intimen der Königin liegt einem langathmigen Gespräch

---

[1] Holinshed III 1175 f. Die Allegorie kehrt in der Titelvignette von Gascoignes *Poesies* (1575) wieder, wo sie durch die Umschrift „*Tempore patet occulta veritas*" erklärt wird.

[2] *Œuvres de Brantôme,* par Mérimée et Lacour. Paris 1858 bis 1895, IV 127.

[3] Cunningham, *Extracts,* p. 62.

[4] Gascoigne: *The Princelye pleasures, at the Courte at Kenelwoorth.* London 1576. (*Poems,* ed. Hazlitt 1870, II 129, 130 ff.)

zwischen *Liberty* und *Constancy* zugrunde; seine persönlichen Beziehungen werden im Zusammenhang mit andern Dichtungen zu erörtern sein.[1])

Am Ausgang der Regierung Elisabeths steht ein Dialog zwischen *Time* und *Place*, mit welchem sie 1602 von der Gräfin Derby zu Harefield[2]) unterhalten wurde: der Königin zu Ehren steht *Time* still, und *Place* möchte gern größer und prächtiger sein. *Place* hält dann auch beim Scheiden der Königin die Abschiedsrede und bedauert, zurückbleiben zu müssen, während *Time* mit Elisabeth gehen darf.

Gern verbanden sich noch immer mit den allegorischen Motiven solche aus der classischen Mythologie. Diese Verquickung, so seltsam und stilwidrig sie uns schon bei Lydgate anmuthete, gieng umso zwangloser vor sich und erschien den Höflingen des 16. Jahrhunderts umso natürlicher, als ja die meisten Personen des Olymps unendlich häufig in Prosa und Poesie nur als Verkörperungen der ihnen zugeschriebenen Eigenschaften auftraten. Wenige Dichter werden sich finden lassen, welche diesen billigen Schmuck ganz verschmähen und die stets wirksamen Vergleiche der Königin mit Diana und Pallas ganz vermeiden.

*Alleg.-mythologische Maskeraden.*

Ein dreitheiliger Aufzug mit recht complicierter Fabel wurde 1562 vorbereitet und zeigt uns die Verbindung zwischen Allegorie und Mythologie aufs innigste vollzogen. Er hätte bei der geplanten Begegnung zwischen Elisabeth und Maria Stuart stattfinden sollen. Für den Mai des genannten Jahres angesetzt, wurde das Zusammentreffen der Königinnen zuerst verschoben, dann (im August) endgiltig aufgegeben; Ursache war wohl die Eitelkeit Elisabeths, welche neben der jugendlich schönen Schottenkönigin zu verschwinden fürchtete.

Doch waren schon umfassende Vorbereitungen getroffen worden, um die Begegnung zu Nottingham recht glänzend zu gestalten. Unter anderem wurde der Obergarderobier John Fortescue angewiesen, an den *Master of*

---

[1]) Vgl. unter den „persönlichen Maskeraden".
[2]) Nach lange verloren gewesenen Papieren des Sir Roger Newdigate (vgl. *Gentleman's Magazine*, vol. 77, 633) gedruckt bei Nichols, *Progr. El.* III 586 ff. Vgl. auch Cunningham in *The Shakespeare Society's Papers* (II 65 ff.) und *Calendar of State Papers, Domestic*, 1601—1603, p. 264.

*the Revels* die zur Aufführung von Maskeraden nöthigen Stoffe und Requisiten auszuhändigen. Sir William Cecil hatte einen ungenannten Dichter beauftragt, eine Maskerade zur Feier des bedeutsamen Tages zu componieren, und der Entwurf ist uns im Lansdowne Manuscript Nr. 5 noch erhalten.[1]

Nach diesem Document sei die aufs lebhafteste an die Moralitäten erinnernde Handlung in Kürze so skizziert, als ob die Aufführung wirklich stattgefunden hätte.

Am ersten Abend war also in der großen Halle zu Nottingham ein Gefängnis errichtet, genannt *Extreme Oblyvion*, welches Argus bewacht. Dieser führt bezeichnenderweise einen zweiten Namen: *Circumspection*. Es erscheinen Pallas auf einem Einhorn, Prudentia und Temperantia auf Löwen. Sechs oder acht maskirte Damen führen *Discorde* und *False Reporte* gefesselt herein und werfen sie ins Gefängnis. Pallas erklärt den Hergang in Versen, und die englischen Damen treten mit den schottischen Cavalieren zum Tanz an.

Am zweiten Abend stellte die Scenerie ein Schloss vor: „*the Courte of Plentye*". Es nahen *Friede* und *Freundschaft*, in ihrem Gefolge sechs oder acht maskirte Damen. *Freundschaft* setzt in einer poetischen Rede auseinander, dass *Friede* gekommen sei, um mit *Temperantia* und *Prudentia* für ewige Zeiten im „Schlosse der Fülle" zu wohnen. Zu Hütern ihres Wohnsitzes seien *Ardent Desyer* und *Perpetuitie* ausersehen worden. Den Abend sollte ein Tanz der englischen Herren mit den schottischen Damen beschließen.

Den dritten Auftritt eröffnet *Disdaine* in Begleitung von *Prepencyd Malyce*. Die beiden ziehen einen ganzen Garten in die Halle, in dem die Maskierten sitzen. *Disdain* erzählt, dass Pluto ihnen befohlen habe, entweder *Discorde* und *False Report* zu befreien, oder *Peace* aus dem Schlosse zu rauben. Da naht dem *Frieden* Hilfe in Gestalt von *Discretion*, welche *Valyant Courage, otherwise Hercules* und wiederum sechs bis acht Maskierte mit sich führt. *Discretion*

---

[1] *Devices to be shewed before the Queenes Majestie, by waye of maskinge, at Nottingham castell, after the metinge of the Quene of Scotts.* Vgl. Collier, *Hist. Dram. Poetry* I 176.

fragt nun *Temperantia* und *Prudentia*, ob sie gesonnen wären, *Frieden* bei sich zu behalten. Statt einer Antwort überreichen die beiden Tugenden einen Brustpanzer und ein Schwert für Hercules, dass er mit diesen Waffen *Disdaine* und *Prepencyd Malyce* überwinde. Die ganze Aufführung sollte mit einem Gesang der Maskierten schließen, welche aus dem künstlichen Garten herabsteigen.

Wie gesagt, der ungenannte Dichter hatte seine Mühe vergeblich an diese schwerfällige allegorische Erfindung verschwendet. Das Stück kam nicht zur Aufführung, und *Friede* wohnte nicht lange im *Schlosse der Fülle*. Aber die Allegorie feierte, wie bisher nicht beachtet wurde, zehn Jahre später eine fröhliche Auferstehung aus dem Staub der Archive, als zur Ratificierung des Bündnisses zwischen Frankreich und England der Duc de Montmorency mit einem glänzenden Gefolge, darunter Paul de Foix und Bertrand de Saligners, nach England kamen.[1] Zum Empfang dieser Gesandten wurden großartige Vorbereitungen getroffen; eine eigene Halle wurde für die Festlichkeiten erbaut, und die folgenden Eintragungen in den Rechnungen des Master of the Revels lassen gar keinen Zweifel aufkommen, dass jene allegorische Maskerade, welche die Versöhnung zwischen Maria und Elisabeth hätte versinnbildlichen sollen, nun auf die neubackene Freundschaft zwischen Frankreich und England bezogen wurde. Wir lesen nämlich in dem genannten Document z. B. folgende Posten:[2]

„*James Macredye for making of a Castell for Lady peace to sytt and be browghte in before the Queenes Majestie.*"

„*for making of VI yardes of cheyne with the golde lether; ... for another cheyne of XV yardes.*"

„*for a Bolte shackles and a coller for discorde.*"

„*A vizard for Argus.*"

„*A prison for discord.*"

„*Heare made of Black silk for discordes*[3] *heade.*"

---

[1] 9. Juni 1572.
[2] Cunningham, *Extracts*, p. 19 ff.
[3] Danach ist Collier *(Hist. Dram. Poetry I 199)* zu berichtigen, welcher die Person *Discord* zu der Maske Apollos und der Musen ziehen möchte.

Von anderen mythologisch-allegorischen Figuren wären die Horen und Grazien zu erwähnen, welche zu Elvetham (1591) die von *Envy* auf den Weg geschleuderten Blöcke hinwegräumen. Dann streuen sie singend Blumen auf den Pfad der Königin.[1])

Als bei dem großartigen Weihnachtsfest, das 1594/95 in Gray's Inn gefeiert wurde, durch ein Missverständnis eine Entfremdung zwischen den Mitgliedern dieser Körperschaft und jenen des Temple eingetreten war, wurde durch ein hübsches allegorisch-mythologisches Schauspiel die Versöhnung angebahnt: Auf dem Altar der Freundschaftsgöttin opfern die sagenberühmten Freundespaare: Theseus und Pirithous, Pylades und Orestes; ihnen schließen sich Grayus und Templarius an.[2])

*Allegorisch-romantische Maskeraden.* Nicht allzu oft geschah es, dass die Maskeraden in das Gebiet der Moralitäten eingriffen und nur allegorische Personen herüberholten. Viel öfter treten, ganz wie in gewissen Moralitäten, neben den Abstractionen Menschen von Fleisch und Blut auf, und diese Personen sind dann sehr oft dem Stoffkreise der ritterlich-romantischen Dichtung entnommen.

Ein recht ausführlicher Bericht über ein solches *disguising* ist uns aus dem Jahre 1501 erhalten.[3]) Bei der Hochzeit des Prinzen Arthur mit Katharina von Aragon wird ein künstliches Schloss von Thieren in den Saal gezogen. Aus den Fenstern schauen acht Damen, und auf den vier Thürmen stehen singende Kinder. Ein vollständig ausgerüstetes Schiff, auf unsichtbaren Rädern bewegt, führt hierauf neben zahlreicher Bemannung zwei allegorische Personen herein: *Hope* und *Desire*, die als Gesandte der Ritter des „Liebesberges" zu den Damen des Schlosses gehen und um ihre Gunst bitten. Die Damen geben eine kurze, abweisende Antwort. Dann nahen, eingeschlossen

---

[1]) *The Honorable Entertainment gieven to the Quene's Majestie... at Elvetham... by the Right Hon'ble the Earle of Hertford.* London 1591. Bei Nichols, *Progr. El.* III 101 ff.

[2]) *Gesta Grayorum* bei Nichols, *Progr. El.* III 281 f.

[3]) Manuscript der Harleiana, Nr. 69, fol. 29 b—30 b. Gedruckt bei Collier *(Hist. Dram. Poetry³* I 58) und in *The Shakespeare Society's Papers* I 47. Im ganzen correct; doch p. 48, Z. 2 lies *repairall*, p. 49, Z. 1 *masters of the Shippe*.

in einem künstlichen Berge, die acht Ritter. Als sie aus ihrer Höhle heraustreten, erfahren sie von ihren Gesandten den abschlägigen Bescheid der Damen und greifen das Schloss mit Ungestüm an. Die Damen sind bald gezwungen, sich zu ergeben und treten mit den Rittern zum Tanz an.

Eine ganz ähnliche Maskerade wird unter dem Namen *La Forteresse dangereuse* mit etwas geringerem scenischen Aufwand am 1. Jänner 1512 aufgeführt:

„*. . . against Newieres night, was made in the halle a castle, gates, towers, and dungion, garnished wyth artilerie, and weapon after the most warlike fashion: and on the frount of the castle, was written le Fortresse dangerus, and within the castle were VI. ladies . . .*

„*. . . After this castle had been caried about the hal, and the quene had behelde it, in came the kyng with fiue other . . . These VI. assaulted the castle, the ladies seyng them so lustie and coragious, were content to solace with them and vpon farther communicacion, to yeld the castle, and so thei came doune and daunced a long space. And after the ladies led the knightes into the castle, and then the castle sodoinly vanished, out of their sightes.*"[1]

Das Motiv dieser Maskerade, welches wir kurz als „die Minneburg" bezeichnen wollen, liegt noch vielen andern Aufführungen jener Zeit zugrunde.[2] Ein undatiertes Tournier Heinrichs VIII. wurde z. B. mit folgendem „Cartell" eingeleitet: Vier Damen hätten die Vertheidigung ihres Schlosses, genannt *Castle Loyall*, einem Hauptmann und fünfzehn Rittern übergeben, welche aus weiter Ferne herbeigeeilt wären.[3]

Bei Cardinal Wolsey war am Fastendienstag 1522 ein Schloss mit drei Thürmen zu sehen, dessen Besatzung die Damen *Beautie, Honour, Kyndnes, Disdain, Scorn* u. s. w. bilden. Acht Ritter: *Noblenes, Youth* u. s. w. belagern und

---

[1] Hall, *Henry VIII.*, fol. 16; fast wörtlich aufgenommen von Holinshed III 812. Ein Bericht auch in den *Letters and Papers . . . of Henry VIII.* II 1497.

[2] Über seine Verbreitung in der Weltliteratur vgl. den Excurs am Ende dieser Studie.

[3] Ralph Starkey, *Booke of certaine Triumphes.* Ms. Harl. 69, fol. 20b—21a.

beschießen die Festung mit Datteln und Orangen, die Damen erwidern die Feindseligkeiten mit Rosenwasser und Süßigkeiten. Endlich ergeben sie sich und tanzen mit den Rittern.[1])

Mit geändertem Ausgang — die Angreifer werden zurückgeschlagen — wurde das Spiel von der Minneburg zu Weihnachten 1515 in Eltham aufgeführt,[2]) und am Hofe der jungfräulichen Königin musste der Scheinkampf dieselbe Wendung nehmen, um den französischen Gesandten die Abneigung Elisabeths gegen den geplanten Ehebund mit dem Duc d'Anjou anzudeuten.

Eine recht malerische Beschreibung dieses „*Triumphs*" aus der Feder Henry Goldwells ist erhalten,[3]) und nach dieser Quelle wurde diesmal der allegorische Apparat als Einleitung eines Tourniers in Bewegung gesetzt, in welchem als Herausforderer auftraten: der Earl of Arundell, Lord Windsore, Master Philip Sidney[4]) und Master Fulke Grevill. Sie nennen sich „*the four Foster Children of Desire*". Die Gallerie, von welcher aus die Königin dem Tournier zuschauen soll, wird bezeichnet als „*the Castle, or Fortresse of Perfect Beautie*". Die „Pflegekinder des Verlangens" sprechen diese als ihr Erbe an und wollen ihre angeblichen Rechte gegen jedermann im Tournier vertreten. Zuvor wird noch die Festung mit einem Liede aufgefordert, sich zu ergeben, dann, als sie sich weigert, mit parfumiertem Wasser und Puder beschossen, mit Blumen beworfen. Dazu endlose Reden im schönsten euphuistischen Stil, endlich das eigentliche Tournier.

Am nächsten Tage ziehen die „vier Stiefkinder" auf einem Wagen ein, in welchem auch *Desire* einen Platz

---

[1]) Hall, fol. 92a *(Henry VIII.)*.
[2]) Ebd. fol. 57b.
[3]) *A briefe Declaration of the Shews, Devices ... and Inventions, done and performed ... at the most valiant and worthye Triumph, attempted and executed on the Munday and Tuesday in Whitson Weeke last, Anno 1581. London, s. a.* Abgedruckt bei Nichols, *Progr. El.* II 310 ff.
[4]) Das Sonett 41 in Sidneys *Astrophel and Stella* kann sich nicht auf dieses Tournier beziehen, wie Grosart *(Complete Poems of ... Sidney,* vol. I. p. XLI, 1873) meint. Denn die Angriffe auf die Minneburg wurden ja abgeschlagen, Sidney aber rühmt sich in dem Sonett, einen Preis errungen zu haben.

findet. Nach einem zweiten Tournier erklären sie aber durch einen Knaben in grauer Kleidung, es sei eine Vermessenheit gewesen, die Festung zu bestürmen, und ergeben sich der *Perfect Beautie.*

Schillers unvergleichliche Kunst, das historische Milieu durch kleine, oft anekdotenhafte Züge zu schildern, hat von diesem Ritterspiel Gebrauch gemacht, um den romantischen Ton der Festlichkeiten am Hofe Elisabeths zu kennzeichnen und zugleich die ausweichende Antwort der Königin an die französischen Gesandten vorzubereiten.[1]

Von einer ganz hübschen Einleitung des Tourniers, welches zur Maifeier des Jahres 1510 stattfand, weiß Hall in seiner lebendigen und anschaulichen Art zu erzählen:

*„The first daye of Maye the Kynge ... rode to the woode to fetche May ... and as they were returning on the Hyll, met with them a shippe vndersayle: The master hayled the kyng and that noble compaignie, and saied that he was a Maryner, and was come from many a straunge porte, and came hither to se if any dedes of armes were to be done in the countrey, of the whiche he might make report therof in other countries. An Heraulde demaunded the name of his shyppe, he aunswered she is called Fame, and is laden with good Renoune: Then sayed the Heraulde, if you wil bring your shippe into the bay of Hardines, you must double the poynt of Gentilnes, and there you shall se a compaignie that wyll medle with your marchaundise. Then sayed the kyng, sythen Renowne is their marchaundyse, let vs bye it and we can: Then the shippe shotte a pele of Gonnes, and sayled forth before the kynges compaignie, ful of flagges and banners, till it came to the tilte yearde."*[2]

Schwieriger ist die allegorische Bedeutung des am Dreikönigstag 1515 gezeigten *Pavyllyon vn the Plas Parlos*[3] zu erfassen, und bei der Aufführung fand man es daher

---

[1] Maria Stuart II 1.
[2] Hall, fol. 11 *(Henry VIII.)*.
[3] Soll heißen: *on the place perilous.* Die *Letters and Papers of Henry VIII.* (II 1502) erklären: *on the stage!* Der Gedankenverbindung, welche zu dieser Deutung führte, mag ich lieber nicht nachspüren! Der Bericht bei Hall (fol. 55 b) etwas abweichend und ohne den Titel „*The Parillion on the Place Perilous*".

für nöthig, durch Reden der Herren von der königlichen Kapelle die Vorgänge erklären zu lassen. Für uns freilich sind nur die rohen Umrisse der äußeren Handlung erhalten.

Vier Gewappnete, so erzählt Hall, bewachen ein Zelt und werden von vier andern angegriffen. Da stürzen aus einem Wald acht Wilde hervor. Gegen diese vereinigen sich die Ritter und schlagen sie in die Flucht. Das Zelt öffnet sich endlich, und sechs Paare treten heraus, um zu tanzen.

Eine recht entwickelte allegorisch-romantische Handlung finden wir in Thomas Churchyards „*The Queenes Majesties Entertainment in Suffolk and Norfolk.*"[1]) Wiederum dient die dramatische Aufführung zur Eröffnung eines Tourniers. *Manhode*, *Good Favoure* und *Dezarte* werben um *Beautie*. *Good Fortune* aber verdrängt sie aus ihrer Gunst, und auch im Kampfe zwischen den Rittern der erstgenannten drei Werber und denen des *Good Fortune* bleibt dieser Sieger. Ein Trauerlied auf den Tod von *Manhode*, *Good Favoure* und *Dezarte* sollte das Schauspiel beschließen; es kam jedoch wegen der Ungunst der Witterung nicht zur Aufführung.

Den persönlichen Zusammenhang zwischen den Charakteren des Stückes und dem Publicum, in welchem wir eine der wichtigsten Eigenthümlichkeiten der Maskenspiele erblicken, stellt *Beautie* her, wenn sie in ihrer Bedrängnis zur Königin flieht.

*Romantische Maskeraden.* Von allegorischer Nebenbedeutung befreit, kommt die reine Romantik zu Wort in der Fabel des Maskenauftrittes der *Lady of the Lake* zu Kenilworth.[2]) Mit zwei Nymphen kommt sie auf einer schwimmenden Insel heran, um die Königin zu begrüßen und in George Ferrers' wohlgebauten Strophen einen Abriss der zum guten Theil fabelhaften Geschichte des Schlosses vorzutragen. Den Schwerpunkt ihrer historischen Vorlesung legt sie auf König Arthurs Hofhaltung zu Kenilworth, an welche schon beim Einzug die gigantischen Trompeter hatten erinnern sollen.[3]) Da-

---

[1]) London s. a. (1578). Neudruck bei Nichols, *Progr. El.* II 179 ff.
[2]) Laneham, *Letter*, p. 10; Gascoigne, *Princelie Pleasures*, p. 94. Über die Literatur der Feste von Kenilworth vgl. unten den Anhang.
[3]) Laneham p. 9, Gascoigne p. 92.

mit gab die Frau vom See den Chronisten des Festes einen Fingerzeig, wo sie das Urbild ihrer sagenhaften Gestalt zu suchen hätten, und der wohlbelesene Kaufmann und Thürhüter des geheimen Rathes, Laneham, nennt sogleich als Quelle dieses Aufzuges „*King Arthurz book*". Er meint Malorys hochberühmtes Werk *Mort Arthure*, welches seit Caxtons Druck (1485) solche Verbreitung und Beliebtheit erlangt hatte.[1]

Eine Fortsetzung fand die Geschichte der *Lady of the Lake* am zehnten Tage des Aufenthaltes der Königin im Schlosse Leicesters. Gegen Abend, als Elisabeth über die Brücke des Schlossgrabens reitet, schwimmt ein Triton heran und bestellt im Auftrage Neptuns folgende Botschaft: Ein böser Ritter, *Syr Bruse sauns pitée*, stelle der Frau vom See schon lange nach und nur Neptuns schützende Wogen hätten sie bisher vor Unheil bewahrt. Ihre Wohnung in den Fluten könne sie jedoch nicht verlassen. Merlin habe einst geweissagt, dass die Frau erst erlöst werden könnte, wenn eine Jungfrau, erhabener als sie selbst, in die Nähe käme. Neptun lasse nun die Königin bitten, ein wenig zu verweilen; durch ihren bloßen Anblick werde sie die Lady of the Lake erlösen. Da kommt diese auch schon heran und dankt für ihre Befreiung.

Die Entwickelung ist auch für eine so hochromantische Handlung etwas unvermittelt, und in der That erfahren wir von Gascoigne, dass ein Gefecht zwischen einem Vertheidiger der *Lady of the Lake* und dem *Syr Bruse* geplant war, jedoch nicht zur Ausführung kam.

Auch die Grundzüge der Geschichte von der Verfolgung und Befreiung der Frau vom See fanden die Dichter (Hunnis, Goldingham, Ferrers) in Malorys großer Compilation (Buch IV, Cap. 1). Das Compliment an die Königin, welches sie neben den mythologischen Elementen in die romantische Handlung einführen, wird ihnen wohl nicht allzu schwer gefallen sein; sie mussten über ausreichende Übung in dergleichen Schmeicheleien verfügen und konnten darauf rechnen, dass Elisabeth ein schier unglaubliches Maß derselben vertrug.

---

[1] Buch I, cap. 25.

**Volks-
thümliche
Maskeraden.** Wenn sich die ritterlich-romantischen Elemente gern mit allegorischen verbinden, so treten die volksthümlichen Maskeraden meist ohne eine solche Beimischung auf. Nach den entsetzlichen und sich stereotyp wiederholenden Geschmacklosigkeiten des künstlichen Berges, des auf trockenem Boden segelnden Schiffes, ja eines künstlichen Waldes[1]) flüchten wir gern mit Hall[2]) ins Grün des lebendigen, maienfrischen Waldes, in welchen uns eine Maskerade der Leibgarde Heinrichs VIII. versetzt.

Wie von ungefähr begegnen am ersten Maientage des Jahres 1515 dem König und der Königin 200 stattliche Männer in grüner Kleidung. Ihr Anführer gibt sich als Robin Hood aus und erbittet von Heinrich die Erlaubnis, mit seinen Leuten eine Probe ihrer Geschicklichkeit im Bogenschießen abzulegen. Hierauf geleiten die Räuber unter Hörnerschall die hohen Herrschaften zu ihrem Versteck im grünen Wald und bewirten sie mit Wildbret und Wein.[3])

Als König und Königin nach Greenwich zurückkehren, werden sie von *Lady May* geleitet, einer gleichfalls echt volksthümlichen Figur aus den uralten Mai-Spielen; freilich hat ihr bei dieser Gelegenheit irgendein Höfling, der auf Gelehrsamkeit Anspruch erhob, eine ganz unvolksthümliche *Lady Flora* beigesellt.

Im Rahmen der eigentlichen Hofmaskeraden hatte einst Heinrich VIII. selbst die Rolle des berühmten Geächteten übernommen, in welcher er 1510 mit mehreren Edelleuten die Königin überraschte:

„*. . . his grace, therles of Essex, Wilshire, and other noble menne, to the numbre of tvelue, came sodainly in a mornyng, into the Quenes Chambre, all appareled in shorte cotes, of Kentishe Kendal, with hodes on their heddes, and hosen of thesame, euery one of theim, his bowe and arrowes, and a sworde and a bucklar, like out lawes, or Robyn Hodes men, wherof the Quene, the Ladies, and al other there were abashed,*

---

[1]) *The Shakespeare Society's Papers* III 91.
[2]) Fol. 56b, *Henry VIII.*
[3]) Die anmuthige Maskerade schöpft wohl direct aus „*A Lytell Geste of Robyn Hode*", dem Balladencyklus, der 1515 schon in zwei oder drei Drucken vorlag. Vgl. „*The seventh fytte*"; Child, *English and Scottish Ballads*¹ V 111 ff.

*as well for the straunge sight, as also for their sodain commyng, and after certayn daunces, and pastime made, thei departed.*"[1])

In der zuerst erwähnten Mummerei trat die Verherrlichung des volksthümlichen Helden an die Stelle der älteren Maifeier, wie überhaupt zu Beginn des 16. Jahrhunderts Robin Hood eine ständige Person der Spiele des Volkes am 1. Mai wird, aus welchen er oft genug die uralte Figur des *Lord of the May* verdrängt. So nimmt auch nach und nach die treue Geliebte Robins, Maid Marian, den Platz der *Lady of the May* ein.[2])

Es spricht für den gesunden und offenen Sinn des jungen Heinrich, dass er sich inmitten der Unnatur der meisten höfischen Maskeraden den Geschmack an echter Volksthümlichkeit zu bewahren wusste, und dem alten Hall geht das Herz auf, wenn er unter so vielen prunkvollen Aufführungen berichten kann, wie sein König nach der Väter Sitte[3]) mit seinem Gefolge den Mai einholte und wie sie zurückkehrten *„euery man with a grene bough in his cappe"*.[4])

Durch *Lady May* ließen auch an einem nicht näher bezeichneten 1. Mai der ersten Regierungsjahre Heinrichs VIII. mehrere Ritter eine Herausforderung zum Tournier überreichen. Als Beispiel für die Fassung solcher „Cartels" möge der Brief mit der Bitte um Gestattung des Kampfspiels folgen, den *Lady May* der Königin einhändigte.

*„Most highe and excellent Princesse vnder your patient supportacoun I which am called the ladye Maie in all monethes of the yeare to lustye hearte most pleasant certifye your Highnes howe that vnder signe and seale fully authorized by the hand of my Ladye and soueraigne Dame Sommer I have free licence during the tyme of my short Raigne to passe my tyme and a fortnight in the moneth of my sister June as shal be to my Comfort and most solace. Wherfore I ... haue sailed*

---

[1]) Hall, fol. 6, *Henry VIII.* (1510).

[2]) Vgl. z. B. *Letters and Papers ... of Henry VIII.* unter dem 18. Jänner 1510 (II 1490). Nebeneinander traten die beiden volksthümlichen Gestalten auf in einem Maispiel des Jahres 1515. (Ebd. II 1508.)

[3]) Maifeiern unter Heinrich VII.: Collier, *Hist. Dram. Poetry* I 52; Bacon, *History of Henry VII.*, ed. Spedding, p. 126.

[4]) Hall, fol. 7 b, *Henry VIII.*

*in the scouring seas in this shippe apparell(ed) and takled after my Judgment as to my nature is appropriate, and accompanied for the suerty of my person with divers gentlemen and yeomen apt and active to any exercise that shall of them be demaunded ... and in token my minde is determined here to abide I haue cast out myne anchors ... Humbly beseeching your grace not to be miscontent that I so boldly haue enterprised arrivall without your gratious licence afore obteyned ... sith my comming my heart is somewhat reioyced for I see in mynde that noble couragious heartes are determined to haue my Ladye Somer in exercise of Chivalrie. And for to stirre them the sooner to the said feates I the Ladye Maie humbly beseech your grace to licence my poore servantes to exercise against all commers in waye of pleasure and pastime all such articles as hereafter enseweth."*[1]

Die Maifeier bleibt unter Königin Maria erlaubt, als andere Spiele verboten waren, und wird 1557 mit dem *Lord* und der *Lady of the May* begangen.[2]

Elisabeth hat entschieden ihres Vaters Sinn für das Volksthümliche geerbt. Im Schlosse zu Warwick[3] und später zu Cowdray[4] tanzen auf ihr Verlangen die Landleute ihre alten Tänze, an denen sie sich noch im vorgerückten Alter vergnügt.[5] Zu Kenilworth sieht sie eine ländliche Hochzeit,[6] und ein Jahr vor ihrem Tode feiert Elisabeth den 1. Mai auf dem Landsitze Sir Richard Buckleys.[7]

---

[1] Ralph Starkey, *Booke of certaine Triumphes*, Ms. Harl. 69, fol. 2 b. Die Handschrift enthält zahlreiche, 1617 hergestellte Abschriften von Originalberichten über Festlichkeiten an den Höfen Heinrichs VII. und Heinrichs VIII. — Die *Lady May* vertheilte auch die Preise in einem Tournier unter Heinrich VII., dessen poetische Beschreibung erhalten ist: *The Justes of the Moneths of May and June* (1507), ed. Hazlitt, *Remains of the Early Popular Poetry of England*. London 1864—1866, II 106 ff.

[2] Cotton. Ms. Vitellius F. V. bei Collier l. c. I 161 n.

[3] Nichols, *Progr. El.* I 319.

[4] Ebd. III 95.

[5] Brief des Grafen Worcester bei Nichols, *Progr. El.* III 597.

[6] Laneham, ebd. I 448.

[7] Brief Chamberlains bei Nichols, *Progr. El.* III 577. Sidneys kleines Drama *The Lady of the May* knüpft nur ganz äußerlich an den alten Brauch an und wird an anderer Stelle zu besprechen sein.

Vertreter der echt nationalen Übung des Bogenschießens, als deren unübertroffener Meister Robin Hood unter Heinrich VIII. gefeiert worden war, brachten der späteren Königin ihre Huldigung dar in einem von Sir Thomas Pope veranstalteten Aufzug.[1])

Auch Gestalten der Geisterwelt, mit welchen der Aberglaube des Volkes Feld und Wald belebte, fanden ihren Weg in die höfischen Maskeraden. Zu Elvetham tanzt die *Fayery Queene* mit ihrem Gefolge von singenden Elfen vor der Königin und überreicht mit poetischer Ansprache einen Kranz.[2])

Durch ganz äußerliche Umstände wurde das Auftreten der Elfen in den hauptsächlich von Churchyard inscenierten Spielen zu Norwich bedingt.[3]) Zwölf Wasser-Nymphen hätten Reden halten und Tänze aufführen sollen. Da jedoch durch ein gewaltiges Gewitter diese Darstellung verhindert und die Costüme vernichtet wurden, verwandelte Churchyard, um die Königin für das ausgefallene Spiel zu entschädigen, kurz entschlossen seine Nymphen in Elfen. Sieben derselben sagen ihre Verslein vor der Königin auf, dann tanzen sie alle unter Anführung des als Wassergeist verkleideten Dichters zum Klang ihrer Tamburine.

Auch in Hengrave-Hall, dem Besitze Sir Thomas Kidsons, überreichen die „*Phayries*" der Königin ein Kleinod.[4])

Volksthümlicher Humor und bäuerische Schlauheit treten in recht ergötzlicher Weise in einem Maskendialog hervor, der sich beim Empfang der Königin zu Harefield (1602) zwischen einem Vogt und einer Stallmagd entspann.[5]) Der erstere will den erwarteten „Fremden" den Weg in das Haus der Gräfin zeigen. Joan, die Magd, aber möchte sie überreden, in ihre eigene Hütte einzutreten, mit der festen Absicht, die feine Gesellschaft am nächsten Morgen mit Feldarbeit für die Bewirtung zahlen zu lassen. Endlich muss sie doch die Besucher zu ihrem größten Be-

---

[1]) Nichols, *Progr. El.* I 17.
[2]) Ebd. III 101 ff.
[3]) 1578; vgl. Churchyard, l. c. (bei Nichols, *Progr. El.* II 179 ff.).
[4]) Nichols, *Progr. El.* II 215.
[5]) Ebd. III 586 ff.

dauern ziehen lassen, nachdem sie, einigermaßen aus der Rolle fallend, „der besten Hausfrau" eine Heugabel und einen Rechen aus Gold überreicht hat.

Wir erinnern uns, dass gerade an die Gestalt der rothwangigen Stallmagd das sentimentale Interesse des Hofes anknüpfte. Als Elisabeth zu Woodstock in der Gefangenschaft ihrer Schwester lebte, hörte sie die Mägde singen und beneidete sie um ihr Los.[1])

*Charakter- und Nationalmasken.*

Den breitesten Raum nehmen unter den Hoffestlichkeiten des 16. Jahrhunderts jene ein, bei welchen der König und sein Gefolge in Charaktermasken erscheinen; noch unter Elisabeth können höchstens die mythologischen Auftritte den charakterisierenden einigermaßen den Rang streitig machen. Im Anschluss an diese sind die Nationalmasken zu behandeln, da man neben der Kleidung auch die nationalen Eigenthümlichkeiten fremder Völker beim Mummenschanz nachzuahmen suchte, soweit man sie kannte oder zu kennen glaubte.

Gern gesehen waren am Hofe Heinrichs vor allem Maskenzüge, welche fremde Völkertypen darstellten. Auf historische Treue der Costüme kam es dabei offenbar weniger an als auf eine möglichst phantastische und von der modernen Kleidung abstechende Ausstaffierung der Maskierten. Woher hätte man auch Vorlagen für die Kleidung der Tataren[2]) nehmen sollen, oder für die Costüme der Kurländer und Esthländer,[3]) mit welchen Heinrich 1520 vor der Königin von Frankreich erscheint? Sogar die Ultima Thule entsendet ihre Kinder zu den Lustbarkeiten des Königs: „*there garmentes were long after the fashion of Iseland, and these persones had visers with syluer berdes*".[4])

Eine wahre Musterkarte von Nationen trat zur Fastnacht 1510 auf: der König und Graf Essex erschienen als Türken; sie sind begleitet von Russen, Preußen u. s. w.[5])

---

[1]) Nichols, *Progr. El.* I 11.
[2]) „*A Booke of the Kings Revell stuff, being in the charge of John Farlyon*" bei Collier, *Hist. Dram. Poetry* I 80. *Letters and Papers ... of Henry VIII.* II 1517.
[3]) Hall, fol. 80, *Henry VIII.*
[4]) Ebd. fol. 157b.
[5]) Ebd. fol. 6; *The Shakespeare Society's Papers* III 89.

Mit besonderer Vorliebe maskierten sich die vornehmen Leute — auch die Damen — als Neger und Negerinnen; so gab es gleich bei der eben erwähnten Festlichkeit sechs schwarze Schönheiten, und noch 1541 tanzten zur Ergötzung des alternden Königs acht Mohren.[1] Die schwarzen Gesellen kehren wieder am Hofe Edwards VI., allein und in Gesellschaft von Türken und Zigeunern.[2] Vor Königin Maria zogen einmal türkische Edle in Begleitung von türkischen Bogenschützen auf, dann wieder Negerinnen, Polen *(Pollenders)* u. dgl. m.[3] Bei dem Maskenfest Heinrichs von 1541 erschienen auch Deutsche *(Almaynes)*, für deren Costüme wir wohl am ehesten noch historische Treue voraussetzen dürfen; Meister Holbein lebte ja zu dieser Zeit am Hofe Heinrichs und wurde zur decorativen Ausschmückung so mancher Maskerade herangezogen.[4]

Deutsche spielten noch eine Rolle in andern Aufführungen vor Heinrich VIII.,[5] Edward VI.[6] und in der unter Königin Maria 1557 veranstalteten *„notorious maske of Almaynes, Pilgrymes, and Irishemen, with their insidents and accomplishes accordingly"*.[7]

Es mag füglich befremden, wenn neben ganz exotischen Costümen, wie denen der Türken und Tataren, auch die irische Kleidung als so auffallend galt, dass sie mit Effect beim Mummenschanz verwendet werden konnte. Dem Londoner galten eben damals, wie noch erheblich später, die Irländer ebenso als fremde und wilde Nation wie die Tataren. So war es zu Beginn der Regierung Heinrichs VIII., als man in ein Inventar der Maskenkleider des Königs eintrug: *„mantles according to the Irish fashion"*.[8] Die Erfolge

---

[1] *Archaeologia* XVIII 325.
[2] *Loseley Manuscripts*, ed. Kempe 1836, pp. 75, 80.
[3] Ebd. pp. 91, 92.
[4] Auch anlässlich der Krönung der Anna Boleyn wurde Holbein von den in London lebenden deutschen Kaufherren beauftragt, ein Schaugerüst mit allegorischen Darstellungen zu zieren *(Allgemeine Deutsche Biographie)*.
[5] Hall, fol. 8 b (1510). *Letters and Papers ... of Henry VIII.* III 1550.
[6] Für deutsche Frauen *(„frowes")* sind bei dieser Gelegenheit gleichfalls Maskenkleider vorgesehen: *Loseley Manuscripts*, ed. Kempe 1836, p. 75.
[7] Collier, *Hist. Dram. Poetry* I 163.
[8] Ebd. I 80. *Letters and Papers ... of Henry VIII.* II 1517.

Heinrichs in diesem Lande und die Annahme des Titels eines Königs von Irland änderten nichts an der Sache, so dass unter den Masken im Gefolge des *Lord of Misrule*, welcher zu Weihnachten 1551 seine fröhliche Herrschaft begann, wiederum ein Ire und eine Irin erscheinen konnten.[1] Unter Königin Maria sind wir diesen Gestalten schon begegnet und wir werden sie in den Maskenspielen Ben Jonsons wiederfinden.

Gegen die Nationalmasken bleiben die eigentlichen Charaktermasken, obwohl in den Mummereien Richards II. oder bei Lydgate gut vorbereitet, anfangs an Häufigkeit weit zurück. Einmal treten acht Pilger in ihrer traditionellen Tracht auf,[2] ein andermal einige Schiffer;[3] oder eine Truppe in altmodischen Costümen stellt alte Leute dar.[4] Im Gegensatz zu den Prunkgewändern anderer Maskierter stehen die Mönchskutten bei einer Aufführung zu Greenwich[5] oder die Einsiedlerkleider des Königs und des Herzogs von Suffolk bei einem Tournier.[6]

Edward VI. scheint schon mehr Vorliebe für das Charakteristische gehegt zu haben. George Ferrers inscenierte für ihn (1551) „*a dronken maske*";[7] Bettelmönche, Pilger und Eremiten,[8] Jäger und Sackpfeifer[9] treten zu seiner Unterhaltung auf. Unter Königin Maria wird diese Richtung weiter gepflegt, und wir finden Masken von Galeerensclaven und ihren Herren,[10] von Schiffern[11] u. s. w. Eine „*mask of covetus men with long noses*" und eine gleichzeitig aufge-

---

[1] Collier I 153; *Archaeologia* XVIII 319.

[2] Collier, *Hist. Dram. Poetry* I 80. *Letters and Papers ... of Henry VIII.* II 1517.

[3] *Archaeologia* XVIII 325. *Loseley Manuscripts*, ed. Kempe 1836, p. 71.

[4] Hall, fol. 80. Heinrich machte sich übrigens gelegentlich das neronische Vergnügen, die wirklich alten Herren seines Hofes tanzen zu lassen: Hall, fol. 69.

[5] *Letters and Papers ... of Henry VIII.* III 1556.

[6] Hall, fol. 46 b.

[7] *Loseley Manuscripts* p. 28.

[8] Ebd. pp. 75, 81.

[9] Ebd. p. 89; *Archaeologia* XVIII 319.

[10] *Loseley Manuscripts* p. 90.

[11] Ebd. p. 91.

führte „*of men like Argus*"[1]) erinnert uns an die Antimaske der Neugierigen in Jonsons *Time Vindicated*.

Unter Elisabeth treten die Nationalmasken vor der bunten Menge der verschiedenartigsten Charaktermasken vollends in den Hintergrund. Gelegentlich erscheinen noch Mohren[2]) und Irländer;[3]) als die Königin 1602 Sir Robert Cecil besucht, überreicht ihr ein Türke einen reich gestickten Mantel.[4])

Venetianer treten auf bei der Doppelhochzeit, die zwischen den Familien des Viscount Mountacute und des Sir William Dormer um 1575 gefeiert wurde.[5]) Acht Verwandte Mountacutes hatten sich verabredet, bei dieser Gelegenheit in venetianischen Costümen zu erscheinen, und Gascoigne wurde aufgefordert, zu diesem Maskenzug eine erklärende Rede zu verfassen. Er ließ einen Knaben auftreten, welcher in einer wirklich spannend geführten Erzählung seine Schicksale schildert: Seine Mutter war eine Mountacute; sein Vater, ein Mounthermer, sei im Kriege gegen die Türken gefallen, er selbst gefangen worden. Venetianer von dem verwandten Geschlecht der Montagues hätten ihn in der Schlacht von Lepanto gerettet. Auf ihrer Heimreise seien sie durch widrige Winde nach England verschlagen worden und hätten von der Hochzeit im Hause Mountacute gehört. Man muss gestehen, dass Gascoigne aus dem Thema, das ihm mit dem einen Worte „Venetianer" gegeben war, das Möglichste gemacht hat.

Das Verschwinden der Völkertypen aus dem Repertoire der Maskeraden dürfen wir gewiss zum Theil auf Rechnung der durch Reisen englischer Seefahrer und Besuche vieler Gesandter in England fortschreitenden und sich vertiefenden Bekanntschaft mit fremden Völkern setzen. Die fremdartigen Costüme, welche früher das naive Erstaunen und die Bewunderung der Engländer erweckt hatten, fielen jetzt nicht mehr in dem Maße auf und reizten daher auch nicht mehr zur Nachahmung im Mummenschanz.

---

[1]) *Loseley Manuscripts* p. 92.
[2]) Cunningham, *Extracts*, pp. 8, 37, 147.
[3]) Ebd. p. 89.
[4]) Collier, *Hist. Dram. Poetry* I 312; vgl. Cunningham, *Extracts*, pp. 10, 21.
[5]) Zwischen 1571 und 1577: vgl. Gascoigne, ed. Hazlitt, I 77.

Wenn die Charaktermaske gegen alle andern, auch die allegorisierende Gattung unter Elisabeth einen so mächtigen Vorstoß thut, so zeigt sich hier im kleinen die Entwickelung, welche das englische Drama im allgemeinen in dieser Epoche durchmachte: aus den allegorisierenden und verallgemeinernden Moralitäten reift das charakterisierende Drama heran.

Bei einer Nation, deren Machtstellung sosehr durch die Herrschaft über den Ocean bedingt ist, finden wir es begreiflich, wenn auch im heiteren Spiel oft der Männer gedacht wird, denen sie ihre Größe verdankt: der Schiffer ist eine ständige Figur in den Maskeraden unter Elisabeth.[1]

Der verwandte und den Engländern seit jeher sympathische Beruf des Fischers sandte gleichfalls seine Vertreter zu den Hoffestlichkeiten. So wurde 1573 eine *Mask of Fishers* mit sehr realistischer Ausstattung aufgeführt,[2] und Lord Montecute (Mountague) unterhielt 1591 die Königin mit einem lustigen Zwiegespräch zwischen einem Fischer und einem Angler.[3]

Die primitiven Stände sind ferner vertreten durch Jäger[4] und durch den Gärtner in einer zu Theobalds 1591 gesprochenen Maskenrede George Peeles. Der Mann hat im Garten ein Kästchen mit kostbarem Inhalt ausgegraben, dessen Besitz ihm ein Maulwurfsjäger streitig macht. Endlich einigen sich die beiden, den Schatz der Königin zu widmen.[5]

Den Wehrstand verkörpern *Lanceknightes*[6] (Lanzknechte), Krieger mit Arkebusen[7] und Ritter in voller Rüstung.[8]

Aus dem Handelsstand entnahm man die Figuren der Hausierer und ließ sie allerhand Tand, wie Spiegel, Hand-

---

[1] Cunningham, *Extracts*, pp. 34, 35, 44, 68, 84, 178. Nichols, *Progr. El.* III 570 (*Lottery at Harefield*, von John Davys; vgl. *The Shakespeare Society's Papers* II 65 ff. *Calendar of State Papers, Domestic* 1601—1603, p. 264).

[2] Cunningham, *Extracts*, p. 34 f.

[3] Nichols, *Progr. El.* III 90 ff.

[4] Cunningham, *Extracts*, pp. 51, 53, 56, 59.

[5] *The Dramatic and Poetical Works of Robert Greene and George Peele... By Alex. Dyce.* London 1861, p. 578 ff.

[6] Cunningham, *Extracts*, p. 51.

[7] Ebd. p. 68.

[8] Ebd. pp. 127—130.

schuhe, Nadeln, unter die Zuschauer vertheilen, wohl mit poetischen Beigaben.[1])

Eine Gestalt aus dem Alltagsleben ist ferner der Pförtner, welcher zu Kenilworth eine poetische Rede[2]) an die einziehende Königin richtet. Der riesenhafte Mann wüthet und tobt über die bunte, laute Menge, als sie Einlass in das Schloss verlangt, und ist geneigt, alle abzuweisen, bis ihn ein Blick in das hoheitsvolle Angesicht der Königin milder stimmt und ihn bewegt, seine Keule und die Schlüssel des Schlosses der hohen Frau zu übergeben. Auch bei den Festen des Lord Mountague zu Cowdray empfängt ein Pförtner, der Keule und goldene Schlüssel trägt und zwischen zwei aus Holz geschnitzten Thorhütern steht, die Königin mit einer Rede. Er erzählt von einer alten Prophezeiung, dass die Mauern des Schlosses wanken würden, bis die weiseste, schönste und glücklichste Frau die Schwelle überschreite. Seine beiden Genossen hätten dies nicht zu erleben gehofft und seien in Schlaf versunken. Er allein sehe sein treues Warten belohnt, jetzt, da Elisabeth einzieht und die Mauern des Schlosses für immer feststehen.[3])

Das beschauliche Leben stellt zum Personenverzeichnis der Maskeraden eine sehr beliebte Figur bei: den Eremiten. Ein solcher trat 1591 vor die Königin, als sie Lord Burghley in Theobalds besuchte, um ihn von seinem Entschluss, dem öffentlichen Leben zu entsagen, abzubringen. Der fromme Mann — Robert Cecil stak in dieser Maske — trägt ein Gedicht George Peeles vor und führt bei der Königin Klage, dass sein Herr, Burghley, ihn aus seiner Zelle verdrängt habe, um dort seinen traurigen Gedanken über den Tod von Mutter, Tochter und Gemahlin nachzu-

---

[1]) Cunningham, *Extracts*, pp. 84, 87—89, 97; „*ffayer wryting of pozies for the Mask*“, ebd. p. 88.

[2]) Verfasst von Master Badger (Laneham p. 8, Gascoigne, ed. Hazlitt, p. 98).

[3]) *The Honorable Entertainment given to her Majestie... at Cowdray... by... the Lord Montecute, anno 1591*. Gedruckt bei Nichols, *Progr. El.* III 90 ff. Eine englische Miniatur des 14. Jahrhunderts bei Lacroix (*Mœurs, usages et costumes au moyen âge et à l'époque de la renaissance*, pag. 567, Paris 1871) stellt einen Pförtner mit den erwähnten Attributen seines Standes dar.

hängen. Der Eremit überreicht dann ein Lobgedicht auf Elisabeth, welches ihm angeblich Sibilla eingehändigt hatte, und bittet die Königin, ihm wieder zu seiner Zelle zu verhelfen und Burghley an den Hof zu ziehen.[1]

Eine Fortsetzung dieser Maskenrede hat Sir Robert Cecil selbst verfasst und 1594 zu Theobalds vorgetragen.[2] Der Eremit stellt sich als derselbe vor, dem die Königin 1591 seine Zelle wieder verschafft hätte. Heute bitte er sie, sich beim jungen Cecil zu verwenden, damit ihm sein Heim erhalten bleibe, wenn sein alter Herr einmal stürbe. Schließlich überreicht er eine Glocke aus Gold, ein Gebetbuch und eine Kerze.

Ein Eremit erzählt auch zu Woodstock 1575 vor der Königin die hyperromantische Geschichte von der schönen Gandina und dem braven Contarenus; mit ihrem Schicksal ist sein eigenes eng verflochten.[3]

Im Contrast zu den Vertretern der vita activa erscheint der Eremit in den Maskenreden, welche zur Einleitung des vom Grafen Essex am 17. November 1595 veranstalteten Tourniers dienen. Als der Graf in die Schranken reitet, begegnen ihm ein Einsiedler, ein Staatsmann, ein Soldat und ein Knappe. Die drei ersten suchen ihn zu jener Lebensführung und jenem Berufe zu bekehren, der ihnen als der einzig richtige gilt. Nach dem Bankett treten diese Personen nochmals auf und trachten den

---

[1] Collier, *Hist. Dram. Poetry* I 275. *The Dramatic and Poetical Works of Robert Greene and George Peele... By Alexander Dyce.* London 1861, p. 577 f.

[2] *The Hermit's Oration at Theobalds. Penned by Sir Robert Cecil.* Ms. Rawlinson, Oxford, vol. 1340, Nr. 55, fol. 19. Gedruckt bei Nichols, *Progr. El.* III 241 ff.

[3] Die Erzählung ist nicht, wie unbegreiflicherweise immer angenommen wurde, von Gascoigne, der sie nur ins Französische, Italienische und Lateinische übersetzt und in dieser Gestalt der Königin widmet. Die Worte des Übersetzers (Gascoigne, ed. Hazlitt, II 139) lassen darüber gar keinen Zweifel aufkommen. Die englische und lateinische Fassung sind auch gedruckt in: „*A Paradoxe, Prouing... that Baldnesse is much better than bushie haire... Written by... Synesius... Englished by Abraham Fleming. Hereunto is annexed the pleasant tale of Hemetes the Heremite... Newly recognised both in Latine and Englishe, by the said A. F.*" s. l. (London) 1579. 8°. Indes nimmt auch Fleming die Erzählung nicht ausdrücklich für sich in Anspruch.

Grafen vom Minnedienst abzureden. Der Eremit preist ihm das beschauliche Leben, der Politiker die Staatskunst, der Soldat den Krieg. Aber der Knappe fertigt sie alle ab mit dem Bescheid, sein Herr, Erophilus (Essex), werde nie dem Dienste seiner Gebieterin (natürlich Elisabeth) entsagen.

Kein geringerer als Francis Bacon ist Verfasser dieser Auftritte. Wir werden seinem Namen noch oft in der Geschichte des Maskenspieles begegnen; die eben geschilderten Scenen[1]) schrieb er im Dienste seines Patrons, gegen den er sich später so schmählich undankbar erwies.

Eine verwandte Figur, der Pilger, erschien gleichfalls öfters in den Maskeraden bei Hofe.[2]) Die Gestalt war den Verfassern von Maskenreden schon so geläufig, dass ihr ohne jede Rücksicht auf ihren Charakter die verschiedenartigsten Erzählungen in den Mund gelegt wurden. So tritt zu Cowdray ein Pilger vor die Königin und erzählt in gewandter Prosa, dass ihm ganz in der Nähe eine prächtige Eiche aufgefallen sei; als er sie aber aus der Nähe betrachten wollte, habe er von einem *„rough-hewed ruffian"* fürchterliche Prügel bekommen. Dann hätte er eine entsetzlich geschwätzige Dame getroffen, die sich Friede nannte: *„I wondred that Peace could never holde her peace. I cannot persuade myself, since that time, but that there is a waspe's nest in mine eares."* Dann will er die Königin zu diesen zwei sonderbaren Wesen geleiten; ihr gegenüber würden sie sich gewiss gefügiger zeigen. Wirklich hält

---

[1]) Erhalten in Gibsons Papieren in der Bibliothek zu Lambeth (vol. V, Nr. 118) und in dem von Spedding (London 1870) für *„A Conference of Pleasure"* benutzten Manuscript des Herzogs von Northumberland. Gedruckt von Birch in *Letters, Speeches etc. of Francis Bacon*; bei Nichols, *Progr. El.* III 372; *The Works of Francis Bacon*, edd. Spedding, Ellis, Heath 1858—1874, VIII 376 ff. (mit Fragmenten erster Entwürfe). Eine anscheinend unbeachtete Fortsetzung dieses Auftrittes in den Abschriften, welche Birch aus den Papieren Bischof Gibsons anfertigte (Brit. Mus., Ms. Add. 4164, fol. 167). Die Personen sind dieselben. Sonst unzusammenhängend und kaum lesenswert, wohl auch unvollständig. *„A newe Ballad of the honorable Order of running at Tilt at Whitehall, the 17th of November 1595"* erscheint in den *Books of the Stationers' Company* (ed. Arber, III 5). Vgl. auch Rowland Whites Brief bei Nichols, l. c.; *The Works of Francis Bacon*, edd. Spedding, Ellis, Heath VIII 374.

[2]) Cunningham, *Extracts*, pp. 35, 85.

der „wilde Mann" eine lange Rede und erklärt die an dem Baume hängenden Wappen der Edelleute von Sussex; die Königin vergleicht er mit der Eiche. *Lady Peace* kommt aber nicht mehr vor.[1]

Sonst legt man begrüßende oder erklärende Reden auch gern einem Dichter in den Mund, der dann gewöhnlich in der traditionellen Tracht seines Standes, geschmückt mit dem Lorbeerkranz, erscheint.[2] Zu Kenilworth spricht ein Dichter lateinische Verse zur Erklärung der von den Göttern für ihren Liebling Elisabeth gesandten Geschenke.[3]

Wenn der ernste Stand des Arztes gelegentlich zur Unterhaltung des Hofes herhalten musste,[4] so ist es begreiflich, wenn dessen Caricatur, der Marktschreier und Curpfuscher, als komische Maske später beliebt wurde.

Ein recht sorgfältig ausgeführtes Genrebildchen aus dem Hofleben, verfasst von John Davies, wurde gelegentlich eines Besuches der Königin bei Sir Robert Cecil aufgeführt. Ein Bote hat einen Brief des Kaisers von China an die Königin zu bestellen, will ihn aber lieber dem Secretär übergeben. Der Thürsteher räth ihm, doch geradewegs zur Königin zu gehen. Die Zweifel des Boten, ob Elisabeth den Brief oder die beigefügte Übersetzung in eine abendländische Sprache verstehen werde, und ob sie auch für einen so geringen Mann zu sprechen sei, werden von dem Thürsteher benutzt, um den Preis der Herrscherin zu verkünden: sie spricht und versteht alle Sprachen der

---

[1] *The ... Entertainment ... at Cowdray* bei Nichols, *Progr. El.* III 92 ff. Zu erinnern ist, dass wilde Männer häufig als Schildhalter *(supporters)* in den Wappen vorkommen.

[2] Cunningham, *Extracts*, p. 56. Zu Elvetham: Nichols, *Progr. El.* III 101.

[3] Die Verse, welche Gascoigne (p. 95 sq.) mittheilt, sind nach seinem Zeugnis von Muncaster. Danach wäre man versucht, mit Furnivall *(Jahrbuch der Shakespeare-Gesellschaft* XXVII 259) die von Laneham (p. 14) überlieferten dem „Mr. Paten" zuzuschreiben, welcher nach Gascoigne Verse über denselben Gegenstand schrieb. Doch erscheinen ganze Verse und viele Ausdrücke in beiden Gedichten, und da bei einer solchen Gelegenheit ein Plagiat doch sofort bemerkt worden wäre, müssen wir wohl annehmen, dass einer der Geschichtschreiber der Festlichkeiten zu Kenilworth die zwei Gedichte contaminierte.

[4] Cunningham, *Extracts*, p. 88.

Welt, welche wert sind, gesprochen und verstanden zu werden; sie ist für den geringsten Mann zu sprechen und voll Güte gegen jeden. So entschließt sich der Bote, den Brief der Königin selbst zu überreichen.[1])

Ein wohlbekannter, in den Lustspielen jener Zeit scharf charakterisierter Typus, der phantastische, den Italiener spielende Prahlhans *Monarcho,* scheint auch bei Maskeraden eine Rolle gespielt zu haben. Wenigstens finden wir in Cunninghams *Extracts*[2]) eine Rechnung für prächtige Kleider, die für einen solchen *Monark* angeschafft wurden. Die Fremdländerei dieser Narren kam ja auch in ihrem wahnwitzigen Kleiderprunk zum Ausdruck, und Thomas Churchyard geißelt diese Modethorheit in *The Phantastical Monarch's Epitaph:*

„*On gallant robes his greatest glory stood*"[3]) etc.

Eine Gruppe von Charaktermasken sei besonders hervorgehoben, da sie mit einer literarischen Strömung, die unter Elisabeth und Jakob I. sich besonders mächtig erweist, im engsten Zusammenhang steht.

Die Schäferdichtung kam durch Alexander Barclay und Robert Henryson zu Anfang des 16. Jahrhunderts nach England, wurde aber von den literarischen Kreisen nicht gleich recipiert, sondern blieb gleichsam latent, bis sie in den Eklogen Barnabe Googes und namentlich durch Spensers *Shepherd's Calendar* (1579) zum Durchbruch kam. Dann aber schoss die italienische Saat umso üppiger in die

---

[1]) *A Conference betweene a Gent. Huisher and a Post, before the Queene, at Mr. Secretarye's House.* Ms. Harl. 286, fol. 248. Gedruckt bei Nichols, *Progr. El.* III 76. Nach Nichols wäre die Scene zu Theobalds im Jahre 1591 aufgeführt worden. Das ist gewiss unrichtig; denn „*Mr. Secretary*" ist Burghleys Sohn, Robert Cecil, der spätere Earl of Salisbury, und der Dialog wurde augenscheinlich am 6. December 1602 gesprochen, als ihn Elisabeth in seinem neuen Hause am „*Strand*" besuchte; vgl. den Brief Chamberlains bei Nichols, *Progr. El.*[1] II, Sign. *D* 8, und Collier, *Hist. Dram. Poetry* I 800, 812 f. Der dort gleichfalls erwähnte „*pretty Dialogue of John Davies, 'twixt a Maid, a Widow, and a Wife*", welcher von Nichols und Collier vergeblich gesucht wurde, steht in Davisons *Poetical Rhapsody*, ed. 1826, p. 12.

[2]) p. 45.

[3]) Vgl. *Love's Labour's Lost* IV 1; Nashe, *Have with you to Saffron Walden* (ed. Grosart, vol. III).

Halme und verbreitete sich über das ganze weite Feld der elisabethanischen Literatur. Wie das höhere Drama von dieser Richtung ergriffen wurde,[1]) so blieb auch die Kleinkunst der Maskendichtung von ihr nicht unberührt.

Unter Heinrich VIII. hören wir von einem einzigen Schäferaufzug. Es ist die berühmte Maskerade des Königs bei Cardinal Wolsey, welche Shakespeare in *Henry VIII.* auf die Bühne bringt.[2]) Einen genauen Bericht über das Fest konnte der Dichter bei Cavendish oder Holinshed[3]) lesen. Die Einzelheiten, welche diese Gewährsmänner über die Art der Aufführung dieser Maskerade überliefern, werden später heranzuziehen sein. Hier sei nur bemerkt, dass die Costüme allein dem Schäferleben entnommen waren, sonst aber nicht der leiseste Versuch gemacht wurde, die Maskierten als Schäfer zu charakterisieren.

Die wenigen pastoralen Maskeraden, welche bei den Bereisungen des Landes vor Elisabeth aufgeführt wurden, gehören meist der realistischen Richtung der Schäferdichtung an: sie schildern das Leben der Hirten ohne an ihm das später allgemeine sentimentale Interesse zu nehmen, ohne seine Einfachheit und Schlichtheit mit der unruhigen Lebensführung des Städters und besonders des Höflings zu contrastieren.

Hieher gehört das Auftreten des *Great Constable and Commandadore of Cotsholde* zu Sudeley.[4]) Der Wackere spricht „nur *the Rammish tongue*" und ladet daher die Königin durch seinen Dolmetsch ein, die ihr zu Ehren von den Schäfern veranstalteten Spiele zu sehen. Diese bestehen aus einem Gespräch zwischen Meliboeus, Nisa und Cutter of Cotsholde. Die zwei ersteren sind nach dem uralten Recht des *rex fabarum* durch die Bohne und die Erbse,

---

[1]) Vgl. Homer Smith, *Pastoral Influence in the English Drama*. Public. of the Mod. Lang. Assoc. XII.

[2]) *Henry VIII.*, Act I 4.

[3]) Cavendish, *Life of Master Thomas Wolsey*, ed. Singer, p. 112 ff. London 1827. Holinshed, *Chronicles* III 921. Beidemale ohne Datum. Nach Hall (f. 154b) fand das Maskenfest statt am 3. Jänner 1527.

[4]) *Speeches delivered to her Majestic ... at the ... Lady Russel's at Bissam; the ... Lorde Chandos' at Sudeley; and the ... Lord Norris's at Ricorte*. Oxforde 1592. Abgedruckt bei Nichols, *Progr. El.* III 130 ff. und 168 ff.

welche sie in ihrem Kuchen fanden, König und Königin geworden und machen von ihrer Macht Gebrauch, um Fragen zu stellen und Befehle zu geben. Die dem Bohnenkönig ertheilten Antworten sind drollig genug, und die Befehle der Nisa gipfeln in der Aufforderung an den Schäfer Doris, ein Liebeslied zu singen. Der Cutter of Cotsholde spielt in dieser Scene die Rolle des Narren.

Endlich liest Meliboeus in einem Almanach, dass gerade an diesem Tage um vier Uhr „das Wunder der Welt" erscheinen soll. Daraufhin erkennen die Schäfer die Königin und bringen ihr ihre Huldigung dar.

Den Preis des Schäferlebens, doch ohne Seitenblicke auf das Leben der Städter, verkündigt ein alter Schäfer bei der Begrüßung der Königin zu Sudeley; er überreicht eine Flocke der reinsten Wolle.[1]

Die leidige Mythologie spielt in eine sonst ganz köstliche Scene zwischen Pan und zwei jungen Schäferinnen hinein, welche Elisabeth auf derselben Bereisung zu Bissam zu sehen bekam.[2] Pans Liebeswerbungen werden schnippisch abgewiesen, und die spröden Schäferinnen heißen ihn gehen; denn bald käme die Königin: *„run downe, Pan, the hill in all hast; and though thou breake thy necke to give our mother warning, it is no matter."* Pan aber bleibt und huldigt der Königin. Der Dialog dieses Auftrittes ist ungemein belebt und könnte einer Antimaske Jonsons angehören.

Auf einen kurzen Schäferdialog Sir Philip Sidneys, zu Wilton aufgeführt,[3] lässt sich dagegen der Tadel Ben Jonsons anwenden, dass dieser Dichter alle seine Personen so schön sprechen lasse, wie er selbst zu reden gewohnt war. Will fordert den Dick zur Fröhlichkeit auf, in welche dieser, von unglücklicher Liebe gepeinigt, nicht einstimmen kann. Seine Liebesklagen sind im ausgesprochensten Concetti-Stil gehalten.

Der am sorgfältigsten ausgeführte pastorale Auftritt

---

[1] Nichols, *Progr. El.* III 186.
[2] Ebd. III 183.
[3] *A Dialogue between two Shepherds. Vttered in a Pastorall Show at Wilton.* (*The Complete Poems of Sir Philip Sidney*, ed. by Alex. B. Grosart 1878, vol. I, p. 207.) Jonsons Kritik: *Conversations with Drummond*, London 1842, p. 2.

unter Elisabeth ist Sidneys *The Lady of May*.[1]) Als die Königin im Garten zu Wanstead sich ergeht, tritt eine Bäuerin vor sie mit der Bitte um Hilfe. Ihre Tochter habe zwei Freier, zwischen welchen sie noch nicht gewählt hätte. Die beiden jungen Männer und ihre Anhänger seien nahe daran, handgemein zu werden, und nur die Königin könne noch das Unheil abwenden. Da kommen auch schon sechs Schäfer und sechs Jäger aus einem Gehölz hervorgestürmt, in ihrer Mitte das Mädchen, um welches der Streit entbrannt ist. Beim Anblick der Königin halten sie ein, und ein alter Schäfer, Lalus, beginnt im Verein mit der komischen Figur des Stückes, dem pedantischen Schulmeister Rombus, eine langathmige Darlegung des Streitfalles. Der Schulmeister wird von dem Mädchen unterbrochen, welches der Königin seine Huldigung darbringt, und sie naiv aufmerksam macht, seine Ergebenheit nicht gering anzuschlagen; denn durch die Wahl der Hirten stehe eine Königin vor Elisabeth, keine geringere als die *Lady of May*. Dann klagt sie, dass sie sich für keinen ihrer Freier entscheiden könnte: nicht für den feurigen und etwas zu ungestümen Jäger Therion, noch für den sanften, aber langweiligen Schäfer Espilus. Die Königin möge ihr rathen, zuvor aber anhören, was die beiden Liebhaber im poetischen Wettstreit für sich vorzubringen hätten. Über diese Gesänge und die Vorzüge ihres Standes entspinnt sich aufs neue ein Streit zwischen dem Schäfer Dorcas und dem Jäger Rixus. Der erstere schlägt dabei ein Thema an, welches mit wenigen Ausnahmen die gesammte Schäferdichtung beherrscht: der Preis des Hirtenlebens im Gegensatz zum Hofleben.

Elisabeth fällt ihr Urtheil zu Gunsten des Espilus, und dieser feiert seinen Sieg in einem Lied, während Therion in dem Gedanken Trost findet, dass die Königin sein Unglück gewollt habe.[2])

---

[1]) 1578. Die Bezeichnung „*A Masque*" hat wohl erst der Herausgeber der Werke Sidneys von 1724 hinzugefügt (vol. III, p. 169). Sie findet sich nicht in der Ausgabe der *Arcadia* von 1598, in deren Anhang das Gedicht zuerst erschien, und fehlt noch in der achten Auflage dieses Romanes (1633).

[2]) Die letzten zwei Verse der dritten Strophe sind doch jedenfalls dem Therion zuzuweisen!

*Thiermasken.*

Die Thiermasken, welche wir aus der ersten bezeugten Mummerei unter Edward III. kennen, kehren unter Edward VI. wieder; er ließ eine *Mask of Cats* aufführen, und auch seine Schwester Marie ergötzte sich an den Sprüngen und Capriolen einiger als Paviane herausstaffierter Diener.¹) Unter Elisabeth belustigte man sich mit einer Maskerade, in welcher Affen erscheinen,²) und das aus den *pageants* wohlbekannte Ungeheuer³) oder der Drache hatte seine Rolle noch nicht ausgespielt.⁴) Auch die *historye of the Cenofalles (Cynocephali)*, im Jahre 1577 vor Elisabeth aufgeführt, wird wohl eine Maske gewesen sein.⁵)

*Mythologische Maskeraden.*

Ganz vereinzelt begegnen wir vor Elisabeths Regierung einer Gattung von Masken, welcher geradezu die Zukunft gehörte, der mythologischen.

Ein *Triumph of Venus and Mars, with their pageants, maskes, and other furniture*, verfasst von Sir George Howard, und gelegentlich auch *The Triumph of Cupid* benannt, wurde unter Mitwirkung des *Lord of Misrule* am 6. Jänner 1553 aufgeführt.⁶) Den Inhalt einer Scene dieses Stückes geben die *Loseley Papers* mit folgenden Worten an: „*Venus to come in with a maysk of ladies, and to reskue Cupide from the Marshall.*" Das Publicum dürfte also auch hier mitgespielt haben. Ein andermal erscheint vor einem Tournier Pallas und stellt Heinrich VIII. die Ritter, welche in die Schranken treten wollen, als ihre Schüler vor. Die Gegner derselben werden als Diener der Diana bezeichnet.⁷)

Vor Philipp und Marie gab es zu Weihnachten 1554/55 *a mask of 6 Venuses or amorous ladies with 6 cupids and 6 torchbearers to them*, ungefähr zu derselben Zeit *a maske of women like Diana hunting*.⁸) Man sieht aus den beigefügten Erklärungen, dass die Schöpfungen der Antike sich seit Lydgates confuser Verwendung der Mythologie noch immer nicht recht eingebürgert hatten.

---

¹) *Loseley Manuscripts*, p. 87, 92.
²) Cunningham, *Extracts*, p. 35 (1573).
³) Vgl. Shakespeare, *Troilus and Cressida* III 2, 81.
⁴) Cunningham, *Extracts*, p. 34 f, 54, 59.
⁵) Ebd. p. 102, 109, 110, 223.
⁶) *Loseley Manuscripts*, ed. Kempe 1836, pp. 40 ff., 53.
⁷) Hall, fol. 5, *Henry VIII*.
⁸) *Loseley Manuscripts*, p. 90, 92.

Sonst können wir noch die recht häufig[1]) erscheinenden „wilden Männer" theilweise zu den mythologischen Gestalten zählen. Wir sind diesen Masken schon unter Edward III. begegnet und haben die Bezeichnung *wodewose (woodhouses)* bereits im Angelsächsischen belegen können. Dies macht es wahrscheinlich, dass in den ersten Zeugnissen noch nicht die Halbgötter der classischen Mythologie, Faune oder Satyre, gemeint sind, sondern menschliche, durch den Aufenthalt im Walde verwilderte Wesen. Unter Heinrich dürfen wir wohl den Einfluss der antiken Mythologie schon für so mächtig halten, dass diese realen Gestalten oft zu heidnischen Göttern umgedeutet wurden. Aber noch der *hombre saluagio*, welcher zu Kenilworth vor der Königin das Zwiegespräch mit dem Echo führt,[2]) und sein Sohn *Audax* sind späte Nachkommen jener wilden Gesellen aus dem Walde. Zu Cowdray wurde noch 1591 einem Waldmenschen die Erklärung der Wappen des Adels von Sussex übertragen.[3]) Dieser Wilde ist, wie bereits bemerkt, wohl eine heraldische Gestalt, der Schildhalter.

Unter Elisabeth nahm dann die mythologische Maskerade plötzlich einen ungeahnten Aufschwung, bedingt durch die Vertiefung und Verbreitung der classischen Bildung, auf Grund welcher der Maskendichter erst auf ein sicheres Verständnis bei seinen Zuhörern rechnen durfte. Die Mode, bei den kleinsten Festlichkeiten alle Götter des Alterthums aufzubieten, nahm so überhand, dass Warton sich keiner allzu großen Übertreibung schuldig macht, wenn er behauptet, auch die Zuckerbäcker jener Zeit hätten ihre Mythologie eingehend studieren müssen.

Wenn wir daher 1573 von einer *Mask of Wyldemen* hören,[4]) welche Süßigkeiten in Körbchen vertheilten, so können wir getrost annehmen, dass sie hier schon als Faune und Satyre auftraten. Zu Kenilworth hielt ein naher Verwandter dieser Gestalten, „*Sylvanus, a poore Rurall God*", die Abschiedsrede an die scheidende Elisabeth: er sei im

---

[1]) Vgl. *Shakespeare Society's Papers* III 91. *Loseley Manuscripts*, ed. Kempe 1836, pp. 78, 87 u. s. w.
[2]) Laneham, *Letter*, p. 18; Gascoigne, *Princelie Pleasures*, p. 96 ff.
[3]) Vgl. oben p. 43.
[4]) Cunningham, *Extracts*, pp. 55, 56.

Olymp gewesen, im „Rathzimmer" der Götter, und dort Zeuge ihrer Freude über die Ankunft und ihres Schmerzes über die Abreise der Königin geworden. Diese Erzählung ist von Gascoigne, der selbst die Rolle des Gottes übernahm.[1]

Von andern Halbgöttern erwiesen sich die Nymphen bei festlichen Gelegenheiten als besonders verwendbar. Wie das Alterthum die ganze Natur mit diesen Geschöpfen bevölkerte und schier für jede Regung der Weltseele eine Personification in der Gestalt einer Nymphe fand, so macht die englische Spätrenaissance von diesen geläufigen Verkörperungen gern Gebrauch. Die Fälle, da eine Nymphe als *genius loci* mit einer Ansprache und mit Geschenken vor der Fürstin erscheint, sind überaus zahlreich. Zu Orpington empfängt die Hausnymphe Sir Perceval Harts die Königin.[2] Beim Abschied Sir Henry Sidneys von Shrewsbury sagen die Schulknaben, als Nymphen verkleidet, ihre Verslein auf und singen ihre Liedchen.[3] Auch zu Norwich hätten zwölf Wassernymphen merkwürdigerweise am Eingang einer Höhle erscheinen sollen. Vier von ihnen sollten Elisabeth mit Reden begrüßen, Musik sollte aus der Höhle schallen und auch ein Tanz der munteren Wesen zu Tamburinen war vorgesehen. Diese Erfindung Churchyards musste aber wegen eines Gewitters unaufgeführt bleiben.[4] Zu Cowdray überreichte 1591 eine singende Nymphe einen prächtigen Bogen.[5]

Den Götterboten Mercur machten sich die Verfasser von Maskenzügen gleichfalls häufig für ihre Botschaften an die Königin dienstbar. So lässt Churchyard zu Norwich Mercur in einem prächtig geschmückten Wagen vorfahren und in wohlgesetzten Versen die Herrscherin zu den Unterhaltungen einladen, welche die Götter für sie bereit hielten.[6]

Oft schreitet Mercur als Erklärer dem Maskenzug voran: „*Item one of the forenamed Maskes had going before it a Childe gorgeusly decked for Mercury, who uttered a speche:*

---

[1] Gascoigne, *Princelie Pleasures*, p. 128 ff. (ed. Hazlitt).
[2] 1573; vgl. Nichols, *Progr. El.* I 332.
[3] Ebd. II 307 f.
[4] *A Discourse of the Queene's Entertainment in Suffolk and Norfolk.* Bei Nichols, *Progr. El.*² II 179 ff.
[5] Nichols, *Progr. El.* III 91.
[6] Nichols, *Progr. El.* II 150, 184 ff.

*and presented III fflowers."*[1]) Das gleiche finden wir auf dem alten Bilde, das eine bei der Hochzeit Sir Henry Untons dargestellte Maskerade festhält.[2]) Die Hauptperson in diesem Zuge ist Diana; ihr Gefolge bilden sechs Nymphen.

Einen der ganzen elisabethanischen Literatur überaus geläufigen Vergleich, welcher die Königin mit der jungfräulichen Göttin des Mondes zusammenstellt, konnten sich die Maskendichter natürlich nicht entgehen lassen. Sie giengen gelegentlich noch weiter und ließen neben Diana auch Pallas erscheinen, um der Gelehrsamkeit Elisabeths gerecht zu werden.[3])

Der reichen Begabung der Königin schmeichelte auch eine zur Feier der Hochzeit des Lord Herbert mit Anna Russel am 24. Juni 1600 aufgeführte Maskerade: acht Damen erscheinen als Musen und suchen ihre neunte Schwester, die sie natürlich in Elisabeth finden.[4])

Die Fabel dieser Maskerade ist übrigens nur eine Variante der Handlung eines von Gascoigne zu den Festen von Kenilworth gedichteten Spieles.[5]) Diana hat in den Wäldern von Kenilworth vor 17 Jahren ihre Lieblings-Nymphe Zabeta verloren, deren Tugenden und Vorzüge sie nicht vergessen kann. Vergebens sucht sie seither mit ihrem Gefolge nach der Entschwundenen. Da wendet sie sich um Hilfe an „*Dan Jove*". Der Göttervater sendet Mercur, welcher Dianas Augen auf Elisabeth lenkt. Sogleich erkennt die Göttin ihre geliebte Zabeta und gibt ihrer Freude Ausdruck, sie noch als jungfräuliche Königin begrüßen zu können. Nach Dianas Scheiden tritt Iris als Botin Junos auf und preist das Glück des ehelichen Lebens:

> „*I am but Messenger,*
> *but sure she bade me say,*
> *That where you now in Princely port*
> *haue past one pleasant day,*

---

[1] Cunningham, *Extracts*, p. 15.
[2] Strutt, *Horda Angel-cynnan* III; Plate XI.
[3] Collier, *Hist. Dram. Poetry* I 188.
[4] Chamberlain, *Letters*, Camden Society 1861, p. 88; Rowland Wyhte bei Nichols, *Progr. El.* III 498.
[5] Gascoigne, ed. Hazlitt, II 108 ff.; gepriesen von Laneham. *Letter*, p. 45.

*A world of wealth at wil
you hencefoorth shall enioy
In wedded state"* etc.

Ein Wink für die Herrscherin, der ihrem ehrgeizigen Freier Leicester im letzten Augenblick vielleicht doch als allzu deutlich erschien, weshalb das schon einstudierte und vollkommen vorbereitete Stück nicht aufgeführt wurde.

Auch ein späterer Günstling der Königin, der unglückliche Essex, suchte durch eine Maskenrede seinen hochfliegenden Hoffnungen Ausdruck zu geben. Die unter dem Namen *The Device of the Indian Prince* bekannte kleine Scene hat den Grafen selbst zum Verfasser[1]) und verläuft folgendermaßen:

Ein Knappe bringt einen indianischen Prinzen und dessen Begleiter vor die Königin. Der Führer des Prinzen erzählt die Geschichte seines Herrn: Er sei der blindgeborene Sohn eines mächtigen Königs am Amazonenstrom, und die Orakel hätten ihm geweissagt, dass er sein Gesicht erst dann erlangen könnte, wenn er der Königin eines zwischen der alten und neuen Welt gelegenen, glücklichen Landes geopfert hätte. Das Wunder geschieht durch die Gegenwart Elisabeths, aber der indianische Prinz entpuppt sich als der leibhaftige Liebesgott und legt der Königin Schwingen, Bogen und Pfeile zu Füßen. Nun, da Liebe sehend geworden ist, hofft der Sprecher, dass die Königin den bisher verbannten Gott aufnehmen werde.

Zu Neujahr 1572 kam eine *Maske of Janus* zur Aufführung, in welcher Schnee und Hagel durch Confect und Süßigkeiten versinnbildlicht wurden. Janus überreicht *snowballes sweetened with Rose water*.[2])

Mythologische Maskenreden bestreiten neben Schäferscenen das Programm der Feste zu Bissam und Sudeley.[3]) An dem erstgenannten Orte erscheinen Ceres und ihre Nymphen auf einem Erntewagen und begrüßen Elisabeth mit Prosa-

---

[1]) Gedruckt unter den fälschlich Francis Bacon zugeschriebenen Stücken in *The Works of Francis Bacon*, edd. Spedding, Ellis, Heath. London 1858—1874. 8°. Vol. VIII, pp. 388—390.

[2]) Cunningham, *Extracts*, p. 85. Ein ähnliches Schauspiel zu Oxford 1583: Nichols, *Progr. El.* II 406.

[3]) Vgl. oben, p. 46.

rede und Lied. Zu Sudeley findet die Königin Apollo trauernd bei der in einen Lorbeerbaum verwandelten Daphne. Durch die Nähe der hohen Frau wird Daphne zurückverwandelt und flieht zu ihr.

Mit großem scenischen Aufwande, der vielleicht nur durch die wahrhaft fürstlichen Feste zu Kenilworth übertroffen wurde, feierte der Graf Hertford die Anwesenheit seiner Gebieterin zu Elvetham.

Im Parke des Schlosses ließ er einen halbmondförmigen Teich anlegen; darin gab es eine Schiffsinsel *(a Ship Ile bearing three trees orderly set for three masts)*, ein Fort, einen schneckenförmigen Hügel, ein vollständig ausgerüstetes Schiff. Als die Königin am Ufer Platz nimmt, schwimmen Nereus und fünf blasende Tritonen heran. Nereus überreicht mit einer poetischen Rede ein Kleinod. Aus einem Gehölz kommt Silvanus mit seinen wilden Männern und überreicht ein köstliches, von Apollo geschmücktes Wappenschild. Dann erblickt er seine alte Liebe Neaera, welche, geleitet von den Göttern der See, auf dem Schiffe naht. Zum Versprechen, dass er sie nicht belästigen wolle, wenn sie ans Land käme, reicht Silvanus dem Nereus die Hand und wird bei dieser Gelegenheit ins Wasser gezogen. Daraufhin ein Kampf zwischen den wilden Männern und den Tritonen. Endlich überreicht Neaera der Fürstin mit einigen poetischen Worten einen Fächer.[1]

Der Haupteffect dieser Wasserkomödie besteht also in einem recht derben und handgreiflichen Spass.

Den ganzen Olymp setzte endlich Henry Goldingham in Bewegung zu seinem Maskenzuge der Götter und Göttinnen, der 1578 zu Norwich in das Zimmer Elisabeths trat.[2] Wiederum wird dem Mercur die erklärende Rede zugetheilt: die Gebete der Stadt um den Schutz der Götter für Elisabeth hätten die Himmlischen bewogen, ihr selbst den Willkommgruß zu entbieten. Nur Ceres, Bacchus und Pomona seien wegen der Ernte abwesend, und Hymenaeus wolle nicht kommen, bis er nicht gerufen würde. Daran

---
[1] *The Honorable Entertainment ... at Elvetham* bei Nichols, *Progr. El.* III 101 ff.
[2] *The joyful Receyving of the Queene's Maiestie into Norwich.* London 1578. Abgedruckt bei Nichols, *Progr. El.* II 136 ff.

schließt sich die Überreichung der Geschenke in der Art, dass jedesmal, wenn ein Götterpaar seine Huldigung dargebracht hat, der ganze Zug den Saal umschreitet, bis das nächste Paar vor die Königin zu stehen kommt. Jedem Gott ist ein kleines Gedicht oder Lied zugewiesen.

Auch der antike Cultus gab Stoff zu Maskenaufführungen. Als Sir Henry Lee im Jahre 1590 seine freiwillig übernommene und lange behauptete Würde eines Champions der Königin wegen vorgerückten Alters zurücklegen musste, war im Tournierhof der Tempel der vestalischen Jungfrauen zu sehen. Auf dem Altar lagen Geschenke für die Fürstin. Dazu singt Mr. Hales ein Lied.[1]

Die Sibylle, welche unweit des Schlosses von Kenilworth mit einer Begrüßung und Prophezeiung vor die Königin trat, rechnen wir gleichfalls zu den Personen des altheidnischen Cultus.[2]

Historische oder pseudohistorische Vorwürfe wurden erst in den Maskeraden unter Elisabeth beliebter und mannigfacher, wie ja auch das historische Drama erst um die Mitte des 16. Jahrhunderts mit Bales *King John* einsetzt.

*Historische Maskeraden.*

Bei der Hochzeit Prinz Arthurs mit Katharina von Aragon trat der berühmte Astronom und Ahnherr der Braut, König Alfons, auf und weissagt dem jungen Paar aus den Sternen alles Glück.[3]

Zur Zeit Heinrichs VIII. finden wir nur unter den noch von Shakespeare[4] ob ihrer Pracht gepriesenen Maskeraden bei der Begegnung des Königs mit Franz I. einen Auftritt historischer Personen: Hercules, Hektor, Alexander, Julius Cäsar, David, Josua, Judas Makkabäus, Karl den Großen, Arthur und Gottfried von Bouillon.[5] Das sind die neun

---

[1] Nichols, *Progr. El.* III 46, 49; nach Segar, *Honor Military and Ciuill*, 1602, p. 197. George Peele beschrieb das Tournier in *Polyhymnia, Describing the honourable Triumph at Tylt, before her Maiestie, on the 17. of November last past*... London 1590. (*The Dramatic and Poetical Works of Robert Greene and George Peele ... By Alexander Dyce.* London 1861, p. 566 ff.)

[2] Verse von Hunnis; vgl. Laneham, *Letter*, p. 7; Gascoigne, *Princelie Pleasures*, p. 91.

[3] Bacon, *Henry VII.*, p. 212 (ed. Spedding).

[4] *Henry VIII.*, Act I 1. Vgl. Marot, *Œuvres*, 1824, II 11, 110.

[5] Hall, fol. 83 b, *Henry VIII.*

wohlbekannten Gestalten, welche schon das Mittelalter seit Jacques de Longuyons *Vœux du Paon* als Ideale aller Ritterlichkeit verehrte; für diesen Anlass wurden sie um einen Helden, Hercules, vermehrt, um Symmetrie mit drei andern Maskentruppen herzustellen.[1]

Überhaupt war es für locale Berühmtheiten ziemlich leicht, Aufnahme in diese illustre Gesellschaft zu finden; doch wird meist die Dreitheilung in drei heidnische, drei jüdische und drei christliche Helden aufrecht erhalten.

So erscheint in einer Handschrift der Harleiana[2] statt des Gottfried von Bouillon der Nationalheld und Riesentödter Guy of Warwick,[3] und bei dem Einzug Philipps und Marias in London 1554 nahm gar Heinrich VIII. einen Platz in ihrer Mitte ein;[4] eine wohlgemeinte Schmeichelei, die freilich ihren Zweck gänzlich verfehlte und dem Maler des *pageants* beinahe theuer zu stehen gekommen wäre: der Unglückliche hatte nämlich diesem jüngsten der „*worthies*" die Bibel in die Hand gegeben und damit bei seiner Tochter argen Anstoß erregt.

Noch einmal erscheinen die neun Recken unter Maria bei einem Maifest: „*On the 30th day of May (1557) was a joly may gam in Fanchurch strett, with drumes and guncs and pykes, and the 9 wordes dyd ryd and thay had speches evereman.*"[5]

Wer denkt da nicht an die ergötzliche Scene in *Love's Labour's Lost* (V 2)? Die würdigen Helden treten auf, jeder mit seinem Sprüchlein, das die lustige Gesellschaft nach Möglichkeit unterbricht und aufs köstlichste commentiert.

Die nächste Analogie zu dem Redegepolter der Helden bei Shakespeare bieten aber die Strophen der *IX worthies*

---

[1] So stellt auch die schottische *Ballet of the nine Nobles* den Helden einen zehnten, nicht unwürdigen, an die Seite, Robert Bruce; vgl. *Anglia* XXI 359. Eine ältere Liste (ca. 1380) mit Bruce als zehntem findet sich in einer in Schottland entstandenen lateinischen Bibelhandschrift: *Quaritch, Catalogue* Nr. 196, p. 299 (statt *denus* ist natürlich zu lesen *decimus*).

[2] Nr. 2220, fol. 7.

[3] Strutt, *Sports and Pastimes*, p. XLI.

[4] Holinshed, *Chronicles* III 1091, 1120.

[5] Ms. Cotton, Vitellius F. V., benützt von Strype, *Eccles. Mem.* III, cap. 49, p. 377.

in einem *pageant* beim Besuch der Königin Margarethe zu Coventry (1455). Da lässt sich z. B. Alexander vernehmen, wie folgt:

„*I alexander þat for chyvalry berithe þe balle
Most curious in conquest thro þe world am y named
Welcum yowe princes as quene principall
But I hayls you ryght hendly I wer wurthy to be blamyd.*" etc.[1]

Als Prinz Arthur 1498 die Stadt besuchte, wurden abermals die neun Helden aufgeboten, und die Hauptrolle fiel diesmal natürlich dem König Arthur zu.[2]

Auch George Whetstone spielt in *Promos and Cassandra* (1578) auf die sagenberühmten Helden an: sie sollen bei einem feierlichen Einzug mitwirken.

Das classische Alterthum, welches schon unter den *nine worthies* Vertreter hatte, entsandte ferner seine sieben Weisen zu dem Weihnachtsfest des Jahres 1573 zu Whitehall.[3] Freilich musste einer der ehrwürdigen Herren ausbleiben, um Übereinstimmung in der Zahl mit andern Gruppen von je sechs Maskierten herzustellen, ganz ähnlich wie in der erwähnten Mummerei Heinrichs VIII. ein zehnter zu den neun Helden kam.

Ein andermal (am 11. Jänner 1579) wird zu Ehren der französischen Gesandten eine „Doppelmaske" von Amazonen und Rittern aufgeführt[4], welche zuerst tanzen und dann zu einem Scheingefecht in die Schranken treten.

Die Bereisungen des Landes, von der Königin mit großem Gefolge fast alljährlich unternommen, boten den Städten Gelegenheit, ihre Loyalität durch Veranstaltung großartiger Aufzüge und Maskeraden ins hellste Licht zu rücken. Da war es denn für den Stadtpoeten ein naheliegender Gedanke, irgend einer geschichtlichen oder pseudohistorischen Persönlichkeit, welche zu der durch den Besuch Elisabeths ausgezeichneten Stadt in besonders enger Be-

---

[1] Nach dem *Leet-Book* der Stadt bei Sharp, *A Dissertation on the Pageants or Dramatic Mysteries . . . at Coventry*, Coventry 1825, p. 147 ff.
[2] Ebd. p. 155.
[3] Cunningham, *Extracts*, p. 51.
[4] Cunningham, *Extracts*, pp. 125—140. Amazonen übrigens schon unter Königin Mary; vgl. *Loseley Manuscripts*, p. 92.

ziehung stand, seine Begrüßungs- oder Huldigungsverse in den Mund zu legen. So erschien beim Empfang der Königin zu Norwich (1578) der angebliche [1]) Gründer der Stadt, König Gurgunt oder Gurrunt, hoch zu Ross und begrüßte die Fürstin in wohlgesetzten Versen. Er beginnt ganz wie die *nine worthies* mit der naiven Selbstvorstellung:

„*King Gurrunt I am hight, King Belin's eldest sonne,
Whose sire Dunwallo first, the British crowne did weare.*"

Im Verlauf seiner Rede prahlt der Treffliche nicht weniger mit seinen Thaten und seiner Abstammung als er die Vorfahren der Königin und ihre eigenen Vorzüge preist. Kein geringerer als Brennus, der Eroberer Roms, ist sein Oheim! Das erinnert ihn sofort auf das lebhafteste an Heinrich VIII., der gleichfalls die Macht Roms (will natürlich heißen: des Papstes) brach.[2])

*Phantastische Maskeraden.*
Als Widerspiel dieser historischen und pseudohistorischen Gestalten erscheinen einige Phantasiegebilde, von welchen uns die *Loseley Manuscripts*[3]) erzählen. Einmal (1551) trat der oftgenannte George Ferrers mit einem Gefolge von Mondbewohnern auf; im nächsten Jahr gab er gar vor, aus dem *vastum vacuum* zu kommen. Auch das Schauerliche war in den Hofmaskeraden Edwards VI. nicht ausgeschlossen. Aus einer *mask of medyoxes* (lat. *medioximus = medius*) *being half man, half deathe* sollte der Hofstaat wohl das Gruseln lernen.

*Persönliche Maskeraden.*
Ziemlich wertlos als Literaturwerke, jedoch interessant als besonders deutliche Belege für die der ganzen Maskendichtung mehr oder weniger eigenthümlichen engen Beziehungen zur Wirklichkeit und den Contact zwischen den Personen des Spieles und den Zuschauern sind einige Aufführungen, die wir als „persönliche Maskenreden" bezeichnen möchten.

---

[1]) Wer will übrigens noch über die Rede des „berühmten" Gurgunt lächeln, wenn ernste Gelehrte das Märchen von seinen Thaten vor Jakob I. zu Cambridge 1615 wiederholen? Vgl. Nichols, *Progr. James* III 47.
[2]) Nichols, *Progr. El.* II 186 ff.
[3]) Ed. Kempe, 1836, pp. 82, 88.

Ganz unbedeutend und dürftig in der Erfindung sind z. B. die „*devices*" zu Rycot (Ricorte). Da gab es eine Ansprache eines „*olde Gentleman, sometimes a Souldier*", der von seinen vier Söhnen erzählt: das ist wohl Lord Norris selbst. Am nächsten Tag werden durch einen irischen Bedienten, einen flandrischen Schiffer und einen französischen Pagen der Königin Geschenke und Briefe der jungen Herren von Rycot überreicht. Ihnen schließt sich noch die Tochter des Hauses, genannt „*the Lady of the Moole-hill*", durch einen Boten an.[1]

Auch die George Ferrers zugeschriebenen Maskenreden sind hauptsächlich durch Anspielungen auf Persönlichkeiten von Interesse, welche am Hofe Elisabeths eine Rolle spielten.

Was zunächst die von W. Hamper,[2] dem ersten Herausgeber dieser Stücke, behauptete Autorschaft George Ferrers' betrifft, so muss man sagen, dass die Ansprüche dieses als Mitarbeiter am *Mirror for Magistrates* wohlbekannten Dichters und Staatsmannes sehr schlecht gestützt sind. Aus der Erwähnung von Masken Ferrers' bei Gascoigne[3] und der Aufnahme der vorliegenden in einen von Henry Ferrers (vielleicht einem Verwandten des George) angelegten Sammelband soll seine Verfasserschaft hervorgehen! Nun starb Ferrers aber zu Beginn des Jahres 1579, und doch nehmen die Herausgeber der hier zu besprechenden Maskeraden keinen Anstand, ihm die zur Feier des 17. November 1590 und die bei Gelegenheit des späteren Besuches der Königin zu Quarendon entstandenen Abschnitte der Maskensammlung zuzusprechen.[4]

Gegen Ferrers' Verfasserschaft der nicht mit Sicherheit zu datierenden Stücke spricht es ferner, dass in einer der Maskenreden (Nr. IX) dem tragikomischen Helden der-

---

[1] Nichols, *Progr. El.* III 168 ff.

[2] *Masques: performed before Queen Elizabeth. From a coeval copy, in a volume of manuscript collections, by Henry Ferrers, Esq. of Baddesley Clinton.* In *Kenilworth Illustrated.* Chiswick 1821; auch bei Nichols, *Progr. El.* III 195 ff.

[3] *Princelie Eleasures of Kenilworth*, pp. 95, 107.

[4] Vorsichtig, wie immer, drückt sich Ward aus (*History Dram. Lit.* II 146). Ihn hat Soergel (p. 25) gründlich missverstanden und die Existenz der Maskeraden geleugnet.

selben, Sir Henry Lee, nachgerühmt wird, er sei selbst ein Dichter: „*Sometimes he summoned the witnesse of depest conceiptes, Himnes & Songes & Emblemes, dedicating them to the honor of his heauenlye Mistres.*" Henry Lee hat also seinen Hausbedarf an Maskendichtungen wohl selbst gedeckt und namentlich auch die vorliegenden, zum Theil höchst persönlichen Reden selbst verfasst. Wir können uns wenigstens nicht denken, dass er einem Fremden so tiefen Einblick in sein nicht gerade fleckenloses Privatleben gestatten konnte.

An der Hand einer eingehenden Analyse wollen wir den Versuch wagen, die zahlreichen persönlichen Beziehungen dieser Maskenauftritte zu deuten und zugleich etwas Ordnung in die Überlieferung zu bringen.

Die Sammlung Henry Ferrers' umfasst mehrere kleine Stücke, welche Hamper ohne jede Berechtigung zu drei größeren Abschnitten zusammenzog.

Vor allem haben die ersten zwei Auftritte — es sind Herausforderungen zum Tournier — mit Ausnahme einer flüchtigen Ähnlichkeit im Charakter der fordernden Ritter nichts miteinander und mit den übrigen gemein. Im ersten derselben: „*A Cartell for a Challeng: To all the Noble Chosen and Hopefull Gentlemen, in this most notable Assemble; The strange forsaken Knightes*[1]) *send greeting*" lassen drei Ritter verkünden, dass sie mit den Waffen für ihre Ansicht eintreten wollen, Liebe sei schlimmer als Hass, ihre Unterthanen Sclaven, ihr Lohn nichtig; und es gebe eine Verächterin der Liebe (natürlich Elisabeth), die an Tugend und Schönheit alle liebetollen Damen übertreffe.

Im zweiten Stück „*Sir Henry Lee's challenge before the* (Mons. de) *Shampanie*"[2]) will dieser Ritter als „*Seruant of*

---

[1]) Unter ganz ähnlicher Maske trat Robert Cary, Earl of Monmouth, 1592 in einem Tournier auf: *Memoirs* bei Nichols III 214.

[2]) Dieses Wort erklärt Hamper als „*the lists, or field of contention, from the French Campagne*". Es wird aber hier eine kleine Auslassung in der Handschrift vorliegen: „*before the Monsieur de Champany*", vor dem Sir Henry Lee zu Greenwich tournierte: vgl. Nichols, *Progr. El.* III 50. Der Eigenname hat dann, ein echtes *ghostword*, seinen Weg in die Wörterbücher gefunden, wo immer Hampers Erklärung angenommen wird; vgl. z. B. *Nares* und noch *A New English Dictionary (Oxford Dictionary)* s. v.

*Dispaire"* den *„Seruants to Hope and Frendes to Fortune"* mit den Waffen in der Hand beweisen, dass seine Verachtung der Freuden dieses Lebens die einzig richtige Weltanschauung sei. Nur dieses Stück ist ausdrücklich an den Namen des Champions der Königin geknüpft.

Die dritte Scene *„The Supplication of the owld Knight"* bietet bei näherer Betrachtung Anlass, sie gleichfalls dem Sir Henry Lee in den Mund zu legen. Es ist die Bitte eines alternden Ritters an seine Waffengenossen, ihn an dem Tage,[1]) da er sein Amt als *„first Celebrator, in this kinde, of this sacred memorie of that blessed reigne"* niederlegt, durch Aufnahme seines Sohnes in ihre Gemeinschaft zu trösten. An seiner Stelle möge einer aus ihrer Mitte die Aufgabe übernehmen, alljährlich an diesem Tage der Königin im Tournier zu dienen.

Das alles lässt sich ganz ungezwungen auf Lee beziehen, der vom ersten bis zum einunddreißigsten Regierungsjahr Elisabeths an jedem 17. November als ihr Kämpe in die Schranken trat und am 17. November 1590 diese Ehre auf den Grafen George Cumberland übertrug.[2]) Dies geschah zu Westminster; wenn daher meine Erklärung von *Shampanie* im zweiten Stücke richtig ist, so folgt, dass auch dieses nicht mit dem dritten zu verbinden ist, wie Hamper es thut; denn Mons. de Champany sah den alten Ritter zu Greenwich tournieren.

Im vierten Maskenauftritt *„The Message of the Damsell of the Queene of Fairies"* hören wir von einem verzauberten Ritter, der, außerstande im Tournier zu kämpfen, doch in die Schranken ritt und den Streichen der Gegner wehrlos sich preisgab — der Königin zu Ehren: eine Huldigung, an welcher Don Quixote seine helle Freude hätte haben können. Das Fräulein überreicht ferner einen Cupido aus Gold als Geschenk des Verzauberten.

Die fünfte Maskenrede *„The olde Knightes Tale"* ist in wohltönenden rhyme-royal-Strophen abgefasst und bereitet der Auslegung bedeutende Schwierigkeiten. Was sich aus dem hochromantischen Gedicht herauslesen lässt, ist Fol-

---

[1]) *„this English Holiday, or rather Englandes Happie Daye"*, d. h. der Tag des Regierungsantrittes der Königin (17. November).

[2]) Segar, *Honor Military and Civil.* 1602.

gendes: Einst habe die Fayrie Queene nicht weit von hier die „fayrest Queene" mit wunderbaren Schauspielen unterhalten. Unter anderem wären in ihrem Hause verzauberte Bilder zu sehen gewesen, die später in die Verwahrung des alten Ritters gekommen wären; zugleich hätte ihm die Feenkönigin aufgetragen, keiner andern Dame je seine Liebe zuzuwenden. Dieses Gebot habe er gebrochen, „*by fortune forst, a stranger ladies thrall*", und sei dafür in einen tiefen Schlaf versenkt worden; erst die Ankunft der Königin hätte ihn erweckt.

Für die Liebesgeschichte, nicht aber für die Zauberbilder, finden wir wohl eine Erklärung in dem Lebensroman Sir Henry Lees. Es ist uns überliefert, dass ihm, dem alten Ritter, eine junge Dame, Anna Vavasour, ihre Zuneigung schenkte und lang auf seinem Schlosse lebte.[1]

Da Lee verheiratet war, mag die Königin ihn in Quarendon aufgesucht haben, um Ordnung in sein Haus zu bringen.

Meine Deutung erklärt zugleich das vierte Stück: die Streiche, denen sich der verzauberte Ritter aussetzt, sind offenbar eine kleine Bußübung für die Thorheiten seines Alters.

Nun verstehen wir auch das folgende Gedicht (VI): „*The Song after Dinner at the two Ladies entrance*" — das sind offenbar Lady Lee und Anna Vavasour, welche Elisabeth versöhnt hatte. Das Lied schließt:

> „*Adew desires, fancies die,*
> *Farewell all inconstancie,*
> *Nowe thrice welcom to this place,*
> *Heauenlie Goddesse! prince of grace!*
> *She hath freed us carefull wightes,*
> *Captiue Ladies, Captiue Knightes.*
> *To that Grace that set us free,*
> *Ladies let us thankfull bee.*"

Dieselben Ideenkreise beherrschen das folgende (siebente) Stück: „*The Ladies Thanksgiuing for their deliuerie from Unconstancie.*" Es ist ein überaus spitzfindiges, pro-

---

[1] Auf ihrem Grabstein heißt es: „*She living with Sir Henry Lee for Love, long time did dwell.*" Nichols, *Progr. El.* III 74.

saisches Gespräch zwischen *Liberty* und *Constancy*, welches ganz ergebnislos verläuft, bis bei der Überreichung eines Geschenkes an die Königin *Liberty* durch deren bloßen Anblick bekehrt wird.

Ein alter Druck dieses Dialoges bietet mir übrigens eine willkommene Bestätigung meiner Deutungen: in der berühmten Sammlung *The Phoenix Nest* (1593) steht nämlich dieses Gespräch unter dem Titel: „*An excellent Dialogue between Constancie and Inconstancie, as it was by speech presented to hir Majestie, in the last Progresse, at Sir Henrie Leighe's House.*"

„*The last Songe*" (VIII) feiert nochmals die Königin als Friedensstifterin.

Auf einen zweiten Besuch der Königin bei Lee scheinen sich die vier letzten Stücke der Handschrift zu beziehen. Wenigstens sind die poetischen Voraussetzungen zum Theil ganz andere als in den besprochenen Maskenreden.

Im neunten Auftritt erzählt der Kaplan *Stellatus* eines alten Ritters *Loricus*, wie sein Herr in der Jugend alle seine Fähigkeiten in den Dienst seines Idols gestellt hätte, „*manifesting inward joyes by open justes, the yearlie tribute of his dearest Love*" — das ist wieder Sir Henry Lee, der alljährlich einmal im Tournier für Elisabeth eintrat. In seinen alten Tagen hätte sich *Loricus* im Verein mit seinem Kaplan ganz frommen Betrachtungen hingegeben — nicht buchstäblich zu verstehen, wie wir eben gesehen haben. Nun liege er todkrank danieder und habe sein Testament an die Königin gerichtet. Dieser letzte Wille wird in sauberen Versen überreicht unter dem Titel (X): „*To the most renowned Queene, Owner of the best Crowne, & crowned with the best desertes, the lyuing Loue of dying Loricus.*"

Aus der nächsten Rede (XI) gewinnen wir die Beruhigung, dass es mit dem wackeren Sir H. Loricus-Lee noch nicht gar so schlecht steht. Denn ein Page berichtet, dass sein Herr durch die Nähe Elisabeths plötzlich genesen sei. Nichtsdestoweniger überrascht er die Königin und uns nochmals mit seines Herrn Testament (XII), welches mit folgenden wunderschönen Concetti anhebt:

„*Item. I bequethe (to your Highnes) the whole Mannor of Love, and the appurtenaunces thereunto belonging (Viz.): Woodes of hie attemptes, Groues of humble seruice, Meddowes of greene thoughtes"* etc. etc.

Da wir uns mit dem Leben und den Meinungen dieses englischen Don Quixote etwas eingehender zu beschäftigen hatten, wird es den Leser vielleicht freuen, zu hören, dass Sir Henry Lee und Mrs. Vavasour noch 1608 den Besuch der Königin Anna empfiengen und dass nach Lees 1611 erfolgtem Ableben seine getreue Anna 1618 der Bigamie angeklagt wurde![1])

Capitel 2.

## Die Formen.

Der „stumme" Maskenzug mit Tanz.

Die ältesten Maskeraden, von welchen wir am englischen Hof hören, die oben (p. 2 ff.) geschilderten *ludi* Edwards III., bestehen der Form nach in Aufzügen und Tänzen der Maskierten. Dieselbe Form zeigt der von Londoner Bürgern 1377 zu Ehren des Prinzen Richard veranstaltete Maskenzug.[2]) Wichtig ist, dass schon diese Nachrichten Tänze der Maskierten untereinander und mit den Zuschauern bezeugen. Reden werden nicht erwähnt; sie sind bei dem ersten Aufzug schon aus äußeren Gründen nicht wohl möglich,[3]) während von den maskierten Bürgern ausdrücklich berichtet wird, dass sie den Prinzen pantomimisch zum Würfelspiel aufforderten: *„they showed by a pair of dice their desire to play with the prince"*. Überdies gehört Beobachtung des Stillschweigens zu den Spielregeln des von Maskierten veranstalteten Würfelspiels.[4])

Diese einfachste, außer den Costümen keinerlei Aufwand erfordernde Form des Maskenaufzuges scheint nun über den ungemein prächtigen, durch reiche Decorationen wirkenden oder durch Reden eingeleiteten Festlichkeiten, von denen wir gleich zahlreiche Beispiele werden anzuführen haben, einigermaßen in Vergessenheit geraten zu sein. Sie taucht jedoch am Hofe Heinrichs VIII. wieder auf, und der Chronist Hall schreibt zum Beispiel in seinem

---

[1]) Nichols. *Progr. James* II 209; III 491.
[2]) Vgl. p. 6.
[3]) Vgl. p. 4.
[4]) Franz. *momon*; engl. *mum-chance*; mehr darüber in einem späteren Abschnitt.

vielfach missverstandenen Bericht über das Fest vom 6. Jänner 1512 wie folgt:

„*On the daie of the Epiphanie at night, the kyng with a · XI · other wer disguised, after the maner of Italie, called a maske, a thyng not seen afore in Englande, thei were appareled in garmentes long and brode, wrought all with gold, with visers and cappes of gold, and after the banket doen, these Maskers came in, with six gentlemen disguised in silke bearyng staffe torches, and desired the ladies to daunce, some were content, and some that knewe the fashion of it refused, because it was not a thyng commonly seen. And after thei daunced, and commoned together as the fashion of the Maskes is, thei toke their leaue and departed, and so did the Quene, and all the ladies.*"[1]

Bisher wurde Halls Bericht immer so verstanden, als ob es sich um eine ganz neue, italienische Form der Maske handelte.[2] Nehmen wir aber diese Deutung an, so gerathen wir in einen bisher nicht beachteten und doch recht handgreiflichen Widerspruch mit früheren Notizen desselben Chronisten.

Am Sonntag vor Fastnacht 1510 gab es zum Beispiel zwei Maskeraden, welche Hall mit folgenden Worten beschreibt:

„*On Shroue Sunday ... the king prepared a goodly banket ... Sodainly the kyng was gone. And shortly after, his grace with the Erle of Essex, came in appareled after Turkey fashion ... Next, came the lorde Henry, Erle of Wilshire, and the lorde Fitzwater ... after the fashion of Russia or Ruslande ... And after them, came, syr Edward Haward ... and ... sir Thomas Parre ... They were appareyled after the fashion of Prusia or Spruce. The torchebearers were appareyled in Crymosyn satyne and grene, lyke Moreskotes, their faces blacke: And the kyng brought in a mommerye. After that the Quene, the lordes and ladyes, such as would, had played, the sayd mommers departed.*"[3]

„*... There came in a drumme and a fife apparciled in white Damaske ... than certayn gentlemen folowed with torches ... on their heddes hodes ... too thesame of blewe Damaske visarde(s).*

---

[1] Hall, fol. 16, *Henry VIII.*
[2] So noch Soergel, p. 12.
[3] Hall. fol. 6, *Henry VIII.*

*Then after them came a certayne number of gentelmen, wherof the kyng was one, apparayled all in one sewte of shorte garmentes ... all with visers. After them entred · VI · ladyes ... Their faces, neckes, armes and handes, couered with fyne plesaunce blacke: Some call it Lumberdynes, whiche is marueilous thinne, so that thesame ladies semed to be nigros or blacke Mores ... After that the kinges grace and the ladies had daunced a certayne tyme they departed."*[1]

Im selben Jahre erschien ein ähnlicher Maskenzug im Zimmer der Königin: Robin Hood und seine Gesellen. Wir haben Halls Erzählung von dieser Mummerei schon angeführt.[2]

Endlich wurde auch am 14. November dieses Jahres ein Maskenzug mit Fackelträgern, Musik und Tanz aufgeführt:

*„The kynge with · XV · other, appareled in Almayne Jackettes ... with vysers ... came in with a momery, and after a certayne tyme that they had played with the Quene and the straungers, they departed. Then sodenly entred syx mynstrels ... and then folowed · XIIII · persones Gentelmen ... bearing torches. After them came · VI · disguised in whyte Satyne and grene ... Then part of the Gentlemen bearyng torches departed, and shortly returned, after whome came in · VI · ladies. Then the saied · VI · men daunced with these · VI · ladies: and after that they had daunced a season the ladies toke of the mens visars, whereby they were knowen."*[3]

Zwischen diesen Aufzügen und der angeblichen italienischen Maske ist durchaus kein wesentlicher Unterschied zu ersehen. In zwei Fällen erscheinen neben den Herren auch maskierte Damen, was bei italienischen Maskenfesten selbstverständlich auch vorkam; die Fackelträger fehlen in dem Auftritt Robin Hoods, weil er bei hellichtem Tag stattfand. In allen andern Einzelheiten herrscht, wie gesagt, volle Übereinstimmung. Bestünde also ein Irrthum Halls einfach darin, dass er schon die Aufführungen des Jahres 1510 als neue, italienische Masken hätte bezeichnen sollen? Schwerlich; denn im volksthümlichen Stoff der erwähnten

---

[1] Hall, fol. 7, *Henry VIII.*
[2] Vgl. p. 32 f.
[3] Hall, fol. 8b, *Henry VIII.*

Scene Robin Hoods liegt wohl ein Hinweis, dass wir es einfach mit dem Fortleben der alten, schon unter Edward III. geläufigen Form zu thun haben; es ist ja eine alte Regel, dass bei Aufnahme einer neuen Gattung aus einer fremden Literatur die Nachahmung zunächst sclavisch ist und sich auch auf den Inhalt erstreckt. Ein zweiter, meist später Schritt führt erst zur Emancipation und Erfüllung der fremden Form mit nationalem Gehalt.

Was bewog also den gewissenhaften Hall, die Maskerade vom 6. Jänner 1512 als ein Novum innerhalb der höfischen Festlichkeiten zu bezeichnen?

Die Lösung dieser für den Verlauf unserer Untersuchung nicht unwichtigen Frage wird vielleicht auf Grund von Documenten gelingen, welche trotz ihrer Wichtigkeit für die Geschichte der dramatischen Literatur hier wohl zum erstenmal herangezogen werden. Es sind die Briefe und Acten aus der Regierungszeit Heinrichs VIII. J. S. Brewer hat sie in mustergiltiger Weise aus den verschiedenartigsten Quellen, namentlich aber aus den reichen Beständen des Staatsarchives gesammelt und auszugsweise veröffentlicht.[1]

In der Einleitung der vorliegenden Arbeit wurde nachgewiesen, dass die Rechnungen des *Master of the Revels* eine Hauptquelle Halls waren; auch für die uns augenblicklich beschäftigende Notiz dürfte sich der Chronist auf einen Eintrag in diesen Documenten gestützt haben. Bei Brewer, vol. II, 1497, wird nämlich der Maske vom Dreikönigstag 1512 mit folgenden Worten gedacht:

„*... and for the nyght of the Ephephany 12 nobyll personages, inparylled with blew damaske and yelow damaske long gowns and hoods with hats after the maner of meskelyng in Etaly.*"[2]

In dieser Notiz, wo es sich doch nur um eine summarische Beschreibung der zu bezahlenden Costüme handelt, wird also auch die Maskerade als italienisch bezeichnet. Das bringt uns auf den Gedanken, dass der Ausdruck „*after the maner of meskelyng in Etaly*" und der cor-

---

[1] *Letters and Papers, foreign and domestic, of the reign of Henry VIII.* Arranged by *J. S. Brewer*. London 1862 ff. Fortgesetzt von *J. Gairdner*.
[2] Vgl. „*a maskalyne after the manner of Italy*" (17. März 1519). *Letters and Papers ... of Henry VIII.* III 35.

respondierende bei Hall: „*disguised, after the maner of Italie, called a maske*" einzig und allein auf das Costüm zu beziehen ist.

Es ist von früheren Auslegern der Stelle zu wenig beachtet worden, dass Halls Hinweis auf Italien von dem Worte *disguised* grammatisch abhängt und dass daher zu übersetzen ist: „sie waren gekleidet wie die Theilnehmer an einer italienischen Maske". Auf diese Hervorhebung des fremdländischen Costüms geht dann wieder die Anmerkung Halls: „*a thyng not seen afore in Englande*".

Dazu stimmt, dass bei den formell von dieser Maskerade nicht unterschiedenen und doch nicht als italienisch bezeichneten Maskenaufzügen von 1510 ausdrücklich andere Costüme erwähnt werden: türkische, russische, preußische Anzüge oder „kurze Kleidung" werden verwendet. Die zuletzt erwähnten „*shorte garmentes*" stellen sich ganz schön in Gegensatz zu den italienischen „*garmentes long and brode*" der Mummerei am Dreikönigstag 1512.[1])

Man hat ferner nicht beachtet, dass der Ausdruck *mask*, mit dem Hall die angeblich neuartige Aufführung belegt, keineswegs italienisch, sondern französisch[2]) ist und hier durchaus nicht zum erstenmal vorkommt.

Eine weitere Schwierigkeit in der Auslegung der wichtigen Stelle Halls liegt in dem Bericht über die Aufnahme der Maskierten bei den Damen, welche sie zum Tanz auffordern. Schon Holinshed scheint Anstoß genommen zu haben; denn er schreibt nach seiner löblichen Gewohnheit die Stelle Halls ab,[3]) lässt jedoch die Worte „*that knewe the fashion of it*" und „*because it was not a thyng commonly seen*" weg. Offenbar empfand er also den scheinbaren Widerspruch, der zwischen diesen beiden Sätzchen und dem vorausgehenden besteht, und fragte sich: wie sollten die Damen den Brauch bei diesen Unterhaltungen kennen, und wie darf die Aufführung plötzlich als etwas nur Ungewöhnliches bezeichnet werden, wenn es

---

[1]) So wird auch später einmal (fol. 158, aus dem Jahre 1527) venetianisches Costüm beschrieben als „*maskyng apparell... greate, long and large after the Venecians fashion*".

[2]) Vgl. weiter unten über die Bezeichnungen für Maskeraden.

[3]) *Chronicles* III 812.

sich um eine ganz neue Form handelte — denn so verstand schon er den Ausdruck „*a thyng not seen afore*".

Wenn wir aber, wie vorgeschlagen, den letzteren Ausdruck einzig auf das Costüm beziehen, die Bemerkung „*not a thyng commonly seen*" dagegen auf die Form der Maskerade, so fällt jeder Widerspruch sogleich hinweg, und die Weigerung einiger Damen erklärt sich folgendermaßen: sie wussten von früher her, dass es zum guten Ton (*the fashion of it*) gehört und die Illusion aufrecht erhielt, wenn sie über den ungewöhnlichen Anblick der Vermummten (*a thyng not commonly seen*) erschrocken thaten. So schien auch die Königin bestürzt, als in der erwähnten Maskerade die grünen Gesellen Robin Hoods in ihr Zimmer traten, und so machte Wolsey dem König einst die Freude, sich über das Erscheinen der Schäfer bei seinem Fest unbändig erstaunt zu stellen.[1]) Dass er aber längst von der geplanten Maskerade unterrichtet war, beweist das prunkvolle Bankett, welches für die Maskierten bereit gehalten wurde.

Noch Timon in Shakespeares Drama (I, 2) scheint beim Auftreten der maskierten Damen überrascht. Später stellt sich jedoch heraus, dass er selbst den Maskenzug bestellt hatte.

Es ist mir sogar nicht zweifelhaft, dass auf einem der köstlichen Bildchen in der Alexander-Handschrift der Bodleiana, welche schon herangezogen wurden,[2]) das Zieren und Sträuben der von den grotesken Tänzern aufgeforderten Damen gekennzeichnet wird: eine Dame erhebt, wie erstaunt und abwehrend, die Rechte und reicht ihrem Partner die unrichtige, linke Hand.

Auch das Verhalten der Damen deutet also darauf hin, dass mit der vielcitierten Maskerade aus dem Jahre 1512 keineswegs eine neue, fremde Form ihren Einzug in England hielt.

Unter Heinrich VIII. blieb diese Art der Maskenzüge überaus beliebt und wurde auch gewählt, als es galt, dem französischen Hof eine Vorstellung von der Prachtentfaltung des englischen zu geben. Bei den Festlichkeiten, welche

---

[1]) Vgl. pp. 32, 46.
[2]) Vgl. p. 3 f.

sich Heinrich und Franz I. gelegentlich ihrer Begegnung im Jahre 1520 gegenseitig gaben, erschien der englische König mit 29 andern, reich costumierten Nationalmasken vor der französischen Königin und tanzte mit den Damen.[1] Andere Festlichkeiten dieser Art beschreibt Hall an vielen Stellen seines weitschweifigen, aber anziehenden und auch culturhistorisch hochwichtigen Werkes.[2]

Aus diesen geht auch hervor, dass ein Hauptreiz dieser Maskentänze in der munteren Conversation mit den Damen lag, so dass es auffallen konnte, wenn die Vermummten dieser Pflicht nicht nachkamen: „*they communed not with the ladies after the fassion of Maskers*".[3]

Unter Elisabeth traten die bloß tanzenden und conversierenden Masken gegen entwickeltere Formen ganz zurück.

Stumme Aufzüge ohne Tanz scheinen nicht vorzukommen, und in der Nachricht Halls[4] über die Huldigung, welche Heinrich VIII. von Leuten in deutscher Tracht dargebracht wurde, fehlt wohl nur zufällig die Erwähnung der unvermeidlichen Tänze.

*Das Ausstattungsstück ohne Reden.*

In die höfischen Lustbarkeiten trat spätestens zu Beginn des 16. Jahrhunderts als neues Element die Decoration ein. Zur Zeit, da wir ihr zum erstenmal in den Vergnügungen des Hofes unter Heinrich VII. begegnen, hatte die Decorationskunst in den *pageants* der großen Städte bereits eine hohe Stufe der Vollendung erreicht, und die *maitres de plaisir* des Königs brauchten nur diese glänzenden und abwechslungsreichen Schaustellungen zum Muster zu nehmen, um einen neuen, prächtigen Hintergrund für ihre Aufführungen zu gewinnen.

Die einfachste Form der mit Decorationen versehenen Maskerade, das Schaustück ohne Reden, wurde unter Heinrich VIII. eifrig gepflegt; zu einer Zeit also, da die städtischen Schaustellungen längst über diese Art der *pageants* hinausgegangen waren, ohne sie jedoch gänzlich aufzugeben.

---

[1] Hall, fol. 80.
[2] Ebd. fol. 45 b; 55 b; 66; 67 b; 96; 98 sq.
[3] Ebd. fol. 69.
[4] Fol. 8 b.

Bei Hofe diente die nur auf Befriedigung der Schaulust berechnete Form ausschließlich als Einleitung zweier Lustbarkeiten, für welche Heinrich gleich begeistert war: des Tourniers und des Tanzes. So wurde im Februar 1511 ein ganzer Wald mit Felsen und Blumen in den Saal gezogen, belebt von sechs Jägern und anscheinend fortbewegt von einem Löwen und einer Antilope. In der Mitte des Waldes steht ein Schloss, aus welchem unter Hörnerschall vier Ritter zum Tournier antreten.[1)]

Auf besonders merkwürdige Art wurde ein Tournier zu Greenwich eingeleitet: *„a fountain curiously made of Russet Satin ... within the Fountain sat a knight (the king). Then entered Sir Thomas Knevet in a Castle of Cole blacke and over the castell was written „The dolorous Castle"*.[2)]

Ein andermal war im Tournierhof zu Greenwich ein Schloss errichtet, aus dem, vollständig gewappnet, sechs Ritter in die Schranken reiten. Dann erscheinen zwei Damen in Begleitung zweier greiser Ritter und verständigen die Königin durch einen Brief, dass diese alten Herren für sie kämpfen wollten, da die Jugend sie verlassen habe. Die Ritter werfen die Verkleidung ab und geben sich als der König und der Herzog von Suffolk zu erkennen.[3)]

Bei den ältesten *disguisings* am englischen Hofe zielte alles auf das Vergnügen des Tanzes hin, und der glänzende geschlossene Zug löste sich bald in die anmuthigen Figuren des Tanzes auf. Als nun durch den Einfluss der *city-pageants* die Decoration bei Hof Eingang fand, nahm diese die Stelle des Aufzuges ein; der Tanz aber blieb und schloss sich nun ganz äußerlich an die Erfindungen des Maschinisten an. Von einer wirklichen Verschmelzung zweier so heterogener Bestandtheile, wie des leichtbeschwingten Tanzes und der schwerfälligen, massigen Decorationen, für welche Soergel[4)] eintritt, kann doch wohl

*Das stumme Ausstattungsstück mit Tanz.*

---

[1)] Hall, fol. 9, *Henry VIII.* Ein anderer, ergänzender Bericht: *The Shakespeare Society's Papers* III 91. *Letters and Papers ... of Henry VIII.* II 1494.
[2)] Hall, ebd. fol. 21a (Juni 1512).
[3)] Hall, fol. 138b, *Henry VIII.*
[4)] Pag. 9.

nicht die Rede sein. Der Tanz wuchs gleichsam aus dem Aufzug heraus, denn der letztere enthielt schon Elemente des ersteren; die Kluft zwischen der starren Scenerie aber und den schnellen Bewegungen der Tänzer[1]) wurde erst überbrückt, als die entwickelteren Maskenspiele die Schwesterkünste des Tanzes, Vocalmusik und Rede zuhilfe riefen.

Ein besonders gern gesehenes Decorationsstück ist der künstliche Berg, welcher sich plötzlich öffnet und costümierte Tänzer entsendet. Dieser „riche mount", wie die stehende Bezeichnung lautet, wurde z. B. am Dreikönigstage 1511 in die große Halle zu Richmond bewegt. Als er sich öffnet, treten eine Dame und die Knappen des Königs heraus und führen einen Morristanz auf.[2])

Mit größerer Pracht war der künstliche Berg ausgestattet, als ihn zu Dreikönig 1513 vier wilde Männer in den Saal ziehen. Er ist mit Blumen und Sträuchern aus Seide geschmückt; um ein helles Licht auf seinem Gipfel sitzen der König und fünf Edelleute: *„then the king and his compaignie descended and daunced; then sodainly the Mounte opened, and out came sixe ladies ... and thei daunced alone. Then the lordes of the Mount toke the ladies and daunced together: and the ladies reentred and the Mounte closed."*[3])

Die Stelle ist wichtig, weil sie uns über die Art der ausgeführten Tänze Aufschluss gibt: die von den Maskentruppen zuerst getrennt, dann gemeinsam getanzten Ballette werden wir bei der voll entwickelten höfischen Maske wiederfinden, oft genug zusammen mit dem alten Requisit des künstlichen Berges.

Indes wurden gelegentlich auch die Zuschauer von den im *pageant* erschienenen Masken in den Tanz gezogen. Bei einer Aufführung im Jahre 1527 wurde nach Hall[4]) durch das Fallen eines Vorhangs der mit einer

---

[1]) Meines Erachtens macht dieser ungemilderte Gegensatz auch unsere modernen Ballette für ein entwickeltes ästhetisches Gefühl so ungenießbar. Balletteinlagen in Opern, von Vocalmusik getragen, sind ästhetisch schon weniger unausstehlich.

[2]) Hall, fol. 9; andere Berichte über das von Sir Henry Guilford inscenierte Fest: *Letters and Papers ... of Henry VIII.* II 1494 und *The Shakespeare Society's Papers* III 91.

[3]) Hall, fol. 22. *Letters and Papers ... of Henry VIII.* II 1499.

[4]) Fol. 157 b.

Festung gekrönte „*riche mount*" den Blicken der Gesellschaft enthüllt. Acht Herren steigen herab und tanzen mit den Damen des Hofstaates. Aus einer Höhle des Berges tritt hierauf Princess Marie mit sieben Damen. Sie tanzen mit den Herren des Berges. Plötzlich ziehen noch sechs Maskierte, gekleidet „*after the fashion of Iseland*", und etwas später weitere acht, darunter der König, in venetianischer Tracht ein, und der Tanz wird nun allgemein. Wir haben also hier eine freilich ganz äußerliche Verbindung des Decorationsstückes mit der älteren Form des Maskenzuges, eine Nebeneinanderstellung, welche gleichfalls für die Entwickelung des Maskenspieles von Wichtigkeit werden sollte.[1])

Zu den pantomimischen Ausstattungsstücken gehören auch einige der oben[2]) erwähnten Darstellungen der Einnahme der Minneburg, u. zw. soweit wir unterrichtet sind,[3]) die Aufführungen bei Wolsey und in Eltham.

Bei Doppelmasken von Herren und Damen kamen wohl auch zwei *pageants* zur Verwendung, welche die beiden maskierten Truppen nacheinander in den Saal beförderten. Der Bericht[4]) über das Hochzeitsfest Prinz Arthurs und Katharinas von Aragon (1501) beschreibt eine solche Schaustellung:

„*Then the King, the Queene and all the States departed into Westminster hall where they beheld an enterlude till the disguising came in the which disguising was shewed by two Pageantes the first was a thing made like an herbour in goodly manner and proportion, wherin were XII Lordes Knightes and men of honour disguised and richly beseene This herbour was so properly brought that such tyme as it came before the King it was turned round about ... in the setting downe of this herbour the gate therof was turned to the Kinge and the Queene and then came out these Lordes Knightes and men of honnour*

---

[1]) Vgl. z. B. den Zug der *Antimasquers* und das spätere Erscheinen der Hauptmaskierten in einer Bergeshöhle bei Jonson, *Pleasure Reconciled*.

[2]) Vgl. p. 26 f.

[3]) Man muss in dieser Richtung sehr vorsichtig sein. Mehrere Aufführungen hatte ich, auf Hall fußend, als „stumme Ausstattungsstücke" besprochen, bis ich durch die mitunter ausführlicheren Berichte der *Letters and Papers ... of Henry VIII.* eines besseren belehrt wurde.

[4]) Ralph Starkeys *Booke of certaine Triumphes* (Ms. Harl. 69), fol. 31.

*so disguised and by themselues daunced a long space divers and sondry daunces and stood aside. And then blewe vp the Trumpettes and therwith came in a goodly pageant made round after the fashion of a Lanthorne cast out with many proper and goodly windowes fenestred with fine Lawne wherin were more then an hundred great Lightes In the which Lanthorne were XII goodly Ladyes disguised and right richly beseene in the goodlyest manner and apparell that hath bene used. This Lanthorne was made of so fine stuffe and so many lightes in it that these ladyes might perfectly appeare and be knowne through the said Lanthorne and after that this Lanthorne was brought and pight before the King and the Queene these twelue disguised ladyes came out and daunced by them selues in right goodly maner divers and many daunces a great space. And then coupled the said disguised Lordes Knightes and men of honour with these XII disguised Ladyes and so daunced altogether a great space."*

Das Moment der Überraschung fiel gänzlich hinweg bei einer Unterhaltung, welche zu Ehren der französischen Gesandten im November 1527 veranstaltet wurde. Im *„great chamber of disguisings"* war ein prächtiger Brunnen aufgestellt worden, mit wohlriechenden Wässern gespeist und von den abscheulichen künstlichen Bäumen umgeben. Auf blumengeschmückten Bänken ruhen acht Damen; der König und die vornehmsten Herren der Gesellschaft, alle maskiert und in reichen Costümen, holen sie zum Tanz ein.[1]

Das „stumme" Ausstattungsstück mit Gesang u. Tanz.

Das Erscheinen des Schaustückes, aus welchem die Maskierten zum Tanz treten sollen, wird mitunter von Gesang begleitet. Einen solchen Maskentanz schildert Ralph Starkeys oft erwähntes „Buch der Feste". Zur Feier der Hochzeit Prinz Arthurs (1501), heißt es da,

*„... entred in a pleasant disguising conveyed and shewed by a glorious towne or tabernacle made like a goodly Chapell fenestred full of lightes and brightnes within this Pageant or tabernacle was another standing Cupboard of rich and Costly plate to a great substance and quantitye this throne and pageant was of two stories in whose longer* (lies: *lower*) *were VIII goodly disguised Lordes Knightes and men of honour and in*

---

[1] Hall, fol. 166; vgl. Collier, *Hist. Dram. Poetry* I 109 f.

*the upper storye and partition VIII other fresh ladyes most strangely disguised and after most pleasurefull manner ... and on either side of the said home ly mermaides one of them a man mermaide (!) the other a woman ... in euery of the said mermaides a Childe of the Chapell singing right sweetly and with quaint hermony."*[1]) Die Damen und Ritter verlassen die „Kapelle" und treten zum Tanz an.

Zu demselben festlichen Anlass wurden in die Westminster Hall zwei kunstvoll gearbeitete Felsen bewegt: der eine, mit allerlei Bäumen bepflanzt, dient musicierenden Rittern zum Aufenthalt; der andere ist kahl, doch an seiner Oberfläche erglänzen Adern edlen Metalls, und ihn bewohnen schön geschmückte Damen, die gleichfalls mit Gesang einziehen. Die Ritter steigen von ihrem Berg herab und tanzen zuerst allein, dann mit den Damen.[2])

Noch unter Edward VI. kommt der künstliche Berg zu Ehren.[3]) Unter Elisabeth aber wurde eine solche rein decorative Wirkung meines Wissens nicht mehr angestrebt.

Die durch Aufzüge eingeleiteten Maskenbälle und die Decorationsstücke waren nur auf äußere Wirkung berechnet und setzten bei aller Mannigfaltigkeit der Costüme und Tänze, bei aller Pracht der Ausstattung doch der Erfindung recht enge Grenzen. Als man daher begann, den Maskenfesten eine Fabel zugrunde zu legen, trat bald ein neues, höchst entwickelungsfähiges Element, die Rede, hinzu; durch sie wird der Maskenzug erst zur Literaturgattung erhoben.

*Reden in den Maskeraden.*

Wann die Maskeraden diesen für ihre Geschichte höchst bedeutungsvollen Schritt thaten, ist bei der Spärlichkeit der ersten Nachrichten nicht zu entscheiden. Sicher ist nur, dass Lydgates Maskenzüge die begleitende Rede schon in voller Ausbildung zeigen. Und zwar lässt dieser Dichter, wie oben[4]) ausgeführt, die Erklärung des Zuges entweder als Brief überreichen und laut verlesen oder den Auftritt von einem außerhalb stehenden Redner erläutern.

---

[1]) Ms. Harl. 69, fol. 84 b.
[2]) Ebd. fol. 82 b.
[3]) Collier I 140. *Loseley Manuscripts*, ed. Kempe 1836, p. 74.
[4]) Vgl. p. 14 ff.

Die Maskendichtungen Lydgates waren bis vor kurzem verloren. Deshalb hätte aber Soergel[1]) noch immer nicht für die sämmtlichen unter Heinrich VII. und Heinrich VIII. aufgeführten Masken anzunehmen brauchen, dass sie nur aus Tanz, Scenerie und Pantomime bestanden — die Musik hat er ganz vergessen — und nur in Ausnahmsfällen, deren er einen einzigen zu nennen weiß, bei besonders schwer verständlichen Allegorien, einen Erklärer verwenden.

Die erste Nachricht von der Verwendung des lebenden Wortes in einer Mummerei des 16. Jahrhunderts finde ich vielmehr schon in dem ausführlichen Bericht über die Feier der Hochzeit Prinz Arthurs mit Katharina von Aragon.[2]) Soergel ist durch Warton so voreingenommen, dass er denselben Bericht als Beweis für die bloß pantomimische Aufführung des Spieles von der Minneburg heranzieht. Mit den folgenden klaren Worten der Handschrift[3]) findet er sich ab so gut es vom Standpunkt seiner vorgefassten Meinung aus geht: „*the said ladyes gave their small answer of utterly refuse, and knowledge of any such company, or that they were ever minded to the accomplishment of any such request, and plainely denied their purpose and desire.*"

Eine andere, noch deutlichere Stelle[4]) hat er ganz und gar übersehen: „*At the which time the masters of the shippe and their company, in their countenances, speaches, and demeanor, used and behaved themselves after the manner and guise of mariners.*"

Selbst wenn wir nicht diese unwiderleglichen Stellen hätten, wäre es schwer, anzunehmen, dass die ganz verwickelte Handlung der Maskerade sich als Pantomime abspielte.

Bei derselben Gelegenheit trat übrigens König Alfons auf und verglich Katharina in einer astrologischen Weissagung mit Hesperus, den Prinzen mit dem Gestirn Arcturus.[5])

---

[1]) Pag. 10, 17. Er ist offenbar irregeleitet durch Warton, *Hist. Engl. Poetry* IV 122.
[2]) 14. November 1501; vgl. oben p. 26.
[3]) Ms. Harl. 69 in „*The Shakespeare Society's Papers*" I 49.
[4]) Ebd.
[5]) Bacon, *Henry VII.*; vgl. p. 55.

Als am Hofe Heinrichs VIII. zum Neujahrsabend 1512 ein Angriff auf die von sechs Damen vertheidigte *forteresse dangereuse* dargestellt wurde, hören wir wieder von Verhandlungen zwischen den Belagerten und den Belagerern.[1])

Auch die erklärende Rede, über deren Verwendung bei Maskeraden Soergel[2]) nach flüchtiger Erwähnung der Ansprache *Reports* so schnell hinweggeht, ist viel älter als er glaubt. Schon bei der Krönung Heinrichs (1509) trat Pallas mit einer solchen einführenden Ansprache[3]) auf: „*the Lady Pallas presented the saied persones, whom she named her scholers, to the kynges highnes, besechyng the same, to accept them as her scholers, who wer desirous to serue hym*".

Eine andere Stelle Halls[4]) lässt gleichfalls an Deutlichkeit nichts zu wünschen übrig. Da erscheint ein Edelmann in reichem Costüm vor dem durch einen Vorhang verhüllten *pageant* und erzählt von einem prächtigen Garten, genannt „*The Arche yerd of Plesyer*", in welchem Ritter und Damen sich befänden. Diese hätten den Wunsch, etwas zur Unterhaltung der Königin und ihrer Damen beizutragen und bäten um Erlaubnis hiezu. Als die Königin sie ertheilt, wird der Vorhang weggezogen, und man sieht die Maskierten in einem künstlichen Garten sich ergehen. Ganz ähnlich lautet der Bericht über den „*Gardyn de Esperans*", welcher zu Dreikönig 1517 in die große Halle geschleppt wurde. „*Of which garden*", so heißt es in den *Letters and Papers... of Henry VIII.*,[5]) „*Master Cornish showed by speech the effect and intent, inparelled like a stranger in a gown of red sarcenet. In the garden six knights and ladies walking ... they descended and danced.*"

Master Cornish war ein gar vielseitiger und vielbeschäftigter Mann. Am 6. Jänner 1516 spielte er den „Bischof" Kalchas in einem Troilus-Drama; dann rief er als Herold ein Tournier aus. Nach Beendigung des Scheinkampfes traten aus einem in der Halle errichteten Schloss:

---

[1]) Vgl. die oben (p. 27) angeführte Stelle.
[2]) Pag. 11; vgl. p. 20.
[3]) Hall, fol. 5, *Henry VIII*.
[4]) Fol. 10b; vgl. *Letters and Papers... of Henry VIII*. II 1495 f.
[5]) Vol. II 1509. Diesmal sind sie genauer als Hall (fol. 59 b).

„a quyen, and with her six ladyes, with spechys after the devyes (device) of Mr. Kornyche".[1]

Die dialogischen Elemente, welche in der Bitte der Maskierten des „Arche yerd of Plesyer" und in der Gewährung derselben durch die Königin liegen, sind schon weiter entwickelt in dem Gespräch zwischen dem Herrn des guten Schiffes „Fame", einem Herold und dem König selbst.[2]

Das Angeführte wird genügen, um nachzuweisen, dass früher als man bisher annahm, das gesprochene Wort in die Unterhaltungen des Hofes Eingang fand. Es wäre auch gar zu befremdlich, wenn die verfeinerten Maskeraden des Hofes gegen die weit derberen Schaustellungen der Bürger in diesem Punkt hätten zurückstehen sollen.

Der Einfluss, den die Decorationskünste der *pageants* auf die Festlichkeiten des Hofes ausübten, wird allgemein zugegeben. Da konnte es doch kaum ausbleiben, dass auch die übrigen Elemente der sich schnell entwickelnden städtischen Schaugepränge Aufnahme in die verwandte Gattung der Maskerade fanden.

Soergel freilich[3] möchte uns glauben machen, es sei allein der decorative Theil der städtischen Schaustellungen in die Hallen der Paläste verpflanzt worden und habe sich mit den früher dort geübten Maskeraden verbunden. Dagegen ist zu erinnern, dass in die Darstellungen der Bürger bei Krönungsfesten, Einzügen u. s. w. schon frühzeitig zu den Malereien und Sculpturen auch lebende Bilder und nicht gar spät auch begrüßende und complimentierende Monologe eingeführt worden waren.[4] Die höfische Kunst

---

[1] *Letters and Papers ... of Henry VIII.* II 1505. In dieser bisher übersehenen ersten Dramatisierung der Sage trat Cressida auf „*in-parylled lyke a wedow of onour*"; ein Chorknabe spielte den *Eulyxes* (Ulysses) u. s. w.

[2] Vgl. p. 29.

[3] Pag. 9.

[4] Vgl. z. B. die Reden bei den zu Ehren der Königin Margaretha 1455 zu Coventry dargestellten *pageants* (Sharp, *A Dissertation on the Pageants ... at Coventry*. Coventry 1825, p. 146 ff.), zum Empfang des Siegers von Agincourt in London (1415) oder beim Einzug Heinrichs VI. nach seiner Krönung in Frankreich. Vgl. Fairholt, *Lord Mayors' Pageants*. Percy Society, vol. X.

fand daher das Decorationsstück mit stummen oder sprechenden Personen fertig vor, und ein Fortschritt gegen die Leistungen der Bürger bestand anfangs höchstens darin, dass den an das Schaugerüst gebannten Figuren der städtischen Feierlichkeiten freie Bewegung verliehen wurde.

Und weiter: aus einer Verbindung der im 14. und 15. Jahrhundert bezeugten Aufzüge und Tänze Maskierter mit dem decorativen Theil der *pageants* allein hätte doch niemals eine Aufführung entstehen können wie die bei der Hochzeit Prinz Arthurs,[1]) mit ihren Reden, mit der schon durch kräftige Striche angedeuteten Handlung; auch durch ihren allegorischen Charakter erinnern diese Scenen an die Schaustellungen der Bürger.

So stammt ferner der Erklärer, dem wir zum erstenmal bei Lydgate, dann in der Gestalt von *Report* unter Heinrich VIII. begegnen,[2]) sicherlich von dem zur Deutung stummer *pageants* verwendeten Redner ab.

Wir haben also allen Grund, anzunehmen, dass der *city pageant* in allen Stadien seiner Entwickelung, die ja lange Zeit nebeneinander bestanden, in die Paläste des Hofes verpflanzt wurde.

Wenn wir gegen die Gepflogenheit, den Maskeraden wenigstens einen erklärenden Begleiter beizugeben, oft genug Rückschläge finden, so hat dies nicht viel zu bedeuten und ist gewiss auf Rechnung äußerer Verhältnisse zu setzen. Man muss in Anschlag bringen, dass den Erfindern der Maskeraden ihr Personal gewöhnlich von vornherein bestimmt war: diese oder jene Gesellschaft von Höflingen wünschte eine Maske aufzuführen, und da hieng es meist vom Zufall ab, ob unter ihnen sich eine redegewandte Person befand, welche eine Ansprache übernehmen konnte. Dieselbe Schwierigkeit ergab sich bei den als Einleitung zu einem Tournier aufgeführten Mummereien: die Ritter verstanden meist besser mit Schwert und Lanze als mit der Rede umzugehen, und dem Neuling im edlen Waffenhandwerk hätte die Aufregung gewiss die Stimme verschlagen.

---

[1]) Vgl. p. 26.
[2]) Vgl. p. 20.

Fehlte also die Rednergabe allen Maskierten, so musste man sich anders zu helfen suchen: man überreichte einen schön geschriebenen Bogen, aus dem der Zweck des Auftrittes klärlich zu ersehen war. Wir fanden diese Art der Einführung schon bei Lydgate. So traten ferner nach Hall[1]) vier Herren einst bei der Königin ein und führten auf einem Wagen eine Dame mit sich; diese überreicht eine Ankündigung des Inhalts, dass die vier Ritter an einem bestimmten Tage jedermann im Tournier bestehen wollten. Ein andermal händigt ein als Mönch costümierter Ritter der Königin die *„byl of peticion"* um Gestattung des Tourniers ein.[2]) Ein dritter Fall der Erklärung des Aufzuges durch einen Brief musste schon oben[3]) erwähnt werden.

Andere, sehr naheliegende Auskunftsmittel wurden nicht so häufig ergriffen, als man glauben sollte. Die vornehmen Herren sahen offenbar nicht gern an ihrer Spitze Redner niederen Standes, etwa Schauspieler oder Mitglieder der königlichen Kapelle. War dies nicht zu vermeiden, so half man sich gern mit der Fiction, dass die zum Tournier oder Tanz antretenden Ritter aus fernen Landen kämen und ihren Dolmetsch mitgebracht hätten. Ein solcher erklärt vor Heinrich VIII. die Voraussetzungen des Tourniers[4]) oder den Aufzug der Amazonen und Ritter vor Elisabeth.[5]) Auch

---

[1]) Fol. 70, Henry VIII. *Letters and Papers ... of Henry VIII.* III 1552 (Februar 1520). Dieselbe Einleitung eines Tourniers schon bei der Hochzeit Prinz Arthurs (Starkey, *Booke of Triumphes*, Ms. Harl. 69, fol. 83a) und noch bei einem nächtlichen Tournier vor Elisabeth; hier hält jedoch die Dame eine französische Rede. (Segar, *Honor Military, and Ciuill.* London, 1602, fol. 195.)

[2]) Hall, fol. 10.

[3]) Pag. 71. Auch bei redenden Masken kam es vor, dass der Inhalt schriftlich der vornehmsten Person unter den Zuschauern überreicht wurde, gleichsam mit der Frage, ob die geplante Aufführung genehm sei. So eilt dem Maskenzug bei der Hochzeit Sir Henry Untons ein Bote mit einem Brief voraus. Ihm folgt Mercur, der offenbar mit den Reden betraut war. (Strutt, *Horda Angelcynnan*, Vol. III, Plate XI.) Vgl. auch *Love's Labour's Lost* V 2: *„Armado converses with the King, and delivers a paper to him."*

[4]) Hall, fol. 5b *(Croochman* verdruckt für *Troochman*, auch *truchman, trunchman* = δραγουμανος).

[5]) Cunningham, *Extracts*, p. 126.

ein weiblicher Dolmetsch¹) zeigte sich seiner Aufgabe gewachsen.

Für dialogische Maskeraden kann Soergel²) Beispiele erst in den entwickelten Maskenspielen des 17. Jahrhunderts finden. Wir haben Spuren des Dialoges schon bei den ersten Festen Heinrichs VIII. nachgewiesen, und selbst die *pageants* zeigten schon früh Ansätze zur dialogischen Form.³) Es ist freilich zuzugeben, dass sich diese Anfänge nur langsam entwickelten, und erst unter Elisabeth werden wir zahlreichere und umfänglichere dialogische Stellen in den Maskenaufführungen zu verzeichnen haben, auch vor 1571, in welchem Jahre nach Soergel⁴) überhaupt zum erstenmal eine Maske durch Reden eingeleitet würde.

Auch dem Dialog wird bisweilen geradezu ausgewichen, gewiss aus ähnlichen Gründen wie dem Monolog: bei der zur Begegnung Elisabeths mit Maria Stuart geplanten Maske⁵) lässt *Prudentia* auf die Frage der *Discretion*, wie lange *Friede* herrschen soll, einen Brustpanzer sehen mit der Aufschrift: „*Ever*".

Soviel sei im Zusammenhang über die ersten mir bekannten Masken-Monologe und -Dialoge berichtet. Wir gehen nun zur gruppenweisen Betrachtung der mit Reden versehenen Maskendichtungen über und erledigen wiederum zunächst die ohne Beihilfe der Decorationen aufgeführten.⁶)

Während stumme Aufzüge ohne Tänze kaum zu belegen sind, durfte der Tanz bei redenden Masken eher fehlen. Allerdings sind Beispiele dieser Form nicht gerade häufig.

*Der Aufzug mit Rede.*

---

¹) Cunningham, *Extracts*, p. 72.
²) Pag. 27.
³) Vgl. z. B. die Darstellung des Urtheils des Paris bei der Krönung der Anna Boleyn. Nichols, *Progr. El.*¹ I, p. XV sq.
⁴) Pag. 17.
⁵) Vgl. p. 24.
⁶) Soergel hat, p. 18 ff., eine Eintheilung der Maskenreden in complimentierende, einleitende (motivierende) und erklärende vorgeschlagen, die mir indes sehr unfruchtbar scheint. Überdies werden die motivierenden und erklärenden Reden kaum recht auseinanderzuhalten sein, und Complimente enthielt schließlich jede Ansprache der Maskierten. Doch sei bemerkt, dass es der Regierung der jungfräulichen Königin vorbehalten blieb, diese Gattung zur höchsten Blüte zu entwickeln. Unter Heinrich VIII. wurde wenig geschmeichelt.

So gehören hieher der Aufzug[1]) der Leibgarde Heinrichs als „*Robin Hood's men*", wo an die Stelle des Tanzes das Bogenschießen trat; oder das Erscheinen der *IX worthies* hoch zu Ross, jeder mit seinem Verslein;[2]) endlich die Rede des wackern Königs Gurgunt zu Norwich.[3])

Diesen Aufzügen ungefähr gleichzuhalten sind jene, deren Personal mit mehrstimmigen Gesängen sich einstellte. Da streuen zum Beispiel zu Elvetham die Horen und Grazien singend Blumen auf den Weg, oder es erscheinen daselbst drei Sänger in Bauerntracht mit einem Schäferlied.[4])

*Aufzug mit Rede und Gesang.* Nicht selten traten Gesänge auch zu den Reden der Maskierten. In der Maske Goldinghams zu Norwich[5]) erscheint Apollo mit einem Lied, die übrigen Götter mit versificierten Reden.

Beim Scheiden Sir Henry Sidneys von Shrewsbury gab es Abschiedsreden und Lieder.[6])

*Aufzug mit Rede und Tanz.* Seltener als man erwarten sollte, hat die alte Form des durch einen Aufzug eingeleiteten Tanzes die Kunst der Rede in Anspruch genommen. Man ließ eben die prächtigen Costüme für sich sprechen und dachte kaum daran, das Auftreten der Maskierten zu motivieren. Hie und da nur regte sich der kritische Geist und nahm an dem unvermittelten Erscheinen fremdartig costümierter Tänzer Anstoß.

Diese rationalistische Auffassung des Maskenzuges gab Anlass zu einer recht gelungenen Dichtung George Gascoignes. Acht Herren beabsichtigten, bei einer im Hause des Viscounte Mountacute zu feiernden Doppelhochzeit als Venetianer zu erscheinen. Als die Costüme schon fertig waren, fiel es ihnen ein, dass der Aufzug ohne Erklärung doch gar zu befremdlich wäre, und sie beauftragten Gascoigne, eine Einkleidung für ihre Maskerade zu ersinnen. Daraufhin brachte der Dichter die bereits erwähnte poetische Erzählung zu Papier.[7])

War es schon etwas ganz Gewöhnliches, dass die Dichter ihre Verse zu gegebenen Situationen schrieben, so

---

[1]) Vgl. p. 32. — [2]) Vgl. p. 56. — [3]) Vgl. p. 58. — [4]) Vgl. p. 26. — [5]) Vgl. p. 54. — [6]) Vgl. p. 51.
[7]) *Poems*, ed. Hazlitt I 77; vgl. p. 89.

leistete doch Churchyard mit der Verwandlung seiner Nymphen in Elfen das Höchste an Gewandtheit und Anpassung an äußere Verhältnisse. Der Aufzug, die Reden und die Tänze der Elfen zu Norwich mussten fast wie eine Improvisation wirken.[1]

Als „*Double Maske*", als Maske in zwei Auftritten von Herren und Damen, wird eine Aufführung bezeichnet, welche mit besonderem Glanz der Costüme am 11. Jänner 1578 in Scene gesetzt wurde. Selbst der trockene Rechenmeister der *Accounts of the Revels at Court* erwärmt sich in der Erinnerung an die gesehenen Herrlichkeiten, wenn er die Pracht der Maske „von Amazonen und Rittern" beschreibt.[2] Zuerst zogen die Amazonen auf; die erste hält eine Rede und überreicht auf einer Tafel die Herausforderung an die Ritter. Dann tanzen sie mit den Herren der Gesellschaft. Ebenso ziehen die Ritter ein, bringen der Königin eine Tafel mit italienischer Aufschrift und fordern Damen der Gesellschaft zum Tanz auf. Die beiden Züge treten dann zu einem Scheingefecht an.

Ganz selten finden wir die Vereinigung der drei darstellenden Künste zu einer Aufführung, welche auf die Mitwirkung der bildenden Künste verzichtet. Von dieser Art war das Auftreten der *Fayery Queene* zu Elvetham.[3] *(Aufzug mit Rede, Gesang und Tanz.)*

Alle Elemente des späteren, vollentwickelten Maskenspiels sind, mit einziger Ausnahme der Decorationen, vorgebildet in Sidneys *Lady of May*; hier haben wir die charakteristische Einbeziehung des Publicums, namentlich der Königin, in die Handlung; reich entwickelte Dialoge und Gesänge; eine wirksame komische Figur. Der Wettkampf um die Person der *Lady of May* zwischen den sechs Schäfern und sechs Jägern, in welchen wir die späteren *maskers* erkennen, wurde offenbar als Tanz ausgeführt.[4]

Eine Sonderstellung nehmen die Auftritte eines Sprechers ohne Gefolge ein. Diese Charakter-Monologe verschmähen zugleich die Hilfe der künstlichen Decoration, und nur in seltenen Fällen lehnen sie sich an die natür- *(Charakter-Monologe.)*

---

[1] Vgl. p. 35.
[2] Cunningham, *Extracts*, p. 125 ff.
[3] Vgl. p. 35.
[4] Vgl. p. 48.

liche Scenerie an. Durch diese Hintansetzung des äußeren Prunkes sind die Monologe für die Entwickelung des Maskenspiels von nicht zu unterschätzender Bedeutung geworden. Indem für die Zuschauer alle jene Anhaltspunkte zur Erklärung des Gesehenen wegfielen, welche sonst in der Decoration und in der Begleitung des Sprechers lagen, war der Dichter veranlasst, der Maskenrede mehr Farbe zu verleihen und den Redner selbst besser zu charakterisieren, als er es bei einem Aufzug oder Ausstattungsstück nöthig hatte; mit einem einfachen Hinweis auf die Scene und die zahlreichen Maskierten konnte er nicht mehr sein Auskommen finden.

Es ist recht bezeichnend, dass diese Art der Maskenrede erst unter Elisabeth häufiger wird, als die Kunst der Charakteristik im großen Drama ihre Triumphe feiert. Unter Heinrich VIII. ist der selbständige Monolog erst in ganz bescheidener Weise vorgebildet. Einmal erscheint vor dem königlichen Paar und den französischen Gesandten ein „Dichter" in prächtigem Costüm, den Lorbeerkranz auf dem Haupt, und preist das neugeschlossene Bündnis zwischen Frankreich und England.[1]

Um Beispiele für die selbständige Maskenrede aus der zweiten Hälfte des 16. Jahrhunderts sind wir nicht verlegen und erinnern nur an George Peeles Eremiten, dessen Rede von Sir Robert Cecil fortgesetzt wurde,[2] oder an die von Gascoigne übersetzte Erzählung.[3] Zu Kenilworth traten mit solchen Reden auf Sibylla und der Thorhüter.[4] Die sogenannten Masken Ferrers' sind Beispiele, wie man diese Form der Darlegung persönlicher Verhältnisse dienstbar machte.[5] Ich verweise noch auf die Reden des Schäfers zu Sudeley, des Wilden und des Pilgers zu Cowdray, des Dichters zu Elvetham und Mercurs zu Norwich.[6]

*Sololieder der Masken.* Mitunter trat an die Stelle der Maskenrede ein Lied. So überreicht zu Cowdray eine singende Nymphe der Königin einen Bogen.[7] Auch kann Rede und Gesang verbunden werden. Die Lotterie, welche zur Unterhaltung Elisabeths 1601 im Hause des Kanzlers veranstaltet wurde, leitete ein Schiffer mit Lied und Ansprache ein. Bei einer

---

[1] Hall, fol. 157b. — [2] Vgl. p. 41. — [3] Vgl. p. 42. — [4] Vgl. pp. 55, 41. — [5] Vgl. p. 59. — [6] Vgl. pp. 47, 43, 44, 51. — [7] Vgl. p. 51.

Wiederholung dieses Zeitvertreibes im Jahre 1602 blieb das Lied weg, und die Rede wurde zwischen zwei Schiffern aufgetheilt.[1]

Die Entstehung dieser Monologe können wir ganz einfach aus einer Isolierung des Sprechers der Maskenzüge erklären, welche wiederum durch äußere Umstände bedingt war. Es ist kein Zufall, dass wir der von Decorationen und Aufzügen losgelösten Maskenrede eines einzelnen fast ausschließlich auf den Bereisungen des Landes durch die Königin begegnen. Auf den Herrensitzen, welche sie mit ihrem Besuch ehrte, war eben die höfische, mit der Etikette der Maskenbälle vertraute Gesellschaft nicht immer zu finden; das Gefolge der Königin konnte man aus naheliegenden Gründen zu den eigentlichen Aufführungen nicht heranziehen, und die aus der Bewirtung des königlichen Zuges erwachsenden großen Kosten legten gewiss manchem eine Beschränkung der Auslagen für die unvermeidlichen Maskeraden nahe. So hob man denn auf den Landsitzen der Adeligen aus dem bunten Maskenschwarm, der die Feste des Hofes belebte, die wichtigste Figur, den Sprecher, heraus.

Der Process gieng ja leicht genug vonstatten. Es bedurfte beispielsweise nur weniger Änderungen, um den Knaben in Gascoignes Maske[2] von der Schar Venetianer loszutrennen, welcher er auf so äußerliche Art beigesellt worden war. Oder man brauchte aus einem Götteraufzuge, wie jenem Goldinghams,[3] nur eine bestimmte Gottheit herauszugreifen und hatte einen prächtigen Träger für eine Begrüßung oder eine Lobrede.

Durch denselben Vorgang entstanden die selbständigen Charakterdialoge. Ansätze zu Zwiegesprächen waren schon in den ersten Maskeraden Heinrichs VIII. nachzuweisen,[4] und ein recht entwickeltes dialogisches Stückchen, wenn auch keine eigentliche Maskerade, wurde als Einleitung eines zur Feier der Verlobung der Prinzessin Maria veranstalteten Tourniers aufgeführt. Hall berichtet darüber in seiner anschaulichen Weise wie folgt:

*Charakter-Dialoge.*

---

[1] Nichols, *Progr. El.* III 570; *The Shakespeare Society's Papers* II 69.
[2] Vgl. p. 89. — [3] Vgl. p. 54. — [4] Vgl. p. 78.

„... *then entred eight of the kinges Chappel with a song, and brought with theim one richly appareled: and in likewyse at the other side, entred eight other of the saied Chappel bringyng with theim a nother persone likewyse appareled, these two persones plaied a dialog theffect wherof was whether riches were better then loue and when they could not agre vpon a conclusion, eche called in thre knightes ... the six knightes fought a fair battail ... then came in an olde man with a siluer berd and he concluded that loue and riches, both be necessarie for princes.*"[1])

Dergleichen Dialoge wurden nun der äußeren Zuthaten entkleidet und waren in dieser vereinfachten Gestalt eine beliebte Unterhaltung für die in spitzfindigen Erörterungen geübte Gesellschaft am Hofe der Elisabeth.

Dem Streitgespräch zwischen Liebe und Reichthum in der Anlage recht ähnlich sind Bacons Maskenreden zwischen einem Einsiedler, einem Staatsmann und einem Soldaten, welche gleichfalls bei einem Tournier zur Aufführung kamen.[2]) Das Schlusswort, in der Scene am Hofe Heinrichs von einem Greise gesprochen, fällt hier dem Knappen zu.

In dieser an die italienischen *contrasti* gemahnenden Form der Disputation war auch John Davies' Gespräch zwischen einer Jungfrau, einer Witwe und einer Ehefrau geschrieben.[3]) Derselbe Verfasser unterhielt 1591 die Königin mit einem Dialog zwischen einem Boten und dem Thürhüter, in welchem einige humoristische Züge angenehm auffallen.[4]) Zum Durchbruch gelangten diese lustspielartigen Ansätze in den unter freiem Himmel durchgeführten Zwiegesprächen zwischen dem Vogt und dem Milchmädchen,[5]) oder in den Scherzreden zwischen Pan und den beiden Schäferinnen zu Bissam.[6]) Die natürliche Scenerie wird in das Gespräch zwischen Angler und Fischer zu Cowdray einbezogen[7]) und nimmt so gleichsam die Stelle der Decorationen des höfischen Maskenspieles ein. Durch ähnliche Mittel wirkte auch das Zwiegespräch,[8]) welches Gascoigne in der Maske eines Waldmenschen zu Kenilworth mit dem Echo führte.

---

[1]) Hall, fol. 157b, *Henry VIII*.
[2]) Vgl. p. 42. — [3]) Vgl. p. 45. — [4]) Vgl. p. 44 — [5]) Vgl. p. 35. —
[6]) Vgl. p. 47. — [7]) Vgl. p. 40. — [8]) Vgl. p. 50.

In das Gebiet des Allegorischen spielen hinüber die Dialoge zwischen *Time* und *Place* zu Harefield[1]) und die Erörterungen zwischen *Liberty* und *Constancy* im Hause Sir Henry Lees.[2])

*Charakter-Dialoge mit Gesang.*

Wie die Maskenmonologe verbinden sich die charakterisierenden Zwiegespräche bisweilen mit Gesängen. Von dieser Art ist zum Beispiel die Schäferscene zu Sudeley,[3]) und auch die anspruchsvolleren Stücke Churchyards zu Norwich[4]) oder Gascoignes Spiel von Diana und ihren Nymphen[5]) haben Gesangseinlagen.

*Ausstattungsstück mit Reden.*

Die durch Reden belebten höfischen Spiele, welche auch die Hilfe der bildenden Kunst in Anspruch nehmen, lassen sich analog dem stummen Ausstattungsstück in folgende Gruppen bringen.

Verwenden Aufführungen neben der Decoration nur Ansprachen, so sind sie kaum den eigentlichen Maskeraden zuzuzählen, da ihnen ein wichtiges Kriterium der letzteren, die freie Beweglichkeit der Figuren, fehlt. Es ist das Stadium der Entwickelung, auf welchem die meisten *pageants* stehen, wenn zum Beispiel der Triton oder die Frau vom See in ihrem zweiten Auftritt zu Kenilworth ihre Reden an die Königin auf einer schwimmenden Insel oder auf dem Rücken eines ungeheuren Fisches halten. Der erste Auftritt der *Lady of the Lake* bei derselben Gelegenheit nähert sich jedoch dem höfischen Ausstattungsstück; denn die Sprecherin darf ihre Insel verlassen und zu Lande eine Rede an Elisabeth richten.[6]) Auch Churchyard hat in der zu Bristol in Scene gesetzten regelrechten Belagerung und Erstürmung zweier Forts den sprechenden allegorischen Persönlichkeiten seines Stückes: *Dissension, Perswasion* u. s. w. volle Freizügigkeit verliehen.[7])

*Ausstattungsstück mit Rede und Gesang.*

Meist traten zu den Reden des Decorationsstückes auch Gesänge. Diese Verbindung hätte im dritten Theil der handlungsreichen, zur Aufführung vor Elisabeth und Maria Stuart bestimmten Maske die Zuschauer ergötzen sollen.[8])

---

[1]) Vgl. p. 28. — [2]) Vgl. p. 22 f. — [3]) Vgl. p. 46. — [4]) Vgl. p. 30. —
[5]) Vgl. p. 52.
[6]) Vgl. p. 30 und den Anhang.
[7]) Nichols, *Progr. El.* I 896 ff.
[8]) Vgl. p. 24.

Auch in der Maskerade der *Fortresse of Perfect Beautie* spielt der Gesang eine Rolle,[1]) und ein Lied begleitet die Überreichung der Geschenke durch die drei Vestalinnen.[2]) Ceres und ihre Nymphen ziehen mit Reden und Gesängen zu Bissam auf.[3]) Die Versöhnung zwischen *Grayus* und *Templarius* wird durch eine mit Gesang und Declamation ausgestattete allegorische Schaustellung versinnbildlicht.[4])

*Ausstattungs-stück mit Rede, Gesang und Tanz.*

Schon die älteste mit Decorationen versehene Maskerade, die Darstellung bei der Hochzeit Prinz Arthurs, verbindet mit Rede und Gesang noch den Tanz, weist also alle in den späteren „regelmäßigen" Maskenspielen zu einem harmonischen Ganzen verwachsenen Bestandtheile auf. Freilich stehen hier die Elemente, deren Verschmelzung später für die Kunst der Maskendichter den verlässlichsten Maßstab abgibt, noch recht unvermittelt nebeneinander. Der Gesang erschallt beim Erscheinen des Schlosses aus dessen Eckthürmen; der Tanz schließt sich ganz äußerlich an die Übergabe des Schlosses durch die Damen an.[5])

Ein Beweis, dass die Verwendung aller dieser Elemente noch nicht zur gegenseitigen Durchdringung und zur Schöpfung einer festen Form vorgeschritten war, liegt auch in der Seltenheit solcher Spiele. Die ersten zwei Theile der Aufführung, welche das Einverständnis zwischen England und Schottland hätte andeuten sollen, verbanden Rede und Tanz, die dritte Scene Declamation und Gesang; da die einzelnen Abschnitte an drei aufeinanderfolgenden Abenden aufgeführt werden sollten, kann man füglich nicht von einer Verbindung jener Künste sprechen. Vielleicht trat diese ein, als zehn Jahre später die drei Theile dieser Maske in die Aufführung eines Abends zusammengedrängt wurden.[6])

Sonst arbeitet noch Churchyards unaufgeführte Scene der Wassernymphen mit dem vollen Apparat der entwickelten Maskenspiele: Ausstattung, Rede, selbständige — nicht nur den Tanz begleitende — Musik und Tanz.[7])

---

[1]) Vgl. p. 28. — [2]) Vgl. p. 55. — [3]) Vgl. p. 53. — [4]) Vgl. p. 26. — [5]) Vgl. p. 26. — [6]) Vgl. p. 24 f. — [7]) Vgl. p. 51.

## Capitel 3.
### Äußere Einrichtung, Anlässe und Behelfe der Aufführungen.

Nachdem wir so die Entwickelung der inneren Form der Maskeraden verfolgt haben, wollen wir auch versuchen, aus den verstreuten Nachrichten uns eine Vorstellung von den äußeren Formen und Behelfen dieser Aufführungen zu bilden.

Der Schauplatz der Aufzüge und kleinen Dramen, welche Gegenstand unserer Betrachtung sind, war ursprünglich der königliche Hof, und auf diesem Boden gediehen auch die Spiele unter Elisabeth zu ihrer vollen Reife. Bald verpflanzte aber der Adel die glänzenden Aufführungen in seine Stammschlösser und Landsitze. Solche Feste haben wir aus dem 15. Jahrhundert bereits namhaft gemacht, und ein von Collier ans Licht gezogenes Document zeigt uns in den Maskeraden der Adeligen des 16. Jahrhunderts das getreue Spiegelbild der höfischen Lustbarkeiten. Dieses *Booke of all manner of Orders concerning an Earle's house*[1] mag um 1500 entstanden sein. Die erhaltene Abschrift stammt aus den letzten Regierungsjahren Heinrichs VIII., beweist also, dass die hier niedergelegten Vorschriften noch um die Mitte des classischen Jahrhunderts der Maskeraden Giltigkeit hatten. Wir werden auf diese Codificierung des Maskenceremoniells öfters zurückzukommen haben.

*Pflegestätten der Maskeraden.*

Unter Elisabeth wurde es geradezu unverbrüchliche Sitte, die Königin bei ihren häufigen Besuchen auf den Landsitzen des Adels mit Maskeraden zu unterhalten, und der Verfasser der *Olde Knightes Tale*[2] konnte in den Neunzigerjahren folgenden Erfahrungssatz mit gewohnter Würde vortragen:

*„(For) he that mightie states hath feasted, knowes*
*Besides theire meate, they must be fed with shewes."*

Die Städte wollten hinter den adeligen Wirten der Königin nicht zurückbleiben. Mit den Figuren des altgeübten Mummenschanzes, welche allein den ehrsamen

---
[1] Abgedruckt bei Collier, *Hist. Dram. Poetry* I 24.
[2] Nichols, *Progr. El.* III 200.

Bürgern geläufig waren, konnte man die Fürstin nicht wohl unterhalten; so blieb nichts übrig, als sich um theures Geld einen in den modischen Maskeraden erfahrenen Dichter aus der Hauptstadt zu verschreiben. In dieser Verwendung weilte zum Beispiel Churchyard zu Norwich,[1]) und die Liste seiner Werke in *Churchyard's Challenge* (1593) enthält noch „*Devises and Speeches*", erfunden im Dienste des hochmögenden Rathes von Bristol und anderer Städte.

Eine Pflegestätte fanden die Maskenaufführungen auch in den Juristencollegien *(Inns of Court)*. Hier, in den Händen der Studenten und würdiger Amtspersonen, welche die selige Studentenzeit noch nicht vergessen hatten, waren die fröhlichen Spiele besonders gut aufgehoben. Schon ein Statut[2]) von Lincoln's Inn (9 Henry VI.) verfügt, dass jährlich viermal „*Revels*" stattfinden sollten. Unter Elisabeth kam dann der Brauch auf, die Mitglieder der Collegien zu Hofe zu laden und dort ihre Spiele aufführen zu lassen. Eine solche Veranstaltung der „*Gentlemen of Gray's Inn*" fand am 28. Februar 1588 zu Greenwich statt,[3]) und dasselbe Collegium führte 1595 die erste mir bekannte vollentwickelte Maske auf. Im Temple bestanden gleichfalls Vorschriften für die Weihnachtsfeier, laut welchen alljährlich eine Maske aufgeführt werden sollte.[4])

Die oft sehr bedeutenden Kosten der Schaustellungen der Collegien wurden durch Sammlung unter den Mitgliedern und Gönnern aufgebracht. Ein solches Ansuchen des Middle Temple an den Earl of Shrewsbury, zu den Festlichkeiten des *Prince d'Amour* zu Weihnachten 1597 beizusteuern, ist erhalten und gipfelt in dem feierlichen Versprechen: „*we promise to repaye unto you the 30th day of Februarie next.*"[5])

*Anlässe zu Aufführungen.* Um Gelegenheiten zu Mummereien war man niemals verlegen. Gewisse Festtage konnte man sich ohne Maskeraden gar nicht denken: zu Weihnachten, Neujahr, dem Dreikönigstag, zur Lichtmesse, Fastnacht oder am 1. Mai wollte

---

[1]) Nichols, *Progr. El.* II 179 ff., 182.
[2]) Dugdale bei Nichols, *Progr. El.* I 251 n.
[3]) *Books of the Stationers' Company*, ebd. II 530.
[4]) Nichols, *Progr. El.* I 141.
[5]) Nichols, *Progr. El.* III 423.

sich die rechte Festesfreude nicht einstellen, wenn nicht für allerlei Mummenschanz gesorgt war.[1] Ob wohl die höfische Gesellschaft sich des Zusammenhanges der glanzvollen Maskenfeste mit den uralten, an denselben Tagen gefeierten Vermummungen des Volkes bewusst war?

Dann gab es noch genug außerordentliche Anlässe, welche man nicht gern ohne Maskeraden vorübergehen ließ. Bald war es eine Hochzeit, bald eine Taufe, ein Tournier, die Schwertleite eines Prinzen, ein Empfang von Gesandten — kurz, die schau- und tanzlustige Gesellschaft des Hofes ergriff mit Freuden jede Gelegenheit, sich in die bunten Maskengewänder zu werfen. Heinrichs VIII. unerschöpfliche Lebenslust und unersättliche Genussucht fand in zahllosen Maskeraden ihren Ausdruck; er selbst trat gern in den Mummereien auf und spielte, wo es nur angieng, eine Hauptrolle. Shakespeare hat Heinrichs sinnliche und schnell verrauschende Leidenschaft zu Anna Boleyn schon in ihren Anfängen wunderbar charakterisiert, indem er den König bei einem Maskentanz auf das Hoffräulein seiner Gemahlin aufmerksam werden lässt.[2]

Elisabeth sah das bunte Treiben der Masken schon als Prinzessin gern und nahm auch gelegentlich an dem aus diesen Aufführungen sich entspinnenden allgemeinen Tanz theil. In den Spielen selbst scheint sie jedoch nicht aufgetreten zu sein.

Wie überall, stellte sich auch in England mit den Masken die Maskenfreiheit ein, und die höfischen Feste wurden ein beliebtes Mittel für Intriguen jeder Art. Die Mummerei, welche auf Ermordung Heinrichs IV. hinzielte, wurde schon besprochen.[3] Harmloser, aber gleichfalls politischen Zwecken dienend, war das Unternehmen einiger französischer Edelleute bei der Anwesenheit Karls V. in Calais; sie mischten sich unter die Masken, um die Stimmung am englischen Hofe kennen zu lernen.[4]

Meist wurden freilich Liebes-Intriguen unter dem Schutz der Masken angeknüpft und gefördert, und die Masken-

---

[1] Vgl. die Klage des Chronisten bei Leland, p. 17.
[2] *Henry VIII.*, Act 1, Scene 4.
[3] Vgl. p. 7.
[4] Hall, *Henry VIII.*, fol. 84b.

freiheit erstreckte sich nur auf rückhaltslose Erklärungen und ebenso aufrichtige Erwiderungen. Eine solche Scene hat Lyly in seinem als culturgeschichtliche Quelle noch immer unterschätzten Roman angebracht. Da die Stelle uns einen Begriff von der preciösen Unterhaltung der Maskierten gibt, wie sie unter Elisabeth blühte, mag sie hier angeführt werden.[1])

*„Philautus . . . was entreated to make one in a Masque, which Philautus perceiuing to be at the Gentlemans house where Camilla laye, assented . . . to go . . . and all things beeing in readinesse, they went with speede, where beeing welcommed, they daunced, Philautus taking Camilla by the hande, and as time serued, began to boord hir in this manner.*

*„It hath ben a custome faire Lady, how commendable I will not dispute, how common you know, that Masquers do therfore couer their faces that they may open their affections, and vnder ye colour of a daunce, discouer their whole desires"* u. s. w.

Camilla antwortet in demselben Tone:

*„If you build vpon custome that Maskers haue libertie to speake what they should not, you shall know that woemen haue reason to make them heare what they would not."*

**Das Personal.** Schon die Theilnahme des Königs oder der Königin an dem Vergnügen des Maskentanzes und an den einleitenden Scenen oder Aufzügen bedingte eine gewisse Sorgfalt und Strenge in der Auswahl der übrigen Mitwirkenden. Diese wurden daher, soweit es irgend möglich war, dem Hofstaat entnommen.

Solange nun der Maskenzug von der Verwendung der Rede absah, war diese Auswahl leicht genug durchzuführen. Als aber durch Einführung der Ansprachen die Anforderungen an die Mitwirkenden wuchsen, musste häufig Hilfe von außen herangezogen werden. Schon unter Heinrich VIII. durften gelegentlich Schauspieler in den Hofmaskeraden auftreten; in einem Luxusgesetz werden sie von den Beschränkungen, welche für die Kleidung aller Stände eingeführt wurden, ausdrücklich ausgenommen und als *„players in interludes, sightes and revells"* bezeichnet.[2]) Einmal hören

---

[1]) *Euphues and his England*, ed. Arber 1868, p. 332 f.
[2]) *Acts of Apparel*, 24 Henry VIII. bei Collier I 65.

wir, dass auch die Musikanten maskiert tanzen[1]) und der Morristanz wird gelegentlich von des Königs Knappen ausgeführt.[2])

Nachdem unter Elisabeth Reden sich bereits fest in die höfischen Maskeraden eingefügt hatten, finden wir öfters Knaben als Vertreter des gesprochenen Wortes: offenbar zog man die Chorknaben der königlichen Kapelle zu diesem Zweck heran und entlohnte sie für ihre Mühe.[3]) Ein junger Schauspieler kommt auch vornehmen Herren zuhilfe, als sie im Hause Mountacute eine Maske aufführen wollten.[4])

Gar zu inferiore Rollen, welche den Ausführenden keine Gelegenheit gaben, sich in prächtigen Costümen oder sonst irgendwie zu ihrem Vortheil zu zeigen, werden bezahlten Schauspielern oder Musikern überlassen: *„To Benbow for playeng in the Monster II s. VI d".*[5])

Ferner werden grotesk-komische Rollen, wie später die Antimaske, Schauspielern von Beruf zugetheilt. Zu Lichtmess 1577 wurde zu Hampton Court von den Schauspielern des Lord Kämmerers dargestellt: *„The historye of the Cenofalles"* (i. e. Cynocephali). Unter den sechs, an dieser Stelle[6]) der Rechnungen über die höfischen Lustbarkeiten angeführten Stücken sollen auch *„Inventions and devices"* sich befinden. Die erwähnte Darstellung ist aber die einzige, auf welche diese Bezeichnung passt, und wir dürfen daher gewiss unter dem merkwürdigen Titel eine Aufführung von der Art der oben[7]) erwähnten grotesken Thiermaskeraden uns vorstellen.

Sogar ein Tänzer von Beruf trat in den Masken auf. In den eben erwähnten Rechnungen[8]) steht folgender, bisher übersehener Eintrag: *„Geven in reward to M$^r$ Cardell for devising the daunce w$^{ch}$ M$^r$ Cardell came in w$^{th}$; XX$^s$."* Derselbe Mann wird noch in einem Brief aus dem Jahre 1614 *„Cardel the dancer"* genannt.[9])

---

[1]) Hall, fol. 10b, *Henry VIII*.
[2]) *The Shakespeare Society's Papers* III 91.
[3]) Cunningham, *Extracts*, pp. 15, 73, 111, 113, 188.
[4]) Vgl. p. 89.
[5]) Cunningham, *Extracts*, p. 86.
[6]) Cunningham, *Extracts*, pp. 102, 109, 110.
[7]) Vgl. 49.
[8]) Pag. p. 188.
[9]) Nichols, *Progr. James* III 15.

Bei den Huldigungen, welche man der Königin zum Empfang und zur Unterhaltung auf den Landsitzen des Adels oder in größeren Städten darbrachte, traten, soweit ich das Material überblicke, Edelleute und Bürger fast nie auf. Eine Ausnahme machte Robert Cecil, als er in der Rolle des Eremiten eine Rede an Elisabeth richtete.[1] Öfters übernahm der im Solde des Gutsherrn oder der Stadt stehende Dichter der Maskerade selbst die sprechende Hauptrolle: Gascoigne spielte zu Kenilworth deren zwei, den wilden Mann und den Silvanus; Churchyard, als Wassergeist verkleidet, tanzt zu Norwich mit seinen Elfen. Für die letzteren Rollen hatte er einige aufgeweckte Knaben gedrillt; er durfte sie wohl aus der lieben Schuljugend auswählen, wie auch zu Shrewsbury Schulknaben als Nymphen erschienen.[2]

Zum Statieren, vielleicht auch zu kleineren Rollen, wurde bei den Bereisungen des Landes das Gesinde der durch den Besuch der Königin ausgezeichneten Persönlichkeiten verwendet, zu complicierteren Stücken aber zog man Schauspieler von Beruf herbei. So hören wir, dass die Königin bei ihrem Besuch zu Elvetham (1591) für die „actors", welche mit soviel Selbstverleugnung in dem künstlichen See herumgeschwommen waren, sowie für die *Fairie Queen* und ihr Gefolge eine Geldspende schickte.

Frauenrollen wurden bei den Maskenreden und Aufzügen auf dem Land von Knaben dargestellt, wie die eben erwähnten Aufführungen zu Norwich und Shrewsbury lehren. Das war bekanntlich auch das Herkommen in den öffentlichen Theatern.

Anders bei Hofe. Da nahmen die Damen bald an den *disguisings* theil. Zunächst freilich, wenn wir den Miniaturen der Alexanderhandschrift glauben dürfen, nur als unmaskierte Tänzerinnen. Doch schon in den Maskenzügen Lydgates übernahmen die Hofdamen Rollen, und ihre Mitwirkung bei der Hochzeitsfeier Prinz Arthurs ist gleichfalls bezeugt.[3]

Die letztere Maskerade zeichnet sich durch getrenntes Auftreten der Herren und Damen und spätere Vereinigung

---

[1] Vgl. p. 41. — [2] Vgl. pp. 50, 35, 51. — [3] Vgl. pp. 4, 18, 26.

der beiden Züge aus, eine Form, welche in dem oft erwähnten Ceremonienbuch[1]) aus der Fairfax-Sammlung gleichfalls vorgesehen ist. Sie wurde dann unter Heinrich VIII. weiter ausgebildet und nachmals als *„double Masque"* bezeichnet. Von dieser Art sind unter anderem zwei Maskeraden Heinrichs[2]) aus dem Jahre 1510 oder die *„doble maske of Amasones and Knightes"*.[3])

In den „doppelten" Maskenzügen Heinrichs VIII. erschienen zuerst die Herren, und ein Theil der Fackelträger holte sodann die Damen ein. Die Vorschriften der Fairfax-Handschrift aber gestehen den Damen überall den Vortritt zu, und ihnen entsprechen die beiden andern erwähnten Maskeraden.

Unter Heinrich VIII. kam es sogar vor, dass Damen selbständig einen Maskenzug veranstalteten und die Herren zum Tanz aufforderten: die Marquise Pembroke erschien so mit andern Damen vor König Franz I.[4]) Auch an Elisabeths Hof führten die Damen allein Masken auf: „*a Maske of Ladies*" trat zu Windsor vor die Königin,[5]) und die Maske im Hause der Lady Russel[6]) wurde gleichfalls nur von Damen bestritten.

Ein eigenthümliches Ceremoniell entwickelten die Maskenauftritte des 16. Jahrhunderts. Unter Heinrich VIII. wurde es nämlich Mode, die Maskierten von Fackelträgern in den Saal und zurück geleiten zu lassen. Wir begegnen diesen untergeordneten Figuren schon in den vielcitierten Vorschriften für einen gräflichen Haushalt,[7]) und die im geschlossenen Raum aufgeführten Maskenzüge verzichteten von da an nur selten auf diese Begleitung.

Die Fackelträger mussten nicht gerade Personen von Rang sein; nach dem eben genannten Document sollen drei „*yoman waiters*" diesen Dienst thun. Wenn Leute höheren Standes ihre Rolle übernehmen, verfehlen die Chronisten nicht, ausdrücklich darauf hinzuweisen. So schreiten dem

---

[1]) Bei Collier, *Hist. Dram. Poetry* I 24.
[2]) Vgl. Halls Bericht, p. 66.
[3]) Cunningham, *Extracts*, 185; vgl. auch p. 42.
[4]) Hall, fol. 209, *Henry VIII*.
[5]) 1582; vgl. Cunningham, *Extracts*, p. 177.
[6]) 24. Juni 1600; vgl. p. 52.
[7]) Collier I 24.

bei Wolsey zur Feier des Friedens mit Frankreich (1518) aufgeführten Maskenzug zwölf Ritter mit Lichtern voraus.[1]

Mit dem Aufzug hatten die Fackelträger ihre Aufgabe eigentlich schon erfüllt und nach den Weisungen des Fairfax-Manuscriptes hatten sie hierauf entweder den Saal zu verlassen oder, wenn sie den Zug wieder hinausführen sollten, mit einer Verbeugung beiseite zu treten.

Die untergeordnete Bedeutung dieser Figuren kommt auch in der für sie getroffenen Wahl der Costüme zum Ausdruck, welche von weniger kostbarem Material, doch noch immer prächtig genug hergestellt werden.[2] Dabei bringt man gern die Verkleidung der Begleiter mit jener der Hauptmaskierten in Einklang, ohne sich aber ganz zu wiederholen: die Jäger einer zu Weihnachten 1573/74 aufgeführten Maskerade haben sechs in Moos und Epheu gehüllte wilde Männer bei sich, und in der Doppelmaske von Amazonen und Rittern treten die letzteren mit fackeltragenden Reitern auf.[3]

Wenn aber Personen von Rang die Lichter tragen, erscheinen sie oft in demselben Costüm wie der ganze Zug.[4]

Wie die Hauptpersonen der Mummerei, tragen die müßigen, fackeltragenden Begleiter Gesichtsmasken[5] und Handschuhe;[6] auch bei ihnen wird auf den Kopfputz besondere Sorgfalt verwendet.[7]

Mit der Abstammung dieser nur zur Erhöhung der äußerlichen Wirkung angebrachten Nebenfiguren von ausländischen Ahnen werden wir uns noch zu beschäftigen haben.

---

[1] Hall, fol. 66; vgl. auch fol. 16. *Letters and Papers ... of Henry VIII.*, vol. II 1491: *gentlemen who bore the torches* (1510); vol. III 1550: *gentlemen servers of lights* (1520).

[2] Cunningham, *Extracts*, pp. 14, 51, 52. George Ferrers beklagt sich einmal (*Loseley Manuscripts*, ed. Kempe 1836, p. 28), dass für seine Räthe, unter denen sich doch Personen von Rang befänden, so geringe Kleider vorgesehen seien: „*Sir Rob$^t$. Stafford and Thomas Wyndesor ... wold not be seen in London, so torche-berer lyke disgysed.*" (December 1551.)

[3] Cunningham, *Extracts*, pp. 51, 126.

[4] Hall, fol. 66.

[5] Cunningham, *Extracts*, p. 14; Collier I 264 n; *Archaeologia* XVIII 325.

[6] Cunningham, *Extracts*, p. 34.

[7] Ebd. p. 115.

Nach ihrer Stellung im Rahmen der höfischen Feste können wir selbständige und abhängige Masken unterscheiden. Die ältesten Aufführungen gehören der ersteren Gattung an, d. h. sie wurden um ihrer selbst willen in Scene gesetzt, und zwar gewöhnlich vor einem Bankett. So heißt es in der Beschreibung der Festlichkeiten zur Hochzeit Prinz Arthurs: „*This disguising royall thus ended begann the Voydee to enter in this manner of a bankett.*" Dies war auch meist der Hergang bei den Spielen am Hofe Heinrichs VIII. und Elisabeths.

*Selbständige u. abhängige Maskeraden.*

Nach dem Bankett wurde zum Beispiel aufgeführt die Maske Goldinghams zu Norwich.

Ferner konnten Maskeraden als Entremets, als Zwischenspiele zwischen den einzelnen Gängen der Mahlzeit erscheinen. Dies war unter anderem der Fall mit der bekannten Schäfermaske Heinrichs im Hause Wolseys, wo das Bankett durch das angeblich unvermuthete Erscheinen der Maskierten unterbrochen und nach Beendigung des Aufzuges und der Tänze fortgesetzt wurde.[1]

Ungemein beliebt waren Maskeraden als Einleitung zu Tournieren. Die Verbindung der meist romantischen Dichtungen mit dem Scheinkampf war schon den Rittern Heinrichs geläufig. Als unter Elisabeth die Maskenreden an Form und innerem Gehalt sich hoben, wollen die mit der Führung von Lanze und Feder gleich vertrauten — oder wenigstens vertraut scheinenden — Helden der Tourniere offenbar an das Mannesideal jener Zeit, an den dichtenden Soldaten erinnern. Diesem Typus gehört zum Beispiel Gascoigne an, der sich gern mit Lanze und Feder abbilden lässt:

„*Beholde, good Queene, a poett with a Speare*
*(Straundge sightes well mark't are understode the better.)*
*A Soldyer armde, with pensyle in his care,*
*With penn to fighte, and sworde to wryte a letter*" etc.[2]

Die edelste Verkörperung des Ideals sah aber die elisabethanische Zeit in ihrem Liebling, Sir Philip Sidney,

---

[1] Vgl. noch Collier, *Hist. Dram. Poetry* I 94.
[2] *Complete Poems of G. Gascoigne*, ed. W. C. Hazlitt, vol. II 135.

den wir schon in einem romantisch eingekleideten Tournier Lanzen brechen sahen.[1]

Bisweilen fand die Fiction, welche das Kampfspiel einleitete, nach demselben eine Fortsetzung, wie zum Beispiel in Bacons für den Grafen Essex verfassten Maskenreden.

Ferner konnte die Maskerade — wie das Satyrspiel der Griechen — nach einer dramatischen Aufführung höherer Art in Scene gesetzt werden. Von dieser Abart der Masken sprechen die Regeln des Fairfax-Manuscripts; sie schärfen ein, dass die Maskierten den Saal erst betreten sollen, wenn *„the interlude, tragedy or comedy"* beendet wäre.

Die Maske musste wohl auch für ein durchgefallenes und abgebrochenes Stück entschädigen. Von einem solchen Fall weiß eine alte Chronik[2] zu erzählen: *„the plaers plaid shuche matter, that they wher commandyd to leyff off, and (in)continently the maske cam in dansyng."*

Die umgekehrte Wirkung hatte ein Stück, welches anfangs 1574 zu Hampton Court durchfiel. Es war so wenig unterhaltend und dauerte so lang, dass die in Bereitschaft gehaltene Maske der sechs Tugenden gar nicht mehr zur Aufführung kommen konnte.[3]

Ausnahmsweise durfte aber die Maske dem eigentlichen Drama vorausgehen, wie bei der von Mitgliedern des *Inner Temple* am 18. Jänner 1562 veranstalteten Aufführung von *Ferrex and Porrex*.

Die Fälle, in welchen Maskeraden gleichsam im Gefolge des höheren Dramas erscheinen, wurden für die weitere Entwickelung des letzteren von Wichtigkeit und bedeuten nur den ersten Schritt zur Eroberung eines neuen Gebietes durch die Masken: Aufzüge und Tänze, ursprünglich unorganisch an die Schauspiele angeschlossen, wurden bald in die Stücke selbst verwiesen. Mochte auch die Verbindung noch eine ganz äußerliche sein, so war es doch

---

[1] Vgl. p. 28.
[2] Ms. Cotton, Vitellius F. V. zum Jahre 1558/59. Bei Collier I 169. Eine bemerkenswerte Lesart zu dieser Stelle hat Strype (bei Nichols, *Progr. El.* I 81): *the maske cam in, and dancing*. Das ist jedenfalls das Richtigere; denn von einem Auftreten der Maskierten im Tanzschritt hören wir sonst niemals.
[3] Collier I 201.

nothwendig, dass die Maske einen gewissen Anschluss an die Handlung des Stückes suchte und das Auftreten der Maskierten wenigstens flüchtig motiviert wurde.

Wir sind über die ersten Beispiele dieser Verbindung der Maske mit der Moralität und dem Interludium leider sehr wenig unterrichtet. Meines Wissens bezeichnet nur ein Stück der genannten Gattungen die Stelle des Auftretens der Vermummten. Es dürfte eben diese Erweiterung und Sprengung der alten Form meist ohne Wissen, vielleicht auch gegen den Willen der Dichter vorgenommen und daher in der Überlieferung nicht berücksichtigt worden sein.

Das früheste Zeugnis für die in der Blütezeit der Maske sehr beliebte Einschiebung in andere Stücke stammt aus dem Jahre 1514 und bezieht sich auf ein Interludium *„devysed by Sir Harry Gyllfurth, Master of the Revells... in the wheche conteyned a moresk of VI persons and II ladys"*.[1]) Diese Aufführung ist sicher identisch mit dem von William Cornish für dieselbe Weihnachtsfeier geschriebenen *Tryumpe of Love and Bewte*. Sir Henry Guilford ersann offenbar die Handlung, und Cornish führte die Reden aus. Die zwei Damen, welche in dem Morristanz auftraten, wären dann Venus und Bewte des Interludiums. Darauf deutet auch die Rechnung über die Auslagen bei dieser Gelegenheit: es kommen nämlich außer den Gewändern für die zwei genannten Damen keine andern Weiberkleider vor.

Aus den Posten dieser Rechnung ergibt sich noch eine wichtige Ergänzung des Berichtes: die Tänzer erscheinen zuerst als *disguisers;* ihre schwarzen Gewänder verhüllen die bunten, für den Morristanz bestimmten Costüme.[2]) Es war also ein richtiges *disguising*, welches in das Interludium eingeschoben wurde.

Am Schlusse des Personenverzeichnisses des *Interlude of the Four Elements* stellt es der Verfasser den Schauspielern frei, eine Mummerei einzuschalten: *„also, if ye list, ye may bring in a Disguising."* Das Auftreten der Maskierten wird ganz hübsch motiviert. *Sensual Appetite* holt zur Unter-

---

[1]) Collier I 68 ff.; *Letters and Papers... of the reign of Henry VIII.*, vol. I 718 f.

[2]) Vgl. *„hosen for the maskellors"* in den *Letters and Papers... of Henry VIII.*, vol. I 718.

haltung des *Humanity* eine lustige Gesellschaft herbei; mit Gesang und Tanz zieht diese ein. Da aber keine Musik zur Hand ist, werden die Tänze bald abgebrochen und sollten wohl im Wirtshaus, wohin sich die ganze Gesellschaft begibt, fortgesetzt werden. Leider ist das Stück nicht vollständig erhalten.[1]

Eine weitere Nachricht über die Aufnahme von Maskeraden in eine Moralität verdanken wir dem unerschöpflichen Hall. Von einem zu Weihnachten 1527 aufgeführten Stücke John Roos heißt es in seinem Geschichtswerke:[2] *„This plaie was ... set foorth, with ryche and costly apparell, with straunge devises of masks and morishes."*

Moralitäten mit eingelegten Masken und Tänzen bleiben auch unter Elisabeth auf dem Repertoire. Eine den eben erwähnten ganz ähnliche Aufführung war gewiss das *Play of Loyaltie and Bewtie;* nach den Rechnungen des Master of the Revels[3] wurde für dieses Stück angeschafft: *„a garland of grapes and leaves for Baccus".* Auch der in diesem Stück verwendete Wagen diente jedenfalls bei einem Maskenzug.

Der Zweck der Einführung der Maskeraden ist leicht zu errathen. Die stattlichen Aufzüge und muntern Tänze, die prächtigen Decorationen und Costüme sollten eine Entschädigung für die vielen weitschweifigen und lehrhaften Stellen der allegorischen Stücke bieten und diese in der Gunst der Zuschauer halten. Dazu eigneten sich die *disguisings* allerdings ganz vortrefflich; denn seit Edward III. hatten sie immer durch Pracht der Ausstattung zu wirken gesucht, und zur Zeit, da sie in die höheren Gattungen des Dramas Eingang fanden, waren Schneider, Decorateur und Maschinenmeister für die Maskierten weit wichtigere Personen als der Dichter — wenn dieser überhaupt beigezogen wurde. Ja, man kann dreist behaupten, dass die allzu prächtige Ausstattung der Maskeraden eine Hemmung der literarischen Entwickelung dieser Gattung bedeutet. Zunächst war der Dichter nur zu oft durch gegebene Decorationen und fertige Costüme in der Freiheit seiner

*Die Ausstattung.*

---

[1] Dodsley, *Collection of Old Plays*, ed. Hazlitt, I 1.
[2] Fol. 154 b, *Henry VIII*.
[3] Cunningham, *Extracts*, pp. 145, 147.

Erfindung beschränkt, wie Gascoigne in seiner venetianischen Maske. Ferner wurden durch das prächtige Schauspiel, das die Maskenfeste dem Auge boten, die Maskenreden oft in den Hintergrund gedrängt, ja sie erschienen manchmal als nebensächlich und als nothwendiges Übel. Es kam vor, dass eine Maske mit sieben redenden Personen geplant war und bei Aufführung der Scene alle Reden wegblieben.[1]) Man hatte die Erklärung auf einen bestimmten Tag verfasst und nahm sich nicht die Mühe, neue Ansprachen für den veränderten Anlass der Aufführung einzustudieren.

Im Gegensatz zum höheren Drama feierte also die Kunst des Maschinenmeisters und Theatermalers in der kleinen Gattung des Maskenspieles ihre höchsten Triumphe. Zahllose Einträge in den Rechnungsbüchern der Hofämter beweisen, dass für die Künste der Scenerie keine Kosten gespart wurden. Theatermaler waren wochenlang beschäftigt, wenn eine Maske in Vorbereitung war, und unter Heinrich VIII. wurde gewiss auch Meister Holbein zur decorativen Ausstattung der Hoffestlichkeiten herangezogen. Wir haben freilich nur eine etwas unbestimmte Nachricht, nach welcher „*Maister Hans*" für die Darstellung der Belagerung von Terouenne entlohnt wurde.[2]) Doch da wir genau wissen, dass Holbein an der malerischen Ausschmückung der *city pageants* mitarbeitete, dürfen wir mit umso größerer Sicherheit annehmen, dass der Hofmaler Heinrichs seine herrliche Kunst in den Dienst der Hoffeste stellte.

Auch italienische Maler waren am Hofe Heinrichs thätig: ein Vincent Vulpe, ein Nicholas aus Florenz.[3])

Unter Elisabeth wirkte ein gewisser Lyzarde als Decorationsmaler, neben ihm that sich ein Künstler namens Arnolde hervor.[4])

Außer der künstlerischen Arbeit oblag ihnen auch das handwerksmäßige Bemalen der Decorationen. Wie complicirt und kostbar diese waren, wurde schon bei der Besprechung der Ausstattungsstücke erwähnt. Die Maschinen-

---

[1]) Cunningham, *Extracts*, p. 115.
[2]) Hall, fol. 157, *Henry VIII*.
[3]) Collier I 100.
[4]) Cunningham, *Extracts*, pp. 42, 65 u. s. w.

meister leisteten in der That ganz Hervorragendes in der Herstellung von künstlichen, durch unsichtbare Schrauben bewegten Bergen und Schlössern, von Schiffen in voller Ausrüstung u. dergl.

Auch durch Verwendung kostbarer Requisiten suchte man den Glanz der Aufführungen zu erhöhen. Hie und da gab sich das Bestreben kund, die Masken recht realistisch auszustatten: so wird einmal die Signalpfeife eines Bootsmannes[1]) entliehen; die Maske von Fischern[2]) verwendet neben künstlichen auch wirkliche Fische. Besonders kostbare Requisiten werden leihweise beschafft, und einmal fanden die Mitwirkenden solches Gefallen an den hübschen Dingen, dass die Rückstellung mit einigen Schwierigkeiten verbunden war.[3])

*Costüme.* Die Costüme wurden mit verschwenderischer Pracht ausgestattet, und die Chronisten, allen voran der schaulustige Hall, wissen von dem bei Hoffestlichkeiten entwickelten Gepränge nicht genug zu erzählen. Für unsere Zwecke wird es genügen, darauf hinzuweisen, dass auf den Kopfputz und die Herstellung der Gesichtsmasken besondere Sorgfalt verwendet wurde. *Straunge heades* werden unter Heinrich und Elisabeth fast bei jeder Aufführung erwähnt.

Die Gesichtsmasken verfertigt man aus feinem Lammleder oder aus Stoff und versieht die für Herren bestimmten mit Bärten aus Gold- oder Silberfransen.[4]) Erst spät wurden die Bärte aus natürlichem Haar oder aus Wolle hergestellt.[5]) Auch ganz vergoldete Masken kamen zur Verwendung.[6]) Welcher Luxus mit diesem Requisit getrieben wurde, beweist die sichere Nachricht, dass im Nachlass Heinrichs VIII. nicht weniger als neunundneunzig Gesichtsmasken gefunden wurden.[7])

---

[1]) Cunningham, *Extracts*, p. 84.
[2]) Ebd. p. 85.
[3]) Ebd. p. 59.
[4]) Hall, fol. 83a, 158a.
[5]) Cunningham, *Extracts*, p. 38.
[6]) *Loseley Manuscripts*, ed. Kempe, p. 79.
[7]) Collier I 184. Seinen Unterthanen aber hatte Heinrich im dritten Jahre seiner Regierung bei einer Strafe von 20 s. verboten, Masken im Besitz zu haben (*Statutes*, 3 Henry VIII., c. 9; Northbrooke, *A Treatise against Dicing, Dancing, Plays and Interludes*. 1577. Ed. Collier, *Shakespeare Society*, 1843, p. 186 f.).

Erst unter Elisabeth begegnen wir Versuchen, den Larven charakteristische Züge aufzudrücken: so werden öfters *Turkes vizardes* erwähnt.[1])

Ein stehender Posten in den Rechnungen über Maskenaufführungen sind ferner die Handschuhe. Sie werden schon unter Edward VI. getragen[2]) und kehren in den Rechnungen unter Elisabeth immer wieder.[3]) Auch die Fackelträger tragen Handschuhe.[4])

Als Gegensatz zu dem großen Aufwand, der gewöhnlich mit Costümen getrieben wurde, berührt ganz seltsam ein Eintrag in den Rechnungen[5]) des Jahres 1546: „*To the Kings pleyers, in rewards for loan of garments ... 5 s.*" Auch unter Elisabeth wurde bisweilen billig gearbeitet: „*3 masking coates made of doble paper*" begegnen in den Aufzeichnungen.[6])

*Der Lord of Misrule.*

Je mehr die Festlichkeiten des Hofes an Pracht zunahmen und der literarischen Gattung sich näherten, welche wir als das eigentliche Maskenspiel zu bezeichnen gewohnt sind, desto dringender zeigte sich die Nothwendigkeit, die Fürsorge für diese Aufführungen in einer Hand zu vereinigen. Nun gab es bei Hofe einen Würdenträger von ganz besonderer Art; zur Weihnachtszeit schwang er als König des Festes sein mildes Scepter. Diese lustige Person, gemeiniglich *Lord of Misrule*, wohl auch *Abbot of Misrule* genannt, kann sich eines weit zurückreichenden Stammbaumes rühmen: sein Ahnherr sorgte als erwählter Scheinkönig für die lauten Lustbarkeiten der römischen Saturnalien.[7]) Mit den Colonisten eroberte sich der sonderbare Herrscher das weite Gebiet des römischen Weltreiches, und seine Herrschaft dauerte fort, als dieses schon in Stücke zerfallen war.

---

[1]) Cunningham, *Extracts*, 10, 21, 41.
[2]) *Archaeologia* XVIII 322.
[3]) Cunningham, *Extracts*, p. 8, 9, 84, 42, 54.
[4]) Ebd. 84 etc.
[5]) *Loseley Manuscripts*, ed. Kempe 1896, p. 71.
[6]) Cunningham, *Extracts*, p. 147.
[7]) Der hochgelehrte Ben Jonson hat die Urverwandtschaft des *Lord of Misrule* mit dem König der römischen Saturnalien erkannt: „*(Saturn) hath been oft called ... To be their lord of Misrule.*" *Time Vindicated*, ed. Gifford, VIII 4.

Als das Christenthum Eingang in die späteren romanischen Länder fand, sahen die Bekehrer bald die Nothwendigkeit ein, mit den alten Bräuchen und Lustbarkeiten des Heidenthums nicht ganz zu brechen. Die Römer Galliens z. B., zu denen die Heilesbotschaft gelangte, hiengen mit zäher Liebe an dem tollen Treiben und an den Freiheiten, welche die Saturnalien namentlich den unteren Ständen gestatteten.[1] Mit weiser Duldung ließ daher die Kirche dem Volke seine Freude, jedoch nicht ohne gegen alle Ausartungen und Missbräuche einzuschreiten. Zahlreiche Concilien, päpstliche Erlässe und Hirtenbriefe der Bischöfe traten den Auswüchsen der Festesfreude entgegen, freilich mit wenig Erfolg, denn nach wie vor blieben die Saturnalien in Frankreich erhalten in den verschiedenen Formen des übermüthigen *„festum stultorum (follorum, fatuorum)".*[2] Ja, man war um eine ganz ernst gemeinte Begründung der überschäumenden, in den letzten Tagen des Jahres herrschenden Lustigkeit gar nicht verlegen. Ein Decret der Pariser theologischen Facultät von 1444 erwähnt eine kostbare Entschuldigung der Cleriker für ihre Theilnahme an diesen ausgelassenen Festen: sie verglichen sich mit alten Gefäßen, welche der Wein der Weisheit zersprengen würde, ließe man ihn durch ununterbrochene Frömmigkeit gähren. Daher müssten sie schon einige Tage der Fröhlichkeit weihen.[3]

So trieb denn trotz aller Einwendungen der Narrenkönig allenthalben in Frankreich sein Unwesen. Die Theilnehmer an diesem seltsamen Feste — oft genug auch junge Cleriker — erscheinen maskiert und wählen aus ihrer Mitte einen Bischof oder Erzbischof, der unter ihrer Assistenz eine greuliche Parodie der geheiligten Bräuche aufführt. Profaner Tanz, schmutzige Lieder entweihen das Gotteshaus. Auf dem Altar spielt man Würfel und Karten. Endlich bewegt sich der ganze burleske Zug durch die Stadt, nicht ohne Anlass zu allerlei Ausschreitungen zu geben.

---

[1] *„libertas decembri"*, Horaz, Satir.

[2] Schon 1182 für Frankreich bezeugt von Beletus; 1198 durch Peter von Capua zu Paris und 1260 vom Concil zu Cognac verboten. *Notes and Queries*, 8. Serie, IV 486.

[3] Fabre, *Les clercs du palais*. Deuxième édition. Lyon 1875, p. 216.

Das war die Feier der „*Fête des Innocents, des Fous, de l'âne, des sousdiacres, de l'Abbé de Maugouverne (Maugouvert)*", wie die Bezeichnungen in den verschiedenen Städten lauteten. Überall wählte die ausgelassene Festgesellschaft ein Haupt, das den Titel *Pape des Fous, Empereur de la Jeunesse, Evêque des Innocents, Roi de la Bazoche* oder *Abbé de Malgouvert* führte. Als unter Karl VI. die Gesellschaft der *Enfants-Sans-Souci* ihr Privilegium erhielt, übernahm sie die alten Formen und wählte ihre Vorsteher unter dem Namen *Prince des Sots*.

Ein naher Verwandter dieses Narrenkönigs, dem er jedoch nicht in der Profanierung der Religion nacheifert, ist der harmlose *Rex fabarum*; am Dreikönigstage durch das Los gewählt, empfieng er von den hiebei verwendeten Bohnen seinen Namen. In Frankreich ist er uns schon im 13. Jahrhundert bezeugt durch das Gedicht des Guillaume de Villeneuve: *Les cries de Paris*.

Als *Rex fabarum* ist denn auch der Scheinkönig in England nachzuweisen. Nach den Registern des Merton College[1] wurde die Wahl eines *Rex fabarum* oder *Rex Regni fabarum* seit Gründung des Collegiums (1264) jährlich am St. Edmundstage vorgenommen. Am festesfreudigen Hofe Edwards III. finden wir den *rex de fabá* im Jahre 1335.[2] Den französischen *Evêque des Innocents*, einen Knaben, der, mit bischöflichem Ornat angethan, am Tage St. Nicolaus' oder am Tage der unschuldigen Kinder über seine Altersgenossen Herrschaft ausübte, können wir schon im Jahre 1298 in England belegen.[3] Dann finden wir den *boy-bishop* im Jahre 1339 am Hofe Edwards III.[4] Von Heinrich VIII. unterdrückt, unter Maria wieder geduldet, wurde diese Würde bald nach dem Regierungsantritt Elisabeths gänzlich abgeschafft.

Diese Spielarten des Scheinkönigs feierten lärmende, aber im ganzen harmlose und unanstößige Festlichkeiten.

---

[1] Wood, *Athenae Oxonienses* II 239.
[2] *Computus* im Ms. Cotton, Nero. C. VIII bei Strutt p. 344.
[3] *Registrum Ecclesiae Wellensis* bei Warton II 230. Vgl. ebd. IV 224 n. Ein Jahr später ist er bezeugt im *Liber quotidianus contrarotulatoris Garderobae . . . Edwardi I.* London 1787, p. 25.
[4] Warton II 229.

So wurden auch die *Kings of Christmas* oder *Kings of Cockneys* alljährlich im Juristen-Collegium Lincoln's Inn in erster Linie zur Aufrechterhaltung der Ordnung und Tischzucht gewählt.[1])

Der eigentliche *rex stultorum* und die zügellose Parodie kirchlicher Gebräuche begegnen in England seltener als auf dem Continent. Robert Grosseteste, Bischof von Lincoln (1235—1253), eiferte gegen die groteske Feierlichkeit. Nach Dugdale[2]) wurde im Jahre 1391 zu Beverley gegen solche Missbräuche eingeschritten, und der fanatische Stubbes nützte die Ausschreitungen des Narrenkönigs aus, um in seiner *Anatomie of Abuses*[3]) über die Festlichkeiten der Weihnachtswoche im allgemeinen den Stab zu brechen.

Im allgemeinen lenkten aber auch die Feste des *rex stultorum* in England bald in gemäßigtere Bahnen ein, und so konnte es kommen, dass die Nachkommen dieses wüsten Gesellen geradezu als Ordner für die festlichen Zeiten, namentlich für die Weihnachtszeit bei Hofe wie in den Rechtsschulen eingesetzt wurden. Der Charakter einer lustigen Person bleibt dem Scheinkönig bei dieser Verpflanzung vollständig gewahrt und findet schon in dem Titel *Abbot of Misrule*, den er fortan führte, seinen Ausdruck.

Die Benennung ist offenbar dem französischen *Abbé de Malgouvert* nachgebildet und gibt uns einen Fingerzeig, wo wir trotz der die englische Abstammung dieser Persönlichkeit vertretenden Nachricht Polydoro Vergilios[4]) die Heimat des Weihnachtskönigs zu suchen haben. Eine ähnliche lateinische Bezeichnung, aus welcher etwa die englische wie die französische geflossen wäre, ist nämlich nicht zu belegen, und auch die Möglichkeit der Herleitung des Scheinkönigs aus den von römischen Soldaten und Colonisten auf englischem Boden gefeierten Saturnalien ist abzuweisen. Der Einfluss römischer Civilisation bleibt ja in England nur an der Oberfläche. Von einer Durch-

---

[1]) 9 Henry VIII; vgl. Dugdale, *Origines Juridiciales*, fol. 247.
[2]) *Monasticon* III.; *Appendix* VII.
[3]) London 1585, fol. 92 b.
[4]) *De Inventoribus Rerum*. Amstelodami 1671. Lib. V, cap. II p. 300 ff. Vergilio lebte unter Heinrich VIII. lange in England.

dringung der keltischen Cultur durch die römische, wie sie in Gallien sich ergab, war in England keine Rede, und wenn römische Gebräuche eingedrungen wären, so hätte die germanische Einwanderung schnell und gründlich mit ihnen aufgeräumt.

Auch ist zu beachten, dass die ersten Nachrichten von englischen Festen, welche sich den saturnischen vergleichen lassen, aus einer Zeit stammen, da diese in Frankreich schon in höchster Blüte standen. Der französische Ursprung des *Abbot of Misrule* scheint mir also festzustehen und wird für die weiteren Untersuchungen über die Vorbilder der englischen Maskeraden von Wichtigkeit werden.

Die erste Nachricht von dem Auftreten eines Festmarschalls mit dem Titel *Abbot of Misrule* finde ich unter dem Jahre 1489 in dem von Leland[1]) benutzten Ms. Cotton, Julius B. XII: „*there was an Abbot of misrule, that made much sport & did right well his office*".

Unter Heinrich VII. hatte also die parodistische Würde schon den Charakter eines Hofamtes angenommen, was uns weiter durch die Haushaltungsbücher dieses Königs[2]) bestätigt wird. Zahlreiche Einträge berichten über Entlohnungen eines gewissen Ringley und später eines Mr. Wynnesbury für ihre Dienste in dieser Eigenschaft. Zwischen 1491 und 1508 kommt neben der alten Bezeichnung eine andere, *Lord of Misrule*, auf, welche bald die allein herrschende wird. Beim Regierungsantritt des prachtliebenden Heinrich VIII. werden die Bezüge dieses Würdenträgers sogleich erhöht und erreichen bald das Doppelte des früheren Gehaltes.[3])

Dafür oblag dem *Lord of Misrule* nunmehr die Fürsorge für Festlichkeiten jeder Art vom Weihnachtsabend bis zum Dreikönigstag. Die gesteigerten Anforderungen an seine Thätigkeit kommen auch in der Anstellung eines ihm zugetheilten Dieners zum Ausdruck.[4])

---

[1]) Vgl. p. 17.
[2]) Bei Collier, *Hist. Dram. Poetry* I 50 ff.
[3]) Ebd. p. 76 ff. Vgl. auch *Letters and papers ... of Henry VIII.*, vol. I, p. CV.
[4]) Collier p. 77.

Aus dem rohen Kumpan, dem volksthümlichen Narrenkönig war also ein gefügiger, nur auf die Unterhaltung seines Herrn bedachter *maitre de plaisir* des Königs geworden, und sein Walten wurde so anerkannt, dass auch die Mitglieder der königlichen Familie ihren eigenen *Lord of Misrule* haben wollten. So war ein John Thurgoode dem Haushalt der kaum sechsjährigen Prinzessin Marie in dieser Eigenschaft zugetheilt, und im Jahre 1525 fragte der Bischof von Exeter beim König an, ob für die Hofhaltung der Prinzessin ein *Lord of Misrule* eingesetzt werden sollte.[1]

Wie der Adel dem Hofe in der Veranstaltung von Maskeraden nacheiferte, so übernahm er auch den *Lord of Misrule* der höfischen Feste.[2] Dem Beispiel des Adels folgten bald die hohe Geistlichkeit und die städtischen Würdenträger. Unter Philipp und Maria wurde in einem Luxusgesetz verordnet, dass der Lord Mayor und die Sheriffs von London sich ohne diesen Ceremonienmeister und Schalksnarren behelfen müssten.[3] Eine Wirkungsstätte fand der *Lord of Misrule*, wie bereits erwähnt, auch in den Juristen-Collegien und an den Universitäten, wo er freilich meist andere Titel sich beilegte. Zu Cambridge erschien er als *Imperator*,[4] in Lincoln's Inn als *King of Christmas* oder *King of Cockneys*; diesen Gestalten reiht sich an der *Christmas Prince* des Middle-Temple[5] und des Collegiums St. John zu Oxford,[6] endlich der *Prince d'Amore* des Middle Temple.[7]

---

[1] Collier I 90, 92 n.
[2] *Northumberland Household Book*, p. 344.
[3] Stowe, ed. Strype, I 246.
[4] Jamieson s. v. *Abbot of Unreason*; vgl. den französischen *Empereur de la Jeunesse*, p. 105.
[5] Warton III 321.
[6] Nares, *Glossary* I 162.
[7] Nichols, *Progr. El.* III 423. *Progr. James* II 589 n. Auch diese Bezeichnung entspricht einem französischen „*Prince d'Amour*"; Fabre, *Les clercs du palais*, p. 228—229. Die komische Würde, mit welcher diese Scheinkönige ihres Amtes walteten, charakterisiert Shirley in folgenden hübschen Versen:

Giov. *I have seen a counterfeit*
*With such a majesty compose himself,*
*He thought himself a prince; could frown as scornfully,*
*And give his hand out to great lords to kiss,*

Ein *Lord of Misrule* waltete seines Amtes im ersten Regierungsjahre Edwards VI., und im Jahre 1551 bekleidete kein Geringerer als George Ferrers, der Mitarbeiter am *Mirrour for Magistrates,* diese Stelle. Holinshed[1] hebt hervor, dass er von höherem Stand und bei Hofe angesehener war als seine Vorgänger und daher den Titel *maister of the Kings pastimes* führte.[2]

Beim nächsten Weihnachtsfest trug er wieder die alte Bezeichnung *Lord of Misrule* und glänzte namentlich durch reiches Gefolge: es geleiteten ihn unter andern seine Räthe, Söhne, Pagen und Herolde, ein Dolmetsch und ein irisches Paar. Mit diesem Stabe führte er eine parodistische Gerichtsverhandlung auf,[3] deren Vorbild wohl ähnliche Scherze der französischen Bazoche waren.[4]

Das Amt dieses privilegierten Spassmachers bestand unter Elisabeth weiter,[5] und noch im 17. Jahrhundert konnte man sich eine Weihnachtsfeier ohne einen solchen Scheinkönig nicht denken. Im Jahre 1634 gab es einen *Lord of Misrule* bei Richard Evelyn in Wotton. Es war der Trompeter des Schlossherrn, dem es für die Zeit seiner Herrschaft auch zustand, auf Trunkenheit und Streitsucht Strafen zu setzen.[6] Selbst nach der Restauration war das Geschlecht der alten Weihnachtskönige noch nicht

---

*With as much grace, as all the royal blood*
*Had muster'd in his veins.*

Luc. *Some monarch*
*Of Inns of court in England, sure.*

*The Sisters,* II 2.

[1] *Chronicles* III 1067; vgl. Bray in der *Archaeologia* XVIII 315 f.

[2] Andere nennen Ferrers „*Lord of the merrie disporte*" (*Progr. El.* I 70n). und gelegentlich fällt man auch in die alte Bezeichnung zurück: vgl. Collier I 150n. Die Originalurkunde seiner Bestallung (in den *Loseley Manuscripts,* ed. Kempe 1836, p. 23—24) nennt ihn *Lord of Misrule.*

[3] *Archaeologia* XVIII 319.

[4] Fabre, *Les clercs du palais,* l. c.

[5] Stubbes, a. a. O.; Collier I 175. Da wir auf den *Lord of Misrule* bei der Besprechung des entwickelten Maskenspieles nicht mehr zurückkommen werden, möge hier eine Ausnahme von der sonst durchgeführten Scheidung zwischen Aufführungen vor und nach 1595, beziehungsweise 1604 gestattet sein.

[6] *Archaeologia* XVIII, 333 f.

ausgestorben. So erzählt John Evelyn¹) von der *„solemn foolerie of the Prince de la Grange"* in Lincoln's Inn. Die Unterhaltung begann mit einer Maske und einer scherzhaften Gerichtsverhandlung.

Für die bis ins Einzelnste gehende Verhöhnung der Einrichtungen des Staates, welche der *Lord of Misrule* liebte, finden wir die besten Belege in den oft erwähnten *Gesta Grayorum*; sie äffen so ziemlich alle Erscheinungen des öffentlichen Lebens nach. Es kann gar kein Zweifel sein, dass die ausgelassenen Parodien des *Lord of Misrule* und seiner Verwandten zur Untergrabung des Ansehens der Staatsgewalt das Ihrige beitrugen, und aus dem komischen Pathos der lustigen Person glauben wir bereits den Ruf nach Abschaffung der geltenden Ordnung herauszuhören, welcher unter Karl I. mit so fürchterlicher Gewalt sich vernehmbar machte.

*Der Master of the Revels.*

In seinen Anfängen bei Hofe freilich war der gute *Lord of Misrule* die Harmlosigkeit selbst. Jeder ernste Gedanke lag ihm fern, seine Satire erstreckte sich nicht weiter als vielleicht auf einige Modethorheiten und auf die kleinen Schwächen der Höflinge. Selbst der ernstere Theil der Fürsorge für die Festlichkeiten der Weihnachtszeit, die langweiligen Rechnungen, die decorativen Vorbereitungen, die Costümwahl wurden ihm zu viel, und er wünschte, sich ausschließlich in der Rolle eines fröhlichen Herrschers zu bethätigen. So kam es, dass zu Anfang der Regierung Heinrichs VIII. neben dem *Lord of Misrule* ein *Master of the Revels* erscheint, dem fortan der geschäftliche Theil der Unterhaltungen bei Hofe zugewiesen wurde. Zur Schaffung dieses Amtes mag den König auch der Wunsch bewogen haben, für seine zahlreichen, über das ganze Jahr vertheilten Festlichkeiten einen ständigen Berather an der Seite zu haben.

Das Amt des *Lord of Misrule* wurde also gleichsam in zwei Departements getheilt: ein administratives und ein executives. Das erstere wurde in Permanenz erklärt; sein Vertreter legte die Schellenkappe ab und nahm den stattlichen Titel eines *Master of the Revels* an. Die Ab-

---

¹) *Diary* II 184.

theilung der Executive trat nur zur Weihnachtszeit in Thätigkeit und blieb in den bewährten Händen des *Lord of Misrule.*

Der erste¹) in der langen Reihe der General-Intendanten der Hoffeste *(Masters of the Revels; Magistri Jocorum, Revellorum et Mascorum)* war Harry Wentworth, der 1510 seines Amtes waltete.²) Ihm folgte³) Sir Henry Guilford (1514); seiner glänzenden Amtsführung gedenkt noch Shakespeare, indem er ihn in *Henry VIII.* (I 4.) als Festmarschall auf die Bühne bringt. Zugetheilt war ihm ein *Sargeant-at-Arms, and of the Tents, and Revels* in der Person eines gewissen Richard Gibson,⁴) welcher noch 1526 im Amt war. Auch Sir Henry Guilford wurde noch zur Vorbereitung der Festlichkeiten im Frühjahr 1527 herangezogen.⁵) Sein Nachfolger, Edmund Travers, führte den Titel *Serjeant of the Revels, Tents and Toils.*⁶) Damit ist die landläufige Ansicht widerlegt, dass Sir Thomas Cawarden der erste *Master of the Revels* war.

Das Patent dieses Beamten,⁷) datiert vom 11. März 1546, bezeichnet die Würde als „*officium Magistri Jocorum, Revellorum, et Mascorum omnium et singulorum nostrorum, vulgariter nuncupatorum Revells et Masks*". Auch ihm stand ein Unterbeamter, der *Yeoman of the Revels,* zur Seite.⁸) Unter Edward VI. scheint der *Clerk of the Revels* hinzu-

---

¹) Nach Max Koch *(Shakespeare,* p. 258) wäre ein *Master of the Revels* schon unter Richard III. zu belegen. Die Notiz hängt wohl mit einem Irrthum Colliers zusammen *(Hist. Dram. Poetry*¹ I 84), welchen dieser Forscher später selbst corrigierte *(Shakespeare Society's Papers* II 87).

²) Ich entnehme diesen für die Geschichte des höfischen Dramas neuen Namen aus den *Letters and Papers ... of Henry VIII.,* vol. II 1492.

³) Ebd. I 958. Collier hat die sicheren Namen Wentworth und Guilford übersehen, obwohl er das eben genannte Document theilweise abdruckt (I 68).

⁴) Collier I 68, 98.

⁵) Ebd. I 99.

⁶) Ms. Lansdowne 83 bei Collier I 291 n.; vgl. ebd. I 131 f.

⁷) Collier I 132. Biographische Nachrichten über Cawarden in den *Loseley Manuscripts,* ed. Kempe 1836, pp. 15—18.

⁸) Von 1539 bis 1549 war ein gewisser John Brydges in dieser Stellung: *Letters and Papers ... of Henry VIII.,* vol. XVI 2, p. 159. Ihm folgte John Holte.

getreten zu sein,[1]) und endlich wurde zwischen den *Master* und den *Clerk* noch ein *Clerkcomptrollour* eingeschoben, so dass unter Elisabeth das Amt aus vier Beamten sich zusammensetzte, von denen drei denselben Gehalt genossen, der Vorstand aber das Doppelte bezog. Unter Karl I. kam dann noch ein *Groom of the Revels* hinzu.[2])

Nach Cawardens Tod hatte Sir Thomas Benger die Stelle von 1560 bis 1577 inne. Seine Nachfolger waren Thomas Blagrave (bis 1579) und Edmund Tylney (bis 1610).

Der beste Name aber findet sich unter den nicht mit Erfolg gekrönten Bewerbern um dieses Amt: John Lyly hatte vergeblich alles in Bewegung gesetzt, um nach Bengers Tod ernannt zu werden.

Dem *Master of the Revels* oblag die Fürsorge für alle feierlichen Empfänge, Festlichkeiten und höheren Vergnügungen des Hofes. So war er auch die oberste Instanz für die Berufsschauspieler, welche zu Aufführungen an den Hof befohlen wurden, übte an ihren Stücken das Amt eines Censors[3]) und überwachte die Vorbereitungen für alle dramatischen Darstellungen.

In dem Maße als die Feste des Hofes an Pracht der Ausstattung zunahmen, wuchsen auch die Obliegenheiten des *Master of the Revels*. Bald war es nöthig, ihm besondere Räumlichkeiten zuzuweisen, wo Costüme und Decorationen unter seiner Aufsicht hergestellt und die sich häufenden Behelfe früherer Vorstellungen aufbewahrt werden konnten.

Zunächst war unter Heinrich VIII. das Amt des Festmarschalls im Warwick Inn angesiedelt.[4]) Edward VI. wies dem *Master of the Revels* und seinem Stab das einstige Kloster der Blackfriars als Amtslocal und Magazin zu.[5]) Unter Elisabeth finden wir das Amt untergebracht in dem früheren Hospital zu St. John und endlich wanderte es (1611) nach St. Peter's Hill.[6]) Neben geräumigen Magazinen

---

[1]) *Letters and Papers ... of Henry VIII.*, vol. I 140.
[2]) Cunningham, *Extracts*, p. XXIII.
[3]) Hazlitt, *The English Drama and Stage 1543—1664*. London, Roxburghe Library, 1869, p. 26.
[4]) Collier I 80. Das *Booke of the Kings Revell stuff* stammt aus dem Jahr 1518; vgl. *Letters and Papers ... of Henry VIII.*, vol. II 1517.
[5]) *Archaeologia* XVIII 328.
[6]) Cunningham, *Extracts*, p. XLVIII.

und Werkstätten für Handwerker und Theatermaler war auch ein Probesaal vorgesehen.[1]

In diesem Reich des *Master of the Revels* mag es lebhaft genug hergegangen sein. Wenn es galt, eine Maske schnell herzustellen, arbeiteten die Decorationsmaler und zahlreiche Handwerker Tag und Nacht.[2] Um ja keine Zeit zu verlieren, werden sie oft im Amt verköstigt[3] und ihr Fleiß wird durch Trinkgelder angespornt.[4]

Daneben her laufen die Proben mit den Darstellern, Rednern und Tänzern der Maskenspiele. Es kam wohl auch vor, dass die Chorknaben, welche in einer Maske auftreten sollten, für längere Zeit in das Haus des *Office of the Revels* aufgenommen wurden, um dort ihre Rollen zu studieren.[5]

Dabei musste der vielgeplagte Vorstand des Amtes noch die Aufstellung der Decorationen am Orte der Aufführung beaufsichtigen und so manchen Weg zum Lord-Kämmerer machen, um Entwürfe für Maskenfeste, Costüme und Requisiten vorzulegen.[6]

War dann die Aufführung glücklich vorüber, so folgte die Abrechnung. Diese gieng nicht immer glatt vonstatten. Oft wurde von den, wie es scheint, ziemlich hochgespannten Forderungen der Handwerker einiges gestrichen,[7] und die Auszahlung des Restes erfolgte nicht allzu pünktlich. Im Jahre 1597 stak das Amt tief in Schulden, und seine Gläubiger wendeten sich an die Königin mit der Bitte um Begleichung ihrer seit zwei Jahren ausständigen Forderungen.[8]

Viel Geld und Zeit kostete auch die Erhaltung des im Laufe der Jahre massenhaft sich ansammelnden Materials. Die Rechnungen des Vorstands beginnen gewöhnlich mit Klagen über den schlechten Zustand der Fächer und Schränke des Magazins,[9] durch welchen die kostbaren Kleider dem Verderben ausgesetzt wären.

---

[1] Vgl. Tylneys Beschreibung bei Cunningham, *Extracts*, p. XLVII.
[2] Ebd. 143.
[3] Ebd. 121, 140, 141.
[4] Ebd. 113.
[5] Ebd. 73.
[6] Ebd. 136, 137, 139, 149, 172, 173, 182.
[7] Ebd. 148.
[8] Ms. Lansdowne 83.
[9] Cunningham, *Extracts*, p. 46 etc.

Über die Bestände an Costümen und Decorationen werden fleißig Inventare geführt und Revisionen vorgenommen; überflüssige und unbrauchbare Stücke schied man bei dieser Gelegenheit aus.[1]) Unter Heinrich VIII. werden sich freilich keine großen Vorräthe angesammelt haben; denn er hatte oft den Einfall, seine Maskenkleider, sobald sie ihren Zweck erfüllt hatten, den Damen des Hofes zu schenken.[2]) Die Decorationen überließ man mitunter dem Volk, das sich zu den Schaustellungen drängte, zur Plünderung. Eine seltsame Scene bei einem solchen Anlass schildert Hall,[3]) und einige bisher nicht gedeutete Worte Jonsons in der Vorrede zur *Masque of Blackness* beweisen, dass dieser Brauch noch unter Jakob I. lebendig war.[4])

Das *Office of the Revels* erscheint als ein auch für moderne Begriffe großartig organisiertes und überaus leistungsfähiges Institut, dessen Leiter Theaterdirector und General-Intendant in einer Person sein musste.

Dafür giengen auch die ihm zur Erfüllung seiner nicht leichten Aufgabe eingeräumten Befugnisse ziemlich weit. So wird dem *Master of the Revels* in einem Patent[5]) Elisabeths vom 24. December 1581 das Recht zugestanden, über Handwerker, Fuhrleute und Arbeiter, welche sich weigerten, bei den Vorbereitungen der Festlichkeiten mitzuwirken, nach seinem Gutdünken Freiheitsstrafen zu verhängen. Anderseits stand es ihm zu, verhaftete Werkleute für die Dauer ihrer Arbeit an Behelfen der Hoffeste in Freiheit zu setzen. Jeder Contract ferner, den ein Handwerker auf Beendigung einer Arbeit zu einer bestimmten Frist eingieng, war hinfällig, wenn seine Hilfe vom *Master of the Revels* begehrt wurde.[6])

---

[1]) Cunningham, *Extracts*, p. 49, 164.
[2]) Hall, fol. 45b, 46b.
[3]) Fol. 10b sq. *Henry VIII*.
[4]) *The rage of the people, who are privileged ... to deface their carcasses;* ed. Gifford VII 5.
[5]) Collier I 248.
[6]) Die Bestimmungen dieses Decrets kehren wörtlich wieder in der Bestallungsurkunde Sir John Astleys vom Jahre 1622. Vgl. Hazlitt, *The English Drama and Stage*. Roxburghe Library, 1869, p. 52 ff.

### Capitel 4.
### Die Bezeichnungen für Maskeraden.

Aus dem Vorhergehenden wird deutlich geworden sein, welch breiten Raum die Mummereien in den Unterhaltungen des Hofes einnahmen, wie sie sich immer neue Gebiete erobern und wie schließlich alle Festlichkeiten, Tourniere und Empfänge, Bankette und dramatische Aufführungen höheren Stiles die Form von Maskeraden annahmen oder für sie Platz finden mussten.

Welche Bezeichnungen fand nun das fröhliche Altengland für diesen wichtigen Factor des geselligen Hoflebens, ehe kurz vor der Schaffung einer festen Form der stehende Ausdruck *mask* oder *masque* alle andern verdrängte?

„Ludus."

Die ersten Nachrichten über Hofmaskeraden haben sich noch kein eigenes Wort für ihren Gegenstand zurechtgelegt, sondern belegen die Mummereien mit dem mittelalterlich-lateinischen Ausdruck für theatralische Aufführungen überhaupt: die Garderoberechnungen Edwards III. verzeichnen die *ludi domini Regis* unter den Jahren 1347 bis 1349. Der Ausdruck kehrt wieder in den Rechnungen Richards II. (1389), und noch Walsingham gebrauchte um 1440 die Bezeichnung *ludi natalitiorum*[1] für eine Maskerade am Hofe Heinrichs IV.

„Disguising."

Fast gleichzeitig mit dem ersten noch lateinisch benannten Maskenauftritt kommt aber schon eine englische Bezeichnung vor, welche später sehr geläufig wurde. In dem Roman *William of Palerne* ist einmal, unabhängig von der Quelle, von *daunces disgisi* die Rede; der Ausdruck ist dem französischen *danse deguisée* nachgebildet.[2]

Es ist wohl nur ein Zufall und durch den Mangel an gleichzeitigen Nachrichten bedingt, dass dieses Wort und

---

[1] Von Holinshed mit „*maske or mummerie*" übersetzt.

[2] In anderem Sinne, für „Kleiderpracht", kommt das sb. *degise* bei Richard Rolle of Hampole vor. (*Prick of Conscience* 1518, 1524.) So wird das französische *desguiseure* (prunkvolle Kleidung) ins Englische übersetzt durch *disguysinge*. (*Chevalier de la Tour*, cap. 47.) Auch an einer Stelle der *Story of England* des Robert Manning of Brunne (ed. Furnivall 1887, v. 4748 f.) ist *desgysede* offenbar zu übersetzen mit „kleideten sich prächtig".

seine Ableitungen nun fast ein Jahrhundert lang in Anwendung auf Maskeraden nicht zu belegen ist. Erst bei Lydgate taucht es für uns wieder auf; zwei seiner Maskenzüge sind in der fast gleichzeitigen Cambridger Handschrift so betitelt: „*þe deuyse of a desguysing tofore þe gret estates*"; „*in a disguysing of þe Rude upplandisshe people*".

Das Wort bleibt dann dem 15. Jahrhundert geläufig und findet sich mit der ähnlichen Ableitung *disguiser* in den kärglichen Nachrichten, welche wir oben[1]) zusammengetragen haben. Unter Heinrich VII. hat es sich bereits vollkommen eingebürgert, wie unter anderem zahlreiche Belege aus den Rechnungsbüchern dieser Zeit beweisen.[2]) Dann bleibt die Bezeichnung bis um die Mitte des 16. Jahrhunderts ununterbrochen in Geltung, z. B. in Halls 1532 abgeschlossenem, 1542 und 1548 gedrucktem Geschichtswerk. Noch die bis 1563 reichende Chronik des Ms. Cotton, Vitellius F. V. kennt *disguising* neben *masking*. Aus den 1571 beginnenden, von Cunningham veröffentlichten Rechnungen über die Unterhaltungen des Hofes ist der Ausdruck in der Bedeutung von „Maskerade" nicht mehr zu belegen. Nur in einem officiellen Titel ist *disguising* noch 1580 erhalten: „*Edwardo Kyrkham, Custodi de les Maskes and disguisings.*"[3]) Ben Jonson und Bacon[4]) bezeugen, dass er im 17. Jahrhundert bereits völlig antiquiert war.

„Mumming." Im 15. Jahrhundert kam eine gleichfalls aus dem Französischen[5]) geschöpfte, doch an Wörter des heimischen

---

[1]) Pag. 16 f.; aus den Jahren 1488—1490. Vgl. auch Fabyan. *Chronicle* VII 558 (1494).

[2]) Bei Collier I 50 ff. Im Schottischen finden wir die Form *guise (gyiss)*; vgl. Dunbar, *Dance of the sevin Deidly Synnis*. Ed. Schipper, Nr. 25, Z. 10 und 14.

[3]) Nichols, *Progr. El.* II 296.

[4]) „Notch: *Disguise was the old English word for a masque*. Groom: *There is no such word in the office (of the Revels) now, I assure you, sir.*" Jonson, *The Masque of Augurs*. Works, ed. Gifford, VII 429. „*Masks (which they then called disguises).*" Bacon, *History of Henry VII.*, p. 244. Das Wort war schon so vergessen, dass beide Autoren eine meines Wissens dem 15. und 16. Jahrhundert in diesem Sinne nicht bekannte Form *disguise* wählen statt des geläufigen *disguising*. Vgl. noch Jonson, *Fortunate Isles* (Works, ed. Gifford, VIII 74). *Tale of a Tub*, ebenda VI 222.

[5]) Vgl. Godefroy s. v. *mome, momeur, momer*.

Sprachschatzes[1]) angelehnte Bezeichnung für die Maskeraden auf: *a mommyng*. Eines der im Anhang mitgetheilten Gedichte Lydgates (Nr. I) ist geschrieben: „*for a momyng tofore þe kyng and þe Qwene*". Ein anderes (Nr. III) gibt sich als „*þe devyse of a momyng*". Der Ausdruck kehrt wieder in dem 1483 abgeschlossenen *Chronicle*[2]) *of London* des Ms. Harl. 565 und wird mit ähnlichen Ableitungen am Hofe Heinrichs VIII. häufig verwendet.[3]) Hall bevorzugt die Form *mommery*,[4]) welche noch 1551 lebendig ist[5]) und gegen Ende des Jahrhunderts von Holinshed auf ältere Hoffeste angewendet wird.[6])

Als nun der Ausdruck *momming* neben den älteren *disguising* trat, ergab sich ein gewisses Schwanken in der Anwendung beider. Bei Lydgate ist von einer solchen Unsicherheit eigentlich noch nicht die Rede, und die Titel der Stücke IV und V, welche beide Wörter verwenden, sind ganz verständlich: „verkleidet nach Art von *mommers*" heißt es in dem ersten, während im zweiten *desguising* jedenfalls noch in dem älteren Sinne „prächtige Kleidung" zu fassen ist. Doch schon Fabyan (1494) weiß nicht recht, wie er die vor Heinrich IV. geplante Maskerade nennen soll und schreibt daher „*a Dysguysynge, or a Mummynge*".[7]) Langley in seiner kürzenden Übersetzung Polydoro Vergilios[8]) spricht von „*disguising and mumming*".

Im Hinblick auf solche Stellen hat man die Frage aufgeworfen, ob und wie sich ein *disguising* von einem *mumming* unterscheide. Colliers[9]) Vermuthung, dass ein *disguising* Reden zuließ, während stumme Maskenzüge *mummings* hießen, ist jetzt mit einem einfachen Hinweis auf Lydgates unter

---

[1]) Stratmann-Bradley s. v. *momelen, mummin*.
[2]) Ed. Nicolas, pp. 86, 87.
[3]) Vgl. die in den *Shakespeare Society's Papers*, vol. III, abgedruckten Documente, p. 89; die Verordnungen vom Jahre 1511 gegen den Mummenschanz des Volkes bei Northbrooke, *Treatise against Dicing, Dancing* etc., p. 136; *Letters and Papers ... of Henry VIII.*, vol. II, 1501 a. d. Jahre 1514.
[4]) Fol. 6, 8b, 90a.
[5]) *Archaeologia* XVIII 324.
[6]) *Chronicles* III 515b.
[7]) *Chronicle*, ed. Pynson 1516, fol. 169.
[8]) Fol. 108.
[9]) *Hist. Dram. Poetry* I 28 f.

beiden Namen gehende Maskenauftritte abzuweisen, und wir würden ohneweiters die beiden Bezeichnungen als gleichwertig erklären, wenn nicht Hall zweimal[1]) von einem *disguising* und einer *mommery* an demselben Abend zu erzählen wüsste. In dem ersten dieser Berichte ist von einer Aufführung die Rede, in welcher wir nach Analogie früherer Beschreibungen Halls ohne Besinnen ein *disguising* (oder nach der modischeren Benennung eine *mask*) erkennen. Dann heißt es recht unvermittelt: „*And the kyng brought in a mommery*". Ähnlich hören wir an der zweiten Stelle zuerst von einer *momery* („*the kynge ... came in with a momery*"); dann wird ein regelrechtes *disguising* mit Fackelträgern und Musik geschildert.

Trotz alledem brauchen wir aus diesen Berichten noch keineswegs auf einen Unterschied zwischen *mumming* und *disguising* zu schließen. Es liegt vielmehr meines Erachtens nur eine ungenaue Ausdrucksweise Halls vor; er bezeichnet hier mit *momery*, was sonst allgemein und auch von ihm selbst an andern Stellen *momchaunce* genannt wird: Vermummte erscheinen im Saal und laden die Gesellschaft unter Beobachtung tiefsten Schweigens zum Würfelspiel ein. Eine der ersten bezeugten Maskeraden, die 1377 vor Prinz Richard aufgeführte, hatte diese Form. Cavendish[2]) belegt das mit der bekannten Schäfermaske Heinrichs VIII. verbundene Glückspiel mit dem Namen *mumchaunce*, und Hall selbst[3]) gebraucht diesen Ausdruck: „*these gentlemen offered to playe at momchaunce*". Der Wortlaut der beiden fraglichen Stellen: „*after a certayne tyme that they had played with the Quene — After that the Quene ... had played*", verglichen mit der dritten Stelle Halls, lässt wohl keinen Zweifel an der versuchten Erklärung aufkommen.[4])

---

[1]) In den pp. 65 f. angeführten Schilderungen von Maskenfesten aus dem Jahre 1510.
[2]) *Life of Wolsey*, ed. Singer 1827, p. 115.
[3]) Fol. 65b.
[4]) Vgl. ferner *The workes of Sir Thomas More*, London 1557, fol. p. 1039: „*And master Mummer vnder his maskers face forceth not much to shift a fals cast among, with a paire of false dyce.*" Noch Jonson gibt der Person *Mumming* in seiner *Masque of Christmas* einen Fackelträger mit dem Würfelbecher bei.

Es liegt also kein Grund vor, *disguisings* und *mummings* auseinanderzuhalten. Soergel[1] möchte freilich eine Scheidung durchführen. Seine Ausdrücke sind jedoch so unbestimmt, dass er sich unmöglich viel dabei gedacht haben kann.

Ein bemerkenswertes Schwanken findet ferner statt zwischen den Bezeichnungen *disguising* und *play*. So ist für Hall[2] das deutlich als Moralität beschriebene Stück John Roos ein *goodly disguysing*. Ein andermal bezeichnet er eine höchst actuelle allegorische Darstellung der Bezwingung des Königs von Frankreich durch die vereinigte Macht des Kaisers und Heinrichs VIII. als *disguisyng or play*.[3] Auch Cavendish nennt eine lateinische Moralität, in welcher Luther und seine Frau lächerlich gemacht wurden, „*the most goodliest disguising or interlude*",[4] und Tindale[5] erzählt: „*The Frenchmen ... made a play, or a disguising at Paris, in which the emperor danced with the pope.*"

Aus dieser Unsicherheit des Ausdruckes bei literarisch gebildeten Männern können wir nur den einen Schluss ziehen, der durch die verfügbaren Nachrichten bestätigt wird: dass nämlich die *disguisings* zur Zeit Halls schon zahlreiche dramatische Elemente aufgenommen hatten, und dass namentlich die Maskeraden allegorischen Inhalts den Moralitäten — denn nur um solche Stücke handelt es sich in den angeführten Stellen — oft zum Verwechseln ähnlich sahen.

Zuletzt trat die Benennung auf, welche nach und nach alle andern verdrängte und allein auf die entwickelte Form des englischen Maskenspiels Anwendung fand. Das Wort *mask*, später *masque* geschrieben, wurde gleichfalls aus dem Französischen übernommen und ist auch in dieser Sprache verhältnismäßig jung.[6] Während aber das französische

„Masque."

---

[1] Pag. 9.
[2] Fol. 154b.
[3] Fol. 98.
[4] *Life of Wolsey*, ed. Singer, p. 188.
[5] *Workes*, Parker Society, II 839.
[6] Erste Beispiele für franz. *masque* aus dem 16. Jahrhundert. Andere, ältere Ableitungen von demselben Stamme werden gleich anzuführen sein. Die Herleitung von *masque* aus lat. \**mastica*, *mascha* „Hexe" oder ahd. *maska* „Masche" scheinen wenig befriedigend. Skeat hat sich der Erklärung aus arab. *maskharat* durch span. *mascara*,

*masque* nur in der Bedeutung *larva*[1]) zu belegen ist, kommt das Wort im Englischen sogleich für die von Maskierten aufgeführten Spiele und Züge zur Verwendung.

Die ersten sicheren Beispiele für das Wort *masque* finde ich in Schriftstücken des beginnenden 16. Jahrhunderts.[2]) *Maskes* sind unter den Aufführungen, für deren Behelfe John Farlyon 1515 zu sorgen hatte.[3]) Im Jahre 1518 ist in einem Document[4]) von „*masking garments, or for*

---

ital. *maschera* (Mahn, Dozy-Engelmann, Devic) angeschlossen. Körtings Einwand (Latein.-rom. Wörterb.), aus *maskharat* sei wohl die span. und ital. Form, nicht aber franz. *masque* zu erklären, wäre belanglos; denn *masque* könnte postverbale Bildung aus dem thatsächlich früher (im 15. Jahrhundert) zu belegenden *masquer* (für *masquerer* aus span. *mascarar*) sein. Angesichts afranz. Wörter jedoch, wie *se masquier = se noircir* (Garin de Monglane, ca. 1280); *masquillier = barbouiller* (Chanson d'Antioche, ca. 1130); *maschurer (mascarer, mascherer, mascerer) = tacher, salir, noircir* (ebd.; das pperf. *maschuré* geradezu für *masqué*: s. Godefroy) möchte ich das verlorene germanische Stammwort für die ganze Sippe in mittelniederl. mittelengl. *mask-el = Fleck* suchen. Das *s* in franz. *masque* mag sich unter dem späten Einflusse von span. *mascara* oder ital. *maschera* erhalten haben. L. Wieners Ansicht (*Anglia* XXIII 106), dass *Maske* auf hebr. *masik* zurückgehe, wurde von N. W. Thomas (ebd. 517) abgewiesen, der mittellat. *maschara = Helm* heranzieht und auf analoge Bedeutungsentwickelung von germ. *grima* verweist. Ich sehe jedoch trotz beider Aufsätze keinen Grund, meine Ableitung aufzugeben.

[1]) Ganz spät (1856) gebraucht Castil-Blaze einmal *masque* für die englischen Maskenspiele (Histoire de l'opéra italien, vol. IV, p. 110).

[2]) Der Abdruck des Berichtes über die Hochzeit Prinz Arthurs (1501; Handschrift vom Jahre 1617) in den *Shakespeare Society's Papers* liest (I 49, Z. 1) fälschlich *maskers*; in der Handschrift steht deutlich *masters*. Bisher ungebucht ist *maskewed* in folgender Stelle Lydgates:

And al the worthy, dwelling enuiron
Young freshe and lusty, he gadred to the toun,
Maskewed his walles and his toures,
And stuffed hem, with manly soudeoures.
Rounde about he set many gonnes.
  The workes of Geffrey Chaucer. With the siege of
  Thebes... by Jhon Lidgate. 1561, fol. 369.

Das Manuscript Royal 18. D. II der *Belagerung Thebens* hat *maskowede*. Die Bedeutung des Wortes muss mit dem modernen term. techn. „maskierte Batterie, maskierte Aufstellung" verwandt sein oder mit franz. *masque = obstacle* (Godefroy) zusammengebracht werden: „er machte seine Mauern unzugänglich".

[3]) Collier I 79 n.

[4]) Letters and Papers... of Henry VIII., vol. II, 1517.

*disguisings*" die Rede; unter ihnen befinden sich „*VII masking hats*". Dasselbe Schriftstück verzeichnet die Costüme zu *The Palmers' mask*. Im Ausgabenbuch des Grafen von Northumberland[1]) von 1526 begegnet bereits das Fremdwort in specifisch englischer Fügung: „*theye were a-maskyng before the king*".

Im zweiten Viertel des 16. Jahrhunderts wird dann das Wort so häufig (z. B. in Halls Chronik), dass wir keine weiteren Beispiele anzuführen brauchen. Bemerkenswert ist jedoch, dass man noch 1580 sich der ausländischen Abstammung des Wortes genau bewusst war und es mit dem französischen Artikel gebrauchte: „*Edwardo Kyrkham, Custodi de les Maskes & disguisings, 6 d. per day*", heißt es in einer von Nichols[2]) mitgetheilten Rechnung.

Der Ausdruck *Masque* hat es bald zu einer festen Bedeutung gebracht, und nur bei ungebildeten Schreibern, z. B. bei dem Chronisten des Ms. Cotton Vitellius F. V., kommt es vor, dass auch Festzüge mit diesem Namen belegt werden.[3]) Der gebildete und scharf beobachtende Correspondent Sir Dudley Carletons, Mr. Chamberlain, hat jedoch den Unterschied zwischen solchen Aufzügen und den eigentlichen Maskenfesten treffend gekennzeichnet, wenn er unter dem 21. Februar 1618 schreibt: „*The Gentlemen of Gray's Inn came to Court with their show, for I cannot call it a Masque, seeing they were not disguised nor had vizards.*"[4])

Dagegen bezeichnet derselbe Chamberlain den unter dem Namen *matachin* bekannten Schwerttanz gelegentlich als: „*a warlike dance, or Masque of twelve men in complete armour*".[5]) Wenn wir hier *masque* im Sinne der Aufführungen vor 1604 nehmen, müssen wir die enge Verwandtschaft dieser Waffentänze mit Masken von der Art des Auftrittes und Tanzes der Ritter und Amazonen zugeben.[6])

---

[1]) Collier I 86.
[2]) *Progr. Eliz.* II 296.
[3]) Bei Collier I 176.
[4]) Nichols, *Progr. James* III 468. Noch einmal müssen wir uns hier (wie p. 109) eine kleine Ausnahme von der chronologischen Folge erlauben, da wir auf das Thema der Bezeichnungen nach 1604 nicht mehr zurückkommen werden.
[5]) Nichols, *Progr. James* III 585.
[6]) Cunningham, *Extracts*, p. 125 ff.

Neben der literarischen Gattung bezeichnet das Wort *masque* auch ein wichtiges Requisit der Aufführungen: die Gesichtsmasken. „*Visors or masks of sondry sorts*" finden sich massenhaft im Nachlass Heinrichs VIII.;[1] „*mask faces*" bilden einen Posten in den Rechnungen Edwards VI.[2] Doch ist zu betonen, dass diese Bedeutung secundär ist; die ursprüngliche ist die eines Maskenzuges.[3]

Einige Schwierigkeiten bereiten die neben *mask* und den geläufigen Ableitungen erscheinenden und meines Wissens bisher unerklärten Formen[4] *maskeler (meskeler)* und *meskelyng (maskalyn)*.

Die Grundbedeutung von *maskeler* scheint „Maskenträger, Maskierter" zu sein: „*Hosen for the maskellors; six girdles for the black maskelers*" werden in den *Letters and Papers ... of Henry VIII.* erwähnt.[5] Meist aber ist *maskeler* in dem Sinne von „Maskenzug, Maskenscene" zu verstehen: „*The meskeler of New Hall (Essex); to prepare a meskeller; meskellers at Arde et Calais ... This meskeller was 10 persons ... The fourth meskeller was 3 persons; a maskellar held at Greenwich; maskeler coats; a meskeler of 6 gentlemen.*"[6] Aus einer andern Stelle[7] darf man vielleicht auf einen Unterschied in der Bedeutung von *masque* und *maskeler* schließen: „*six girdles for the black maskelers, and six for the great maske*". Danach wären die Aufführungen der „schwarzen Vermummten" etwa kleinere, mit weniger Prunk und minder zahlreichem Personal in Scene gesetzte Maskeraden.

Wie *masque*, kann auch *maskeler* für „Gesichtsmaske" gebraucht werden: „*for masculers and other diverse things*"

---

[1] Collier I 184.

[2] *Archaeologia* XVIII 328.

[3] Skeat, *Etym. Dictionary*. An einer einzigen Stelle finde ich *maske* in der Bedeutung „Maskenkleid": „*A longe Maske of murrey satten ... with sleves of gold tyncell*". Cunningham, *Extracts*, p. 114.

[4] Gebucht sind die Wörter ohne jede Erklärung und ohne Quellenangabe bei Halliwell, *Dictionary of Archaic and Provincial Words* und bei Wright, *Dict. of Obsolete and Provinc. English*.

[5] Vol. I 718 (s. a. 1514), vol. IV 1605 (s. a. 1527).

[6] *Letters and Papers* III 1550 (a. d. Jahre 1520), III 1552 (a. d. J. 1520), III 1554 (a. d. J. 1520), III 1556 (a. d. J. 1521), III 1558 (a. d. J. 1522), IV 838 (a. d. J. 1526).

[7] Ebd. IV 1605.

lautet ein Eintrag in „*The Kynges boke of payments*"[1]) aus dem Jahre 1521. In seinem Bericht über dieselben Festlichkeiten erzählt Hall:[2]) „*euery one visered himselfe ... and so in maskeler passed the toune of Arde*" — meines Wissens bei Hall das einzige Beispiel dieses bald veraltenden Ausdrucks. „*Eight maskelers*" (= larvae) kommen noch vor in den Rechnungen über Heinrichs VIII. Hoffestlichkeiten.[3])

Eine Analogie für die Doppelbedeutung „Gesichtsmaske" und „Maskierter" bietet das bei Thomas More belegte *masker* = larva,[4]) welches neben dem gewöhnlichen *masker* = Maskenträger bestanden haben muss.

Auch die Bezeichnung *maskeler* ist jedenfalls aus einem franz. \**masquilleur* abzuleiten. Das vb. *masquillier* ist schon im 12. Jahrhundert in der Bedeutung *barbouiller* zu belegen (Chanson d'Antioche), und neufranz. *maquiller*, *maquillage* wird noch heute geradezu vom Schminken und Bemalen des Gesichts, von der „Maske" des Schauspielers gebraucht. Daneben gab es ein altes Verbum *maschurer, mascurer, maschourer, mascarer* = *tacher, noircir*. Auch \**mascoureur* konnte mit gebräuchlicher Dissimilation[5]) recht wohl zu englisch. *maskuler* werden.

Das neue Wort ließ sich lautlich und begrifflich sehr gut an das me. *maskel* „Fleck" anlehnen; man vergleiche die Ideenverbindung im franz. *maschurer* : *tacher, salir*; pp. *maschuré* : *masqué*.[6])

Aus *maskeler* = Maskierter mag man, wohl in Erinnerung an das eben genannte me. *maskel*, auf ein vb. \**to maskel* geschlossen haben, von welchem man das Verbal-Substantiv *maskeling* bildete. Diese Bezeichnung war

---

[1]) Collier I 79 n.
[2]) Fol. 80 b.
[3]) *Letters and Papers ... of Henry VIII.*, vol. IV 888.
[4]) *Works*, p. 758 b. Das Wort braucht aber durchaus nicht auf span. *mascara* zurückzugehen, wie Skeat meint. Es ist vielmehr franz. *masqueure* (= *mascure*, s. Godefroy), welches zu *masker* wurde wie *figure* zu me. *figer*, *nature* zu *nater*, *aventure* zu *aunter*. Vgl. auch holländ. *masker* und schwäb.-bairisch. *maskere* in derselben Bedeutung.
[5]) Vgl. *murberie* : *mulberry*; *marber* : *marble*; me. *purpre* : ne. *purple*.
[6]) Sie liegt auch den sonst etwas abenteuerlichen Etymologien Bouchets (*Serees* I 189) und Du Verdiers (*Leçons*, p. 122) zugrunde: „*les Coribantes ... s'embarbouilloient le visage avec du noir, d'où est descendu ce nom maschuré, qu'on dit en ital. mascarati.*"

um 1519 noch wenig verbreitet; denn der Zahlmeister Heinrichs VIII. merkt in einer Rechnung[1]) an: *„for the revells, called a maskelyn"*. Sonst ist mir das Wort nur noch in den von Brewer zusammengetragenen Documenten aus der Zeit Heinrichs VIII. begegnet. *„A maskalyne"* wird aufgeführt am 7. März 1519;[2]) vier Edelleute treten auf *„with meskelyn"*;[3]) ein Haus wird eingerichtet *„for disguising and meskelyng of lords and ladies"*.[4]) Ferner werden erwähnt *„maskeling gowns"* und *„maskeling hoods"*.[5])

Gab es nun einen Unterschied zwischen den älteren, unter dem Namen *disguisings* bekannten Maskeraden und den Aufführungen des beginnenden 16. Jahrhunderts, welche unter der Benennung *mask* giengen? Mit andern Worten: Wurde mit der neuen Benennung auch eine neue Form aufgenommen?

Wir haben oben[6]) nachzuweisen gesucht, dass die Ansicht von der Einführung der Maske aus Italien auf der falschen Auslegung einer Stelle Halls beruht, in welcher er den schon früher zu belegenden Ausdruck *maske* anwendet und auf italienische Costüme hinweist.

Es bliebe noch die Möglichkeit offen, dass auf englischem Boden eine neue Art von Maskeraden entstand, und diese auch in der Benennung von den früheren Gattungen unterschieden wurde. Ward[7]) hat in der That angenommen, dass erst in den *masks* Gesichtsverhüllungen getragen wurden, während Immanuel Schmidt[8]) den Unterschied zwischen *disguisings* und *masks* im Personal sucht: die ersteren wären „von andern" zur Belustigung des Hofes aufgeführt worden, an den letzteren aber hätte der Hofstaat selbst theilgenommen. Zur Widerlegung dieser Erklärungsversuche wollen wir, um uns nicht zu wiederholen, nur auf die Interpretation der ältesten Nachrichten über Maskenfeste verweisen.[9])

---

[1]) Bei Collier I 79 n.
[2]) *Letters and Papers ... of Henry VIII.*, vol. III 85.
[3]) Ebd. III 1552.
[4]) Ebd. III 1390.
[5]) Ebd. III 1550, 1552; IV 1605.
[6]) Pag. 65 ff.
[7]) *History of Dramatic Literature* I 82.
[8]) *Herrigs Archiv* 27, p. 56.
[9]) Pag. 2 ff.

Soergel wiederum[1]) findet, offenbar gestützt auf die wenigen ihm zugänglichen Stellen Halls, eine Unterscheidung in der Art der Aufführung: die „improvisierten" Maskenzüge, bei welchen auch die nicht costümierten Zuschauer in den Tanz gezogen wurden, seien anfänglich *masks* genannt worden; den sorgfältig vorbereiteten, theatralischeren Aufführungen mit Decorationen und mit Tänzen der Darsteller allein sei der Name *disguisings* geblieben.

Dabei vergaß er nur, dass die Betheiligung der Zuschauer an den Tänzen keineswegs neu ist: im Jahre 1377 schon führen Vermummte vor dem jungen Prinzen Richard zuerst untereinander, dann mit Personen aus dem Gefolge des Prinzen Tänze auf; ähnlich gieng es wohl auch, wenn wir den Zeichnungen der oben[2]) besprochenen Alexander-Handschrift trauen dürfen, bei den „*ludi*" des Jahres 1347 zu.

Es ist ferner nicht richtig, dass die mit Decorationen aufgeführten Maskeraden immer als *disguisings* galten. Einmal erscheinen: „*four gentlemen with meskelyn, with them a tryke wagon and therein a lady*".[3])

Wenn wir uns streng an die authentischen Documente halten, ist zunächst festzustellen, dass im Jahre 1515 der Titel John Farlyons lautete: „*Custos Vestuarum, sive apparatuum omnium singulorum jocorum larvatorum, vocat. Maskes, Revelles and Disguysings*".[4]) Aus dieser Stelle allein will Soergel schließen, dass „kurz nach der Einführung der Maske diese von dem *disguising* genau geschieden wurde". Aber eine so unlogische Zusammenstellung, in welcher der übergeordnete Begriff *Revelles* zwischen zwei untergeordneten steht, wird gewiss auch keine strenge Scheidung der letzteren beabsichtigen. Die Verbindung kehrt übrigens, nachdem sie aus den Ernennungsdecreten Bernards und Cawardens[5]) verschwunden war, in den Patenten der Be-

---

[1]) Pag. 14; seinen Ausführungen folgt Evans, *English Masques*, p. XXI.

[2]) Pag. 3 f.

[3]) *Letters and Papers ... of Henry VIII.*, vol. III 1552.

[4]) Collier I 79n. Der Beistrich nach *jocorum* ist natürlich zu tilgen. — So auch in der Einsetzungs-Urkunde des John Brydges: „*yeoman of the vestures for the King's masks, revels and disguisings*". *Letters and Papers ... of Henry VIII.*, vol. XVI 2, p. 159.

[5]) Collier I 131, 132n.

amten des *Office of the Revels* zu einer Zeit wieder, als *disguising* in der Umgangssprache gewiss nicht mehr auf die höfischen Maskeraden angewendet wurde; ein Beweis, dass wir es von Anfang an mit einem jener volltönenden und umständlichen Titel zu thun haben, welche der Amtsstil seit jeher liebte: Walther Fyshe wird 1574 „*Yoman or keeper . . . of all and singular our Maskes, Revells, and Disguysings*";[1]) Edward Kyrkham ist noch 1580 „*Custos de les Maskes and disguisings*".[2])

In Erinnerung an den pleonastischen Stil der von ihm so fleißig durchforschten Documente erzählt auch Hall einmal von „*Revels, Maskes and disguisynges*"[3]) und, mit einer kleinen Auslassung, von „*Maskes and dysguisings*".[4])

Wie eine Verdeutlichung oder Übersetzung eines noch ungewöhnlichen Ausdruckes erscheint dagegen ein Eintrag in einem Inventar vom Jahre 1518: „*masking garments or for disguisings*".[5]) Unter diesen stehen Costüme für „*The Palmers' mask*", ferner „*masking hats*" u. s. w. Drei Jahre nach der angeblich strengen Scheidung der Begriffe *disguising* und *mask* wurden diese also einfach synonym gebraucht. Übrigens muss Soergel selbst zugeben, dass um 1520 die beiden Bezeichnungen nicht mehr auseinandergehalten werden.[6])

Das Wort *mask* ist also nichts anderes als eine neue Bezeichnung für alte Formen, welche bald für eleganter galt als das etwas altmodische Wort *disguising*. Dies zugegeben, wird auch das in den Capiteln über Inhalt und Form eingeschlagene Verfahren berechtigt erscheinen, dass

---

[1]) Collier I 227 n.

[2]) Nichols, *Progr. El.* II 296. Danach ist Soergel, p. 15, zu corrigieren.

[3]) Fol. 154 b.

[4]) Fol. 181 b. Vgl. auch *Letters and Papers . . . of Henry VIII.*, vol. IV 1390: „*for disguising and meskelyng*".

[5]) *Letters and Papers . . . of Henry VIII.*, vol. II 1517; Collier I 80.

[6]) So heißt es bei Hall (fol. 67 b) unter dem 7. Mai 1520: „*the king prepared a disguising*". Die Aufführung bestand aber nur aus Aufzügen und Tänzen, ganz wie die als *mask* bezeichnete vom 6. Jänner 1512. Völlig synonym wird *masking* und *disguising* auch gebraucht in der Chronik des Ms. Cotton, Vitellius. F. V (1554—1563); citiert bei Nichols, *Progr. Eliz.*[2] I 16 f.

wir nämlich alle Maskeraden, mögen sie unter was immer für Namen gehen, zusammenfassend besprachen.

Ganz spät wird dann noch *mascarada* aus dem Spanischen entlehnt als *masquerada*[1]) und, mit einem seltsamen Genuswechsel, *mascarado*.[2])

Das franz. *masquerie*[3]) findet sich ganz vereinzelt als engl. *masquery*.[4]) Der Ausdruck für einen Theilnehmer an einer Maskerade: *masker*, entspricht dem franz. *masquier* oder *masqueur*,[5]) wie im engl. *porter* franz. *portier* und *porteur* zusammenfallen.

Nur im Schottischen zu belegen[6]) ist *masken* (Gesichtsmaske; franz. *masquine*).

---

[1]) Belegt seit 1587; vgl. Fennell, *Stanford Dictionary of anglicised Words*.

[2]) Wie span. *patata*, engl. *potato*; span. *tornada*, engl. *tornado*. Belegt bei Fennell, seit 1597; doch schon 1589 erscheint Rob. Greenes politische Flugschrift „*The Spanish Masquerado*".

[3]) Godefroy, *Dict. de l'anc. langue franç.*

[4]) Marstons *Malcontent*, 1604. (Dodsleys *Old Plays*³, IV 97.)

[5]) Beides bei Godefroy.

[6]) Jamieson, *Etym. Dictionary*, s. v.

## III. Abschnitt.
# Die Maskenspiele des 17. Jahrhunderts.
### Capitel 1.
## Entstehung und weitere Entwickelung der festen Form.

Wir haben in den ersten Abschnitten unserer Untersuchung die höfischen Maskeraden und die ihnen verwandten Gelegenheitsdichtungen nach Form und Inhalt analysiert und gesehen, dass die zugebote stehenden Mittel: Rede, Gesang, Instrumentalmusik, Tanz und Decoration nur selten in ihrer Gesammtheit herangezogen wurden. Wo dies aber geschah, kam es zu keiner rechten Durchdringung und Verschmelzung der unvermittelt nebeneinander gestellten Bestandtheile. Da ferner der Maskendichter in der zweiten Hälfte des 16. Jahrhunderts nur selten in die Lage versetzt wurde, aus dem Vollen zu schöpfen und für eine Aufführung über das ganze Rüstzeug der höfischen Festlichkeiten zu verfügen, konnte sich auch eine feste Form der Maskeraden nicht wohl herausbilden.

Gegen Ende des 16. Jahrhunderts wurde das anders. Durch die Vernichtung der spanischen Armada war der Friede des Landes auf lange Zeit gesichert, und zugleich mit der Hebung des allgemeinen Wohlstandes konnte sich der Glanz des Hofes ungestört entfalten. Häufiger als früher galt es nun, den Gesandten fremder Staaten, welche sich um die Freundschaft des mächtigen Englands bewarben, einen Begriff von den Mitteln des Landes und von der Pracht seines Hofes zu geben, und da verwendete auch die sparsame Elisabeth mehr als bisher auf äußeren Prunk. Mit dem Hofe suchten naturgemäß die Adeligen und die stets zum Mummenschanz aufgelegten Rechtsschulen der Hauptstadt Schritt zu halten.

Auch der unerreicht glanzvolle Aufschwung des großen Dramas konnte nicht ohne Einfluss auf die kleine Gattung der Maskenspiele bleiben. Frühzeitig hatte man — wie schon die erwähnten Schwankungen zwischen den Bezeichnungen *play* und *disguising* beweisen — den Zusammenhang der höfischen Maskenfeste mit dem Drama erfasst und zu Vergleichen reichlich Gelegenheit gehabt, da oft Drama und Maskerade auf dem Programm eines Abends standen. So wurde mit dem Fortschritt des großen Dramas der Abstand zwischen seinen wohlmotivierten Auftritten, den scharf umrissenen Charakteren und der logisch entwickelten Handlung einerseits, anderseits den kunstlos nebeneinander gestellten und an fast stereotype Decorationen gebundenen Reden, Gesängen und Tänzen der Maskenauftritte peinlich empfunden.

Sollte also das Maskenspiel vor dem verfeinerten Geschmack und dem entwickelteren dramatischen Gefühl der höfischen Gesellschaft des ausgehenden 16. Jahrhunderts bestehen, so musste es die nächste Sorge der Dichter sein, jene Elemente zu einem harmonischen Ganzen zu verbinden, die Übergänge vom gesprochenen zum gesungenen Wort zu motivieren, das Auftreten der Tänzer zu den Reden und Gesängen in Beziehung zu setzen und endlich auch einige herkömmliche und zum eisernen Bestand der Hoffestlichkeiten gehörende Decorationsstücke, zum Beispiel den sich öffnenden Berg, im Rahmen eines Gelegenheitsstückes ungezwungen unterzubringen. Ben Jonson erkannte mit seinem unvergleichlichen Scharfblick in theoretischen Fragen diese Aufgabe, ehe er sich selbst in eigentlichen Hofmasken versucht hatte, und stellte folgendes Programm für seine späteren Leistungen auf: „*The nature and property of these devices (is), to present always some one entire body, or figure, consisting of distinct members, and each of those expressing itself in its own active sphere, yet all with that general harmony so connexed, and disposed, as no one little part can be missing to the illustration of the whole.*"[1]

Der Kitt, welcher die etwas heterogenen Bestandtheile der Maskenspiele allein zusammenhalten konnte, war naturgemäß eine gut ersonnene Handlung. Mindestens seit Lydgate hatten die Dichter auf Erfindung geeigneter Fabeln

---

[1] *Part of King James's Entertainment.* Ed. Gifford, VI 437.

viel Witz verwendet. Aber es ist etwas anderes, durch einen außerhalb der Maske stehenden oder in sie einbezogenen Erzähler das Auftreten eines Zuges Maskierter zu motivieren oder eine einfache Handlung durch Decoration und Pantomime, schließlich auch durch kurze Reden und Dialoge nur anzudeuten, etwas anderes wiederum, die redenden, tanzenden und singenden Personen in eine einigermaßen festgefügte Handlung zu verweben. Nicht immer gelang es, eine wirkliche Vereinigung der Schwesterkünste der Rede, des Gesanges und Tanzes zu erreichen, und die hiebei bewiesene Geschicklichkeit gibt uns geradezu einen Wertmesser für die Befähigung der Maskendichter ab.

Wann erreichte nun die Maske die lang gesuchte Einheitlichkeit, wem gelang es, die widerstrebenden Elemente der alten Hofmaskeraden in jene Form zu bringen, welche, von den Hofdichtern schnell recipiert, einer so glanzvollen Zukunft entgegengieng?

*Daniels „Masken".*

Bisher hat man immer die Entstehung des eigentlichen Maskenspieles in die Regierungszeit Jakobs I. verlegt. Daniels *Vision of the twelve Goddesses* (1604) ließ man als die erste selbständig erhaltene Maske der neuen Form gelten, und aus einem Vergleich dieser Aufführung mit den von Jonson in *Cynthia's Revels* (Act V, Scene 3) eingeschalteten Maskenzügen wurde geschlossen, dass wir in dem Auftritt der zwölf Göttinnen thatsächlich jene Gestalt des Maskenspiels vor uns haben, zu welcher es sich in den ersten Jahren des 17. Jahrhunderts unter dem Einflusse einer einigenden Fabel krystallisierte.

Doch wird meines Erachtens die Maske Daniels nicht als das erste Erzeugnis der neuen Richtung, sondern eher als einer der letzten Ausläufer der alten Form aufzufassen sein.

Zunächst unterscheidet sich die *Vision of the twelve Goddesses* von allen Masken anderer Dichter des 17. Jahrhunderts durch das Fehlen des Dialoges. Wenn wir von der wenige Zeilen umfassenden Einleitung absehen, in welcher *Nacht* und *Schlaf* das vorbereitete Schauspiel als Traum der Zuschauer hinstellen, beginnt die sogenannte Maske Daniels mit einer Rede der Götterbotin Iris. Zwölf Göttinnen, so wendet sie sich an die Tempelhüterin Sibylla, hätten beschlossen, Britannia, „*the land of cevill musicke and of rest*", zu besuchen. Sibylla solle sich zu ihrem Empfang rüsten. Damit aber das Staunen über die göttlichen Gestalten bei ihrem Auftreten sie nicht der Sprache beraube, möge sie — wie poetisch! — durch ein Fernglas, welches Iris in liebenswürdigster Weise zur Verfügung stellt, die hohen Frauen jetzt schon sehen und hübsch der Reihe nach beschreiben. Nachdem Sibylla diesem Auftrag pünktlichst nachgekommen, ziehen die Göttinnen selbst auf und führen, unterbrochen von den Gesängen der Grazien, zuerst allein, dann mit den Herren der Gesellschaft verschiedene Tänze auf.

Man sieht, dass hier eine Verschmelzung der Bestandtheile zu einer höheren Einheit nicht zustande kommt; die Reden werden sogar von dem Aufzug abgetrennt, indem Sibylla mittels des erwähnten unpoetischen Behelfes die Göttinnen vor ihrem Erscheinen beschreibt. Daniel hat sich sogar mit voller Absicht zu seinen Vorgängern in Gegensatz gestellt: „*that the eyes of the Spectators might not beguile their eares, as in such cases it ever happens, whiles pompe and splendor of the sight takes up all the intention, without regard to what is spoken*".[1]

Es ist also ein entschiedener Missgriff Soergels, die Dichtung Daniels als Typus der zu Beginn des 17. Jahrhunderts üblichen Masken hinzustellen. Sie repräsentiert vielmehr eine Form, die sich der Verfasser nach dem Muster der älteren Maskeraden selbst zurecht legte. Wohl aus Trotz gegen Jonsons grimmigen Spott hielt er noch sechs Jahre später in *Thetys' Festival: or, The Queene's Wake* im wesentlichen an diesem kümmerlichen Typus fest, als die echte und rechte Maske schon längst in ihrer Blüte stand.

Dieses Festspiel Daniels steht zwischen Jonsons *Masque of Queens* und desselben Dichters *Oberon, A Masque of Prince Henry's* als ungeheuerlicher Anachronismus da und findet am besten seine Stelle gleich hier, wo es uns auch den ganz exceptionellen Standpunkt Daniels erläutern hilft.

Die Aufführung leitete Zephyrus mit seinem aus acht Najaden und zwei Tritonen bestehenden Gefolge ein. Einer

---

[1] Nichols, *Progr. James* I *813.

der letzteren überbringt die Botschaft der Thetys, welche beschlossen habe, das heutige Fest, die Einsetzung des Prince of Wales, durch ihre Gegenwart zu verherrlichen und ihre Nymphen mitzubringen. Zugleich überreicht der Triton dem König und dem Prinzen die Geschenke[1]) der Göttin. Dann erscheint der so feierlich angekündigte Besuch und führt die herkömmlichen Tänze auf. Zum Schluss hat Daniel eine recht abgeschmackte Rückverwandlung der Maskierten angebracht: Triton fordert den König und den Hofstaat zum Bleiben auf, und Mercur ersucht den Duke of York und sechs seiner Begleiter, die Königin und ihre Damen in ihrer wahren Gestalt in den Saal zurückzuführen.

Auch in diesem Spiel hat Daniel auf den Dialog, der die Maske eigentlich erst zur dramatischen Gattung erhebt, gänzlich verzichtet und dafür die langweilige und unkünstlerische Aufzählung und Beschreibung der Maskierten vor ihrem Erscheinen gewählt.[2]) Wie recht hatte doch Jonson, als er über den Verfasser dieser unbeholfenen Scenen sich äußerte, er sei „eine gute, ehrliche Haut, aber kein Dichter".[3])

Und nun sollte mit einemmal aus Puppenspielen vom Schlage der „Masken" Daniels ein höfisches Drama von der Vollendung der *Masque of Blackness*, der *Masque of Beauty* sich herausgebildet haben? Der Abstand zwischen diesen Werken ist allzu groß, als dass wir, bei aller Verehrung des Genies Meister Jonsons, an die Möglichkeit einer so sprunghaften Entwickelung glauben könnten.

Es wäre daher für die Geschichtschreiber[4]) der höfischen Dramatik nur ein Gebot der Vorsicht gewesen, mindestens verlorene Vorstufen des echten Maskenspieles anzunehmen und so auf die Kluft zwischen den Werken Daniels und Jonsons mit Nachdruck hinzuweisen. Statt dessen sind

---

[1]) Auch diesen Zug haben die beiden Stücke Daniels mit den älteren Hofmaskeraden gemein; in den richtigen Maskenspielen (mit einziger Ausnahme von Townshends *Albion's Triumph*) kommt er nicht mehr vor!

[2]) Nichols, *Progr. James* II 351.

[3]) *Conversations with Drummond*, ed. Laing, p. 2.

[4]) Dieser Vorwurf trifft in erster Linie Evans, der an der Quelle saß, nicht Soergel.

meine Vorgänger alle achtlos an einer älteren Aufführung vorübergegangen, welche die einfachste, typische Gestalt des neugeschaffenen, echten Maskenspiels aufs beste repräsentiert. In dieser Form fand Jonson die Gattung vor, und in ihr schuf er, ohne auf Daniels altmodischen Maskenzug der Göttinnen zu achten, seine ersten Spiele.

Im Jahre 1594 wurde von den Studenten des Gray's Inn altem Herkommen gemäß ein Weihnachtskönig mit dem Titel *Prince of Purpoole* gewählt.[1]) Der Träger dieser Würde, ein gewisser Henry Holmes aus Norfolk, entfaltete solchen Prunk und bewies, von seinem zahlreichen Gefolge und den Großen[2]) seines Reiches aufs wirksamste unterstützt, so viel gesunden Humor, dass die Königin den Wunsch äußerte, den fröhlichen Herrscher kennen zu lernen. Als der Prinz daher seine Rückkehr aus Russland ankündigte, wo er angeblich zwischen dem Dreikönigstage und dem 1. Februar 1595 sich aufgehalten und in den unerhörtesten Heldenthaten bethätigt hatte, wurde ihm gestattet, seinen zu Schiff geplanten feierlichen Einzug in Greenwich zu unterbrechen und der Königin seine Huldigung darzubringen. Da die jungen Juristen jedoch kein rechtes Festspiel in Vorbereitung hatten, ließen sie sich bei Elisabeth entschuldigen und erwirkten sich die Erlaubnis, zur Fastnacht bei Hofe eine Maske aufführen zu dürfen.

Die von Francis Davison ersonnene Fabel dieses Stückes[3]) knüpft an die fingierte russische Reise des Prinzen Purpoole und seine Kämpfe gegen die Tataren an. Als der

Die „Gesta Grayorum".

---

[1]) Seine kurze, aber fröhliche Herrschaft wird ausführlichst geschildert in *Gesta Grayorum; or, The History of the High and Mighty Prince Henry, Prince of Purpoole, Arch Duke of Stapulia and Bernardia ... Knight of the Most Heroical Order of the Helmet, and Sovereign of the same: Who reigned and died A. D. 1594. Together with A Masque. London, W. Canning 1688.*

Neudruck von Nichols, *Progr. El.* III 262 fl. Näheres zur Überlieferung dieses interessanten Denkmals studentischen Humors weiter unten in der Bibliographie.

[2]) Unter ihnen sind sechs Räthe, deren wohlgesetzte Reden nach Speddings sicherem Urtheil von Francis Bacon verfasst wurden. Vgl. *The Works of Francis Bacon*, edd. Spedding, Ellis, Heath. London 1858—1874. Vol. VIII, p. 342.

[3]) Die Autorschaft Davisons wird weiter unten in dem Chronologischen Verzeichnis der Maskenspiele zu beweisen sein.

Held einst am Ufer des Meeres von seinen Thaten ausruht, erblickt er den Gott Proteus und ist so glücklich, ihn zu fangen. Nachdem Proteus alle möglichen Gestalten angenommen, um aus den Händen seines Bezwingers zu entschlüpfen, muss er als Preis seiner Freiheit versprechen, den Magnetberg, an dessen Besitz auch die Herrschaft über alle Meere geknüpft sei, an einem bestimmten Tage dorthin zu versetzen, wo ihn der Prinz haben wollte. Nur müsse ihm Prinz Henry zuvor eine Macht zeigen, welche an Anziehungskraft noch den berühmten Magnetberg übertreffe. Der Held, seiner Sache sicher, ist einverstanden und lässt sich sogar mit sieben seiner Ritter und einigen ihm dienenden Pygmäen als Geiseln in den Berg einschließen. Nun ist die Stunde der Erfüllung des Vertrages gekommen; Proteus hat sich, seinem Versprechen getreu, mit dem Magnetberg eingefunden, und der Knappe des Prinzen Purpoole zeigt ihm in Elisabeth eine Macht, welche stärker ist als der Magnet: zieht sie doch alle Herzen an sich, der Berg aber nur alles Eisen; und was ist das Eisen, wenn nicht der Arm des Menschen es gebraucht? Der Antrieb des Armes aber geht vom Herzen der Menschen aus, über welches die Königin unbeschränkt herrscht.

Diesen unwiderleglichen Argumenten muss sich auch ein Meergott fügen, und Proteus öffnet mit einem Schlag seines Zweizacks den Berg; Prinz Purpoole und seine Ritter treten heraus, geleitet von den Pygmäen als Fackelträgern. Sie tanzen miteinander, dann mit den Damen der Gesellschaft. Hierauf bringen die Pygmäen acht Schilde mit den Emblemen der Maskierten herein. Unter den Tönen eines Liedes ziehen sich endlich die Ritter in den Berg zurück.

Die Voraussetzungen der Handlung werden in einem Dialog zwischen Proteus und einem Knappen des Prinzen vorgebracht; Thamesis und Amphitrite greifen nur je einmal mit einer Frage ein. Die sie begleitenden Nymphen und die zwei Tritonen des Proteus sind die Sänger, welche die Maske mit je einem Liede einleiten[1] und abschließen.

---

[1] Über den Dichter dieser Lieder vgl. weiter unten das Chronologische Verzeichnis der Maskenspiele.

Ein schematisches Scenarium des Maskenspieles Davisons stellt sich also folgendermaßen dar:

*Gesang — Dialog — Auftreten der Maskierten — Tänze — Schlussgesang.*

Einige Wochen früher, am 6. Jänner 1595, hatte dieselbe fröhliche Gesellschaft eine ganz ähnliche Aufführung veranstaltet, welche wir leider nur aus einer flüchtigen Beschreibung in den *Gesta Grayorum* kennen.[1]) Nach dieser knüpfte die „Maske der Ritter vom Helme" an das Wappen Heinrichs von Purpoole an: ein Diadem, geschützt durch den Helm der Pallas vor Saturnus, Momus und Idiot. Sechs Ritter vom Helme, so erzählen die *Gesta Grayorum*, bringen drei gefangene Ungeheuer und Bösewichte herbei, die sich gegen den Prinzen von Purpoole verschworen hätten. *Virtue* und *Amity* entlarven die drei als *Envy, Malecontent* und *Folly* und versprechen dem Prinzen ihre ständige Hilfe. Die Ritter werden aufgefordert, die drei Unholde wegzuführen und in festlicherem Aufzug wiederzukommen. Sie erscheinen auch bald „*in a very stately mask*" und tanzen zuerst allein, dann mit den Damen.

Wenn die Reden und Gesänge zu diesem Auftritt erhalten wären, würden wir wahrscheinlich nicht zögern, ihn der Maske des Proteus gleichzusetzen. Doch auch in der Schilderung der *Gesta Grayorum* erkennen wir die erklärenden Reden der Ritter, dann diejenigen der beiden schützenden Mächte; einen Gesang derselben allegorischen Gestalten; den Aufzug der wiederkehrenden Ritter, die von ihnen allein und mit den Damen ausgeführten Tänze und den Schlussgesang. Das ergibt folgendes, mit der Maske vom Proteus recht genau übereinstimmendes Schema:

*Dialog — Gesang — Auftreten der Maskierten — Tänze — Schlussgesang.*

Ein Moment freilich, welches in der vor Elisabeth aufgeführten Maske gut herausgearbeitet ist, fehlt gänzlich: das Moment der Überraschung. Die Theilnehmer an dem Maskenzug erscheinen hier sogleich in der ersten Scene und kehren, ausdrücklich angemeldet, später wieder. Das darf uns jedoch nicht abhalten, die Scenen der Ritter vom

---

[1]) Nichols, *Progr. El.* III 297 f.

Helm als echte Maske zu bezeichnen; denn — um ein wenig vorzugreifen — auch in Jonsons *Lovers Made Men (Masque of Lethe)* zeigen sich die Maskierten zuerst in geringer Gestalt und kehren dann verwandelt zurück. Das Moment der Überraschung fehlt auch in Jonsons *Masque of Blackness*, wo die Maskierten von Anfang an auf der Scene sind und erst nach einem Gesang und langen Dialogen zum Tanz antreten. So zeigt dieses Spiel zehn Jahre nach den beiden Masken der Studenten des Gray's Inn fast genau dieselbe scenische Anordnung wie diese. Nur hat Jonson, wie erwähnt, das Erscheinen der Maskierten und ihr Antreten zum Tanz durch eingeschobenen Dialog und Gesang getrennt:

*Erscheinen der Maskierten — Gesang — Dialog — Antreten der Maskierten*[1]*) — Tänze und Gesang — Schlusswort — Schlussgesang.*

Als das genaue formelle Gegenstück zur *Masque of Blackness* erscheint deren Fortsetzung, die *Masque of Beauty*. Doch hat Jonson hier das Erscheinen der Maskierten ungefähr in die Mitte seines Stückes gerückt und durch lebhaften Dialog die Spannung auf diesen Augenblick erhöht; ein entschiedener Fortschritt gegen die *Masque of Blackness*, der freilich nur ein Zurückgreifen auf das in den alten Maskeraden beliebte Princip des plötzlichen und überraschenden Erscheinens der Maskierten bedeutet. Die Scenenfolge in der *Masque of Beauty* ist also folgende:

*Dialog — Erscheinen der Maskierten — Gesang — Rede — Antreten der Maskierten — Tänze und Gesang — Schlusswort — Schlussgesang.*

Ein Jahr früher hatte Marston ein sehr ähnliches Scenarium der Maske zugrunde gelegt, welche zu Ashby House, dem Sitz des Lord Huntingdon, aufgeführt wurde. Den lyrischen Theil des Stückchens nach den ersten Tänzen der Maskierten erweiterte Marston durch eine halb scherzhafte, halb satirische Rede Cynthias, so dass wir zu folgendem Schema gelangen:

---

[1]) Wo die Maskierten sogleich nach ihrem Erscheinen die Tänze beginnen, nenne ich dies in den folgenden Scenarien „Auftreten"; wo die Tänze nicht unmittelbar an das Erscheinen der „*Maskers*" anschließen, gebrauche ich noch den Ausdruck „Antreten".

*Rede — Dialog — Gesang — Erscheinen der Maskierten — Rede — Antreten der Maskierten — Tanz, Rede, Gesang — Tanz — Schlussrede.*

Das sind die wenigen erhaltenen Denkmäler der ältesten und einfachsten Form des entwickelten Maskenspiels. Die Entstehung dieser Grundform musste Soergel, dem das Hauptwerk für die Elisabethanischen Maskeraden nicht zugänglich war, räthselhaft bleiben, und ihm „scheint das Maskenspiel plötzlich ins Dasein zu treten".[1] Uns, die wir die bunte Menge der unter Heinrich VIII. und Elisabeth aufgeführten Mummereien und dramatisch angelegten Gelegenheitsgedichte überblicken, überrascht das Auftreten einer festen Form nicht mehr. Alle Elemente, aus welchen sie sich zusammensetzte, waren ja schon unzähligemal bei höfischen Festlichkeiten zur Verwendung gekommen, freilich nur ganz selten in einem und demselben Stücke. Sie harrten nur der unlöslichen Verbindung durch ein einigendes Moment; die Maskendichter des ausgehenden 16. und beginnenden 17. Jahrhunderts fanden dieses, wie erwähnt, in einer geschickt aufgebauten Handlung.

Die feste, in ihren Grundzügen geradezu typische Structur, welche die Masken spätestens seit den Spielen der *Gesta Grayorum* annahmen, bildete sich auf dem natürlichsten Wege der Welt heraus.

Was uns an dem Maskenspiel anzieht, sind die dramatischen und lyrischen Bestandtheile derselben. Die maskenfrohe Gesellschaft am Hofe Elisabeths und Jakobs I. urtheilte naturgemäß anders. Ihr galt dies alles nur als Beiwerk; den Kern der kleinen Dramen bildete für sie das Auftreten der Maskierten und die sich anschließenden Tänze. So rückte das Erscheinen der Maskentänzer von selbst in den Mittelpunkt der Aufführung. Um diesen Auftritt dem durch das große Drama anspruchsvoll gewordenen höfischen Publicum zu motivieren, mussten erklärende Reden vorausgeschickt werden. Nach dem Muster der vielen Maskenzüge, welche neben den erklärenden Reden zu demselben Zweck Gesang verwendeten, ließ auch die neue Form den Gesang schon in diesem ersten, dramatischen Theil zu.

[1] Soergel, p. 24.

Als die auszuführenden Tänze immer künstlicher wurden, und ihr Programm sich auch zeitlich ausdehnte, stellte sich die Nothwendigkeit ein, Erholungspausen der Tänzer vorzusehen; sie wurden dann ganz angemessen durch Gesänge, mitunter auch durch kurze Reden ausgefüllt.

Das Maskenspiel in seiner ausgebildeten Gestalt zerfällt in zwei durch das Erscheinen der Maskierten oder ihr Antreten zum Tanz deutlich abgegrenzte Theile: der erste, von costümierten, jedoch nicht maskierten Personen aufgeführt, ist im wesentlichen dramatisch, der zweite, lyrisch-musikalische, gehört ganz oder zum größten Theil den maskentragenden Hauptpersonen des Stückes. Als Muster für die erste Hälfte der Maskenspiele können wir also jene namentlich auf Elisabeths Bereisungen des Landes von costümierten Personen gesprochenen Begrüßungs- und Abschiedsreden in Anspruch nehmen, deren wir im Verlauf dieser Untersuchungen eine Menge anzuführen hatten. Für den zweiten, den Tänzen der Maskierten eingeräumten Theil sind die Maskenbälle und Maskenzüge Vorbilder, welche uns seit Edward III. immer wieder begegneten. Von besonderer Wichtigkeit wurde die Form mit Tänzen zuerst der Maskierten untereinander, dann derselben Personen mit den Zuschauern.

Nun fehlt es allerdings unter den zuletzt erwähnten älteren Maskenzügen nicht an solchen, welche durch erklärende Reden eingeleitet sind. Sie wurden entweder maskierten Personen aus dem Zuge selbst übertragen oder von außerhalb des Zuges stehenden, nicht maskierten Figuren gehalten. Nur der letzteren Abart könnten wir einen Einfluss auf die Entstehung des regelmäßigen Maskenspiels zugestehen, da die verlarvten Tänzer im 17. Jahrhundert immer stumme Personen sind.

Überblicken wir jedoch jene Maskeraden vor den *Gesta Grayorum,* welche die am eigentlichen Zuge, am Tanz oder Tournier nicht betheiligten Personen einleiten, so fällt neben ihrer relativen Seltenheit[1]) auch ihre Dürftigkeit auf. Bei Lydgate[2]) werden entweder erklärende Programme zu den Aufzügen überreicht und verlesen oder (wie in Stück I

---

[1]) Vgl. p. 82.
[2]) Vgl. p. 14 ff.

und II) den Maskierten Erklärer beigegeben, beziehungsweise vorausgeschickt. Unter Heinrich VIII. führt einmal Pallas die Ritter zum Tournier in die Schranken und stellt sie dem König als ihre Schüler vor;[1]) ein andermal erklärt ein costümierter Edelmann die Bedeutung eines noch verhüllten Gartens.[2]) Gascoigne verfasste eine hübsche einleitende Rede zum Maskenzug der Venetianer.[3]) Wenn es hoch kam, leitete man ein Tournier durch eine Nachahmung der italienischen Form des „*contrasto*" ein, als welche der Streit zwischen Liebe und Reichthum[4]) leicht zu erkennen ist. Etwas näher kommen dem vollentwickelten Maskenspiel die von Reden der *Pallas, Friendship, Discretion* u. s. w. nothdürftig vorbereiteten Tänze der dreitheiligen, zur Begegnung Elisabeths mit Maria Stuart geplanten Maskerade.[5])

Stellen wir neben diese unentwickelten Einleitungen die zahllosen abwechslungs- und stoffreichen Monologe und vor allem die Dialoge, mit welchen costümierte Redner die Königin auf dem Land unterhielten, und die sich zu den eben angeführten Maskenzügen und Tournieren stellen wie die besten Maskenspiele Jonsons zu den kindisch tastenden Versuchen Daniels; erinnern wir uns ferner, dass gerade in der Loslösung der ländlichen Maskeraden von dem äußerlichen, zum guten Theil sich selbst erklärenden Prunk der höfischen Decorationen ein Grund zu ihrer Ausbildung auf das Charakteristische und Motivierte hin zu erblicken war, so werden wir für den dramatischen Theil des regelmäßigen Maskenspieles wohl in erster Linie an die hauptsächlich durch Reisen Elisabeths zur Ausbildung gelangten Gelegenheitsdichtungen anknüpfen dürfen.

Die einfachste Form des Maskenspieles erfuhr nicht lange nach ihrer Consolidierung eine Erweiterung und Ausgestaltung durch Aufnahme komischer Scenen und grotesker Tänze oder durch Auftritte und Tänze scharf gezeichneter Charaktere, welche im Gegensatz zu den Idealgestalten der eigentlichen, im Haupttheil der Spiele erscheinenden Maskierten realistisch treu dargestellt wurden und auch

*Die Antimasque.*

---

[1]) Vgl. p. 77. — [2]) Vgl. p. 77. — [3]) Vgl. p. 82. — [4]) Vgl. p. 86. — [5]) Vgl. p. 24.

das Hässliche nicht ausschlossen. Für diese neuen Elemente hat sich bald die Bezeichnung *Antimasque* herausgebildet.[1]

Ursprünglich gieng dieser Name nur auf die Tänze komischer Figuren, dann aber erstreckte sich die Bezeichnung auch auf die als Einleitung solcher Tänze angebrachten komischen Auftritte,[2] ganz wie das Wort *masque* von dem Aufzug und Tanz der Maskierten auf das ganze dramatische Stück übertragen wurde.[3] So versteht Jonson in *Mercury Vindicated* unter *antimasque* nur den Tanz der unvollkommenen Geschöpfe und in *The Golden Age Restored* lesen wir: „*the Evils enter for the Antimasque and dance*". Aber Jonsons *Pleasure Reconciled to Virtue* belegt zwar zunächst den Tanz der Flaschen und Fässer mit dem Namen *Antimasque*, dann aber, als Hercules den Comus und sein Gefolge verscheucht, heißt es: „*At this the Grove and Antimasque vanished*". In desselben Dichters *Chloridia* steht die Überschrift „*The Antimasque*" vor der einleitenden Rede zu den acht Auftritten der Grotesk-Tänzer und die *Masque of Flowers* kennt eine „*Anticke-Maske of Song*" und eine „*Anticke-Maske of Dance*".

Das neue Wort erscheint in dreierlei Formen. *Antemasque*, vom Altmeister Jonson niemals verwendet, begegnet bei Chapman (*Masque of the Middle Temple and Lincoln's Inn*), bei Robert White (*Cupid's Banishment*) und in der anonymen *Masque of the Twelve Months*. So schreibt das Wort auch Sir John Astley in seinem Tagebuch.[4] Samuel Daniel, der unglücklichste aller Maskendichter, nennt den weder komischen noch charakteristischen Auftritt des Zephyrus und der Naiaden in *Thetys' Festival* „*ante-maske, or first shew*", weil er dem Erscheinen der eigentlichen

---

[1] Eine ganz falsche Definition des Begriffes steht im New English Dictionary: „*A grotesque interlude between the acts* (!) *of a masque to which it served as a foil, and of which it was at first often a burlesque.*" Diese Erklärung scheint aus einer Stelle in Jonsons *Masque of Queens* (ed. Gifford, VII 117) und einer andern in Brownings *The Ring and the Book* (X 1903) zusammengeschweißt zu sein.

[2] Ganz selten (z. B. in Jonsons *Love Restored*) folgt auf eine lustspielartige Scene, welche als Antimaske gelten muss, kein Grotesktanz, sondern gleich die Hauptmaske.

[3] Das Maskenspiel in den *Gesta Grayorum* z. B. gibt sich noch als „*a mask, and some speeches that were as introductions to it*".

[4] Nichols, *Progr. James* IV 785.

Maskierten vorangeht[1]) und diese ankündigt. Damit hat Daniel die Form *antemasque* genügend gekennzeichnet: sie ist nichts anderes als eine recht unverständige Umdeutung der zweiten und verbreitetsten Schreibung *antimasque*, welche freilich selbst nicht die historisch richtige ist.

Doch hat sie die Autorität Jonsons für sich, der sie einmal erklärt als „*a foil, or false masque ... not a masque, but a spectacle of strangeness*".[2]) Hiemit stellt also der Dichter die *Antimasque* deutlich als Gegenspiel der Hauptmaske hin.

Diese Schreibung wurde dann allgemein recipiert, und da sie dem Charakter der durch sie bezeichneten, von den ernsten Auftritten scharf sich abhebenden Scenen vollkommen entspricht, könnten wir es bei ihr bewenden lassen, wenn nicht eine dritte Gestalt des Wortes, nämlich *antic-masque* vereinzelt zu belegen wäre, welche allen Anspruch hat, als die historisch richtige zu gelten. Jonson verwendet sie in der *Masque of Augurs* neben der ihm geläufigeren *antimasque*.[3]) „*Anticke-Masques of Song and of Dance*" beleben die *Masque of Flowers*, und in einer Handschrift des British Museum[4]) ist die Musik zur *Gray's Inn Antic Masque* erhalten. Weit häufiger als das Compositum wird aber das einfache *antick* als Substantivum oder Adjectivum[5]) dicht neben dem geläufigen Ausdruck *antimasque*

---

[1]) Dies ist allerdings der gewöhnliche Platz der Antimaske; vgl. Shirley, *The Traitor*, III 2 (ed. Dyce, vol. II 136):

„*Lor. Methinks they*
    *Should have been first, for th' antimasque.*
*Sci. Oh no!*
    *In hell they do not stand upon the method,*
    *As we at court; the grand masque and the glory*
    *Begin the revels.*"

[2]) *Masque of Queens*, ed. Gifford, VII 117.

[3]) Ed. Gifford VII 434, 438. Gegen Gifford ist zu erinnern, dass Jonson diese Maske offenbar selbst für den Druck von 1622 (4°) vorbereitete; das beweisen schon die zahlreichen gelehrten Anmerkungen, welche natürlich nur für die Buchausgabe bestimmt sein konnten.

[4]) Ms. Add. 10.444.

[5]) Das Wort gehört in dieser Bedeutung eigentlich dem Sprachschatz der bildenden Künste an und wurde nach dem *New Engl. Dict.* zuerst auf gewisse groteske Bildwerke angewendet, welche man bei Ausgrabungen in Rom, z. B. in den Bädern des Titus, fand. Die ältesten Belege der übertragenen Bedeutung bei Foxe (1529) und Ascham (1544; *Toxophilus*, ed. Arber, pp. 47, 147).

gebraucht. In Brownes *Inner Temple Masque* stürmt die *Antimasque* herein, und ihr Personal tanzt „*an antike measure*".[1]) Chapmans Maske preist den Tanz der *Antemaske* als „*anticke and delightful*". Jonsons Hochzeitsmaske für Lord Hadington kennt das Compositum noch nicht, aber die Knaben, welche die komischen Tänze aufführten, sind „*most antickly attired*", haben „*antick faces*" und werden für ihre Leistungen belohnt durch den Zuruf Cupidos: „*Well done, Anticks!*" In der *Masque of Oberon* erscheinen Satyre „*making antick actions and gestures*", ihr Tanz wird als *antick dance* bezeichnet. Endlich wird *antick* geradezu für den Tanz komischer Figuren, also für *antimasque* gebraucht in der sogenannten *Masque of the Four Seasons*: „*Then enters Gamboles, dancing a single Anticke ... After him Autumne brings in his Anticke of drunkards.*"[2]) Auch außerhalb der Masken ist das Wort und seine Ableitungen häufig in der Bedeutung „phantastisch, grotesk" (als subst.: Grotesktanz) zu belegen. „*Antique boyes*" tanzen schon vor Edward VI.;[3]) „*an Antick Play*" wird 1584 bei Hofe aufgeführt;[4]) auch die Volksbühne kennt „*anticks*" als groteske Figuren;[5]) improvisierte „*antick-dances*" zur Unterhaltung König Jakobs erwähnt Weldon.[6]) In *Love's Labour's Lost* (V, 1:119, 154) schlägt Armado einen „*antique*" vor. Die Musiker der Königin Anna führen vor ihr „*a kind of Masque or Antick*" auf.[7]) Chamberlain berichtet über die Tänze Cupidos und seiner Gefährten in der Maske Lord Hadingtons: „*(they) acted it very antiquely*",[8]) und Nash in seiner Vorrede zu Greenes Menaphon (1589) bildet gar ein Verbum „*to antick*".[9])

---

[1]) *Works*, ed. Hazlitt, II 251.
[2]) *Five Court Masques*; ed. by J. P. Collier. *Shakespeare Society*, 1848, p. 148. (Nach Ms. Egerton 2623, f. 20 ff.) Zwei spätere Beispiele aus Ford und Beaumont bei Soergel, p. 46.
[3]) *Loseley Manuscripts*, ed. Kempe 1836, p. 74.
[4]) Cunningham, *Extracts*, p. 189.
[5]) Peele, *The Old Wives' Tale*; u. vgl. Soergel, p. 46.
[6]) *Court of King James* bei Nichols, *Progr. James* II 88 n.
[7]) Chamberlain bei Nichols, *Progr. James* III 246.
[8]) Ebenda.
[9]) „*Lord Pembroke's men had anticked it up and down the country.*" Vgl. auch Shakespeare, *Antony and Cleopatra* II 7, 132.

Wir werden also nicht fehlgehen, wenn wir die seltenere Form *antic masque*, die „*masque of antics*", als die ursprüngliche und richtige ansetzen.[1]) Dass freilich aus dieser Gestalt des Wortes durch Verstümmelung und „der leichteren Aussprache zuliebe" *antimasque* gemacht wurde, können wir dem Herausgeber Jonsons, Peter Whalley, nicht zugeben. Es wird vielmehr eine in Anlehnung an die richtige Schreibung gewagte Neubildung vorliegen, durch welche der Auftritt der komischen Personen als etwas der ernsten Hauptmaske Entgegengesetztes gekennzeichnet werden sollte.

Auch Soergel hat erkannt, dass die Tänze der *anticks* in den Maskenspielen unter Jakob nicht die ältesten Beispiele für die Verwendung dieser Figuren sind. Aber er findet die Grotesktänzer vor dem 17. Jahrhundert nur außerhalb der höfischen Maskeraden und meint, dass sie, getragen von der Vorliebe des Königs für die niedrige Komik, erst am Hofe Jakobs neben den würdigen, aber langweiligen Gestalten des Olymps und der Ritterwelt sich zeigen durften.

Wir haben jedoch sichere Nachrichten, dass nach den gravitätischen Aufzügen und gemessenen Tänzen der vornehmen Maskierten auch die tollen Sprünge der bezahlten *anticks* längst in die Hoffestlichkeiten Eingang gefunden hatten.

So bietet das im ersten Abschnitt dieser Studie oft herangezogene Manuscript 264 der Bodleiana eine prächtige Darstellung eines Tanzes der Hofnarren in ihrem charakteristischen Costüm.[2]) Ferner wird in dem oft erwähnten *Booke of all manner of Orders concerning an Earle's house* auf Einschaltung eines *Morris* Rücksicht genommen. Dieser lebhaft bewegte, offenbar von Gauklern oder Schauspielern ausgeführte Tanz findet hier seinen Platz vor den gemeinsamen Tänzen der Herren und Damen. Ähnlich steht neben den Tänzen der Maskierten, welche aus einem künstlichen Garten vor die Königin Katharina traten, ein Auftritt der

---

[1]) Man hat bisher übersehen, dass schon Davies in seiner Ausgabe der Werke Th. Carews (1772) die richtige Erklärung des Wortes gab (vgl. *Poems of Carew*, ed. Hazlitt, pp. X und 206).

[2]) Wiedergegeben bei Strutt, *Sports and Pastimes*, p. 222.

costümierten Musikanten.¹) Minstrels in drolligen Verkleidungen nehmen auch an der Maskerade Sir Thomas Popes vor der Prinzessin Elisabeth theil: *"There were thar twelve Minstrels antickly disguised with forty-six or more Gentlemen and Ladies."*²) Die vor Edward VI. auftretenden *antique boys* wurden schon erwähnt.

Der Zusammenhang dieser von bezahlten Kräften ausgeführten Einlagen mit den späteren, den Schauspielern übertragenen Antimasken wird besonders deutlich, wenn noch im Jahre 1638 Nabbes in *„A Presentation for the Prince's Birthday"* statt der Antimaske einen Morristanz einschiebt³) oder wenn bei Davenant⁴) eine Truppe grotesker Musiker geradezu als Antimaske auftritt. Das regelmäßige Maskenspiel übernahm also die lustigen Personen als Erbschaft von jenen Hofmaskeraden des 16. Jahrhunderts, welche Musiker und Schauspieler zur Mitwirkung mit lebhaften Tänzen heranzogen.

Als das erste ausgebildete und mit einer Antimaske versehene Spiel galt seit Soergel⁵) Jonsons *Hue and Cry after Cupid* (1608). In der *Masque of Queens* verweist Jonson auf diese *„antimasque of boys"* und auf ähnliche Scenen bei andern Dichtern; seine Ausdrücke beweisen die Verwendung des Derbkomischen vor 1608.⁶) Das meiste in dieser Richtung Geleistete ist wohl unwiderruflich verloren, aber zwei der Werke, welche vor der Hochzeitsmaske Lord Hadingtons⁷) Antimasken verwenden, glaube ich zu erkennen in Campions Maske zur Vermählung Lord Hayes (1607) und in Jonsons *Hymenaei* (1606). In der ersten nimmt der Tanz der Bäume vor ihrer Verwandlung genau dieselbe

---

¹) Hall, fol. 10 b. *Henry VIII.* Vgl. ebd. fol. 66: *„VI minstrels disguised."*

²) Ms. Cotton Vitellius F. V. bei Nichols, *Progr. El.* I 16 ff.

³) *Works*, ed. Bullen, II 266.

⁴) *Britannia Triumphans.*

⁵) Pag. 47 f. Dort werden die unbegreiflichen Versehen Giffords (*Works of Ben Jonson* VII 251 und III 98), Nichols' (*Progr. James* III 83) und Wards (*Hist. Dram. Lit.* I 590) richtiggestellt, welche die erste Antimaske im Jahre 1613 bei Chapman finden!

⁶) *„I was careful to decline, not only from others, but mine own steps in that kind, since the last year I had an anti-masque of boys."*

⁷) Der Titel *Hue and Cry after Cupid* rührt erst von Gifford her.

Stelle ein wie der als Antimaske bezeichnete Auftritt der Flaschen und Fässer in Jonsons *Pleasure Reconciled to Virtue* oder wie der Tanz der später verwandelten Schatten in *Lovers Made Men*. Das zweite Stück, *Hymenaei*, enthält nach Jonsons eigener Angabe zwei Masken; eine ist den Herren zugetheilt, die andere den Damen.[1]) Wir haben also eine „*double masque*" im Sinne Bacons vor uns; die Scene der Herren verhält sich jedoch zu jener der Damen wie *Antimasque* zu *Main Masque*. Die von Herren dargestellten *Humours* und *Affections*, welche die heilige Handlung stören wollen, spielen nämlich genau dieselbe Rolle wie die *Evils* in desselben Dichters *Golden Age Restored*. Hier treten die Laster, gerufen von *Iron Age*, als Verschwörer gegen die neue, bessere Weltordnung auf und tanzen die Antimaske.

Wenn wir die erwähnten Scenen in den Stücken Campions und Jonsons als Antimasken gelten lassen, so erfährt gleichwohl das von Soergel angenommene Datum der Aufnahme komischer und charakteristischer Gestalten in das ausgebildete Maskenspiel nur eine geringe Verschiebung, und wir müssen uns bescheiden, zu sagen, dass etwa zu Anfang des 17. Jahrhunderts diese Gattung auf die geschilderte Art ihre Form erweiterte.

Das neue Element entwickelte sich ziemlich rasch, und namentlich in der Kunst, die komischen Auftritte mit den ernsten zu verbinden, ohne Nähte und Fugen sehen zu lassen, machten die Dichter des 17. Jahrhunderts bald die erfreulichsten Fortschritte.

Die einfache Nebeneinanderstellung seriöser und burlesker Tänze, jenes älteste Stadium, welches Soergel aus einigen in voll entwickelten Maskenspielen zu beobachtenden Rückfällen erschloss, ohne es belegen zu können, liegt zum Beispiel in der vom Fairfax-Manuscript geschilderten Maskerade vor. Ohne jede Einleitung springen die Morristänzer aus ihrem Berg oder Thurm hervor und beginnen sogleich ihren Tanz.[2]) Ihre Bewegungen sind im Gegensatz zu dem gemessenen Tanzschritt der eigentlichen Maskierten lebhaft und ausgelassen; ihr Costüm — Wams und Beinkleider, mit Schellen verziert und eng anliegend, dazu eine

---

[1]) „*Eight ladies ... made the second Masque.*" Ed. Gifford VII 60.
[2]) Collier, *Hist. Dram. Poetry* I 25.

kleine Kappe — wirkte, ohne weiter charakteristisch zu sein, offenbar durch den Contrast mit den weiten Prachtgewändern[1]) der *„Grand Masquers"*. Auf eine Motivierung dieser lustigen Tänze brauchte man umsoweniger bedacht zu sein, als die Hauptmaskerade selbst noch auf der Stufe eines einfachen Maskenballes stand.

Es wirkt einigermaßen überraschend, dieses ganz unvermittelte Erscheinen der Grotesktänzer noch in Maskendichtungen des 17. Jahrhunderts zu beobachten, und kein Zufall ist es, wenn dieser Mangel einigen jener Spiele anhaftet, welche mit einer Antimaske nicht mehr ihr Auskommen glaubten finden zu können. Seit dem Jahre 1613 etwa gieng das Bestreben der Dichter dahin, die höfischen Festspiele durch Einführung mindestens zweier Antimasken möglichst bunt und abwechslungsreich zu gestalten, und bei dem hastigen Schaffen auf Bestellung konnte es nicht ausbleiben, dass man auf Motivierung der lustspielartigen Auftritte oft nicht allzuviel Sorgfalt verwendete.

Auch Jonson hat sich einmal die Mühe erspart, das Erscheinen der Antimasken vorzubereiten. Freilich leistet die Maske, welche dieser Schönheitsfehler entstellt, überhaupt auf alle Regelmäßigkeit Verzicht, und der Dichter scheint sich durch die Wahl der Phantasie zur Hauptperson des Spieles über alle Absichtlichkeit und Feinheiten der Compositionskunst von vornherein hinauszusetzen. So erscheint denn in *The Vision of Delight* die erste Antimaske nach einer ganz allgemein gehaltenen, kurzen Eingangsrede, die zweite folgt ohne ein einziges vermittelndes Wort auf eine aus Leberreimen bestehende Antrittsrede der Phantasie.

Was Jonson in übermüthiger Laune, vielleicht auch nicht ohne satirischen Seitenblick[2]) auf die beginnende

---

[1]) *„Garments long and brode"*, Hall. Vgl. oben pp. 65, 68.
[2]) Wenigstens laufen die folgenden Worte dem sonstigen Programm Jonsons und der hohen Meinung, die er an andern Stellen von dem Maskenspiel äußert, geradenwegs zuwider:

„Delight: *Let your shows be new, as strange,*
*Let them oft and sweetly vary;*
*Let them haste so to their change,*
*As the seërs may not tarry.*
*Too long t' expect the pleasing'st sight,*
*Doth take away from the delight."*

Verwilderung der Antimaske, einmal wagte, wurde später nur allzu eifrig nachgeahmt, und namentlich hat es Davenant bereits aufgegeben, nach einer passenden Verbindung zwischen Antimaske und Hauptmaske zu streben. Sein Spiel *The Prince d'Amour* beginnt gleich mit einer Antimaske von Charakterfiguren, auf welche mit plötzlichem Scenenwechsel die Gesänge der Marspriester folgen. Ebenso hat der Auftritt der Verliebten verschiedenster Nationalität und Veranlagung in der zweiten Antimaske seine eigene Scenerie und steht zur Ökonomie des Stückes in gar keiner Beziehung. Welch äußerliche Auffassung Davenant von dem Wesen der Antimaske hat, beweist er auch in *The Temple of Love*, wo nach einem gut motivierten Auftritt von Geistern ein von drei Indiern ausgeführter Tanz aufs höchste überrascht. Sie gehören, wie uns eine scenische Weisung aufklärt, zum Gefolge der Indamora; aber ihre Herrin tritt in dem Stück erst viel später auf. So versucht Davenant auch in den beschreibenden Prosastellen zu *Salmacida Spolia* die zwanzig sich drängenden Antimasken zu rechtfertigen: Genius und Concord sollen nach seiner Erklärung die Bühne verlassen, um das „geliebte Volk" Karls I. zu den Spielen und Unterhaltungen anzueifern, welche dann in der Antimaske vorgeführt werden. Aus dem Text des Spieles, wie er bei der Aufführung gesprochen wurde, könnte aber kein Mensch auf einen solchen Zusammenhang kommen, zumal wir unter den „Zeitverkürzungen des englischen Volkes" Scenen finden, wie die eines eifersüchtigen Holländers, seines Weibes und des italienischen Verehrers dieser Schönheit; oder eine Pantomime von zwei schlafenden Schweizern, mit denen ein dritter seine Possen treibt. Aus der lächerlichen Motivierung können wir also nur schließen, dass Davenant sich seiner Schuld und des Verbrechens gegen den gesunden Menschenverstand bewusst war und in der Buchausgabe der Maske etwas Zusammenhang in die Sache zu bringen suchte, freilich mit geringem Erfolg.

Kaum um eine Stufe höher stehen einige mit der Hauptmaske in ganz oberflächliche Verbindung gebrachte Scenen Chapmans und Campions. In des erstgenannten Dichters *Masque of the Middle Temple and Lincoln's Inn* tanzen die den Edlen aus Virginia beigesellten Fackelträger die zweite Antimaske. Die Schiffer, welche in Campions Festspiel zur Hochzeit Somersets den zweiten Grotesktanz übernehmen, werden wenigstens mit einem Chorgesang aufgefordert, die Ritter in ihre Barken zu bitten. Doch bleibt uns das Lied jede Erklärung ihres Kommens schuldig.

Auch die *Humours* und *Affections* in Jonsons *Masque of Hymen*, deren enge Verwandtschaft mit den *Antimaskers* wir schon erkannten, treten uneingeführt und ungeladen auf die Scene. Aber gerade durch den ideellen Gegensatz zwischen den Förderern des Eheglückes und den Störenfrieden werden diese in die Handlung und Anlage des Stückes einbezogen. Ihre gezückten Schwerter und drohenden Geberden sprechen deutlich genug, so dass die eigentliche Vorstellung dieser Personen bis nach ihren ersten Tänzen aufgeschoben werden darf.

Den wenigen Fällen des unvermittelten und unerklärten Erscheinens der Antimaske steht die große Überzahl der mehr oder weniger glücklich eingeleiteten komischen Maskenscenen gegenüber. Ganz wie in den alten Hofmaskeraden war der erste und nächstliegende Schritt in dieser Richtung die Aufstellung eines isolierten Redners, des *presenter*, welchem die Aufgabe zufiel, die Tänzer der Antimaske herbeizurufen und vorzustellen. Der erste in der langen Reihe dieser fröhlichen Herolde ist Cupido in Jonsons für Lord Hadington geschriebener Hochzeitsmaske. Auf seinen Ruf springen die *Joci* und *Risus* auf die Scene und beginnen einen lebhaft bewegten Fackeltanz.

Um den anlässlich der *Masque of Hymen* erwähnten Antagonismus[1] zwischen den Figuren der Antimaske und

---

[1] Dieser Gegensatz wurde von den Zuschauern bald als Kern der erweiterten Maskenform erkannt und hervorgehoben. Chamberlain schreibt unter dem 11. Februar 1608 von Jonsons Maske zu Ehren Hadingtons: „*Cupid with his companions... acted it very antiquely, before the Twelve Signs, who were the Master-Maskers, descended... and played their parts more gravely.*" (Nichols, *Progr. James* II 189.) In der Beschreibung des Aufzuges der Theilnehmer an Chapmans Maske heißt es: „*their (the antimasquers) state as ridiculous, as the rest was noble*" (*Stowe's Annals*, ed. Howes 1615, p. 916). Die Gegenbilder der grotesken Figuren nennt man *chief-*, *prime-*, *main-*, *grandmasquers*.

jenen der Hauptmaske besser herauszuarbeiten und zu verdeutlichen bediente man sich gleichfalls gern der einführenden Rede. So beschwört in Jonsons *The Golden Age Restored* die allegorische Gestalt des *Iron Age* die Laster herauf, als deren Gegenspiel in der Hauptmaske die Geister aus dem Elysium aufzufassen sind; so bereitet *Euphemus* in *Love's Triumph through Callipolis* auf die Maskerade der von unlauteren Gefühlen getriebenen Verliebten vor; ihre Gegenbilder sind die idealen Gestalten wahrer Liebender, als welche die *grand Masquers* charakterisiert werden. Die Rüpeltänze der Anhänger des Comus, durch seinen Mundschenk eingeführt, werden in *Pleasure Reconciled to Virtue* abgelöst von den würdevollen Auftritten der unter Entsagungen und Arbeit auf dem Gipfel des Atlas aufgewachsenen Edlen. White in *Cupid's Banishment* lässt durch Bacchus eine Antimaske prächtig gezeichneter Trinker vorführen, von welchen sich die enthaltsamen und verfeinerten Gestalten der Hauptmaske wirkungsvoll abheben.

In dem letztgenannten Werk findet die Rede des *presenter*, ohne an Selbständigkeit zu verlieren, ihren Platz in einer sorgfältig ausgearbeiteten dramatischen Scene. Der Erklärer wird herbeigerufen, und seine Aufgabe ist mit der Vorstellung der Antimaskers erledigt. Öfters machte man jedoch diese Figur zur Hauptperson einer lustspielartigen Einleitung und gab ihr Gelegenheit, die einführenden Worte innerhalb der „low induction"[1]) anzubringen. Das geschieht häufig erst zu Ende des kleinen Lustspiels und in aller Kürze. Jonsons *Mercury Vindicated*, zum Beispiel, beginnt mit einer Scene im Laboratorium Vulcans, der den flüchtigen Mercur durch alchemistische Künste fesseln will und zu diesem Zweck zuerst Adepten, dann eine Truppe unvollkommener Geschöpfe herbeiruft. Diese tanzen die Antimaske. In der *Masque of Augurs* gibt Vangoose, „the rare artist", den Personen der einleitenden lustigen Scene eine Probe seiner Geschicklichkeit, indem er eine Schar von Pilgern tanzen lässt. In ähnlicher Weise führt *Fancy* die zahlreichen Antimasken in Shirleys *Triumph of Peace*

---

[1]) Chapman, *Masque of the Middle Temple and Lincoln's Inn;* ed. Nichols, *Progr. James* II 579.

vor, und Mercur erklärt im Rahmen eines munteren Dialoges mit Momus die Tänze der Sternbilder in Carews *Coelum Britannicum*.

Nicht immer muss übrigens die Einleitung der komischen Tänze selbst komischen Charakters sein. William Brownes in strenger Maskenform gehaltene Dramatisierung der Sage von Odysseus und Circe ist bis auf den Gesang eines Waldmenschen ganz in angemessen ernstem Stil gehalten, und ein Zauberruf der Circe lockt beide Antimasken herbei. Durch Zauberkunst beschwören auch in Davenants *Temple of Love* vier Magier die Antimaske von Geistern herauf, und Merlin, der dämonische, finstere Nekromant, spricht das Stichwort für die burlesken Gestalten in desselben Dichters *Britannia Triumphans*.

Die überaus schmiegsame und verwendbare Person des Erklärers musste es den Dichtern bald nahe legen, ihre Dienste auch zu einer innigeren Verbindung der Antimaske und Hauptmaske zu beanspruchen, und einfach beide Auftritte, den grotesken und den seriösen, von diesem Factotum motivieren zu lassen. Auf diesem Punkte finden wir das Maskenspiel in Jonsons *News from the New World*. Der zweite Herold ruft, nachdem er mit seinem Collegen in einer lustigen Scene dem Drucker, dem Chronisten und dem Factor Wunderdinge von der Welt im Mond erzählt hat, zunächst die Antimaske von gefiederten Mondbewohnern herbei, dann die „*Grand Masquers*", Menschen von Fleisch und Blut. Ähnlich kündigt Johphiel in desselben Dichters *Fortunate Isles* zuerst die Antimaske, dann das Erscheinen der *Macarii* an. *Bewty* in der gespreizten und unpoetischen *Masque of the Twelve Months* citiert der Reihe nach die zwei Antimasken und die Hauptmaske herbei.

Ein weiterer Schritt besteht darin, dass in einer lustspielartigen Einleitung zwei *presenters* auf die Bühne gebracht werden, von denen der eine die Antimaske, der andere die Hauptmaske einzuführen bestimmt ist. Gewandte Dichter lassen sich die Gelegenheit nicht entgehen, in diesen beiden Personen gleich den Gegensatz zwischen *Antimasque* und *Main Masque* anzudeuten. So contrastiert Jonson in der köstlichen Einleitung zu *Neptune's Triumph* aufs glücklichste den feisten, „denkenden" Koch, der seine „Kunst" der Poesie gleichstellt,[1]) mit dem dürftigen und doch seine Ideale muthig vertretenden Dichter. Als dieser in einer von ihm erfundenen und durch einen Prolog eingeleiteten Aufführung der Antimaske als einer unkünstlerischen Spielerei keinen Platz einräumen will, sorgt der Koch, um den *„brother poet"* nicht dem allgemeinen Gespött preiszugeben, gönnerhaft für den fehlenden Grotesktanz. Ebenso scharf herausgearbeitet ist der Gegensatz zwischen dem alten Schäfer, der in *Pan's Anniversary* die Hauptmaske von Arkadiern einleitet, und dem Windbeutel von einem Fechter mit seinen Böotiern. In Cockains Maske theilen sich der Lar familiaris und ein Satyr in die Aufgabe des Erklärers. Recht hübsch werden *Antimasque* und *Main Masque* auseinandergehalten in der anmuthigen *Masque of Flowers*. Die Sonne befiehlt in einem von *Gallus* überbrachten Edict, dass *Invierno* für den komischen Theil der Unterhaltungen bei der bevorstehenden Hochzeit sorge, *Primavera* für den ernsten.

Weniger ausgeprägt ist der Abstand zwischen Iris und Mercur in der ersten Scene von Beaumonts Maske, und daher kann auch Mercur eine Antimaske und überdies die Hauptmaske auf die Scene bringen, während die Botin Junos die zweite Antimaske herbeiführt. Ganz ähnlich hat Jonson in *Time Vindicated* die Rollen unter die *presenters* vertheilt: *Chronomastix* beruft zum Beweis seiner hervorragenden Bedeutung eine Antimaske seiner Bewunderer; *Fame* befriedigt das Drängen der Neugierigen durch die zweite Antimaske von Gauklern und lenkt dann zur Vorstellung der Hauptmaskierten hinüber.

In den bisher erwähnten Maskenspielen sind die Grotesktänzer stumme Personen und überlassen das Wort einem Führer, der an ihren Sprüngen nicht theilnimmt. Dieser Gruppe von Antimasken steht eine andere gegenüber, in welcher die Tänzer zuerst als handelnde und sprechende Personen mit einer einleitenden Scene auftreten und ihr Erscheinen selbst erklären. Dass dieser exponierende Auftritt gewöhnlich lustspielartiges Gepräge annimmt, ist schon

---

[1]) Ein geläufiger Scherz bei den attischen Lustspieldichtern: vgl. Athenaeus, *Deipnosophistae*, ed. Meineke. Lipsiae 1858—1859. I 7 (οὐδὲν ὁ μάγειρος τοῦ ποιητοῦ διαφέρει); VII 87; IX 20—24 etc.

durch den Charakter seines Personals bedingt; soll sich doch dieses gleich darauf in lebhaft bewegten, burlesken Tänzen zeigen.

Indes hat gerade in der ältesten Maske dieser Form Jonson, offenbar in dem Bestreben, das Niveau der Antimaske zu heben, Figuren eingeführt, welche, wie die komischen Masken im Gegensatz zu dem ernsten Wesen der *Grand Masquers* stehen, von diesen stets als ideal schön und gut geschilderten Gestalten als Vertreter der Hässlichkeit und Schlechtigkeit sich abheben. Wir denken an die eröffnende Hexenscene in *The Masque of Queens*. Bei der Ähnlichkeit der ästhetischen Wirkung des Hässlichen und des Komischen konnte Jonson die Ersetzung der burlesken Auftritte durch charakteristische mit Erfolg wagen.

Auch die nächste Antimaske, in welcher Jonson Rede und Tanz denselben Personen zuweist (hier kommt noch Gesang dazu), bewegt sich noch auf den Grenzlinien zwischen Charakteristik und Komik: die ungezügelten Satyre in der *Masque of Oberon* sind nicht rein komische Gestalten — Beweis: die geplanten gefährlichen Experimente mit den schlafenden Waldgöttern, — sondern ihre Roheit dient als Folie für die edlen Ritter Oberons. Eine ziemlich billige komische Wirkung hat dagegen Jonson in den zwei Antimasken von Irländern und Walisern angestrebt, wo das schlechte Englisch dieser Nationen so ziemlich allein für die Unterhaltung aufkommen muss, bis die Tänze und Gesänge der unautorisierten Vertreter ihres Volkes etwas Abwechslung in die Sache bringen. In *Pleasure Reconciled to Virtue* stellen die Pygmäen, als sie dem schlafenden Hercules die Keule rauben wollen, eine ganz selbständige, episodenhafte Antimaske dar. Diesem Auftritt vergleicht sich die Episodenscene der Handwerker in Shirleys *Triumph of Peace:* die braven Leute haben an den Vorbereitungen zur Maske wacker gearbeitet und möchten nun etwas von der Aufführung sehen. Um nicht als Eindringlinge bestraft zu werden, beginnen sie einen als Antimaske gemeinten lustigen Tanz. Den ersten Grotesktanz in derselben Maske führen die Unterredner der einleitenden Scene auf, welche die späteren Antimasken als Publicum mit ihren Bemerkungen begleiten.

Auf zwei Wegen ließ sich mit Antimasken eine Wirkung erreichen. Einmal durch ihre Pracht, Buntheit und Fülle: ein höchst äußerliches Bestreben, das schließlich den Verfall der Maskendichtung herbeiführte. Der gebildete und überlegende Dichter suchte dagegen seine Kunst und Erfindungsgabe in ganz anderer Richtung zu bethätigen: in der ungezwungenen und innigen Verbindung der beiden Theile des Maskenspiels.[1]) Einen zur Erreichung dieses Zieles gern angewendeten Kunstgriff hatten wir bereits zu erwähnen: die Verbindung zwischen *Antimasque* und *Grand Masque* durch die Person des Erklärers. Bei andern Stücken wird eine ähnliche Personalunion in der Weise durchgeführt, dass eine Figur den ernsten und den heitern Scenen des Spieles gemeinsam angehört. Auf diese Art stellt bei Chapman die Person des Plutus die Fühlung zwischen den beiden Theilen her. Eine ganz ähnliche Rolle spielt Cupido in Jonsons *Love Freed from Ignorance and Folly*. Die Antimaske schließt mit seiner Befreiung aus den Krallen der Sphinx, und die Hauptmaske beginnt mit der Krönung des siegreichen Liebesgottes. In recht innigen Zusammenhang hat ferner Campion in der sogenannten *Lords' Masque* die beiden Abschnitte des Spieles gebracht durch die Person des die poetische Begeisterung darstellenden Entheus. Ein unfreiwilliger Theilnehmer an den wilden Tänzen der wahnsinnigen Antimaskers, füllt er im zweiten Theil neben Prometheus und Orpheus die Rolle eines *presenter* aus.

Die innigste Verquickung der beiden Bestandtheile eines vollwertigen Maskenspieles ergibt sich jedoch in den wenigen, auf dem Motiv der Verwandlung oder Entzauberung beruhenden Stücken, wo *Antimasquers* und *Grand Masquers* dieselben Personen sind. Jonson lässt in *Lovers Made Men* die durch die Liebe um ihren Verstand gekommenen Schatten die Grotesktänze aufführen. Durch einen Trunk aus dem Lethe geheilt, erscheinen sie wieder als die stattlichen Tänzer der Hauptmaske. In Campions Spiel zur Hochzeit des Lord Hayes folgt auf den drolligen

---

[1]) Jonson charakterisiert die Antimaske in der *Masque of Queens* als „*a spectacle of strangeness ... not unaptly sorting with the current, and whole fall of the device.*" Ed. Gifford VII 118.

Tanz der Bäume deren Verwandlung in prächtig gekleidete und maskierte Jünglinge.

Neben diesen doch nur äußerlichen Verbindungen zwischen den Haupttheilen eines vollwertigen Maskenspiels müssen wir auch einen durch das Gesetz des Contrastes erreichten logischen Zusammenhang höherer, wenn auch nicht so sinnfälliger Art gelten lassen. Die Poetik des Maskenspieles hält bisweilen einen inneren, ideellen Gegensatz für ausreichend, um die zwei Gruppen von Tänzern und Sprechern zu einem Stück zusammenzufassen. Fälle, wo dieser bestehende Antagonismus im Text des Spieles durch die *presenters* nachdrücklich betont wird, waren bereits namhaft zu machen. Auch auf das unvermittelte Erscheinen der *Humours* und *Affections* in der *Masque of Hymen* wurde schon hingewiesen. Ebenso plötzlich wie diese allegorischen Figuren hier den feierlichen Hochzeitszug unterbrechen, verscheucht Apollo durch seine glänzende Erscheinung die Antimaske der irrenden Pilger in der *Masque of Augurs*. Die einzige Gedankenverbindung, welche unter den Auftritten dieses Stückes bestehen kann, ist der Gegensatz zwischen jenen vergeblich den rechten Weg suchenden Pilgern und der ihrer Sache sichern, auf die Lehren Apollos bauenden Priesterschaft der Auguren. Als Gegenspiel der unvollkommenen Geschöpfe des Vulcan erscheinen in Jonsons *Mercury Vindicated* die zwölf schönen und vollkommenen Söhne der Natur, nachdem Mercur ganz im Vorübergehen mit zwei Worten bemerkt hat, dass die Geschöpfe Vulcans ein Hohn auf die Natur und die Sonne seien.[1] Bei aufmerksamem Lesen wird man sich also der Entsprechung zwischen *Antimasquers* und *Prime Masquers* allerdings bewusst; bei der Aufführung aber giengen die paar nicht allzu deutlichen Worte Mercurs sicherlich verloren, so dass der Auftritt der Idealgestalten unvermittelt und verblüffend wirken musste. Dasselbe gilt in noch höherem Maße von dem erwähnten Einzug der Auguren.

Es lässt sich nicht verhehlen, dass dergleichen nicht hinreichend erklärte oder nur zu errathende Gegensätze, mögen sie in den Charakteren der beiden Tänzergruppen

---

[1] „*Against the excellence of the sun and nature*" (Gifford VII 255).

noch so tief begründet sein, den späteren ganz willkürlich und nur mit Rücksicht auf das Überraschende und Bunte zusammengewürfelten Scenen in der Art Davenants Thür und Thor öffneten. Bei Jonson finden wir eben in der vollausgereiften goldenen Saat auch schon die Keime des Unkrauts, welches so bald nach des Altmeisters Verstummen das ganze Feld der Maskendichtung überwuchern sollte.

Jonsons Stellung zur Antimaske ist überhaupt ganz eigenthümlicher Natur. Während er für das Maskenspiel als Ganzes entschieden bahnbrechend wirkte und kein Dichter sich seinem Einfluss entziehen konnte, rührt keine der im 17. Jahrhundert eingeführten, das Wesen der Antimaske berührenden Neuerungen von ihm her, ja es ist deutlich zu bemerken, wie er sich gegen die Rüpelscenen ablehnend verhielt und nur ungern die Mode mitmachte. Nicht ohne Absicht hebt er vielleicht schon in der *Masque of Queens* hervor, dass seine erste, ein Jahr vorher zu Hadingtons Hochzeitsfeier geschriebene Gegenmaske Vorgänger hatte und beruft sich gleichsam zur Entschuldigung der wiederholten Verwendung eines Grotesktanzes auf den ausdrücklichen Wunsch der Königin.[1]) Als man dann über das einfache Schema der mit einem einzigen komischen Auftritt versehenen Maske hinausgieng und die zweite Antimaske einführte, beeilte sich Jonson keineswegs, dem Beispiel Beaumonts, Chapmans, Brownes, Campions und des unbekannten Verfassers der *Masque of the XII Months* zu folgen, und erst 1615 schließt er sich der herrschenden Strömung mit *Mercury Vindicated* an. Die Maskendichtungen der zwei folgenden Jahre *(Golden Age Restored* und *Lovers Made Men)* baut Jonson wieder nach dem alten Schema, und erst seit 1618 hat er sich mit den doppelten Antimasken einigermaßen befreundet; aber noch zweimal (in *News from the New World* und in *The Fortunate Isles)* kehrt er zu der strengeren, durch einen einzigen komischen Auftritt belebten Maskenform zurück, mit welcher er vielleicht nicht in den Augen des in seiner Schaulust unersättlichen Hofes, jedenfalls aber vor dem Auge der Kritik seine höchsten Triumphe feierte.

[1]) „*Her majesty (best knowing that a principal part of life, in these spectacles, lay in their variety) had commanded me*" u. s. w. Ed. Gifford VII 117.

**Panto-mimische Antimasken.**

Als der wackere Ben es über sich gewann, das schöne Gefüge seiner Meistermasken durch Aufnahme einer zweiten burlesken Scene zu lockern, hatte die Antimaske schon wieder einen „Fortschritt" gemacht. Seit den zur Hochzeit der Prinzessin Elisabeth (1613) aufgeführten Masken war es üblich geworden, in derselben Antimaske verschiedene komische Charaktere auftreten zu lassen. Während früher die Theilnehmer jedes einzelnen Groteskauftrittes gleich gekleidet waren und sich nur als Ensemble vorstellten, werden jetzt die einzelnen Tänzer charakterisiert und erhalten sogar pantomimische Episodenrollen.

Beaumont stellt sein Programm in der Vorrede der *Masque of the Inner Temple and Gray's Inn* mit folgenden Worten auf: „... *Mercury ... brings forth an anti-masque all of spirits or divine natures; but yet not of one kind or livery (because that had been so much in use heretofore); but as it were, in consort, like to broken music.*"[1] In Befolgung dieser Theorie bringt der Dichter in der ersten Nebenmaske Najaden, Hyaden, Liebesgötter und Statuen auf die Bühne; noch bunter fiel die zweite Antimaske aus, in welcher folgende Personen tanzen: ein Pedant; Maikönig und Maikönigin;[2] Bedienter und Stubenmädchen; ein Bauernbursch und ein Landmädchen; Wirt und Wirtin; Pavian und sein Weibchen; Narr und Närrin.

Schon der erste Auftritt zielt auf das Pantomimische und Charakteristische hin, indem die Liebesgötter als blind, die Statuen als nur halb belebt geschildert werden und die Tänze hiedurch ein besonderes Gepräge erhielten. Noch mehr muss dies in der zweiten Antimaske der Fall gewesen sein, denn Beaumont drückt seine Zufriedenheit mit den Darstellern in folgenden Worten aus: „... *the dancers, or rather actors,*[3] *expressed every one their part so naturally*

---

[1] Ed. Nichols, *Progr. James* II 593.

[2] Diese Figur und der Pedant stammen wohl aus Sidneys kleinem Drama *The Lady of May*.

[3] Die letzten drei Worte sind aber nicht mit Soergel so zu fassen, als ob Beaumont die Darsteller deshalb als „actors" bezeichnete, weil sie eine Pantomime aufführten. Vielmehr will er zunächst nur hervorheben, dass gemietete Schauspieler die Tänze besorgten und erst der weitere Zusammenhang seiner Worte beweist

*and aptly, as when a man's eye was caught with the one, and then past on to the other, he could not satisfy himself which did best."* Die sechs Paare scheinen also unter Anführung des Pedanten eine einfache Handlung pantomimisch dargestellt zu haben.[1])

Indes ist es nicht so sicher, wie Soergel meint, dass Beaumont der Erfinder dieser neuen Art von Antimaske war. Unter den zur Hochzeit des Pfalzgrafen mit der Prinzessin Elisabeth dargestellten Spielen enthält nämlich Campions *The Lords' Maske* einen charakteristischen Auftritt von Wahnsinnigen: *„six men and six women, all presented in sundry habits and humours."* Dem einen hat die Liebe den Verstand geraubt; ein Melancholiker leidet an Verfolgungswahn; ein Gelehrter verlor seinen Verstand über den Büchern, ein Wucherer über seinem Golde. Diese Scene entstand nun gleichzeitig mit Beaumonts Maske,[2]) und es ist nicht zu entscheiden, ob einer der Dichter von dem andern in dieser Richtung beeinflusst wurde. Im selben Jahre griff Campion noch einmal zu dieser Form in der sogenannten *Squires' Masque* zur Hochzeit des Grafen Somerset, wo in der pantomimisch ausgedrückten Freude der Zauberer *(Error, Rumour, Curiosity, Credulity)* über das

---

die mimische Anlage dieser Antimaske. — Harold Littledale macht in seiner Ausgabe der *Two Noble Kinsmen* (New Shakspere Society, Ser. II 8, p. 145; Ser. II 15, p. 53\*) aufmerksam, dass Fletcher diese Antimaske auf die Volksbühne verpflanzte. Wahrscheinlich tanzten in den *Two Noble Kinsmen* einige der Schauspieler diesen Grotesktanz, welche in Beaumonts Maske bei Hofe mitgewirkt hatten.

[1]) Die Stelle in Stowes *Annals* (ed. Howes 1615, p. 917), welche Soergel zum Beweis der veränderten Structur der Antimaske Beaumonts heranzieht, will nicht viel besagen, denn sie beruht ganz augenscheinlich auf der Beschreibung in der Quartausgabe der Maske (1613). Immerhin mag sie hier einen Platz finden, als beinahe gleichzeitiges Zeugnis, dass man die Absichten Beaumonts richtig verstand: *„... this nights entertainement consisted of 3 seuerall masks, viz. an Antimaske of a strange and different fashion from others, both in habit & manners, and very delectable: a rurall or countrey maske consisting of many persons, men & women, being all in sundry habits, being likewise as strange, variable and delightfull. The third, which they called the maine maske, was a maske of knights"* etc.

[2]) *The Lords' Masque* wurde aufgeführt am 14. Februar; Beaumonts Stück war für den 16. desselben Monats angesetzt und wurde auf den 20. verschoben.

von ihnen angestiftete Unheil auch jene von Beaumont erwähnte schauspielerische Bethätigung der *Antimasquers* zu erkennen ist. Zu den genannten allegorischen Gestalten stoßen später noch vier Winde, die vier Elemente und die vier Erdtheile.

Dem zweiten Auftritt Beaumonts recht ähnlich sind die Grotesktänze in der *Masque of Flowers;* auch sie werden von komischen Paaren ausgeführt: Pantalon und Curtisane; Wucherer und Hebamme; Quacksalber und Jüdin u. s. w. Eine ähnliche Buntheit zeichnet auch die Nebenmasken Brownes, Whites und Middletons aus.[1])

Jonsons Verhalten gegen diese Abart der Antimaske mit ihrer überwuchernden Fülle komischer und phantastischer Gestalten ist für den Mann höchst charakteristisch. Es kann gar kein Zweifel bestehen, dass er selbst in einer seiner ältesten Masken auf dieses Ziel hinlenkte: in der *Masque of Hymen* sind die im Range von *Antimasquers* stehenden *Humours and Affections* zwar gleich gekleidet, werden aber durch Symbole und Farben unterschieden.[2]) Auch führen sie zu Ende ihres Tanzes einen pantomimischen Angriff auf den Hochzeitszug aus.

Als aber andere (Campion und Beaumont) diese Anregung Jonsons weiter entwickelten, schien er mit dem Ergebnis nicht einverstanden zu sein, oder es machte ihm, der nicht mit Unrecht die Maskendichtung für seine eigenste Domäne[3]) ansah, keine Freude, die fertige Form nachzubilden. Vielleicht waren die zwölf Laster, welche *Iron Age* als *presenter* in *The Golden Age Restored* mit Namen nennt und genau auseinanderhält, auch in Costüm und Maske verschieden; vielleicht wurden die Liebenden in *Lovers Made Men* nicht alle in dasselbe Costüm gezwängt;[4]) einer von ihnen wird jedenfalls mit besonderer Sorgfalt ge-

---

[1]) Soergel zieht fälschlich auch die *Masque of the Twelve Months* hieher.

[2]) „*distinguished only by their several ensigns and colours.*" Gifford VII 55.

[3]) „*That next himself, only Fletcher* (Gedächtnisfehler Drummonds? Lies Beaumont?) *and Chapman could make a Mask.*" (*Ben Jonson's Conversations with William Drummond of Hawthornden.* London, *Shakespeare Society,* 1842. Pag. 4.)

[4]) Vgl. auch: „*their Antimasque in several gestures*".

schildert. Aber erst in *Pan's Anniversary* (1620) lenkt Jonson mit Entschiedenheit in die von andern längst breitgetretene Bahn ein:¹) aus der Schar der Böotier werden einige besonders nützliche Mitglieder der menschlichen Gesellschaft herausgehoben und liebevoll charakterisiert: der musikalische Kesselflicker, der Prophet, Zahnreißer, Gaukler, Hühneraugenschneider, der Mausefallenhändler²) u. s. w. In *Time Vindicated* lässt Jonson schon alles vorher an Buntheit und scharfer Zeichnung Geleistete weit hinter sich durch die meisterhafte Beschreibung der Bewunderer des Chronomastix: des Druckers, des Setzers, des Übersetzers, des verabschiedeten Richters und des poetisch veranlagten Maulhelden. Eine auserlesene Gesellschaft setzt auch der Koch in *Neptune's Triumph* dem Publicum als *olla podrida* vor: ein Schalksnarr, ein Zwerg, ein leichtfertiges Weibsbild, ein Renommist sind die Hauptbestandtheile des Gerichtes.

Nachdem Jonson einmal den Schritt zur pantomimischen Antimaske gethan hatte, konnte er nicht mehr wohl auf ältere Formen zurückgreifen. Einmal musste er dem wachsenden Geschmack am Possenhaften Rechnung tragen. Anderseits werden wir unserem *rare Ben Jonson* nicht Unrecht thun, wenn wir annehmen, dass er nach einigem Sträuben bald selbst an einer Form Gefallen finden musste, welche seinen auf scharfe, selbst outrierte Charakterzeichnung gerichteten Neigungen überaus willig entgegenkam. So zeigen denn auch seine letzten drei Spiele in den Antimasken ein fröhliches Durcheinander. Das Lumpengesindel in *The Fortunate Isles* beschränkt sich auf einen lustigen Tanz; die zwölf Liebenden „wie sie nicht sein sollen" in *Love's Triumph* dagegen bringen ihre unlautern Gefühle pantomimisch zum Ausdruck: *„they dance over a distracted comedy of love, expressing their confused affections, in the scenical persons and habits of the four prime European nations."*

In *Chloridia* hat die Antimaske eine Gestalt angenommen, welche in den letzten karolinischen Maskenspielen immer

<small>Antimasken aus mehreren Auftritten.</small>

---

¹) Nach Soergel, p. 53, hätte er das erst fünf Jahre nach dem Tode Jakobs in seinen letzten drei Maskenspielen gethan!

²) Die vier letztgenannten Personen stammen offenbar aus *Bartholomew Fair* (ed. Gifford IV 360, 362, 369, 415).

wiederkehrt. Die Nebenmaske besteht hier nicht mehr aus Einleitung und einem Auftritt burlesker Gestalten, sondern zerfällt nach der einführenden Rede in eine größere Zahl von einander unabhängiger Scenen und Tänze. Ein zwerghafter Bote der Hölle beginnt den Reigen und übernimmt zugleich die Rolle des Erklärers, so dass die acht späteren Auftritte sich auf die Tänze beschränken können. Mit solchen stellen sich nacheinander ein: Cupido und vier allegorische Gestalten; der Zwerg der Königin als Höllenfürst, begleitet von sechs höllischen Geistern; dann in fünf Scenen die Elemente: Sturm, Blitz, Donner, Regen und Schnee.

Etwas ganz Neues im Repertoire der Antimaske vermögen wir indes im Gegensatz zu Soergel in diesen raschen Scenenfolgen nicht zu erblicken. Das Auftreten der burlesken Gestalten nacheinander statt nebeneinander war ja längst beliebt in jenen Spielen, welche eine Beschreibung der Darsteller glaubten geben zu müssen. Auf diese Weise werden in Whites Maske die Trinker charakterisiert, wie sie einzeln auf die Scene kommen, und vielleicht erschien auch in Jonsons *Golden Age Restored* jedes der Laster gleichsam beim Namensaufruf. Noch näher kommt der in Jonsons *Chloridia* angewendeten Form die Maske Beaumonts, welche, wie erwähnt, zuerst den Grundsatz der Mannigfaltigkeit des Personals ausführlich begründete. Sie lässt die Darsteller der ersten Antimaske in folgenden Gruppen nacheinander antreten: Najaden, Hyaden, Liebesgötter, Statuen. Auch Campions Spiel zur Hochzeit des Grafen Somerset bringt die vier Gruppen der Antimaske getrennt auf die Bühne.

Aber während sich die hintereinander eintretenden Personen oder die einzelnen Truppen in den genannten Maskenspielen nach und nach zu einem gemeinsamen Tanz zusammenfinden, bleiben die Gestalten der Antimaske in *Chloridia* isoliert, ja nach dem dritten Auftritt ist ein voller Scenenwechsel vorgesehen.

Leider hat Jonson mit der Nebenmaske in *Chloridia* Schule gemacht. Die Form war zu leicht zu beherrschen und gab zuviel Gelegenheit, die schier krankhafte Schaulust des Hofes ohne viel Kopfzerbrechen zu befriedigen, als dass die Dichter, welche um diese Zeit neben dem Decorateur und Balletmeister ohnehin nur geduldet waren, nicht begierig nach ihr gegriffen hätten.

Bei Jonson ist noch ein ideeller Zusammenhang zwischen den acht Scenen zu erkennen: die Mächte der Hölle und die entfesselten Elemente treten auf als Feinde der Frühlingskönigin *Chloris*. Neben dem Altmeister hat nur noch Carew in *Coelum Britannicum* es zuwege gebracht, die sich drängenden und jagenden Gestalten der vielscenigen Antimaske im Rahmen einer vernünftigen und witzigen, von echt Lukianischem Geist erfüllten Fabel unterzubringen. Recht äußerlich und nothdürftig werden dagegen die zahllosen burlesken Auftritte in Shirleys *Triumph of Peace* durch die einzige Person des *presenter* verbunden. Die Wahl der Phantasie zu diesem Amt soll das gänzlich Unvermittelte und Sprunghafte der Auftritte offenbar entschuldigen und als beabsichtigt erscheinen lassen; aber die Zerfahrenheit des Ganzen macht darum keinen bessern Eindruck, wenn wir uns auch erinnern, dass Jonson in einer lose componierten Maske nicht ohne satirische Absicht dieselbe Hauptperson, *Fancy*, wählte.[1]

Am weitesten gediehen ist der Zerfall der Antimaske bei Davenant. Ein Epigone in jeder Beziehung, hat er auch die Tradition des Maskenspieles aufgegriffen, ohne die Form mehr bemeistern zu können, und so vollzieht sich unter seinen rauh zugreifenden Händen die Auflösung der kleinen Gattung, zu deren Vollendung ein Jonson hatte auftreten müssen.

Das eigentliche Leben der Maskenform pulsierte zur Zeit Davenants längst in der Antimaske, und wer diese verfallen ließ, schädigte die ganze Gattung. So förderte Davenant durch die in ihren Einzelheiten bereits charakterisierte Verzichtleistung auf alle Motivierung der Nebenmaske, durch den völligen Bruch mit der zur Glanzzeit der Maskenspiele erprobten und bewährten Form, den Zerfall so kräftig, dass sich die hübsche Gattung auch ohne die äußeren, dem gesammten Drama feindlichen Einflüsse sicherlich bald hätte auflösen müssen. Als Zersetzungs-

---

[1] Vgl. p. 146.

producte hätten sich wohl bei natürlichem Verlauf des Auflösungsprocesses einerseits aus der Antimaske selbständige Pantomimen, anderseits aus der Hauptmaske die alte Form des Maskenballes ergeben, aus welchem die glänzende Erscheinung des englischen Maskenspieles in langsamer Entwickelung sich herausgebildet hatte. So hätte der Kreis sich geschlossen.

Um nicht ungerecht zu sein, geben wir zu, dass Davenant mit seinen kaleidoskopartigen, blitzschnell wechselnden Antimasken nur einer schon längst eingeschlagenen, bergabgehenden Richtung folgte. Anfangs als natürliches Gegengewicht gegen die schönen Reden und feierlichen Tänze der Hauptmaske wohl angebracht, verführte die Nebenmaske durch den schier unbegrenzten Stoffkreis,[1] aus welchem der Dichter seine Auswahl treffen durfte, bald zu Griffen in die Welt des Phantastischen und Unsinnigen. War nun einmal die Schaulust des höfischen Publicums[2] auf diese Art gereizt, so gab es kein Halten mehr für den Dichter noch für die Zuschauer, und die meiste Aussicht auf Erfolg hatte, wer unverzagt die Grenzen aller Wahrscheinlichkeit und des guten Geschmackes überschritt und seine Vorgänger an tollen Einfällen und an der Menge[3] des Gebotenen übertraf. Wir können die stoffliche Entartung der Maskenspiele nicht besser verfolgen als an der Hand der Äußerungen Jonsons über diesen ihn sicherlich tief betrübenden Verfall. Seine letzten Masken sind reich an solchen literarischen Stellen.

*Jonson über die Antimaske.* Schon in *The Vision of Delight* hatte er sich übrigens mit gutmüthiger Ironie gegen die den Zuschauern vorgesetzte Überfülle von Schaustücken ausgesprochen.[4] In *News from the New World* kann er sich einen kleinen Seiten-

---

[1] Bacon, *Of Masques and Triumphs* (*Essayes* 1625, Nr. XXXVII): „*They have been commonly of fools, satyrs, baboons, wild-men, antics, beasts, sprites, witches, Ethiops, pigmies, turquets, nymphs, rustics, Cupids, statuas moving, and the like. As for angels, it is not comical enough to put them in anti-masques; and any thing that is hideous, as devils, giants, is on the other side as unfit.*"

[2] „*The concupiscence of dances and of antics*": Jonson, Vorrede zu *The Alchemist* (ed. Gifford IV 6).

[3] Schon Bacon warnt a. a. O.: „*Let antimasques not be long.*"

[4] Die Stelle wurde oben, p. 146, angeführt.

hieb auf die Zuhörer nicht versagen. Er zielt freilich scheinbar auf das neugierige Publicum, welches die zwei Herolde auf der Bühne gefunden haben, aber die eigentlichen Adressaten saßen im Zuschauerraum: *"Yes, faith,"* sagt der erste Herold, *'tis time to exercise their eyes, for their ears begin to be weary."*

Seinem Ärger über die unvernünftige Schaulust des lieben Publicums machte Jonson auch in *Time Vindicated* Luft. Die neugierigen Augen, Ohren und Nasen umringen *Fame* und verlangen ungestüm etwas Neues zu sehen, zu hören und zu wittern. *Fame* gibt ihrem Drängen endlich nach und — lässt sie durch eine Antimaske von Gauklern und Springern hinausjagen. Erleichtert athmet sie dann auf:

*"Why, now they are kindly used like such spectators,
That know not what they would have."*

Viel bitterer noch ist der Dichter in *The Masque of Augurs*. Der große Künstler Vangoose stellt seinen Zuschauern die Wahl eines seltsamen Schauspieles frei, das er vor ihnen erscheinen lassen will. Er schlägt ihnen die exotischesten Darbietungen vor, bis zuletzt der *Groom of the Revels* zweifelnd fragt: *"... but what has all this to do with our mask?"* Ganz unverzagt und munter erwidert Vangoose: *"O sir, all de better vor an antick-mask, de more absurd it be, and vrom de purpose, it be ever all de better. If it go from de nature of de ting, it is de more art: for dere is art, and dere is nature, you sall see."*[1]

Am deutlichsten aber und am derbsten hat Jonson seinen ästhetischen Widerwillen gegen die Antimaske dem ganzen Hof ins Gesicht gesagt in *Neptune's Triumph*. Der Dichter in diesem Stück — offenbar identificiert sich Jonson mit seiner Gestalt — erklärt, die Antimaske aus dem Programm der geplanten Festlichkeit ausschließen zu wollen:

*"... I assure you, neither do I think them
A worthy part of presentation,*

---

[1] Vgl. die Vorrede zu Jonsons *The Alchemist* (ed. Gifford IV 6): *"Now the concupiscence of dances and of antics so reigneth, as to run away from nature, and be afraid of her, is the only point of art that tickles the spectators."*

*Being things so heterogene to all device,
Mere by-works, and at best outlandish nothings."*

Das trägt ihm den herben Tadel[1]) des Kochs ein, der sich doch auf Hoffestlichkeiten versteht, und aus Mitleid mit dem „verblendeten" Dichter will der Brave selbst für eine Antimaske sorgen. Er bringt sie auch richtig auf die Scene — als „*olla potrida*". Erschreckt fragt der Dichter: „*What's that, rotten?*" Sein Partner aber versichert ihm:

„*O, that they must be...
They must be rotten boil'd; the broth's the best on't,
And that's the dance: the stage here is the charger.*"

Die Antimaske wird also in gar nicht misszuverstehenden Ausdrücken als ein Gericht hingestellt, das einem gesunden, unverdorbenen Gaumen nur Ekel erregen kann.

Trotz alles Eiferns und Wetterns gegen die in bedenklicher Weise dem Äußerlichen und Glänzenden im Drama zugewandte Geschmacksrichtung jener Zeit musste Jonson in dem ungleichen Kampf den kürzeren ziehen und wohl oder übel weiter Antimasken schreiben. Aber man kann ihm das Zeugnis nicht versagen, dass er alles that, um die Gattung zu heben und so sich selbst den Vorwurf zu ersparen, er gebe sich mit Tand und barem Unsinn ab.

Vom Maskenspiel als Ganzes hat er eine recht hohe Meinung: die Handlung der *Masque of Queens* stellt er nach dem Grundsatz des Horaz zusammen, dass der Dichter in angenehmer Form Belehrung spenden solle.[2]) Da nun für

---

[1]) Ganz ähnlich ruft die Bemerkung *Opinions* in Shirleys *Triumph of Peace* (ed. Dyce VI 265), dass keine Antimaske vorgesehen sei, das grenzenlose Staunen und den Tadel der *Fancy* hervor. Man konnte sich eben eine Maske ohne die Tänze der „*witless antics*" (Shakespeare, *Troilus* V 3, 86) gar nicht mehr denken.

[2]) „*... observing that rule of the best artist, to suffer no object of delight to pass without his mixture of profit and example.*" Works, ed. Gifford, VII 117. Vgl. auch die Vorrede zur *Masque of Hymen*, ebd. p. 49. Die theoretischen Auslassungen in *Love's Triumph through Callipolis*, welche ungefähr dieselben Anschauungen vertreten, wage ich nicht mit Soergel als authentisch hinzunehmen. Die Quartausgabe dieses Spieles macht zu deutlich den Eindruck einer unrechtmäßigen. Unterschlägt sie doch die ganze einleitende Rede des *Euphemus*, was Jonson nie zugegeben hätte, wäre der Druck unter seinen Augen

jeden Maskendichter von vornherein der ideale Charakter der Hauptmaskierten feststand und zugleich der Gegensatz zwischen den seriösen Auftritten und der Antimaske möglichst betont werden sollte, so musste ein Dichter, der wie Jonson mit einem ernsten Programm sich der Form des Maskenspiels bemächtigte, naturgemäß auf die Idee kommen, die Antimaske als Gegenspiel der den guten Mächten eingeräumten Hauptmaske den Vertretern des bösen Princips zuzuweisen. So laufen zwei Masken Jonsons auf einen Kampf zwischen Licht und Finsternis hinaus: *The Masque of Queens* und *The Golden Age Restored*. Ihnen reiht sich — unsere Deutung des ersten Tanzes als Antimaske angenommen — durch Ähnlichkeit der moralischen Tendenz und des Baues die *Masque of Hymen* an. Die angeführten Dramen nehmen auch insofern eine Sonderstellung unter allen mit Antimasken versehenen Spielen ein, als in ihnen die Komik überhaupt nicht zu Wort kommt und durch Charakteristik ersetzt wird.

Doch Jonson musste bald einsehen, dass er dem Hof nicht allzu oft mit solcher gesunder, aber derber Kost kommen durfte. So versuchte er gelegentlich dem ernsten Kern seiner Maskenspiele eine recht bunte Hülle zu geben und unter Lachen die Wahrheit zu sagen. Das gelang ihm vielleicht in *Pleasure Reconciled to Virtue* durch Gegenüberstellung des Comus und seines Gefolges einerseits, des Hercules und der auf dem Atlas erzogenen Edlen anderseits; wiewohl ich nicht sicher bin, ob man nicht über den unwiderstehlichen, Rabelais'schen Humor der Antimaske herzhaft lachte, ohne gerade erheblich gebessert und geläutert nach Hause zu gehen. Auch die Betonung des Gegensatzes zwischen den unlauteren und den idealen Liebenden in *Love's Triumph through Callipolis* war eine gut gemeinte, aber gewiss recht unwirksame Moralpredigt.[1)]

---

vor sich gegangen. Die Vorrede dieses Stückes enthält übrigens einen ganz interessanten Versuch, die Antimaske künstlich an eine Gattung der classischen Literatur anzuknüpfen und so ihr Ansehen bei den Gebildeten zu heben. Die zwölf Tänzer werden nämlich eingeführt „*with antic gesticulation and action, after the manner of the old pantomimi*".

[1)] Die moralische Tendenz, welche nach Soergel der tollen Maske *The Vision of Delight* zugrunde liegt — wenn auch „schon sehr im Hintergrund" — bedaure ich auch mit heißem Bemühen

**Satirische Antimasken.**

Mit dem Weltverbessern durch Maskenspiele hatte es also seine Schwierigkeiten. Aber komische Scenen schreiben, nur um die Lachmuskeln einer blasierten Gesellschaft zu kitzeln, fiel dem braven Ben schwer, und er wollte doch wenigstens auch seinen Spass dabei haben. Wurde dieser auch von andern verstanden: nun, umso besser. So verfiel er darauf, der Gegenmaske satirischen Einschlag zu geben, und er brauchte bloß einem angeborenen Hang zu folgen, um seine Antimasken sowohl durch generelle Satire auf die Schäden und Lächerlichkeiten seiner Zeit, als auch durch das persönliche Pasquill zu beleben.

In der ersten Richtung bewegt sich Jonsons satirisches Geplänkel gegen die maskenfeindlichen Puritaner in *Love Restored*. Der als Cupido verkleidete Plutus schlägt genau den puritanischen Predigerton an, welcher später in des armen Prynne *Histriomastix* trotz aller Übertreibungen und Maßlosigkeiten so eindringlich erklang: *„I tell thee, I will have no more masquing; I will not buy a false and fleeting delight so dear: the merry madness of one hour shall not cost me the repentance of an age."*

Auf die kleineren, zu Beginn des 17. Jahrhunderts sich wieder kräftig regenden Secten[1]) glaube ich die Satire der zweiten Antimaske in *The Masque of Augurs* deuten zu dürfen. *„All de whole brave pilgrim o' the world ... dat ... make de fine labyrints, and show all de brave error in de vorld"* — das sind offenbar die Dissenters, zu welchen die hier durch Auguren vertretenen Anhänger der High Church im Gegensatz stehen.

Eine ausgesprochene Abneigung hegte Jonson auch gegen alle geheimen Wissenschaften. Dem Mann, der durch unendlichen Fleiß sich auf entlegensten Gebieten erstaun-

---

nicht entdecken zu können. Auch die Moral von *Love Freed from Ignorance and Folly* dürfte nicht allzu tiefen Eindruck gemacht haben; denn sie steht, soweit überhaupt vorhanden — in den Fußnoten, welche doch hoffentlich nicht recitiert wurden.

[1]) Um diese Zeit entstand aus den Brownisten die Secte der Independenten. Die Baptisten traten zuerst 1618 auf; vgl. auch Jonsons *News from the New World*, ed. Gifford VII 858 *(„Have you doppers?")*. Chamberlain klagt in einem Briefe vom 14. Februar 1618 (*Court and Times of James I.*, vol. II, p. 65), dass auch die absurdesten Meinungen der Sectierer Anhänger fänden.

liche Kenntnisse angeeignet hatte, musste das Treiben der Alchemisten im Grund der Seele verhasst sein und wie in seinem Lustspiel *The Alchemist* geißelt er mit unerbittlicher Schärfe das schwindelhafte und anmaßende Wissen und Streben der Adepten in *Mercury Vindicated*. Eine verwandte Sippschaft trifft der Ingrimm Jonsons in *The Fortunate Isles:* Merefool, ein Anhänger jener Vorläufer unserer Spiritisten, welche sich Brüder vom Rosenkreuz nannten und den Leichtgläubigen Verkehr mit der Geisterwelt versprachen, wird von einem wirklichen Geist aufs unbarmherzigste gehöhnt und gehänselt.

Zu Personen des Alltagslebens steigt Jonsons Satire herab in *News from the New World*. Wie eine Vorstudie zu seinem Lustspiel *The Staple of News* muthet uns dieser Angriff des Dichters auf den noch in den Kinderschuhen steckenden und doch schon die bedenklichsten Auswüchse zeitigenden Journalismus jener Tage an. „*Be it true or false, so it be news*", ist der Standpunkt des neuigkeitslüsternen Druckers; „*to fill up my great book*" die einzige Sorge des einem verwandten Berufe dienenden Chronisten.[1] Der „Factor", welcher seine tausend Briefe wöchentlich schreibt, um die Provinz mit Neuigkeiten zu versorgen, vertritt eine andere Ansicht: „*I would have no news printed; for when they are printed they leave to be news; while they are written, though they be false, they remain news still.*" Das geht offenbar auf die Neuigkeitskrämer vom Schlage Chamberlains; ließ dieser doch über Jonsons Masken immer die ungünstigsten und boshaftesten Berichte an seine Kundschaften gelangen.[2]

Etwas versteckter sind die Angriffe Jonsons in „*Lovers Made Men*" gegen die verschrobene und phantastische Liebes-Etikette seiner Zeit und zugleich gegen die hyperbolischen Bilder und verstiegenen Ausdrücke der Liebespoesie. Mercur charakterisiert die Schatten der unglücklich

---

[1] Fleay (*Biographical Chronicle of the English Drama* II 11) hat, wie mich dünkt ohne zwingenden Grund, in dem Chronisten und dem Drucker Caricaturen A. Mundays, bezw. Nat. Butters erblicken wollen.

[2] Vgl. Nichols, *Progr. James* II 783; III 88; IV 802 etc.; Jonson ergreift das Wort zur Abwehr, z. B. in den einleitenden Bemerkungen der Maske Hadingtons (ed. Gifford VII 95).

Liebenden, indem er eine Auswahl der schönsten von ihnen einst gebrauchten Redewendungen und Floskeln citiert: „*to throw his heart away; to vapour forth his soul*" wählen zwei von ihnen als Todesart; ein dritter zerfließt in Thränen, ein vierter „brennt in den Fluten der Liebe" u. s. w.

Ein anderes Ziel fand Jonsons literarische Satire in der Antimaske selbst. Wir waren schon Zeugen, wie im Rahmen der Nebenmaske über sie selbst der Stab gebrochen wurde.[1])

Eine der dort erwähnten Antimasken verbindet übrigens mit der literarischen die persönliche Satire. Der *Chronomastix*, den die neugierige Horde in *Time Vindicated* bewundert und verehrt, Fama aber nicht kennen will, ist eine Caricatur des vielgelesenen Satirikers George Wither. Dieser brave Mann und mittelmäßige Dichter hatte eben seine *Abuses Stript and Whipt* in der Sammlung *Juvenilia* zum zweitenmale erscheinen lassen. Jonsons Anspielung wurde gleich verstanden, und Mr. Chamberlain, der fleißige Correspondent Sir Dudley Carletons, macht die hämische und schadenfrohe Bemerkung, dass Jonson aus seiner Verhöhnung Withers Unannehmlichkeiten erwachsen dürften.[2])

Auch mit der Verwendung der Antimaske zu satirischen Zwecken hat Jonson Schule gemacht. Nabbes nahm die Zunft der Kalendermacher recht unsanft her in *A Presentation Intended for the Prince his Highnesse on his Birthday*. Als Schüler Jonsons zeigt sich ferner in dieser Richtung Davenant, dem es bei der in seinen Antimasken befolgten Technik der selbständigen, pantomimischen Auftritte besonders leicht wurde, satirische Ausfälle anzubringen. Gleich in *The Temple of Love* kühlt er sein Müthchen an dem unglücklichen, barbarisch gestraften Prynne und bringt ihn auf die Bühne als „*a modern devil, a sworn enemy of poesy, music and all ingenious arts, but a great friend to murmuring, libelling, and all seeds of discord*". Daneben findet in derselben Antimaske generelle Satire auf die sinnliche

---
[1]) Vgl. p. 162 ff.
[2]) Nichols, *Progr. James* IV 802. Auch Davenant schlägt auf den Satiriker los in *The Cruel Brother*.

Richtung in der Liebe einen Platz. Die lächerliche und gefährliche Spielerei mit der sogenannten platonischen Liebe war ja eben aus Frankreich eingeführt worden,[1]) und Davenant beeilte sich, diese neue Laune der höfischen Gesellschaft in *The Temple of Love* und in dem Lustspiel *The Platonick Lovers* literarisch anzuerkennen. Noch einmal, in *The Triumphs of the Prince d'Amour*, kommt er auf dieses Thema zurück und bringt in Nachahmung der Antimaske in Jonsons *Love's Triumph through Callipolis* eine seltsam bunte Gesellschaft von Verliebten auf die Scene.

Glücklicher als in seiner persönlichen und generellen Satire war Davenant in der literarischen. Seine Verspottung der Ritterstücke und Ritterromane in der zweiten Antimaske von *Britannia Triumphans* ist geradezu ein Meisterstück parodistischer Kunst und nur mit Chaucers *Sir Thopas* oder Beaumont-Fletchers *Knight of the Burning Pestle* zu vergleichen. Alle die typischen Figuren der Ritterromantik lässt Davenant auftreten: die verfolgte Jungfrau und ihren Beschützer, *„her lamkin knight"*; den Zwerg als treuen Begleiter der Dame; den Knappen des Ritters und einen ungefügen Riesen. Dieser hat es krumm genommen, dass die Jungfrau von seinen Schlehen nascht und fordert den Ritter zum Kampf.

Aufs köstlichste wird die Diction der Romane parodiert. Die zimperliche Dame gibt dem Riesen gute Worte:

*„Patience, sweet man of might! Alas, heaven knows*
*We only hither came to gather sloes"* etc.

Der Unhold stürmt und wüthet:

*„Bold recreant wight! what fate did hither call thee*
*To tempt his strength that hath such power to maul thee?"*

Den Bilderreichthum und die verstiegenen Vergleiche der Romantik führt der Ritter ad absurdum:

*„Fear not! Let him storm on, and still grow rougher,*
*Thou art bright as candle clear'd by snuffer."*

---

[1]) Davenant, *Dram. Works*, edd. Maidment and Logan. Edinburgh, 1872, vol. II, p. 8.

Durch die Einführung der Antimaske musste sich das Gefüge des Maskenspiels erheblich ändern. Hatten sich bis dahin alle Bestandtheile der Maske um die verlarvten Hauptpersonen gruppiert, so theilte sich nun das Interesse des Zuschauers zwischen den seriösen und den burlesken Tänzen; der Dichter hatte zweimal die Spannung auf Tanzscenen zu erregen und beide Theile des Spieles genügend vorzubereiten. Damit ist zugleich gesagt, dass die Tänze der Antimaske und jene der Hauptmaske nicht unmittelbar auf einander folgen, sondern durch Intermezzi getrennt werden sollten.

*Die einfach erweiterte Form der Maske.*

Die einfachste Form des mit einer Antimaske versehenen Maskenspiels bereitet also die Tänze der Nebenmaske durch einen Dialog vor. Vom Grotesktanz leitet eine kurze monologische oder dialogische Stelle, welche auch durch Gesang belebt werden kann, zum Auftritt der Hauptmaskierten hinüber. Die durch Gesänge oder Reden unterbrochenen Tänze dieser Gestalten füllen den Rest des Abends. Ein Schlusswort oder ein Schlussgesang mahnt endlich zum Aufbruch.

In schematischer Darstellung erhalten wir demnach folgende Scenarien für die einfachsten in dieser Form gehaltenen Spiele:[1)]

*[Dialog — Tanz — Dialog und Gesang] — Auftreten der Maskierten — Gesang und Tanz — Schlussgesang.*
      *(Jonson, Love Freed from Ignorance.)*

*[Dialog — Tanz — Dialog und Gesang] — Auftreten der Maskierten — Dialog und Tanz — Schlussgesang.*
      *(Jonson, Lovers Made Men.)*

*[Dialog — Tanz — Gesang — Rede] — Auftreten der Maskierten — [Dialog] — Rede, Gesang und Tanz — Schlussgesang.*
      *(Jonson, Irish Masque.)*

*[Dialog — Tanz — Rede] — Auftreten der Maskierten — Gesang und Tanz — Schlusswort.*
      *(Jonson, News from the New World.)*

*Dialog — [Gesang — Tanz] — Gesang — Auftreten der Maskierten — Gesang und Tanz — Schlussgesang.*
      *(Masque of Flowers.)*

---

[1)] Die den Antimasken angehörigen Scenen werden im folgenden durch eckige Klammern gekennzeichnet.

Eine kleine Erweiterung dieses Typus erfolgte in der schon bei einigen durchaus seriösen Maskenspielen erwähnten Weise, indem man zwischen das Erscheinen der Hauptmaskierten und deren Antreten zum Tanz dialogische und musikalische Elemente einschob. Diese Verzögerung der Tänze wurde zunächst im Interesse der Vermummten angebracht, welche so Zeit gewannen, sich in Reih und Glied zu stellen;[1] dem Dichter boten diese Einschaltungen Gelegenheit, seine Erklärungen weiter auszuführen und zu vertiefen.

In schematischen Scenarien stellt sich diese Abart des Maskenspieles folgendermaßen dar:

*Dialog — [Rede — Tanz] — Dialog — Erscheinen der Maskierten — Dialog — Gesang — Antreten der Maskierten — Tanz und Gesang.*
(Jonson, *Hue and Cry after Cupid.*)

*[Dialog — Gesang — Tanz — Rede] — Erscheinen der Maskierten — Gesang — Dialog — Gesang — Antreten der Maskierten — Tanz und Gesang — Schlussrede, Schlussgesang.*
(Jonson, *Masque of Oberon.*)

*Gesang — Rede — [Tanz] — Reden — Erscheinen der maskierten Damen — Rede — Antreten der Damen — Gesang, Tanz, Reden — Schlussrede, Schlussgesang.*
(Jonson, *Masque of Hymen.*)

*Dialog — [Gesang — Tanz] — Dialog — Erscheinen der Maskierten — Gesang — Antreten der Maskierten — Gesang und Tanz — Schlussgesang.*
(Cockain, *Masque at Bretbie.*)

*Monolog[2] — [Rede — Tanz] — Dialog und Gesang — Erscheinen der Maskierten — Dialog und Gesang — Antreten der Maskierten — Reden, Tanz und Gesang — Schlussgesang.*
(Jonson, *Golden Age.*)

---

[1] „*While the Masquers take time to rank themselves*" (Jonson, *Fortunate Isles*).

[2] Wo nicht ausdrücklich angemerkt wird, dass eine Stelle gesungen wurde, haben wir kein Recht, dies anzunehmen, so lyrisch auch Inhalt und Versmaß sein mögen. In *Pleasure Reconciled* (ed. Gifford VII 327) z. B. wird ausdrücklich bezeugt, dass ein Gedicht von recht compliciertem Strophenbau und Metrum durch Mercur gesprochen wurde.

*[Dialog — Tanz — Dialog] — Rede — Erscheinen der Maskierten — Gesang — Antreten der Maskierten — Gesang, Tanz, Dialog.* (Jonson, Fortunate Isles.)

*Gesang — Dialog — Gesang — Dialog — Gesang — [Tanz] — Rede und Gesang — Erscheinen der Maskierten — Gesang — Antreten der Maskierten — Tanz, Reden, Gesang, Dialog — Schlussgesang.*
(Campion, Masque at Lord Hayes' Marriage.)

*Gesang — Rede — Gesang — [Dialog — Tanz] — Erscheinen der Maskierten — Dialog — Gesang — Antreten der Maskierten — Gesang, Tanz — Schlussgesang.*
(Townshend, Albion's Triumph.)

Etwas abweichend ist Jonsons berühmte *Masque of Queens* gebaut. Sie beginnt nämlich mit einem Grotesktanz:

*[Tanz — Dialog — Tanz] — Erscheinen der Maskierten — Dialog — Antreten der Maskierten — Gesang — Tanz und Gesang — Schlussgesang.*

Auch die vielleicht Jonson zuzuschreibende Maske von Cole-Orton stellt die Antimaske an die Spitze. Ihr Schema wird noch variiert durch das getrennte Erscheinen der Herren und Damen:

*[Gesang — Dialog — Tanz] — Rede — Erscheinen der Damen — Dialog — Antreten der Damen — Gesang — Tanz — Rede — Erscheinen der Herren — Rede — Gesang — Tanz — Schlussgesänge — Schlussreden.*

Ein Spiel, welches zwar einen komischen Auftritt, nicht aber einen burlesken Tanz aufzuweisen hat, ist Jonsons *Love Restored*. Dennoch können wir die Scene mit Robin Goodfellow in der Hauptrolle nur als verkürzte Antimaske bezeichnen. Im übrigen entspricht die Structur dieses Stückes vom Erscheinen der Maskierten an ganz dem beispielsweise durch *The Hue and Cry after Cupid* vertretenen Typus:

*[Dialog] — Erscheinen der Maskierten — Gesang — Rede — Antreten der Maskierten — Gesang und Tanz — Schlussgesang.*

Auch die Scenen in Campions *Entertainment at Caversham (Cawsome) House*[1]) werden wir trotz des lockeren

---

[1]) Ed. Bullen, pp. 184—188.

Zusammenhangs zwischen dem einleitenden komischen Gespräch und dem Auftritt der von Silvanus angekündigten Maskierten als ein um den Grotesktanz verkürztes Spiel auffassen müssen. Es ist in der Anlage noch einfacher als das eben analysierte Stück Jonsons:

*[Dialog — Gesang — Dialog] — Rede — Auftreten der Maskierten — Tänze.*

Aus dieser Übersicht über die mit einer Antimaske ausgestatteten Stücke geht hervor, dass diese Art des Maskenspieles fast ausschließlich von Jonson gepflegt wurde. Neben ihm haben sie nur Campion, Cockain, Townshend und die Verfasser der *Masque of Flowers* angewendet. Inwieweit sie vor Jonson zur Verwendung kam, entzieht sich freilich unserer Beurtheilung; doch wissen wir, dass die Antimaske nicht von ihm erfunden wurde.[1]

Für uns bedeutet dieser einfach erweiterte Typus den Höhepunkt der Maskendichtung, und, wenn irgend einer, hat er Anspruch, den Namen des Meisters zu tragen und als die specifisch Jonson'sche Maske zu gelten.

*Die mehrfach erweiterte Form der Maske.*

Eine größere Mannigfaltigkeit des Aufbaues stellte sich ein, als die Dichter es nicht mehr bei einer Nebenmaske bewenden ließen und im Gefüge des Maskenspiels mindestens für eine zweite Groteskscene Platz fanden. Indem sie die Antimasken theils vor, theils nach den Tänzen der Hauptmaskierten anbrachten, indem man wiederum das Erscheinen dieser Gestalten und ihren Eintritt in die Handlung entweder zusammenfallen ließ oder durch Zwischenspiele auseinanderhielt, ergaben sich schon eine Menge Combinationen, deren Zahl durch leichte Variationen in der Verwendung und Anordnung der dialogischen und gesungenen Stellen noch erheblich gesteigert wurde.

Sehen wir vorläufig von der späten Spielart der pantomimischen, in mehrere unvermittelt nebeneinander gestellte Auftritte zerfallenden Antimaske ab, so entstehen durch Anwendung einer zweiten komischen Scene folgende neue Haupttypen des Maskendramas.

In weitaus den meisten Fällen wird die Scheidung zwischen der Hauptmaske und den Nebenmasken streng

---

[1] Vgl. p. 144.

durchgeführt, und es haben die letzteren den Vortritt. Mit dem Erscheinen der *Grand Masquers* sind die Antimasken abgethan, und der Rest des Spieles gehört ganz den pathetischen Figuren. In dieser einfachsten Form erscheint das mit zwei burlesken Tänzen ausgestattete Maskenspiel bei seiner Entstehung, und die Scenenfolge in Beaumonts *Masque of the Inner Temple and Gray's Inn* lässt sich demnach schematisch so darstellen:

*Dialog — [I. Tanz] — Dialog — [II. Tanz] — Dialog — Auftreten der Maskierten — Gesang und Tanz — Schlussgesang.*

Halten wir gegen diese durchsichtige Construction ein ebenso typisches Beispiel der einfach erweiterten **Maske**, z. B. Jonsons *Love Freed from Ignorance and Folly*,[1]) so erkennen wir, dass die neue, zweifach erweiterte Form sich aus einer Wiederholung des zwischen dem einleitenden Dialog und dem Auftreten der Hauptmaskierten gelegenen Theils des specifisch Jonson'schen Maskenspiels ergab.

Als das höfische Drama sich von der früheren Einfachheit längst abgewendet hatte und nahe daran war, durch Überladung seine Form zu sprengen, griffen Townshend (1632) und Nabbes (1638) noch auf die ursprüngliche Gestalt der zweifach erweiterten Maske zurück und legten ihren Stücken fast genau den Plan Beaumonts zugrunde:

*[Dialog — I. Tanz — Dialog] — Gesang — Dialog — [II. Tanz] — Dialog — Auftreten der Maskierten — Gesang und Tanz — Schlusswort.*
(Nabbes, *A Presentation for the Prince's Birthday*.)

*Rede — Gesang — [I. Tanz] — Gesang — [II. Tanz] — Gesang — Auftreten der Maskierten — Gesang und Tanz — Schlussgesang.*
(Townshend, *Tempe Restored*.)

Viel häufiger wird, ganz wie in der unerweiterten Grundform und in der einfach erweiterten Maske, das Erscheinen der *Chief Maskers* und der Beginn ihrer Tänze durch eingeschobene Gesänge und Reden auseinandergehalten. Durch diese Trennung ergeben sich folgende kunstlose Variationen:

---

[1]) Vgl. das Schema oben, p. 170.

[Rede¹) — I. Tanz — Rede — Gesang — Rede — II. Tanz] — Rede — Gesang — Dialog — Erscheinen der Maskierten — Dialog — Gesang — Antreten der Maskierten — Gesang und Tanz — Schlusswort — Schlussgesang.
(Jonson, Vision of Delight.)

[Gesang — Dialog — I. Tanz — Dialog — II. Tanz] — Rede — Erscheinen der Maskierten — Gesang — Antreten der Maskierten — Gesang und Tanz — Schlussgesang.
(Jonson, Mercury Vindicated.)

[Dialog — Gesang — I. Tanz — Dialog — II. Tanz] — Gesang — Erscheinen der Maskierten — Gesang — Antreten der Maskierten — Tanz und Gesang.
(Jonson, Masque of Augurs.)

[Dialog — I. Tanz — Dialog — II. Tanz] — Rede — Erscheinen der Maskierten — Gesang — Antreten der Maskierten — Gesang und Tanz — Gesang — Reden — Schlussgesang.
(Jonson, Time Vindicated.)

[Gesang — Rede — I. Tanz] — Rede — Gesang — [Dialog — II. Tanz] — Gesang — Rede — Erscheinen der Maskierten — Gesang — Dialog — Antreten der Maskierten — Gesang, Tanz und Rede.
(Jonson, Pleasure Reconciled.)

[Dialog — I. Tanz — Dialog — II. Tanz] — Rede — Gesang — Erscheinen der Maskierten — Gesang — Antreten der Maskierten — Tanz und Gesang — Schlussrede.
(Middleton, Masque of Heroes.)

Wollte der Dichter recht viel Abwechslung in seine Maske bringen, so brauchte er nur die verbindenden Stellen zwischen den Tänzen freier auszugestalten und reichlicher mit Gesängen und Declamation zu versehen. Diese üppigere Entwickelung der gesprochenen und gesungenen Rollen hat der Maske William Brownes geradezu etwas von dem Gepräge eines mythologischen Dramas, etwa in der Art Heywoods, gegeben und den Maskencharakter dieses Stückes einigermaßen zurücktreten lassen. Das Gerippe des Spieles zeigt uns aber alle Hauptbestandtheile einer richtigen Maske:

Gesang — Dialog — Gesang — Dialog — Gesang — Dialog — [Gesang — I. Tanz — Gesang] — Dialog —

---

¹) Hier, wie sonst, werden Recitative als Reden betrachtet!

*[Gesang — II. Tanz] — Dialog — Erscheinen der Maskierten — Gesang — Antreten der Maskierten — Gesang und Tanz — Schlussgesang.*

Mitunter nehmen die Einschaltungen zwischen den Tänzen der Maskierten selbständigere Form an. Dieses Stadium ist vorgebildet in Jonsons *Pleasure Reconciled to Virtue* durch eine längere Rede Mercurs,[1]) welche vom Chor wiederholt wird. In *The Masque of Augurs* erscheinen vor dem letzten Maskentanz ganz neue Personen, Jupiter und Tellus, und führen eine kurze Gesangscene auf. Größeren Umfang hat ein solches Nachspiel in *Time Vindicated* angenommen, wo Diana und Hippolytus als neue Charaktere zur Fabel der eben aufgeführten Maske in Beziehung gebracht werden.

Die karolinische Maske bringt gern zwischen den letzten Tänzen der Verlarvten selbständige allegorische Zwischenspiele an, welche also die Stelle der in den Ruhepausen gesungenen Lieder einnehmen. In Jonsons *Love's Triumph through Callipolis* schießt zum Beispiel plötzlich ein Palmenbaum in die Höhe, und Venus erklärt seine symbolische Bedeutung. Derselbe Dichter verzögert in *Chloridia* die letzten Tänze durch einen Auftritt Famas mit *Poesy, History, Architecture, Sculpture*. Ähnlich lässt Carew zu Ende seiner Maske *Coelum Britannicum* ein zahlreiches allegorisches Personal in einem Intermezzo auftreten.

In den bisher erwähnten Maskenspielen kamen die Hauptmaskierten mit den Personen der beiden Nebenmasken gar nicht in Berührung, vielmehr wurden durch ihr Erscheinen die grotesken Gestalten jederzeit verscheucht. Eine Ausnahme von dieser Regel machen zunächst drei Spiele, welche gegen die sonstige Gepflogenheit der Masken die unentbehrlichen Fackelträger zu den Tänzen heranziehen und durch sie die zweite Antimaske aufführen lassen: „With this", so heißt es in Chapmans *Masque of the Middle Temple and Lincoln's Inn*, „the Torch-bearers descended, performed another Ante-maske, dancing with torches lighted at both ends; which done, the Maskers descended, and fell into their Dances."[2])

---

[1]) Ed. Gifford VII 327.
[2]) Ed. Nichols, *Progr. James* II 582.

In allen drei Fällen geht dieser burleske Fackeltanz dem seriösen Eintrittsreigen unmittelbar vorher und entwickelt sich in Gegenwart der Hauptmaskierten. Besonders nahe stehen sich in dieser Verwendung der sonst müßigen Fackelträger Chapmans eben erwähnte Maske und Jonsons *Love's Triumph through Callipolis*. Im Umriss stellen sich die Scenarien dieser beiden Stücke folgendermaßen dar:

*[Dialog — I. Tanz] — Dialog — Gesang — Erscheinen der Maskierten — Gesänge und Reden — [II. Tanz] — Antreten der Maskierten — Tänze, Reden, Gesang — Schlusswort.* (Chapman.)

*[Rede — I. Tanz] — Gesang — Erscheinen der Maskierten — Gesang — [II. Tanz (Cupids)] — Antreten der Maskierten — Tanz und Gesang.* (Jonson.)

Complicierter ist der Aufbau in Campions *The Lords' Masque*. Hier treten die an der *Main Masque* betheiligten Herren und Damen nacheinander auf, und der Schluss erfährt in der bereits anlässlich der *Masque of Augurs* etc. geschilderten Weise eine Erweiterung durch die Scene der glückwünschenden Sibylla, so dass das prunkvolle Stück in nachstehender Scenenfolge verläuft:

*[Dialog — I. Tanz] — Dialog — Gesang — Dialog — Gesang — Erscheinen der Herren — [Rede — II. Tanz (Fackelträger)] — Antreten der Herren — Erscheinen der Damen — Gesang — Dialog — Gesang und Reden — Antreten der Herren und Damen — Tanz, Gesang, Reden — Schlussgesang — Schlusstanz.*

In einem einzigen Falle, der keine eigentliche Hofmaske betrifft, werden beide Antimasken in Gegenwart der Hauptmaskierten, doch vor ihren Tänzen, aufgeführt. Robert White hat in *Cupid's Banishment* diese abweichende Anordnung der Scenen durchgeführt und seinem Gelegenheitsstück folgende Form gegeben:

*Dialog — Erscheinen der Maskierten — Dialog — Gesang — [Dialog — I. Tanz] — Gesang — [Dialog — Gesang — II. Tanz] — Rede — Antreten der Maskierten — Tanz — Rede — Schlussgesang — Schlussrede.*

Einen Schritt weiter gehen jene Maskenspiele, welche die zweite Antimaske in die Tänze der Hauptmaske geradezu einschachteln, um den Verlarvten eine Ruhepause zu verschaffen; bekanntlich ein Zweck, der früher durch Gesänge und Reden allein erreicht wurde. Die seriösen und grotesken Tänze bleiben dabei noch immer scharf getrennt, ja der Gegensatz wird bei der Umfassung des komischen Auftrittes durch den feierlichen nur noch mehr hervorgehoben.

Durch Structur und das in der zweiten Antimaske an charakteristischer Stelle verwendete Personal — in beiden Fällen Schiffer — stehen sich Jonsons *Neptune's Triumph* und Campions sogenannte *Squires' Masque* recht nahe:

*Reden — [I. Tanz] — Gesang — Rede — Gesang — Auftreten der Maskierten — Gesang und Tanz — [Gesang — II. Tanz] — Schlusstanz der Maskierten — Schlussreden — Schlussgesang.* (Campion.)

*[Dialog — I. Tanz] — Rede — Erscheinen der Maskierten — Gesang — Antreten der Maskierten — Reden, Gesang und Tanz — [Dialog — II. Tanz] — Gesang und Tanz der Maskierten.* (Jonson.)

*The Shepherds' Holiday* von Jonson lässt die erste Antimaske angesichts der um den „Quell des Lichts" versammelten *Grand Masquers* tanzen; die zweite Nebenmaske findet ihren Platz nach den allgemeinen Tänzen *(Revels)* und vor dem Schlusstanz[1]) der Arkadier:

*Dialog — Erscheinen der Maskierten — [Dialog — I. Tanz] — Dialog — Gesang — Antreten der Maskierten — Gesang und Tanz — [Dialog — II. Tanz] — Rede — Gesang (und Tanz) — Schlusswort.*

Selten wuchs die Zahl der durch die geläufigen Mittel verbundenen und sich noch in den Rahmen der Handlung einfügenden Antimasken auf drei. In diesem Falle wurden alle Groteskscenen ziemlich mechanisch vor dem Eintritt der Maskierten angebracht, indem man den Complex: *Dialog + Tanz* oder: *Gesang + Tanz* zweimal wiederholte. So stellte sich Jonsons *Pleasure Reconciled to Virtue* dar, als bei der zweiten Aufführung der ursprünglichen Antimaske noch eine andere, *For the Honour of Wales*,

---

[1]) Dieser ist freilich in der Folio nicht erwähnt, gehörte aber zu den unentbehrlichen Erfordernissen jedes Maskenspiels.

vorausgeschickt wurde. Die drei Tanzscenen vertheilen sich auf dieses Vorspiel zur eigentlichen Maske wie folgt:

*[Dialog — Gesang — Dialog — I. Tanz — Dialog — II. Tanz — Gesang — III. Tanz — Dialog].*

Die anonyme *Masque of the Twelve Months* zeigt ein ähnliches Gefüge:

*[Dialog] — Gesang — Dialog — [I. Tanz] — Dialog — [II. Tanz] — Dialog — [III. Tanz] — Auftreten der Maskierten — Dialog, Gesang und Tanz — Schlussrede, Schlussgesang.*

Auch das *Entertainment at Richmond* bringt seine drei Antimasken vor der Hauptmaske an:

*[Dialog — I. Tanz — Dialog — Gesang — Rede] — Dialog — Gesang — [II. Tanz] — Rede — [III. Tanz] — Gesang — Erscheinen der Maskierten — Gesang — Antreten der Maskierten — Tanz — Schlussgesang.*

In Carews *Coelum Britannicum* wird die Abfolge: *Dialog + Grotesktanz* gar achtmal wiederholt:

*8 [Dialog — Tanz] — Gesang — Auftreten der Maskierten — Gesang und Tanz.*

Ähnlich wie bei dem durch eine oder mehrere Antimasken erweiterten Maskenspiel liegen die Verhältnisse bei jener Abart des höfischen Dramas, welche die unverbunden aufeinanderfolgenden, pantomimischen Groteskscenen an die Stelle der Antimaske älteren Stils setzt.[1]) Auch in dieser neuen Form lieben es die Spiele, die Nebenmasken vor Erscheinen der Hauptmaskierten abzuthun.

Voran geht mit der Verwendung der voneinander unabhängigen, in rascher Folge sich abspielenden Antimasken Ben Jonsons *Chloridia*. Wenn wir es über uns gewinnen, die von echt dramatischem Leben erfüllte Maske zu skelettieren, so erhalten wir dieses Gerippe:

*Gesang — Tanz — [Rede — 8 groteske Tänze] — Erscheinen der Maskierten — Gesang — Antreten der Maskierten — Gesang und Tanz.*

Jonsons Nachfolger in der Würde eines „laureatus", Sir William Davenant, strebte dem Meister auch in der

---

[1]) Vgl. p. 160 ff.

Technik der Maskendichtung nach. Den Plan der *Chloridia* legte er zum Beispiel seiner Dichtung *The Temple of Love* zugrunde und belebte ihn noch durch getrenntes Auftreten der Herren und Frauen:

*Gesang — [Dialog — 8 groteske Tänze — Rede] — Auftreten der Männer — Tanz — Gesang — Erscheinen der Frauen — Gesang — Antreten der Frauen — Tanz und Gesang — Gesang — Schlusstänze.*

Als echter Spätling suchte er sein Muster bald zu überbieten und erweiterte die letzte von Jonson gepflegte Form des höfischen Dramas, indem er zunächst neben den vielgestaltigen, unvermittelt einander folgenden Groteskauftritten noch eine einzelne Antimaske der älteren Form anbrachte. Vorgebildet ist diese Ausgestaltung etwa durch den weder zur Hauptmaske noch zur Nebenmaske gehörigen Tanz der Nymphen in *Chloridia*. So nimmt Davenants *Britannia Triumphans* und sein letztes Spiel *Salmacida Spolia* folgende Gestalt an:

*[Rede — I. Tanz] — Gesang — [20 groteske Tänze] — Gesang — Erscheinen der Herren — Gesang — Erscheinen der Frauen — Gesang und Tanz — Schlussgesang.*
(*Salmacida Spolia.*)

*Dialog — [6 groteske Tänze] — Dialog — [Dialog — Grotesktanz] — Dialog — Gesang — Erscheinen der Maskierten — Gesang — Antreten der Maskierten — Tanz und Gesang — Schlussgesang.* (*Britannia Triumphans.*)

In dem gleichfalls Davenant zuzuweisenden kleinen Drama *Luminalia* dagegen bestehen beide Antimasken aus mehreren Auftritten:

*Gesang — [4 groteske Tänze] — Gesang — [7 groteske Tänze] — Gesang und Tanz — Erscheinen der Maskierten — Gesang — Antreten der Maskierten — Gesang und Tanz — Schlussgesang.*

Nur einmal gehen die zahlreichen, durch kurze dialogische Stellen getrennten Tänze der ersten Antimaske dem ernsten Theil des Maskenspiels voraus, während eine zweite Antimaske der alten Form zwischen die Tänze der Hauptmaskierten eingeschaltet wird. Die ersten Scenen von Shirleys *Triumph of Peace* entsprechen so in ihrem Aufbau völlig der wenige Tage später dargestellten Maske Carews, und die zweite Antimaske wurde nach bewährtem Muster nur angebracht, um den Tänzern der Hauptmaske eine Ruhepause zu gewähren. Somit ergibt sich für die Maske Shirleys folgendes Scenarium:

*[Dialoge und 15 groteske Tänze] — Gesang — Erscheinen der Maskierten — Rede — Antreten der Maskierten — Gesang und Tanz — [Dialog — Grotesktanz] — Gesang und Tanz der Maskierten — Schlussgesänge.*

Eine äußerliche Verwandtschaft von Davenants *Triumphs of the Prince d'Amour* mit der Maske Shirleys ist nicht zu verkennen. Auch bei Davenant werden die Tänze der Hauptpersonen durch eine zweite, pantomimische Antimaske unterbrochen. Das zum Schluss aufgetragene Bankett erinnert an die älteste Bestimmung der Maskenaufzüge, welche bekanntlich in der Verschönerung und Veredelung der Tafelfreuden bestand.

Die beiden Theile des *Prince d'Amour* sind ganz symmetrisch nach folgendem Schema gebaut:

*[1. Grotesktanz] — Gesang — I. Auftreten der Maskierten — Gesang — [II. Grotesktanz] — Gesang — II. Auftreten der Maskierten — Gesang — Bankett — Schlussgesang.*

Das Endergebnis der Technik der unzusammenhängenden Groteskscenen stellt uns Thomas Jordans *Fancy's Festivals* deutlich vor Augen. Im Jahre 1657 aufgeführt, ist dieses Spiel das letzte, welches die charakteristische Maskenform noch erkennen lässt; zugleich zeigt es aber durch die zerfallende Composition an, dass das Ende der Gattung gekommen ist.

Der Verfasser ist sich des mangelhaften Zusammenhanges seiner Scenen wohl bewusst, und es spricht immerhin für ihn, wenn er seine Dichtung nicht an den ihm besonders nahe liegenden Stücken Davenants, sondern an den Erzeugnissen der classischen Periode des Maskenspiels misst, so ungünstig auch dieser Vergleich ausfallen muss: „*I have strayed*", sagt er in der Vorrede, „*from the regular road of Masks as they were formerly presented, . . . not aiming so much at concatination, as variation.*"

Auf Grund dieser Erkenntnis theilt er seine Maske in „Acte" ein, von denen die ersten vier Antimasken enthalten, während der letzte den Hauptmaskierten eingeräumt wird. Diese „Acte" verhalten sich also zu einander so wie bei Davenant die unvermittelten Folgen komischer Scenen zur Scene der Maskierten. Mit Bezeichnung der Theilung in Acte stellt sich also das bunte Schema des letzten echten Ausläufers der Maskendichtung folgendermaßen dar:

*[Rede — Dialog — Gesang — Dialog — (Rede und Tanz) 7mal — Dialog ‖ Dialog — Gesang — Tanz — Dialog ‖ Dialog — Gesang — Tanz — Dialog — Gesang — Dialog — Tanz — Dialog ‖ Dialog — Gesang — Dialog — Tanz — Gesang — Tanz — Dialog] ‖ Dialog — Erscheinen der Maskierten — Gesang — Tanz — Schlussrede ‖.*

## Capitel 2.

### Die Stoffkreise.

Bunt wie die Form ist auch der Inhalt der Maskenspiele. *„Let your shows be new, as strange"* muss Jonson als Hauptregel für den Maskendichter anerkennen, und die Unersättlichkeit des Hofes, welcher immer und immer Neues und Unerhörtes zu sehen verlangte, entlockte ihm manchen Seufzer, manche bittere Bemerkung.[1])

Allein was half seine ehrliche Entrüstung: wenn eine Hoffestlichkeit in Aussicht war, hieß es doch, die Erfindungskraft anspannen, um die zuletzt dargestellte Maske womöglich zu überbieten und fein achtgeben, dass man sich ja nicht wiederhole. Denn eine durchgefallene Maske konnte die Stellung eines Hofdichters erschüttern, und es gab immer Leute, welche den Fall des ständigen Maskendichters herbeisehnten, wohl auch förderten, um mit ihren minderwertigen Erzeugnissen dienstfertigst hervorzutreten.

Mythologische Masken. Am sichersten gieng der Hofpoet noch immer, wenn er den Vorwurf für seine Stücke aus dem nie versiegenden Born der antiken Mythologie schöpfte. Schon die alten Hofmaskeraden hatten seit Elisabeth diesen Stoffkreis bevorzugt, und die erste, in den *Gesta Grayorum* erhaltene Dichtung der neuen Form knüpfte wenigstens an bekannte mythologische Gestalten an, um die Handlung im weiteren

---

[1]) Vgl. p. 162 ff.

frei auszuspinnen. Was aber den mythologischen Themen endlich die Vorherrschaft vor allen andern verschaffte, waren die gelehrten Neigungen König Jakobs. Sein Wissen war, wenn auch ohne Methode erworben und nicht gerade tief, doch ziemlich umfangreich, und seine Belesenheit in den Classikern namentlich, auf welche er sich nicht wenig zugute that, musste den Hofdichtern den Gedanken nahelegen, ihre Stoffe aus der vom König begünstigten Literatur zu entnehmen. Schon in dieser Stoffwahl lag eine Schmeichelei, und vielleicht die feinste Art derselben; denn die mythologischen Masken gaben dem von Gelehrtendünkel geplagten König Gelegenheit, sein Verständnis für die Antike zu beweisen, und er wird in seiner familiären, gutmüthigen Art mit belehrenden Bemerkungen über das Gesehene und Gehörte vor seiner Umgebung nicht gespart haben.

Ein Glück für Ben Jonson, dass seine Neigungen den Wünschen seines Herrn auf halbem Wege entgegenkamen. Was Jakob zu besitzen glaubte, eine wirklich tiefe, ehrliche Gelehrsamkeit, war Jonson im höchsten Maße eigen. Für ihn lebte das classische Alterthum und seine heitere Götterwelt in voller Schönheit wieder auf, wenn ihm nur ein trockener Name als Thema gegeben wurde. Die der antiken Welt anscheinend ganz fern gelegenen Vorwürfe knüpfen sich ihm wie von selbst an Vorstellungskreise des Alterthums an, und wenn irgend einer, kann er in stolzer Bescheidenheit von sich sagen: *„I writ out of fulness and memory of my former readings"*.[1])

Dabei hat er in vielen Masken mit rührender Gewissenhaftigkeit die Stellen, auf welche er seine Darstellung antiker Gestalten und Verhältnisse gründet, in gelehrten Noten genau angezeigt.[2]) „Es war keine geringe Mühe für mich, der ich aus dem vollen schöpfte, für die einzelnen Stellen die Belege nach Eurer Hoheit Wunsch herbeizuschaffen", schrieb Jonson in der Widmung der *Masque of Queens* an Prinz Heinrich und bezeugte damit, dass er nicht etwa aus einzelnen Steinchen eine musivische Arbeit mühe-

---

[1]) *Masque of Queens.*
[2]) Seinem Beispiel folgte William Browne und gelegentlich auch Daniel.

voll zusammensetzte, sondern dass ihm die classische Gelehrsamkeit in Fleisch und Blut übergegangen war.

Wenn nun auch Jonson mit dieser soliden Arbeitsweise dem Geschmack seines Königs entsprach, so gab es doch genug Leute, welchen seine Erfindung zu schwerfällig, seine von Gestalten des Olymps belebten Spiele zu gelehrt und zu wenig kurzweilig dünkten. Für die Anhänger dieser Richtung hatte Daniel noch vor Jonsons Auftreten als Maskendichter ein Programm entworfen und in der Vorrede zur *Vision of the Twelve Goddesses* niedergelegt. Die hier geäußerten Ansichten klingen ihrerseits wie eine Vertheidigung gegen sicher zu erwartende Angriffe; sie müssen in weite Kreise gedrungen und lange lebendig geblieben sein, denn die Einleitung zu Jonsons *Hymenaei* hält eine Erwiderung auf Daniels Theorien für nöthig.

Die Beziehungen zwischen den beiden programmatischen Vorreden sind bisher nicht erkannt worden. Und doch liegen sie auf der Hand.

Daniel behandelt die ganze Gattung der höfischen Maskenspiele etwas von oben herab und erklärt, dass man Gelehrsamkeit an sie nicht zu verschwenden brauche: „*Whosoever strives to shew most wit about these puntillos of dreames and shewes, are sure sicke of a disease they cannot hide, and would faine have the world to thinke them very deeply learned in all misteries whatsoever. And peradventure they thinke themselves so; which if they do, they are in a farre worse case then they imagine; non potest non indoctus esse qui se doctum credit. . . . And yet in these matters of Shewes, though they be that which most entertaine the world, there needs no such exact sufficiency in this kind; for ludit istis animus, non proficit.*"[1]

Auf diese Grundsätze geht Jonson in der erwähnten Vorrede Punkt für Punkt ein und widerlegt sie mit folgenden urkräftigen Worten: „*Howsoever some may squeamishly cry out, that all endeavour of learning and sharpness in these transitory devices, especially where it steps beyond their little, or (let me not wrong them), no brain at all, is super-*

---

[1] Nichols, *Progr. James* I 312.

*fluous; I am contented, these fastidious stomachs should leave my full tables, and enjoy at home their clean empty trenchers, fittest for such airy tastes; where perhaps a few Italian herbs, picked up and made into a sallad, may find sweeter acceptance than all the most nourishing and sound meats of the world. For these men's palates, let not me answer, O Muses. It is not my fault, if I fill them out nectar, and they run to metheglin."*

Einige Jahre später richtete Daniel seine Angriffe schon im allgemeinen gegen die Vorherrschaft antiker Vorstellungskreise in den Masken und spricht in *Thetys' Festival* von der Tyrannei der Alten, die man doch endlich einmal abschütteln sollte. Seltsamerweise hat er jedoch in diesem Maskenspiel ganz die Gelegenheit versäumt, wenigstens den ersten Schritt zu der befreienden That selbst zu unternehmen.

Ben Jonson ließ sich also von den Auslassungen Daniels und durch die Unterströmung in Hofkreisen, welcher dieser Schriftsteller Ausdruck gab, nicht irremachen und gleich bei seinem ersten höfischen Drama, der *Masque of Blackness*, fand er Gelegenheit, sein inniges Verhältnis zu den Gestalten der classischen Mythologie zu beweisen. Die Königin Anna gab ihm mit einem einzigen Wort das Thema an: sie wollte mit ihren Damen als Negerinnen erscheinen. Bisher waren Schwarze immer nur als Charaktermasken oder in Maskenzügen als Gesandte aus fernen Reichen aufgetreten, und jeder andere Dichter hätte gewiss auf diese traditionelle Verwendung solcher Figuren zurückgegriffen. Nicht so der hochgelehrte Ben Jonson. Der erinnerte sich gleich des schon den Alten bekannten, sagenberühmten Flusses Niger und bringt ihn nach echt antiker Weise personificiert als Flussgott auf die Bühne. Von Vater Oceanus gefragt, erzählt er den Anlass seines Kommens. Seine Töchter, so sagt er, verabscheuten ihre schwarze Hautfarbe, seit sie erfahren, dass die Dichter immer nur weiße Schönheiten besingen. Im Antlitz des Mondes hätten sie die Weissagung gelesen, dass sie in einem Lande, dessen Namen auf ...-*tania* ende, die begehrte Gesichtsfarbe erlangen könnten. Nach langen Irrfahrten in Mauretania, Aquitania, Lusitania sei er mit seinen armen Töchtern hier im Westen angekommen. Der Mond (Äthiopia) erscheint und verkündet den Namen des Landes: Britannia; hier solle auch der Wunsch der Töchter des Niger in Erfüllung gehen. Nur müssten sie zunächst ein Jahr lang hier bleiben und dreizehnmal im Meer baden.[1])

Die Handlung ist also in diesem Maskenspiel zu keiner Lösung gediehen, und erst drei Jahre später (1608) kam Jonson in die Lage, die mindestens in den Umrissen schon bei der Abfassung der *Masque of Blackness* festgestellte Handlung auf der Bühne zu Ende zu führen in *The Queene's second Masque which was of Beauty*.

Boreas bringt dem Januarius die Nachricht, dass die zwölf Töchter des Niger, welche inzwischen die weiße Gesichtsfarbe erlangt hätten, schon längst gekommen wären, um ihren Dank für die Verwandlung auszudrücken. Doch seien sie durch die Feindseligkeit der Nacht daran verhindert worden. Als nämlich vier andere Töchter Nigers ihnen folgen wollten, um gleichfalls verwandelt zu werden, habe die Nacht diese auf dem Meer so irregeführt, dass sie schließlich auf einer schwimmenden Insel ihre Zuflucht nehmen mussten. Ihre Schwestern hätten, von Proteus unterrichtet, sich aufgemacht, um sie zu suchen, und irrten seither gleichfalls auf dem Meer umher. Kaum ist Boreas mit dieser Erzählung zu Ende, so bringt Vulturnus die Botschaft, die schwimmende Insel sei gefunden und alle sechzehn Nymphen hielten sich dort am Throne der Schönheit auf. Da legt auch schon die Zauberinsel am Festland an und die Damen beginnen ihre Tänze.

Ein Verwandlungsstück, welches allbekannte mythische Personen in eine frei erfundene Handlung verwebt, ist auch Thomas Campions bei der Hochzeit Lord Hayes' aufgeführte Maske. Wie der Vorhang sich hebt, streuen Flora und Zephyrus zur Feier der bevorstehenden Vermählung Blumen. Sie werden von der Nacht mit der Mittheilung unterbrochen, dass Cynthia, erzürnt über den Raub einer ihrer Nymphen durch die Ritter Apollos diese

---

[1]) Die Maske wird kurz erwähnt in den *Accounts of the Revels* (Cunningham, *Extracts*, pp. 204, 225). Ein witzelnder Bericht des spottsüchtigen Sir Dudley Carleton an Mr. Winwood bei Nichols, *Progr. James* I 478 f.

in Bäume verwandelt hätte.[1]) Hesperus aber bringt die Botschaft, dass Apollo die zürnende Diana versöhnt habe mit dem Hinweis auf den „englischen Apollo", dem diese Verbindung genehm sei. Diana ermächtigt nun die Nacht, die Ritter zu entzaubern. Dies geschieht, nachdem zuvor die Bäume einen Tanz aufgeführt haben, und die rückverwandelten Ritter bringen Dianen die Kleidung zum Opfer, in welcher sie sich den Nymphen genähert hatten.

Eine andere, weit anspruchsvollere Maskendichtung desselben Verfassers, die zur Hochzeit der Prinzessin Elisabeth aufgeführte sogenante *Lords' Masque*,[2]) steht der eben geschilderten an Einheitlichkeit der Composition und Sorgfalt der Scenenführung weitaus nach.[3]) Die prächtigen Bilder sind hier wieder einmal Hauptzweck und werden durch folgende Handlung nothdürftig zusammengehalten.

Orpheus beschwört Mania, die Göttin des Wahnsinns, und überbringt ihr Jupiters Befehl, Entheus, die personificierte poetische Begeisterung, aus ihrer Gefangenschaft freizugeben. Die Musik ruft sodann, aufgefordert von Entheus, den Prometheus herbei; er erscheint mit acht hellen Sternen, den Lichtern, die er dem Himmel geraubt hat. Diese werden plötzlich in acht Hauptmaskierte verwandelt. Vor den Augen der Zuschauer belebt sodann Jupiter acht weibliche Statuen. Sie führen mit den Leuchten des Prometheus Tänze auf. In den Pausen richtet Sibylla lateinische Glückwünsche an das junge Paar.

Ob ein zweites Stück Campions aus demselben Jahre, der im *Entertainment at Cawsome-House* enthaltene Auftritt, als echte Maske oder nur als eingeleiteter Maskenzug zu

---

[1]) Ein Motiv, welches an die zahllosen Metamorphosen der classischen Sagen anklingt und in den später zu besprechenden romantischen Masken wiederkehrt; dort geht es allerdings zunächst auf italienische Vorbilder zurück.

[2]) Geläufige, aber recht nichtssagende Bezeichnung; denn *Lords* treten in jeder richtigen Hofmaske auf. So nennt denn auch Howes die Maske zur Hochzeit Somersets „*a gallant Maske of Lords*". (Nichols, *Progr. James* II 706.)

[3]) Eine recht abfällige Erwähnung dieser Aufführung steht in den Briefen Mr. Chamberlains (Nichols, *Progr. James* II 554 n). Rechnung über die Costüme: *Archaeologia* XXVI 380 ff. Vgl. auch Hazlitt, *The English Drama and Stage* (Roxburghe Library, London 1869), p. 43.

betrachten ist, kann zweifelhaft erscheinen. An ein lustiges Gespräch zwischen dem Cyniker, dem Gärtner und dem Reisenden[1]) schließt sich recht unvermittelt die Anmeldung der Maskierten (acht Waldgötter) durch Silvanus. Da aber in den letzten Worten der komischen Gesellen ein Hinweis auf den folgenden Auftritt enthalten ist, wollen wir das Ganze doch als Maske gelten lassen.

Die Vermählung der Tochter König Jakobs ist ohne Bedenken als jenes Ereignis zu bezeichnen, welches die meisten Maskenspiele ins Leben rief. Neben der officiellen Hofmaske Campions führten auch die vier Juristencollegien zwei Spiele auf in der Weise, dass je zwei sich zusammenthaten und für die sehr bedeutenden Kosten aufkamen; die Sprecher und Tänzer wurden aus den Mitgliedern beider Häuser gewählt.

Die besonders eng befreundeten Collegien des *Inner Temple* und des *Gray's Inn* brachten unter der Patronanz des für Prachtentfaltung von jeher sehr eingenommenen Sir Francis Bacon eine Maske aus der Feder Beaumonts zur Aufführung, welche namentlich durch ihre komischen Scenen den lebhaftesten Beifall des Königs errang. Mercur als Bote Jupiters und Iris als Botin der Juno wetteifern, die Hochzeit des Rheins und der Themse[2]) zu verherrlichen. Mercur lässt Najaden, Hyaden, Amoretten und Statuen zu Ehren der Neuvermählten tanzen, Iris einen ländlichen Maientanz aufführen. Dann vergleichen sich die beiden Götterboten, und Mercur erzählt, dass Jupiter zur Feier der Hochzeit die olympischen Spiele wieder aufleben lassen wolle. Ehe aber die Kämpfer in den Wettstreit ziehen, drücken sie durch mannigfache Tänze dem jungen Paare ihre Huldigung aus.[3])

Hatten die Dichter der bisher besprochenen Masken ihre Fabeln im Anschluss an wohlbekannte Figuren der

---

[1]) Zu dieser Figur stand wohl Thomas Coryat, der bekannte phantastische Reisende, Modell.

[2]) Daher wird dieses Spiel häufig *The Marriage of the Thames and the Rhine* genannt; vgl. Hazlitt, *Manual for the Collector of Old Plays*, p. 150.

[3]) Eine Beschreibung dieser Maske, im wesentlichen auf der Einleitung der Quartausgabe von 1613 beruhend, in Stowes *Annales, continued by Howes* 1615, p. 917.

alten Mythologie und Sage frei ausgestaltet, so zeichnet sich William Brownes *Inner Temple Masque* durch engsten Anschluss an die antike Sage aus. Das Stück ist eine scenische Darstellung der Ankunft des Odysseus bei Circe. Eine Dramatisierung des Stoffes dürften wir das Werk Brownes kaum nennen; denn der Vorwurf ist ganz lyrisch behandelt, eine Handlung kaum vorhanden. Auch der stete Hinweis auf den Anlass der Darstellung und der Contact mit dem Publicum, welchen die Masken sonst durch Tanz und Reden herzustellen suchen, fehlen hier. Das Spiel dürfte daher, wenn es auch im übrigen genau die Form der echten Maske einhält, geradezu Anlass zu der später beliebten Anwendung der Bezeichnung *masque* auf jedes mythologische Drama gegeben haben.

Auch ein Stück, das in vorwiegend antikem Costüm ganz moderne Verhältnisse auf die Bühne bringt, ohne bis zur eigentlichen Allegorie vorzuschreiten, sei schon hier besprochen. In Jonsons satirischer Maske *Mercury Vindicated from the Alchemists* entflieht Mercur den Retorten des in der Goldmacherkunst sich versuchenden Vulcan und seiner Cyklopen und klagt der Gesellschaft seine Leiden als Factotum aller Adepten. Den Bemühungen der von Vulcan herbeigerufenen goldsuchenden Brüderschaft, ihn einzufangen, entkommt er glücklich, und ein Tanz der von seinem Peiniger aus den verschiedensten Substanzen herausdestillierten unvollkommenen Geschöpfe gibt ihm Gelegenheit, als Gegenspiel zu ihnen Natur und zwölf ihrer edelsten und herrlichsten Söhne herbeizurufen.[1]

Nicht allzulang dauerte übrigens die Herrlichkeit der rein mythologischen Maske. Schon 1613 klagt Campion, dass man dem Publicum mit den Gestalten der antiken Sage nicht mehr oft kommen dürfe.[2] Da aber nach diesem Datum „der Hof Jupiters noch unzähligemale mit dem König Jakobs in freundschaftlichsten Verkehr trat",[3] muss

---

[1] Ein, wie gewöhnlich, recht abfälliges Urtheil über diese Maske in einem Briefe Mr. Chamberlains an Sir Dudley Carleton bei Nichols, *Progr. James* III 88. Den großen Erfolg Jonsons muss aber selbst diese hämische Klatschbase zugeben.

[2] *The Description of a Maske, presented ... at the Marriage of ... the Earle of Somerset*, ed. Nichols, *Progr. James* II 707.

[3] *The Poems of Thomas Carew*, ed. Hazlitt 1870, p. 201.

die Bemerkung Campions ihre Spitze nur gegen jene Masken kehren, welche die Mythen des Alterthums einfach dramatisierten oder mit modernen Erfindungen an sie anknüpften. Es dürfte sich also um eine gesunde und auf besserem Verständnis der Antike beruhende Reaction gegen eine oberflächliche Auffassung der alten Mythen handeln, wenn wir bald keine mythologische Maske ohne tieferen Sinn oder mindestens ohne Beziehung auf die Feier des Tages nachweisen können. Schon längst war man ja zu der Erkenntnis vorgeschritten, dass die Götter und Helden der alten Welt noch zu etwas besserem zu gebrauchen sind als zu mehr oder weniger würdevollen Trägern pathetischer Rollen. In einer Hofmaske erklärte zuerst Daniels Vorrede zur *Vision of the Twelve Goddesses*, dass die hohen Frauen nur als Symbole aufzufassen seien. Juno ist für ihn nur „*the hieroglephicq*[1]) *of Empire and Dominion*" und über die Verwendung von Nacht und Schlaf spricht er sich folgendermaßen aus: „*In such matters of Shewes there like characters serve us but to read the intention of what we would represent.*"[2]) Diese symbolische Verwendung mythologischer Gestalten fand bei den Dichtern umsomehr Anklang, als sie von einem der englischen Literatur seit jeher eigenen Hang zur Allegorie unterstützt wurde. Aus diesem Grund vollzog sich auch die Verbindung zwischen der Symbolik antiker Göttergestalten und der Darstellung allgemein menschlicher Seelenkräfte durch das Ausdrucksmittel der älteren, mittelalterlichen Allegorie aufs natürlichste und ungezwungenste. Die älteren Maskeraden legten uns für die Verwendbarkeit solcher metaphorischer Erfindungen bei höfischen Festen Zeugnis ab, und das vollentwickelte Maskenspiel steht in dieser Richtung gegen seine Vorläufer keineswegs zurück.

---

[1]) Vgl. Jonson, ed. Gifford, VIII 118: *court-hieroglyphics*.

[2]) Dabei zeigt jedoch Daniel noch eine seltsame Befangenheit in der Verwendung der mythologischen Gestalten: um jeden Preis will er alles nur recht wahrscheinlich machen. Iris hält förmliche mythologische Vorlesungen über die „Personificationen mystischer Ideen", als welche das Alterthum seine Götter auffasste, und in ihrer Abschiedsrede bietet sie noch eine schrecklich nüchterne Erklärung für das Erscheinen der sonst unsichtbaren Göttinnen: sie hätten die Gestalten der „besten Frau" und ihrer Begleiterinnen angenommen!

Gleich in dem ersten regelmäßigen mythologisch-allegorischen Maskenspiel, in Jonsons *Masque of Hymen*, haben wir eine solche Verquickung mittelalterlicher Allegorie mit Renaissance-Symbolik vor uns. Der Dichter bietet zur Feier der Vermählung des Grafen Essex ein Bild aus dem antiken Cultus, nämlich die getreue Darstellung eines Hochzeitsfestes mit allen seinen Ceremonien. Die heilige Handlung wird durch die aus einem Globus hervorbrechenden *Humours* und *Affections* gestört. *Reason* weist diese zügellose Schar in ihre Schranken zurück und übernimmt im weiteren Verlauf der Maske neben Hymen die Rolle einer Erklärerin der Gebräuche. Die eigentlichen Maskers erscheinen als die acht schützenden Gottheiten der Ehe.[1]

Den Schlüssel zu dieser Allegorie hat uns Jonson selbst unter den gelehrten Noten des Stückes in die Hand gegeben, nicht ohne dem begriffstützigen Publicum und Leser zuvor eine gehörige Grobheit zu sagen: „*And, for the allegory, though here it be very clear, and such as might well escape a candle, yet because there are some must complain of darkness, that have but thick eyes, I am contented to hold them this light. First, as in natural bodies, so likewise in minds, there is no disease or distemperature, but is caused either by some abounding humour, or perverse affection ... These therefore, were tropically brought in, before marriage, as disturbers of that mystical body, and the rites, which were soul*

---

[1] Eine recht eingehende, liebevolle Beschreibung der Maske in einem Briefe John Porys an Sir Rob. Cotton (Ms. Cotton, Jul. C. III, fol. 301; gedruckt bei Nichols, *Progr. James* II 38 f.). Eine Stelle daraus wurde von P. Cunningham (*Life of Inigo Jones*, p. 7) auf die komischeste Weise missverstanden: „*Ben Jonson turned the globe of the earth, standing behind the altar.*" Das soll heißen, dass der Dichter selbst Hand anlegte, um die Weltkugel zu drehen! Nach meinem Dafürhalten wird wohl so zu übersetzen sein: Jonson führte die Handlung seiner Maske so, dass sich der Globus, welcher hinter dem Altar stand, drehte und die *Humours* und *Affections* heraussprangen. Fleay (*Biographical Chronicle of the English Drama* II 8) konnte sich natürlich die Gelegenheit zu einer schönen Conjectur nicht entgehen lassen: er liest mit Collier „*burned the globe*" und weiß sogar, dass Jonson die Rolle des Hymen spielte. Das ist der Mann, der auf derselben Seite dem wackeren Gifford „*intolerably careless blunders*" vorhält!

*into it; that afterwards, in marriage, being dutifully tempered by her power, they might more fully celebrate the happiness of such as live in that sweet union, to the harmonious laws of nature and reason."*

Wenn daher im Verlauf der Tänze die *Humours* und *Affections* den acht classischen Beschützern der Ehe die Hände reichen, um die Ausgleichung der Anlagen und Triebe durch die Macht einer wahren Ehe[1]) anzudeuten, erscheint uns dies zugleich wie ein Symbol der vollzogenen Vereinigung von mittelalterlicher und classischer Allegorie.

In seinem nächsten allegorisch-mythologischen Spiel bewies Jonson abermals, welchen Wert er darauf lege, dass seine Allegorien richtig verstanden würden, und wir müssen gestehen, dass in *Love Freed from Ignorance and Folly* ein Schlüssel zu der einer heitern Fabel unterlegten tieferen Meinung nicht unerwünscht kommt. Das graciöse Stück hat folgenden Inhalt. *Love* hat elf schöne Damen aus dem fernsten Osten nach dem äußersten Westen geleitet, wo sie dem Phoebus (König Jakob) ihre Huldigung darbringen wollen. Als sie landen, überrascht sie das Ungeheuer Sphynx und nimmt sie alle gefangen. Nur wenn sie ein Räthsel der Sphynx lösen könnten oder für immer von *Love* sich lossagen wollten, würden sie ihre Freiheit erlangen. In dieser Zwangslage verpflichtet sich *Love*, entweder das Räthsel zu lösen oder durch seinen Tod die elf Damen zu befreien. Vergeblich sinnt er den Fragen der Sphynx nach, bis die zwölf Priester der Musen ihn in das strahlendste Antlitz unter den Anwesenden blicken heißen. Da, im Anblick des Königs, findet *Love* die Lösung des Räthsels, und die Damen geben der Freude über ihre Befreiung durch Tänze Ausdruck.

Zu dieser hübschen Erfindung hat Jonson in den Fußnoten einen fortlaufenden Commentar geschrieben, welcher ganz der Deutung der Allegorie gewidmet ist. Unter der Sphynx haben wir die bösartige Unwissenheit zu verstehen, eine unversöhnliche Feindin von Liebe und Schönheit. Sie sucht auch das aus Liebe entsprungene Vorhaben der Damen zu vereiteln. Diese geben aber trotz aller Drohungen ihre

---

[1]) *„This uniting of Humours and Affections by the sacred Powers of marriage." Masque of Hymen*, ed. Gifford, VII 65 n.

Absicht nicht auf, und Liebe findet einen Weg aus allen Schwierigkeiten, doch erst durch göttliche Erleuchtung; denn irdische Liebe ist gegen Unwissenheit und Narrheit nicht gefeit.

Viel durchsichtiger ist die Allegorie in desselben Dichters *Lovers Made Men (Masque of Lethe)*. Mercur empfängt in der Unterwelt einige Geister, welche er für Seelen unglücklicher, von der Liebe getödteter Männer hält. Von Lethe und den Parzen wird ihm die Aufklärung, dass seine Schutzbefohlenen gar nicht todt seien, sondern nur in ihrem Liebeswahn sich für todt hielten. Ein Trunk aus dem Strome Lethe befreit sie von aller Erinnerung an ausgestandene Liebespein, und sie erscheinen wieder, verwandelt und von ihrem Wahn erlöst.

Eigentlich können wir nur insofern von einer allegorischen Handlung in diesem Stücke sprechen, als die Scenen in der Unterwelt, wie bereits erwähnt, eine Satire auf die modischen Liebesthorheiten der englischen Gesellschaft und die verstiegene Liebespoesie jener Tage darstellen.

Ein Lieblingsthema der Renaissancedichtung, der Gegensatz zwischen Stadt- und Landleben, wird in allegorisch-mythologischer Einkleidung in Cokains *Masque at Bretbie* behandelt. Der *lar familiaris* des Hauses drückt seine Freude über das Erscheinen einer so edlen Gesellschaft aus. Zu ihm tritt ein Satyr, und sie erörtern die Vortheile des freien Lebens in der Natur und der Sesshaftigkeit. Der Satyr lässt sich bald von dem Lar überzeugen und möchte Aufnahme in das Haus des Grafen Chesterfield finden. Zum Abschied ruft er seine Genossen aus den Wäldern herbei, die einen Tanz aufführen. Dann lässt der Lar, um dem bekehrten Wildling einen Begriff von der Herrlichkeit seines neuen Heimes zu geben, die Maskierten als Götter des Alterthums erscheinen.

Ein Zwischenspiel in dieser Maske bildet der Auftritt der jungen Söhne Chesterfields. Sie erzählen, dass sie, im Walde verirrt, von den Satyren aufgefordert worden seien, bei ihnen zu bleiben. Die Knaben kehren aber gern zu ihren geliebten Eltern zurück. Sollte diese Episode nicht in Erinnerung an Miltons Comus eingeschaltet worden sein?

Nur selten beschränkt sich ein Maskenspiel ganz auf den Vorstellungskreis der antiken Mythologie. Viel häufiger erscheinen neben den Göttergestalten sehr unclassische Figuren, und die Poetik der Masken scheint an solcher Stilmischung nicht den geringsten Anstoß genommen zu haben. Vor allem war die Antimaske frei von jeder Beschränkung in der Wahl ihres Personals.

So darf Robert White in *Cupid's Banishment* unter der im übrigen sehr gewählten Gesellschaft von Ganz- und Halbgöttern eine Nebenmaske von Trunkenbolden auftreten lassen. Das artige kleine Stück sollte der Königin Anna die Beruhigung verschaffen, dass die jungen Damen in der unter ihrem Schutze stehenden Schule zu Deptford von der bösen Liebe nichts wissen wollten.

White knüpft in seiner Fabel an die Gepflogenheit der Mädchen an, zu Lichtmess einen König und eine Königin aus ihrer Mitte zu wählen, welche dann ihre fröhliche Hochzeit feierten. Dies sollte auch im Jahre 1617 in Anwesenheit der Königin Anna geschehen. Cupido möchte gern bei diesem kindlichen Spiel mitthun, wird aber von Diana und *Occasion* zurechtgewiesen und trotz der Fürsprache des Bacchus schließlich von den Dryaden Dianas vertrieben.[1]) Bacchus selbst darf seltsamerweise bleiben, und seine Kinder, die verschiedenen, recht glücklich charakterisierten Spielarten von Trunkenbolden, können eine Antimaske tanzen. Endlich führen die Nymphen Dianas zur Feier der Verbindung des erwählten Königs und seiner Königin ihren Maskentanz auf.

Um den Contrast zwischen Antimaske und Hauptmaske möglichst deutlich herauszuarbeiten, findet oft zwischen den beiden Theilen der Maske ein vollständiger oder nahezu vollständiger Wechsel des Stoffkreises und des aus diesem entnommenen Personals statt. In der That könnte man sich keinen größeren Abstand denken als zum Beispiel zwischen den possenhaften Figuren der Antimasken und den feierlichen Gesängen Apollos und seiner Söhne in Jonsons *Masque of Augurs*. Der ernste Theil des Stückes

---

[1]) Cupido fleht die Damen im Publicum um Mitleid an, wie in Jonsons *Love Freed from Ignorance and Folly*.

knüpft, wie die erwähnte *Masque of Hymen*, an den antiken Cultus an. Als Gegensatz zu den irrenden Pilgern der letzten Antimaske erscheint Apollo, der zur Erleuchtung der verworrenen Zeitlage ein Collegium von Auguren mit Prinz Karl an der Spitze einsetzt. Bei der Besprechung der Antimasken hatten wir bereits nachzuweisen, dass die Vertreibung der Pilger durch die Auguren auf den Sieg der Hochkirche über die Sectierer zu deuten ist. Sonderbar wie der Einfall sein mag, verblüfft uns Jonson doch wieder durch die in den Gesängen Apollos zutage tretende Beherrschung der einschlägigen classischen Literatur. Wiederum hat er seine Dichtung mit unglaublich gelehrten, diesmal sogar lateinisch abgefassten Noten commentiert.

Ein hübsches Bildchen aus dem antiken Leben entrollt Jonson in *Pan's Anniversary*. Die Schäfer Arcadiens bereiten sich zum Feste Pans; sie werden von einer Schar Böotier unterbrochen und zum Wettkampf im Tanz herausgefordert. Als die Eindringlinge abgewiesen sind, begehen die Arcadier das Fest mit Gesang[1] und Tanz. Die wiederkehrenden Böotier werden in Schafe verwandelt.

Unter dem Bild des schützenden Pan wird natürlich König Jakob gepriesen als Hirt seiner Völker und als großer Jäger vor dem Herrn. Ja, Jonson hat es sogar über sich vermocht, den alten König an seine poetischen Jugendsünden zu erinnern und ihn als „*the best of singers, Pan*" zu feiern! „*Tied to the rules of flattery*",[2] das ist und bleibt nun einmal der Fluch des Maskenspiels, von dem auch Jonsons Genius es nicht zu befreien vermochte!

Noch in einer ganzen Reihe seiner späteren Spiele ließ sich Jonson von dem Grundsatz leiten, die possierlichen Figuren der Nebenmaske in den Hauptscenen von recht ernsten und würdevollen Gestalten der Antike ablösen zu lassen. In *Time Vindicated to himself and to his Honours* wendet sich nach den bereits erwähnten Antimasken der Neugierigen und der Gaukler[3] Fame mit einer

---

[1] Ganze Stellen aus diesen Liedern verwendete Jonson, was sonst gar nicht seine Art war, noch einmal in *A New Year's Gift, sung to King Charles*, 1635 *(Underwoods* CVI, ed. Gifford, IX 50).
[2] Beaumont, *The Maid's Tragedy* I 1.
[3] Pag. 168.

Ansprache an den König: Venus habe erfahren, dass Diana die Zierden der gegenwärtigen Zeit verborgen hält und niemandem ihren Anblick gönnt. Saturnus *(Time)* hat der Göttin der Schönheit versprochen, die Entführten zu befreien und erfüllt nun seine Zusage. Diana aber erklärt, sie hätte die jungen Helden dem Weltgetriebe nur entrückt, um sie durch männliche Übungen zur Vollkommenheit zu erziehen.[1]

Ähnlich ist das stoffliche Verhältnis zwischen *Antimasque* und *Grand Masque* in desselben Dichters *Neptune's Triumph for the Return of Albion*. Nach den Tänzen der von einem Koch auf die Scene gebrachten grotesken Gestalten[2] kommt der Dichter mit seiner Maske zu Worte. Er erzählt von der schwimmenden Insel Delos: dem mächtigen Schiff, auf welchem Prinz Karl aus Spanien zurückkehrte. Der Himmel öffnet sich, und die Götter singen, als die Insel mit den Maskierten am Festland anlegt. Die sie geleitenden Seegötter feiern die Rückkehr Albions. Der Koch aber lässt es sich nicht nehmen, zum Schluss noch eine Antimaske von Matrosen anzuführen.

Dieses Stück Jonsons wurde, obwohl bereits einstudiert, wegen lächerlicher Rangstreitigkeiten zwischen den zur Aufführung geladenen spanischen und französischen Gesandten[3] beiseite gelegt. Die theuern Decorationen und die Musik der Hauptmaske kamen jedoch in dem nächsten Spiel des Dichters, *The Fortunate Isles and their Union*, zur Verwendung, und auch die Fabel der *Main-Masque* konnte hier mit geringfügigen Änderungen beibehalten werden. Dagegen stellte Jonson eine ganz neue Antimaske bei, so dass die Handlung des Maskenspiels nun folgendermaßen verlief.

---

[1] Ein recht missgünstiges Urtheil über diese Maske fällt wieder Chamberlain in einem Briefe vom 25. Februar 1623. Alles Verdienst am Gelingen der Aufführung wird Inigo Jones zugeschrieben. Nichols, *Progr. James* IV 802.

[2] Vgl. pp. 159, 164.

[3] Brief Mr. Chamberlains vom 17. Jänner 1624 (bei Nichols, *Progr. James* IV 960) und Finett, *Philoxenis*, pp. 133—135. „*I will stand for mine inches with you, as peremptory as an ambassador*" sagt Jonson in *A Challenge at Tilt* (Gifford VII 227) mit Anspielung auf solche Etikettefragen.

Johphiel, ein Luftgeist, hält einen Adepten der Rosenkreuzer, der schon lange einer Offenbarung der Geisterwelt harrt, zum besten und lässt ihm Skogan und Skelton erscheinen, neben diesen aber auch Berühmtheiten wie Long Meg, Mary Ambree, Eulenspiegel (Howleglass), Elinor Rumming[1] u. s. w. Dann wendet sich Johphiel an den König mit der Botschaft, dass nun die Zeit gekommen sei, da alle Inseln der Glücklichen vereint werden sollten. Eine derselben, *Macaria*, sei heute zu Britannia gestoßen, und ihre Bewohner kämen nun, um ihrem neuen König die erste Huldigung darzubringen.

Auch die Antimaske in Jonsons *Love's Triumph through Callipolis* musste schon bei anderer Gelegenheit[2] erwähnt werden. Mit der Hauptmaske wird sie auf folgende Weise in Verbindung gebracht.

Euphemus kommt aus dem Olymp nach *Callipolis*, der Stadt der Schönheit, und findet, dass in diesem Sitz der Liebe zweifelhafte Charaktere sich angesiedelt hätten, welche als Anhänger der Liebe auftreten, ohne die wahre Liebe zu kennen: der prahlerische, der überspannte, der streitsüchtige, der Balladen winselnde, der eifersüchtige Verliebte und noch viele mehr führen ihre Tänze als Antimaske auf und werden schließlich von Euphemus vertrieben. Hierauf ziehen die wahren Liebenden im Triumph ein, unter ihnen der König.

Eigenthümlich ist bei diesem Spiel, dass es erst durch die vorwiegend als Sänger verwendeten Nebenpersonen wie Amphitrite, Jupiter, Hymen, Venus in die antike Sphäre gerückt wird. Die allegorischen Beziehungen des Stückes auf die eben aufkommende Tändelei mit der platonischen Liebe sind recht deutlich.[3]

Vielleicht ist auch der symbolische Gehalt der letzten Maske Jonsons, *Chloridia*, als eine Darstellung der vernichtenden Macht ungezügelter und unbewachter Liebe zu

---

[1] Vgl. Skelton, *Elynour Rummynge,* ed. Dyce, I 114:

„*I haue wrytten to mytche
Of this mad mummynge
Of Elynour Rummynge.*"

[2] Pag. 159.

[3] Vgl. p. 169.

deuten: Juno, die Göttin der ehelichen Liebe und Treue, weist die dunkleren Kräfte der Liebe: Eifersucht, Verstellung u. s. w. in ihre Schranken zurück.

Die Maske beginnt mit einer anmuthigen Scene in einer heitern Frühlingslandschaft. Zephyrus bringt dem Lenz Nachricht von dem Beschluss der Götter, dass die Erde nun auch ihre Sterne haben solle, wie der Himmel. Der Frühling aber bemerkt, die Erde besäße schon ihre Sterne, die Blumen. Etwas unvermittelt erzählt er hierauf von einer Verschwörung, welche Cupido angezettelt hätte. Erbost über die Götter, welche ihn noch immer als unzurechnungsfähiges Kind behandelten, sei der Liebesgott zur Hölle hinabgestiegen und habe ein Bündnis mit den unterirdischen Mächten gegen Himmel und Erde geschlossen. Da erscheinen auch schon als Antimasken die Mächte der Finsternis: Eifersucht, Verstellung, Regen, Donner, Sturm. Juno verscheucht diese Gestalten, und Chloris, die Göttin der Blumen, kann mit ihren Nymphen den Frühlingsreigen tanzen. Dann hören wir noch, wie der reuige Cupido von den Himmlischen Verzeihung erlangt. Die Schluss-Scene wird von einem Auftritt Famas und ihrer Helfer ausgefüllt: Dichtkunst, Geschichte, Baukunst und Bildhauerei verherrlichen Chloris (die Königin Henriette Marie).

Bekanntlich gab der Druck der beiden letztgenannten Masken Anlass zum endgiltigen Bruch zwischen Jonson und seinem alten Mitarbeiter Inigo Jones. Der eitle Architekt hatte es übelgenommen, dass sein Name auf dem Titelblatt von *Love's Triumph* an zweiter Stelle erschien, in *Chloridia* aber ganz verschwiegen wurde, und wusste seinen Einfluss bei Hofe zum Sturz des armen, kranken Ben zu verwenden:[1] seit 1631 wird der Meister des Maskenspiels nicht mehr zur Mitwirkung bei den höfischen Spielen herangezogen.

In der Wahl seines Nachfolgers war der schlaue Inigo Jones sehr vorsichtig; sie fiel auf den herzlich unbedeutenden und daher auch gefügigen Aurelian Townshend, der die Ehre zu schätzen wusste und, nachdem er am Schluss

---

[1] Brief Mr. Porys an Sir Thom. Puckering bei Gifford, vol. I, p. CLX.

einer seiner Masken dem Architekten die Erfindung des Themas, der allegorischen Ausführung und des scenischen Apparates, endlich auch die Beschreibung der Scenerie zugestanden, ganz bescheiden anmerkt, dass er die Verse verfasst habe.

Nun ist es recht belustigend, zu sehen, wie die neue Firma trotz aller Opposition gegen den alten Ben über seinen mächtigen Einfluss nicht hinauskommt und gleich in ihrer ersten gemeinsamen Arbeit an die beiden letzten Spiele Jonsons anknüpft. *Albion's Triumph*, aufgeführt im Jänner 1632, bringt die Maskierten in einem Triumphzug auf die Bühne wie *Love's Triumph through Callipolis* und feiert die eheliche Liebe wie des Altmeisters *Chlorida*. Die Fabel des Stückes ist freilich recht hausbacken ausgefallen.

Mercur erscheint vor Alba (der Königin), um ihr mitzutheilen, dass dem Albanact (dem König) ein großer Triumph gegönnt sei; sie möge dem Zug von ferne zusehen. Albanact zieht mit vierzehn Consuln feierlichst ein, wird von Cupido und Diana (von keuscher Liebe) bezwungen und der Königin Alba zugeführt, welche ihn aufnimmt und zum Genossen ihrer Göttlichkeit macht. Die Antimasken bestehen aus Spielen in einem antiken Circus, aufgeführt von Saltatores, Pugili, Gladiatores u. s. w. Den Schluss bildet wieder ein allegorisches Nachspiel, wie in *Love's Triumph through Callipolis:* Unschuld, Gerechtigkeit, Religion, Liebe und Einigkeit überreichen Geschenke; Friede steigt zur Erde herab.

Auch in der Maske der Königin aus demselben Jahre kommen die beiden neuen Gesellschafter nicht ohne eine starke Anleihe aus: ein französisches Spiel, das später zu beschreibende *Balet comique de la Royne*, war das Muster für Townshend-Jones' *Tempe Restored*.

Circe hat einen jungen Edelmann in ihre Netze gelockt und aus Eifersucht in einen Löwen verwandelt. Später löst sie den Zauber; der Entzauberte flieht aber von ihrem Hofe und erzählt vor König Karl seine Erlebnisse. Circe tobt über die Flucht ihres Geliebten, und zu ihrer Zerstreuung ziehen die von ihr verwandelten Menschen in Thiergestalten, doch seltsamerweise auch als Indier und Barbaren auf (Antimaske). Als diese abtreten, bereitet

Harmonie den Weg vor für die „göttliche Schönheit", welche in Begleitung von vierzehn Sternen (oder Nymphen) erscheint und mit dem König *(heroicke vertue)* sich verbindet. Unter dem Einfluss dieser himmlischen Kräfte überreicht Circe ihren Zauberstab der Minerva, und Tempe, wo eine Zeit lang Circes Hof geweilt, wird den Musen und ihren Freunden wiedergegeben.

Townshend hat am Schlusse des Buches die Allegorie selbst ausgelegt: Circe bedeute die böse Lust; die auftretenden Thiere seien die verschiedenen Laster; die Begleiterinnen der Schönheit dagegen die Tugenden u. s. w.

Jonsons Nachfolger in der Würde des officiellen *poeta laureatus*, Sir William Davenant, übernahm von dem Meister der Hofmaske auch die Betonung des Gegensatzes zwischen Haupt- und Nebenmaske durch einen möglichst vollständigen Personalwechsel. Freilich hat der Nachtreter Jonsons in den Dichtungen, welche er auf der soliden Basis der von seinem Lehrer in so vielen glänzenden Erzeugnissen praktisch gelehrten Poetik aufbaut, nur bewiesen, dass sein Können nicht ausreicht, um die altbewährte Form mit annähernd gleichwertigem Inhalt zu erfüllen. So bieten beispielsweise *The Triumphs of the Prince d'Amour*, nach Davenants eigener Angabe in drei Tagen verfertigt, nur eine wüste Aufeinanderfolge unmotivierter Scenen, deren Inhalt anzugeben fast unmöglich ist.

Das Stück setzt ohne jede Einleitung mit einem Auftritt stummer *Antimasquers* ein: zwei prahlende Soldaten, ein dicker Ritter (wohl ein Abkömmling Falstaffs), zwei holländische Seeofficiere u. s. w. treiben ihre Possen. Die Scene verwandelt sich plötzlich in ein Feldlager, in dessen Mitte der Tempel des Mars sich erhebt. Seine Priester treten mit Gesängen auf und machen bald den eigentlichen Maskierten, elf glänzenden Rittern, Platz. Diese werden von Amors Pfeilen getroffen. Die Wirkung wird aber merkwürdigerweise nicht an den Rittern gezeigt, sondern in einem ganz und gar unvermittelten Auftritt an Verliebten der verschiedensten Nationen und Anlagen: an einem steifen Spanier, einem eifersüchtigen Italiener, einem langweiligen Holländer u. s. w. Wiederum wechselt die Scene, und es erscheinen die Priester der Venus mit Gesängen sie werden von dem zweiten Tanz der jetzt in höfischer Tracht prangenden Ritter abgelöst. Es folgen noch Gesänge der Priester Apollos, und zum Schluss tragen zwölf wilde Männer ein Mahl von Früchten auf. Aus dem Schlussgesang der drei Priestergruppen können wir — bei gutem Willen — eine Grundidee der Maske herauslesen, da sie aus dem vorhergehenden Text keineswegs ersichtlich wurde: das Eingreifen der drei Priesterchöre soll den Maskierten Erfolg im Kampf, in der Liebe und in der „höfischen Conversation" verleihen!

Eine starke Anleihe, welche Davenant bei Jonson machte, ist gleich zu erkennen: die Charakteristik der Verliebten verschiedener Nationen beruht auf dem Auftritt der „*depraved lovers*" in *Love's Triumph through Callipolis*; auch der Gegensatz dieser Fratzengestalten zu den „*noble lovers*", wie die Maskierten genannt werden, ist in demselben Stücke Jonsons zu finden.

Davenant, der Nachahmer, hat leider bald seinerseits Schule gemacht. Wenige Monate nach dem *Prince d'Amour* nahm sich der unbekannte Verfasser des zu Richmond 1636 aufgeführten *Entertainment* die Formlosigkeit jenes Stückes zum Muster und stellte folgende Auftritte ganz unverbunden nebeneinander.

Die eröffnende Scene wird mit ein paar plumpen Spässen eines Bauers aus Wiltshire ausgefüllt. Einige Burschen und Mädchen kommen hinzu und führen einen ländlichen Tanz auf. Sie werden abgelöst von einem singenden Schäferpärchen. Ohne jeden Übergang wechselt nun die Scene, und ein Kriegslager wird sichtbar. Ein Feldhauptmann und ein Druide erörtern die Vortheile von Krieg und Frieden. Der Druide ruft Apollos Hilfe an; die Priester dieses Gottes erscheinen und besänftigen durch ihre Gesänge die wilden Soldaten. Hierauf bringt ein Postillon die Botschaft, dass Prinz Britomart (Prinz Karl) mit einigen Rittern seines Gefolges auf dem Weg nach dem englischen Hofe sei und gleich eintreffen werde. Vorher tritt aber noch ein gravitätischer Spanier auf und tanzt eine Sarabande. Dann folgen, eingeleitet und unterbrochen von Gesängen der Apollopriester, die Tänze des Britomart und seiner Begleiter.

Mr. Edward Sackvile nahm nicht nur an dem Aufzug und den Tänzen in dieser Maske theil, sondern hielt auch in der ersten Scene aus dem Zuschauerraum einen kurzen Dialog mit dem Bauer Thomas: also ein Rapport zwischen Bühne und Publicum, wie er näher nicht gedacht werden kann.

Das Kriegslager als Scene; die Priester des Apollo, welche kriegerische Neigungen durch Gesang bändigen; endlich der Spanier mit seiner komischen Grandezza sind deutlich aus der eben besprochenen Maske Davenants entnommen.

Auch im Haupttheil mythologisch-allegorischer Maskenspiele kommen mitunter Gestalten vor, welche zu ihrer classischen Umgebung nicht recht passen wollen. In *The Golden Age Restored*, zum Beispiel, lässt Jonson mit deutlicher Anspielung auf die Ermordung Overburys das eiserne Zeitalter mit seinem Gefolge von Lastern und Verbrechen auftreten. Pallas verwandelt sie alle in Statuen und ruft Asträa mit dem goldenen Zeitalter herbei. Dieses ist begleitet von den auserlesenen Dichtern früherer Zeiten: Chaucer, Gower, Lydgate, Spenser und von seligen Geistern aus dem Elysium.

Für den gelehrten Dichter wäre es ein leichtes gewesen, classische Namen von Klang statt der englischen einzusetzen, und der geschichtskundige Jonson musste überdies wissen, dass zum mindesten das Zeitalter Chaucers, Gowers und Lydgates für England durchaus kein goldenes war. Und doch hielten ihn keine derartigen Erwägungen ab, neben Pallas ganz moderne Personen zu verwenden: ein Beweis, dass hier die mythologischen wie die realen Gestalten, von Zeit und Raum losgelöst, als vollendete Abstractionen sprechen und handeln.

Wie wenig störend das Abspringen der Fabel vom antiken zum modernen Stoffkreis empfunden wurde, beweist vielleicht am besten Jonsons *Pleasure Reconciled to Virtue*. Bei der ersten Aufführung des Spieles wurde das antike Milieu vollständig festgehalten.

Comus und sein Gefolge ziehen auf, und einer aus der lärmenden Schar hält eine Lobrede auf den Gott des Bauches. Sie werden verscheucht von Hercules, dem Vertreter werkthätiger Tugend, der auch durch seinen bloßen Augenaufschlag die Pygmäen in die Flucht jagt, als sie ihm im Schlaf die Keule rauben wollen. Mercur bekränzt den Helden und theilt ihm mit, dass nun Vergnügen und Tugend am Hofe des weisesten Monarchen sich die Hand reichen könnten. Als Sinnbild dieser Vereinigung sollten heute Abend zwölf Prinzen diesen Hof besuchen, welche sich ruhigen Sinnes dem Vergnügen hingeben dürften, da sie Tugend schon erworben hätten.

In dieser Gestalt hatte die Maske wenig Erfolg,[1]) und Edward Sherburn schreibt an Carleton: „*The Masque on Twelfth Night was poor, and Inigo Jones has lost reputation, for something extraordinary was expected, as it was the first in which the Prince ever played.*"[2])

Darin liegt wohl ein Hinweis, dass eine deutlichere Anspielung auf das Ereignis jenes Abends, das erste Auftreten des Prinzen von Wales in einer Maske, gewünscht wurde. Wirklich bemühte sich Jonson, bei der Wiederholung des Stückes seinen Zuschauern recht deutlich zu kommen, und musste sich dazu verstehen, das schöne Gefüge seiner Maske durch eine — übrigens sehr glücklich erfundene — Scene von Walisern zu stören. Drei Vertreter dieser Nation führen Klage, dass der Poet die Ungereimtheit begangen habe, den Prinzen von Wales aus dem Berge Atlas treten zu lassen, wo er doch viel passender einen der vielen schönen walisischen Berge hätte wählen können. Die Schönheit und die Vorzüge des Landes werden in Liedern gepriesen und walisische Tänze aufgeführt. Mit den vorgeschlagenen, recht unwesentlichen Änderungen schloss sich an diese Scene eine Wiederholung der Maske *Pleasure Reconciled to Virtue*, und in dieser Form fand das Stück den Beifall, der ihm anfangs versagt blieb.[3])

---

[1]) Die Angabe des zweiten Bandes der Folioausgabe (1640), die Maske hätte das Gefallen des Königs in hohem Maße erregt, ist eine fromme Erfindung; alle gleichzeitigen Berichte sind vielmehr einig in der Ablehnung des Stückes; vgl. noch die weiter unten in der Bibliographie angeführten Briefe.

[2]) *Calendar of State Papers, Domestic Series 1623—1625 (with Addenda)*; p. 552.

[3]) „*The tuesday night the Prince his maske was very excellent well performed of the prince ... It was much better liked then twelveth night;*

„Astronomische" Masken.

Eine besondere Spielart der allegorisch-mythologischen Maske möchte ich als die astronomische Maske bezeichnen. Man lässt die Maskierten als Sterne oder Sternbilder erscheinen, um so ihren hohen gesellschaftlichen Rang oder ihre wahren und angedichteten trefflichen Eigenschaften anzudeuten.

Zuerst hat wohl Marston in *The Lorde and Ladye Huntingdon's Entertainment of their Right Noble Mother Alice* den Mitwirkenden dieses artige Compliment gemacht.

Cynthia und Ariadne fliegen auf ihren Wolkenwagen zur Erde herab. Nach den üblichen Schmeicheleien an die Damen, welche durch ihre Schönheit angeblich beide Göttinnen überstrahlen, bemerkt Cynthia, dass der Ariadne ihre Sternenkrone fehlt und fordert sie auf, ihr Diadem hier zu Ashby leuchten zu lassen. Die Maskierten werden, als Sterne costümiert, auf den Ruf Ariadnes sichtbar; sie sitzen unter den Flügeln eines ungeheuern Adlers auf dem Wipfel einer Eiche.

Dann hat Jonson die Idee aufgegriffen in der Hochzeitsmaske Hadingtons, welche man mit dem ihr erst von Gifford beigelegten Titel *The Hue and Cry after Cupid* zu bezeichnen gewohnt ist. Die Einleitung zum Tanz der Sterne gehört zu den anmuthigsten Scenen der ganzen Maskenliteratur und verliert nichts von ihrem Reiz, wenn wir in dem hinter Cupido erlassenen Steckbrief eine Nachahmung der berühmten Stelle des Moschus vom Ἔρως δραπετής erkennen.

Venus sucht im Verein mit den Grazien ihren entlaufenen Sohn und findet ihn mit seinen Genossen *Joci* und *Risus*, als er eben im Begriffe ist, durch seine Pfeile Unheil in der höfischen Gesellschaft anzurichten. In einer zweiten Scene bringt Hymen der Venus Nachricht von der zu feiernden Hochzeit, welche auch Vulcan mit einem köstlichen Kunstwerk zu verherrlichen gesonnen ist. Ein Felsen thut sich auf und zeigt Vulcans Arbeit: den Thierkreis mit den zwölf Zeichen (den Maskierten). Diese werden nun einzeln als Symbole des ehelichen Glückes ausgedeutet.

---

*by reason of the newe Conceites and antemaskes and pleasant merry speeches ... by suche as counterfeyted wels men."* Gerrard Herbert an Sir Dudley Carleton. 22. Februar 1618. *State Papers*, XCVI, art. 27.

Als Episode ohne Bedeutung für die Ökonomie des Stückes brachte Campion einen Planetentanz in der bereits erwähnten Maske zur Vermählung der Prinzessin Elisabeth an.

Die gelungenste astronomische Maske hat aber unstreitig Thomas Carew geschrieben. Wir stehen nicht an, sein *Coelum Britannicum* als die witzigste und sinnreichste Dichtung nach den Hofmasken Jonsons zu erklären. Nur schade, dass bei der Aufführung die prächtigen Reden und fließenden Verse durch einen ungeheuern Decorationsprunk gewiss sehr in den Hintergrund gedrängt wurden.

Zum erstenmal[1]) erscheint in einer Maske statt der geläufigen idealistischen Auffassung der antiken Götterwelt die skeptische Betrachtungsweise Lukians.[2]) Aus einem Gespräch zwischen Mercur und dem mit Geist und Humor gezeichneten Erzspötter Momus erfahren wir, dass Jupiter, veranlasst durch das Beispiel der Musterehe Karls und Marias, sich entschlossen habe, ein neues Leben zu beginnen und seinen Liebesabenteuern völlig zu entsagen. Der ganze Olymp wird bei dieser Gelegenheit reformiert, und als sichtbares Zeichen seiner Bekehrung verbannt Jupiter alle jene Sternbilder, in welchen er seine alten Liebschaften und deren Früchte verewigt hat, vom Himmel. Sie steigen auf Mercurs Gebot herab und tanzen die erste Antimaske. Dann ruft Momus einen großen Wettbewerb um die freigewordenen Plätze am Himmelszelt aus. Nacheinander melden Plutus, Penia, Tyche und Hedone ihre Ansprüche an, werden aber alle von Mercur mit schön ausgeführten Begründungen abgewiesen und erhalten von Momus spöttische Rathschläge auf den Weg.

In einem zweiten Theil lässt der Genius der drei vereinigten Königreiche fünfzehn Helden aus dem Innern eines Berges hervortreten, welche bestimmt sind, die Plätze der vom Himmel verbannten Sterne einzunehmen. Da aber

---

[1]) Nur die wenig einnehmende Rolle, welche Vulcan in Jonsons *Mercury Vindicated* als Stammvater der Alchemisten spielt, könnte als Versuch in derselben Richtung angeführt werden.

[2]) Die Grundzüge der von Carew frei ausgestalteten Handlung finde ich in jenes Autors „Θεῶν Ἐκκλησία" *(Luciani Samosatensis Opera ex recensione Guilielmi Dindorfii.* Parisiis, MDCCCLXVII, pp. 760—765. Vgl. besonders §§ 5, 7, 14—15).

die drei Königreiche erklären, sie nicht entbehren zu können, soll nur ihr Ruhm zum Himmel steigen und dort beständig leuchten. Die Maske schließt mit einem allegorischen Auftritt von Eusebia, Sophia, Euphemia u. s. w.[1])

**Allegorische Maskenspiele.** Neben der großen Zahl allegorisch-mythologischer Masken sind die rein allegorischen Spiele nur überraschend schwach vertreten. Sie arbeiten mit einer andern Art der Metapher, welche wir als die ältere, directe Allegorie bezeichnen dürfen. Während der Renaissance-Dichter eine antike Gottheit hinstellt und von seinem Zuschauer voraussetzt, dass er die symbolische Bedeutung dieser Gestalt erkenne, dass er Mars in seiner Phantasie mit Krieg, Venus mit Schönheit oder Liebe übersetze, nennt ein die ältere, mittelalterliche Form der Allegorie pflegender Schriftsteller seine Abstractionen gleich beim richtigen Namen: Krieg, Schönheit, Liebe, Macht.

---

[1]) Sir Henry Herbert nennt Carews Werk: *„the noblest masque of my time to this day, the best poetrye, best scenes, and the best habitts"*. (Malone, *Historical Account of the English Stage*, London 1821, p. 286.) Die Maske wird auch lobend erwähnt von Garrard in den *Letters and Despatches of Thomas Wentworth, Earl of Strafford*. London 1739, vol. I, p. 177, 207, 360, und von Francis Osborne in den *Historical Memoirs* II 134 *(Works* 1722). Sie wurde öfters fälschlich Sir William Davenant zugeschrieben und fand auch in die Folioausgabe der Werke dieses Dichters (1673) Aufnahme.

Im Ms. Harl. 4931, fol. 28, steht unter dem Titel *„The Designe"* eine recht genaue und verständnisvolle Inhaltsangabe des *Coelum Britannicum*. Eine andere Hand fügte hinzu: *„An: 1638. This was acted in Germany, before ỹ Earle of Arundel, when he went to Vienna in behalf of ỹ Paulsgraue."* Diese Notiz wäre sehr interessant, dürfte aber auf einem Irrthum beruhen. Einmal gieng Thomas Howard, Earl of Arundel, schon 1636 als Gesandter nach Wien. Dann weiß der genaue Reisebericht, welchen William Crowne veröffentlichte, nichts von einer solchen Aufführung *(„A true relation of all the remarkable places and passages observed in the Travels of ... Thomas Lord Howard, Earle of Arundell and Surrey ... London 1637")*. Erwähnt wird hier *„a kinde of Comedy by young Schollers in masking attire"*, welche der Graf bei den Jesuiten zu Wien sah (p. 23) und ein anderes, zu Prag aufgeführtes Jesuitendrama (pp. 33—37). Von dem letzteren wird ein recht ausführliches Scenarium gegeben. Es ist ein allegorisches Spiel, in welchem der langersehnte Friede durch König Karl von England und seinen Gesandten Arundel der Welt wieder geschenkt wird. Mit diesem Stück mag der Schreiber der erwähnten Notiz das *Coelum Britannicum* verwechselt haben.

Aus der Blütezeit der Maskenspiele können wir nur zwei Fälle anführen, in welchen eine der mittelalterlichen Allegorie sehr nahestehende Erfindung die Kosten der Unterhaltung allein zu bestreiten hat.

An das alte Schaustück von der „Minneburg" erinnert uns die anonyme *Masque of the Twelve Months*.

Die Bühne zeigt beim Heben des Vorhangs die Festung der Schönheit, das Herz, bewacht von den Pulsen. Nach einem Gesang der zwölf Sphären öffnet sich das Herz, und Schönheit erscheint in Begleitung von Aglaia. In Frage und Antwort erklären diese beiden die in ihren Einzelheiten schwer verständliche und recht ungenießbare Allegorie der Scene und der mitwirkenden Personen. Schönheit lässt sodann dreizehn Monde und eine komische Person, *Prognostication*, erscheinen, welche für das neue Jahr alles Glück verheißt. Die eigentlichen Maskierten nahen als die zwölf Monate des eben beginnenden Jahres.

Chapmans *Mask of the Middle Temple and Lincoln's Inn* werden wir gleichfalls zu den rein allegorischen Spielen rechnen müssen. Die Hauptperson ist freilich Plutus, aber der hat von der classischen Personification des Reichthums nichts übernommen als den Namen und könnte ebensogut *Riches* heißen wie die entsprechende Gestalt in dem vor König Heinrich VIII. aufgeführten Streitdialog[1]) oder *Mammon*, wie in Shirleys *Honoria and Mammon*.

Die Einleitung der zur Hochzeitsfeier der Prinzessin Elisabeth aufgeführten Maske[2]) Chapmans bildet ein Dialog zwischen Plutus, der durch seine Liebe zur schönen Göttin Honor sehend und witzig geworden ist, und einem *Man of Wit*, namens Capriccio. Der letztere hat erfahren, dass Plutus kürzlich in England eingetroffen sei, um mit seinem Gefolge von zwölf edlen Bewohnern Virginias die Vermählung der Prinzessin zu verherrlichen. Capriccio will die Gelegenheit benützen und den Gott des Reichthums aufsuchen, obwohl er den Rittern vom Geiste so wenig zugänglich ist. Als er in seinem Unterredner den mächtigen Gott

---

[1]) Vgl. p. 86.
[2]) Vgl. den *Bericht eines zeitgenössischen Deutschen über die Aufführung von Chapmans Maske*. (Hgg. von Theod. Marx. Jahrbuch der Shakespeare-Gesellschaft XXIX/XXX 172 ff.)

selbst erkennt, führt er, um dessen Gunst zu gewinnen, einen lustigen Grotesktanz vor. Als Gegenspiel hiezu fordert Plutus seine angebetete Honor auf, die Feier des großen Tages zu beginnen, und diese lässt die edlen Virginier in der goldenen Höhle eines Berges sichtbar werden. Dazu ertönen endlose Gesänge der virginischen Priester, welche von dem Cultus der Sonne zur Verehrung des wahren Phöbus (natürlich König Jakobs) bekehrt werden. Schließlich erklärt Plutus, dass er und Honor zum Wohl des jungen Paares einen ewigen Bund eingehen wollten.

Dann hören wir lange nichts von einer ausschließlich allegorischen Maske, und erst das karolinische Hofdrama bringt diese Gattung wieder zu Ehren. Aber es ist die alte allegorische Maske nicht mehr, die bei aller Schwerfälligkeit doch so manchen sinnreichen Zug, manche hübsche Ausdeutung anscheinend bedeutungsloser Handlungen aufzuweisen hatte. Im Gegensatz zu den besten Maskenspielen, beispielsweise Jonsons *Hymenaei*, wo die ganze Handlung ins Allegorische gewendet ist, werden die symbolischen Figuren in der Verfallszeit der Maske nur noch als bequeme Träger confuser und zerflatternder Handlungen gewählt, und sollen durch ihre geläufigen und bedeutungsvollen Namen dem Zuschauer einen Schlüssel zum annähernden Verständnis der weit hergeholten und in verwirrender Fülle gebotenen Erfindungen des Dichters an die Hand geben.

Freilich verlohnt es sich bei den meisten dieser Spätlinge nicht der Mühe, nach einer Idee, nach dem kleinsten Grundgedanken zu forschen. Die Masken waren nun einmal zunächst für den Augenblick geschrieben, und wenn ein Jonson sich trotzdem stets gegenwärtig hielt, dass diese Stücke so gut wie die übrigen Werke seinen Namen der Nachwelt überliefern sollten, so quälten sich seine Nachfolger umsoweniger mit solchen Erwägungen und hatten ihr Ziel vollkommen erreicht, wenn sie die Anerkennung des Königs und des Hofes fanden und ihren Erzeugnissen der Vorwurf erspart blieb, der so manche bessere Maskendichtung traf: sie sei zu schwerfällig, „eher ein Theaterstück als eine Maske".[1]

---

[1] Chamberlain über Campions *Lords' Maske* bei Nichols, *Progr. James* II 554 n.

Man hielt es denn auch für Zeitverschwendung, das innere Gefüge der Masken aus der Blütezeit genauer zu studieren. Dafür machte man aber, wie schon anlässlich einiger Spiele Davenants und Townshends zu erwähnen war, mit der größten Unverfrorenheit namentlich beim Altmeister Jonson die stärksten Anleihen in Äußerlichkeiten und im Stofflichen. Auch ein Shirley verschmähte es nicht, auf *The Vision of Delight* zurückzugreifen in seiner von den vereinigten Rechtsschulen zur Feier der Geburt des Prinzen von York und zugleich als Demonstration gegen die bekannten Angriffe William Prynnes aufgeführten Maske *The Triumph of Peace*.

*Fancy* lässt vor *Opinion*, dessen Frau, *Novelty*, und dessen Tochter, *Admiration*, eine lange Reihe von Antimasken auftreten. Das tolle Treiben wird von Irene, Eunomia und Diche gestört, welche das Erscheinen ihrer von Genius geführten Söhne (der Maskierten) einleiten. Nach einer Unterbrechung durch einen Grotesktanz von Handwerkern[1]) bringen die Maskierten ihre Tänze zu Ende und werden von Amphiluche zum Aufbruch gemahnt.[2])

Die Hauptperson in den ersten Scenen, *Fancy*, erfüllt also hier dieselbe Aufgabe wie in Jonsons erwähntem Spiel, und *Admiration* ist nur eine Caricatur von *Wonder* in demselben Stücke.

Durch besseren Zusammenhang zwischen den Antimasken zeichnet sich Shirleys zweites Spiel, *Cupid and Death*, vor dem eben besprochenen aus. Wir führen es an dieser Stelle an, weil die zwei mythologischen Namen (Cupido und Mercur) neben den zahlreichen allegorischen Gestalten nicht ausreichen, um das Stück zu einem mythologisch-allegorischen zu stempeln.

Cupido und Tod kehren gemeinsam in einer Herberge ein. Der Aufwärter, mit der Behandlung durch die beiden Gäste nicht zufrieden, vertauscht heimlich ihre Pfeile, so

---

[1]) Vgl. p. 152.

[2]) Ausführliche Berichte über Shirleys Maske von Garrard in den *Strafford Letters* (I 207) und in Whitelockes *Memorials*, London 1782, p. 19 ff. Letzterer hatte selbst bei den Vorbereitungen mitgewirkt. Die Theilnehmer werden gefeiert in Francis Lentons: *The Inns of Court Anagrammatist, or The Masquers Masqued in Anagrams*. London 1634.

dass Cupido mit seinen Geschossen nun Tod bringt, der Tod aber seinen vermeintlichen Opfern nur Liebe einflößt. Die Verwickelungen, welche aus dieser Störung der Weltordnung hervorgehen, werden an einzelnen Fällen gezeigt, bis schließlich Mercur auf Geheiß der Götter den natürlichen Lauf der Dinge wiederherstellt. Die von Cupido getödteten Liebenden kann er freilich nicht mehr zum Leben erwecken; zum Trost der ihren Verlust beklagenden Natur lässt sie aber Mercur in verklärter Gestalt (als *grand Masquers*) erscheinen.[1]

In den sechs kurzen Jahren, welche die echte Hofmaske nach Shirleys *Triumph of Peace* noch zu leben hatte, brachte Davenant vier Stücke auf die Bühne, welche sich, abgesehen von der gelegentlichen Verwendung ganz bedeutungsloser mythologischer Nebenpersonen wie Aurora oder Hesperus, mit der geschilderten äußerlichen Art der Allegorie behelfen. Nur die Antimasken bringen etwas Leben in diese steife Gesellschaft, und wir dürfen es dem Hofe Karls I. wirklich nicht verübeln, wenn er immer ungestümer nach diesen lustigen und bunt wechselnden Auftritten rief, um nicht bei den öden und im besten Fall halbverständlichen Auftritten blutloser Allegorien vor Langweile umzukommen.

So steht gleich zu Anfang von Davenants *Britannia Triumphans* eine langathmige Disputation zwischen *Action* und *Imposture*. Die beiden streiten über den Einfluss, welchen sie auf den Lauf der Welt nehmen. Zur Unterstützung seiner Argumente lässt *Imposture* von dem alten Zauberer Merlin eine Reihe von zweifelhaften Charakteren und Betrügern beschwören, welche eine Antimaske tanzen. Nun greift Bellerophon[2] zu Gunsten *Actions* in die Debatte ein, und *Imposture* lässt zur Verhöhnung der durch diesen

---

[1] Über die Verbreitung des Motives vgl. *The Plays of Shakespeare* (edd. Malone-Boswell), London 1821, XX 67; ferner Köhler und Bolte im *Euphorion* III 854; Nachträge hiezu von Minor, ebd. IV 333; von Bolte, Sauer und Horner, ebd. V 726. Ich verweise noch auf ein Ballett bei Lacroix, *Ballets de cour*. Genève 1868—1870. Vol. II 57.

[2] Vgl. Jonson, *Masque of Queens* (Gifford VII 142): „*The ancients expressed a brave and masculine virtue in three figures (of Hercules, Perseus and Bellerophon).*"

Helden vertretenen „*Heroick Virtue*" von Merlin noch eine Antimaske herbeizaubern, bestehend aus einem Ritter, seinem Knappen, einem Zwerg, einem Edelfräulein und einem Riesen. Diese führen eine tolle, aber witzige Parodie der Ritterromane auf. Endlich werden *Imposture* und Merlin durch den Ton der Trompete Famas[1]) verscheucht. Der Ruhm ruft sodann mit einem Liede die Perle aller Ritterschaft, Britanocles, und sein Gefolge herbei.[2])

Verherrlichung der keuschen Liebe ist der Gegenstand von Davenants *Temple of Love*. Nicht ohne einiges Nachdenken und mit Hilfe des Arguments, welches der Dichter in richtiger Erkenntnis der Undurchsichtigkeit seiner Allegorie vorausschickt, haben wir die Grundzüge der Handlung dieses Maskenspiels herausgelesen. Wie mag es aber dem Zuschauer ergangen sein, der ohne Führer den schnell sich abwickelnden Scenen folgen sollte?

*Divine Poesy* bringt die Nachricht, dass nun die Zeit gekommen sei, da durch den Einfluss der Schönheit Indamoras, der Königin von Natsinga, der Tempel der keuschen Liebe wieder zugänglich werden sollte, der in Wolken verhüllt worden war, um ihn der Macht einiger böser Zauberer zu entziehen. Die Hexenmeister trachten nun, alle, die den Tempel suchen, durch ihre Künste von ihm fernzuhalten. Auch an einigen edlen jungen Persern versuchen sie ihre Zauberei, aber *Divine Poesy* veranlasst die Jünglinge, auf das Kommen der Indamora zu warten und den Lockungen der falschen Liebe zu widerstehen. Indamora naht mit ihren Begleiterinnen, und der Tempel der wahren Liebe wird sichtbar. An dieser heiligen Stätte wird nun die Verbindung von Sunesis (Verstand) und Thelema (Wille) gefeiert.

---

[1]) Wie in Jonsons *Masque of Queens*:
„*So should, at Fame's loud sound, and Virtue's sight,
All dark and envious witchcraft fly the light.*"

[2]) Eine recht genaue Beschreibung und Beurtheilung dieser Maske findet sich in *The stage condemn'd, and the encouragement given to the immoralities and profaneness of the theatre, by the English schools, universities and pulpits, censur'd. King Charles I. Sundays mask and declaration for sports and pastimes on the Sabbath, largely related and animadverted upon* ... London 1698, pp. 12—31.

Wenige Wochen nach *Britannia Triumphans* brachte die Königin mit ihren Hofdamen ein Spiel zur Aufführung, welches ich ohne Bedenken als Werk Davenants glaube betrachten zu dürfen.[1]) *Luminalia, or, the Festival of Light* verdankt seinen Namen einer etwas handgreiflichen, an die Königin gerichteten Schmeichelei. Sie vertreibt als Göttin des Lichts die Geschöpfe der Finsternis, so dass wir uns an Jonsons *Masque of Queens* erinnert fühlen; dort müssen gleichfalls die dunklen Mächte vor den Lichtgestalten der Bel-Anna und ihres Gefolges weichen.

Die erste Hälfte in *Luminalia* gehört also der Nacht und ihren Begleitern: Vergessenheit, Schweigen. Sie sehen ein, dass sie heute, da alles festlich gestimmt ist, im Saale nichts zu suchen hätten, wollen aber wenigstens etwas zur Unterhaltung der Gäste beitragen, indem sie einige Geschöpfe der Nacht als Antimaske herbeirufen. Schlaf und seine Söhne, die Traumgötter, lassen einen zweiten charakteristischen Tanz von den Träumen ausführen. Die Scene für die Tänze der Hauptmaskierten ist ein herrlicher Garten. Hesperus fragt die Aurora, wo heute die Sonne so lange bleibe, und erhält die Antwort, dass sie für diesen Tag ihr Amt an eine irdische Schönheit abgetreten habe. In dieser Rolle erscheint natürlich die Königin mit ihren Damen.

Die letzte Maske Davenants, mit etwas gesuchter Gelehrsamkeit *Salmacida Spolia*[2]) betitelt, ist zugleich die letzte echte und rechte Hofmaske überhaupt. Wie das große Drama, wurde auch das Maskenspiel entwurzelt, als die Stürme des Bürgerkrieges über das Land fegten, und es klingt wie eine Vorahnung schwerer Zeiten, wenn jenes Spiel, welches am Schluss einer langen, glänzenden Reihe steht, in der Idee und in einzelnen Stellen[3]) ganz deutlich auf die im Jahre 1640 schon recht weit gediehene

---

[1]) Ich habe meine Ansicht im *Beiblatt zur Anglia* (XI 177—181) ausführlich begründet.

[2]) Eine Erklärung gibt Davenant in der Einleitung seines Stückes (*Dramatic Works*, Edinburgh 1872, vol. II 311).

[3]) „*If it be kingly patience out to last Those storms the people's giddy fury raise*" etc.; „*Murmur's a sickness epidemical; 'Tis catching, and infects weak common ears*" etc. (*Dramatic Works* II 322).

Gährung unter dem Volk hinweist. Diesmal schrieb die Geschichte selbst mit eisernem Griffel den Commentar zu Davenants verworrener Allegorie. Durch die letzten Scenen aber, welche den Sieg des Königs über das murrende Volk voraussagen möchten, zog Clio trauernd einen dicken, rothen Strich.

Die Furie *Discord*, so beginnt Davenants Maskenspiel, will, nachdem sie überall Zwietracht gesäet, auch Englands Frieden stören und ruft drei andere Furien herbei. Sie wird aber vertrieben von *Concord* und dem guten Genius des Landes, welche das englische Volk zu ehrbaren Vergnügungen und Spielen ermuntern. Diese sind durch zwanzig Auftritte von Antimasken höchst seltsamer Natur[1] nicht gerade auf das würdigste repräsentirt. Ein Chor „des geliebten Volkes" leitet hinüber zum Erscheinen der Maskierten und des Königs als *Philogenes* (Schätzer seines Volkes). Eine ungeheure Wolke bringt hierauf die Königin und ihre Damen herbei. Zum Schluss wird der ganze Himmel mit seinen Göttern sichtbar.

Wie die Renaissance-Allegorie naturgemäß mit den alten Götteraufzügen eine innige Verbindung eingieng, aus welcher das mit Vorliebe gepflegte mythologisch-allegorische Maskenspiel des 17. Jahrhunderts entsprang, so suchte auch die eben geschilderte Art der metaphorischen Dichtung, die sogenannte directe Allegorie, durch Bündnisse mit beliebten Stoffkreisen in der Gunst des Hofes sich zu behaupten.

Thomas Campion[2] bezeugt uns, dass zur Zeit, als man der mythologischen Masken etwas überdrüssig wurde, dafür romantische Fabeln in der Art Tassos in Aufnahme kamen, Scenen von Zauberern und Geisterbeschwörern, reichlich ausgestattet mit Verwandlungen oder Entzauberungen des Personals. In solchen freien Erfindungen waren allegorische Gestalten leicht unterzubringen, und man konnte durch billige Symbolik sich den Anschein geben, als ob man die

*Allegorisch-romantische Maskenspiele.*

---

[1] Vandergoose, der in diesen Scenen auftritt, ist wohl ein Verwandter des Vangoose in Jonsons *Masque of Augurs*. Seine Recepte erinnern an Marstons *Masque of Mountebanks*.

[2] *The Description of a Maske at the Marriage of the Earle of Somerset.* Nichols, *Progr. James* II 707.

äußerliche und sprunghafte Handlung eines Verwandlungsstückes vertiefen und vergeistigen wollte.

Campion lieferte zu seiner theoretischen Bemerkung gleich ein praktisches Beispiel in der Hochzeitsmaske des Grafen Somerset, für welche sich der Name *The Squires' Masque* eingebürgert hat.

Vier Knappen erzählen, dass ihre Herren, von Fama unterrichtet, sich aufgemacht hätten, um ihre ritterlichen Dienste den Neuvermählten und dem König zu weihen. Unterwegs hätten die bösen Mächte *Errour, Rumor, Curiositie* und *Credulitie* sechs von ihnen durch einen fürchterlichen Sturm heimgesucht und endlich durch die Luft entführt. Die andern sechs Ritter seien von denselben mächtigen Zauberern in Säulen verwandelt worden. Da nahen hilfreiche Gewalten: *Eternity, Harmony* und die drei Schicksalsgöttinnen. Die letzteren bringen einen goldenen Baum mit sich. Ein Zweig desselben, gebrochen von der Hand der Königin, erlöst die verwandelten Ritter und zaubert ihre entführten Gefährten herbei.[1]

Wenige Tage später wurde zur Nachfeier derselben Hochzeit von den Mitgliedern des Gray's Inn die anmuthige und witzige *Masque of Flowers* gegeben. Sir Francis Bacon hatte sich für das Zustandekommen dieser Aufführung besonders eingesetzt und bestritt die sehr erheblichen Kosten ganz aus eigenem.[2]

Nach einer lustigen Scene zwischen *Invierno* und *Primavera*, welche an die alten Streitdialoge zwischen Sommer und Winter erinnert, erhalten die beiden Jahreszeiten durch den Boten Gallus von der Sonne den gemessenen Auftrag, sich diesmal zu vertragen und die Hochzeit Somersets zu verherrlichen. *Invierno* soll für die Austragung einer kürzlich von dem weinseligen Silenus an Kawasha, den Gott des Tabaks und der Raucher, gerichteten Herausforderung sorgen. Der fröhliche Wettstreit zwischen

---

[1] Mr. Chamberlain thut auch diese Maske wie desselben Verfassers sogenannte *Lords' Maske* mit wenigen abfälligen Worten ab (Brief an Mrs. Alice Carleton vom 30. December 1613 bei Nichols, *Progr. James* II 725).

[2] Vgl. die Vorrede des Buches und Chamberlain an Carleton unter dem 9. December 1613 (Nichols, *Progr. James* II 705).

Tabak und Wein füllt die Antimaske aus. *Primavera* veranlasst sodann in der Hauptmaske die Rückverwandlung einiger junger Herren, welche vor Zeiten in Blumen verzaubert worden waren.

Auch für historische Figuren findet sich bisweilen in allegorischen Masken ein Platz. Wiederum geht Jonson mit dieser Erweiterung des Personals der Maskenspiele voran in seiner schönen und ernsten *Masque of Queens*.[1]

*Allegorisch-historische Masken.*

Elf Hexen treffen sich und rufen ihre Anführerin, eine Art Hekate, herbei. Die Tänze und Beschwörungen dieser Unholdinnen werden unterbrochen durch das plötzliche Erscheinen des Hauses der Fama, erbaut von Inigo Jones genau nach der berühmten Beschreibung Chaucers. *Heroic Virtue*, in der Gestalt des Perseus, steigt zur Bühne herab und verkündigt die Absicht seiner Tochter Fama, an diesem Abend den Ruhm von zwölf hehren Frauen zu verbreiten, unter welchen Bel-Anna (die Gemahlin König Jakobs) den ersten Platz einnimmt. Die hohen Frauen (Penthesilea, Thomiris, Artemisia, Boadicea, Berenice, Amalasunta und andere) ziehen auf Triumphwagen ein und führen die Hexen gebunden vor sich her.

Noch spät hat der Altmeister in der Herbeiziehung historischer Persönlichkeiten Nachfolger gefunden. Thomas Nabbes griff nach dreißig Jahren die verwendbaren und eindrucksvollen historischen Bilder wieder auf in seiner kleinen Maske zum Geburtstag des Prinzen von Wales (1638).

In der Einleitung hält *Time* einigen Almanachmachern ihre Unwissenheit und Keckheit vor: statt der lächerlichen Voraussagungen sollten sie lieber gute Chroniken der ruhmreichen Geschichte des Landes in ihre Kalender aufnehmen. Zur Strafe wachsen ihnen schließlich gar Hörner, welche sie erst los werden, nachdem sie auf *Times* Befehl eine „*hornpipe*" getanzt haben. Dann bringt *May* zu Ehren des Geburtstages Morristänzer auf die Bühne, während *Time* als Hauptmaske acht berühmte Prinzen von Wales aus dem Elysium herbeiruft.

Die Erfindung in der zuletzt besprochenen Maske ist übrigens wenig originell. Nabbes konnte die Figuren eines

---

[1] Eine gleichzeitige kurze Inhaltsangabe dieses Spieles finde ich im Ms. Harl. 6947, fol. 143.

Almanachmachers und des *Time* schon in Middletons *Masque of Heroes* (1619) finden.

Der erstere ist bei Middleton freilich ein ganz würdiger, einflussreicher Mann, welchen *Fasting Day*, als das alte Jahr stirbt, um einen Platz bei dessen Nachfolger angeht. Er erhält ihn schließlich, trotz der Feindseligkeiten des dicken *Plumporridge*.[1]) Doch *New Year* sieht trüb drein, und zu seiner Aufheiterung lässt *Time* als Antimasken zuerst *Lent, Candlemas Day, Ill May Day* u. s. w. auftreten, dann je drei Tage guter, übler und unentschiedener Vorbedeutung. Als diese *New Year* nicht heiterer stimmen können, ziehen auf des Kalendermachers Geheiß als gutes Omen neun Helden ein, welche durch ihre Tugenden den Göttern gleich geworden sind. Wir erkennen in ihnen die *Nine Worthies* der älteren Hofmaskeraden wieder.

*Mythologisch-volksthümliche Masken.* Wie die allegorischen, verbinden sich auch mythologische Stoffe bisweilen mit Gestalten aus dem Kreise romantischer Vorstellungen. Während jedoch dort neben den steifen Personificationen die literarische Romantik mit ihrem ganzen Apparat von Verwandlungen und allen Äußerlichkeiten des Ritterthums blühte, nahm die Antike eine andere, edlere Art der Romantik, die volksthümliche, zur Genossin, ohne indes allegorische oder ritterlich-romantische Einschläge ganz auszuschließen. So reichen in einigen der schönsten Masken die Götter und Halbgötter des Alterthums den Schöpfungen des englischen Volksglaubens die Hände. Die Vereinigung scheint sich leicht und innig zu vollziehen: sind doch beide zusammentreffenden Gruppen Gebilde der Volksseele.

Freilich gehörte Jonsons Scharfblick dazu, diese Ähnlichkeit zu erkennen, und alle seine Kunst ist vonnöthen, um durch unauffällige Betonung dieser Urverwandtschaft aller mythischer Wesen über die scheinbare Stilmischung hinauszukommen. Der erste Versuch Jonsons in dieser Richtung, *Oberon the Fairy Prince*, bedeutet schon den Höhepunkt dieser seltenen Abart des mythologischen Maskenspiels.

---

[1]) In dem von *Plumporridge* überbrachten Testament des *Christmas* erinnern die Namen einiger Kinder des Verstorbenen an Jonsons *Masque of Christmas*.

Vor dem Palaste Oberons unterhalten sich Satyre mit Gesängen, Tänzen und derben Spässen. Ihr Meister, Silenus, hat seine liebe Noth, ihren Übermuth in Schranken zu halten, bis sich die Thüren des Palastes öffnen und Oberon, seine Ritter und die ganze Feenwelt erscheinen. Sie bringen mit Gesang und Tanz dem „neuen Arthur", König Jakob, ihre Huldigung dar.

Noch einmal trat bei Jonson neben den antiken Göttern und Halbgöttern eine Gestalt des englischen Volksglaubens bedeutsam hervor in *Love Restored*, einer Maske voll graziösem Humor, welche zugleich eine durchsichtige Anspielung auf den sehr prosaischen Geldmangel am Hofe Jakobs anbringt.[1]

Plutus hat die Gestalt des Liebesgottes angenommen und will den muntern Tänzer Masquerado vom Hof verscheuchen. Endlich wird er jedoch von Robin Goodfellow, der sich durch List Eintritt zu dem Fest verschafft hat, entlarvt und muss vor dem wahren Cupido weichen. Dieser erzählt, wie er durch die Missgunst des Plutus lange Zeit in Erstarrung gelegen sei; nun hat er durch den Anblick der Majestäten Wärme und Kraft wieder erlangt und bringt zehn der vorzüglichsten Zierden eines Hofes mit sich, welche fürderhin Jakob immer treu bleiben sollen: *Honour, Courtesy, Valour, Urbanity, Confidence, Industry* u. s. w. Über den Plutus aber solle der König von nun an unbeschränkt herrschen.

Eine gewisse Ähnlichkeit der Grundidee dieser Maske mit dem alten, vor Heinrich VIII. aufgeführten Streitdialog[2] zwischen Liebe und Reichthum ist nicht zu verkennen. Auch dieser schließt mit der Erkenntnis, dass Liebe und Reichthum dem Fürsten gleich nöthig seien.

Ein drittes Spiel, welches für die Geschöpfe der heimischen Mythologie neben den Gestalten der antiken Göttersage Platz findet, ist bisher völlig unbekannt geblieben,

---

[1] Vgl. den bisher unbeachteten Brief John Mores an Sir Ralph Winwood vom 15. December 1610 bei Nichols, *Progr. James* II 371. Das Fehlen eines Grotesktanzes in diesem Stück mag mit den finanziellen Nöthen Jakobs zusammenhängen.

[2] Vgl. p. 86.

und auch ich weiß nur von einer ganz späten Abschrift desselben in der Bibliothek Alexander Dyces.[1]

Diese Maske von Cole Orton ist anonym überliefert, und solange ich für meine Vermuthung, sie sei ein Werk Jonsons, keine festeren Beweisgründe gewinne als eine freilich auffallende Übereinstimmung in Stoff, Composition und Stil mit des Meisters besten Maskendichtungen, will ich sie lieber weiter unter den herrenlosen Stücken führen.

Das Spiel beginnt mit der Antimaske. *Bob, the Buttrie spirit* tritt mit einem Lied auf. Zu ihm kommt *Puck, the Cuntrie Sprit*, und die beiden beklagen den Niedergang der alten Gastlichkeit und harmlosen Fröhlichkeit. Nur wenige Männer vom alten Schlag sind noch zu finden; unter ihnen: „*honest Harrie of Ashbie, Bonny Bob of Lichfield, besides a brace of my bully Beaumonts*". In der letztgenannten Familie will Bob immer bleiben, und Puck macht ihn daher mit den „Schwarzelben" bekannt („*the black faeries, the dancing spiritts of the Pittes*"), welche die Bergleute Sir Thomas Beaumonts („*Toms Aegiptians*") beschützen und bei der Arbeit unterstützen. Diese führen einen Tanz auf und werden durch das Erscheinen der Iris verjagt.

Die Hauptmaske eröffnet ein Auftritt des Favonius: Jupiter hat ihn beauftragt, die bevorstehende Ankunft der sechs herrlichsten Helden zu verkündigen; er nennt sie mit Namen: Sir Vere, Sir Arthur, Sir Sapient, Sir Artegall, Sir Guion, Sir Calidore, und fordert sie auf, zu erscheinen. Aber statt ihrer werden sechs Damen sichtbar. Juno hat nämlich von der Maske gehört und aus Ärger über die Absicht Jupiters, nur männliche Tugenden zu verherrlichen, die Maskierten in einer Wolke festgehalten. An ihrer Stelle schickt sie die weiblichen Tugenden: Sanftmuth, Einfalt, Treue, Bescheidenheit, Verschwiegenheit und Keuschheit. Doch der Göttin war es nur darum zu thun, ihrem Geschlecht den Vorrang zu sichern; als die Damen ihren ersten Tanz beendet haben, löst Iris den Zauber, und die sechs Helden können erscheinen. Den Schluss bildet ein Lied und einige Versreden an die Gäste des Hauses.

---

[1] Alles Nähere zur Überlieferung und zur Frage nach dem Verfasser folgt weiter unten in der Bibliographie der Maskendichtung.

Mythologie und Allegorie in allen Gestalten waren den Maskendichtern so geläufig geworden, dass sich nach und nach die Ansicht herausgebildet haben muss, als ob außerhalb ihres Bereiches kein Heil für den Hofdichter zu hoffen sei. So sehr überwiegen die aus diesen beiden Stoffquellen schöpfenden Spiele, dass die Maske meist schlechtweg als ein kleines mythologisch-allegorisches Drama mit Gesang und Tanz definiert werden konnte. Für die bisher besprochenen Maskenspiele könnte diese Definition allenfalls ausreichen, nicht aber für einige ganz kleine Gruppen, in welchen Jonson den Versuch macht, ohne gelehrtes Rüstzeug sein Auskommen zu finden.

Es ist höchst bezeichnend, dass mit Ausnahme eines späten und isolierten Nachzüglers kein anderer Dichter ihm auf dieser Bahn folgen wollte. Waren sie nun alle in das bisschen Gelehrsamkeit, das sie vor den Augen des Königs auskramen durften, so vernarrt, oder waren sie zu lange auf den mythologischen und allegorischen Stelzen gegangen, um noch einen selbständigen Schritt zu wagen, — sicher ist, dass der einzige wirkliche Gelehrte unter den Maskendichtern allein allen Ballast der Tradition und Schule bisweilen über Bord wirft und ganz aus eigenem ein munteres Stück frisch und froh hinwirft. Und es sind nicht seine schlechtesten Spiele, welche, statt dem König Gelegenheit zur Recapitulation seiner classischen Kenntnisse zu geben, lieber seiner ebenso starken Neigung für eine derbe Komik entgegenkamen.

Die einst so beliebten Nationalmasken brachte Jonson in drei Spielen wieder zu Ehren. Eines derselben, *For the Honour of Wales,* konnten wir nicht als selbständige Maske gelten lassen und waren gezwungen, es schon früher zu besprechen.

*National-Masken.*

Die irische Nation hatte schon im 16. Jahrhundert einige komische Kerle als ihre Vertreter zu den Hofmaskeraden entsendet, und auch König Jakobs laute Heiterkeit wurde durch die Englisch radebrechenden Bedienten in Jonsons *Irish Masque* entfesselt.

Das Stück arbeitet mit den einfachsten Mitteln. In Irland hat man von der bevorstehenden Vermählung des Earl of Somerset gehört, und zwölf edle Irländer haben sich aufgemacht, um einen irischen Tanz bei der Hochzeitsfeier aufzuführen. Nur schade, dass das wilde Meer ihre schönen Festkleider verschlang und sie in ihren weiten irischen Mänteln tanzen müssen. Durch die Gegenwart des Königs werden sie aber verwandelt und stehen in glänzender Kleidung da, als sie ihre Mäntel abwerfen. Dem Tanz der Herren geht eine lustige Scene ihrer Diener voraus.

Unbegreiflicherweise erblickten missgünstige Leute vom Schlage Chamberlains[1]) in dieser Maske eine Verhöhnung der irischen Nation. Jonson hat mit seinem harmlosen Spiele gewiss das genaue Gegentheil beabsichtigt und seine Gesinnung auch deutlich genug ausgedrückt.

Der größte Erfolg, den eine Maske je errang, wurde wohl den *Gipsies Metamorphosed* Jonsons zutheil. Das Stück wurde nicht weniger als dreimal vor König Jakob aufgeführt, und bei jeder Wiederholung schaltete der Dichter neue Verse ein. Wenn wir auch andere Masken Jonsons wüssten, welche diese Auszeichnung eher verdient hätten, so ist doch gern zuzugeben, dass das Spiel von den Zigeunern weitaus die beste der erhaltenen Nationalmasken älterer und entwickelter Form ist. In keiner andern werden die Eigenthümlichkeiten eines Volkes mit soviel Liebe und Versenkung in den Gegenstand geschildert. Man könnte die Dichtung geradezu als ethnographische Quelle für das Leben und die Sprache der englischen Zigeuner des 17. Jahrhunderts benützen.

Die braunen Kinder Ägyptens ziehen mit Gesang und Tanz auf und weissagen der vornehmen Gesellschaft alles Glück. Eine Schar von Landleuten erfährt gleichfalls ihre Zukunft, wird aber schließlich von den Zigeunern arg bestohlen. Doch die Wahrsager kehren zurück und geben ihnen den entwendeten Kram wieder. Dies nimmt die biederen Landleute so für sie ein, dass sie sich gern ihnen anschließen möchten. Der Patrico (Patriarch, Häuptling) gibt ihnen einen Begriff von seiner Kunst, indem er seine ruppigen Zigeuner in feine Herren verwandelt, welche nun ihre Tänze aufführen und dem König ihre Segenswünsche darbringen.

---

[1]) Brief an Carleton vom 5. Jänner 1614 bei Nichols, *Progr. James* II 738.

Endlich ließ Jonson in zwei Maskenspielen seiner Phantasie völlig die Zügel schießen und stattete sie gänzlich mit frei erfundenen Gestalten aus. In dem ersten dieser grotesken Stücke, *The Vision of Delight*, wird die frei waltende, ungezügelte Einbildungskraft geradezu zur Hauptperson und lässt zuerst ihre Geschöpfe, die Phantasmen, erscheinen, dann als Hauptmaskierte die „Zierden des Frühlings" im Hause des Zephyrus. Die zweitwichtigste Rolle fällt dem *Wonder* zu, dessen Aufgabe darin besteht, die wechselnden Schauspiele mit erstaunten Ausrufen zu begleiten. Der Humor will freilich in dieser Dichtung nicht recht sprudeln und wird hauptsächlich durch ein langes „Gedicht" in Lebereimen *(medley)* bestritten.

<small>Phantastische Maskenspiele.</small>

Weit höher als *The Vision of Delight* steht durch Fabel und Composition die zweite frei erfundene Maske Jonsons, genannt *News from the New World discovered in the Moon*.

Zwei Herolde erscheinen und geben vor einem dankbaren und leichtgläubigen Publicum, bestehend aus einem Drucker, einem Chronisten und einem Factor (berufsmäßigen Briefschreiber) ihre Neuigkeiten zum besten. Ein Poet (Ben Jonson selbst) sei kürzlich im Monde gewesen und habe genaue Kunde von der Beschaffenheit dieses Planeten und seiner Bewohner gebracht. Einige der seltsamen Mondbürger, halb Vögel, halb Menschen, treten als Antimaske auf, dann als ihr Gegenspiel mehrere menschliche Wesen, welche in ihren intensiven Betrachtungen über die Vortrefflichkeit des Königs die Erde ganz vergaßen und sich in den Mond versetzt glaubten.[1]) Jetzt sind sie wieder auf dem Boden der Wirklichkeit angelangt und wollen dem Gegenstand ihrer Verehrung die schuldige Huldigung darbringen.

Jonsons tolles Spiel von der Phantasie wurde eben wegen seines lockern Gefüges ein beliebtes Vorbild, als die Dichter nicht mehr den Ehrgeiz besaßen, die Masken durch strengere Composition dem großen Drama zu nähern. Shirley machte, wie bereits erwähnt, in seinem *Triumph of Peace* starke Anleihen bei Jonson, und auch das letzte Werk, in welchem wir noch eine echte Maske, wenn auch

---

[1]) Armer Ben, wie schwer muss es dir geworden sein, solche unsinnige Hyperbeln niederzuschreiben!

keine Hofmaske, erkennen, Jordans *Fancy's Festivals*, im Jahre 1657 in einem Privathaus dargestellt, entnimmt seine Hauptperson und mit ihr das Unverbundene und Sprunghafte in der Scenenfolge aus dem beim Altmeister vereinzelt dastehenden, übermüthigen Weihnachtsschwank vom Jahre 1617.

Der erste Act — die „Acte" entsprechen, wie bemerkt, hier ganz den unverbundenen Scenen in der Art Davenants — beginnt mit dem Monolog eines Dichters, der eine Maske schreiben soll und seine Erfindungskraft gänzlich erschöpft fühlt. Da kommt Frau *Fancy* des Weges daher; der Dichter sieht gleich, dass sie mit neuen Erfindungen schwanger geht, und entbindet[1]) sie von allem möglichen Zugehör für Maskeraden: Glöckchen, Bänder, Gesichtsmasken, Tanzschuhe, dazu zwei Zettel, deren einer die Handlung, der andere die Reden einer Maske enthält. Ehe diese zur Ausführung kommt, lässt *Verity*, welche der Dichter aus Hochachtung nicht in die Maske einbeziehen will,[2]) je einen Vertreter der sieben großen christlichen Nationen erscheinen und eine Antimaske tanzen. — Den zweiten Act leitet ein Zwiegespräch zwischen *Power* und *Policy* ein. Sie streiten über den Vorrang des Krieges oder des Friedens.[3]) Je vier Mitglieder des Gelehrten- und des Soldatenstandes tragen den Streit in einem pantomimischen Tanz aus. — Der dritte Act bringt ein munteres Gespräch zwischen dem Eisenfresser Mr. Frolick und einer berufsmäßigen Schönheit, Mrs. Friendly. Jack Chowse, ein reicher Erbe, ist eben volljährig geworden und feiert dieses Ereignis im Kreise seiner Freunde. Mrs. Friendly bringt zu diesem schönen Feste vier Berufsgenossinnen mit, und diese tanzen mit den Freunden Frolicks. — Der vierte Auftritt enthält ein Streitgespräch zwischen *Sleep* und *Watch*. Ganz gegen seinen Willen muss der erstere bei einem Feste der Königin der Nacht mithalten, versenkt aber seine Partner bei dem allgemeinen Tanz, einen Constabler und fünf Wächter, in tiefen Schlaf. — Im letzten Act sieht der Dichter ein,

---

[1]) Vgl. die Entbindung des „*She-monster*" in Jonsons *Vision of Delight*.
[2]) „*In a Mask, 'las, we shall but abuse ye.*"
[3]) Vgl. das *Entertainement at Richmond*, 1636.

dass er nun mit einer *Grand Masque* schließen müsse, und nachdem er verschiedene Stoffe, welche *Fancy* für diesen Theil seines Stückes vorschlägt (die Musen, sieben Todsünden, sieben freie Wissenschaften) abgelehnt, lässt *Verity* auf seine Bitten einige Helden aus dem Elysium erscheinen.

Dieser späte Nachzügler, an und für sich ein lebhaftes, munteres Stück, kündigt uns das Ende der Gattung durch die Selbstironie des Verfassers an, der uns in die Werkstätte eines späten, nach möglichst verblüffenden Wirkungen und possenhaften Einfällen haschenden Maskendichters Einblick gestattet.

Capitel 3.
## Äußere Einrichtung, Behelfe und Anlässe der Aufführungen.

Über kein Capitel der englischen Theatergeschichte sind wir bisher so mangelhaft unterrichtet, wie über die Entwickelung der Ausstattung und Scenerie. Collier räumte der Erörterung dieser Äußerlichkeiten einen kurzen Abschnitt[1]) seiner *History of Dramatic Poetry* ein. Manches Wertvolle findet sich auch in den Abhandlungen von Ordish[2]) und Von dem Velde.[3]) Um jedoch zu größeren Ergebnissen zu gelangen, müsste die Technik des gesammten englischen Theaters nach der Methode durchforscht werden, welche Brandl auf die in seinen *Quellen des weltlichen Dramas in England vor Shakespeare* veröffentlichten Stücke anwendete.

Eine Thatsache freilich wird von allen Geschichtschreibern des englischen Dramas bereitwillig zugegeben oder vielmehr als Axiom aufgestellt: die Verwendung entwickelter Scenerie in der Spätzeit des nationalen Dramas beruht auf dem Einfluss der von jeher reich und prächtig ausgestatteten Maskenspiele. Seit wann jedoch das große Drama der kleinen Gattung für diese nicht unbedenkliche Errungenschaft verpflichtet ist, wurde noch nicht ausführlich klargelegt.

---

[1]) Vol. III, pp. 158—179.
[2]) *Early London Theatres*. London 1894.
[3]) *Englische Bühnenverhältnisse im 16. u. 17. Jahrhundert*. Görlitz 1894.

— 224 —

Meine Aufgabe kann es nicht sein, an dieser Stelle die Frage zu beantworten. Nur die erste, unentbehrliche Vorarbeit für eine vergleichende Darstellung möchte ich hier leisten, indem ich die scenische Technik der Maskenspiele etwas ausführlicher darstelle.

Ort der Aufführung. Die echten Maskenspiele wurden wie diejenigen älteren Hofmaskeraden, welche der entwickelten Form durch die Theilnahme des Hofstaates an den Tänzen besonders nahe stehen, stets im geschlossenen Raume aufgeführt. In weitaus den meisten Fällen war der Schauplatz dieser Feste die große Bankettlhalle *(the banquetting house)* im königlichen Palaste Whitehall. Von König Jakob im Jahre 1607 in vergrößertem Maßstab und mit bedeutender Pracht an Stelle des alten, verfallenden Gebäudes neu erbaut,[1] fiel der Saal am 12. Jänner 1619 einem unter den vielen aufgespeicherten Decorationen und Requisiten rasch sich verbreitenden Brand zum Opfer.[2] Inigo Jones ward die Aufgabe zutheil, eine neue Bankettlhalle zu erbauen. Der Grundstein wurde am 1. Juni 1619 gelegt; am 31. März 1622 stand das prächtige Gebäude, des großen Architekten Meisterstück, fertig da und ist noch heute als *Whitehall Chapel* erhalten.[3] Als unter Karl I. die Deckengemälde von Rubens angebracht wurden, fürchtete man, die köstlichen Bilder durch den Rauch der vielen, bei den Maskenaufführungen erforderlichen Lichter zu beschädigen, und Jones erhielt 1637 den Auftrag, für die scenischen Darbietungen ein provisorisches Gebäude aus Holz zu errichten.[4] Im Jahre 1645 ließ das Parlament diesen Bau niederreißen,[5] um jede Erinnerung an die den Puritanern verhassten Maskenspiele zu tilgen.

War der Bankettsaal zu Whitehall nicht zugänglich, so fanden die Aufführungen in der großen Halle des Palastes statt. Dies war zum Beispiel der Fall bei der

---

[1] Camden und Howes bei Nichols, *Progr. James* II 155. Die erste in dem Neubau aufgeführte Maske war wohl Jonsons *Masque of Beauty*. (Nichols, ebd. II, 162—168.)
[2] Vgl. zeitgenössische Berichte bei Nichols, *Progr. James* III 528.
[3] Eine Beschreibung bei Cunningham, *Life of Inigo Jones*, p. 21.
[4] Davenant, Vorrede zu *Britannia Triumphans*.
[5] Chapman, *Court-Theatre and Royal Dramatic Record*, p. 29.

Hochzeitsmaske Campions für Lord Hayes, als der alte Bau sich schon in einem kläglichen Zustand befand und der Umbau nahe bevorstand, oder bei der verlorenen Fastnachtsmaske vom Jahre 1619.[1]) Auch Chapmans Maske wurde in der großen Halle dargestellt, offenbar weil die Decorationen im Bankettsaal, wo tagsvorher Campions *Lords' Masque* aufgeführt worden war, nicht so schnell anzubringen waren.

Für die Maskenaufführungen in den Juristen-Collegien gaben die herrlichen alten Refectorien dieser Schulen den geeignetsten Schauplatz ab. Wenn in den geräumigen Hallen des Middle[2]) und Inner Temple[3]) oder des Gray's Inn[4]) die Mitglieder des Collegiums und ihre Gäste, unter denen Angehörige des Hofstaates selten fehlten,[5]) die bunten Maskentänze ausführten, so stand das Bild an Farbenpracht und Glanz den Aufführungen bei Hofe gewiss nicht allzusehr nach.

Die auf den Landsitzen der Adeligen dargestellten Spiele waren wohl wegen der Schwierigkeiten bei der Beschaffung der Decorationen und der Sprecher etwas anspruchsloser gehalten. Immerhin entwickelte beispielsweise Marstons Maske im „*greate chamber*" des Schlosses zu Ashby oder das zu Cole-Orton aufgeführte Stück ganz bedeutenden Ausstattungsprunk, während Campions *Entertainment* in der Schlosshalle zu Caversham durch den Mangel jeder Decoration an die älteren, durch Reden eingeleiteten Maskenzüge erinnert. Wie diese, braucht Campions Stückchen auch keine eigentliche Bühne. Die mit den einleitenden Reden betrauten Personen: der Reisende, der Gärtner, der Cyniker und Sylvanus spielen ihre kleinen Rollen in dem für sie freigehaltenen Theil der Halle, und die Maskierten ziehen ohneweiters zum Klang der Trommel und Pfeife in denselben Raum ein.

---

[1]) Nichols, *Progr. James* III 527.
[2]) Davenant, *Prince d'Amour*.
[3]) Brownes und Middletons Masken.
[4]) *Masque of Mountebanks* etc.
[5]) Sie kamen gewöhnlich verlarvt: Carleton an Chamberlain, 15. Jänner 1605; *Calendar of State Papers, Domestic*, 1603—1610, p. 187. Sir Henry Herberts Manuscript bei Malone, *Hist. Account of the English Stage*, p. 237.

Auch die mit Decorationen versehenen Maskeraden älterer Form behalfen sich, wie erwähnt, stets ohne Bühne. Die einzelnen Stücke der Ausstattung sind vielmehr über die ganze Halle vertheilt, und die handelnden oder singenden Personen haben, um von dem einen zum andern zu gelangen, stets den freien Raum des Saales zu durchschreiten. So verlassen in dem *disguising* bei der Hochzeit Prinz Arthurs[1]) die beiden Gesandten der Ritter vom Liebesberge ihr Schiff und treten an das früher in den Saal geschaffte Schloss der Damen heran, um sich ihrer Aufträge zu entledigen. Ihre Herren entsteigen dem Berge, in welchem sie in den Saal gezogen worden waren, und berennen das Schloss der Damen.

Auf diesem Standpunkt steht noch Daniel in seiner *Vision of the Twelve Goddesses*: ein neuer Beweis, wie recht wir hatten, dieses Spiel nicht als das erste einer neuen Form, sondern als einen der letzten Ausläufer der älteren Maskeraden und Götteraufzüge zu betrachten.

In einem Saal zu Hampton Court war nahe der einen Querseite *(the lower end)* ein Berg errichtet worden, am gegenüberliegenden Ende *(the upper end)* der Tempel des Friedens. Iris schreitet vom Berg herab, durchmisst die ganze Halle und überbringt der Sibylle im Tempel ihre Botschaft. Denselben Weg machen dann unter Vorantritt der Grazien die zwölf göttlichen Frauen. Nach Überreichung der Geschenke kehren sie in die Mitte des Saales zurück, wo sie ihre Tänze ausführen. Ein letzter Tanz bringt sie wieder an den Fuß des Berges, den sie endlich in stattlichem Zug ersteigen.

Die Bühne. In dem Augenblick, da die scenische Gelegenheitsdichtung eine feste Form annimmt und zur anerkannten dramatischen Gattung wird, stellte sich die Nothwendigkeit heraus, vom großen Drama die Einrichtung der vom Zuschauerraum durch eine unverrückbare Grenze getrennten, unbeweglichen Bühne zu übernehmen. Hier wurden nun die früher über die ganze Halle verstreuten Decorationen zusammengestellt, was gleich einen wesentlichen Fortschritt in der Richtung auf die dramatische Concentration und

---

[1]) Vgl. p. 26 f.

Wahrung der Illusion bedeutet. Wir werden nicht fehlgehen, wenn wir diese Zusammenrückung der Decorationsstücke als nothwendige Folge der zu Ende des 16. Jahrhunderts bemerkbaren Einführung complicierterer, sinnreicher und besser motivierter Handlungen in das Maskenspiel betrachten. Schon Davison, der Verfasser der Fabel vom Magnetfels des Proteus, konnte sich nicht entschließen, nach Art der älteren Maskenstücke den Fluss der Handlung durch Wanderungen seines Personals über die ganze Ausdehnung des Saales zu unterbrechen, und so hören wir bei ihm[1]) zum erstenmal von einer wirklichen Bühne, welche in allen späteren Berichten über Maskenaufführungen wiederkehrt.

Nicht immer fanden jedoch alle Personen der dramatischen Einleitung auf der Bühne Platz. Wie ein Rückfall in die alte Gepflogenheit, die ganze Halle als Scene zu verwenden, berührt es uns, wenn in Jonsons *Masque of Beauty* in der Mitte des Saales Januar sitzt und im Zwiegespräch mit Boreas und Vulturnus alle Voraussetzungen der Handlung erläutert. So bleibt hier die Bühne ganz den Musikern und Hauptmaskierten überlassen, und selbst das Schlusswort spricht Januarius von seinem Throne. Auch in Campions sogenannter *Squires' Masque* erzählen die vier Knappen die Schicksale ihrer Herren vor dem Prunksitz des Königs und der Königin; die drei Schicksalsschwestern ziehen mit dem goldenen Baum im Saale auf, und auf der Bühne geht nur die Verwandlung der Ritter und der Tanz der Themseschiffer vor sich.

Es ist schwer, zu sagen, was Jonson und Campion dazu vermochte, auf diese längst überholte Anordnung des Schauplatzes zurückzugreifen. Ich glaube, dass es lediglich äußere Gründe waren: die Bühne fand sich durch die großartigen Decorationen in dem Maße überladen, dass die Sprecher nicht mehr unterzubringen waren.

Um uns ein Bild von der Einrichtung des Saales zu Whitehall an den Abenden der Maskenfeste zu machen, müssen wir uns vor allem gegenwärtig halten, dass an der oberen Querseite,[2]) wo bei festlichen Mahlen die erhöhte

---

[1]) *Gesta Grayorum*, pp. 41, 48: „on the first coming on the stage".
[2]) „The upper part": Campion, *Squires' Masque*, ed. Bullen, p. 213.

Estrade für die vornehmsten Gäste stand, die Sitze für die königliche Familie angebracht waren.[1]) Die Längsseiten des Saales nahmen die Tribünen für die andern Zuschauer ein. An der Querwand des untern Theils der Halle[2]) stand die stark erhöhte Bühne.[3]) Den Rahmen der Scene bildeten reich ausgeschmückte Pfeiler,[4]) allegorische Statuen,[5]) wohl auch ein Triumphbogen;[6]) oder die Einfassung bestand aus Blumen-Ornamenten.[7]) Der Fries über der Bühnenöffnung war gewöhnlich in Relief gehalten und zeigte reiche, allegorische Bildwerke. In der Mitte des Frieses brachte man gern den Titel der Maske an.[8])

Ein Vorhang verhüllt die ganze Bühne. *„In the end of the designd place, there is drawne uppon a downe right cloth, straynd for the scene, a devise of landtscope, which openinge in manner of a curtine, an artificiall sea is seene."* So schildert Jonson in der ersten Niederschrift seiner *Masque of Blackness*[9]) diese Einrichtung, und die Genauigkeit dieser in der Quartausgabe von 1608 gestrichenen Beschreibung beweist, dass 1605 ein Vorhang vor der Maskenbühne noch als Neuerung erschien.

Da die Maskenspiele, so sinnreich und poetisch auch ihre gesprochenen und gesungenen Scenen sein mochten, in den Augen des Hofes denn doch nur als gefällige Einleitungen der von den Maskierten allein und mit den Zuschauern ausgeführten Tänze Berechtigung hatten,[10]) ergab

---

[1]) „*Cloth and chair of State*", oder einfach „*the State*".
[2]) „*The lower end of the hall*" Campion, *Squires' Masque* 214; Davenant, *Temple of Love* 287; *Britannia Triumphans* 266; Shirley, *Triumph of Peace* 262.
[3]) In den späteren Maskenspielen wird die Höhe der Bühne stets mit sechs Fuß angegeben: Carew, ed. Ebsworth, p. 160; Davenant, edd. Maidment and Logan, I 287, 329.
[4]) Jonson, *Masque at Hadington's Marriage*.
[5]) Davenant, *Temple of Love*, *Britannia Triumphans*; Shirley, *Triumph of Peace*.
[6]) Jonson, *Lovers Made Men*; Campion, *Squires' Masque*.
[7]) Jonson, *Chloridia*.
[8]) Jonson, ebd.; Carew, *Coelum Britannicum*; Davenant, *Temple of Love*.
[9]) Brit. Museum, Ms. Royal 17. B. XXXI.
[10]) „*Surely*", sagt der alte Schäfer in Jonsons *Pan's Anniversary*, „*the better part of the solemnity here will be dancing.*"

sich von selbst, dass die Bühne mit dem Zuschauerraum in Verbindung bleiben musste. Diesem Zweck diente eine breite Treppe, welche von der Scene zunächst zu dem etwas über den Boden der Halle erhöhten Tanzplatz in der Mitte des Saales herabführte. Über diese schritten die Maskierten, wenn die Zeit zu ihren Tänzen gekommen war und sie ihren Berg, ihre Triumphwagen u. dgl. verlassen durften.[1])

Die Treppe diente ferner jenen Personen, die, gleichsam aus dem Rahmen der Handlung heraustretend, mit Gesängen oder Ansprachen dem König oder der Königin sich näherten und so den charakteristischen innigen Contact zwischen den Schauspielern und Zuschauern wie durch Einbeziehung der letzteren in die Handlung herstellten. Auf diese Weise wendet sich Apollo in Jonsons *Masque of Augurs* an den König mit der Botschaft, dass, durch Jakobs Verdienste bewogen, die Götter das Collegium der Auguren zu seinen Berathern eingesetzt hätten. In *Chloridia* singt der Frühling den Inhalt der Maske vor dem König ab.[2])

An der Hand der genauen Beschreibung des Festsaales vor Campions Maske zur Hochzeitsfeier des Lord Hayes habe ich den umstehenden Plan von der Einrichtung der großen Halle zu Whitehall am Abend des 6. Jänner 1607 entworfen. Er wird uns später auch die Technik des Scenenwechsels erklären helfen.

*Decorationen und Verwandlungen.*

---

[1]) Vgl. Davenant, *Prince d'Amour* I 188 („*They descend ... then retire towards the scene*"); Jonson, *Chloridia* („*descend the degrees*"); ed. Gifford VIII 104, 109); Carew, ed. Hazlitt, p. 227; Davenant, *Britannia Triumphans* 266; „*a descent of stairs*" Shirley, *Triumph of Peace*, p. 262 *Luminalia*, p. 628.

[2]) Vgl. noch Jonson, *Neptune's Triumph* (ed. Gifford VIII 34) und *Triumph through Callipolis* (ebd. 91): *to go up to the State*"; *Luminalia*, p. 625—626. Bacon, *Of Masques and Triumphs* (*Essayes*, London 1625, Nr. XXXVII): „*Let the masquers, or any other, that are to come down from the scene, have some motions upon the scene itself before their coming down; for it draws the eye strangely, and makes it with great pleasure to desire to see that it cannot perfectly discern.*"

Plan¹) zur Aufführung der Maske Campions
am 6. Jänner 1607.

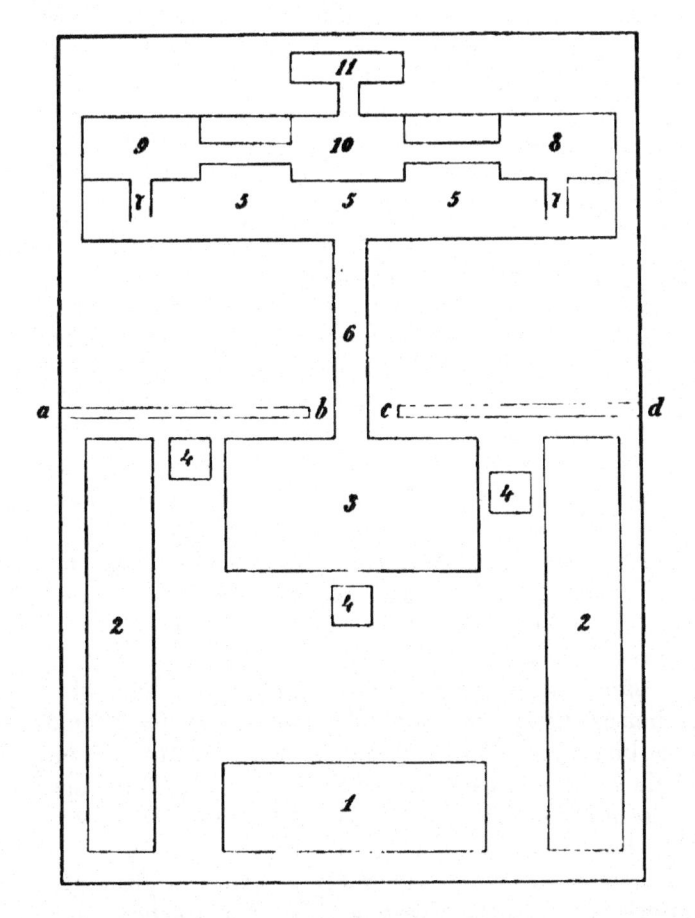

1. *Cloth and chaire of State.* — 2. *Scaffoldes and Seats.* — 3. *Dauncing place.* — 4. *Musitions.* — 5. *Stage (a green valley).* — 6. *Descent.* — 7. *Ascents.* — 8. *Bower of Flora.* — 9. *House of Night.* — 10. *Cliff and tree of Diana.* — 11. *Hill for the hoboyes.* — a..b, c..d *The Skreene.*²)

---

¹) Auf die Dimensionen konnte ich in meiner Zeichnung keine Rücksicht nehmen, da die Angaben zu mangelhaft sind. — Rechts und links vom Zuschauer!

²) *The Skreene* ist das zierliche, niedrige Gitter, welches in so vielen Kirchen und Hallen Englands zu sehen ist.

Ehe wir an die Erläuterung dieser Zeichnung gehen, sind zwei Druckfehler in der Beschreibung der Scenerie, wie sie in der editio princeps steht, zu verbessern. Statt *skreene (screene;* ed. Nichols, p. 108, Z. 6) ist zu lesen *sceene;* das geht schon aus p. 109, Z. 2 v. u, hervor: durch das Heben oder Wegziehen des rechten Theils des Vorhanges wird auch die Laube der Flora sichtbar, und als sich (p. 112) der übrige Vorhang nach der Seite öffnet, wird man zugleich mit dem Thal und den goldenen Bäumen des Hauses der Nacht ansichtig. Dann ist für *hill* (ed. Nichols, p. 108, Z. 11) zu schreiben *hall;* vgl. p. 109, Z. 5 v. u.[1])

Nun zur Erklärung der Vorgänge auf der Bühne. Ein Wolkenvorhang verhüllt folgende Scenerie: Ein grünendes Thal (5), in dessen Mitte neun goldene Bäume; zur Rechten führt ein ansteigender Pfad (7) zur Laube der Flora (8). Links ein gleicher Aufgang (7) zum Haus der Nacht (9). Dazwischen ein Hügel (10) mit dem Baum der Diana, und hinter diesem noch ein Berg (11), auf welchem die Musiker, durch Bäume verborgen, Platz finden. Zuerst wird der Vorhang zur Rechten weggezogen und enthüllt die Hütte der Flora mit dem Aufgang. Flora, Zephyrus und Waldgötter steigen zum Thal herab. Dann wird der Vorhang vollends zurückgezogen und die ganze Scene ist nun zu überblicken. Die Nacht steigt aus ihrem Haus hernieder, und ihr folgt auf demselben Wege Hesperus. Die Entzauberung der Bäume geht in dem blühenden Thal vor sich, worauf die Maskierten zum Tanzplatz (3) herabschreiten. Nach ihrem ersten Tanz führt sie Nacht über ihr eigenes Haus (9) zum Baum der Diana (10), dann über die Laube der Flora (8) zurück ins Thal (5) und abermals zum Tanzplatz (3), wo die weiteren Tänze, unterbrochen durch Gesänge und Ansprachen, sich abspielen.

Die Ausstattung dieser Maske Campions ist noch verhältnismäßig einfach: ein eigentlicher Decorationswechsel kommt nicht vor; nur durch das allmähliche Enthüllen der Scene wird die Spannung des Zuschauers längere Zeit wachgehalten. Auf ungefähr demselben Standpunkt stehen

---

[1]) Ich freue mich, nachträglich zu sehen, dass der letztere Fehler schon in Bullens Ausgabe verbessert wurde.

die Bühneneinrichtungen beispielsweise in Jonsons *Masque of Blackness*, *Masque of Beauty*, die *Masque of Flowers* u. s. w.

*Scenenwechsel.*  Indes ließen sich durch dieselben Mittel (feste Bühne und Wolkenvorhänge) bei entsprechender Anordnung der letzteren weit größere Wirkungen erzielen. Man brauchte nur zwei Vorhänge hintereinander anzubringen, von denen sich zuerst der vordere, dann der rückwärtige hob, um einen vollständigen Scenenwechsel zu bewerkstelligen. Diese Einrichtung hatten Jonson und Jones schon 1606 in der *Masque of Hymen* getroffen. Durch das Heben des Hauptvorhanges wird der Altar und der Mikrokosmos sichtbar. Zu beiden Seiten des letzteren stehen zwei mächtige Statuen, Atlas und Hercules, welche Wolken von getriebener Arbeit tragen. An diese schließt ein gemalter Wolkenvorhang an; als er später emporfliegt, erscheint der obere Theil der Scenerie: die drei Regionen der Luft als Aufenthalt Junos und der Luftgeister und die Region des Feuers mit Jupiter. Aus der mittleren Region der Luft bringen zwei Wolkenwagen die maskierten Damen.

Ähnlich haben wir uns die Verwandlung in Campions *Lords' Masque* vorzustellen: zunächst hebt sich (oder theilt sich) der erste Vorhang und zeigt den Wald mit der Höhle der Mania. Der obere, etwas eingerückte Abschnitt der Scene bleibt durch eine zweite Gardine verdeckt. Dann fällt auch diese Hülle, und der Zuschauer sieht die in Wolken schwebenden Sterne.

In Beaumonts *Masque of the Inner Temple and Gray's Inn* wird der untere Theil eines Berges durch das Aufrollen des ersten Vorhanges[1]) sichtbar; der Gipfel bleibt durch einen zweiten Vorhang den Blicken der Zuschauer entzogen, bis der Zeitpunkt des Erscheinens der Maskierten gekommen ist. Eine andere Maske, welche Vorhänge in der geschilderten Weise verwendet, ist Middletons *Inner Temple Masque*. Alle diese Spiele lassen das Princip der Theilung

---

[1]) „*Travers*"; diese Bezeichnung ist nicht etwa auf die nach der Seite sich öffnenden Vorhänge einzuschränken; vgl. Marstons Maske bei Nichols, *Progr. James* II 150: „*the travers sanke down*"; dagegen „*a travers slyded away*", ebd. 148.

der Bühne in einen obern und untern Abschnitt deutlich erkennen.[1])

Die allmählichen Fortschritte der Bühnentechnik in den späteren Masken sind schwer festzustellen, da aus der Zeit nach 1613 bis zu den Masken Davenants auffallend wenig genaue Schilderungen der Scenerie erhalten sind. Namentlich ist zu bedauern, dass die in den Folioausgaben der Werke Jonsons zuerst überlieferten Stücke die Beschreibung der Bühne sehr kurz abthun.

Wie aber Soergel dazu kommt, jeden vollständigen Scenenwandel vor den Dreißigerjahren zu bezweifeln, ist mir unerfindlich. Deutet doch Jonson schon in der *Masque of Queens* mit klaren Worten auf einen solchen hin: *„the whole face of the scene altered, scarce suffering the memory of such a thing"*.[2]) So wird auch in *Mercury Vindicated* aus der Werkstatt Vulcans mit einemmal die Laube der Natur; in *The Vision of Delight* haben wir sogar drei völlig verschiedene scenische Bilder zu verzeichnen: eine Straße, dann — als Zwischenspiel und offenbar um Zeit für die Anordnung der nächsten Decoration zu gewinnen — die Rede der Phantasie vor dem Wolkenvorhang, endlich das Haus des Zephyrus. Nach Sir John Astleys Bericht,[3]) welcher eine willkommene Ergänzung der ungenauen Beschreibung von *Time Vindicated* in der Folioausgabe bietet, spielte sich der erste Auftritt dieses Stückchens vor einer Ansicht von Whitehall mit dem eben vollendeten Banketthaus ab; der zweite führte die Maskierten mit Saturn und Venus in den Wolken vor; endlich erschienen noch wie als Nachspiel Diana und Hippolytus in einer Waldlandschaft.[4])

Auf welche Weise diese Verwandlungen von Fall zu Fall vor sich giengen, ist, wie gesagt, aus den flüchtigen Beschreibungen nicht immer mit Sicherheit zu entnehmen.

---

[1]) Vgl. noch Campion, *The Squires' Masque*: *„The scene itself was in this manner devided. On the upper part ... a sky ... On either side of the scene below"* u. s. w.

[2]) Ed. Gifford VII 142.

[3]) Bei Malone, *History of the Stage* (1821), p. 147.

[4]) Vgl. Bacon, *Of Masques and Triumphs (Essayes*, London 1625, Nr. XXXVII): *„It is true, the alterations of scenes, so it be quietly and without noise, are things of great beauty and pleasure; for they feed and relieve the eye, before it be full of the same object."*

Dass sie jedoch nicht alle durch Vorhänge bewirkt wurden, können wir schon beweisen. In der *Masque of Oberon* zum Beispiel wird der Palast des Feenkönigs sichtbar, als sich der die ganze Scene ausfüllende Berg spaltet. Die Schlussbemerkung Jonsons: „*the whole machine closed*" lehrt, dass der Berg körperlich auf der Bühne stand und nicht etwa auf Leinwand gemalt war.[1])

Soergel ließ ferner eine Art der Verwandlung außeracht, welche ganz wie auf dem modernen Theater in der Weise vor sich gieng, dass die neuen Decorationsstücke hinter einem Wolkenvorhang, sei es durch Versenkungen, sei es durch Theaterarbeiter schnell an die Stelle der früheren geschafft wurden; beim Heben des Vorhanges erschien dann eine ganz veränderte Bühne. Campion hat auf diese Art in der *Lords' Masque* einen Wald in eine Säulenhalle mit Statuen verwandelt, während eine mächtige Wolke über die Bühnenöffnung zog. Hieher gehört auch das eben erwähnte dritte Bild in *The Vision of Delight*.

Vollständiger Scenenwechsel war ferner leicht auf diese Weise zu bewerkstelligen, dass mehrere mit genauer Beobachtung der Perspective gemalte, über die ganze Bühne reichende Vorhänge hintereinander angebracht wurden und sich nacheinander hoben. Ein naheliegender Fortschritt war es dann, die Malerei, statt sie auf einem unruhigen, flatternden Vorhang anzubringen, in feste Holzrahmen zu spannen.[2]) Eine größere Zahl von Vorhängen oder vom Schnürboden herabzusenkender Hinterwände muss schon in Jonsons Masken aus den Zwanzigerjahren zur Verwendung gekommen sein; denn nur diese Einrichtungen erlaubten zum Beispiel den schnellen und häufigen Scenenwechsel in *Neptune's Triumph*, wo gegen Schluss unmittelbar nacheinander das Haus des Oceanus, dann das Meer und endlich eine mächtige Flotte gezeigt wurden.

Diese Prospecte, waren es nun Vorhänge oder Coulissen, nahmen die ganze Höhe der Bühne ein; denn nach dem

---

[1]) Vgl. ferner „*the rock begins to ope*" (ed. Gifford VII 186); „*they danced their last dance into the work*" (ebd. 195); und *Pleasure Reconciled*, ebd. 328.

[2]) Vgl. Cunningham, *Extracts*, p. 110: „*painted cloth and two frames*".

Erscheinen des Palastes des Oceanus wird ausdrücklich angemerkt, dass auch der obere Theil der Scene (Apollo und die Musiker im Olymp) nicht mehr sichtbar war.[1]

Aber erst in den beiden letzten Masken Jonsons finde ich Stellen, aus welchen mit Sicherheit hervorgeht, dass neben fallenden oder sich hebenden Prospecten auch seitlich verschiebbare Coulissen zur Verwendung kamen. Die letztere Einrichtung war namentlich in dem Falle die einzig mögliche, wo der obere, stets etwas in den Hintergrund gerückte Abschnitt der Bühne zugleich mit und unabhängig von dem untern Theil verwandelt werden sollte. Denn die Anwendung von eigenen Vorhängen für den untern Abschnitt hätte ja eine über die Bühne reichende, hässliche Aufhängevorrichtung bedingt, während die in Rinnen laufenden Wände spurlos verschwinden können.

Wenn wir also in *Love's Triumph through Callipolis* hören, dass die erste Scenerie (eine Seelandschaft) zu einem Garten wird und zugleich der Himmel sich öffnet,[2] so müssen wir annehmen, dass die irdische Landschaft durch Zurückziehen der alten oder Einschieben neuer Coulissen sich verwandelt, während der Olymp durch Emporfliegen eines Vorhanges enthüllt wird. Genau so ist die scenische Weisung in *Chloridia*[3] zu erklären, wo die Gleichzeitigkeit der Verwandlung besonders betont wird.

Über die Decorationstechnik in den spätesten Maskenspielen sind wir durch eine Zeichnung Inigo Jones' zu Davenants *Salmacida Spolia* besonders gut unterrichtet, welche ein glücklicher Zufall uns im Ms. Lansdowne 1171 erhalten hat. Überdies sind wir in der angenehmen Lage, die umstehende Wiedergabe dieses Bühnenplanes mit der genauen Beschreibung der Scenerie aus der Feder des Architekten selbst zu vergleichen. Davenant musste in der Quartausgabe seiner Maske für diese Schilderung Platz finden,[4] und auf solche Weise suchte sich der ehrgeizige

---

[1] Jonson, ed. Gifford, VIII 36. Wiederholt in dem mit denselben Decorationen aufgeführten Spiel *The Fortunate Isles*, ed. Gifford, VIII 83.
[2] Ed. Gifford VIII 95.
[3] Ebd. 110.
[4] *„The invention, ornament, scenes and apparitions, with their descriptions, were made by Inigo Jones."* Davenant, edd. Maidment-Logan,

Jones gegen Vernachlässigung oder ungenügende Betonung seines Antheils an den Masken zu schützen.

Die nebenstehende Skizze trägt folgende Aufschrift:

*Groundplatt of a sceane where ẏ sidepeeces of ẏ sceane doe altogither change with ẏ backshutters comparted by ẏ sceane of ẏ King and Queens Mats. Masque of Salmacida Spolia in ẏ new masquing howse whitehall 1640.*

An den Rand des Grundrisses schrieb Jones die nachstehende Legende:

*A Pilasters of the front:*
*B the side shutters whiche runne in groves and change ẏ sceane 4 severall tymes*
*C Engynes by which Deityes ascend and discend.*
*D Backshutters below*
*E Masquers seates*
*F the great upright groves by which ẏ seates were lett upp and downe*
*G a crosse peece of tymber which went in ẏ groues to which ẏ seate was fastned and was made camb in ẏ middle for the greater strength.*
*H Back Cloth*
*J The space for Releiues betwixt ẏ backshutters and backcloth when ẏ seates were lett downe vnder ẏ stage*
*K ẏ wall of ẏ howse*
*L peeces of tymber which bore upp ẏ groues of the back shutters, and ẏ backcloth.*
*P Engyne of ẏ Kings seate see ẏ uprights.*

Einer Erläuterung dieses Planes ist vorauszuschicken, dass er die Seitencoulissen *(B)* auseinandergezogen, als ob sie eben im Verschwinden begriffen wären, darstellt. Die Hinterwand *D* nimmt wie die Coulissen *B* nur den untern Theil des Bühnenraumes ein (daher „*backshutters below*"); der den rückwärtigen, höheren Theil der Scene verdeckende Vorhang ist daher von allem Anfang an sichtbar. Was

---

II 827. Die Behauptung Chetwoods in seiner Ausgabe der *Salmacida Spolia* (Dublin 1750), Peter Paul Rubens hätte an der Ausstattung dieser Maske mitgewirkt, gehört ins Reich der Fabel. Rubens war seit 1629 nicht mehr in England gewesen und starb am 30. Mai 1640.

— 237 —

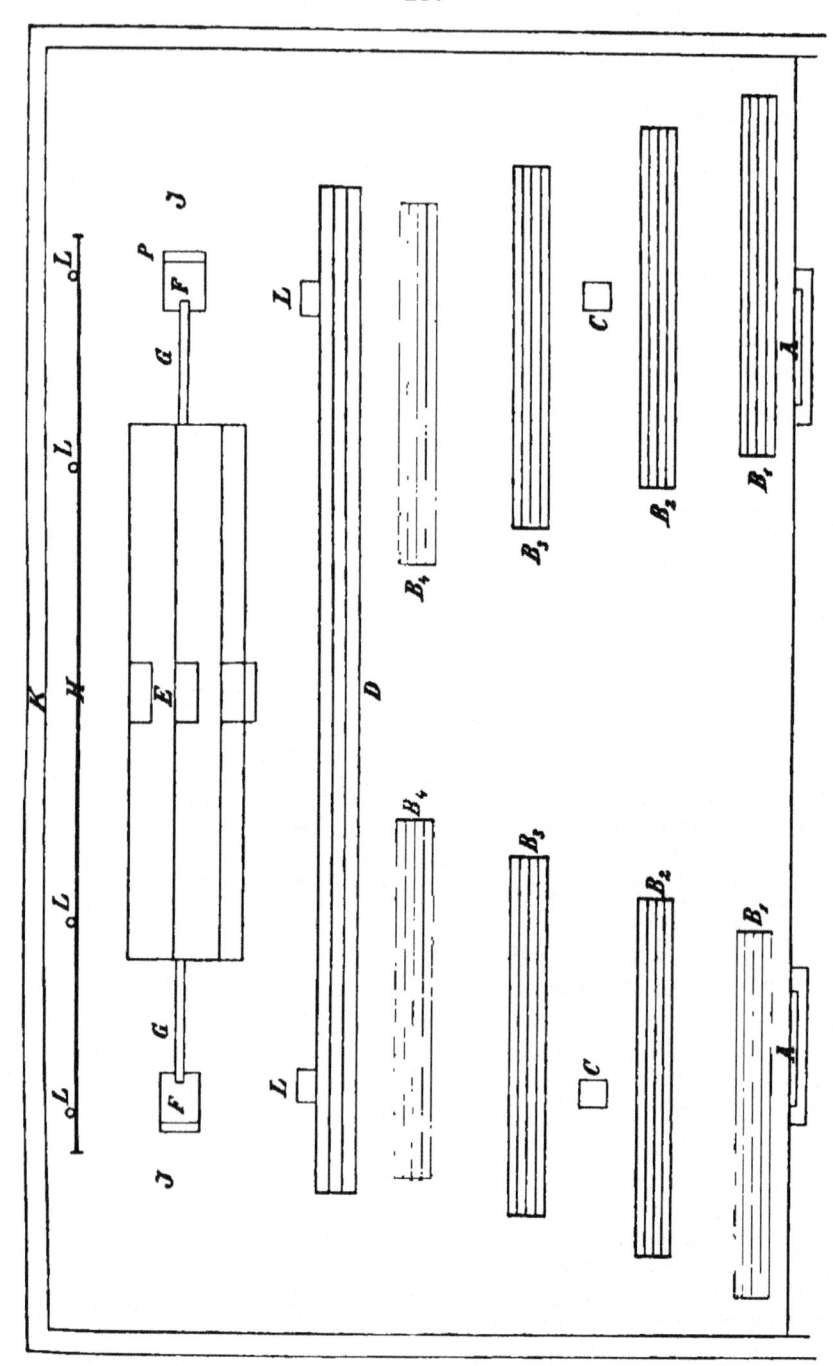

hinter $D$ liegt (die mit $E\ F\ G\ J\ P$ bezeichneten Stücke), nimmt den (in der Verticalen) oberen Abschnitt der Bühne ein und muss als dem Hintergrund $D$ in der Horizontalen sehr nahe gerückt gedacht werden.

Das „*Back Cloth*" $H$ schließt offenbar an die „*Backshutters*" $D$ oben an; Jones will dies durch Bezeichnung der gemeinsamen Stützen mit demselben Buchstaben $(L)$ andeuten. Sichtbar wurden von den Stücken hinter $D$ natürlich nur der Sitz der Maskierten $E$, welcher zwischen $D$ und $H$ durch theilweises Emporziehen von $H$ erscheint, und später an Stelle von $E$ die Reliefwerke $J$, wiederum *„betwixt the backshutters (D) and backcloth (H)"*.

Sobald der Hauptvorhang in die Höhe fliegt (p. 312), erscheint eine wildbewegte Scene $(B_1)$, vor ihr die Furie *Discord*, zu welcher bald noch drei andere Unholdinnen stoßen. Dann werden die ersten in Rinnen (grooves) laufenden Coulissen $(B_1)$ nach beiden Seiten zurückgeschoben und der zweite Hintergrund $(B_2)$ wird sichtbar: eine friedliche Landschaft. Nun tritt auch eine der Flugmaschinen $(C)$ in Thätigkeit und bringt die Eintracht und den Genius zur Erde herab. Vor demselben Hintergrund spielen sich noch die zwanzig Auftritte der *Antimasquers* ab. Nach der letzten dieser Groteskscenen verschwinden die Coulissen $B_2$, und es zeigt sich eine wilde Hochgebirgslandschaft $(B_3)$. Die Bühne hat nun, da die Prospecte $B_1$ und $B_2$ entfernt sind, Raum gewonnen für den Einzug eines ganzen Chors. Nach den Gesängen des „geliebten Volkes" hebt sich der Vorhang vor dem rückwärtigen, höher gelegenen Theil der Bühne, und der König mit seinen Begleitern erscheint auf dem Thron $(E)$. Dieser senkt sich mittels der Vorrichtung $P$, welche in Rinnen $(F)$ läuft, zur Erde herab. Zu einem zweiten Chorgesang werden durch die Maschinen $C$ die Königin und ihre Damen auf einer glänzenden Wolke herabbefördert. Als diese auf dem Boden ankommen, wird der Thron des Königs und seines Gefolges unter die Erde versenkt und der hiedurch entstehende leere Raum durch Bildwerke in Relief $(J)$ ausgefüllt.[1]) Nun folgen die Masken-

---

[1]) Ganz ähnlich in *Love's Triumph through Callipolis* (Jonson, ed. Gifford, VIII 96).

tänze. Nach diesen wird der Prospect $B_3$ zurückgezogen und das belebte Bild einer großen Stadt zeigt sich den Blicken der Zuschauer $(B_4)$. Die beiden Theile dieser Decoration waren vielleicht nicht ganz zusammengerückt, so dass ein Stück der letzten Hinterwand $(D)$ sichtbar blieb und in das Bild einbezogen wurde, was die perspectivische Wirkung bedeutend erhöhen musste.

Wiederum arbeiten die großen Flugmaschinen $(C)$ und tragen auf einer Wolke die acht Sphären etwa bis in die halbe Höhe des Bühnenraumes herab. Zwei andere Wolken, mit musicierenden Himmelsbewohnern beladen, vereinigen sich mit dieser; schließlich öffnet sich noch der ganze Himmel und zeigt die Götterversammlung, wohl auf einem zweiten „*Back Cloth*" dargestellt.[1] Die gewaltigen Maschinen bringen noch die drei Wolken und die Gottheiten Genius und Eintracht, welche als Chorführer auf der Scene geblieben waren, in die Lüfte zurück, und der Hauptvorhang schließt sich.

Aus der bunten Menge der auf Prospecten und Vorhängen dargestellten Scenerien greife ich nur eine wichtige Gruppe heraus: die Bilder englischer Landschaften und die Städtebilder. Das erste derartige Panorama brachte Constantin de' Servi, der italienische Architekt Prinz Heinrichs, in Campions *Squires' Masque* (1613) an:[2] es zeigte London und die Themse. Vor derselben Scenerie spielte der erste Auftritt in Davenants *Britannia Triumphans*, und auch in *Salmacida Spolia* war wohl die mächtige Stadt im vierten Bild ein idealisiertes London. Einer Darstellung von Whitehall sind wir schon in Jonsons *Time Vindicated* begegnet, und Carew verwendet als Abschluss der letzten Scene in *Coelum Britannicum* eine Ansicht von Windsor Castle.

Neben diesen ersten Versuchen, treue Bilder einer bekannten Localität auf die Bühne zu bringen, verlieren die idealen Landschaften in andern Masken[3] an Interesse. Bemerkenswert ist jedoch, mit welchem Raffinement man

---

[1] „*Celestial prospect*", p. 326.

[2] Danach ist die Angabe in Cunninghams *Extracts from the Accounts of the Revels at Court*, p. 222, richtigzustellen.

[3] Zum Beispiel in Jonsons *Chloridia*, Shirleys *Triumph of Peace*; auf dem Hauptvorhang in der *Masque of Blackness* u. s. w.

schon damals arbeitete: ganz in der Art unserer modernen Panoramenbilder wurde zum Beispiel in Campions *Lords' Masque* der dem Zuschauer zunächst gelegene Theil der Scenerie in Relief oder ganz körperlich dargestellt, die entfernteren Partien dagegen waren gemalt. Auch die Wolken in Jonsons *Masque of Hymen* waren in ihrem untern Theil in Relief gehalten, an welches sich erst der eigentliche Wolkenvorhang schloss.[1])

Es scheint fast, als ob keiner der Behelfe moderner Bühnentechnik in dem Festsaal zu Whitehall fehlte. Man wird es kaum für möglich halten, dass ein beliebtes Requisit der Wagnerbühne, die Wasserdämpfe, oder mindestens etwas sehr Ähnliches bei den Maskenspielen zur Anwendung kam. Und doch lassen einige bisher unbeachtete Stellen darüber keinen Zweifel aufkommen. In der Einleitung zu dem Kampfspiel, welches sich an die *Masque of Hymen* anschloss, brechen *Truth* und *Opinion* aus einer wirklichen Wolke hervor; sie bestand wohl aus zerstäubtem, parfumiertem Wasser.[2]) Diese Stelle erklärt uns dann auch den Ausdruck: „*the air clearing ... was discovered Juno*" in der Maske des vorhergehenden Abends[3]) und einen Vers in *The Vision of Delight*.[4]) Inigo Jones verweist in Davenants *Salmacida Spolia* mit Stolz auf diese Errungenschaft des Maschinisten.[5])

Neben den vollständigen Veränderungen der Scenerie kannte die Maskenbühne auch Verwandlungen einzelner Decorationsstücke. Sie waren leicht zu bewerkstelligen, wenn man diese Behelfe der Aufführung drehbar einrichtete. In Jonsons *Masque of Hymen* wird beispielsweise der Globus durch eine halbe Umdrehung zu einer glitzernden Bergeshöhle, in welcher die Maskierten sitzen. Der Thron der zwölf Göttinnen in desselben Autors *Masque of Queens*

---

[1]) Ed. Gifford VII 78.
[2]) „*A mist made of delicate perfumes*": Jonson, ed. Gifford, VII 80.
[3]) Ebd. p. 59.
[4]) Ebd. p. 309, Z. 2.
[5]) *The Dramatic Works of Sir William Davenant*, edd. Maidment and Logan, II 823; vgl. noch Jonson, ed. Gifford, IV 55. Bacon, *Of Masques and Triumphs* (Essayes 1625, Nr. XXXVII): „*Some sweet odours suddenly coming forth, without any drops falling, are ... things of great pleasure and refreshment.*"

stand auf einer Drehscheibe *(machina versatilis, turning machine)*, und vermittels dieser Einrichtung erschien an seiner Stelle plötzlich Fama.

Ein weiteres Auskunftsmittel, zu welchem man bei schnellen Verwandlungen einzelner Stücke gern greift, sind die Versenkungen. Campion kennt schon 1607 diesen scenischen Behelf und verwendet ihn bei der Entzauberung der Bäume in dem Festspiel zu Ehren des Lord Hayes. Die Bäume versinken, und die Maskierten steigen aus einer zweiten Versenkung auf die Bühne. Auf gleiche Weise verschwinden in der *Masque of Flowers* die Blumenbeete, hinter welchen die Maskierten stehen, und wohl auch der Hain in Jonsons *Pleasure Reconciled to Virtue*. Anderseits werden Decorationsstücke aus den Versenkungen auf die Bühne gehoben, so der mächtige Berg in Carews *Coelum Britannicum* oder der Palast der Fama in Davenants *Britannia Triumphans*. Für Auftritte dunklerer Mächte war diese Maschinerie ein unentbehrliches Hilfsmittel: die Boten der Hölle in Jonsons *Chloridia* entsteigen einer Versenkung, ebenso die drei Magier in Davenants *Temple of Love*.

Ein sehr beliebter scenischer Effect der Maskenspiele, der sich öffnende Berg, stammt noch aus den alten Hofmaskeraden, wo wir ihm als *mount riche* unzähligemale begegnet sind. Er kehrt gleich in der ersten uns bekannten entwickelten Maske wieder, dem Spiel vom Proteus; Jonson lässt die Maskierten aus einem sich spaltenden Berg heraustreten in Hadingtons Hochzeitsmaske, ferner in der *Masque of Oberon* und in *Pleasure Reconciled*. Dann greifen noch White[1]) und Carew[2]) auf das alte Schaustück zurück. Die scenische Wirkung des *mount riche* war freilich schon etwas verbraucht und Chapman hat dies deutlich gefühlt, wenn er durch Plutus die Ausstattung der *Masque of the Middle Temple and Lincoln's Inn*[3]) mit folgenden Worten verspotten lässt: *„Rockes! Nothing but rockes in these masking devices! Is invention so poore shee must needes ever dwell amongst rockes?"*

---

[1]) *Cupid's Banishment,* ed. Nichols, *Progr. James* III 287.
[2]) Ed. Hazlitt, p. 227.
[3]) Ed. Nichols, *Progr. James* II 573.

Das Innere des Berges war im Gegensatz zu seiner rauhen, unwirtlichen Außenseite immer glänzend ausgestattet und hell erleuchtet.[1]) So setzte man überhaupt alles daran, um den Ort, wo die Maskierten erscheinen sollten, besonders prächtig zu gestalten: in der *Masque of Blackness* fanden die Töchter des Niger ihren Platz in einer ungeheuern Muschel, welche wie Perlmutter schillerte. Nicht minder glanzvoll sind der Thron der Schönheit in der *Masque of Beauty,* in der *Masque of Queens* das Haus der Fama und noch viele andere mit phantastischer Pracht geschmückte Sitze der Götter und Halbgötter.

Erschienen die Maskierten zuerst im oberen, den Olymp oder Himmel vorstellenden Theil der Bühne, so waren, wie schon erwähnt, Flugmaschinen in Gestalt von Wolken vorgesehen, auf welchen sie zur Erde niederschwebten.[2]) Dieselben Maschinen standen den Gottheiten oder Götterboten zur Verfügung, wenn sie mit irgend einem Auftrag zu den Sterblichen sich zu begeben hatten.[3])

Eine Erinnerung an die alten Umzüge um die ganze Halle ist bewahrt in der Form eines Triumphzuges der Maskierten über die Bühne, wie ihn Jonson in der *Masque of Queens,* in *Oberon* oder in *Love Restored* anbringt.

*Die Bühnenmeister.* Nachdem wir soviel von versunkener Pracht und verrauschter Herrlichkeit zu erzählen hatten, wird es uns auch nicht gleichgiltig sein, zu erfahren, wer die künstlerischen Beiräthe in den glänzenden Ausstattungsstücken eines Ben Jonson, eines Campion waren.

Bei dem ersten unter Jakob vom Hof aufgeführten Festspiel, Daniels *The Vision of the Twelve Goddesses,* stand dem Verfasser ein Mr. Sanford als Bühnenarchitekt zur Seite. Der Dichter hielt es nicht für nöthig, seinen Helfer zu nennen, und nur durch einen Brief Sir Thomas Edmonds an den Grafen Shrewsbury ist uns Sanfords Mitarbeiterschaft bezeugt: „*because theer is use of invention therein,*

---

[1]) „*Let the scenes abound with light, specially coloured and varied*": Bacon, *Of Masques and Triumphs* (*Essayes,* London 1625, Nr. XXXVII).
[2]) Vgl. *Masque of Hymen.*
[3]) Vgl. Jonson, *Chloridia, Love's Triumph through Callipolis;* Carew, *Coelum Britannicum;* Davenant, *Temple of Love.*

*speciall choice is made of Mr. Sanford, to dyrect the order and course of the Ladyes."*[1])

Schon in der nächsten erhaltenen Maske, Jonsons *Masque of Blackness*, tritt der Mann auf die Bildfläche, welcher bis zum Erlöschen der Maskendichtung über den decorativen Theil derselben eine wahre Dictatur ausübte. Inigo Jones, damals ein Mann von etwa 32 Jahren, war weit in der Welt herumgekommen und hatte schon Italien gesehen. Nun wurde er von Königin Anna, der Schwester seines Gönners Christian IV. von Dänemark, zur Mitwirkung an den Vorbereitungen ihrer ersten Maske herangezogen, und von da an konnten die Hofdichter fast mit Sicherheit darauf rechnen, den rasch zu Ansehen und Einfluss gelangten Architekten als Bühnenmeister, Berather und Regisseur zur Seite zu haben. Gar manchem mag die Einmischung des genialen, aber mit sehr entwickeltem Selbstgefühl begabten Mannes unbequem gewesen sein, aber mit dem Schützling der Königin musste man sich eben vertragen. Wie es in solchen Fällen schon zu geschehen pflegt, suchten einige besonders schmiegsame Naturen es allen andern an Entgegenkommen und Unterwürfigkeit zuvorzuzuthun. Bei Chapman mag es noch auf Rechnung des aufrichtigen Freundschaftsbündnisses zwischen den beiden Männern gesetzt werden, wenn er im Titel seiner Maske zur Hochzeitsfeier der Prinzessin Elisabeth seinem Mitarbeiter nicht nur die Bühneneinrichtung, sondern auch die Erfindung des Stückes zuschreibt[2]) und seinen eigenen Antheil mit absichtlicher Undeutlichkeit so bezeichnet: *"supplied, aplied, digested and written by Geo. Chapman"*. Viel weiter war drei Jahre früher Daniel gegangen, der in der Vorrede zu *Thetys' Festivall* den poetischen Theil der Masken ganz dem decorativen unterordnen möchte: *"But in these things wherein the onely life consists in shew, the arte and invention of the Architect gives the greatest grace, and is of most importance; ours the least part, and of least note in the time of performance thereof; and therefore have I interserted*

---

[1]) Nichols, *Progr. James* I 301.
[2]) *"Invented and fashioned ... by ... Inigo Jones"*; sieh den Titel des Stückes weiter unten in der Bibliographie.

*the description of the artificiall part, which onely speakes Master Inigo Jones."*[1])

Solche feine Redensarten wären auch einem für Lob weniger empfänglichen Künstler zu Kopfe gestiegen als Jones es sicherlich war, und die Folgen dieser Verhätschelung von Seite des Hofes und der Hofdichter mussten sich zeigen, sobald zwei Vollnaturen wie Jonson und Jones zur gemeinsamen Thätigkeit an der höfischen Maskenbühne befohlen wurden. Anfangs freilich ließ sich das Verhältnis der beiden ganz gut an. In der *Masque of Blackness* vergisst Jonson nicht, den Antheil des Architekten lobend zu erwähnen, wenn er ihn auch ohne jede Überschätzung als „*the bodily part*" bezeichnet. Etwas wärmer spricht er von seinem Mitarbeiter in der *Masque of Hymen*,[2]) und in der Maske Hadingtons wird er seinem Verdienste gleichfalls gerecht, freilich nicht, ohne für sich ausdrücklich die Erfindung des Ganzen und die Verse in Anspruch zu nehmen.[3]) Sehr ausführlich verbreitet sich der Dichter in dem Spiel des nächsten Jahres, der *Masque of Queens*, über den Antheil Inigos, so ausführlich in der That, dass man das Gefühl nicht los wird, als wäre das Verhältnis der beiden Männer nicht mehr das alte, und als schiene eine genaue Abgrenzung ihrer Arbeit schwarz auf weiß Jonson bereits nothwendig.[4]) Auch die Bemerkung, mit welcher der Dichter die Würdigung des decorativen Theils abschließt, scheint mit Zurückhaltung anzudeuten, dass Jones schon damals nicht sonderlich geneigt war, seinen Mitarbeitern Gerechtigkeit widerfahren zu lassen. „*All which*", so lauten Jonsons schöne Worte, „*I willingly acknowledge for him: since it is a virtue planted in good natures, that what respects they wish to obtain fruitfully from others, they will give ingenuously themselves.*"[5])

Dann wird Jones von dem Dichter erst im Jahre 1620 wieder erwähnt, nämlich in *Pan's Anniversary*, wenn wir der Überlieferung der Folio von 1641 trauen dürfen. Die

---

[1]) Ed. Nichols, *Progr. James* II 348.
[2]) Ed. Gifford VII 79.
[3]) Ebd. 108.
[4]) Ed. Gifford VII 118, 152.
[5]) Ebd. 153.

beiden brachten aber, wie wir durch die bei Cunningham[1]) abgedruckten Rechnungen wissen, gleich zu Weihnachten 1610—1611 wieder zwei Masken gemeinsam auf die Bühne: *Love freed from Ignorance and Folly* und *Oberon*. Beide Stücke sind zuerst in der Folioausgabe der Werke Jonsons von 1616 erschienen und verschweigen den Namen Inigos, wie auch die herzliche Erwähnung des Bühnenmeisters in der *Masque of Hymen* hier ausfällt. Doch dürfen wir in diesem Vorgehen Jonsons keinesfalls eine Spitze gegen seinen Mitarbeiter erblicken; denn die gestrichene Stelle enthielt auch eine überaus gefühlvolle Apostrophe an des Dichters intimen Freund Ferrabosco und eine lobende Hervorhebung des von ihm gleichfalls sehr geschätzten Tanzmeisters Thomas Giles. Ferner bleibt ja die Erwähnung des Architekten in den drei andern eben genannten Stücken (*Masque of Blackness, Masque of Queens, Hadingtons Masque*) ungekürzt stehen, was gewiss nicht geschehen wäre, hätten sich die beiden Männer vor dem Erscheinen der Folio ernstlich zertragen. Ich glaube, dass einfach Platzmangel Jonson zu diesem Schritt zwang; wir sehen ja — und werden es noch deutlicher sehen, wenn wir einmal eine kritische Ausgabe des Dichters besitzen — dass überhaupt die Beschreibung der Scenerie und der Costüme in dem Druck von 1616 auf das allernothwendigste, in den letzten Masken sogar mehr als erwünscht, beschränkt wird. So bleiben auch die Namen der Maskierten in der *Masque of Hymen* und die Namen der Kämpfer in den sich anschließenden *Barriers* aus der Folio fort, ja sogar die schöne Widmung der *Masque of Queens* an Prinz Heinrich musste Jonson opfern.

Doch Jones kümmerte sich natürlich nicht viel um die Gründe solcher Kürzungen, und die vermeintliche Geringschätzung seiner Arbeit musste den empfindlichen und eitlen Künstler verletzen. Mit großer Wahrscheinlichkeit dürfen wir daher in dem unvorsichtigen Vorgehen Jonsons den bisher nicht erkannten Anlass des ersten ernsten Zerwürfnisses mit dem Architekten sehen. Für den zweiten, endgiltigen Bruch zwischen den beiden Männern ist uns

---

[1]) *Life of Inigo Jones*, Shakespeare Society 1848, pp. 11, 13.

ja eine sehr ähnliche Ursache ausdrücklich überliefert. Leider dürfte sich Jones, ganz wie fünfzehn Jahre später, von seinem Unwillen zu heimtückischen Schritten gegen Jonson haben hinreißen lassen; nur so können wir die wüthenden Ausfälle des Dichters verstehen, welcher er sich im Gespräch mit Drummond of Hawthornden noch im Jahre 1619 erinnerte.[1])

Was die Mitwirkung Jones' an den bisher nicht erwähnten Masken der Folio von 1616 betrifft, so ist sie für das auf die *Masque of Oberon* folgende Stück *Love Restored* (6. Jänner 1612) sehr unwahrscheinlich. Das Spiel verwendet nur sehr einfache Ausstattung und sieht von Verwandlungen ganz ab; die zwingenden Gründe für diese Beschränkung sind in den leeren Kassen des Schatzmeisters zu suchen. Der Dichter weist selbst auf das Fehlen des Decorationsprunkes hin,[2]) und so dürfte man bei dieser Gelegenheit von einer Herbeiziehung des Hof-Architekten abgesehen haben: der Mann war nicht gewohnt, mit beschränkten Mitteln zu arbeiten. An seiner Stelle scheint, wie ich aus den *Calendars of State Papers* entnehme, in den Jahren 1611—1614, zum Theil also während Jones' Abwesenheit aus England, ein gewisser Meredith Morgan als Regisseur bei den Maskenaufführungen verwendet worden zu sein. Dieser Beamte erhielt größere Summen[3]) zur Bestreitung der Auslagen für eine zu Weihnachten darzustellende Maske (offenbar *Love Restored)* unter dem 28. December 1611 und einen Nachtragscredit[4]) für dieselbe Aufführung am 30. Jänner 1612. Eine andere Zahlung wird an ihn geleistet am 3. December 1613 „*for the Gentlemen's Masque at Christmas*",[5]) d. i. Jonsons *Irish Masque*. Zu demselben Anlass, der Vermählung Somersets, inscenierte ein Italiener, Constantin de' Servi, früher Baumeister Prinz Heinrichs, ein zweites Spiel, gab aber dem Dichter dieser *Squires' Masque*, Thomas Campion, wenig Grund zur Zufriedenheit. Im Jahre 1615

---

[1]) *Ben Jonson's Conversations with Drummond of Hawthornden.* Shakespeare Society 1842, pp. 30, 31.
[2]) „*The motions were ceased*", Gifford VII 216.
[3]) *Calendar of State Papers, Domestic,* 1611—1618, p. 103.
[4]) Ebd. 115.
[5]) Ebd. 213.

ist schon wieder ein anderer Bühnenmeister thätig, Walter James, welchem am 29. März dieses Jahres der Rest der Auslagen für die letzte Weihnachtsmaske *(Mercury Vindicated)* angewiesen wird.[1])

Vom Ende des Jahres 1612 bis anfangs 1615 war ein Zusammenwirken Jones' mit Jonson schon deshalb nicht möglich, weil die beiden räumlich getrennt waren. Jonson gieng wahrscheinlich bald nach dem Tode Prinz Heinrichs (6. November 1612) auf Reisen. Bei der Hochzeit der Prinzessin Elisabeth (Februar 1613) war er gewiss nicht anwesend, und aus seinen Gesprächen mit Drummond erfahren wir, dass er sich 1613 zu Paris aufhielt. Das Datum seiner Rückkehr ist nicht genau zu bestimmen. Im December 1613 war er schon in London, da *A Challenge at Tilt* und die *Irish Masque* am 27., beziehungsweise am 29. December dieses Jahres zum erstenmal aufgeführt wurden. Jones war noch im Februar 1613 in London und inscenierte Campions *Lords' Masque*[2]) sowie Chapmans Festspiel. Im September hatte er England schon verlassen, wie eine Eintragung in sein Hand-Exemplar des Palladio, datiert vom 23. September zu Vicenza, beweist. Am 26. Jänner 1615 schrieb er eine von London datierte Bemerkung in dasselbe Buch ein. Er war in die Heimat zurückgekehrt, um die durch den Tod Simon Basils erledigte Stelle eines *Surveyor of the Works* anzutreten.

Ob Jones die beiden nächsten Maskenspiele Jonsons: *The Golden Age Restored* und *The Vision of Delight* auf die Bühne brachte, ist nicht zu entscheiden.[3]) In *Lovers Made*

---

[1]) *Calendar of State Papers, Domestic*, 1611—1618, p. 281.

[2]) Danach ist zu corrigieren Cunninghams *Life of Jones*, p. 14; der Name des Architekten steht im Text.

[3]) Diese und manche ähnliche Frage könnte vielleicht durch Einsicht in die unter den Schätzen der Bibliothek des Herzogs von Devonshire zu Chatsworth aufbewahrten Skizzen Meister Jones' beantwortet werden. Es sind Zeichnungen für Scenerien und Costüme, welche in Masken zur Anwendung kamen; die Trachtenbilder größtentheils flüchtig mit der Feder hingeworfen, doch überaus charakteristisch und anziehend. Ich kenne sie leider nur aus der kleinen Auswahl, welche der Biographie Jones' von P. Cunningham im Facsimile beigegeben ist. Das *Gentleman's Magazine* vom Jahre 1850 (I 600) hat eines dieser Facsimileblätter als Beilage. — In die Originale konnte ich leider nicht Einsicht nehmen.

*Men* wurde die Scene von Nicholas Lanier erfunden und ausgeführt.[1)]

Vom Jahre 1618 angefangen hat dann Jones die Inscenierung aller Masken Jonsons geleitet;[2)] nur von *News from the New World* lässt sich dies nicht ausdrücklich nachweisen, und die *Masque of Gypsies* bedurfte keiner besonderen Decorationen.

Zu einem vollständigen Bruch war es also im Jahre 1616 nicht gekommen, und wenn das Verhältnis der beiden Männer in der Zeit von 1618 bis 1631 vielleicht nicht gerade allzu freundschaftlich war, so zwang sie doch die Gemeinsamkeit ihrer Interessen, sich zu vertragen.

Man hat öftere Störungen des flüchtig hergestellten Einvernehmens zwischen Dichter und Architekt in den Zwanzigerjahren des 17. Jahrhunderts angenommen und in einigen offenbar satirisch gemeinten Personen der Antimasken Jonsons die carikierten Züge seines künstlerischen Beirathes erkennen wollen. So wäre nach Soergel (p. 55) Vangoose in der *Masque of Augurs* ein Zerrbild des unbequemen und aufdringlichen Mitarbeiters Jonsons. Das scheint auf den ersten Blick in der That viel für sich zu haben. Vangoose ist ein „*rare artist*", ein „*projector of masques*", ihm ist es in den Antimasken nicht um Sinn und

---

[1)] Jonson, ed. Gifford, VII 290.
[2)] Für *Pleasure Reconciled* folgt dies aus einem Brief Edward Sherburnes an Carleton (*Calendar of State Papers, Domestic*, 1623—1625, *with Addenda*, p. 552). Zu *Pan's Anniversary* entwarf Jones Zeichnungen, welche dem Leben des Architekten von P. Cunningham beigegeben sind. (*Cornecutter* und *Toothdrawer*: Tafel 11; die zweite Figur auf Tafel 15 mit dem gesenkten Blick sieht mir wie der *Clockkeeper* aus dieser Maske aus.) Jones wird übrigens von der Folio im Titel des Spieles genannt. Über seine Betheiligung an der *Masque of Augurs* wird noch zu handeln sein. Für *Time Vindicated* sind die Aufzeichnungen Sir Henry Herberts (Malone, *History of the English Stage* 1821, p. 147) und ein Brief Chamberlains (*Court and Times of James I.*, vol. II 356) beweisend. Dass *Neptune's Triumph* und *The Fortunate Isles* sich der Beihilfe Jones' erfreuten, geht schon aus den Zeichnungen für die zuletzt genannte Maske hervor (*Life of Jones* by Cunningham, Tafel 3) und wird sogleich näher zu beweisen sein. *Love's Triumph* trägt den Namen des Bühnenmeisters auf dem Titel. Anspielungen auf Jones' Decorationen zu *Chloridia* in Jonsons *Expostulation* (ed. Gifford VIII 117).

Zusammenhang, sondern nur um den verblüffenden, komischen Eindruck zu thun. Und doch können wir Soergel unmöglich recht geben, aus dem einfachen Grunde, da Jones an den Vorbereitungen zu dieser Maske betheiligt war. Was man auch immer von ihm denken mag, dumm war er gewiss nicht: er hätte sein Conterfei sogleich wiedererkannt und seine Hilfe nicht einer Maske zutheil werden lassen, in welcher er selbst dem Gelächter preisgegeben werden sollte. Zum Beweis des Antheils Jones' an diesem Spiel wird es genügen, auf die Stelle in der ersten Scene zu verweisen,[1]) wo *„the king's poet and his architect"*, also Jonson und Jones, nebeneinander genannt und dem Notch mit seinen Freunden Slug, Vangoose u. s. w. ausdrücklich gegenübergestellt werden. Ferner scheint es mir nicht zweifelhaft, dass die prächtige, „Knipperdolling" überschriebene Skizze[2]) von der Hand Inigo Jones' für die Antimaske der *Masque of Augurs* bestimmt war, welche ja eine Satire auf die im ersten Viertel des 17. Jahrhunderts üppig in die Halme schießenden Secten war.[3]) Auf die Wiedertäufer hatte es Jonson besonders abgesehen,[4]) und so konnte er sehr wohl einen ihrer bekanntesten Propheten, den Flickschuster von Leyden, unter den *„straying and deformed pilgrims"* seiner Antimaske auftreten lassen.

Zum Bild, welches wir uns von Jones machen, will auch das holländisch-englische Kauderwälsch des Vangoose nicht stimmen. In den letzten Scenen von *A Tale of a Tub*, wo der Künstler in der Person des Medlay verspottet wird, spricht dieser im Gegensatz zu seinem breiten Dialect in den vorausgehenden Auftritten plötzlich ein sehr gewähltes, ja geziertes Englisch, und von einem längeren Aufenthalt des Architekten in Holland ist nichts bekannt.

Ferner erhielt Jonson kurz vor der Aufführung dieser Maske die Zusicherung,[5]) dass das Amt eines *Master of the Revels* nach dem Tode Sir John Astleys ihm zufallen sollte,

---

[1]) Ed. Gifford VII 430.
[2]) Cunningham a. a. O., Tafel 7.
[3]) Vgl. p. 166.
[4]) Vgl. *News from the New World,* ed. Gifford, VII 358, und *Staple of News.*
[5]) 5. October 1621.

und hätte sich gerade zu dieser Zeit wohl gehütet, mit dem allmächtigen und zum *Office of the Revels* in engen Beziehungen stehenden Jones zu brechen.[1]

Ebensowenig können wir zugeben, dass für den Koch in *Neptune's Triumph* Inigo Jones Modell gestanden sei, wie Soergel[2] und Fleay[3] annehmen. Der Haupttheil dieser unaufgeführten Maske wurde ein Jahr später in *The Fortunate Isles* verwendet, und da es auf Grund des Zeugnisses der Skizzen zu Chatsworth feststeht, dass der Künstler die neue Antimaske für die letztgenannte Aufführung ausstattete, können wir mit voller Sicherheit annehmen, dass er auch für *Neptune's Triumph* Entwürfe lieferte. Denn der eitle Mann hätte sich nie und nimmer dazu verstanden, zu der von einem andern inscenierten Hauptmaske eine Nebenmaske zu entwerfen. Auch für *Neptune's Triumph* gilt somit, was wir zur *Masque of Augurs* bemerkten: es ist ausgeschlossen, dass Jones für ein Stück arbeitete, unter dessen Personen er seine eigene Gestalt in nicht gerade vortheilhafter Beleuchtung hätte finden müssen.

So geht es nicht an, aus den beiden Figuren des Vangoose und des denkenden Kochkünstlers auf neue Plänkeleien zwischen Dichter und Regisseur zu schließen. Wohl aber besitzen wir eine sichere Nachricht, dass Jonson zu Beginn der Zwanzigerjahre den zunehmenden Einfluss seines einstigen Freundes mit ängstlichen Blicken verfolgte und von der Ahnung gefoltert wurde, seine eigene Stellung bei Hofe könnte einmal durch diesen Mann erschüttert werden.

In einem Gedicht unter den *Underwoods*, überschrieben „*An Epistle, answering to one that asked to be sealed of the*

---

[1] In neuester Zeit haben Fleay *(Biograph. Chron.* I 318) und Hazlitt *(Handbook* 307) das verlorene und nur von Wood *(Athenae Oxonienses* I 519) bezeugte Werk „*Ben Jonson his Motives. Printed 1622*" auf die Streitigkeiten mit Jones beziehen wollen. Viel wahrscheinlicher war dieses Buch jedoch eine Rechtfertigung seines zweimaligen Glaubenswechsels, denn für dergleichen Schriften war „*Motives*" geradezu ein stehender Titel; vgl. Sheldons „*Motives*", in *Court and Times of James I.*, vol. I 160, und die Anekdote ebd. II 406.

[2] Pag. 55.

[3] *Biographical Chronicle* II 15.

*Tribe of Ben*",[1]) gibt Jonson die Absicht kund, sich um das Getriebe der großen Welt nicht zu kümmern und lieber ganz seinem engeren Freundeskreise zu leben. Aber ein Ereignis der letzten Zeit ist ihm doch nahegegangen:

„*I'll be well,*
*Though I do neither hear these news, nor tell*
*Of Spain or France; or were not prick'd down one*
*Of the late mystery of reception;*
*Although my fame to his not under-hears,*
*That guides the motions, and directs the bears.*
*But that's a blow, by which in time I may*
*Lose all my credit with my Christmas clay,*
*And animated porcelaine*[2]*) of the court;*
*Ay, and for this neglect, the coarser sort*
*Of earthen jars there, may molest me too.*"

Die prachtvollen, männlichen Verse sind noch nicht richtig gedeutet worden. Fleay[3]) bezieht „*the late mystery of reception*" auf den Empfang Mansfelds bei Hofe (April 1624) und weiß den Mann, der für Decorationen und Bärenhatzen sorgt, nicht zu nennen.

Aus zwei Briefen Dr. Meddus' und Chamberlains[4]) vom 5., beziehungsweise 14. Juni 1623 entnehme ich, dass unter der Bezeichnung „*that guides the motions, and directs the bears*" zwei wohlbekannte Personen des Hofstaates sich verbergen: Inigo Jones, der Bühnenmeister, und Edward Allen, der einstige Schauspieler, derzeit wohlbestallter Verwalter des Bärenzwingers.[5]) Die beiden wurden zu den

---

[1]) Nr. 66; ed. Gifford VIII 482—435.

[2]) Diesen Ausdruck dürfen wir nicht etwa mit einer uns geläufigen Metapher auf die Zierlichkeit oder gar Zerbrechlichkeit und Vergänglichkeit seiner Schöpfungen beziehen; der Dichter stellt vielmehr seine Erfindungen als ungewöhnlich und hervorragend der gewöhnlichen Töpferware *(earthen jars)* anderer gegenüber. Das Porzellan war damals noch etwas besonders Neues und Kostbares; vgl. Gifford VIII 44n.; Nichols, *Progr. James* II 268.

[3]) *Biograph. Chronicle* I 330.

[4]) *Court and Times of James I.*, vol. II 408.

[5]) Auf die Freundschaft dieser Herren ist wohl auch die Herbeiziehung der Bären zur ersten Antimaske in der *Masque of Augurs* zurückzuführen, welche dem Dichter gewiss ein Greuel war!

Vorbereitungen für die im Sommer erwartete Ankunft der spanischen Infanta herangezogen, um welche Prinz Karl zu Madrid geworben hatte. Mit Recht wurde diese Angelegenheit als Geheimnis behandelt; denn noch war der Ausgang der Werbung unsicher und, wie bekannt, wurden schließlich die Unterhandlungen mit dem spanischen Hofe zur unsäglichen Freude des englischen Volkes abgebrochen.

Dass Allen und Jones in dieses Geheimnis eingeweiht wurden, empfand also Jonson als Zurücksetzung, welche ihn das Schlimmste für die Zukunft befürchten ließ. Für diesmal freilich hatte er noch zu schwarz gesehen: die Maske zur Feier der glücklichen Rückkehr Prinz Karls (*Neptune's Triumph*) wurde wieder ihm übertragen. Aber sieben Jahre später traf alles ein, was der Dichter in seiner Verstimmung über die Bevorzugung seines Rivalen vorausgesagt hatte.

Das kam so: Nach langer Pause erhielten Jonson und Jones zu Ende des Jahres 1630 vom König den Auftrag, eine Maske auf die Bühne zu bringen, und als Frucht ihrer gemeinsamen Arbeit[1]) wurde am 9. Jänner 1631 unter Mitwirkung des Königs *Love's Triumph through Callipolis* aufgeführt. Zur Fastnacht (20. bis 22. Februar) folgte *Chloridia; Rites to Chloris and her Nymphs* als Maske der Königin.[2]) Auf dem Titelblatt der Quartausgabe des erstgenannten Stückes, welche offenbar gleich nach der Darstellung veröffentlicht wurde, begieng nun Jonson den unverzeihlichen Fehler, seinen Namen vor dem des Architekten zu nennen, während *Chloridia* den Namen Jones' ganz verschweigt. Wenn wir auf die Überlieferung der Folioausgabe von 1641 etwas geben dürfen, hatte der Dichter seinem eitlen Mitarbeiter in seiner Gutmüthigkeit gelegentlich den Vortritt gelassen, und in dem namentlich von den kleinen Leuten verzogenen Regisseur konnte sich allmählich der Wahn herausbilden, er sei der eigentliche Autor der

---

[1]) Vgl. die Vorrede zu *Love's Triumph through Callipolis*, ed. Gifford, VIII 89.

[2]) Die Annahme Giffords (VIII 114), dass *Chloridia* wenig Erfolg hatte, scheint unbegründet: „I have met with those That do cry up the machine and the shows." Jonson, *Expostulation with Inigo Jones*, ed. Gifford, VIII 117.

Masken.[1]) Poesie und Musik behandelte er als etwas Nebensächliches, ja als unerwünschte Last, und so scheint er die vermeintliche Anmaßung Jonsons gewaltig übel genommen zu haben. Ja, er schämte sich nicht, gegen den alternden und kranken Dichter seinen ganzen Einfluss bei Hofe geltend zu machen, und wusste es thatsächlich dahin zu bringen, dass Jonson nicht mehr zur Mitwirkung an den höfischen Maskenfesten herangezogen wurde.[2]) Der Dichter konnte diesen Schlag nicht verwinden, und in seiner gerechten Erbitterung richtete er gegen den treulosen Mann einige überaus heftige Satiren.

Die erste ist klärlich das *Epigram of Inigo Jones*.[3]) „Inigo fürchtet, von mir mit ein paar scharfen Versen gebrandmarkt zu werden. Sei nur ganz unbesorgt, mein Lieber, dich kann man nur mit Verachtung strafen: *Thy forehead is too narrow for my brand*."

Aber Jonson konnte es schließlich doch nicht dabei bewenden lassen, er musste sich aussprechen und that dies in gründlichster, vernichtender Weise in der „*Expostulation with Inigo Jones*".[4]) Diese Auseinandersetzung mit dem einstigen Freunde wird mit Berufung auf zwei Briefe Howells[5]) immer in das Jahr 1635 verlegt. Allein es ist bekannt, dass die Daten der Briefe vielfach fingiert sind und von Howell nachträglich hinzugefügt wurden;[6]) aus den Versen Jonsons spricht aber so unverkennbar die

---

[1]) „*What is the cause you pomp it so, I ask? And all men echo, you have made a masque.*"
Jonson, *Expostulation with Inigo Jones*, ed. Gifford, VIII 117.

[2]) Brief Porys an Sir Thomas Puckering, *Court and Times of Charles I.*, vol. II 158; die Stelle ist weiter unten in der Bibliographie der Masken (s. a. 1631) angeführt.

[3]) Ed. Gifford VIII 120.

[4]) Das Gedicht wurde erst von Whalley gedruckt. Seine Authenticität, von diesem Herausgeber und von Gifford wenigstens zum Theil bestritten, wurde sichergestellt durch den Fund eines zweiten Manuscripts von des Dichters eigener Hand in der Bridgewater Bibliothek; vgl. Collier, *New Facts regarding the Life of Shakespeare*. London 1885, p. 49.

[5]) *Epistolae Ho-Elianae. Familiar Letters ... By James Howell*. London 1705, pp. 244, 288.

[6]) Vgl. zum Beispiel Jonson, ed. Gifford, vol. I, pp. CLXVI, CLXXII.

Empörung über ein eben erst erlittenes Unrecht, und die Beschreibung der Decorationen in *Chloridia*[1]) steht so deutlich unter dem Eindruck des jüngst Gesehenen und Erlebten, dass an einer früheren Entstehung dieser Satire gar nicht zu zweifeln ist. Außerdem weiß Pory in dem erwähnten Brief vom 12. Jänner 1632 schon von „ein oder zwei bitteren Satiren Jonsons gegen Inigo" zu berichten, und in *Love's Welcome at Bolsover* (1634) wird auf den *Dominus Do-All* der *Expostulation* ganz deutlich Bezug genommen.[2]) So kann es als sicher gelten, dass Jonson gleich nachdem er von der Bestellung Townshends zu seinem Nachfolger als Maskendichter gehört hatte, also wohl noch zu Ende des Jahres 1631, mit seiner „Auseinandersetzung" losbrach.

Als *Corollarium*, d. h. als Draufgabe auf den gebürenden Lohn, den der Gegner schon in der besprochenen Satire empfangen hatte, will Jonson das unbedeutende Epigramm *To Inigo Marquis Would-Be*[3]) aufgefasst wissen.

Er wiederholte dann seine Angriffe in dem 1633 verfassten und im Jänner 1634 bei Hofe aufgeführten Lustspiel *A Tale of a Tub*, wo *Master In-and-In Medlay of Islington* sich zum Schluss (Act V, Scene 2) zu einer köstlichen Caricatur Inigos herauswächst. Der wackere Küfer führt die Lieblingsworte des Architekten — *feasible* und *conduce* — im Mund; er will eine Maske nur dann inscenieren, wenn man ihm völlig freie Hand lässt:

„He'll do't alone, sir; he will join with no man,
Though he be a joiner, in design he calls it,
He must be sole inventer. In-and-in
Draws with no other in's project."[4])

Freilich ist die Gestalt Medlays nur ein schwacher Abglanz jenes Charakters, welcher ursprünglich unter dem Namen Vitruvius Hoop Träger der Satire auf Jones hätte

---

[1]) *Expostulation*, Z. 83 ff.
[2]) Jonson, ed. Gifford, VIII 142—143: „A busy man! and yet I must seem busier than I am, as the poet sings, but which of them I will not now trouble myself to tell you."
[3]) Ed. Gifford VIII 121.
[4]) Ebd. VI 222.

sein sollen und über Betreiben des Angegriffenen gänzlich gestrichen werden musste.[1]

Damit nicht zufrieden, konnte Jonson sich's nicht versagen, in der kleinen Maskenscene zu Bolsover (30. Juli 1634) noch einmal den Gegner in lächerlicher Gestalt auftreten zu lassen als Coronel Iniquo Vitruvius. Die sonst unbedeutende Stelle beweist nur, dass Jonson keine Gelegenheit vorübergehen ließ, um den König an das ihm widerfahrene Unrecht zu erinnern. Doch vergeblich versandte er die Pfeile seines Spottes: er blieb nach wie vor von den höfischen Aufführungen verbannt, und sein Rivale wurde nun erst recht Alleinherrscher über die Maskenbühne.

Wir haben den Streit der beiden Männer so ausführlich geschildert, weil er das letzte Ankämpfen einer für das Sinnreiche und Witzige, ja Lehrhafte eintretenden Richtung in der Maskenpoesie gegen den äußerlichen, hohlen Prunk bedeutet, der nach Jonsons Niederlage ungehindert seinen Einzug hielt. Ohne jede Übertreibung kann man sagen, dass ein einziger Mann, Inigo Jones, das Maskenspiel diesem Schicksal auslieferte, indem er den unbequemen Vertreter der Rechte des gesprochenen und gesungenen Wortes verdrängte und gefügige Leute vom Schlag eines Townshend und Davenant herbeizog, welche ihm die nothwendigsten Verslein und Reden verfertigten und seine tollsten, sprunghaftesten Einfälle, von ihm mit dem tönenden Worte *design* belegt, guthießen. Nur Thomas Carew wusste sich in der Erfindung seines *Coelum Britannicum* volle Selbständigkeit zu wahren, und wie zum Trotz stellte er seinen eigenen Namen auf dem Titel dieser Maske voran, ganz wie sein verehrter Meister. Und siehe da: wie Jonson wurde auch er auf diese Äußerung eines berechtigten Selbstbewusstseins hin nicht mehr zum Maskendichten bestellt, trotz des ungeheuren Erfolges seines Werkes.

Der arme Ben Jonson sah genau, auf welche abschüssige Bahn die Maske gerathen war. „*Destruction of any art beside what he calls his*" sieht er in der von Jones geförderten Richtung, und unter ergreifenden Klagen be-

---

[1] Cunningham, *Life of Inigo Jones*, p. 29.

gräbt er in der *Expostulation* die Gattung, welche er zur Blüte gebracht hatte:

"*O shows, shows, mighty shows!*
*The eloquence of masques! what need of prose,*
*Or verse, or sense*[1]*) t'express immortal you?*

— — — — — — — — — —

*Or to make boards to speak! there is a task!*
*Painting and carpentry are the soul of masque.*
*Pack with your pedling poetry to the stage,*
*This is the money-got, mechanic age.*"[2])

Auf die bittere Frage des Dichters:[3]) "*Whither, O whither will this tireman grow?*" gibt die Einleitung zu *Luminalia* die betrübende Antwort: "*The Queene*", so heißt es hier, "*commanded Inigo Jones ... to make a new subject of a Masque for her selfe, that with high and hearty invention, might give occasion for variety of Scenes, strange aparitions, Songs, Musick and dancing of severall kinds.*" Wenn Königin Anna eine Maske aufführen wollte, so sandte sie nach dem Dichter,[4]) und dieser gab dem Bühnenmeister seine Weisungen. Am Hofe der Marie Henriette aber ergieng der Auftrag zuerst an den Architekten, welcher einem bevorzugten Dichter gnädigst gestattete, die von ihm selbst für nöthig erachteten Gesänge und Reden zu verfassen. Und wenn wir unter den späten Maskendichtern auch Männer wie Shirley und Davenant finden, so musste doch schließlich die gewandteste und fruchtbarste Phantasie erlahmen, wenn ihr nur die Aufgabe zufiel, zu den von Jones beliebten decorativen Effecten einen dürftigen verbindenden Text zu schreiben.

Jonson steht mit seinen trüben Schilderungen des Wesens der späten Maskendichtung nicht allein. Auch andere einsichtige Männer lehnten sich gegen die durch das Überwiegen des Decorationsprunkes bedingte Verflachung der Gattung auf, und namentlich eine Stelle in

---

[1]) So im Bridgewater Ms. Die Handschrift Whalleys wiederholt irrthümlich *prose*.
[2]) Ed. Gifford VIII 117—118.
[3]) Ebd. p. 118.
[4]) Vgl. *Masque of Blackness*, ed. Gifford, VII 6; *Masque of Beauty* ebd., p. 25.

Shirleys *Royal Master* (ca. 1638) beschreibt den Verfall nach Jonsons unfreiwilligem Rücktritt besser als es alle Commentare könnten:

> *„I do not say, I'll write one, for I have not*
> *My writing tongue, though I could once have read:*
> *But I can give, if need be, the design,*
> *Make work among the deal boards, and perhaps*
> *Can teach them as good language as another*
> *Of competent ignorance. Things go not now*
> *By learning; I have read, 'tis but to bring*
> *Some pretty impossibilities for antimasques,*
> *A little sense and wit disposed with thrift*
> *With here and there a monster to make laugh.*
> *For the grand business, to have Mercury*
> *Or Venus dandiprat, to usher in*
> *Some of the gods, that are good fellows, dancing*
> *Or goddesses; and now and then a song,*
> *To fill a gap: a thousand crowns, perhaps,*
> *For him that made it, and there's all the wit."*[1]

Die Anwendung von Decorationen hat die höfische Bühne vor der Volksbühne voraus — wenn wir nach dem Gesagten in dieser Prachtentfaltung noch einen Vorzug erblicken dürfen. Dagegen verwandte auch das nationale Theater auf die Ausstattung der Schauspieler mit prunkvollen Costümen erhebliche Sorgfalt, und es ist selbstverständlich, dass die Maskenbühne in dieser Beziehung nicht zurückbleiben wollte. Die Vorreden der Einzeldrucke zahlreicher Spiele können sich an ausführlichen Beschreibungen der herrlichen Kleider gar nicht genug thun, und der größte Posten in den oft enormen Rechnungen über die erwachsenen Auslagen wurde gewöhnlich dem Schneider ausbezahlt.[2]

Dabei sah man leider mehr auf phantastische Pracht als auf wirkliche Eleganz, im Widerspruch zu dem von

---

[1] Act II, Scene 1.
[2] Vereinzelt steht das pietätlose Vorgehen der Königin Anna da, welche aus den Staatsgewändern Elisabeths Maskenkleider herstellen ließ! (Brief Arabella Stuarts vom 18. December 1603 bei Nichols, *Progr. James* IV 1061.)

Bacon[1]) aufgestellten Grundsatz: „*Since princes will have such things, it is better they should be graced with elegancy than daubed with cost.*" Die Costümkunde könnte aus den erhaltenen Beschreibungen und Abbildungen so gut wie nichts lernen; denn aus dem Bestreben, die Maskierten recht glänzend aufzuputzen, ergaben sich geradezu unmögliche und fast komisch wirkende Trachten. Beliebt war namentlich die Verquickung vermeintlich antiken Costüms mit modernen Zuthaten. In dieser Art waren zum Beispiel die Herren in Jonsons *Masque of Hymen* und in desselben Autors Hochzeitsmaske für Lord Hadington, oder die Maskierten in Shirleys *Triumph of Peace* gekleidet. Ein Kupferstich vor der Originalausgabe der Maske Campions zu Ehren des Lord Hayes gibt uns einen Begriff von den phantastischen, pseudoantiken Kleidungen, in welchen sich der Hofstaat Jakobs so sehr gefiel.[2])

Selten wird uns Costümwechsel bekannt, dem wir schon in einer alten Maskerade[3]) unter Heinrich VIII. begegnet sind. Die Maskierten in Campions Festspiel für Lord Hayes streifen auf offener Scene ein Überkleid ab, ehe sie sich in vollem Glanz zeigen. Beaumonts olympische Ritter verbergen ihre glänzenden Costüme unter Schleiern, die erst beim Anblick des Königs fallen. Costümwechsel hinter der Scene fand statt in Davenants *Prince d'Amour*. Die Maskierten tanzen ihren ersten Auftritt in kriegerischer Rüstung; als sie wieder auf die Bühne kommen, tragen sie prächtige Hofkleidung.

Die Dichter scheinen, was den Putz der Maskierten betrifft, gebundene Hände gehabt zu haben; denn sonst wäre es unbegreiflich, wie ein Mann von der Bildung und dem Geschmack Jonsons die zwitterhaften, halb antik, halb modern ausstaffierten Gestalten in seinen Stücken dulden konnte. Er ließ es gewiss nicht an Vorschlägen für vernünftige Costüme fehlen, und am Schluss seiner Laufbahn als Maskendichter macht er in seiner Abrechnung mit Inigo

---

[1]) *Of Masques and Triumphs* (*Essayes*, London 1625, Nr. XXXVII).
[2]) Der Stich ist wiedergegeben als Frontispice bei Nichols, *Progr. James*, vol. II.
[3]) Vgl. p. 71.

Jones diesen für die Absonderlichkeiten der Maskenkleider verantwortlich:

> *„Attire the persons, as no thought can teach
> Sense, what they are."*[1]

Mehr Einfluss konnten die Dichter auf die Costüme des sprechenden und singenden Personals nehmen. Das waren eben in den Augen des Hofes die Nebenpersonen. Für uns freilich sind sie wichtiger als die bestgekleideten, stummen Maskentänzer, und so ist es erfreulich, zu sehen, dass ihnen Jonson jedes Stück ihrer Ausstattung mit größter Sorgfalt vorschreibt und ihre Kleidung geradezu zum Gegenstand eingehenden Studiums macht. Seine vornehmste Quelle sind hiebei die Alten; aus den Noten zu den frühesten seiner Maskenspiele entnimmt man, welche Gelehrsamkeit er auch auf die kleinen Fragen des Costüms und der Ausstattung verschwendete. Daneben benutzte er die reiche Literatur der Embleme und Devisen, um für sein Personal passende allegorische Attribute zu finden. Häufig beruft er sich namentlich auf die damals sehr verbreitete *Iconologia* des Cesare Ripa.

Auch bei der Costümierung des Personals der Antimasken wurde glücklicherweise mehr auf Charakteristik als auf sonderliche Pracht gesehen, und diese Aufgabe löste Inigo Jones, wie die Skizzen zu Chatsworth zeigen, aufs glänzendste. Man braucht nur die geistreichen und lebensprühenden Entwürfe zu den Groteskscenen neben die schläfrigen Gestalten des Pilgers und des Fackelträgers zu halten, um die Vorliebe des Publicums für Antimasken völlig begreiflich zu finden.[2]

---

[1] Jonson, ed. Gifford, VIII 118.

[2] Die im Anhang zu *„Inigo Jones. A Life . . .* by P. Cunningham, London, Shakespeare Society, 1848" facsimilierten Zeichnungen Jones' gehören zu folgenden Masken: Tafel II: *Cade* aus Davenants *Britannia Triumphans.* — Tafel III: *Aery spirrit, Scogan, Scelton, A Brother of the Rosicros* aus Jonsons *Fortunate Isles.* — Tafel IV: *Herlikin with the Montebank* zu Davenant, *Britannia Triumphans.* — Tafel V: *ould habite of ẙ 3 nationes for ẙ musicke they must bee clinkante and rich* zu Carew, *Coelum Britannicum* (ed. Hazlitt, p. 224). — Tafel VI: *cett (Kett)* aus Davenants *Britannia Triumphans.* — Tafel VII: *Knipedoling* aus Jonsons *Masque of Augurs* (vgl. p. 249). — Tafel X: *damsell, Dwarf* aus Davenants *Britannia Triumphans.* Die mit *Lanier* über-

Das Requisit, von welchem die ganze Gattung ihren Namen nahm, die Gesichtsmaske der vornehmen Tänzer, kommt natürlich auch im entwickelten Maskenspiel zur Verwendung, und so unlösbar ist es mit dem Begriff der höfischen Spiele verbunden, dass Chamberlain sich bedenkt, ob er die *Mountebanks' Masque* vom Jahre 1618 mit dem geläufigen Ausdruck bezeichnen soll, da die jungen Leute von Gray's Inn diesmal auf die Verlarvung verzichteten.[1]

Auch die starren Gesichtsmasken suchte man gelegentlich der Charakteristik dienstbar zu machen. Die indischen Prinzen in Chapmans Spiel tragen olivenfarbige Larven, die Feuer- und Luftgeister in Davenants *Temple of Love* sind als Choleriker und Sanguiniker charakterisiert.

Neu ist der Versuch Jonsons, das Tragen der Masken zu motivieren: die acht Damen in der *Masque of Hymen* verbergen ihr Antlitz, um die Sterblichen nicht durch ihre Götterschönheit zu blenden. So geht auch Davenant von dem landläufigen Brauch ab, wenn die Helden seines *Triumph of the Prince d'Amour* die Helmvisiere als Masken verwenden.

Besondere Sorgfalt wird nach wie vor auf den Kopfputz verwendet, der mit dem übrigen Costüm im Einklang stehen soll.[2] Inigo Jones verschmähte es nicht, für diesen Bestandtheil der Ausstattung besondere Skizzen zu entwerfen.[3]

Sehr beherzigenswerte Rathschläge gibt wiederum Bacon. In diesem gewaltigen Geist war eben auch für das

---

schriebene Figur mit der Harfe stellt den berühmten Musiker dieses Namens vor, der offenbar in derselben Maske in dem „Chor der Dichter" mitwirkte. — Tafel XI: *Giant* zu *Britannia Triumphans. Toothdrewer Corncutter* zu Jonsons *Pan's Anniversary*. — Tafel XII: *Scraper* (darüber durchstrichen *fidler*); *gridiorne*; *Ballat singer for the king(s) Masque 1637*, i. e. Davenants *Britannia Triumphans*. — Tafeln XIII, XIV: *Ballet-Singer*; *knackers*; *tonges and key* zu demselben Stück. — Tafel XV: die zweite Figur halte ich für den *clock-keeper* aus *Pan's Anniversary*; vgl. p. 248.

[1] „... their show, for I cannot call it a Masque, seeing they were not disguised, nor had vizards." Nichols, *Progr. James* III 468.

[2] Jonson, *Lord Hadingtons Masque*, ed. Gifford, VII 106; *Masque of Hymen*, ebd. VII 77. Die Erdgeister in Davenants *Temple of Love* tragen kahles Gestein auf dem Kopf.

[3] Die Facsimilia a. a. O., Tafel XV.

Unbedeutendste Raum, und wie Goethe suchte er sich selbst die ephemersten Erscheinungen der ihn umgebenden Welt nach seiner Weise zurechtzulegen. *„The colours that shew best by candle-light"*, sagt er in seinem Essay *Of Masques and Triumphs*, *„are white, carnation, and a kind of sea-water-green; and oes, or spangs,*[1]) *as they are of no great cost, so they are of most glory. As for rich embroidery, it is lost and not discerned. Let the suits of the masquers be graceful, and such as become the person when the vizards are off; not after examples of known attires; Turks, soldiers, mariners, and the like."*

Wie das Maskenspiel an Stelle der überaus dürftigen scenischen Behelfe des großen Dramas[2]) reich entwickelte Scenerie und Ausstattung setzt, so verwendet es auch die Musik in weit ausgedehnterem Maße als die Volksbühne. *Musik.*

Instrumentalmusik scheint jede Aufführung eröffnet und die Zeit vom Eintritt des Hofes bis zur Herstellung der Ordnung im Saale ausgefüllt zu haben.[3]) Die Ouverture leitete häufig in das Stück selbst hinüber: *„a kind of hollow and infernal music"* ertönt zum ersten Auftritt der Hexen in der *Masque of Queens*; die Sphinx in *Love Freed from Ignorance and Folly* schleppt den gefangenen Cupido zu den Tönen einer wilden Musik herbei; das Erscheinen der Pallas in *Golden Age Restored* begleitet der Klang eines vollen Orchesters. Häufig bildet Vocalmusik die Einleitung des Spieles, sei es Sologesang wie in *Mercury Vindicated* oder *The Vision of Delight*, sei es ein mehrstimmiger Satz wie in der *Masque of Blackness*, in *Hymenaei* oder *Pleasure Reconciled to Virtue*. Die Vertheilung der vocalen und instrumentalen Einlagen auf die einzelnen Scenen war natürlich dem Dichter freigestellt und bot ihm Gelegenheit, die in den Grundzügen einfache Structur der Gattung zu variieren. Doch gab es gewisse Punkte der Handlung, wo

---

[1]) Vgl. Collier, *Hist. Dram. Poetry* I 71; Cunningham, *Extracts*, p. 95; Campion, ed. Bullen, p. 157; Chapman bei Nichols, *Progr. James* II 569; Jonson, ed. Gifford, VII 76; Beaumont, ed. Nichols, *Progr. James* II 599.

[2]) Flugmaschinen, mehrfache Vorhänge, Fallthüren werden auf der nationalen Bühne gelegentlich verwendet; vgl. Collier, *Hist. Dram. Poetry* III 161, 167, 168, 176.

[3]) Vgl. Jonson, *Neptune's Triumph*: „*His Majesty being set, and the loud music ceasing*"; Campion, ed. Bullen, p. 154.

Vocalmusik mit Vorliebe, ja fast regelmäßig angebracht wurde: so beim Erscheinen der Maskierten, in den Pausen zwischen ihren Tänzen und am Schluss des Ganzen. Auch Instrumentalmusik allein markiert zuweilen das Sichtbarwerden der Maskierten.[1] Ihre Hauptaufgabe besteht jedoch in der Begleitung der Gesänge und Tänze. Nur ganz selten tanzt man zu Vocalmusik, wie in einem Bericht[2] über die Aufführung der Marston zugeschriebenen *Masque of Mountebanks* besonders hervorgehoben wird. Bacon[3] empfiehlt von Instrumenten getragenen Chorgesang als Tanzmusik: *„Dancing to song, is a thing of great state and pleasure. I understand it, that the song be in quire, placed aloft, and accompanied with some broken music; and the ditty fitted to the device."*

An derselben Stelle kommt er auf gesungene Dialoge zu sprechen, welche er mit Gesticulation begleitet haben möchte: *„Acting in song, especially in dialogues, hath an extreme good grace; I say acting, not dancing*[4] *(for that is a mean and vulgar thing); and the voices of the dialogue would be strong and manly (a base and a tenor; no treble); and the ditty high and tragical; not nice or dainty."* Damit verweist er auf Zwiegesänge wie jenen zwischen Prometheus und Natur in Jonsons *Mercury Vindicated* oder auf den Wechselgesang des Silvanus (Tenor) und der Hore (Bass!) in Campions Maske zur Hochzeit des Lord Hayes. In das

---

[1] Zum Beispiel in *The Vision of Delight*.

[2] *„Some of the dances danct by the voices of boyes (insteed of musick)."* Herbert an Carleton, Febr. 22, 1618. *State Papers*, vol. XCVI, Art. 27.

[3] *Of Masques and Triumphs* (*Essayes*, London 1625, Nr. XXXVII).

[4] Bacon unterscheidet also genau zwischen *dancing to song* und *dancing in song* und verpönt hier eine Unterhaltung, welche nach Thomas Morley in Italien beliebt war: *„The Italians make their galliards ... plain* (d. h. allein, für sich; nicht als Anhang zur Pavane), *and frame ditties to them, which in their mascaradoes they sing and dance, and manie times without any instruments at al, but instead of instruments they have Curtisans disguised in mens apparell, who sing and daunce to their owne songes."* (*A plaine and easie introdvction to practicall mvsicke*. London, 1608, fol., p. 181.) Die eingeschobene Maske in Shakespeares *Timon of Athens* (I 2) erinnert ganz auffallend an diese Beschreibung; nur wird nicht gesagt, dass die Amazonen auch sangen.

musikalische Zwiegespräch der zwei Feen in Jonsons *Masque of Oberon* mischt sich auch der Chor ein.

Gesungene Polyloge kommen gleichfalls vor; ein solcher entspinnt sich in Jonsons *Golden Age Restored* zwischen Astraea, Golden Age und Pallas; die *Masque of Augurs* hat ein auf fünf Sänger vertheiltes Lied.

Durch die Einführung der Antimaske wurde der Instrumentalmusik ein neues Feld eröffnet, und die Componisten erhielten Gelegenheit, charakteristische Tanzweisen zu schreiben, für welche in den einförmigen, würdevollen Hauptmasken kein Platz war. Bacon verlangt von den Tondichtern: „*Let the music of them (the antimasques) be recreative, and with some strange changes.*" Was er darunter versteht, wird aus Beaumonts Spiel deutlich, an dessen Vorbereitungen Bacon ja regen Antheil genommen hatte. Als die belebten Statuen auftreten, wird das Streichorchester von den Bläsern abgelöst; die Musik wird langsam, schleppend und sanft, um die absichtlich steifen Bewegungen der Tänzer zu malen.[1]

Das Aufgebot an Sängern und Instrumentalisten war bei den Maskenaufführungen mitunter sehr erheblich. In Jonsons *Neptune's Triumph* freilich fand man mit achtzehn Musikern sein Auslangen. Aber Campion verwendet insgesammt 42 Sänger und Spielleute in seiner Hochzeitsmaske für Lord Hayes, und in Jonsons *Love Freed from Ignorance and Folly* sind gar 66 Personen als Vocalisten und im Orchester beschäftigt.[2] Alle Instrumente wurden beigezogen: Lauten in allen Gestalten und von jedem Tonumfang; dann Violinen, Posaunen, die tongewaltigen Zinken *(cornets)*, Oboen, das Harpsichord u. s. w.[3]

Doch dürfen wir uns nicht vorstellen, dass diese gewaltige Tonmasse nach der Art unserer modernen Orchester an einer Stelle beisammen war. Ein guter Theil wurde zunächst als Bühnenmusik verwendet, der Rest an verschiedenen Stellen des Saales untergebracht. In dem Plan

---

[1] Vgl. Beaumonts Maske, ed. Nichols, *Progr. James* II 597; 593 („*new and strange varieties both in the music and paces*").

[2] *Inigo Jones. A Life* by Cunningham, p. 11.

[3] Genaue Listen der zur Verwendung kommenden Instrumente an der eben genannten Stelle und in *Neptune's Triumph*.

der Halle bei der Aufführung von Campions Maske von 1607 haben wir die Vertheilung der verschiedenen musicierenden Gruppen angedeutet. Bacon fand besonderes Gefallen an getrennt aufgestellten Chören, welche abwechselnd sangen.[1]) Ein Beispiel hiefür bietet wiederum die musikalisch besonders reich ausgestattete Maske des Lord Hayes.[2])

Da die Theilorchester verhältnismäßig schwach besetzt waren, stellte sich naturgemäß die Nothwendigkeit heraus, auf ihre richtige, akustische Aufstellung im Saale besondere Fürsorge zu verwenden; auf zartes Spiel und dynamische Effecte musste man aus demselben Grund von vornherein verzichten. Dies schärfte Bacon den Musikern und Regisseuren mit folgenden Worten ein: *„Let the songs be loud and cheerful, and not chirpings or pulings. Let the music likewise be sharp and loud, and well placed."* Und Jonson wirft seinem selbstherrlichen und eigensinnigen Mitarbeiter Jones vor, er habe das Orchester schlecht untergebracht.[3])

Nicht der letzte Ruhmestitel der Maskenform ist es, dass sie durch ihre reiche musikalische Entwickelung den Boden für die Oper vorbereitete. Es muss den Musikhistorikern überlassen bleiben, die Beziehungen der höfischen Festspiele zur italienischen Oper aufzudecken, welche mit der *Daphne* und *Euridice* Jacopo Peris zu Ende des 16. Jahrhunderts ins Leben getreten war.[4]) Nur einen wichtigen Punkt aus der Geschichte der dramatischen Musik Englands möchte ich hier herausheben, da er unser Thema näher berührt. Es ist die Einführung des Recitativs.

In einer Fußnote seiner am 22. Februar 1617 aufgeführten Maske *Lovers Made Men* merkt Jonson an: *„The whole masque was sung after the Italian manner stylo recitativo, by master Nicholas Lanier."*[5]) Das nächste Spiel des Meisters, *The Vision of Delight*, wurde zum mindesten mit einem

---

[1]) *„Several quires, placed one over against another, and taking the voice by catches, anthem-wise, give great pleasure." Of Masques and Triumphs (Essayes*, London 1625, Nr. XXXVII).

[2]) Campion, ed. Bullen, p. 164 f.

[3]) *„To plant the music where no ear can reach"*; *Expostulation*, ed. Gifford, VIII 118.

[4]) Als eine kleine Vorarbeit gebe ich weiter unten (im Anhang) ein Verzeichnis aller mir bekannten Compositionen zu Maskenspielen.

[5]) Jonson, ed. Gifford, VII 290.

recitativischen Gesang eingeleitet.[1] Das sind die ersten Zeugnisse für die Anwendung des neuen Stils in England. Dem Personal in *Lovers Made Men* blieb also nur übrig, den Gesang Laniers mit den richtigen Handlungen und Gesten zu begleiten, wie schon in den Maskeraden zur Taufe Prinz Heinrichs (1594) die Sirenen angewiesen werden, ihre Bewegungen nach dem Gesang der Musiker zu regeln.[2]

In Frankreich scheint man nach einem Zeugnis Campions diese für uns befremdliche Art des Vortrages gleichfalls gekannt zu haben: „*Sing that sing can, for my part I will only, while you sing, keep time with my gestures, à la mode de France*",[3] ruft der Reisende in dem *Entertainment at Caversham House* seinen Genossen zu.

Die nächsten Zeugnisse für recitativen Gesang in England sind volle vierzig Jahre später als die ersten. Davenant konnte mit seinen opernartigen Stücken[4] in vielen Dingen unmittelbar an die Hofmasken anknüpfen; das Recitativ muss er jedoch als etwas Ungewöhnliches der Gunst des Publicums empfehlen.[5] Noch in desselben Dichters *The Playhouse to be Let* hat der Musiker das Recitativ gegen die Angriffe des Schauspielers zu vertheidigen.[6] Man sieht, wie weit das Maskenspiel der Entwickelung der dramatischen Musik Englands vorausgeeilt war.

Über die zu den Hoffesten herangezogenen Musiker, einen Ferrabosco, Johnson, Lupo, Coperario, Lanier, Coleman, Lawes, möge man in den trefflichen Werken über englische Musik nachlesen, mit welchen uns in den letzten Jahren Henry Davey und Wilibald Nagel beschenkten. Auch die Träger fremdländischer Namen unter ihnen waren geborene Engländer und stammten aus nationalisierten Familien oder sie hatten, wie John Cooper, sich nur ein italienisches Mäntelchen umgehängt. So überrascht es nicht,

---

[1] Jonson, ed. Gifford, VII 299.
[2] Nichols, *Progr. El.* III 353 ff.
[3] Ed. Bullen, p. 185.
[4] *The First Day's Entertainment at Rutland House; The Siege of Rhodes; The Cruelty of the Spaniards in Peru.*
[5] „*Recitative ... unpractis'd here though of great reputation amongst other nations.*" *The Siege of Rhodes. Dramatic Works*, edd. Maidment and Logan. Edinburgh 1872, vol. III 235.
[6] Ebd. IV 22 f.

wenn sich unter den Compositionen der lyrischen Stellen in den Maskenspielen wahre Perlen der nationalen Kunst finden.

Tanz. In der Tanzmusik mussten sich die Componisten zum Theil an die alten, ausländischen Formen halten, welche sich längst[1]) in England eingebürgert hatten: die *galliardes*,[2]) *coranti*,[2]) *braules* oder *branles*,[3]) *duretti*,[4]) *levalti*.[5]) Diese Tänze, oft unter dem Namen *the old measures*,[6]) wohl auch schlechtweg als *the revels*[7]) zusammengefasst, wurden von den Maskierten mit den Zuschauern ausgeführt. Die Maskenspiele der Blütezeit bringen sie im Stück an; bei den späteren Maskenfesten entwickeln sich die allgemeinen Tänze erst nach dem Fallen des Vorhanges.[8]) Dagegen kommt es in diesen Epigonenarbeiten gelegentlich vor, dass der Chor in gemessenen Tänzen auftritt, welche in den alten Formen gehalten sind.[9])

Den geläufigen Reigen stehen gegenüber die wilden Tänze der Antimaskers und, als *new measures*[10]) oder *new dances*,[11]) die für das betreffende Maskenfest eigens erfundenen und componierten Tänze der Hauptmaskierten untereinander. Die „neuen Reigen" scheinen überaus verwickelt gewesen zu sein und gipfelten in künstlichen Schlussfiguren.[12]) Mitunter ergab die letzte Stellung der Maskierten

---

[1]) Vgl.: *The maner of dauncynge of base dauncies after the use of Fraunce ... translated by Rob. Copland.* London 1521, fol. (Ames, ed. Dibdin, III 114).

[2]) Browne, *Inner Temple Masque*, ed. Hazlitt, II 258; Jonson, *Hymen*, ed. Gifford, VII 66; *Beauty*, ebd. 89; *Queens*, ebd. 157; *Oberon*, ebd. 194; *Golden Age*, ebd. 268; Beaumont, ed. Nichols, *Progr. James*, II 600; *Masque of Flowers*, ebd. II 744; Marston, ebd. 151; Sir John Astleys Manuscript, ebd. IV 785.

[3]) Browne, ed. Hazlitt, II 258; John Astley a. a. O. IV 785.

[4]) Beaumont, ed. Nichols, II 600; *Masque of Flowers*, ebd. II 744.

[5]) Marston, ebd. II 151.

[6]) Browne, ed. Hazlitt, II 258.

[7]) Jonson, ed. Gifford, VII 363, VIII 38; Davenant I 305.

[8]) Vgl. Jonson, *Chloridia* (ed. Gifford VIII 112); Davenant, *Temple of Love* I 305; *Luminalia* 630.

[9]) *Luminalia* 626.

[10]) Marston, ed. Nichols, II 150.

[11]) Campion, ed. Bullen, 209.

[12]) Jonson, *Hymen*, ed. Gifford, VII 68; *Beauty*, ebd. VII 89. Von Bacon a. a. O. wird dieser Effect verworfen: „*Turning dances into figure is a childish curiosity.*"

gar die Initialen der durch das Spiel gefeierten Persönlichkeit.[1]) Der Tanzmeister hatte also keine leichte Aufgabe, und Jonson versäumt nicht, seine Berather in choreographischen Dingen anerkennend zu nennen.[2]) Mit den warmen Worten, die er dem erprobten Balletmeister Thomas Giles in der Quartausgabe der *Masque of Hymen* widmet, schließen wir diese fragmentarischen Bemerkungen über Musik und Tanz in den Maskenspielen: *„Nor do I want the will but the skill to commend such subtilties, of which the sphere, wherein they were acted, is best able to judge."*[3])

Dramatische Aufführungen, welche mit so vielerlei Darstellungsmitteln arbeiteten, brauchten natürlich ein großes Personal, und sowohl Dilettanten als professionelle Schauspieler, Sänger und Tänzer sind als Mitwirkende an den Maskenspielen betheiligt.

Personal.

Mitglieder des Hofstaates veranstalten die Maskenfeste und übernehmen als *prime masquers*,[4]) *master masquers*,[5]) wohl auch schlechthin als *personators*[6]) die gemessenen Tänze in denselben. Man rechnete es sich zur Ehre an, unter die Zahl der Maskierten aufgenommen zu werden, und wenn die um die Person des Königs bediensteten Herren ihm eine besonders angenehme Überraschung bereiten wollten, so veranstalteten sie sicherlich ein Maskenspiel. Auf diese Weise kamen die Aufführungen von Jonsons *Love Restored*, *Irish Masque* und *Mercury Vindicated* durch „*Gentlemen the King's Servants*" und von *Golden Age Restored* durch „*Lords and Gentlemen the King's Servants*" zustande.

Traten Herren und Damen maskiert zum Tanz an, so nannte man eine solche Vorstellung *Double Masque*. Von Bacon[7]) empfohlen, wird diese Abart der Spiele namentlich in der späteren Zeit gepflegt, und es gehören ihr beispiels-

---

[1]) Jonson, *Hymen* VII 65; *Queens* VII 157.
[2]) Vgl. *Hadingtons Masque* VII 108; *Beauty* VII 36; *Queens* VII 157.
[3]) *Masque of Hymen* VII 80 n.
[4]) Jonson, *Neptune's Triumph*, ed. Gifford, VIII 80.
[5]) Brief Chamberlains bei Nichols, *Progr. James* II 189.
[6]) Jonson, ed. Gifford, VII 95.
[7]) „*Double Masques, one of Men, another of ladies, addeth state and variety.*" Of Masques and Triumphs (*Essayes*, London 1622, Nr. XXXVII).

weise an Davenants *Temple of Love* und *Salmacida Spolia*. Jonson hatte die schon den alten Maskeraden geläufige Form der Doppelmaske aufgegriffen in *Hymenaei*.[1]) Die zwei Auftritte in Daniels *Thetys' Festival* veranlassen Sir John Finett,[2]) dieses Spiel als *double masque* zu bezeichnen.

Auch Glieder der königlichen Familie übernahmen gern Tänzerrollen. Vor allem war es Königin Anna, welche nicht müde wurde, sich mit ihren Hofdamen auf der Bühne zu Whitehall zu bethätigen. Die Prinzen erschienen schon im zartesten Alter unter den Maskentänzern. Aus naheliegenden Gründen — wegen seiner unansehnlichen Gestalt und seines unsicheren Ganges — musste König Jakob auf dieses Vergnügen verzichten. Doch sein Sohn verschmähte auch als König nicht, die Kunst auszuüben, zu deren Pflege ihn der Vater ernstlich angehalten hatte.[3]) Seine Gattin, Marie Henriette, stand ihm an Vorliebe für den Maskentanz nicht nach, und Falkland, einer der Panegyristen, welche dem Meister des Maskenspiels im *Jonsonus Virbius* ein schönes Denkmal setzten, hebt als Gipfel der dem Dichter zutheil gewordenen Ehren hervor:

„*How mighty Charles — — —*
*Found still some time to hear and to admire*
*The happy sounds of his harmonious lyre,*
*And oft hath left his bright exalted throne,*
*And to his Muse's feet combin'd his own:*
*So did his queen — — — — — — —*
*When she did join, by an harmonious choice,*
*Her graceful motions to his powerful voice.*"[4])

---

[1]) Vgl. auch den doppelten Maskenzug in *Cynthia's Revels* (V 3; ed. Gifford II 364 ff.).

[2]) Brief bei Nichols, *Progr. James* II 360.

[3]) In einem Brief an den Prinzen und Buckingham, in welchem sonst von der für Jakob höchst wichtigen Verbindung Karls mit der Infanta die Rede ist, vergisst der König nicht, den beiden „Abenteurern" in breitestem Schottisch einzuschärfen: „*keepe your selfis in use of dawncing privatlie, thogh ye showlde quhissel and sing one to another like Jakke and Tom for faulte of bettir musike.*" Nichols, *Progr. James* IV 840.

[4]) Jonson, ed. Gifford, IX 854 f.

Den berufsmäßigen Sängern, Schauspielern und Tänzern bleiben in der Regel die ganze Antimaske und die gesprochenen oder gesungenen Bestandtheile der Hauptmaske überlassen. In der Abrechnung über die Auslagen für *Love Freed from Ignorance and Folly* werden folgende bezahlte Kräfte aufgeführt:

„*To the 12 musicions, that were preestes, that songe and played* . . . . . . . . . . . . . . . . . . £ *24*
*Item, to 5 boys*,[1]) *that is, 3 Graces, Sphynks, and Cupid* . . . . . . . . . . . . . . . . £ *10*
*Item, to the 12 fooles that danced* . . . . . . £ *12.*"[2])

Ein weiteres Zeugnis für die Verwendung von Schauspielern in den grotesken Rollen besitzen wir in einer Stelle der Maske Beaumonts, wo der ausgezeichneten Leistungen der „*dancers, or rather actors*" gedacht wird,[3]) und in Jonsons *Fortunate Isles* empfängt Merefool von Johphiel die Aufklärung, dass die ihm gezeigten Berühmtheiten keine Geister, sondern Schauspieler von Fleisch und Blut waren:

„Merefool. *I do like their shew,*
   *And would have thank'd them, being the first grace*
   *The company of the Rosy-cross hath done me.*
Johphiel. *The company o' the Rosy-cross, you widgeon?*
   *The company of players!*"

So ist es auch zu verstehen, wenn Masken unter den einer neu zu gründenden Truppe angewiesenen Gattungen genannt werden[4]) oder wenn ein Maskenspiel für eine besondere Schauspielergesellschaft vom Censor zugelassen wird. Sir Henry Herbert censirte zum Beispiel Jonsons *Fortunate Isles* für die *Palsgrave's Company*, und der Dichter hatte das Buch persönlich bei ihm eingereicht.[5])

---

[1]) Offenbar Knaben aus der königlichen Kapelle, welche oft zu schauspielerischen Leistungen herangezogen wurden, oder jugendliche Mitglieder der Truppe des Königs *(the King's Players)*; vgl. Jonson, *Love Restored* (ed. Gifford VII 218): „*the rogue play-boy, that acts Cupid.*"
[2]) Cunningham, *Inigo Jones*, p. 11.
[3]) Vgl. p. 156.
[4]) *Papers of the Shakespeare Society* IV 98.
[5]) Collier, *Hist. Dram. Poetry* I 427 n.; vgl. weiter unten in dem chronologischen Verzeichnis der Maskenspiele.

Kleinere, zum Theil stumme Rollen übernahmen wohl auch Hofbedienstete niedrigeren Ranges. Die Balletmeister Giles und Herne machten sich in dieser Weise nützlich bei der Aufführung der *Masque of Beauty* oder bei der Hochzeitsfeier Lord Hadingtons.[1]) Dem Zwerg der Königin Henriette, Jeffrey Hudson, wurden mehrere Rollen auf den Leib geschrieben: er war wohl der Tom Thumb der *Fortunate Isles;* in *Salmacida Spolia* spielte er einen kleinen Schweizer; in *Luminalia* erschien er als Piecrocall, Feldherr König Oberons.

Ganz ausnahmsweise kam es vor, dass eine Maske ohne Beihilfe von Schauspielern durch Mitglieder des Hofstaates allein aufgeführt wurde. Daniel hebt von seinem Festspiel *Thetys' Festival* mit Stolz hervor, dass nur Personen von Stand und Ansehen mitgewirkt hätten. Sogar die Tritonen seien von „respectablen Herren" gespielt worden! Dass durch die Ausschließung der Schauspieler sein Stück einen unendlich philiströsen Anstrich bekommt, hat Daniel natürlich nicht bemerkt.

Noch einmal ließen sich hochgestellte Persönlichkeiten des Hofes Jakobs herbei, auch die Reden eines Maskenspiels zu übernehmen: in der *Masque of Gypsies* spielte Buckingham die Rolle des Zigeunerhauptmanns, und einer seiner Brüder befand sich gleichfalls unter den braunen Kindern Ägyptens.[2])

Ähnlich wie bei der Mehrzahl der höfischen Masken wird wohl die Vertheilung der Rollen bei den Aufführungen auf den Landsitzen der Adeligen gewesen sein. Die feierlichen Tänze übernahmen die Vornehmen; für die Reden verschrieb man sich gewiss Schauspieler aus der Hauptstadt oder man berief Mitglieder einer Wandertruppe, die gerade in der Nähe war. Zu den Grotesktänzen zog man augenscheinlich die Dienerschaft des Schlosses heran.

Ganz anders, wenn die Rechtsschulen ihre Maskenfeste feiern. Diese Bildungsstätten fanden fast immer mit den eigenen Kräften ihr volles Auslangen. Mr. Herbert betont in seinem Bericht über die *Mountebanks' Masque* (1618),

---

[1]) Jonson, ed. Gifford, VII 86, 108.
[2]) Vgl. Nichols, *Progr. James* III 688, 685, 688, 708—704.

dass die jungen Juristen sowohl die Reden als auch die wichtigeren Gesänge übernahmen; die Ausführung der Tänze durch die Mitglieder des Gray's Inn wird als selbstverständlich nicht ausdrücklich hervorgehoben, dagegen die Leistung des Paradox besonders gelobt.[1]) Die Musik zu den Tänzen — wie erwähnt Vocalmusik — besorgte ein bezahlter Knabenchor. Auch die Darsteller in Davenants *Triumphs of the Prince d'Amour* waren ausschließlich Studenten des Middle Temple; ihre Namen sind zu Ende der Quartausgabe dieser Maske erhalten.

Eine Sonderstellung innerhalb des Personals der Maskenspiele nahmen die zur Ökonomie der Stücke in gar keinem Verhältnis stehenden, doch für den äußeren Glanz der Darbietungen unentbehrlichen Fackelträger ein. Sie sind wie in den älteren Maskenzügen die unzertrennlichen Begleiter der Maskentänzer, denen sie beim Einzug voranschreiten, um dann zur Seite zu treten und für den Rest des Abends unthätig zu bleiben. Meist zog man zu diesen Statistenrollen Knaben und ganz junge Leute herbei; diese brauchten nicht immer den vornehmsten Ständen anzugehören.[2])

Es muss in der That ein schöner Anblick gewesen sein, den der farbenprächtige und glitzernde Zug der Maskierten im grellen Fackellicht bot. Marston glaubt den Einbruch einer sternhellen Nacht nicht besser malen zu können als mit einem aus dem Vorstellungskreis der Maskenspiele entnommenen Bilde:

„*Night, like a masque, is entered heaven's great hall*
*With thousand torches ushering the way.*"[3])

Anderseits machte man sich über die würdevollen und doch bedeutungslosen Figuren der Fackelträger gelegentlich lustig: „*He is just like a torch-bearer to maskers,*" heißt es von einem müßigen Menschen, „*he wears good cloaths, and is ranked in good company, but he doth nothing.*"[4])

---

[1]) *State Papers* XCVI, Art. 27.
[2]) Vgl. Jonson, *Masque of Beauty*, ed. Gifford, VII 84; Carew, ed. Hazlitt, 227; Jessica im *Merchant of Venice* II 4 und 6.
[3]) *Insatiate Countess*, Act V, Schlussrede.
[4]) Dekker und Webster, *Westward Hoe* I 2.

Doch nicht immer sind die armen Fackelträger ganz unthätig. Campion lässt die Pagen der *Lords' Masque* einen Tanz der Feuergeister aufführen;[1]) ein ähnlicher Tanz geht dem Eintritt der Auguren in Jonsons *Masque of Augurs* oder dem Reigen der Helden in Carews *Coelum Britannicum*[2]) voran. In Jonsons *Love's Triumph through Callipolis* ruft der Chor den die Hauptmaskierten begleitenden Amoretti zu:

"*Advance, you gentler Cupids, then, advance,
And shew your just perfections in your dance.*"[3])

Nur ganz selten verzichtete man auf die Mitwirkung der Fackelträger. Selbst Daniel, der über das Wesen des Maskenspiels ganz seltsame und verschrobene Ansichten hatte, kann den Ausdruck des Bedauerns nicht unterdrücken, dass anlässlich der Aufführung von *Thetys' Festival* die heiße Jahreszeit die Anwendung von Fackeln im geschlossenen Raum nicht gestattete.[4])

*Die Kosten der Aufführungen.* Da, wie erwähnt, ein großer Theil der bei den Maskenspielen Mitwirkenden Dilettanten waren, die sich's zur Ehre anrechneten, beigezogen zu werden, wurde das Budget des *Master of the Revels* durch die Entlohnung des Personals nicht allzusehr belastet. Die berufsmäßigen Tänzer, Sänger, Musiker und Schauspieler wurden nach der erhaltenen Rechnung[5]) über die Darstellung von *Love Freed from Ignorance and Folly* recht anständig bezahlt, desgleichen die Componisten der Lieder und Tänze. Der Verfasser Jonson und der Bühnenmeister Jones erhielten je £ 40; die Dienste des Tanzmeisters Mr. Confesse wurden freilich als noch wichtiger angesehen und mit £ 50 entlohnt.

Indes gieng es den Erfindern der Hofmasken nicht immer so gut; für die *Masque of Oberon* erhielt Jones nur £ 16 und die Bezahlung des Dichters ließ hie und da wohl auf sich warten, wenn sie nicht ganz ausblieb.[6])

---

[1]) Ed. Bullen, p. 199.
[2]) Ed. Hazlitt, p. 227.
[3]) Ed. Gifford VIII 94.
[4]) Nichols, *Progr. James* II 858.
[5]) Cunningham, *Inigo Jones. A Life*, p. 11.
[6]) Vgl. *Love Restored*, ed. Gifford, VII 213: "*if he (the poet) never be paid, ... it's no matter; his wit costs him nothing.*" *Neptune's Triumph*

Erst durch den unerhörten Decorations- und Kleiderprunk wuchsen die Auslagen für die Spiele zu immenser Höhe. Wenn wir hören, dass die beiden Masken zu Dreikönig und Fastnacht 1638 je £ 1400 kosteten, und überdies das Costüm des Königs allein auf £ 150 kam,[1]) so begreifen wir, dass diese sinnlose Verschwendung nicht unwesentlich zur Entfremdung zwischen König und Volk beitragen konnte. Ein kurzes Pasquill aus den ersten Regierungsjahren Karls I. gibt dem Unwillen über die Misswirtschaft in dieser ernsten Zeit treffenden Ausdruck, und die Leser des kleinen Gedichtes brauchten durchaus nicht puritanisch gesinnt zu sein, um dem Verfasser vollinhaltlich beizustimmen. Die Verse lauten:

„*On our Landlord Charles.*
*If Charles but follow the steps of his dad,*
*As he seems to appear a promising lad,*
*How the people will worship a copy so good!*
*But let him abate this extravagant mood:*
*If two masques in two nights cost two thousand pound,*
*His tenants must starve, or give up the ground.*"[2])

Mitunter wurden die Kosten von den Freunden der durch die Aufführung zu ehrenden Persönlichkeit bestritten, welche dann selbst die Rollen der Hauptmaskierten übernahmen. Auch von den Masken gilt also, was Dekker[3]) von einer verwandten Form sagt: „*Tryumphs are the most choice and daintiest fruit that spring from peace and abundance; Love begets them; and much cost brings them forth. Expectation feeds upon them.*" So thaten sich fünf englische und sieben schottische Edelleute zusammen, um der Hochzeit Lord Hadingtons durch ein Maskenspiel erhöhten Glanz zu verleihen.[4])

---

(VIII 24): „*The most unprofitable of his servants, I, sir, the Poet.*" The Fortunate Isles (VIII 74): „*and he (Skogan) was paid for't Regarded and rewarded; which few poets Are now-a-days.*"

[1]) Collier. *Hist. Dram. Poetry* II 19.

[2]) J. K. Chapman, *The Court Theatre and Royal Dramatic Record,* p. 23.

[3]) *Troia-Nova Triumphans.* Percy Society X, Part II, p. 11.

[4]) Cunningham, *Inigo Jones,* p. 8.

Wenn die *Inns of Court* Masken in das Programm ihrer Feste aufnahmen, so hoben sie Beiträge von den Mitgliedern ein. Die Costüme und Decorationen, welche man aus diesen Mitteln anschaffte, wurden Eigenthum des betreffenden Collegiums.[1]

Den vereinigten Rechtsschulen bleibt der Ruhm, die theuerste Maske dem Hofe vorgeführt zu haben. Nicht weniger als £ 21.000 sollen auf Shirleys *Triumph of Peace* verwendet worden sein.[2] Davon entfiel freilich ein beträchtlicher Theil auf die Kosten des prächtigen Zuges, in welchem die Maskierten und sonstigen Mitwirkenden, einem alten, von den Collegien sorgsam gewahrten Herkommen gemäß, zu Hofe sich begaben. Martin Parker hat diesen Aufzug in schauerlichen Bänkelsängerversen beschrieben;[3] diesem Schicksal sind zwei andere, sonst vielgepriesene Unternehmungen dieser Art aus dem Jahre 1613 glücklich entgangen: die Züge der in Chapmans und Beaumonts Masken Beschäftigten haben keinen „Dichter" vom Schlage Parkers begeistert, so prunkvoll sie auch waren. Die Theilnehmer an dem ersteren Spiele kamen bei Fackellicht zu Wagen und zu Pferde; das Personal Beaumonts ließ sich in reichgeschmückten Barken nach Whitehall rudern.

*Anlässe der Aufführungen.* Der tanzlustigen Gesellschaft am englischen Hofe wurde es nicht schwer, Anlass zu einem Maskenfest zu finden. Vor allem gab es Tage, welche man sich ohne Mummenschanz gar nicht recht denken konnte. So war es uraltes Herkommen, den letzten Abend der Weihnachtszeit — entsprechend der altheidnischen „zwölften Nacht" und dem christlichen Dreikönigstag — nicht ohne Maskenspiel vorübergehen zu lassen. Den gleichen Vorzug genossen die letzten Tage (Sonntag bis Dienstag) der Fastnacht, ferner der Neujahrstag und das Fest der Lichtmesse. Man sieht, dass der Hof den Zusammenhang mit den Festtagen des Volkes wenigstens insofern

---

[1] *Order of Gray's Inn,* ddo. 18. Mai 1613 bei Nichols, *Progr. Eliz.*² II 890 n.

[2] Shirley, ed. Dyce I, p. XXVII.

[3] J. P. Collier, *Broadside Black Letter Ballads.* 1868.

wahrte, als er die gleichen Anlässe nach seiner Weise feierte.[1]

Zu diesen nahezu officiellen Anlässen kommen noch die außerordentlichen Gelegenheiten, vor allem die Hochzeiten in der königlichen Familie oder im Kreis der Günstlinge Jakobs.[2] Doch wurden diese gewöhnlich zu den erwähnten festlichen Zeiten des Jahres gefeiert. Die Hochzeit der Prinzessin Elisabeth fand am Sonntag, den 14. Februar 1613 statt, so dass die Fastnachtmasken dieses Jahres zugleich als Hochzeitmasken über die Bühne giengen. Ähnlich fiel die durch drei Masken verherrlichte Vermählung Somersets oder die des Grafen Robert Essex, welche zu Jonsons *Masque of Hymen* Anlass gab, in die Weihnachtszeit. Hadingtons Hochzeitsfest wurde zur Fastnacht 1608 durch eine Dichtung Jonsons verschönert.

Im Sommer sorgte König Jakob bei seinen Bereisungen des Landes dafür, dass seine lieben Tänzer nicht aus der Übung kamen. Wohin er sich auch wendete, gab es Festlichkeiten und prunkvolle Loyalitätskundgebungen. Sehr zutreffend und witzig charakterisiert Chamberlain[3] das zahlreiche, glänzende und vergnügungssüchtige Gefolge des Königs auf solchen Reisen als *„the running Masque"*.

Wirkliche Maskenaufführungen konnte man indes dem König auf dem Lande nur selten bieten; es war eben ein gar zu kostspieliges Vergnügen, Sänger und Schauspieler auf die Schlösser zu laden und die Decorationen zu be-

---

[1] Kleine Verschiebungen aus äußerlichen Gründen kamen natürlich vor; sieh zum Beispiel die Aufführungsdaten von Daniels *Vision*, von Jonsons *Masque of Beauty* und *Time Vindicated* in dem chronologischen Verzeichnis der Masken am Schluss dieser Arbeit.

[2] Vgl. Jonson, *Hadington's Masque* (ed. Gifford VII 95): *„The worthy custom of honouring worthy marriages with these noble solemnities, hath of late years advanced itself frequently with us."* Dekker spottet über die Hochzeitsmasken im *Satiromastix* (ed. 1602, Sign. J 8): *„to bring the quivering bride to court in a masque"*.

[3] Brief vom 12. Februar 1620 (Nichols, *Progr. James* III 587): *„the running Masque ranges all over the Country, where there be fit subjects to entertain it."* Hazlitt (*Manual for the Collector of Old Plays*, p. 200) hat diese Stelle aufs lächerlichste missverstanden und die *running Masque* als Gegenstück der im Ms. Add. 10.444 erwähnten *standing Masque* erklärt. Daraus folgert er dann stolz das Datum der letztgenannten Aufführung: 1620!!

schaffen. Immerhin verdankt die lustige Zigeunermaske Jonsons, zuerst aufgeführt im Sommer 1621 zu Burley-on-the-Hill, der Liberalität Buckinghams ihre Entstehung. Zu Ehren der Anwesenheit der Königin Anna in Caversham (1613) schrieb Campion sein *Entertainment*, welches auch eine richtige Maske enthält.

Selten wurden bei Hofe Masken im Sommer aufgeführt: *Thetys' Festival* feierte die Creierung des Prinzen von Wales, *Pan's Anniversary* wohl den Geburtstag des Königs. Am 6. Mai 1622 wurde zu Ehren der Gesandten die Weihnachtsmaske des Jahres, Jonsons *Masque of Augurs*, wiederholt.

Wie für die älteren Hofmaskeraden, sorgte auch für die Aufführung der entwickelten höfischen Maskenspiele der *Master of the Revels*. Im ersten Theil dieser Arbeit versuchten wir die Geschichte seines Amtes zu schreiben und haben hier nur die Namen der Inhaber dieser Stellung unter den Stuarts nachzutragen. Auf Tylney (bis 1610) folgte also Sir George Buck (bis 1622). Sein Nachfolger ist Sir John Astley jun. (bis 1623). Ben Jonson hatte am 5. October 1621 das Versprechen erhalten, dass nach Astley ihm die Würde zufallen sollte.[1]) Obwohl dieser das Amt seit Juli 1623 durch einen Stellvertreter, Herbert, verwalten ließ, konnte Jonson doch nicht die Stellung antreten, da sowohl Astley als Herbert, der 1629 zum Nachfolger Bens bestellt worden war, ihn überlebten. So gieng der Würdigste durch den juristisch unanfechtbaren, doch nicht sonderlich correcten Handel zwischen Astley und Herbert leer aus.

Sir Henry Herbert (bis 1673) kann als der letzte *Master of the Revels* bezeichnet werden; denn unter der Amtsführung Thom. Killigrews und Sir Rich. Gipps'[2]) verlor das Amt jede Bedeutung. Gewisse Einschränkungen seines Wirkungskreises hatte sich der Intendant der Hoffestlichkeiten freilich schon zu Beginn der Regierung Jakobs I.

---

[1]) Eine sehr feine Anspielung auf den unfruchtbaren Besitz des Amtes in der Zukunft erblicke ich in einer Stelle der *Fortunate Isles* (ed. Gifford VIII 74): „*This master of all knowledge — in reversion*": Merefool wird durch die ihm versprochene Erleuchtung im Augenblick nicht weiser, und Jonson durch das zugesicherte Amt nicht reicher.

[2]) Nichols, *Progr. Eliz.*² I, p. XXI f.

müssen gefallen lassen, als Sam. Daniel die Aufsicht über die Aufführungen der *Children of her Majesty's Revels* übertragen wurde. Da ihm auch die Censur der Stücke dieser „*little eyases*" zustand, müssen wir Collier[1]) recht geben, wenn er Daniel geradezu als *Master of the Queen's Revels* bezeichnet.

Im Verlauf dieser Untersuchungen wird klar geworden sein, welche wichtige Erscheinung im Gesellschaftsleben die Maskenspiele waren, und dass die verschiedensten Classen an ihnen Interessen hatten. Der Hof erblickte in diesen Stücken seine vornehmste und prunkvollste Unterhaltung; der Adel ahmte die glänzenden Schaustellungen der höfischen Kreise nach, so gut es auf den entlegenen Landsitzen möglich war; die Studenten der Rechtscollegien brachten Aufführungen zustande, welche den höfischen nichts nachgaben. Die Bürger endlich priesen sich glücklich, wenn es ihnen durch Bekanntschaften in den Hofkreisen gelang, an einer „*grand night*" Zutritt zu den Gallerien der Bankethalle zu erlangen, und die Frauen der ehrsamen Kaufleute und Handwerker der City sollen oft genug ihre Schaulust mit einem viel zu hohen Preis bezahlt haben.[2])

So verfolgt man schon die Vorbereitungen der Spiele mit reger Neugier und Spannung, und ernste Männer wie Sir Dudley Carleton oder Sir Ralph Winwood lassen sich von ihren ständigen Correspondenten in London neben den wichtigsten Staatsgeschäften über geplante und dargestellte Masken ausführlichst berichten. Eine der gescheitesten Frauen am Hofe Jakobs, Lady Arabella Stuart, macht sich gelegentlich über die Spiele, „*these serious affairs*", lustig, aber sie verschmäht nicht, die Beratherin einiger Herren zu sein, welche den Hof mit einer solchen Aufführung überraschen wollen.[3]) Unter den Vergnügungen, die einem vollendeten Edelmann am besten anstehen, empfiehlt William Higford, der Verfasser der *Institution of a Gentleman*, die Masken an erster Stelle.[4])

*Förderer der Maskenspiele.*

---

[1]) *Hist. Dram. Poetry* I 841.
[2]) Vgl. Jonson, *Love Restored*, ed. Gifford, VII 212, 217.
[3]) Briefe vom 18. December 1603 und 10. Jänner 1604 bei Nichols, *Progr. James* IV 1062, 1061.
[4]) *Harleian Miscellany* IX 597.

Die bunte Welt des Scheines und der Verkleidung übte auch auf einen der erlauchtesten Geister jener Zeit eine merkwürdige Anziehung aus. Francis Bacon, dessen wahrhaft fürstliche Lebensführung in London viel von sich reden machte,[1]) liebte die glanzvollen Schauspiele ebensosehr wie der auch durch den traurigen Ausgang seines ehrenreichen Lebens ihm verwandte Wolsey. Freilich waren sie ihm zunächst nur Mittel zum Zweck, und er schrieb oder begünstigte die Stücke, um sich seinen zahlreichen Gönnern dienstbar zu erweisen. Für Essex verfasste er die Reden des Eremiten, des Staatsmannes, Soldaten und Knappen.[2]) Der königlichen Familie bezeugte er seine Verehrung, indem er Beaumonts Maske zur Hochzeit der Prinzessin Elisabeth einstudierte, was der Dichter in der Widmung seines Werkes dankbar anerkennt. Die Kosten der von Mitgliedern des Gray's Inn aufgeführten Hochzeitsmaske Somersets *(The Masque of Flowers)* bestritt er gar aus eigenen Mitteln.[3])

Gern nimmt er noch als Kanzler an den Festlichkeiten seines Collegiums theil und war beispielsweise bei der Darstellung der *Masque of Mountebanks* im Gray's Inn anwesend.[4]) Aus einem Briefe Buckinghams[5]) erfahren wir, dass Bacon auch dieses Spiel und seine Wiederholung vor dem König angeregt hatte.

Die Begünstigung der Maskenspiele, mag sie auch in erster Linie auf selbstsüchtigen Motiven beruhen, gieng offenbar in eine wirkliche Vorliebe für die Gattung über und ließ Bacon in seinen *Essayes* mitten unter Betrachtungen über die ernstesten Gegenstände Platz finden für ein Capitel

---

[1]) Vgl. zum Beispiel Chamberlains Brief vom 9. December 1613 bei Nichols, *Progr. James* II 705.

[2]) Sieh p. 42.

[3]) Vgl. die Vorrede dieser Maske und den Brief Chamberlains bei Nichols, *Progr. James* II 705 *(Calendar of State Papers, Domestic,* 1611—1618, p. 216); ferner den Brief Bacons an Somerset *(Works* XI 394, ed. Spedding); bei Collier (I 261) falsch datiert und Burghley fälschlich als Adressat angegeben.

[4]) Chamberlain an Carleton unter dem 7. Februar 1618 in den *State Papers (Domestic)* XCVI 8; vgl. Nichols, *Progr. James* III 466 f.

[5]) *Works of Bacon,* edd. Spedding, Ellis, Heath XIII 297.

*Of Masques and Triumphs.*[1]) Wie entschuldigend beginnt und schließt das Essay mit der Erklärung: „*These things are but toys*", aber die einzelnen feinsinnigen Bemerkungen, welche wir schon anzuführen Gelegenheit hatten, zeigen, dass ihm der Gegenstand nicht gleichgiltig war. So unterlässt er ferner nicht, in seinen historischen Werken von höfischen Festen liebevolle Schilderungen zu entwerfen,[2]) und gern entnimmt er demselben Stoffkreis Bilder und Vergleiche.[3])

Doch der begeistertste Freund der Maskenspiele war König Jakob. Im Grunde genommen ist es zu verwundern, dass er, aus einem armen und den lauten Festlichkeiten abholden Lande kommend, an den farbenprächtigen Aufführungen seines neuen Hofstaates sogleich Gefallen fand. Maskenzüge und *Pageants* waren zwar am schottischen Hofe nicht unbekannt, standen aber, wie die Beschreibung der Feste bei der Taufe Prinz Heinrichs[4]) lehrt, noch im Jahre 1594 etwa auf der Stufe der englischen Maskeraden unter Heinrich VII. Wir werden daher nicht fehlgehen, wenn wir die Pflege des Maskenspiels in den ersten Regierungsjahren Jakobs hauptsächlich auf die Vorliebe der Königin Anna für diese Gattung zurückführen. Sie, die Schwester des kunstsinnigen Christian IV. von Dänemark, war es ja, die Ben Jonson und Inigo Jones sozusagen entdeckte und ihnen die Themen für die ersten Spiele vorschrieb.[5]) Ihr pedantischer Gemahl fand allem Anschein nach erst an den komischen Tänzen und Sprüngen der Antimasken Gefallen.

Arthur Wilson berichtet in seinem Leben Jakobs:[6]) „*He loved Masques and such disguises in these maskeradoes as were witty and sudden; the more ridiculous, the more pleasant.*" Einige gut bezeugte Anekdoten bestätigen dieses Urtheil und lassen erkennen, dass der König in seiner Schätzung

---

[1]) Doch erst in der Ausgabe von 1625; der Abschnitt fehlt in der lateinischen Übersetzung von 1688.

[2]) Vgl. zum Beispiel *History of King Henry VII.*, ed. Spedding (*Works* VI), pp. 218, 243 f.

[3]) Ebd. p. 59.

[4]) *A True Accompt of the ... Baptism of ... Prince Henry Frederick.* London 1603. Abgedruckt bei Nichols, *Progr. Eliz.* III 353 ff.

[5]) Jonson, ed. Gifford, VII 6 und 25.

[6]) Pag. 104.

der Spiele durchaus an den Äußerlichkeiten haftete. Wenn er eine Scene eines solchen Stückes wiederholen ließ, so war es gewiss der Grotesktanz,[1]) und an die Tänzer scheint er große Ansprüche gestellt zu haben. Orazio Busino[2]) berichtet, dass bei einer Aufführung von *Pleasure Reconciled* die Mitwirkenden schließlich Ermüdung zeigten. Da rief ihnen Jakob ärgerlich zu: *„Why don't they dance? What did you make me come here for? Devil take you all; dance!"*

Unter keinen Umständen wollte er je auf seine lieben Masken verzichten. Als seine Umgebung ihn aufmerksam machte, dass die von ihm gewünschte Aufführung eines Spieles am Christabend gegen alles Herkommen wäre, erwiderte er gereizt: *„What do you tell me of the fashion? I will make it a fashion."*[3]) Und als die Feuersbrunst vom 12. Jänner 1619 die Banketthalle und alle Decorationen vernichtet hatte, als zudem die Königin auf dem Todtenbette lag, musste trotz alledem die Weihnachtsmaske wiederholt werden.[4])

Karl I. erbte von seinen Eltern die Vorliebe für Maskenspiele, und seine Gemahlin brachte die gleiche Neigung von dem glänzenden Hofe Frankreichs mit. Aus den ersten Regierungsjahren Karls sind freilich keine Stücke erhalten, und allem Anschein nach wurden auch wegen der unruhigen Zeiten und der ungünstigen Finanzlage nur wenige aufgeführt. Doch kaum hatte durch die Auflösung des Parlaments der König freie Hand bekommen, als die Spiele mit großer Pracht wieder aufgenommen wurden. Mit schwerer Verkennung der politischen Lage sang Carew, getäuscht durch das bisschen Ruhe und Frieden, welches in den ersten Jahren der parlamentslosen Zeit in England eingekehrt war, noch im Jahre 1632 von halkyonischen Tagen:

*„Tourneyes, masques, theaters better become*
*Our Halcyon dayes; what though the German drum*

---

[1]) Vgl. Beaumonts *Masque of the Inner Temple and Gray's Inn*, ed. Nichols, II 597; *Masque of Flowers*, ebd. 745.
[2]) *Anglipotrida* bei Harrison, *Description of England*, ed. Furnivall, Part II, Book III, p. 58\*.
[3]) Brief Chamberlains bei Nichols, *Progr. James* II 162.
[4]) Vgl. Nichols, *Progr. James* III 525, 527.

*Bellow for freedome and revenge, the noyse
Concernes not us, nor should divert our joyes."*[1])

Von 1631 bis 1640 giengen dann fast jedes Jahr Masken über die Bühne, und zwar folgte gewöhnlich auf ein Spiel des Königs ein solches der Königin oder umgekehrt.

In das Jahr 1633 fallen die Angriffe Prynnes auf das Theater im allgemeinen und die Masken im besonderen. Schon längst hatten ja die Puritaner die Aufführungen zu Whitehall und in den Rechtscollegien mit scheelen Augen angesehen. Lady Bacon schrieb am 5. December 1594 an ihren älteren Sohn Anthony: *„I trust they will not mum nor mask nor sinfully revel at Gray's Inn."*[2]) Die gute Dame ängstigte sich nicht umsonst: unter den Beiträgen zur Weihnachtsfeier des Gray's Inn aus diesem Jahre sind die Reden der Räthe des *Prince of Purpoole*, verfasst von ihrem jüngeren Sohn Francis, und in einer derselben[3]) wird gegen die puritanische Lebensauffassung ausdrücklich Stellung genommen: *„What! nothing but tasks? nothing but workingdays? No feasting, no music, no dancing, no triumphs, no comedies, no loue, no ladies?"*

Feinde der Maskenspiele.

Indes der Geist, der aus dem Briefe der Lady Bacon spricht, blieb lebendig,[4]) und noch oft mussten die Dichter der Maskenspiele Worte der Abwehr gegen die Eiferer finden. Jonson bringt das Zerrbild eines maskenfeindlichen Puritaners auf die Bühne in *Love Restored*; Davenant nimmt unter die grotesken Scenen des *Temple of Love* einen Tanz „eines neumodischen Teufels, des geschworenen Feindes der Musik und Poesie", und seiner Anhänger auf.

---

[1]) Ed. Hazlitt, p. 98.
[2]) Ms. Lambeth 650, 222 bei Spedding, *Life and Letters of Francis Bacon (Works* VIII 826).
[3]) *Gesta Grayorum* bei Nichols, *Progr. Eliz.*² III 295.
[4]) Ein interessanter Versuch eines Puritaners namens Cayworth, an Stelle der Masken fromme Betrachtungen zu setzen, betitelt sich: „*Enchiridion Christiados: A twelve Dayes Taske* (so offenbar als Gegensatz zu *Twelfth night's Mask!*), *Presented for a Christmas Maske. To William Paston.*" 1636. Brit. Mus., Ms. Add. 10.811. Hazlitt in seinem *Manual* bucht diese Erbauungsschrift natürlich gewissenhaft als Drama.

Die letzte echte und rechte Hofmaske, Davenants *Salmacida Spolia*, spricht noch unmittelbar vor dem Ausbruch des Ungewitters von der Beschwörung des Sturmes durch die Weisheit des Königs. Aber Hofdichter sind schlechte Propheten, und als Karl 1642 Whitehall verließ, das er erst als Gefangener seines Volkes wieder betreten sollte, war auch die dramatische Muse obdachlos geworden.

Die Maskenform lebte nach den Bürgerkriegen früher wieder auf als das große Drama, und Shirley suchte an die zerrissene Tradition wieder anzuknüpfen mit seinem Spiel *Cupid and Death*, welches 1653 vor dem portugiesischen Gesandten dargestellt werden durfte. Ihm folgte Jordan mit *Fancy's Festivals* (1657), und das Maskenspiel kann, seltsam genug, erst todtgesagt werden, als England wieder einen Hof und ein Theater hat.

## IV. Abschnitt.
# Fremde Einflüsse.

Wenn wir nach Vorbildern für die englischen Maskenaufführungen suchen, so wendet sich unser Blick wie von selbst zuerst auf den französischen Hof; war dieser doch in Sachen der Gallanterie und Ritterlichkeit, in Fragen der Etikette und feinen Lebensart seit jeher allen andern ein Vorbild gewesen.

Von dort fanden denn mit dem Ceremoniell des Ritterthums auch jene Einleitungen zu Tournieren, jene Formen der Feste und des Mummenschanzes in England Eingang, welche wir in den ersten Abschnitten unserer Untersuchungen zu schildern versuchten.

Auf Frankreich weisen, wie wir bereits hervorzuheben hatten, die ältesten Bezeichnungen für Maskeraden: *disguising, momery, mask*. Dabei ist besonders zu beachten, dass man den Ausdruck *mask* ohne Besinnen auch auf französische Stücke anwendete. So stellte Hall[1] die Mummereien des fremden Landes den heimischen gleich, und noch 1623 schrieb Prinz Karl aus Paris an seinen Vater: „*We saw the young Queene, little Monsieur, and Madame, at the practising of a Maske.*"[2]

Schon diese Übereinstimmung hätte die Geschichtschreiber der englischen Gattung auf den Gedanken bringen sollen, dass durch eine Culturübertragung die höfischen Mummereien aus Frankreich nach England kamen. Aber noch Soergel bescheidet sich mit der gelegentlichen Bemerkung, die Frage nach dem Ursprung der englischen Spiele sei „aus Mangel an Nachrichten" nicht zu lösen.

---

[1] *The Union* etc. *Henry VIII.*, fol. 67.
[2] Nichols, *Progr. James* III 809. Gemeint ist das *Grand ballet de la Reyne: Les festes de Junon la Nopciere*. Vgl. Lacroix, *Ballets de cour* II 347.

An Gelegenheiten, die höfischen Bräuche Frankreichs kennen zu lernen, konnte es nicht fehlen. Abenteuerlustige Ritter kreuzten oft das Meer, um an französischen Tournieren theilzunehmen, und brachten Nachricht von den prunkvollen Einkleidungen der Scheinkämpfe und den Festen, die zu Ehren der Sieger veranstaltet wurden. Dazu kommen die engen politischen Beziehungen der beiden Länder und die häufigen Besuche der englischen Herrscher in Frankreich. Es wird uns berichtet, dass Edward II. und seine Gemahlin im Jahre 1313 den von Philipp dem Schönen zur Feier der Schwertleite seiner Söhne veranstalteten Festen beiwohnten und voll Bewunderung über das Gesehene waren.[1]

Seit dem 15. Jahrhundert besitzen wir reichliche Nachrichten, dass Franzosen zu den Vorbereitungen und Aufführungen höfischer Feste in England herangezogen wurden. Ein Jakke(s) Travaill machte sich in dieser Richtung am Hofe Heinrichs VI. nützlich.[2] Unter Heinrich VII. hatten französische Schauspieler und Musiker feste Stellungen inne.[3] Namentlich ein gewisser Jakes (Jacques) Haute scheint eine hervorragende Rolle gespielt zu haben; ihm werden zu wiederholtenmalen Auslagen für *disguisings* rückvergütet,[4] und noch unter Heinrich VIII. erhält er den Auftrag, bei der Vorbereitung von Mummereien mitzuwirken.[5] Er übernahm wohl auch selbst Rollen in diesen Aufführungen, wenn er, wie sehr wahrscheinlich, der *Jakys* einer Rechnung aus dem Jahre 1522 ist.[6]

Unter Heinrich VIII. sind die Beziehungen zu Frankreich wieder besonders lebendig. Bei der Zusammenkunft des Königs mit Franz I. zu Ardres und Guînes suchten sich die beiden Herrscher an Pracht der Aufzüge und Maskeraden gegenseitig zu überbieten.[7] Die Gesandten Heinrichs versäumen nicht, neben den wichtigsten Staats-

---

[1] Sauval, *Antiquités de Paris*. Paris 1724. II 651.
[2] 1428; Nichols, *Progr. El.* I, p. XL.
[3] Collier, I 48, 51 n, 58 n.
[4] Collier ebd.; Ms. Harl. 69, fol. 48 b.
[5] Collier I 66.
[6] Collier I 91.
[7] Vgl. pp. 55, 70.

geschäften über französische Hoffeste zu berichten.¹) Zu derselben Zeit mag die von dem wackern Hall²) scharf verurtheilte Fremdländerei junger Engländer, die in Frankreich gelebt hatten, manches von den Bräuchen des glänzendsten Hofes der Welt in ihre Heimat verpflanzt haben.

Königin Maria sah wie ihr Vater gern französische Minstrels an ihrem Hofe.³) Elisabeths Vorliebe für die Werke Ronsards verschaffte den Cartell- und Maskendichtungen der Pléiade Eingang und regte zu Nachahmungen an. Ronsard sandte seine Gedichte an die Königin⁴) und widmete ihr die Sammlung *Elegies Mascarades et Bergerie* (1565).

Auch Dichter und Regisseure des vollentwickelten englischen Maskenspiels hatten reichlich Gelegenheit, von den Franzosen zu lernen. Inigo Jones, der die Ausstattung so vieler Masken besorgte, war zu wiederholtenmalen in Frankreich.⁵) Französische Tanzmeister und Tänzer leben am englischen Hof.⁶) Der rege diplomatische Verkehr mit dem Nachbarstaat trug nach wie vor viel zur Einführung und Verbreitung französischer Sitten bei. Arthur Wilson⁷) berichtet von Lord Hayes, dass er nach seiner Rückkehr vom französischen Hof, wo er 1616 als Gesandter viel gefeiert worden war, in seinen Festen die gesehene Pracht und Herrlichkeit nachzuahmen suchte. Endlich wurde der englische Hof durch die Heirat Karls I. mit Marie Henriette für einige Zeit geradezu französisirt. Zahlreiche französische Stücke giengen unter Mitwirkung der Königin über die Bühne zu Whitehall, so das Schäferspiel *Florimene* (1635), dessen Intermezzi, bestehend aus pantomimischen Scenen

---

¹) Sir W. Paget an den König bei Collier I 71; *Letters and Papers of Henry VIII.*, vol. XIV 1, p. 126.
²) Fol. 67 b, *Henry VIII*.
³) Collier I 84, 95, 162, 164 n.
⁴) Cunningham, *Extracts*, p. XXVIII.
⁵) Cunningham, *Inigo Jones. A Life*, pp. 9, 16.
⁶) „Cardel the dancer": Progr. James III 15 und Cunningham, *Extracts*, p. 188; *Baston le Peere* (père), *the Dauncer*: Nichols, Progr. James IV 1042; *Confesse* und *Bochen* (= Beauchamp?): Cunningham, *Inigo Jones*, p. 11.
⁷) *Life of King James*, p. 94.

und Tänzen, auf die Antimasken Davenants entscheidend einwirkten.[1]

Einem bisher unbeachteten Büchlein entnehmen wir die nicht unwichtige Nachricht, dass ein *ballet de cour* — unter diesem Namen giengen die späteren französischen Spiele — sogar auf englischem Boden zur Aufführung kam. Das British Museum verwahrt ein Werkchen Marc de Mailliets,[2] eines unbedeutenden und unsteten Dichters, der auf der Jagd nach Gönnern auch nach England gekommen war und Jakob I. in einer endlosen Ode angesungen hatte. Nachdem er auf diese Weise die Aufmerksamkeit des Königs erregt, gelang es ihm, ein Ballett seiner Erfindung[3] auf die Maskenbühne zu Whitehall zu bringen. Neben den gleichzeitigen Spielen eines Jonson nimmt sich freilich dieses Stück recht dürftig aus, und es scheint auch dem Verfasser keine sonderlichen Ehren eingetragen zu haben. Wir werden es später noch kurz beschreiben.

Ich kann es hier nicht unternehmen, die weitverstreuten Materialien zur Geschichte der französischen Maskeraden zusammenzutragen; denn zu diesem Zwecke müsste vor allem die ungeheure historische und Memoirenliteratur des Landes nach Zeugnissen durchforscht werden. Ein solches Beginnen geht wohl über den Rahmen dieser Untersuchungen hinaus und wäre wahrscheinlich wenig fruchtbar; denn selbst Lacroix in der übersichtlichen Einleitung seiner gleich zu nennenden Sammlung höfischer Ballette kann die Maskentänze nur bis 1392 zurückverfolgen. Auch für seine Culturgeschichte[4] konnte er nur wenige Beschreibungen von Hoffestlichkeiten auftreiben. Was ich

---

[1] In englischer Sprache wurde nur gedruckt: *The Argvment Of the Pastorall of Florimene with the Description of the Scoenes and Intermedij.* London 1635.

[2] Ziemlich unvollständige Nachrichten über ihn in der *Nouvelle biographie générale* XXXII. Von Mailliets auch aus andern Gedichten zu erschließenden Beziehungen zu England weiß dieses Werk nichts zu melden.

[3] *Balet De la reuanche du mespris d'Amour: Dancé deuant la Royne de la grande Bretaigne. Imprimé à Londres ce 28. Januier, 1617.* 4 Blätter 4⁰.

[4] *Mœurs, usages et costumes au moyen âge et à l'époque de la renaissance.* Paris 1871.

also über die älteren Mummereien beibringe, gebe ich als gelegentliche Lesefrüchte, hoffe aber dennoch, dass auch diese wenigen Nachrichten die Verwandtschaft zwischen französischen und englischen Maskeraden beweisen werden. Ausführlicher können wir mit der literarischen Gattung des entwickelten englischen Maskenspiels, die ohnehin unser Hauptthema bildet, die späteren *ballets de cour* vergleichen, da diese zahlreicher erhalten sind und in zuverlässigen Neudrucken von Lacroix[1]) vorliegen.

Auftritte maskierter und costümierter Gestalten zwischen den Gängen festlicher Mahlzeiten wurden mit dem Namen *Entremets* bezeichnet und sind mindestens seit Ludwig IX. zu belegen.[2]) Eine solche Aufführung, die der französische Hof zu Ehren Kaiser Karls IV. 1378 veranstaltete, erinnert uns lebhaft an die Feste bei der Hochzeit Prinz Arthurs:[3]) ein vollständig ausgerüstetes Schiff, mit Kreuzfahrern bemannt, fährt bis in die Mitte der Banketthalle. Gleich darauf wird eine Darstellung der Stadt Jerusalem in den Saal bewegt; ihre Thürme sind von Saracenen besetzt. Die Christen verlassen das Schiff und greifen die Stadt an.[4])

Aus dem 14. Jahrhundert haben wir weiter Berichte über Maskeraden bei der Hochzeit Karls VI. mit Isabella von Bayern: ein Bär, ein Einhorn überreichen Geschenke; wilde Männer, Neger und Türken führen Tänze vor.[5])

Über ein anderes Maskenfest am Hofe Karls VI. sind wir besonders gut unterrichtet, da eine schreckliche Katastrophe bei diesem Anlasse auf alle Chronisten tiefen Eindruck machte. Zur Hochzeitsfeier eines Hoffräuleins der Königin, so erzählt Juvénal des Ursins, trat Karl mit fünf andern wilden Männern auf. Sie waren in eng anliegende, mit Werg bedeckte Gewänder gehüllt. Der Herzog von

---

[1]) *Ballets et mascarades de cour*. Genève et Turin. 1868—1870. 6 Bände.

[2]) Voss, *Der Tanz und seine Geschichte*. Erfurt 1885, p. 62.

[3]) Vgl. p. 26.

[4]) Barre, *Hist. d'Allemagne* und Christine de Pisan bei St. Foix, *Œuvres complettes*. Paris 1778. Vol. IV 184. Darstellung eines *entremets* (Drache, geführt von einem wilden Mann und zwei andern Personen; 14. Jahrhundert) bei Lacroix, *Mœurs, usages* . . ., p. 188.

[5]) 1389; vgl. Juvénal des Ursins und Froissart ad annum.

Orléans näherte sich ihnen mit einer Fackel, und durch seine Unvorsichtigkeit fieng das Costüm eines der Mitwirkenden Feuer, das sofort auf die andern übersprang. Der König ward gerettet, aber von diesem Abend an brach sein Wahnsinn wieder aus. Aus dem Bericht über dieses „ballet des ardents"[1]) geht hervor, dass die Maskenzüge zu Ende des 14. Jahrhunderts noch ohne Reden sich behelfen und etwa auf derselben Stufe stehen wie die vor Edward III. dargestellten Mummereien Englands.

Auch die volksthümlichen Maskeraden Englands sind von den festlichen Gebräuchen Frankreichs nicht unbeeinflusst geblieben. Wir hatten bereits auf die nahe Verwandtschaft des *Abbot of Misrule* mit dem *Abbé de Malgouvert* hinzuweisen,[2]) und ein Maskenzug der Bürger Londons nach Kennington[3]) spielte sich in einer Form ab, deren Vorbilder gleichfalls auf französischem Boden zu suchen sind. Die Maskierten fordern unter Beobachtung tiefen Schweigens die Gesellschaft zum Würfelspiel und zu Tänzen auf. Dieser Hergang ist uns für Frankreich schon 1349 im Register von Tournai,[4]) dann bei Jean de Stavelot[5]) belegt; er bleibt bis ins 17. Jahrhundert beliebt und kehrt z. B. in dem *Balet des andouilles porté en guise de momom*[6]) wieder.

Die erste mir bekannte Rede zur Einführung einer Maskerade verfasste Charles d'Orléans. Seine *Mommerie* ist für Damen geschrieben und ganz anspruchslos: der Mai ist gekommen, der Winter ist aus; lasst uns daher fröhlich sein.[7])

Überaus lebenswarme Bilder aus dem ritterlichen Leben am burgundischen Hofe hat uns Olivier de la Marche

---

[1]) Eine Darstellung dieser Scene nach der Miniatur einer Froissart-Handschrift bei Lacroix, *Mœurs, usages et costumes au moyen-âge et à l'époque de la renaissance*. Paris 1871, p. 268.

[2]) Vgl. p. 107.

[3]) Vgl. p. 6.

[4]) Godefroy, *Dictionnaire de l'anc. langue franç.* IX 339.

[5]) Circa 1440; *Chronique*, ed. Borgnet, p. 95.

[6]) Lacroix IV 57.

[7]) *Poésies complètes*, pp. Ch. d'Héricault. Paris 1874. I 148. Die Ballade fehlt übrigens unter den zahlreichen ins Englische übersetzten Gedichten des Herzogs; vgl. Bullrich, *Über Charles d'Orléans*. Berlin 1893.

in seinen Memoiren[1]) überliefert. Vom einfachen Maskenzug bis zum complicierten Decorationsstück erkennen wir in seinen Beschreibungen der 1454 von Herzog Philipp veranstalteten Feste so ziemlich alle Formen wieder, die wir im zweiten Abschnitt unserer Studien für die englischen Maskeraden aufzustellen hatten. Neben einem Auftritte der als Engel verkleideten Pagen[2]) stehen Schaustücke von ausschließlich decorativer Wirkung,[3]) dann allegorische Scenen wie jene der Freudenkönigin: ein kleines Mädchen, *la princesse de joye*, reitet in den Saal, geleitet von drei Sängern und einem *officier d'armes*, der eine Ansprache an den Herzog hält.[4]) Das berühmte Fasanengelübde[5]) wurde durch eine ähnliche Maskerade angeregt. Ein Riese führt einen Elefanten in den Saal, der eine als Nonne gekleidete Dame trägt. Sie stellt sich in einer von Jean Molinet verfassten langen Rede als *Saincte Eglise* vor. Durch die Einnahme Constantinopels sei sie in schwere Bedrängnis gerathen und ziehe von Ort zu Ort, um Hilfe zu suchen. Entflammt durch die Klagen der Kirche schwören der Herzog und seine Edlen, ihr im Kampf gegen die Ungläubigen beizustehen.[6])

Eine Fortsetzung dieser Scene gieng sogar in einen Maskentanz über. Da erscheint *Grâce Dieu*, gleichfalls als Nonne gekleidet, in Begleitung von Fackelträgern und Musikern. Ihr folgen zwölf Ritter, die je eine Dame führen; *Grâce Dieu* stellt die letzteren dem Herzog als die Tugenden vor, mit deren Hilfe er sein Gelübde rühmlich werde einlösen können. Die Damen (*Foy, Charité, Justice, Raison, Prudence, Attrempance, Force* u. s. w.) treten einzeln vor, und jede überreicht einige sie charakterisierende Verse, um sie von *Grâce Dieu* verlesen zu lassen. Nach dem Scheiden

---

[1]) Herausgegeben von Petitot in der *Collection des Mémoires relatifs à l'histoire de France*. Paris 1819—1829. Tomes IX—X.
[2]) X 165.
[3]) X 167.
[4]) X 162 f.
[5]) Beim Pfau oder Fasan zu schwören, war ein seltsamer Brauch der ritterlichen Kreise im 14. bis 15. Jahrhundert. Vgl. *Les veux du pavon* im *Lancellot du Lac* und das p. 56 erwähnte Gedicht des Jacques de Longuyon.
[6]) X 177 ff.

ihrer Führerin beginnen die Tugenden einen Tanz „*en guise de mommerie*".[1])

Lydgates Maskerade von der Fortuna und den vier Tugenden[2]) erinnert in der Form so auffallend an diesen Auftritt der *Grâce Dieu*, dass man fast an eine bewusste Nachahmung glauben möchte. Doch wissen wir nicht sicher, ob Lydgate 1454 noch am Leben war.

Vor allem blühten aber am burgundischen Hofe jene allegorisch-romantischen Einleitungen zu Tournieren, jene *cartels* und *défis*, für welche wir in England namentlich unter Heinrich VIII. zahlreiche Beispiele fanden. So berichtet Olivier de la Marche[3]) von einer *Entreprise* des M. de Ravastain anlässlich der Vermählung Karls des Kühnen mit Margareta von York, der Schwester des Königs von England (1468). Der Ritter lässt verkündigen, dass er schon dem Waffenhandwerk entsagt hätte; doch die Schönheit der anwesenden Damen bewege ihn, noch ein letztesmal in die Schranken zu reiten. Wir erinnern uns des Aufzuges der alten Ritter vor Königin Katharina.[4]) Oder es erscheint ein Zwerg mit einem Brief und einem Schlüssel. Sein Herr sei Gefangener einer grausamen Dame. Den Schlüssel seines Kerkers habe *Danger* seinem Diener *Petite Espérance* übergeben. Nur durch das Erbarmen der anwesenden Damen könne der Ritter befreit werden; sie mögen Befehl zum Öffnen des Gefängnisses geben.[5]) Die Beispiele für dergleichen Einkleidungen der Scheinkämpfe ließen sich leicht häufen.

Nach einer kurzen Periode des Niederganges lebte der ritterliche Geist am Hofe Franz I. wieder auf, und ein Marot konnte mit seinen höfischen Dichtungen an die alten Traditionen anknüpfen. Er schreibt wieder *cartels*, Inschriften für die Zelte, in welchen die Herausforderer beim Tournier den Angriff ihrer Gegner erwarten,[6]) und

---

[1]) De la Marche X 186 ff.
[2]) Vgl. p. 11.
[3]) X 320. Ein gleichzeitiger englischer Bericht über diese Feste in der *Archaeologia* XXXI 326 f.
[4]) Vgl. p. 71.
[5]) De la Marche X 364.
[6]) *Pour le perron de M. le Dauphin* u. s. w. *Œuvres*, Paris 1824, II 346—350.

Mummereien für zwei oder drei singende und tanzende Personen.[1]

Unter Marots Einfluss verfasste Melin de Saint Gelais zahllose Tournierdichtungen[2] und Verse für Maskeraden. Bei ihm tauchen ganz vereinzelt mythologische Gestalten[3] auf; neben ihnen stehen die Helden der Ritterromane[4] und Nationalmasken.[5] Eine recht anmuthige allegorische Hochzeitsmaske schrieb Saint Gelais für M. de Martigues.[6] Der Bräutigam hat bereits über die Tücke des Liebesgottes triumphiert; nun wird er mit Hilfe seiner Frau auch Glück und Zeit bezwingen.

Die Erbschaft Marots und Saint Gelais' traten als Hofdichter die Mitglieder der Pléiade an. Namentlich ihr Haupt, Ronsard, schrieb für Heinrich II. und seine Söhne unzählige Tournierdichtungen und Maskeraden, in welchen ein starker mythologischer Einschlag auffällt. Wir erinnern uns, dass auch die englische Maskendichtung ein paar Jahre später mythologische Gestalten bevorzugte.

Als Ronsard durch einen Besuch des Herzogs von Alençon geehrt wurde, sagten zwei Nymphen begrüßende Verse auf.[7] Sirenen prophezeien Karl IX. zu Fontainebleau alles Glück.[8] Apollo und die Musen besingen in schöngebauten Versen Baïfs eine Hochzeit.[9] Den prophetischen Sibyllen werden gern Glückwünsche bei allen möglichen Anlässen übertragen.[10]

Auch die *cartels* müssen für mythologische Wesen Platz finden. Die Dioscuren treten in die Schranken, um zu beweisen, dass kein Ritter den antiken Helden gleichkomme.[11] Vor einem andern Tournier theilt Amor dem

---

[1] *Mommerie de quatre jeunes damoyselles, de deux hermites. Œuvres* II 398, 411.
[2] *Œuvres*, Paris 1656, pp. 4, 6, 8, 10, 25, 56, 77.
[3] Ebd. pp. 20—22; die Sibyllen, unter ihnen Maria Stuart, p. 12.
[4] Ebd. pp. 14, 87.
[5] Ebd. pp. 17, 127.
[6] Ebd. p. 85.
[7] Ronsard, ed. Marty-Laveaux, Paris 1887—1893, II 4—5.
[8] Ebd. III 475.
[9] Baïf, ed. Marty-Laveaux, Paris 1881—1890, II 852.
[10] Ebd. IV 316 etc.
[11] Ronsard III 508.

Mercur einen Auftrag Jupiters mit: er möge Karl IX. aufsuchen, dem es bestimmt sei, das *Chasteau perilleux* zu erobern. Mercur schildert sodann die Gefahren des Schlosses und die Belohnung des Siegers.[1]) Zu Bar-le-Duc treten die Elemente und Planeten vor den König und jede der beiden Truppen will die Herrlichkeit Karls ihrem Einfluss zuschreiben. Der Streit soll mit den Waffen ausgetragen werden, doch nach den ersten Gängen gebietet Jupiter Einhalt und erklärt, er habe seinen Liebling mit so übermenschlichen Gaben ausgestattet und sei bereit, die Herrschaft über das Weltall mit ihm zu theilen.[2])

Neben diesen Renaissance-Dichtungen stehen in den Werken der Pléiade noch die alten, romantischen Einleitungen der Scheinkämpfe: Ritter sind von weither gekommen, um mit den Waffen in der Hand zu beweisen, dass ihre Herrin die schönste und tugendhafteste sei;[3]) edle Jungfrauen werden aus der Macht eines Tyrannen befreit,[4]) oder Helden zum Schutz einiger Damen aufgeboten, welche böse Ritter bedrängen.[5]) Du Bellay leitet ein Tournier mit folgender, schriftlich überreichter Herausforderung ein: Der Gründer eines überseeischen Reiches habe bestimmt, dass immer die tapfersten Ritter ausziehen sollten, um Frauen zu werben. Diesmal wollten die Wackeren, von Fama unterrichtet, ihr Glück am französischen Hof versuchen, wo ein großes Tournier geplant sei. Ihre gefahrvolle Reise wird ausführlich geschildert.[6])

Von den Nachahmern Ronsards haben sich namentlich Philippe Desportes[7]) und Jean Passerat[8]) der Hofdichtung zugewendet, ohne indes die von ihren Vorgängern breitgetretenen Bahnen je zu verlassen.

[1]) Ronsard III 495 ff.
[2]) Ebd. III 468. Eine Beschreibung dieser Scenen bei Remy Belleau, ed. Marty-Laveaux, Paris 1878, I 291. Der Berichterstatter kann die Pracht der Decorationen nicht genug loben.
[3]) Baïf IV 377, 412; Ronsard III 458, 460; VI 172 u. s. w.
[4]) Ronsard III 462.
[5]) Ronsard VI 176.
[6]) Ed. Marty-Laveaux II 441—448.
[7]) *Les premiers œuvres*. Paris 1600, pp. 313—322. Desportes ist als scrupelloser Plagiator der Italiener bekannt; vgl. Flamini, *Studi di storia lett.*, 347 ff., 431 ff.
[8]) *Recueil des Œuvres*. Paris 1606, pp. 175—184, 300 ff., 426 f.

Neben den skizzierten kleinen Auftritten versuchte sich die Pléiade bisweilen in sorgsamer ausgeführten Stücken. Ein solches, *La masquerade d'Argonautes*, schrieb Jodelle für ein zu Ehren Heinrichs II. von der Stadt Paris veranstaltetes Fest. Die Aufführung beginnt mit einem Lied des Orpheus, dem Musik aus zwei sich bewegenden Felsen antwortet. Minerva erzählt hierauf die Geschichte der Argonauten, und auf ihr Geheiß tragen die Helden ihr Schiff herein. Jason vergleicht sich und seine Gefährten, welche das goldene Vlies gewannen, mit König Heinrich; denn auch dieser errang Erfolge gegen die Ritter des goldenen Vlieses — will sagen gegen den Kaiser. Das redebegabte Schiff Argo ergreift noch selbst das Wort, und endlich wird dem König die Herrschaft der Welt verheißen.[1]) Man sieht aus diesen sprunghaften Scenenfolgen, wie weit die französischen Spiele noch 1558 von einer annähernd festen dramatischen Form entfernt waren.

Einen gewaltigen Schritt vorwärts machte, vielleicht schon unter italienischem Einfluss, Baïf mit der *Mascarade de Mons. le Duc de Longueville*. Ein Tanz von Felsen und Bäumen eröffnet das Spiel. Die zweite Scene wird durch folgende Erzählung einer Fee ausgefüllt. In einem Thal der Pyrenäen, dem *Valon de Ferie*, hätten sechs Mädchen den Werbungen von sechs Rittern andauernden Widerstand entgegengesetzt, bis diese die Götter anflehten, ihren Liebesqualen ein Ende zu machen. Das Gebet wird erhört, und die Himmlischen verwandeln die Ritter in Felsen, so dass ihre Schmerzen aufhören, die Mädchen aber werden zur Strafe in Bäume verzaubert. Sie sollen niemals Erlösung finden, die Ritter aber können ihre wahre Gestalt wieder annehmen, wenn Friede zwischen Spanien und Frankreich eintritt. Dieser Tag ist nun erschienen, und die Fee fragt die Majestäten, ob sie die Entzauberung wünschten. Der König gibt durch einen Wink seine Zustimmung; berührt von dem Zauberstab der Fee, treten die Ritter aus den Felsen hervor und geloben dem Hause Frankreich ewige Dienste.[2])

---

[1]) Jodelle, ed. Marty-Laveaux, Paris 1868—1870, I 259 ff.
[2]) Baïf, ed. Marty-Laveaux, II 381 ff.

Eine gewisse Ähnlichkeit der Maske Campions zur Hochzeit des Lord Hayes[1]) mit diesem Ballett ist nicht zu verkennen.

In den Siebzigerjahren des 16. Jahrhunderts gelangte ein Italiener, Baltagerini (genannt Balthazar de Beaujoyeulx), als Regisseur der Maskeraden und Ballette des französischen Hofes zu Ansehen und Einfluss. Von ihm rührt z. B. der Auftritt und Tanz der Nymphen her, welche 1573 den Abschied des zum König von Polen erhobenen Herzogs von Anjou feiern,[2]) und für das berühmte *Ballet comique de la Royne* (1581) traf er die Wahl des Stoffes. Auch die Inscenierung ruhte in seinen Händen; die Verse steuerte Sieur de La Chesnaye bei, für den musikalischen Theil sorgte Beaulieu, für die Malereien Maistre Patin.

Mit diesem Spiel beginnt eine neue Ära der Maskendichtung Frankreichs. Aus den skizzenhaften Maskeraden war unter italienischem Einfluss, als dessen hervorragendster Vertreter eben Baltagerini zu gelten hat, das mit vollkommeneren Mitteln arbeitende, handlungsreiche und dramatisch belebte *Ballet de cour* geworden.

Das *Ballet comique*, dessen Handlung nach der *Circe* des Agrippa d'Aubigné zusammengestellt wurde, spielte sich in fünf Stunden etwa folgendermaßen ab. Ein Edelmann flieht aus der Gefangenschaft der Circe und stellt sich unter den Schutz des Königs. Die Zauberin tobt über den Verlust ihres Geliebten und entführt zwölf Najaden in ihren Zaubergarten. Nicht besser ergeht es Mercur, als er ihnen zu Hilfe eilt. Nun fleht Opis, eine Dryade, Pan um die Befreiung der Nymphen an. Minerva richtet dieselbe Bitte an Jupiter. Mit Pans und Minervas Hilfe erstürmt der Göttervater den Garten der Circe und befreit die Najaden. Diese tanzen aus Freude das „große Ballett", an welchem auch die Dryaden und die Herren der Gesellschaft theilnehmen.

Man sieht, dass in diesen Scenen ein ziemlich kräftiges dramatisches Leben pulsiert. Die reiche Handlung wird verhältnismäßig folgerichtig und ohne allzu störende Unter-

---

[1]) Vgl. p. 186 f.
[2]) Beauchamps, *Recherches sur les théâtres de France*. Paris 1735. Vol. III 21.

brechungen durch die später überwuchernden Intermedien dargestellt. Auch an Dialogen fehlt es nicht, wenn auch der belebteste unter ihnen gesungen, nicht gesprochen wird.[1])

Soweit ich das Material überblicke, hielt sich das *Ballet de cour* etwa bis 1625 auf der Höhe, die es mit dem Werk Baltagerinis erreicht hatte; bis dahin nahm man sich noch — aber durchaus nicht immer — die Mühe, eine halbwegs vernünftige Handlung diesen Spielen zugrunde zu legen und mit Reden und Gesängen durchzuführen. So complicierte Fabeln wie im *Ballet comique* finden wir freilich nicht häufig wieder, sondern die allegorischen oder romantischen Vorwürfe werden meist zu recht concentrierten Scenen verarbeitet. Ja, der Verfasser des Ballettes *Psyche*[2]) hat die schöne Sage so barbarisch zusammengestrichen, dass die Handlung trotz der beigegebenen Erläuterungen kaum verständlich ist.

Das *Ballet de Madame*[3]) behandelt den alten, in zahllosen mittelalterlichen Gedichten betonten Gegensatz zwischen Liebe und Vernunft. *Amour* soll auf Geheiß der Götter mit *Raison* Freundschaft schließen. Nach langem Sträuben bewegt ihn endlich Diana zu einem Vergleich mit seiner alten Feindin.

Den Verfasser des *Ballet des Argonautes*[4]) dürfte das *Ballet comique* zu folgender dürftiger Erfindung angeregt haben: Circe hält die Argonauten gefangen. Durch den Gesang des Amphion wird den von der Zauberin früher in Felsen verwandelten Menschen ihre natürliche Gestalt zurückgegeben. Endlich kommt Circe durch Zureden der Medea zur Einsicht und gibt auch die Argonauten frei, um dadurch dem königlichen Paar eine Huldigung darzubringen. Ungefähr dieselbe Fabel liegt in durchaus romantischer, dem Ariost entnommener Einkleidung dem *Ballet du Duc de Vendosme*[5]) zugrunde. Für andere Verwandlungsstücke musste Tasso, aus dem auch englische

---

[1]) Lacroix I 41 ff.
[2]) Ebd. II 201.
[3]) 1598; ebd. I 111 ff.
[4]) 1614; Lacroix II 1 ff.
[5]) Ebd. I 200.

Maskendichter gern schöpften,[1]) den Stoff liefern. Ein Ballett des Königs aus dem Jahre 1617 behandelt die Befreiung Rinaldos aus den Gärten der Armida,[2]) ein zweites die Abenteuer Tancreds im verzauberten Walde.[3]) Zu Rom wurde 1615 von französischen Edelleuten ein Spiel[4]) aufgeführt, welches deutlicher als die meisten andern jene Einbeziehung des Publicums in die Handlung, jenes Mitspielen der Zuschauer entwickelt hat, das in den englischen Maskendichtungen zu beobachten wir öfters Gelegenheit nahmen. Der Zauberer Alcanor hält einige Ritter im Leibe eines ungeheuren Drachen gefangen. Erst wenn die schönste und keuscheste Dame dem Ungeheuer die abgestreifte Kette wieder um den Hals legt, können die Helden erlöst werden. Die Gräfin Castre vollbringt diese befreiende That.

Seit dem Bestand des entwickelten *Ballet de cour* nahmen die Einleitungen zu Kampfspielen complicirtere und dramatisch wirksamere Formen an, ganz wie die englischen *barriers* aus der Feder Jonsons und anderer sich von dem vollwertigen Maskenspiel beeinflussen ließen. So verband das *Ballet des chevaliers Français et Béarnois*[6]) oder das *Ballet de Mad. de Rohan*[5]) Tourniere mit Tänzen. Ein anderes glanzvolles Schauspiel, hinter dessen allegorischen Scenen ein fürchterlicher Sinn sich verbarg, ist gleichfalls mit Scheinkämpfen und Tänzen ausgestattet. Vier Tage vor der Bartholomäusnacht wurde in einem Saale der Tuilerien das Paradies dargestellt. Den Eingang vertheidigen König Karl und seine Brüder gegen den Einlass begehrenden König von Navarra und dessen Ritter. Die Hugenotten werden zurückgeschlagen und in den Höllenrachen gestoßen. Ihre Überwinder aber und die Nymphen des Elysiums tanzen einen fröhlichen Reigen.[7]) Mit welchen Gefühlen mögen an diesem Abend, als die Niedermetzelung der Hugenotten natürlich längst beschlossene Sache

---

[1]) Vgl. p. 218.
[2]) Lacroix II 99.
[3]) Ebd. II 161.
[4]) Ebd. II 27.
[5]) 1592; Lacroix I 89.
[6]) Ebd. I 117.
[7]) *Mémoires de l'État de la France sous Charles IX*. Vol. I 362.

war, die Königin-Mutter und ihre Mitwisser diese allegorischen Vorgänge verfolgt haben!

Zu Beginn des 17. Jahrhunderts fand dann eine Neuerung Eingang in die *Ballets de cour*, welche die Gestalt dieser Aufführungen erheblich veränderte. Es wurde Sitte, für die Erklärung einzelner Scenen durch kurze Gedichte zu sorgen, die nicht recitiert, sondern, auf fliegenden Blättern gedruckt, unter die Zuschauer vertheilt wurden.[1] Daneben behauptete für andere Auftritte die erklärende Rede ihren Platz, so dass ein vollwertiges *Ballet de cour* nun folgende Bestandtheile aufzuweisen hatte: die *entrées*, das sind die stummen Tänze; die *vers*, jene dem Publicum eingehändigten, charakterisierenden Strophen, und die *récits*, erklärende Reden oder Gesänge.

Ein typisches Beispiel für diese Form bietet das *Ballet de la foire Saint-Germain*.[2] Eröffnet wird es durch eine Ankündigung der ersten Scenen *(récit)*. Diese sind ausgefüllt durch Tänze *(entrées)* von je vier Astrologen, Malern, Quacksalbern, Taschendieben. Die Sterndeuter überreichen Kalender mit den seltsamsten Voraussagungen, die Marktschreier wunderwirkende Recepte;[3] Maler und Langfinger werden in recht schlüpfrigen Strophen charakterisiert *(les vers)*. Dann erscheint Mercur als Erklärer des zweiten Theils und erzählt von einem Streit zwischen der flatterhaften und der beständigen Liebe *(récit)*; dieser wird zwischen zwei Truppen von je acht Rittern in Form eines Ballettes ausgefochten *(entrées)* und endet mit dem Sieg der Treue.

Die geschilderte Form des *Ballet de cour* blieb nun lange in Übung. Wir finden sie, um aus zahllosen Stücken nur einige besonders durchsichtige Beispiele herauszuheben, noch angewendet in dem *Ballet du Roy représentant la furie*

---

[1] Vgl. „*Chacun s'amusa à lire les vers que le Roy et les seigneurs donnèrent aux Dames*" (Lacroix II 119); „*que chacun eut donné ses vers*" (ebd. I 206); „*vers qui furent donnez*" (ebd. I 208); „*presenta son billet*" (ebd. II 41, 51).

[2] Lacroix I 204 ff.

[3] Die meisten Recepte des *Vandergoose* in Davenants *Salmacida Spolia* sind aus diesen übersetzt; die einzige wörtliche Entlehnung, welche ich bei den englischen Maskendichtern nachweisen kann.

de Roland;[1]) in dem Ballet de l'amour de ce temps;[2]) in einem Ballet de Monseigneur le Prince.[3]) Das Ballet des fées de la forest de St.-Germain[4]) hat fünf Auftritte, welche alle durch Reden eingeleitet werden. Reich ausgestattet mit Gesangstellen ist z. B. das Ballet des nymphes bocagères de la forest sacrée.[5])

Das besprochene Ballet de la foire Saint-Germain wird durch die beiden récits deutlich in zwei Haupttheile zerlegt: ein Knabe bereitet die komischen Auftritte vor, Mercur leitet mit seiner Ansprache zu den ernsten Scenen hinüber. Dieser Gegensatz zwischen den lebhaften Tänzen grotesker Gestalten (crotesques, bouffons) und den würdevollen Reigen des grand ballet tritt noch in zahllosen späteren Balletten zutage.[6]) Vorgebildet ist er jedoch schon im Ballet comique de la Royne, dessen Intermedien[7]) sich von dem großen Ballett scharf abheben, obwohl noch keine komischen Figuren sie beleben.

Das einzige mir bekannte Stück, welches die ernsten Tänze vor den burlesken anbringt, ist Marc de Mailliets zu London getanztes Ballett.[8]) Amor als Erklärer bringt zuerst die Seelen der vollkommenen Liebenden vor die Königin, dann zeigt er seine Macht an den Verächtern der Liebe, an Greisen und alten Frauen.

Unzweifelhaft wurde das Eindringen komischer Scenen in die englischen Maskenspiele durch den Einfluss der französischen bouffoneries begünstigt. Groteske Tänze waren zwar, wie wir sahen,[9]) auch vor dem 17. Jahrhundert nichts Unerhörtes innerhalb der Festlichkeiten des englischen Hofes, und die ersten Dichter, welche Antimasken in die entwickelten Spiele einführten, konnten an die lustigen Auftritte der Schauspieler und Musikanten des 16. Jahrhunderts anknüpfen, als sie dem Wunsch des Hofes nach komischen

---

[1]) Lacroix II 149.
[2]) Ebd. II 253.
[3]) Ebd. II 263.
[4]) Ebd. III 85 ff.
[5]) Lacroix IV 43 ff.
[6]) Ebd. I 248, 291; III 55; V 158 etc.
[7]) Ebd. I 58, 62.
[8]) Vgl. oben p. 286.
[9]) Vgl. p. 144.

Scenen von der Art der in Frankreich gesehenen nachkommen mussten. Aber später vergaß man begreiflicherweise, dass mindestens seit Edward III. der Hof neben den gravitätischen Tänzen der Verlarvten an den munteren Sprüngen der Gaukler und Minstrels Gefallen gefunden hatte, und die Groteskscenen der Maskenspiele galten als fremdländische Spielereien, denen die englischen Dichter am liebsten die Aufnahme verweigert hätten. *„Mere byworks, and at best outlandish nothings"* nennt sie Jonson,[1]) und Ford spricht von *„outlandish feminine anticks"*[2]).

Mit voller Sicherheit können wir ferner die Einführung der vielscenigen, pantomimischen Antimasken auf französischen Einfluss zurückführen. Die höfischen Spiele Frankreichs verwenden diese Form der komischen Auftritte mindestens seit dem *Ballet de la foire Saint-Germain* (1607), und ganz wie beim englischen Maskenspiel lässt sich an den französischen Stücken die Beobachtung machen, dass man auf Motivierung und Zusammenhang der Groteskscenen immer weniger Sorgfalt verwendet, bis schließlich eine Abfolge gänzlich unverbundener Auftritte[3]) das Programm eines Abends fast völlig ausfüllt und der seriöse Tanz unorganisch angehängt wird. Auf dieser Stufe steht das höfische Ballett beispielsweise in *Le Monde renversé*[4]) und das *Ballet des Improvistes* legt es geradezu darauf an, den Beweis zu erbringen, dass man ohne viel Mühe und Kopfzerbrechen durch bloße Mannigfaltigkeit des Gebotenen eine Wirkung erzielen könne.[5])

Wie das englische Maskenspiel wird das *Ballet de cour* immer mehr den Bühnentechnikern und Regisseuren ausgeliefert, so dass die Dichter schließlich kaum noch zu Worte kommen. In Frankreich ergieng es ihnen sogar erheblich schlechter als in England, da man die Erklärung der Vorgänge auf der Scene zum großen Theil in die *vers* verlegte und diese, wie erwähnt, nicht recitiert wurden. So

---

[1]) *Neptune's Triumph*, ed. Gifford, VIII 81.
[2]) *Love's Sacrifice* III 4. Vgl. Lacroix III 815: *„dames grotesques"*.
[3]) „Les récits separent les actes, et les entrées de danseurs sont autant de scènes." *Ballet de la prospérité des armes de France.* Lacroix VI 34.
[4]) Ebd. III 51.
[5]) Lacroix V 150.

erhielt der Bühnenmeister reichliche Gelegenheit, das Publicum durch raffinierte Ausstattungskünste über die Hohlheit der dramatischen Erfindung hinwegzutäuschen.

Dem französischen Ballett stand ganz wie der englischen Maske anfangs keine feste Bühne zur Verfügung, sondern die Decorationen waren über den ganzen Saal vertheilt. Diese Einrichtung finden wir beispielsweise noch in dem *Ballet comique de la Royne.*[1]) Später aber setzten die Stücke eine selbständige Bühne voraus, und Vorhänge wurden in einer Weise verwendet, die in England Nachahmung fand.[2]) Auch die durch Treppen hergestellte Verbindung der Bühne mit dem Zuschauerraum, die wir in englischen Masken fanden, ist eine französische Erfindung.[3]) Hier wie dort haben wir ferner zu unterscheiden zwischen den Tänzen innerhalb des Stückes und dem anschließenden allgemeinen Ball.[4]) Die mit den Zuschauern ausgeführten Reigen: *branles, gaillardes, courantes* sind dieselben in Frankreich und England.[5])

Was die Vertheilung der Rollen betrifft, ergibt sich ein Unterschied zwischen den höfischen Spielen Englands und Frankreichs insofern, als hier alle stummen Tänze, auch die burlesken, von den hohen Herrschaften und den Hofleuten übernommen werden. Groteske Frauenrollen spielen aber immer Männer.[6]) Das *Ballet comique de la Royne* theilte noch den Herren und Damen des Hofstaates Reden zu; als Sänger traten Mitglieder der königlichen Kapelle auf.[7]) Im 17. Jahrhundert zog man jedoch für Sprecherrollen meist Schauspieler von Beruf herbei.

Die dem englischen Maskenspiel schier unentbehrlichen Fackelträger stammen wohl auch aus Frankreich. Schon das *Ballet des Ardents* verwendet diese Nebenfiguren; Olivier

---

[1]) Eine Abbildung des Saales bei dieser Aufführung: Lacroix, *Mœurs, usages et costumes* ..., p. 541.
[2]) Lacroix I 241; VI 84 etc.
[3]) Ebd. II 168 etc.
[4]) Ebd. I 80, 269.
[5]) Ebd. I 311.
[6]) Lacroix V 78 und öfters.
[7]) Ebd. I 27, 28, 39, 46, 53, 57.

de la Marche thut ihrer Erwähnung[1]) und das entwickelte *Ballet de cour* verschmäht keineswegs ihre Mitwirkung.[2])

Nach dem, was wir über die Beziehungen der englischen und französischen Mummereien und Maskenspiele zueinander vorbringen konnten, brauchen wir uns wohl nicht weiter um Vorbilder für die englischen Aufführungen umzusehen. Wir finden für alle ihre Formen Entsprechungen in den Festen des französischen Hofes, und wenn uns daneben zahlreiche Ähnlichkeiten mit italienischen Spielen auffallen, so bietet sich hiefür die einfache Erklärung, dass die Franzosen eben ihre Maskeraden von den Italienern übernahmen. Das hat schon Ronsard in einem Sonett ausgesprochen.[3])

Es wäre eine lockende Aufgabe, diesen Beziehungen zwischen den beiden Literaturen nachzugehen und vielleicht auch noch die jedenfalls von Frankreich genährte spanische Maskendichtung zu berücksichtigen. Doch ich muss mir's wohl versagen, dieses Capitel der vergleichenden Literaturgeschichte zu schreiben und eine ziemlich reiche Materialsammlung zur Lösung der Frage zu verarbeiten. Ein solches Unternehmen würde uns denn doch von dem eigentlichen Gegenstand allzuweit ablenken.

Ich will indes nicht gesagt haben, dass directer italienischer Einfluss ganz ausgeschlossen sei. Vielmehr kann als sicher gelten, dass in Einzelheiten, namentlich der Decorationskunst, die Engländer auch bei den Italienern in die Lehre giengen. Zahlreiche Angehörige dieser Nation lebten ja stets am englischen Hof und wurden häufig zur Ausstattung der Maskenfeste herangezogen.[4])

[1]) A. a. O. IX 815; X 186.
[2]) Lacroix I 40, 111, 201; IV 127 etc.
[3]) Ed. Marty-Laveaux VI 810.
[4]) Zwei Italiener, Friscobald und Cavalero, sorgen für die Ausschmückung eines *pageant* 1515 *(Letters and Papers ... of Henry VIII.* Vol. II 1503). Zahlreiche italienische Maler leben am Hofe Heinrichs VIII. (Collier I 100). Nicholas Modena und Anthony Toto arbeiten an einem *riche mount (Archaeologia* XVIII 323 f.). Alfonso Ferrabosco trat sogar selbst in Maskeraden auf, wohl als Sänger (Cunningham, *Extracts* 22). Neben ihm spielte am Hofe Elisabeths eine Rolle als Berather bei festlichen Aufführungen Petruccio Ubaldino *(Extracts* 23, 140). Constantine de' Servi lieferte die Ausstattung der *Squires' Masque* Campions, und Inigo Jones kannte Italien sehr genau.

Allein die Entwickelung des literarischen Theiles der englischen Maskeraden hält mit den französischen Aufführungen so genau Schritt, dass es uns nicht gestattet wäre, mit Übergehung der französischen Zwischenstufen direct an die italienischen Feste, wie sie z. B. Jakob Burckhardt[1]) mit unvergleichlicher Lebendigkeit schildert, anzuknüpfen oder auch nur ihren Einfluss zu überschätzen.

---

[1]) *Die Cultur der Renaissance in Italien.*

# Anhang.

## A. Lydgates Maskenzüge.[1])

Im folgenden drucke ich die Maskenreden Lydgates nach einer für mich hergestellten Abschrift eines Manuscriptes des Trinity College, Cambridge (R. 3. 20). Es ist dies eine jener wertvollen Handschriften, welche John Shirley († 1456) anfertigte; zum Schluss enthält sie ein Gedicht ihres ersten Besitzers (*"The Kalundare of John Shirley"*) mit wichtigen Nachrichten über Lydgate und seine Werke. Näheres über den Band theilt Frl. Hammond (Anglia XXII 364 f.) mit. Er kam später in die Hände des verdienten Antiquars John Stowe, der von vielen darin enthaltenen Gedichten eine im Ms. Add. 29.729 des British Museum verwahrte Abschrift herstellen ließ.[2]) Sie ist nichts weniger als genau und wimmelt von falschen Lesungen und Missverständnissen, ergänzt aber einige verstümmelte Stellen des älteren Manuscriptes.

Ich halte mich natürlich an die Cambridger Handschrift (C) und führe neben den im Ms. Add. 29.729 (A) allein erhaltenen Stellen nur noch solche Varianten aus diesem an, welche annehmbare Verbesserungen darstellen. Die Orthographie Shirleys lasse ich unberührt, regle aber die verhältnismäßig reichliche Interpunction, wenn nöthig, nach moderner Übung. Ein paar nothwendige Ergänzungen zeige ich durch eckige Klammern an.

Für die Bestimmung der Chronologie der hier mitgetheilten Stücke haben wir wenig Anhaltspunkte. Die Angabe der Aufführungsorte bei den Spielen I und III hilft uns nicht viel. Denn einmal ist es nicht leicht, festzustellen, wann Heinrich VI. zu Eltham oder Windsor Aufenthalt nahm; dann feierte der König dort öfter als einmal Weihnachten; das Schloss Windsor war ja seit 1428 für eine Reihe von Jahren seine ständige Winterresidenz.

Auf Grund historischer Anspielungen können wir jedoch als Datum des ersten Stückes Weihnachten 1427—1428 ansetzen. Auf die Kämpfe in Frankreich weist Z. 24 der Maskerade hin. Die Franzosen waren natürlich in den Augen des königstreuen Lydgate Rebellen. Die Ungläubigen, gegen welche der junge König den wahren Glauben vertheidigen wird (Z. 39), sind die Hussiten. Im Jahre 1427 erwirkte Henry Beaufort beim Papst die Erlaubnis zu einem Kreuzzug gegen

---

[1]) Zu p. 10 ff.
[2]) Vgl. Ms. Add. 29.729, f. 179: *"Here endeth y̌ works of John Lidgate, which John Stow hath caused to be coppyed out of an owld booke sometyme wrytten by John Sherleye."* Frl. Hammond hat die Abhängigkeit dieses Manuscriptes von dem Shirleys nur vermuthet.

diese Ketzer; 1428 begann er Truppen auszuheben. Doch vor Ende dieses Jahres wurde der Plan fallen gelassen und die Truppen nach Frankreich gesendet.

Von dem zweiten Stück können wir nur sagen, dass es unter Heinrich VI. aufgeführt wurde, da die Thaten Heinrichs V. als der Vergangenheit angehörig gepriesen werden (Z. 267).

Leicht zu datieren ist dagegen das dritte Spiel durch den Hinweis auf die nahe bevorstehende Krönung Heinrichs zum König von Frankreich. Diese fand thatsächlich am 16. December 1430 zu Paris statt. Die Salbung zu Rheims musste freilich unterbleiben, da es den Engländern nicht gelang, einen Weg nach dieser Stadt zu bahnen. So muss die Pantomime von der Bekehrung und Krönung Chlodwigs zu Weihnachten 1429—1430 aufgeführt worden sein.

Die Maskeraden IV und V wurden zu Ehren des Mayor Sir William Eestfeld dargestellt. Dieser Mann war nach Stowe[1]) zweimal Bürgermeister von London, nämlich 1429 und 1437. Da aber in keiner der beiden Dichtungen Lydgates ein Hinweis auf seine Wiederwahl vorkommt, können wir sie wohl mit Sicherheit in das Jahr 1429 verlegen.

Zu der Chronologie des *Mumming at Hertford* (Anglia XXII 364 ff.) möchte ich anmerken, dass wenigstens ein „terminus ad quem" zu gewinnen ist aus der Angabe des Titels: „*devysed at þe Request of þe Countre Roullour Brys slayne at Loviers*". Dieser Mann fand offenbar seinen Tod bei der Wiedereroberung der Stadt Louviers durch die Franzosen (1430) oder bei der Belagerung des Ortes im nächsten Jahre.

### I.

p. 87 Loo here begynneþe a balade made by daun John Lidegate at Eltham in Cristmasse, for a momyng tofore þe kyng and þe Qwene.

μ p. 38 Bachus, which is god of þe glade vyne,
Juno and Ceres, acorded alle þeos three,
Thorughe þeyre power, which þat is devyne,
Sende nowe þeyre gifftes vn to your magestee:
5 wyne, whete and Oyle by marchandes þat here be,
wheeche Represent vn to youre hye noblesse
Pees with youre lieges, plente and gladnesse.

μ     ffor þeos giftes pleynly to descryve,
wheche in hem self designe al souffisaunce:
10 Pees is betokened by þe grene olyve;
In whete and oyle is foulsome haboundaunce
wheche, to youre hyenesse for to do plesaunce,

---

[1]) *Survey*, ed. 1633, p. 563 f.

>  þey Represente nowe to youre hye noblesse,
>  pees with your lieges, plentee with gladnesse.
>
> 15 Ysaak, þe patryark ful olde,
>  Gaf his blessing with his gifftes three
>  Vn to Jacobe; in scripture it is tolde,
>  Genesis yee may hit reede and see.
>  And semblabully þe hooly Trynytee,
> 20 your staate blessing, sent to your hye noblesse
>  pees with youre lieges, plentee with gladnesse.

μ
> In þe Olyve he sendeþe to yowe pees,
>  þe lord of lordes, þat lordshipeþe euery sterre.
>  And in youre Rebelles, wheche beon now reklesse,
> 25 he stint shal of Mars þe cruwel werre;
>  And þane youre renoun shal shyne in londes ferre
>  Of youre two Reavmes, graunting to your noblesse
>  Pees with youre lieges, plentee and gladnesse.

μ
> ffor mars þat is mooste furyous and woode,
> 30 Causer of stryff and desobeyssaunce,
>  Shal cesse his malice; and god þat is so goode,
>  Of vnytee shal sende al souffysaunce.
>  he Joyne þe hertes of England and of ffraunce,
>  Bassent of booþe sende to your hye noblesse
> 35 Pees with youre lieges, plentee with gladnesse.

μ p. 89
> Juno þat is Goddesse of Al tresore,
>  Sende eeke hir gyfftes to your estate royal:
>  Laude of knight hoode, victorie and honour,
>  Ageyns mescreantes in actes marcyal;
> 40 ffor Crystes feyth yeo enhaunce shal,
>  Repeyre ageyne, and regne in your noblesse,
>  Pees with your lieges, plentee and gladnesse.

μ
> And al þis whyle Ceres, Goddesse of corne,
>  Shal where ye ryde mynistre you victayle.
> 45 Provydence, hir sustre, goo byforne
>  And provyde, soo þat no thing ne fayle.
>  Bachus also, þat may so miche avayle,
>  Alle of acorde present to your noblesse
>  Pees with your lieges. plentee with gladnesse.

μ
> 50 þis God, þis Goddesse, of entent ful goode,
>  In goodely wyse also þeyre gyfftes dresse

---

Z. 84. Mss.: *sent*.

Z. 50—51. C zog *also þeyre gyfftes dresse* zu Z. 50, *of entent ful goode* zu Z. 51, bemerkte aber später den Irrthum und bezeichnete den letzteren Halbvers mit *a*, den ersteren mit *b*.

20\*

ad Reginam katerinam<br>mother to henrie § VI.

To yowe, pryncesse, borne of saint Lowys blood;
ffrome yowe avoyding al sorowe, al hevynesse,
ffrome yeere to yeere in verray sikrenesse;
55 To you presenting, yif yowe list aduerte,
Ay by encreesse Joye and gladnesse of hert.

μ  þey wol þeyre gyfftes with you and youres dwelle,
Pees, vnytee, plentee and haboundaunce,
So þat fortune may hem not Repelle,
60 Nor hem remove thorughe hir varyaunce;
Graunting also perseueraunce, constaunce,
To you presenting, yif yowe list aduerte,
Ay by encresse Joye and gladnesse of hert.

μ  To youre hyenesse þey gif þe fresshe Olyve,
65 By pees texyle awaye al hevynesse;
Prosparytee [eeke] during al your lyve.
And Juno sent you moost excellent ricchesse,
Loue of al people, grounded in stablenesse.
with þis reffete, yif yowe list aduerte,
70 Ay by encresse Joye and gladnesse of hert.

μ p. 40  Ceres also sent foulsomnesse,
ffrome yeere to yeere in your court tabyde.
Aduersyte shal þer noon manase,
But care and sorowe for ever sette asyde,
75 happe, helthe and Grace chosen to be youre guyde.
And with al þis present, yif yee aduerte,
Ay beo encresse, Joye [and] gladnesse of hert.

μ Lenvoie

μ  Prynce excellent, of your benignyte,
Takeþe þees gyfftes, sent to your hye noblesse,
80 þis hyeghe feest frome þeos yche three:
Pees with your lieges, plentee with gladdnesse,
As Bacus, Juno and Ceres bere witnesse.
To you, pryncesse, also, yif yee aduerte,
Ay beo encresse, Joye [and] gladdnesse of hert.

---

Z. 52. In der Randglosse sind die Worte *mother to henrie § VI.* von anderer Hand hinzugefügt. Sie fehlen in A.

Z. 60. Mss.: *renuwe*, was keinen Sinn gibt.

Z. 65. So in A; C liest, doch mit Bezeichnung der erforderlichen Umstellung: *texyle*<sup>b</sup> *al hevynesse*<sup>a</sup> *awaye*.

Z. 68—70. *grounded in st; reffete yif yowe; encresse Joye and gladnesse of hert:* aus A ergänzt; Ms. C ist hier lückenhaft.

Das Zeichen μ am Rande scheint hier, im Gegensatze zu dem in der Anglia XXII 367 ff. gedruckten *Mumming at Hertford* nur den Beginn einer neuen Strophe zu bezeichnen.

## II.

p. 55   Lo here filoweþe þe deuyse of a desguysing to
fore þe gret estates of þis lande, þane being at
London, made by Lidegate daun Johan, þe Munk
of Bury. of dame fortune, dame prudence, dame
Rightwysnesse and dame ffortitudo. beholdeþe, for
it is moral, plesaunt and notable. Loo, first komeþe
in dame ffortune.

        Loo here þis lady þat yee may see,
        Lady of mutabilytee,
        which þat called is ffortune,
        ffor seelde in oon she dooþe contune.
p. 56  5 ffor as shee haþe a double face,
        Right so euery houre and space
        Sche chaungeþe hir condycyouns,
        Ay ful of transmutacyouns.
        Lyche as þe Romans of þe Roose
  10 Descryveþe hir, with outen glose,
        And telleþe pleyne, howe þat she
        haþe hir dwelling in þe see,
        Joyning to a bareyne Roche.
        And on þat oon syde dooþe aproche
  15 A lytel mountaygne lyke an yle;
        vpon which land some whyle
        þer grewen fresshe floures nuwe,
        wonder lusty of þeyre huwe,
        Dyuers trees, with fruyte elade.
  20 And briddes, with þeyre notes glaade,
        þat singen and maken melodye;
        In þeyre hevenly hermonye
        Somme sing on hye, and some lowe.
        And Zepherus þeer dooþe eeke blowe
  25 with his smooþe, attempree ayre.
        He makeþe þe weder clere and fayre
        And þe sesoun ful of grace.
μ       But sodeynly, in lytel space,
        vpon þis place mooste ryal
  30 þer comeþe a wawe and for dooþe al.
        ffirst þe fresshe floures glade
        On þeyre stalkes he doþe faade.
        To þeyre beautee he dooþe wrong;
μ       And þanne farweel, þe briddes song.
  35 Braunche and boughe of euery tree
        She robbeþe hem of hir beautee,

---

Z. 9. Vgl. *Le Roman de la Rose*, pp. Francisque-Michel, Paris 1864, vv. 6657 ff.

     Leef and blossomes downe þey falle.
μ    And in þat place she haþe an halle,
     Departed and wonder desguysee.
p. 57 40 ffrome þat oon syde, yee may see,
     Curyously wrought, for þe noones,
     Of golde, of syluer, and of stoones,
     whos richesse may not be tolde.
μ    But þat oþer syde of þat hoolde
   45 Is ebylt in ougly wyse,
     And ruynous, for to devyse;
     Daubed of clay is þat doungeoun,
     Ay in poynt to falle adoun.
     þat oon fayre by apparence,
   50 And þat ooþer in existence
     Shaken with wyndes, Rayne and hayle.
     And sodeynly þer dooþe assayle
     A raage floode þat mancyoun,
     And ouerfloweþe it vp and doun.
   55 her is no reskous, ner obstacle
     Of þis ladyes habytacle.
μ    And as hir hous is ay vnstable,
     Right so hir self is deceyuable:
     In oo poynt she is neuer elyche;
   60 þis day she makeþe a man al ryche
     And þorughe hir mutabilytee
     Casteþe him to morowe in pouertee.
     þe proddest she can gyve a fal:
     She made alexaundre wynnen al,
   65 þat noman him with stonde dare,
     And caste him dovne, er he was ware.
sesar a bakers seon. So did sheo Sesar Julius;
     She made him first victorius,
     þaughe to do weel sheo beo ful looþe;
   70 Of a Bakers sonne, in sooþe,
     She made him a mighty Emperrour.
     And hool of Roome was gouuernour,
     Maugrey þe Senaat and al þeyre might.
p. 58   But whanne þe sonne shoone mooste bright
   75 Of his tryumphe, fer and neer,
     And he was corouned with laurier,
     vnwarly thorughe hir mortal lawe
     with bodekyns he was eslawe
     At þe Capitoyle in Consistorye,
   80 Loo, afftter al his gret victorye.
μ    See, howe þis lady can appalle
     þe noblesse of þeos prynces alle.

---

Z. 41. *Ceryously* C.
Z. 67. Randnote von anderer Hand; *seon = ciun, NE. scion.*

     She haþe two tonnys in hir Celler;
     þat oon is ful of pyment cler,
    85 Confeit with sugre and spyces swoote
     And manny delytable Roote.
     But þis is yit þe worst of alle:
     þat oþer tonne is ful of galle;
     whoo taasteþe oon, þer is noon ooþer,
    90 he moste taaste eeke of þat toþer.
μ     whos sodeyne chaunges beon not sofft,
     ffor nowe sheo can reyse oon alofft,
     ffrome lowghe estate til hye degree.
     In olde storyes yee may see
    95 Estates chaunge, whoo takeþe keepe.
μ     ffor oon Gyges, þat kepte shepe,
     Sheo made, by vertu of a ring,
     ffor to be made a worþy kyng;
     And by fals mourdre, I dare expresse,
    100 He came to al his worthynesse —
     Moost odyous of alle thinges.
     And Cresus, ricchest eeke of kynges,
     was surquydous in his pryde,
     þat he wende, vpon noo syde
    105 Noon eorþely thing might him pertourbe,
     Nor his ryal estate distourbe.
μ     Til on a night a dreme he mette,
ecclesiasticus Howe Juvo in þe ayre him sette
XXVI° cap°. And Jubiter, he vnderstondes,
p. 59 110 Gaf him water vn to his hondes,
     And Phebus heelde him þe towayle.
     But of þis dreme þe devynayle
     His doughter gane to specefye,
     And fer to forne to prophesye,
    115 whiche called [was] Leryopee.
     Sheo sayde, he shoulde an hanged bee;
     þis was hir exposicyoun.
     Loo, howe his pruyde was brought adovne.
μ     And alle þeos chaunges, yif þey beo sought,
    120 þis fals lady haþe hem wrought,

---

  Z. 102. Die Erzählung vom Traume des Croesus steht auch im *Roman de la Rose* (pp. Francisque-Michel, Paris 1864, vv. 7225 ff.). Die Tochter des Königs heißt dort freilich *Phanye*. *Liriope* ist ein Name bei Ovid, 3 Metam. 342. Die Stelle aus dem Ecclesiasticus wird wohl nur in beiläufiger Erinnerung an die Überschrift zum XXVI. Capitel alter Zählung von Shirley herangezogen: *De filia inreverenti et luxuriosa.*
  Z. 108. *Juvo.* So wird der Name auch in einem anderen Gedichte Lydgates geschrieben: Ms. Harl. 2251, fol. 249 b. Stowes Abschrift: Ms. Add. 29.729, ff. 145 b bis 146 b.
  Z. 118. *hir pruyde* Mss.

Avaled with þeyre sodeyne showres
þe worþynesse of conquerroures.
Reede of poetes þe comedyes;
And in dyuers Tragedyes
125 yee shal by lamentacyouns
ffynden þeyre destruccyouns.
A thousande moo þan I can telle,
In to mescheef howe þey felle
dovne frome hir wheel, on see and lande.

μ 130 þer fore, hir malys to withstande,
Hir pompe, hir surquydye, hir pryde,
yif she wol a whyle abyde,
ffoure ladyes shall come heer anoon,
which shal hir power ouergoone,
135 And þe malys eeke oppresse
Of þis blynde, fals goddesse,
yif sheo beo hardy in þis place
Oonys for to shewe hir double face.

μ Nowe komeþe here þe first lady of þe foure, dame Prudence.

μ Loo, heer þis lady in youre presence
140 Of poetis called is dame prudence,
þe which with hir mirrour bright
p. 60 By þe pourveyaunce of hir forsight
And hir myrrour, called provydence,
Is strong to make Resistence
145 In hir forsight, as it is Right,
Ageyns fortune and al hir might.
ffor Senec seþe, who þat can see,
þat prudence haþe eyeghen three,
Specyally in hir lookynges
150 To considre three maner thinges,
Alweyes by goode avysement,
Thinges passed and eeke present,
And thinges affter þat shal falle.
And she mot looke first of alle
155 And doon hir Inwarde besy peyne,
Thinges present for to ordeyne
Avysely on euery syde,
And future thinges for to provyde,
þe thinges passed in substaunce
160 ffor to haue in Remembraunce.
And who þus dooþe, I say þat hee
verrayly haþe yeghen three
Comitted vn to his diffence,
þe truwe myrrour of prouydence.

  μ 165 þane þis lady is his guyde,
i. providencia.  him to defende on euery syde
     Ageyns fortune goode and peruerse,
     And al hir power for to reuerse.
     ffor fraunchysed and [at] liberte,
   170 ffrome hir power to goo free,
     Stonde alle folkes, in sentence
     wheeche beon gouuerned by Prudence.

   Nowe sheweþe hir heer þe secounde Lady, dame
     Rigwysnesse.

  μ  Seoþe here þis lady Rightwysnesse.
 p. 61  Of alle vertues she is pryncesse,
   175 ffor by þe scales of hir balaunce
     Sheo sette hem alle in gouuernaunce.
     She putteþe asyde, it is no dreede,
     ffrenship, fauour and al kyns meede.
     Love and drede she setteþe at nought,
   180 ffor rightful doome may not beo bought.
     And Rightwysnesse, who can espye,
     haþe neyþer hande ner yeghe.
     She loste hir hande ful yere agoone,
     ffor she resceyueþe gyfftes noone,
   185 Noþer of freonde, neyþer of foo.
     And she haþe lost hir sight al soo,
     ffor of right sheo dooþe provyde,
     Nought for to looke on neyþer syde,
     To hyeghe estate, ner lowe degree,
   190 But dooþe to boþen al equytee,
     And makeþe noon excepcyoun
     To neyþer part, but of Raysoun.
     And for þe pourpos of þis mater
     Of a Juge yee shal heere,
   195 which neuer his lyff of entent
     þer passed no Jugement
     By his lippes of falsnesse.
     Of whome þe story dooþe expresse,
     Affter his deeþe, by acountes cleer,
   200 More þane three hundreþe yeer,
     his body as is made mencyoun
     was tourned vn to corrupcyoun,

   Z. 170. *his power* Mss. Ich übersetze: „Allen steht es frei (ist es gegeben), ihrer Macht zu trotzen, die in ihrem Verstand von Prudentia sich leiten lassen."
   Z. 181. *who can espye:* „wer sehen kann", nicht: „die sehen kann".

        þe story telleþe, it is no dreed;
        But lyche a Roos, swoote and reed,
205  Mouþe and lippes weren yfounde,
        Nought corrupte, but hoole and sounde.
        ffor trouth is, þat he did expresse
        In alle hees doomes of Rithwysnesse.

μ        ffor þis lady with þeos balaunce
p. 62  210  was with him of acqweyntaunce,
        which him made In his ententys
        To gyf alle Rightwyse Jugementis.
        wher for þis lady, which yee heer see
        with hir balaunces of equytee,
215  haþe þe scaalis honged soo,
        þat she haþe no thing to doo
        Neuer with ffortunes doublenesse.
        ffor euer in oon stant Rightwysnesse,
        Nowher moeving too ne froo
220  In no thing þat she haþe to doo.

μ    Loo, heer komeþe in nowe þe thridde lady, called
                ffortitudo.

        Takeþe heede, þis fayre lady, loo,
        ycalled is ffortitudo,
        whome philosophres by þeyre sentence
        Ar wonte to cleepe Magnyfysence.
225  And ffortitudo sooþely sheo hight,
        Ageyns alle vyces for to fight,
        Confermed as by surtee
        Ageynst all aduersytee.
        In signe wher of sheo bereþe a swerde,
230  þat sheo of no thing is aferd.
        ffor comune profit also she
        Of verray magnanymmyte
        Thinges gret dooþe vnderfonge,
        Taking enpryses, wheeche beon stronge.
235  And mooste sheo dooþe hir power preove
        A comunaltee for to releeve,
        Namely vpon a grounde of trouthe.
        þanne in hir þer is no slouthe
        ffor to maynteyne þe goode comune.
240  And alle þassautes of fortune,
        Of verray stidfastnesse of thought.
        Alle hir chaunges she sette at nought.
        ffor þis vertu magnyfycence
p. 63       Thorough hir mighty excellence

---

Z. 209. *wich* C, *with* A.

245 She armed þeos philosophres oolde,
Of worldely thing þat þey nought tolde.
Recorde vpon dyogenes,
On plato and on Socrates.
She made Cypion of Cartage
250 To vnderfongen in his aage

i. republica. ffor comune proufyte thinges gret;
And for no dreed list not leet,
Ageynst Roome, þat mighty tovne,
ffor to defende his Regyoun.
255 Sheo made hector for his cytee
To spare for noon aduersytee,
But, as a mighty Chaumpyoun,
In þe defence of Troyes toun
To dye with outen feer or dreed.
260 And þus þis lady, who takeþe heed,
Makiþe hir chaumpyouns strong,
Parayllous thinges to vnderfong,
Til þat þey þeyre pourpos fyne.
Recorde of þe worthy nyen,
265 Of oþer eeke þat weere but late,
I meene prynces of latter date.
herry þe fyfft, I dare sey soo,
he might beo tolde for oon of þoo;
Empryses wheeche þat were bygonne
270 he lefft not til þey weere wonne.
And I suppose, and yowe list see,
þat þees ladyes alle three
wer of his counseyle doutelesse,
fforce, prudence and Rightwysnesse.
275 Of þeos three he tooke his Roote,
To putte fortune vnder foote.
And sith þis lady, in vertu strong,
Sousteneþe trouthe, and dooþe not wrong,
Late hir nowe, to more and lasse,
p. 64 280 Be welcome to yowe þis Cristmasse.

μ  And þeos edoone, komeþe Inne þe feorþe lady, cleped dame
feyre and wyse attemperaunce.

μ    þis feorþe lady þat yee seon heer,
humble, debonayre and sadde of cheer,
ycalled is Attemperaunce;
To sette al thing in gouuernaunce
285 And for hir sustres to provyde,
vyces alle shal circumsyde,

---

Z. 264. „the nine worthies".
Z. 266. *In meene* Mss.

And setten hem in stabulnesse.
with hir Cousin Soburnesse
She shal frome vyces hem restreyne
290 And in vertu holde hir reyne
And þer Inne gyf hem libertee,
Eschuwing alle dishonestee;
And hem enfourmen by prudence,
ffor to haue pacyence,
295 Lownesse and humylyte,
And pruyde specyally to flee.
Contynence frome gloutonye,
Eschuwe deshoneste compaignye,
ffleen þe dees and þe taverne,
300 And in soburnesse hem gouverne;
with hert al þat euer þey can
In vertu loven euery man;
Sey þe best ay of entent:
whoo þat seyþe weel, dooþe not Repent.

μ 305 detraccion and gloutouny,
voyde hem frome þy companye
And al Rancoure sette asuyde.
Be not to hasty, but euer abyde,
Specyally to doone vengeaunce;
310 In aboode is no Repentaunce.
And in vertu whoo is þus sette,
þanne beo þeos sustres weel ymette;
p. 65 And sooþely, if it beo discerned,
who by þeos foure is þus gouuerned —

μ 315 þus I mene: þat by Prudence
he haue þe myrrour of Provydence,
ffor to consider thinges alle,
Naamely parylles, or þey falle;
μ And who þat haue by gouuernaunce
320 Of Rightwysnesse þe ballaunce,
And strongly holde in his diffence
þe swerd of hir Magnyfycence:
yee beon assured frome al meschaunce,
μ Namely whanne þat Attemperaunce
325 hir sustres gouuerneþe al three.
ffrome fortune yee may þane go free,
Booþe alwey in hert and thought.
whyle yee beo soo, ne dreed hir nought,
But avoydeþe hir acqweyntaunce
390 ffor hir double varyaunce,
And fleoþe out of hir companye
And alle þat beon of hir allye.

Z. 325. *sustre* Mss.

μ　　　And yee foure susters, gladde of cheer,
　　　　Shoule abyde here al þis yeer
335 In þis housholde at libertee;
　　　　And Joye and al prosparytee
　　　　with yowe to housholde yee shoule bring.
　　　　And yee all foure shal nowe sing
　　　　with al youre hoole hert entiere
340 Some nuwe songe about þe fuyre,
　　　　Such oon as you lykeþe best;
　　　　Lat ffortune go pley hir wher hir list. explicit.

## III.

p. 71 Nowe foloweþe next þe devyse of a momyng to fore þe kyng henry þe sixte, being in his Castell of wyndesore, þe fest of his crystmasse holding þer, made by lidegate daun John, þe munk of Bury, howe þampull and þe floure delys came first to þe Kynges of ffraunce by myrakle at Reynes.

　　　　Mooste noble prynce of Cristen prynces alle,
　　　　To youre hyeghnesse lat hit beo plesaunce,
　　　　In youre presence men may to mynde calle,
　　　　howe þat whylom oure worthy Reavme of ffraunce
5 Conuerted was frome þeyre mescreaunce,
　　　　whane þe lord of lordes caste a sight
　　　　vpon youre lande and made his grace alight.

μ　　　ffor in þe heghe, hevenly consistorye,
　　　　Be ful acorde of þe Trynitee,
10 As in cronycles maked is memorye,
　　　　þe lord, which is called oon twoo and thre,
　　　　his eyeghe of mercy caste on Cloudovee,
　　　　Shadde his grace of goostely influence
　　　　Towardes þat kyng, having his aduertence,

15 þat he shoulde passe frome paganymes lawe
　　　　By prescyence, which þat is devyne.
　　　　his hert al hoolly and him self with drowe
　　　　ffrome his ydooles, And alle hees Rytes fyne,
　　　　whane hevenly grace did vpon him shyne,
20 By meene oonly and by devoute preyer
　　　　Of saint Cloote, moost goodly and entier.

---

Z. 340. *about þe fuyre*, am Herdfeuer, beim „*Yule-log*". Das Stück wurde zu Weihnachten aufgeführt; vgl. v. 280.
III. Stück, Titel: *þampull = þe ampulle*, lat. *ampulla*.
Z. 10. *as memorye* Mss.
Z. 12. *mery* Mss.

μ    hir hertely loue, hir meditacyouns,
       hir wacche, hir fasting and hir parfyt lyf,
       hir stedfast hoope, hir hooly orysouns,
25   hir conuersacyoun moost contemplatyff
p. 72  Stynt in ffraunce of Mawmetrye þe stryff,
       Causing þe lawe, moost souerein of vertue,
       To sprede abroode of oure lord Jhesu.

μ    hir meryte caused and hir parfit entent,
30   þat Crystes feyth aboute þer did sprede,
       whane þat an Aungel was frome heven sent
       vn to an hermyte, of parfyt lyf in deed,
       Presented it, whoo so can take heed,
       A shelde of Azure, moost souerein by devys,
35   And in þe feelde of golde three floure delys.

μ    At Joye en vale, with oute more obstacle
       ffel al þis cas, where þaungel doune alight,
       A place notable, chosen by myracle,
       which thorughe al ffraunce shadde his bemys light.
40   God of his grace caste on þat place a sight,
       ffor to þat Reavme in passing avauntage
       In þilke vale was sette þat hermytage.

μ    Al þis came In, whoo so list to seen,
       I dare afferme it, with oute any dreed,
45   By parfytnesse of þe hooly qweene,
       Saynt Cloote, floure of wommanheed.
       what euer she spake, acordant was þe deed:
       I mene it þus, þat worde and werke were oon;
*A daun Johan, est yvray?*  It is no wonder, for wymmen soo beon echoon.

μ  50  hir hoolynesse ffraunce did enlumyne
       And Crystes fayth gretly magnefye.
       Loo what grace dooþe in wymmen shyne,
       whos assuraunce noman may denye.
       To seye pleyne trouth, nys no flaterye,
55   But stabulnesse In wymmen for to fynde.
       Deemeþe youre selff, wher it komeþe hem of kynde.

μ    ffor thorughe meeknesse, yif it be aduerted,
       Of saynte Cloote, and thorugh hir hyeghe prudence
       Kyng Cloudovee was to oure feyth conuerted.

---

Z. 41. *is passing* Mss.

Z. 49. Dem Schreiber entgieng Lydgates Ironie, und er gab seinem Zweifel Ausdruck in dem köstlichen Stoßseufzer: „Lieber Freund Johann, ist das auch wahr?"

p. 73 60 In hir þer was so entier diligence,
ffully devoyde of slouthe and necglygence,
Ne stynt nought, til þat hir lord haþe take
þe feyth of Cryst and his errour forsake.

þis made, þe kyng þat crystes feyth tooke,
μ 65 ffor he was booþe manly and Rightwys.
þe three Crepandes þis noble kyng forsooke,
And in his sheelde he bare thre floure delys,
Sent frome heven, a tresore of gret prys.
Affter at Reynes, þe story telleþe þus,
70 Baptysed lowly of saint Remigius.

þampolle of golde a colver brought adovne,
μ with which he was, þis hooly kyng, ennoynt.
Gret prees þer was stonding envyroun,
ffor to beholde þe kyng frome poynt to poynt.
75 ffor where as he stoode, in gret desioynt,
ffirst a paynyme, by baptyme anoon right
was so conuerted, and bekame Crystes knight.

μ At Reynes yit þat hooly vnccyoun
Conserued is for a Remembraunce,
80 And of coustume, by Revolucyoun
Of god provyded, with due observaunce
Tannoynte of coustume kynges wheeche in ffraunce
Joustely succeede, þe story dooþe vs leere;
Of which sixt henry, þat nowe sitteþe here,

μ 85 Right soone shal, with goddes hooly grace,
As he is borne by successyoun,
Be weel resceyued in þe same place
And by vertu of þat vnccyoun
Atteyne in knighthoode vn to ful hye Renoun,
90 Resceyve his coroune, he and his successours,
By tythe of right, lyche hees progenytours.

μ Nowe, Royal braunche, O blood of saint lowys,
So lyke it nowe to þy magnyfycence,
þat þe story of þe flour delys
95 May here be shewed in þyne heghe presence,
p. 74 As þat þy noble, royal excellence
Lyst to supporte, here sitting in þy see,
Right as it fell þis myracle to see.

---

Z. 66. *Crepande* = *crapaute*: ein Edelstein.
Z. 92 ff. Wohl an die Königin-Mutter Katharina gerichtet; vgl. I 52.
Z. 98. Über die Legende der heil. Chlothilde siehe die Acta Sanctorum unter dem 3. Juni.

## IV.

p. 171 And nowe filoweþe a *lettre* made in wyse of balade by daun Johan, brought by a poursuyaunt in wyse of Mommers desguysed to fore þe Mayre of London, Eestfeld, vpon þe twelffeþe night of Cristmasse, ordeyned Ryallych by þe worthy Merciers, Citeseyns of london.[1]

p. 172
  Moost mighty lord, Jubyter þe greet,
  whos mansyoun is ouer þe sonnes beem,
  ffrome þens þat Phebus with his feruent heet
  Reflecteþe his light vpon þe swyfft streeme
5 Of Ewfratees towardes Jerusalem,
  dovne coosteying, as bookys maken mynde,
  By lubyes landes, thorughe Ethyope and ynde

μ  Conveyed dovne, where Mars in Cyrrea
  haþe bylt his paleys vpon þe sondes rede,
10 And she, Venus, called Cytherrea
  On Parnaso, with Pallas ful of drede;
  And parseus with his furyous steede
  Smote on þe Roche, where þe muses dwelle,
  Til þer sprange vp al sodeynly a welle,

μ 15 Called þe welle of Calyope,
  Mooste auctorysed amonges þees Cyryens;
  Of which þe poetes þat dwelle in þat cuntree,
  And oþer famous Rethorycyens,
  And þey þat cleped beon Musycyens,
20 Ar wont to drynk of þat hoolsome welle,
  which þat alle oþer in vertu dooþe excelle;

μ  where Bacus dwelleþe besydes þe Ryver
  Of ryche Thagus, þe grauellys alle of gold,
  which gyveþe a light agens þe sonne cleer,
25 So fresshe, so sheene, þat hit may not beo tolde;

---

[1] Zu diesem höchst seltsamen Sammelsurium von geographischen und mythologischen Lesefrüchten des guten Lydgate einen sachlichen Commentar zu schreiben, wäre ein recht unnützes Beginnen. Man kann nur verwundert sich fragen, was den Verfasser veranlasste, gerade den ehrsamen Krämern der Stadt London diesen gelehrten Wust vorzusetzen.

 Beide Handschriften haben am Rand weitschweifige Erklärungen der mythologischen Namen, welche zum Theil richtig sind, vielfach aber auf derselben Höhe stehen wie der Text, z. B. wenn sie erklären: „*Jubiter, i. e., omnia iubens*". Es verlohnt wahrlich nicht der Mühe, sie abzudrucken.

    where Bellona haþe bylt a stately hoolde,
    In al þis worlde, I trowe, þer is noon lyche
    Of harde Magnetis and dyamandes ryche.

μ   And of þat welle drank some tyme Tulius
  30 And Macrobye, ful famous of prudence;
    Ovyde also, and eeke Virgilius,
    And ffraunceys petrark, myrour of eloquence;
    Johan Bocas also, flouring in sapyence.
p. 173  Thoroughe þat sugred bawme Aureate
  35 þey called weren poetes laureate.

μ   Oute of Surrye, by many straunge stronde,
    þis Jubiter haþe his lettres sent,
    Thoroughe oute Europe, where he did lande,
    And frome þe heven came dovne of entent,
  40 To ravisshe shortly in sentement
    ffayre Europe, mooste renommed of fame,
    Affter whome yit al Europe bereþe þe name.

μ   And thorughe Egypte his poursuyant is comme,
    Dovne descendid by þe rede see,
  45 And haþe also his right wey ynomme
    Thoroughe valeye of þe drye tree
*In baculo isto transini Jordanem istum.* By floumme Jordan, coosteying þe cuntree,
    where Jacob passed whylome with his staff,
    Taking his shippe, to seylen at poort Jaff.

μ 50 And so forþe downe his Journey can devyse,
    In Aquarye whane phebus shoon ful sheene,
    fforþe by passing þe gret gulff of venyse;
    And sayled forþe soo al þe Ryver of Geene,
    In which see regneþe þe mighty qweene,
  55 Called Cyrses, goddesse of waters salte,
    where Nymphes syng, hir honnour to exalte.

μ   And þer he saughe, as he gan approche,
    with Inne a boote a fissher drawe his nette
    On þe right syde of a crystal Rooche;
  60 ffisshe was þer noon, for þe draught was lette,
    And on þoon syde þer were le*tt*res sette
    þat sayde in frenshe þis Raysoun: *Grande travayle.*
    þis aunswere next in ordre: *Nulle avayle.*

μ   þanne seyling forþe bysyde many a rokk,
  65 he gane ful fast for to haaste him dovne
    Thoroughe þe daunger and streytes of Marrokk,
    Passing þe paravllous currant of Arragoun;
p. 174  So foorþe by Spaygne goyng envyroun,

Thoroughe out þe Raas and rokkes of Bretaygne,
70 þe brettysshe see til þat he did atteyne

μ     Thoroughe þilk sakk, called of poortland,
And towardes Caleys holding his passage
Lefft Godwyn sandes, by grace of goddes hand
havyng his wynde to his avauntage,
75 þe weder cleer, þe stormes lefft hir raage,
Entryng þe see of Brutes Albyon
Nowe called Themse thoroughte al þis regyon.

μ     And in a ffeeld, þat droughe in to þe Eest,
Besyde an ylande, he saughe a shippe vnlade
80 which hade sayled ful fer towarde þe west;
þe Caban peynted with floures fresshe and glaade
And lettres frenshe, þat feynt nyl ne faade:
*Taunt haut e bas que homme soyt,*
*Touz Joures regracyer dieux doyt.*

μ  85 And in a boote on þat oþer syde
Anoþer fissher droughe his nette also,
fful of gret fisshe (Neptunus was his guyde)
with so gret plentee, he nyst what til do.
And þer were lettres enbrouded not fer froo,
90 fful fresshly wryten þis worde: *grande peyne;*
A[nd] cloos according with þis resoun: *grande gayne.*

μ     þe noble yllande, where he saughe þis sight,
Gaf vn to him a demonstracion,
Taught him also by þe poolys light,
95 he was not fer frome londones tovne.
And with a floode þe pursuyaunt came downe,
lefft þe water, and at Thems stronde,
with owte aboode, in haaste he came to lande,

p. 175    where certayne vesselles now by þe anker ryde.
100 hem to refresshe and to taken ayr,
Certein estates, wheche purveye and provyde
ffor to vysyte and seen þe noble Mayr
Of þis cytee and maken þeyre repayr
To his presence, or þat þey firþer flitte,
105 Vnder supporte, þat he wol hem admytte.

---

Z. 69. þe Raas: „Near Portland is that dangerous sea called The Race." Cassells Gazetteer s. v. *Portland.*
    Z. 78. Spiel mit dem Namen des Lord-Mayor.
    Z. 94. *poolys:* St. Paul's.

## V.

μ And nowe foloweþe a *lettre* made in wyse of balade by ledegate daun Johan, of a mommynge, whiche þe Goldesmythes of þe Cite of London mommed in Right fresshe and costele welych[1]) desguysing to þeyre Mayre Eestfeld, vpoñ Candelmasse day at nyght, affter souper; brought and presented vn to þe Mayre by an heraude, cleped ffortune.

μ  þat worþy dauid, which þat sloughe Golye,
  þe first kyng þat sprang oute of Jesse,
  Of god echosen, þe bookes specefye,
  By Samuel sette in his royal see,
 5 with twelve trybus is comen to þis Citee,
  Brought royal gyfftes, kyngly him taquyte,
  þe noble Mayre to seen and to vysyte.

μ  þe first trybe, þe byble cane well telle,
  Is called Juda, þe hardy, strong lyouñ.
 10 ffro whos kynrede — for hit did excelle —
  Cryst lyneally he came adowne,
  which lyche david was þe Champyouñ
  þat sloughe þe tyraunt, to gete him self a prysse,
  Man to restore ageyne to paradys.

μ 15 þis noble dauid, moost mighty and moost goode,
  Is now descended in his estate royal
  with alle þe trybus of Jacobus blood,
p. 176  ffor to presenten in especial
  Gyfftes þat beon boþe hevenly and moral,
 20 Apperteyning vn to good gouuernaunce,
  Vn to þe Mayre for to doo plesaunce.

μ  ffrome his cytee of Jherusalem
  he is come dovne of humble wille and thought;
  þe arke of god, bright as þe sonne beeme,
 25 In to þis tovne he haþe goodely brought,
  which designeþe, if hit be wel sought,
  Grace and good eure and long prosperitee
  perpetuelly tobyde in þis cytee.

μ  O yee levytes, whych bere þis lordes arke,
 30 dooþe youre devoyre with hevenly armonye,
  þe gret mysterye deuoutely for to marke,

---

[1]) *welych = welch: welsh, foreign.*
Z. 10. Mss.: *ffor whos.*

with laude and prys þe lord to magnefye;
Of oon acorde sheweþe your melodye,
Syngeþe for Joye, þat þe Arke is sent
35 Nowe to þe Mayre with hoole and truwe entent.

μ  whylome þis arke, abyding in þe hous
Of Ebdomadon, brought in ful gret Joye;
ffor in effect it was more gracyous
þan euer was Palladyone of Troye.
40 hit did gret gladnesse and hit did accoye
Thinges contrarye and al aduersytee.
þeffect þer of, whane dauid did see,

μ  And fully knewe, howe god list for to blesse
Thorughe his vertu and his mighty grace,
45 þat of gladnesse þey might nothing mysse —
wher hit aboode any maner spaace,
God of his might halowed so þe place —
wherfore kyng dauid, by gret deuocion,
Maade of þis ark a feyre translacion

μ 50 In to his hous and his palays Royal,
Brought by þe levytes with gret solempnytee;
p. 177 And he him self In especyal
Daunsed and sang of gret humylyte,
And ful deuoutely lefft his ryaltee,
55 with Ephod gyrt, lyche preestis of þe lawe,
To gyf ensaumple howe pryde shoulde be withdrawe

μ  In yche estate, who list þe trouth serche,
And to exclude al veyne ambycyoun,
Specyally fro mynistres of þe chirche,
60 To whome hit longeþe by deuocyoun,
To serve god with hool deffeccyoun
And afforne him mynistre in clennesse,
Bensaumple of Dauid for al his worþynesse.

μ  Nowe ryse vp, lord, in to þy resting place,
65 Aark of þyne hooly halowed mansyoun,
þou aark of wisdome, of vertu and of grace,
keepe and defende in þy proteccion
þe Meyre, þe Citeseyns, þe comunes of þis towne,
Called in Cronycles whylome nuwe Troye,
70 Graunte hem plente, vertu, honnour and Joye.

μ  And for þat meeknesse is a vertu feyre,
worþy dauid, with kyngly excellence,
In goodely wyse haþe made his repayre,
O noble mayre, vn to youre presence,

75 And to youre hyeghnesse with freondly dilygence
þis presande brought, oonly for þe best,
Perpetuelly þis towne to sette at rest,

μ   Of purpoos put þis Aark to youre depoos,
with good entent, to make youre hert light;
80 And þoo three thinges, which þer Inne beo cloos,
Shal gif to yowe konnyng, grace and might,
ffor to gouuerne with wisdome, pees and Right
þis noble Cytee, and lawes suche ordeyne,
þat no man shal haue cause for to compleyne.

p. 178  85 A wrytt with Inn shal vn to you declare
And in effect pleynly specefye,
where yee shal punyshe and where as ye shal spare,
And howe þat Mercy shal Rygour modefye.
And youre estate al so to magnefye,
90 þis Aark of god, to make you gracyous,
Shal stille abyde with you in youre hous.

μ   ffor whyles it bydeþe stille in youre presence,
þe hyeghe lord shal blesse booþe yowe and youres,
Of grace, of fortune sende yowe influence
95 And of vertue alle þe fresshe floures;
And of aduersytee voyde awey þe shoures,
Sette pees and rest, welfare and vnytee
Duryng youre tyme thoroughe oute þis cytee.

## B. „Die Minneburg". [1])

Die dem Mittelalter überaus geläufige Vorstellung vom Schlosse der Liebe gründet sich wohl auf Stellen in den *Amores* des Ovid: *habet sua castra Cupido* (I 9, 1), *castra amoris* (ebd. v. 44). In die französische Literatur wurde das Motiv eingeführt durch den *Roman de la Rose*; ein wichtiger Abschnitt behandelt die Belagerung des Schlosses der *Jalousie* und die Befreiung des *Bel-Acueil* durch die Soldaten des *Amour* (ed. Francisque-Michel, Paris 1864, vv. 11.252 ff.). Vom Rosenroman angeregt ist die Dichtung Jean Molinets, *Le Siège d'Amour*, und noch 1612 wird bei einem Carroussel das *Palais de la Félicité* erstürmt (Drumont, *Fêtes nationales*).

Durch den Rosenroman gelangte die Vorstellung bald nach Italien. Die *Castelli d'Amore* waren in Venedig, Padua, Treviso (1814) und Ferrara beliebte Schauspiele (Rolandini, *Chronicon* I 18 bei Sacchi, *Antichità romantiche* II 90 f.; Solerti, *La Corte Estense*, p. CXXIV).

Beispiele für Festlichkeiten am englischen Hofe, welche mit diesem alten Motive arbeiteten, wurden schon angeführt. Hinzuzufügen wäre noch ein Gedicht des Lord Vaux: *Th' assaute of Cupido*

---

[1]) Zu p. 27 ff.

*upon the Fort, where the lovers hart lay wounded, and how he was taken* (Anderson's *Works of the British Poets* I 641; vgl. Warton, *History of English Poetry* IV 61). Auch Dunbar hat sich die Idee zueignen gemacht in *Beauty and the Presoneir* (ed. Schipper, Nr. 18). Vgl. ferner in *Maister Randolphes Phantasey* (*Satirical Poems*, Scottish Text Society, 1891) die Darstellung der Werbung Darnleys.

In Spanien war diese Liebes-Allegorie gleichfalls bekannt und wurde z. B. von Cervantes herangezogen; bei der Hochzeit des Camacho stellt man die Belagerung des Schlosses der Sittsamkeit dar *(Don Quixote,* II. Theil, Cap. 20).

Über die „Minneburg" in der deutschen und lateinischen Literatur hat Raab gehandelt *(Vier allegorische Motive.* Programm, Leoben 1885). Nachzulesen ist auch Ehrismann, *Untersuchungen über das mhd. Gedicht von der Minneburg* (Beiträge zur Geschichte der deutschen Sprache und Literatur XXII 257 ff.), und Fränkel, Zeitschr. f. deutsche Philologie XXII. Eine von Erich Bachmann 1891 angekündigte zusammenfassende Darstellung der mittelalterlichen Minne-Allegorien ist meines Wissens noch nicht erschienen.

Auch die bildende Kunst hat das Motiv aufgegriffen und namentlich in einer Reihe Elfenbeinschnitzereien behandelt. Mir sind folgende bekannt geworden: 1. Spiegelkapsel des Stiftes Rein in Steiermark, 14. Jahrh. Abgebildet bei Schultz, *Höfisches Leben*² I 577. — 2. Basrelief im South Kensington Museum. Abgebildet in der *Archaeologia* XVI 346. Nach Henne am Rhyn, *Culturgeschichte d. d. Volkes* (I 192), französische Arbeit des 14. Jahrh. — 3. Spiegelkapsel der Ambraser-Sammlung. Abgebildet bei Zehme, *Die Culturverhältnisse des deutschen Mittelalters.* Wien 1898, p. 200. — 4. Darstellungen auf einem Elfenbeinkästchen bei Carter, *Specimens of the Ancient Sculpture and Painting now remaining in England.* London 1838, p. 146, Plate CXIV. — Alle diese Darstellungen zeigen die größte Ähnlichkeit; namentlich scheint die letztgenannte nur eine Theilung der dritten in zwei Bilder zu sein — mit den durch den Raum geforderten Änderungen. — 5. Eberwein im *Anzeiger für Kunde der deutschen Vorzeit* (1866, Sp. 204) verzeichnet noch fünf ähnliche Bildwerke. — 6. Hieher gehört wohl auch die Darstellung bei Lacroix, *Vie militaire et religieuse au moyen-âge,* p. 176, welche zunächst eine Preisvertheilung nach einem Tournier zum Gegenstand hat.

Weitere Aufschlüsse über dieses Thema sind von Müntz zu erwarten, der eine *Iconographie du Roman de la Rose* bei der Académie des inscriptions et belles-lettres einreichte. (Vgl. *Zeitschrift für Bücherfreunde* III 126.)

## C. Die Feste zu Kenilworth.[1]

Zwei Augenzeugen haben die Einzelheiten der Feste, welche Robert Dudley, Earl of Leicester, im Sommer 1575 seiner Königin zu Kenilworth gab, für die Nachwelt festgehalten. Der eine, ein Londoner Kaufmann namens Robert Laneham, hatte gute Schulbildung genossen, war dann viel gereist und endlich in die Dienste Leicesters

---

[1] Zu p. 80.

getreten. Er schrieb seinen Bericht in Form eines in Stil und Orthographie unerträglich affectierten Briefes an einen Freund nach London und ließ so viel Persönliches einfließen, dass Walter Scott in seinem Roman *Kenilworth* (Cap. XVII) ein lebenswahres Bild dieses eitlen Narren entwerfen konnte. Sein Büchlein[1]) ist in zwei undatierten Ausgaben (wohl beide aus 1575) erhalten und wurde oft abgedruckt, so von J. Green (1784); von Nichols in den *Progresses of Queen Elizabeth* (1788 und 1828); dann dreimal im Jahre 1821 (von Burn, von Hamper und Sharp, endlich in *Kenilworth Illustrated*); in modernisierter Schreibung bei Adlard, *Amye Robsart*, London 1870, p. 121. Beste Ausgabe von Furnivall, *New Shakspere Society*, Serie VI, Nr. 14 (1890); sie wurde auch aufgenommen in das *Jahrbuch der Deutschen Shakespeare-Gesellschaft* XXVII (1892).

Ein zweiter Bericht trägt den Titel: *The Princelye pleasures, at the Courte at Kenelwoorth ... Imprinted at London by Rychard Jhones. 1576*. Das Heft, welches Lanehams Brief vielfach ergänzt und berichtigt, erschien anonym und ist in einem einzigen, unvollständigen Exemplar auf uns gekommen. Doch wurde es 1587 unter die gesammelten Werke George Gascoignes aufgenommen und galt seither immer als dessen Eigenthum. Neuerdings hat W. C. Hazlitt in seiner Ausgabe der Werke des Dichters (London 1869—1870, II 350) ihm diese Beschreibung absprechen wollen. Er beruft sich auf eine Stelle (p. 123), in welcher (wie noch öfters) von Gascoigne in der dritten Person die Rede ist. Doch das ist in einem anonymen Werk wohl nicht anders zu erwarten! Für Gascoigne sprechen ferner folgende Einzelheiten. Zunächst die genauen, mit ein klein wenig Eigenlob versetzten Nachrichten über die Entstehungsweise seiner in dieser Sammlung enthaltenen Gedichte (vgl. z. B. p. 108). Dann das ängstliche Bestreben, den Ausfall der Maske von Diana und ihren Nymphen durch Mangel an Zeit und schlechtes Wetter zu begründen (p. 128). Über die Verfasser anderer Stücke erfahren wir nichts außer den Namen, und selbst über diese ist der Herausgeber der *Princelye Pleasures* nicht immer genau unterrichtet (p. 96). Von Laneham (p. 20) erfahren wir ferner, dass dem durch Gascoigne dargestellten wilden Mann, der nach einem Zwiegespräch mit dem Echo seinen Stab zerbrach und fortschleuderte, beinahe das Unglück geschehen wäre, die Königin zu treffen. Es ist nun ganz begreiflich, dass Gascoigne seine Ungeschicklichkeit sorgsam verschweigt; ein anderer hätte den Zwischenfall gewiss erwähnt, da er der Königin Gelegenheit gab, ihre Geistesgegenwart und Leutseligkeit zu beweisen.

Gascoignes *Princelye Pleasures* sind auch bequem zugänglich bei Nichols, *Progresses of Queen Elizabeth* (1788 und 1828) und in *Kenilworth Illustrated* (1821).

Die Feste des Grafen Leicester gaben den Hintergrund für zwei berühmte Erzählungen her. In Sir Walter Scotts Roman *Kenilworth*

---

[1]) *A Letter: Whearin, part of the entertainment vntoo the Queenz Maiesty at Killingworth Castl, in Warwik Sheer in this Soomerz Progress. 1575. iz signified* ... s. l., s. i. n., s. a.

(1821) werden verschiedene Maskeraden nach Laneham und Gascoigne geschildert (Capitel XXVI, XXX, XXXIX). Außerdem hat Scott (Cap. XXXVII) an einer Stelle, wo nach Laneham (p. 89) eine Maskerade aufgeführt werden sollte, eine *Masque of Britons, Romans, Saxons and Normans* angebracht. Sie ist offenbar des Dichters freie Erfindung, und er traf mit bewundernswerter Sicherheit den Ton dieser Aufführungen.

Von Scott empfieng unser Tieck die Anregung zu seiner Novelle *Das Fest zu Kenilworth (Prolog zum Dichterleben.* Novellen, Band 6. Berlin, Reimer, 1828). Über die Quellen dieses Werkes, die bisher nicht untersucht wurden, seien folgende Bemerkungen gestattet.

In den Anmerkungen des englischen Romans fand Tieck Hinweise auf Laneham und Gascoigne. Die Berichte dieser Augenzeugen las er bei Nichols, *Progresses of Queen Elizabeth*, Band I. London 1788. Vor mir liegt Tiecks Exemplar dieser Auflage, welches gegenwärtig im Besitz der k. k. Hofbibliothek zu Wien ist und namentlich auf den ersten Seiten zahlreiche Bleistiftnotizen des Dichters trägt. (Vgl. *Catalogue de la bibliothèque célèbre de M. Ludwig Tieck.* Berlin 1849. Nr. 5965.) Die Vermuthung, dass Shakespeare als Knabe die Feste zu Kenilworth sah, konnte Tieck bei Percy finden *(On the Origin of the English Stage. Reliques,* vol. I). Daran knüpfte er die hübsche Fiction, dass der kleine William das Echo in Gascoignes Maskerade spielte. (Vgl. *Princelye Pleasures*, ed. Hazlitt, p. 96 ff.)

### D. Die Maske von Cole-Orton.[1]

A maske presented on Candlemas nighte at Coleoverton, by the earle of Esex, the lorde Willobie, Sʳ Tho. Beaumont, Sʳ Walter Devereux, Mʳ Christopher Denham, Mʳ Walter T......, Mʳˢ Ann R......, Mʳˢ An Burnebye, Mʳˢ Susann Burnebye, Mʳˢ Elizabeth Beaumont, Mʳˢ Katherine Beaumont, Mʳˢ Susann Pilkingetun, to Sʳ William Semer and the ladie Francis Semer.

**The Antimask.**
*(Enter Bob ẏ Buttrie Spirit, singinge:)*

    The Buttrie key is lost,
    The Buttrie key is lost,
    And Tom he haes got it;
    he sweares they shall Pot it,
    And every horne be tost,
    And every horne be tost,
    And every horne be tost.
    He will ha no flinchinge,
    A Pox of all Pinching,
    He knowes what a Hogshead cost.

---

[1] Nach der Handschrift Nr. 86 der Dyce-Collection, South Kensington Museum. Der Interpunction habe ich ein wenig nachgeholfen; einige nothwendige Einschaltungen sind durch eckige Klammern bezeichnet. Vgl. p. 218 etc.

*(Enter Puck ỹ Cuntrie Sprit, stealing in softlie.)*

Puck. O ho ho, my mad musical boys are readie; is the coast cleare now? o ho ho.

Bob. How now, art te there indeed, Boy? Old Robin alive and alive 's like — now for a trick uppon him! *(He fires his fflax, and claps downe behind him, and Puck falls over.)* Buz, ha ha ha, quoth the Blue flie, hum quoth the Bee & J. — Puck, (p. 2) honest Puck, a fire on you. Yowle not know your old frends.

Puck. Whoe — bob o' the buttry? welcome to Leicestershire
10 againe: as thou Lovest me, spirit, tell me, what newes abrode? where the vengeance haes thou been thus long?

Bob. Why, Goblin, ile tell the, boy; all over England, where hospitality *(he sings)*

Downe, Downe, Downe it falls;
Downe and arise, Downe and arise it never shall.

Puck. O ho ho, I knew the Downfall of ỹ Plow and Dayrie would make a hand wth ỹ Buttrie too.

Bob. Trew, Puck, housekeeping is a Ragg of Rome; 'tis abolisht. All good ffellowship, caud feasting, is turned to a Dish of Bibles. The
20 Countrie mirth and pastime, that's Pauncius Pilate, dead and Buryed. entertaynment that's now a fooling Please for everie Swabber. In a whole Contrie yu shall have some three great howses smoking, & one of them o th' old way, Puck. This new Sect, in Sincerity, 'tis a dry one, and a plagie Soaker of the Buttrie; trulie, if ere they drink, Drunk 'tis with Ale and in Private — with Ale, ale y' turdie, durtie, nastye, pissie, fartie, Lantitantical liquor. a drink devized by Puritans and Pettifoggers to settle the Spittle (p. 3) of there palats that theire tongus may yet run more at libertie; that villanous Drench has been ỹ Bane of ỹ Buttrie.

30 Puck. O ho, boy, that's not all, Bob; for nowe everie hinde is growne a gentleman; gentlemen, knightes, barrons & Barronetts, Boy. & then my madam, dropt out o' th Dung Cart, or whose Father's sheepe ha ffarted her into a Ladiship, must ha four horsess, one more than Phœbus.

Bob. Right, Puck, & then her skirvie haire must be curl'd & powder'd, ỹ Chamber stinke of Bauds & Midwives. This Wood

---

Z. 6. *Buz quoth the Blue flie* u. s. w. Ein Citat aus Jonsons *Masque of Oberon* (ed. Gifford VII 188).

Z. 7. Ms.: *Puck, Bob, honest Puck.*

Z. 10. Ms.: *what What newes.*

Z. 14, 15. Offenbar Zeilen aus einer Ballade. Merrythought citiert sie in Beaumont-Fletchers *Knight of the Burning Pestle.* Works, ed. Dyce, II 178.

Z. 17. *make a hand;* vgl. Shakespeare, Henry VIII., Act V, 4, 74; Coriolanus IV, 6, 117.

Z. 21. *fooling place:* offenbar „Gegenstand des Spottes".

Z. 26. *Lantitantical:* scherzhafte Bildung aus *lant,* mit dem zweitvorhergehenden Worte gleichbedeutend.

falls to make her a fore parte & a farthingale. Th' hard arable Land shal be converted into loose gownes, & the Medowes flie up in Petticootes. This robs both buttrie and kichinge, Boy. Now, rost for his Worships Supper: five Cock sparrowes and a Titty mouse, with two Bears & a Dog in rotten Pastry work, kept for monuments since his last being Sheriff and soakt in Piss to preserve the gildinge. His wine: the same botle was sent him a weeke agoe for committinge wilfull Justice. His Worships servants borde at the Alehouse, for the most parte, & the remnant eat mustie bread & onions. And now,
10 To hear no more of those fellowes, tell me how thou art us'd amongst ỹ faries, those litle ringleaders, those white and blew faries.

Puck. O ho, ho, gene, Boy, Northward how; (p. 4) they could not live no longer here, lad, they must be bountifull: ỹ lass ỹ sweeps cleane & sets water i th Chimney would looke for somewhat in her shooe; & whers The Money, Bob? gene, boy; thers not nine shillings left in little Brittan.

Bob. Not of White money, Puck, white fairie money, that was all Mill money; but thers store of gold left yet, boy, & a few good fellowes in this corner of the Contrie: Her's honest Harrie of Ashbie,
20 Bonny Bob of Lichfield, besides a brace of my bully Beaumonts; this house must ever be my quarter, ile nere be to seeke againe.

Puck. O ho, ho, boy, hould the there, & ile bring the acquainted with my new Companie.

Bob. Who are they, Puck?

Puck. Why, the black faeries, boy, ỹ dancing spiritts of the Pittes: such as look to Toms Ægiptians here, & helpe them hole & drive sharp theire Picks & their moindrils, keepe away the dampe & keepe in theire Candles, draine the Sough & hold them out of ỹ hollows.
30 Bob. And are they good fellows, Sirra, do they love mirth & drinking, boy? pray the, lets see them dance to night ith bottom o' th cellar.

(p. 5.) Puck. O ho ho, boy, that's my business, bob; thou shalt see one crush presentlie; ile but list, And my twinckling boys be readie. O ho ho, there boys!

---

Z. 6. *soakt in* u. s. w.: eine ganz ähnliche Stelle in A. Wilsons *Inconstant Lady*; angeführt von Nares s. v. *lantify*.

Z. 10. Ms.: *To h° no more of those fellowes. And now tell me* (u. s. w.).

Z. 12 u. 15. *gene* dialectisch für *gone*; vgl. *The English Dialect Dictionary* s. v. *go*.

Z. 17. *White money*, d. h. Silbergeld; vgl. Jonson, ed. Gifford, II 158.

Z. 19. *Harrie of Ashbie* ist Henry Hastings, Earl of Huntingdon, der Besitzer von Ashby Castle.

Z. 34. *list* = *listen*; *And* = *whether*, wie Midsummernight's Dream V 195.

*(here the musick sounds a short straine to which both the Spirrits move a little with theire Bodies.)*

Bob. ah hah, but, Puck, canst thou call them presentlie?
Puck. By theire names, my bonny Bobkin; now mark, I fech them. ô ho ho who ho ho who, come away, Turnstake, Gudger, Tagging-tree, Toptree, Tugman, Flotes! aberience!

*(Spirits enter and dance a straine.)*

Bob. a ha, this is brave, Puck.
Puck. O ho ho, mum, boy & mark the motions.

10     *(Dance it out; then Iris appears above.)*

Iris. What Spirrits abrode, ha?

*(Here they all gaze up & run out distractlie.)*

So, now the coste is cleare.

*(The clowdes close againe, then the Maske.)*

### The Maske.

*(Favonius in a greene robe descends with wings, & blister'd with puffes: Buskins white, & gilded; on his head a Sun setting. There stood an alter by with insence fuming, Inscribed: Jovi Hospitali Sacrum.)*

        Jupiter whose alter here
20       Fumes with incense all the yeare,
  (p. 6)   where sound harts & glad desires,
        Tables large & living Fires
        Crowne him, and aprove withal
        His best of Titles, Hospital —
        He: because it is his will
        More to grace this beautious hill
        from the west hath fanned me forth
        Spight of Winter thus far North,
        Me whom men do call the Kinde
30       Favonius, y̌ Gentle winde,
        That as softe as Ladies breath,
        when in Sighs they would bequeath
        Love to stubborne standers by,
        That doe scorne the Legacie —
        First I come to blesse this tower,
        Everie bed & everie bower.

---

Z. 6. Die Namen der Geister erinnern an ihren Beruf als Helfer der Bergleute. *Tugman* z. B. ist der „Schlepper"; daher wohl auch *Flotes* abgeleitet von *float* im Sinne von Kohlenkarren, „Hund" (Webster). — *Abearance* ist der term. techn. des englischen Rechtes für das loyale Betragen des Unterthanen; daher hier als Zuruf: „thut eure Pflicht!"

Z. 9. Ms.: *mum, boys.*

Z. 16. *Favonius:* 1617 bei Jonson zu belegen (ed. Gifford VII 306).

Sprightlie mirth & sparklinge Wine
Everie braine & cheeke refine.
Safe content and golden Slumber
Peace & joys, sans end or number,
All the blessings, can befall,
Thus I breath upon you all.
Yet a paire above the rest
of a diffring sex are blest,
for whose happie wisht repair
10     Here these Alters loaden are
with new gumms & frish does rise
Th' Hospitable Sacrifice,
Next the ruler of the Skie
La: francis Honnoring this Solemnitie
most for thie sake, childe of Light,
Beautious woman, heavenlie bright,
And (what's true, tho wondrous rare)
(p. 7) Th' art as good, as thou art faire —
Sends me here to usher in
20     Six brave virtues masculin
which will prove by moving here
This glad presence virtues Sphear.
Silence, & theire names yowle here.
First, and fairest, bravest, best,
And, which does include the rest,
Noblenes his race & birth
from heaven, syldome seene in earthe,
whose everie where deserved fame
Dwells: Sr Vere, Dux, his Name.
30   Next is valor, true and tryde,
not a boye that roaring wide
Cries God dam me thrice: all such
prove but Glow worms in the tuch,
whose squib-manhood Ere one thinks
Blazes, cracks, goes out, & stinks.
This more is than seeminge bolde;
Such the Heroes [were] of old.

Z. 18. Ms. *thart faire*. Nach dieser Zeile ist eine Lücke anzunehmen, welche das Subject (Jupiter) zu *Sends* (Z. 19) enthielt.

Z. 29 ff. In *Sir Vere* sollen wir wohl den Stammvater des Geschlechtes der Vere erkennen. Zur Zeit der Aufführung dieser Maske war der berühmteste Träger des Namens Sir Horace Vere, den Jonson in einem Epigramm feiert (Nr. XCI, ed. Gifford VIII 201). Auch an Susan de Vere, Countess of Montgomery, richtet er ein Gedicht (*Epigrams*, Nr. CIV). — Die Namen *Arthur, Artegall, Guion, Calidore* stammen aus der *Faerie Queene*, wo ihnen auch dieselben Charaktereigenschaften zugeschrieben werden.

His name S^r Arthur, & in field
A crowned Lion on his sheild.
Wisdom and Justice then, w^ch call
S^r Sapient & Artegall
virtues twines, whose upright hands
Atlass like uphold all lands,
Keepe y^e world, it does not run
To the old confusion.
Next S^r Guion doth advance
10   The golden Virtue Temperance.
Last in Ranck, but not the least,
One that joyned to the rest
Does relish them and make them right,
Calidore the curteous Knight.
Musicke, straine a note devine;
Appeare, yo^u virtues masculine.

(p. 8.) *(Here the scene opens & discovers six women maskers; at w^ch. ffavonius wondering saies:)*

Favonius. Ha! how now, Phuh — What have we here? a
20 metamorphosis! Men transformed to weomen! this age gives example to the contrarie. Nay, are you there, M^rs Rainbow? then Juno has some trick uppon us.

Iris *(laughinge).* Ladies all, for Junoes sake
Laugh untill your harts do ake.
Let us laugh both night and daie
Till we blow this wind away.
Jove could no way vex his queene
But to send yo^u gaudie greene
Yong S^r Puffin with a tale
30   for to prove all vertues male.
He forsooth must Usher in
Six brave vertues Masculin.

Favon. Well, Iris, Jove shall know this!
Iris.  But now mark me (fairest fair).
Juno, regent of the Aire,
Heard Jove give this Boy his task,
Slipt away & bound his Maske
in a Cloude & in theire roome
charged that these should heither come.
40   These are virtue's beauteous race
That the female sex do grace.
This [is] meeknes, fitt to be
Kin to this, Simplicitie.
This truth in Love; that Modestie,
Silenc, and Spotlesse chastity.
These shall prove, what ere men say,
we have more of good then they.

(p. 9)  Jove himselfe, as here yoᵘ find,
cast theire Virtues to the wind.
But, least this should turne to faction,
They shall prove my words in action.

Favon. Pritty, i faith! *(Chafes & Puffes.)* but, will you dare to do this, well, minion, If I do not make Jove knapp the in fortie peeces, that there shall not be so much of the left as to make a water yall, or else hange the on the knobb of some thicke Cloude in this bowstringe, let me never rech ẙ midle region againe; you
10 skirvie, pide Vanity: a fitt trumpett for womens commendations! it needs color paintinge, and thou art nothing els.

Iris. Alasse, poore wrech, I see thou art eene at the last gaspe! and so is all the virtues of thy Maske, till we please to revive it. Here me, favonius, & beleeve me. Tis agreed in Heaven that Junoes will shoud be obayd thus far, to have she Maskers first on foote, to show ẙ precedencie of female vertue. And then I have power to release this charge from theire Clowdie Prison: To Prove that Men's Vertue would never appeare, Did not women contribute Lustre thereunto & helpe to set it of: will this content you?

20  Fav. It must (it seems) of fforce; women will have theire will: I marvel, Juno put not in wilfullnes for a prime virtue.

Iris. Well, leave your Pratinge.

*(the Sound. Here ẙ first Maskers (women six) descend, and while they pass to the dancing place was Sung this)*

Song.

Rejoice, all woman kinde,
Juno haes her will of Jove.
(p. 10)  Each of you that list to prove,
shall easie conquest finde.
30  Be not, o be not blind,
But know your strength & your own Vertues see
which in everie Several grace
of the mind, or of the face,
Gives women right to have Prioritie.
Brave Amazonian Dames
Made no count of Mankind but
for a fitt to be at the Rutt.
free fier gives the brightest flames;
Menns overawing tames
40  And Pedantlike our active Spirits smother.
Learne, Virgins, to live free;
Alass, would it might bee,
weomen could live & lie with one another!

---

Z. 8. *water yall = water-gall* „Nebenregenbogen".
Z. 13. Ms.: *Maskes*.

*(Here the women dance the first dance; which done:)*

  Iris. So now, Favonius, ile unpin your Troian horse and let out your brave men at armes.
    Shadow, Shadow, get the hence!
    Junoes mercy does expence
    This free favor unto those
    who in the bad the late enclose.
    she comaunds 'hem too to mix
    Themselves in pace with yonder Six,

10     *(Here the men were discovered)*
    And there in lively motion show
    who the other shall outgoe.
  Fav. Now they appeare! Sound, musick, notes devine;
    Descend, you Virtues Masculine!

*(At the coming on of the men was songe this song, but first Iris says:)*

  Iris. farewell, Favonius, I leave the Convay of them all to you.

      Song.
    now the vertuous male descend.
    you, that lately so did flout 'hem,
20  (p. 11)  waile your error and amend!
    for what can you doe without 'hem?
    Like imperfect mineralls,
    Women are as crude as cold;
    Men the Son, which often falls
    on 'hem, turns 'hem into gold.
    Women ciphers are, and want
    Mixture of well-figur'd men;
    Themselves unsignificant,
    Joynd they have a mening then.
30     Mix then and together goe,
    This be hers, and that be thine;
    All jarrs end by coupling so,
    'Tis not long to Valentine.

*(Here the Men and Women dance together, and at the last maskinge dance, as they went to their Places, was song this 3 Songe:)*

    This was a sight indeed!
    who would not breake his sleepe, to see
    The male & the female graces
    Tread in such equal paces,
40     As cannot be decreed
    To which inclines the Victorie.

---

  Z. 7. D. h.: „who lately in thee (in the shadow) abode confinement".
  Z. 8 'hem: Ms. liest *him*; vgl. Z. 19, 21, 25.
  Z. 18. Ms.: *note*.
  Z. 26. Vgl. Jonson, *Forest* VII (ed. Gifford VIII 265): *That women are but men's shadows*.

Learne, women, to forsake
Your coynes, scorne, and proud disdaine;
Men mach, tho not exceed you,
Tis Jove, hath thus agreed you;
And let Men warning take:
All strife with women is in Vaine.
                finis.

*(At the goinge away. — Enter one with a flagon and a glasse; in singing he pours out the Sack:)*

10          (p. 12)     Mad Bob o' th Buttrie
                        Has a loss of late.
                        Twas a luckie thinge,
                        when they stole his key,
                        That they mist his plate.
                        By me he sends you here
                        Licor of delight.
                        Tis a sack right good,
                        both to cleare the blood
                        And to cheare the spright.
20                      Come lads and lasses then,
                        make a faire ring.
                        Come, my bonny boy,
                        Ladie, be not Coy:
                        Tis a skirvie thing!
                        Run, holie Licor, run:
                        Tis a precious sight!
                        goe & coole your thirst
                        while I taste this first
                        to the Ladie bright.

30  *(He kneels down & crosses the glasse, saying this charm over it:)*

            May this prove to everie foe
            shame on earth, and worse below.
            But to all that wish you wealth,
            Grace and honor, tis a Health!

To my Ladie.  And now farewell, childe of Light,
              Beautious woman, heavenlie bright,
              And (what's true, tho wondrous raire)
              Th' art as good, as thou art faire.
              At thie birth, to blisse thie fate,
40            All the starrs in counsell satt,
              All the good ones that dispence
              Any bountious Influence.

---

Z. 13. *key:* vgl. oben, p. 328, Z. 9. Ms.: *skine.*
Z. 38. Ms.: *th' art faire.*

Everie one resolved to give,
(p. 13)　Not a voice was negative.
By whoes doome the graces are
whole in thee, which others share;
And the virtues, us'd to goe
Single, in the mixtlie flowe.

To my Lord.　To the, brave Earle, to urge thy stay,
what would not our founder say?
But tis vaine to use that part
10　For thou knowst, thou hast his hart.
Thou, whoes tempered Soule is white,
Pure & free, as morning Light;
That does make it all thy ends
To be honest to thie frends.
Thou who greatnes does not swell thee,
To forgett, thou art a man;
Nor the things that ere befell thee,
Ether vex or alter can.
What thou art, continue still,
20　Consiling those that wish itt ill:
Malice never is withstood
Better than by being good.
Live with heaven to make thie peace,
By thie virtues frends encrease;
No fainte hopes, nor feares at all:
If the world crack: Let it fall!

To them all.　Now remaines to bid farewell;
But, or here for ever dwell,
Or — your presence having power
30　To make heaven of everie bower —
(p. 14)　We not enveinge others blisse,
Yet make oft repaire to this!
Where yo$^u$ find a paire of harts
Bare of complement or Arts,
But more Sound or more devout
Are not in the world thr° out.
Daine then oft to blisse this coast;
God dwells where hees honor'd most.
　　　　　　finis.

---

Z. 7 ff. An Essex gerichtet.

Z. 20. Ms.: *Consining*. *To consign* ist nur intransitiv zu belegen im Sinne von *to submit, to yield* (Shakespeare). Ich lese daher *conciling = conciliating, reconciling*; Belege im *New English Dictionary*.

Z. 38. Ms.: *Gods*.

### E. Compositionen zu Maskenspielen.[1]

**1581 (?).** *Hugh Aston's Maske.* Nur Instrumentalmusik. Ms. Christ Church, Oxford. Davey, *History of English Music* 135.

**1605-9.** Jonson, *Masques of Blackness, of Beauty, of Queens, Hadington's Masque.* Musik theilweise in den *Ayres* by Alfonso Ferrabosco. 1609.

**1607.** Campion, *Lord Hayes' Masque.* Fünf Lieder, componiert von Campion, Lupo und Giles, am Ende der Originalausgabe. Herausgegeben von G. E. P. Arkwright in *The Old English Edition.* (Nr. 1, 1889.) Vgl. *Monatshefte für Musikgeschichte* XXVII 27.

**1608.** Jonson, *Hadington's Masque.* Das Lied „*Beauties, have you seen this toy*" in Henry Lawes *Ayres and Dialogues* 1615. Auch im Ms. Additional 11.608, Brit. Mus., fol. 81 („*a glee*").

**1613.** *In flower of April.* Madrigal des A. Ferrabosco. „*From a Masque*". British Museum, Ms. Additional 5336, fol. 24 b.

**1613.** Campion, *The Lords' Masque.* Ein Lied, vom Dichter selbst componiert, im musikalischen Anhang zu Campions *Masque at the Marriage of the Earl of Somerset.* Ebenda vier Lieder zu dieser letzteren, sog. „*Squires' Masque*" von Lanier und Coperario. Davey 174. Neudruck des Liedes von Lanier („*Bring away this sacred tree*") und des dritten von Coperario („*Come ashore*") in *Musica Antiqua. Selected and Arranged by John Stafford Smith.* London 1812, pp. 60—61.

**1613.** Nach E. F. Rimbaults Einleitung zu Purcells *Bonduca* (London, *Musical Antiquarian Society,* 1842) wäre Coperarios Musik zu Beaumonts *Masque of the Inner Temple and Gray's Inn* unter den Manuscripten des British Museum. Ich kann jedoch eine solche Handschrift nicht finden.

**1614.** *Masque of Flowers.* Musik des Canons (ed. Nichols II 740 f.) gedruckt am Ende der Originalausgabe. Von Coperario? Davey 174.

**1618.** *Ayres sung in the Entertainment at Brougham Castle.* By Mason and Earsden. Nichols, *Progr. James* III 892. Davey 174. Neudruck in Stafford Smiths *Musica Antiqua,* p. 150 ff. Eine Zigeunermaske.

**1621.** Jonson, *Masque of Gypsies.* Musik von Robert Johnson, theilweise erhalten in der Music School zu Oxford.

**1621.** J. Adson: *Courtly Masquing Aires, for five or six instruments.* Davey 184. Vgl. *Mr. Addson's Maske* im Ms. Additional 10.444 (British Museum).

**1634.** Carew, *Coelum Britannicum.* Musik von Henry Lawes. Stücke daraus in Playfords Sammlungen. (*Courtly Masquing Ayres* etc. Davey 285.)

**1634.** Shirley, *Triumph of Peace.* Musik von Lawes und Ives, vollständig in der Music School, Oxford.

**1636.** *Entertainment at Richmond.* Musik von Coleman, theilweise in der Music School, Oxford.

**1636.** Davenant, *Prince d'Amour.* Musik von William und Henry Lawes, erhalten in der Music School, Oxford.

**1638.** Davenant, *Luminalia.* Musik im Anhang der editio princeps.

**1653.** Shirley, *Cupid and Death.* Musik von M. Locke und C. Gibbons. British Museum, Mss. Additional 17.799 und 17.800.

---

[1] Vgl. p. 264.

#### Undatierbare Compositionen.

*The Kyng's Maske. Saraband.* From the Arundel Collection. Undoubtedly the maske music of King Henry VIII. *Musica Antiqua...* by John Stafford Smith. London 1812, p. 41.

*Elisabeth Rogers, her Virginall book.* Brit. Mus., Ms. Additional 10.337; fol. 2 b: *Nann's Maske*; fol. 19 b: *A Maske*; fol. 24 b: *Maske*.

*The Maskque of Vices.* Ein dreistimmiges Lied daraus: Brit. Mus., Ms. Additional 10.338, fol. 28 b.

*The Queen's Maske.* Ohne Text. *Musica Antiqua...* by John Stafford Smith. London 1812, p. 158. Aus Playfords *Musicks Hand-Maid* 1678.

Zahlreiche Compositionen für Maskenspiele auch im Ms. Additional 10.444 des British Museum. Der Inhalt dieses Bandes ist genau verzeichnet bei Oliphant, *Catalogue of the Manuscript Music in the British Museum.* London 1842, p. 80.

## F. Chronologisches Verzeichnis und Bibliographie der im dritten Abschnitt behandelten Maskenspiele.

Im folgenden gebe ich ein Verzeichnis der im dritten Theil unserer Untersuchungen besprochenen Dichtungen, welches alle erhaltenen echten Maskenspiele umfassen dürfte. Die Titel führe ich, abgesehen von nothwendigen Kürzungen, mit bibliographischer Genauigkeit an und habe, wo es angieng, stets die überaus seltenen[1]) Originalausgaben eingesehen. Im allgemeinen erwähne ich nur den Titel der ersten erhaltenen Ausgabe, beziehungsweise die Handschriften, und weise einige leicht erreichbare Neudrucke nach.

---

[1]) Die Masken wurden meist gleich nach der Aufführung gedruckt. Doch gab es ungeduldige Leute, welche das Erscheinen der gedruckten Beschreibung nicht erwarten konnten und trachteten, sich in den Besitz von Abschriften der Stücke zu setzen. So schreibt Rowland Whyte am 29. Jänner 1608 an den Grafen Shrewsbury, dass er ihm gern die *Masque of Beauty* gesandt hätte; doch sei von Jonson eine Abschrift nicht zu erhalten, da ihn die geplante Hochzeitsmaske Hadingtons zu sehr in Anspruch nehme. (Nichols, *Progr. James* II 175.) Der wahre Grund war wohl, dass Jonson die Quartausgabe des Stückes (eingetragen in das *Stationers' Register* 21. April 1608) nicht überflüssig machen wollte. — Über Jonsons *Pleasure Reconciled* glaubt Brent in einem Brief an Carleton ein vernichtendes Urtheil zu fällen, wenn er die Maske nicht des Abschreibens wert hält. (Vgl. *The Works of Bacon*, edd. Spedding, Ellis, Heath, XIII 298.) — Der gewöhnliche Preis eines Maskenbuches war 6 *d.*; vgl. den Brief des Grafen Worcester an den Grafen Shrewsbury über Daniels *Vision* (bei Nichols, *Progr. James* I 317) und Sir Humphrey Mildmays Tagebuch bei Collier I 489. Heute schätzen sich die Sammler glücklich, wenn sie eines der zierlichen Büchlein um ebensoviel Pfund erstehen können.

Die am Schluss meiner Notizen mit einem Sternchen (*) bezeichneten Masken werden in dieser Arbeit zuerst im Zusammenhang besprochen, die mit zwei Sternchen (**) gekennzeichneten überhaupt zum erstenmal als Masken erkannt und in die Untersuchung einbezogen.

Mit der Bibliographie vereinige ich eine genaue Bestimmung der Aufführungsdaten dieser Stücke. Man wird bemerken, dass meine Chronologien von den bisher geläufigen in sehr vielen Fällen abweichen, und ich freue mich namentlich, die Entstehungszeit einiger Spiele Jonsons zum erstenmal festgestellt zu haben.

In den Daten galt es, die durch Zusammenwerfen der Rechnung nach altem und neuem Stil eingerissene heillose Verwirrung zu beseitigen, und alle Jahreszahlen waren auf die neue Zeitrechnung (Jahresanfang am 1. Jänner) zu bringen. Die Tagesdaten wurden nach H. Grotefends *Zeitrechnung* (Hannover 1891—1892) genau revidiert, beziehungsweise neu bestimmt, was nicht schwer war, da die Titel der Masken meist den Wochentag der Aufführung enthalten (z. B. *Shrovetuesday, Thursday after Twelfth Night* u. dergl.).

Ich bringe ferner in diesem Abschnitt die nothwendigsten Notizen über die Verfasser anonym erhaltener Masken und einige Bemerkungen zur Überlieferung der Stücke.

## 1595.

1. *[A Masque of the Knights of the Helmet.]*

Geschildert in: *Gesta Grayorum; or, The History of the High and Mighty Prince Henry, Prince of Purpoole, Arch Duke of Stapulia and Bernardia*[1] ... *Who reigned and died A.D. 1594* ... London, W. Canning. 1688.

Neudruck der *Gesta Grayorum* in *The Progresses ... of Queen Elizabeth ... By John Nichols. London 1788. Vol. II.* — 2. Auflage, London 1823, vol. III 262 ff. (Die *Masque of the Knights of the Helmet*, p. 297 f.)

Aufführung: 6. Jänner 1595. (**)

2. *[Francis Davison and Thomas Campion: The Masque of Proteus and the Rock Adamantine.]*

Manuscript: British Museum, Ms. Harl. 541, fol. 188 (= Stowes Historical and other Collections, vol. V), unter dem Titel: „*The Dialogue between the Squire, Proteus, Amphitrite and Thamesis.*" Kalligraphisches Manuscript, nach dem Katalog der Harleiana (I 346) von dem Schreibmeister Peter Beales, nach Nicolas *(The Poetical Rhapsody ... London 1826, p. 363 ff.)* von Francis Davison selbst geschrieben. Eine Hymne, welche in dem gleich zu nennenden Druck das Spiel einleitet, fehlt

---

[1] „*Gray's Inn with the subordinate Inns: Staple's Inn and Barnard's Inn. Gray's Inn stands upon the site of the manor of Portpoole.*" Encyclopaedia Britannica XIII. Campion, *Works*, ed. Bullen, p. 366: „*Graii, sive magis juvat vetustum Nomen Purpulii.*" Vgl. das Personenverzeichnis einer 1587—1588 in *Gray's Inn* aufgeführten Komödie bei Collier, *Hist. Dram. Poetry* I 260 n: „*Dominus de Purpoole Hatcliff.*"

in der Handschrift, sonst unterscheidet sie sich wenig von der späten Ausgabe.

Gedruckt in *Gesta Grayorum; or, The History of the High and Mighty Prince Henry, Prince of Purpoole ... Who reigned and died A. D. 1594. Together with A Masque, As it was presented ... for the Entertainment of Q. Elizabeth ... London, W. Canning, 1688.* Neudruck der *Gesta Grayorum* in *The Progresses ... of Queen Elisabeth ... By John Nichols. London 1788.* Vol. II. — 2. Auflage der *Progresses*, London 1823, vol. III 262 ff. (Die *Masque of Proteus*, p. 309 ff.)

„*The Dialogue between the Squire*" etc. nach Ms. Harl. 541 auch veröffentlicht in: *The Poetical Rhapsody: to which are added, several other pieces, by Francis Davison ... By N. H. Nicolas. London 1826*, p. 363 ff.

Aufführung: 3. März 1595.

Chronologie: *Gesta Grayorum* (ed. Nichols 1788), p. 39: „*about Shrovetide ... I intend to repair to her Majesty's Court*" (Brief des Henry Prince of Purpoole vom 1. Februar 1594—1595). — Ebd. p. 40: „*till Shrovetide, that they went to the Court.*" — Ebd. p. 49: „*... the gentlemen should be invited on the next day ... Thus, on Shrove Tuesday, at the Court, were our sports and revels ended.*" Der Tag vorher war also Montag, der 3. März 1595.

Verfasser: In Francis Davisons bekannter Anthologie *A Poetical Rhapsodie* (1602; ed. Collier 1867, p. 50) findet sich ein Gedicht „*Vpon presenting her* (his first Love) *with the speech of Grayes-Inne Maske, at the Court 1594, consisting of three partes, The Story of Proteus Transformations, the wonders of the Adamantine Rocke, and a speech to her Maiestie.*" Die Verse sind Eigenthum des Sammlers der *Poetical Rhapsody*, welcher 1593 Mitglied des Gray's Inn wurde und 1594—1595 unter dem Gefolge des Prince of Purpoole erscheint. (*Gesta Grayorum*, ed. Nichols 1788, pp. 6, 34.)

In derselben Blütenlese Davisons (ed. Collier 1867, p. 177) steht die *Hymn in praise of Neptune*, mit welcher die Maske vom Proteus eingeleitet wurde. Sie ist unterzeichnet „*Thomas Campion*", und eine Anmerkung besagt: „*This Hymne was sung by Amphitryte Thamesis, and other Sea-Nimphes in Grayes-Inne Maske, at the Court. 1594.*" (Vgl. *The Works of Dr. Thomas Campion*, ed. Bullen, London 1889, Introd. VII und p. 396.) Campion wurde 1586 Mitglied von Gray's Inn, und ein von seinen Biographen übersehener handschriftlicher Theaterzettel aus dem Jahre 1588 (bei Collier I 260n) führt seinen Namen unter andern Studenten dieses Collegiums auf. Doch wendete er sich bald darauf der Medicin zu. Der Schlussgesang wird wohl demselben Dichter gehören, da Davison in dem erwähnten *Sonnet to his First Love* ihn nicht für sich in Anspruch nimmt. (\*\*)

## 1604.

3. [*Samuel Daniel.*] *The True Description of a Royal Masque presented at Hampton Court, upon Sunday Night, being the eighth of January 1603 ... London, Edward Allde ... 1604.*

Anonyme Raubausgabe: vgl. Daniels Vorrede zur zweiten Ausgabe, welche unter folgendem Titel erschien:

*The Vision of the Twelve Goddesses, presented in a Maske, the eight of January, at Hampton Court..., by Samuel Daniel. London, T. C. for Simon Waterson. 1604. 8º.*

Manuscripte: J. P. Collier will eine Handschrift gesehen haben. *(Hist. Dram. Poetry I 347.)*

Neudrucke: London 1623. (Mit „*The Queenes Arcadia*" etc.) — Nichols, *Progr. James* I 805 ff., * 811. — Evans, *English Masques* 1 ff.

Aufführung: 8. Jänner 1604.

Chronologie: Datum im Titel; vgl. die Briefe Sir Thomas Edmonds' und des Earl of Worcester an den Earl of Shrewsbury vom 23. December 1603, beziehungsweise vom 2. Februar 1604 (Nichols, *Progr. James* I 301, 317).

## 1605.

4. *[The Masque of Blackness.] The Characters of Two royall Masques. The one of Blacknesse, The other of Beavtie, personated By the most magnificent of Queenes Anne... With her honorable Ladyes, 1605. and 1608. at Whitehall: and Inuented by Ben: Jonson. Imprinted at London for Thomas Thorp.* s. a. 4º.

Manuscript: Brit. Mus., Manuscr. Royal 17. B. XXXI. Theilweise Autogramm. Gedruckt für die Shakespeare Society *(Inigo Jones. A Life... and Five Court Masques....* London 1848, pp. 99 bis 107). Ziemlich abweichend von der Quarto.

Neudrucke: *The Works of Ben Jonson... By W. Gifford.* Vol. VII 3 ff. — Nichols, *Progr. James* I 479 ff. — *Masques... by Ben Jonson,* ed. Morley, p. 35 ff.

Aufführung: 6. Jänner 1605.

Chronologie: *Extracts from the Accounts of the Revels at Court,* ed. Cunningham, p. 204. — Winwoods *State Papers,* Dec. 18, 1604. Vol. II, p. 41. — Sir Thomas Edmonds an den Earl of Shrewsbury, Dec. 5, 1604 bei Lodge, *Illustrations of British History* III 250.

## 1606.

5. *Hymenaei: or The Solemnities of Masque, and Barriers, Magnificently performed on the eleventh, and twelfth Nights, from Christmas; At Court: To the auspicious celebrating of the Marriage-vnion, betweene Robert, Earle of Essex, and the Lady Frances, second Daughter to the most noble Earle of Suffolke. By Ben: Jonson. At London, V. Sims, 1606.* 4º.

Neudrucke: *The Works of Ben Jonson... By W. Gifford.* Vol. VII 45 ff. — Nichols, *Progr. James* II 1 ff. — *Masques... by Ben Jonson,* ed. Morley, p. 58 ff.

Aufführung: 5. Jänner 1606.

Chronologie: Brief Mr. John Porys an Sir Rob. Cotton (Ms. Cotton, Jul. C. III, fol. 301), datiert „January 1605—1606" bei Gifford I, pag. LXXXVIII.

## 1607.

6. *The Discription of a Maske, Presented before the Kinges Maiestie at White-Hall, on Twelfth Night last, in honour of the Lord Hayes, and his Bride* ... *Inuented and set forth by Thomas Campion* ... *London* ... *Iohn Windet* ... *1607. 4°.*

Neudrucke: Nichols, *Progr. James* II 105 ff. — *The Works of Dr. Thomas Campion.* Edited by A. H. Bullen. London 1889, p. 145 ff.

Aufführung: 6. Jänner 1607.

7. *[John Marston.] The Masque presented by four knights and four Gentlemen at the right noble Earle of Huntingdon's howse of Ashebie in honour of his Ladies moste worthie mothers arryvall, Alyce Countesse Dowager of Darbye.*

Enthalten in: *The ... Lorde and Lady of Huntingdons Entertainement of theire right Noble Mother Alice: Countesse Dowager of Darby the firste nighte of her honors arrivall att the house of Ashby.* (Die Widmung unterzeichnet: John Marston.)

Manuscripte: I. Bridgewater Ms. im Besitze des Duke of Bridgewater, später des Marquis of Stafford. Auszüge aus dieser Handschrift in Todds Milton-Ausgabe *(The Poetical Works of John Milton.* London 1801. Vol. V, p. 149 ff.). Nach Todd wieder abgedruckt bei Nichols, *Progr. James* II 145 ff., und J. O. Halliwell, *The Works of Marston,* London 1856. Vol. III, pp. 311 ff. Vollständig abgedruckt in: 1. *The Poems of John Marston.* Edited ... by A. B. Grosart. Manchester 1879, pp. 227 ff. (= Occasional Issues of Unique or very Rare Books. Vol. XI). 2. *The Works of John Marston.* Edited by A. H. Bullen. London 1887. Vol. III, pp. 383 ff. — II. Das *Entertainment* theilweise auch in Ms. Sloane 848, pp. 8 ff. (Nur die Rede der Zauberin aus dem *Entertainment.*) Beginn: „Woman, Lady, Princes, Nymphe or goddesse" ... Ende: „She whome to praise I neede her eloquence."

Aufführung: August 1607.

## 1608.

8. *[Ben Jonson, Masque of Beauty.]* Erste Ausgabe (zusammen mit der *Masque of Blackness*): siehe oben, Nr. 4.

Neudrucke: *The Works of Ben Jonson* ... By W. Gifford. Vol. VII, p. 23 ff. — Nichols, *Progr. James* II 164 ff. — *Masques* ... *by Ben Jonson,* ed. Morley, p. 46 ff.

Aufführung: 10. Jänner 1608.

Chronologie: Ursprünglich geplant für den Dreikönigstag 1608, dann verschoben auf den nächsten Sonntag: Jonson in der Quarto und Briefe Chamberlains vom 5. und 8. Jänner 1608 bei Nichols, *Progr. James* II 162 *(Calendar of State Papers, Domestic, 1603—1610, p. 394)*. R. Whyte an den Grafen Shrewsbury (ddo. 26. und 29. Jänner 1608), bei Nichols, *Progr. James* II 175.

9. *The Description of the Masque. With the Nvptiall Songs. Celebrating the happy Marriage of Iohn, Lord Ramsey, Viscount Hadington, with the Lady Elizabeth Ratcliffe . . . Devised by Ben: Jonson.* s. l., s. i. n., s. a. 4°.

Neudrucke: *The Works of Ben Jonson . . . By W. Gifford.* Vol. VII 93 („*The Hue and Cry after Cupid*"). — Nichols, *Progr. James* II 176 ff. — *Masques . . . by Ben Jonson*, ed. Morley, p. 88 ff.

Aufführung: 9. Februar 1608.

Chronologie: Briefe Rowland Whytes vom 26. und 29. Jänner 1608 (Nichols, *Progr. James* II 175); Chamberlains Bericht vom 11. Februar 1608 (ebd. 189).

## 1609.

10. *The Masqve of Qveenes Celebrated From the House of Fame: By . . . Anne Queene of Great Britaine, &c. With her Honourable Ladies. At White Hall . . . Written by Ben: Jonson.* London, N. Okes, 1609. 4°.

Manuscript: Brit. Mus., Ms. Royal 18. A. XLV. Autogramm. Gedruckt für die Shakespeare Society *(Inigo Jones. A Life . . . and Five Court Masques. . . .* London 1848, pp. 63—98).

Neudrucke: *The Works of Ben Jonson . . . By W. Gifford.* Vol. VII 113 ff. — Nichols, *Progr. James* II 215 ff. — *Masques . . . by Ben Jonson*, ed. Morley, p. 101 ff.

Aufführung: 2. Februar 1609.

Chronologie: Datum im Titel der Folio von 1616; vgl. Chamberlain ddo. 10. December 1608: „*The Masque at Court is put off till Candlemas*" (Nichols, *Progr. James* II 214).

## 1610.

11. *Tethys Festival: or The Qveenes Wake. Celebrated at Whitehall . . . Devised by Samvel Daniel . . . London, Iohn Budge, 1610.* (Erschien zusammen mit *The Order and Solemnitie of the Creation of the High and mightie Prince Henrie . . . Whereunto is annexed the Royall Maske, presented by the Queene and her Ladies . . . [London]. John Budge, 1610.* 4°.)

Neudrucke: Nichols, *Progr. James* II 346 ff. — *The Complete Works of Samuel Daniel.* Ed. by A. B. Grosart. 1883—1896. Vol. III 309.

Aufführung: 5. Juni 1610.

Chronologie: Datum im Titel; vgl. auch einen Brief John Finetts in Winwoods *Memorials* III 179 (von Gifford VII 193 ff. fälschlich auf *The Masque of Oberon* bezogen!).

## 1610—1611.

12. *A Masqve of Her Maiesties. Love freed from Ignorance and Folly.* (Zuerst in: *The Workes of Beniamin Jonson.* London, Stansby, 1616, fol. pag. 984.)[1]).

Neudrucke: *The Works of Ben Jonson.* By W. Gifford. Vol. VII 197 ff. — Nichols, *Progr. James* II 388 ff. — *Masques ... by Ben Jonson,* ed. Morley, p. 156 ff.

Aufführung: Weihnachten 1610—1611.

Chronologie: Brief John Mores an Sir Ralph Winwood vom 15. December 1610 bei Nichols, *Progr. James* II 372; Rechnung über die Auslagen bei Cunningham, *Inigo Jones. A Life of the Architect,* p. 10 f.; Anspielung auf die Entdeckungen Galileis (im *Nuntius siderus,* Juli 1610): „*the new world in the moon*" (Gifford VII 204).

## 1611.

13. *Oberon, the Faery Prince. A Masqve of Prince Henries.* (Zuerst in: *The Workes of Beniamin Jonson.* London, Stansby, 1616, fol. pag. 975.)

Neudrucke: *The Works of Ben Jonson.* By W. Gifford. Vol. VII 179 ff. — Nichols, *Progr. James* II 376 ff. — *Masques ... by Ben Jonson,* ed. Morley, p. 143 ff.

Aufführung: 1. Jänner 1611.

Chronologie: Brief John Mores an Sir Ralph Winwood, 15. December 1610 (Nichols, *Progr. James* II 372); Howes in der Fortsetzung von Stowes *Annales,* p. 999; Rechnung über die Auslagen David Murrays bei Cunningham, *Extracts from the Accounts of Revels,* p. VIII und in desselben Verfassers *Inigo Jones. A Life,* p. 13. Fleay (*A Biographical Chronicle of the English Drama* II 5) hat alles in Verwirrung gebracht, da er mit Gifford (s. o.) den Bericht John Finnetts über *Thetys' Festivall* auf diese Maske bezieht.

## 1612 (?).

14. *The Masque of the Twelve Months.*

Manuscript: Einst im Besitze J. P. Colliers. Gedruckt in: *Inigo Jones. A Life ... And five Court Masques;* edited ... by J. Payne Collier. London, Shakespeare Society, 1848, p. 131—142.

---

[1]) Die hier zuerst veröffentlichten Masken wurden am 20. Jänner 1615 in das *Stationers' Register* eingetragen als: *Certayne Masques at the Court neuer yet printed: written by Ben Johnson. Licensed to William Stansby.*

Die Handschrift ist in arge Unordnung gerathen: die Scene zwischen *Madge Howlet* und *Piggwiggen* (p. 137—140 „*Pigg. Agreed.*") ist die Einleitung der ganzen Maske. Daran schließt sich die scenische Weisung (p. 131) „*the twelve Spheres descend*" u. s. w. (vgl. p. 140 „*the seane opens, and the twelve Spheres descend*"). Die Rede *Bewties*, p. 140: „*Nowe Somnus, open*", gehört zu p. 137: „*At end wherof, Bewty speaks.*" Die Lieder (p. 140 ff.) sind folgendermaßen zu vertheilen: 1. *Song:* p. 131; 2 *Song:* p. 136; 3. *Song:* p. 137; 4. *Song:* p. 137; *Song* p. 142 ist der Schlussgesang des *Somnus* (vgl. p. 140: „*Somnus ... sings the last song*").

Aufführung: 1. Jänner 1612?.

Chronologie: Die Handschrift ist undatiert. Doch wurde die Maske gewiss vor Jakob I. aufgeführt, wie verschiedene Bücklinge vor dem *rex pacificus* („*charming all warre from his milde monarchie*", p. 136) und dem „britischen Apollo" (p. 141) beweisen. In der Anrufung des Mondes („*O Cynthia! If ever a deformed witch could drawe The dreadfull brightnes from thie duskie throne*", p. 134) sehe ich eine Reminiscenz an die *Masque of Queens*, 1609 (Jonson, ed. Gifford, VII 134). „*Our fairy king*" (p. 137) ist wohl Prinz Heinrich, der am 1. Jänner 1611 in der *Masque of Oberon* als „*fairy Prince*" aufgetreten war. Da nun der Prinz am 6. November 1612 starb und das vorliegende Spiel unzweifelhaft eine Neujahrsmaske war (*the heart of the yeare* [p. 132], *in prime of this newe yeare* [p. 135], *make this winter nighte Our Bewties Spring* [p. 141] u. s. w.), so dürfte die *Masque of the Twelve Months* am 1. Jänner 1612 aufgeführt worden sein.

Fleay (II 343) wirft in seiner sattsam bekannten Manier gleich zwei Daten hin (April 1610 und 1. Mai 1611), ohne uns den flüchtigsten Einblick in seine Gedankenwerkstätte zu gönnen. Auch Evans in seinem Verzeichnis der Maskenspiele versetzt dieses Stück in das Jahr 1611.

## 1612.

15. *Love restored. In a Masque at Court, by Gentlemen the Kings Seruants.* (Zuerst in: *The Workes of Beniamin Jonson.* London, Stansby, 1616, fol. pag. 989.)

Neudrucke: *The Works of Ben Jonson.* By W. Gifford. Vol. VII 211 ff. — Nichols, *Progr. James* II 397 ff. — *Masques ... by Ben Jonson.* Ed. Morley, p. 166 ff.

Aufführung: 6. Jänner 1612.

Chronologie: Über das Datum dieser Maske sind die verschiedensten Vermuthungen aufgestellt worden. Nichols (*Progr. James* II 372, 397) beruft sich auf einen Brief John Mores an Sir Ralph Winwood (15. December 1610). Der Lord Schatzmeister, so heißt es dort, wird seine liebe Noth haben, für die Kosten der drei zur Weihnacht geplanten Masken aufzukommen. Eine derselben sollte vom Prinzen Heinrich, die beiden andern von der Königin aufgeführt werden. Die erstgenannte ist die *Masque of Oberon*. Die eine Maske der Königin erkennen wir wieder in *Love Freed From Ignorance and*

*Folly*; die zweite dürfte eben mit Rücksicht auf die bedrängte finanzielle Lage des Hofes ausgefallen sein, wie denn auch in einem officiellen Zahlungsauftrag nur von je einer Maske der Königin und des Prinzen die Rede ist *(Calendar of State Papers, Domestic,* 1608 bis 1610, p. 646). Gewiss können wir nicht mit Nichols *Love Restored* als die zweite Maske der Königin erklären; denn die Maskierten waren nach dem obigen Titel Herren des Hofstaates. Ferner scheint der Inhalt des Stückes bereits auf Überwindung der finanziellen Schwierigkeiten hinzudeuten. Auch die von Nichols aus der Erwähnung einer Bärenhatz (Gifford VII 216) gewonnene Zeitbestimmung ist hinfällig, da Fleay *(A Biographical Chronicle of the English Drama,* London 1891, vol. II 9) mit Recht aufmerksam macht, dass der Bär doch nicht in einer Maske, sondern im Tower gehetzt wurde.

Fleays eigene Chronologie ist freilich noch viel unwahrscheinlicher, ja die Willkürlichkeit und Ungereimtheit seiner Ansätze kennt einfach keine Grenzen, und seine Bemerkungen zu diesem Stücke wie zu vielen andern lesen sich wie die Fieberphantasien eines überreizten Gehirns. Zunächst soll der *Plutus* in dieser Maske eine Nachahmung derselben Gestalt in Chapmans Festspiel sein; dann wäre *Love Restored* wieder zu derselben Gelegenheit gedichtet worden, wie Chapmans Werk; gleich darauf ist das wahrscheinliche Datum „bald nach dem 1. Jänner 1614" und nach Vol. I 323 soll das Spiel zu Weihnachten 1613 aufgeführt worden sein. Um dieses Gebäude von gänzlich haltlosen Vermuthungen zu krönen, wird eine Wiederholung des Stückes in der *Merchant Taylors' Hall* am 4. Jänner 1614 einfach aus der Luft gegriffen. Aus „*invention and translation*" (Gifford VII 218) soll folgen, dass Jonson selbst die Rolle des *Robin Goodfellow* spielte. Zum Glück hebt ein Unsinn bei Fleay immer den andern auf, so dass wir ihn nicht zu widerlegen brauchen.

Die Reden *Robin Goodfellows* sind voll von Anspielungen auf kleine Ereignisse des Hoflebens, die nur leider meist nicht mehr zu deuten sind. Die Erwähnung eines Abenteuers des drolligen Kauzes und phantastischen Reisenden Coryat, dessen Reisebeschreibung „*Crudities*", von Jonson und vielen andern Schriftstellern mit ironischen Lobversen einbegleitet, am 7. Juni 1611 in das *Stationers' Register* eingetragen wurde, erlaubt uns zunächst, die Entstehung der Maske nach diesem Datum anzusetzen.

Ein anderer in *Love Restored* erwähnter Vorfall, welchen Fleay gern deuten möchte und endlich in seiner wahnwitzigen Weise ohne jede Quellenangabe zu Weihnachten 1612—1613 geschehen lässt, wird uns über das Datum des Stückes Gewissheit verschaffen. *Robin Goodfellow* erzählt von seinen Versuchen, Einlass in die Halle zu erlangen; unter andern nimmt er die Gestalt einer Bürgersfrau an und sieht sich sogleich den sehr handgreiflichen Vertraulichkeiten der Dienerschaft ausgesetzt: „*one of the black-guard had his hand in my vestry, and was groping of me as nimbly as the Christmas cut-purse*" (Gifford VII 217). In der Voraussetzung, dass der oft erwähnte Neuigkeitskrämer John Chamberlain ein solches Ereignis wie die Festnahme eines Taschendiebes bei Hofe nicht unbeachtet vorübergehen lassen konnte, sah ich seine zahlreichen Briefe aus dem Jahre 1611 durch und hatte wirklich die Genugthuung, den Meister Langfinger in einem Bericht des geschwätzigen *novellante* vom 31. December 1611 wiederzufinden. Der Spitzbube hatte die königliche Kapelle zum Schauplatz seiner Thaten gewählt und musste dieses Streben nach höheren Zielen mit seinem armseligen Leben büßen. *(Calendar of State Papers, Domestic,* 1611—1618, p. 104.) Jonson kam noch später auf diesen Vorfall zurück in einem Liede des Bänkelsängers Nightingale *(Bartholomew Fair* III 1; Gifford IV 454).

Die Folio, in welcher *Love Restored* zum erstenmal erscheint, befolgt in den Masken chronologische Anordnung und stellt unser Stück zwischen *Love Freed from Ignorance and Folly* (Weihnachten 1610—1611) und *A Challenge at Tilt* (27. December 1613). Aus der Zeit zwischen diesen beiden Aufführungen waren bisher keine Masken bekannt. Nun finde ich in den Rechnungsbüchern des *Master of the Revels* (Cunningham, *Extracts from the Accounts of the Revels at Court,* p. 211) unter dem 6. Jänner 1612 folgenden Eintrag:

„*Twelfe night The princes Mask performed by Gentelmen of his High —*"

Sogleich erinnern wir uns, dass *Love Restored* nach dem Zeugnis der Folio aufgeführt wurde von „*Gentlemen, the King's servants*", und es liegt gewiss nahe, trotz der kleinen Discrepanz in den beiden Nachrichten den Eintrag in den Rechnungsbüchern auf dasselbe Stück zu beziehen. Einmal konnte sich der Schreiber der Rechnung leicht irren und statt „*of his Majestie*" eintragen „*of his Highness*". Mitten in diesem Wort scheinen ihm Zweifel über die Richtigkeit seiner Notiz aufgestiegen zu sein, und er schreibt es nicht aus. Auch dass die Folio einen Irrthum begieng und hier „*the King's servants*" für „*the Prince's servants*" schrieb, ist durchaus nicht ausgeschlossen. Fleay, ein Tollhäusler, der in seinen lichten Augenblicken heller sieht als mancher normale Forscher, hat darauf hingewiesen, dass nach *Love Freed* Jonson die genaue Durchsicht seiner Werke für den Druck von 1616 aufgab: die gelehrten und erläuternden Noten hören auf, und arge Druckfehler bleiben stehen, so gleich in unserer Maske das unverständliche *and make a case : uses* (ich vermuthe dafür *and make use of a case;* vgl. Gifford VII 216, VIII 197). Verwechslungen zwischen den Gentlemen des Königs und des Prinzen lagen ja nahe, und derselbe Widerspruch wie oben besteht zwischen dem Titel der *Irish Masque* in der Folio und der Nachricht Howes' über diese Aufführung (Fortsetzung Stowes, p. 1005; bei Nichols, *Progr. James* II 718). Endlich ist es nicht unmöglich, dass mit *his Highness* der König bezeichnet wurde (vgl. Nichols, *Progr. James* I 492, 493; Cunningham, *Extracts,* p. XIX), obwohl ich zugebe, dass der Prinz wohl eher mit den Herren seines eigenen Gefolges Masken aufgeführt haben dürfte.

Auf welcher Seite auch der Irrthum liegen mag, jedenfalls halte ich mich für berechtigt, in der für Dreikönig 1612 bezeugten Aufführung die vielumstrittene Maske *Love Restored* zu erblicken.

## 1613.

**16—17.** *A Relation Of The Late Royall Entertainment Given By The Right Honorable The Lord Knowles, At Cawsome-House neere Redding: to our most Gracious Queene... Anne... ...Whereunto is annexed the Description... of the Lords Maske,... on the Mariage night of the... Covnt Palatine, and the... Ladie Elizabeth. Written by Thomas Campion. London, Iohn Budge, 1613. 4°.*

Neudrucke: *The Works of Dr. Thomas Campion.* Edited by A. H. Bullen. London 1889, p. 178 ff. — Nichols, *Progr. James* II 630 ff.; 554 ff.

Aufführung: a) *The Entertainment*: 27. April 1613; b) *The Lords' Maske*: 14. Februar 1613.

Chronologie: a) *The Entertainment*: Datum im Titel; vgl. auch einen Brief Chamberlains an Sir Ralph Winwood (6. Mai 1613), citiert bei Nichols II 628 f. — b) *The Lords' Maske*: Datum aus dem Titel. Brief Chamberlains in Winwoods *Memorials* III 435.

**18.** *The Memorable Maske of the two Honorable Houses or Inns of Court; the Middle Temple, and Lyncolns Inne. As it was performd... At the Princely celebration of the most Royall Nuptialls of the Palsgraue, and... Princesse Elizabeth... Inuented, and fashioned,... By... Innigo Jones. Supplied, Aplied, Digested, and written, By Geo: Chapman. London, G. Eld for George Norton. s. a. 4°.* (Ein zweiter, nur ganz unwesentlich abweichender Druck: *London, F. K. for George Norton. s. a. 4°.*)

Neudrucke: Nichols, *Progr. James* II 566 ff. — *The Comedies and Tragedies of George Chapman now first collected.* London 1873. Vol. III 87 ff.

Aufführung: 15. Februar 1613.

Chronologie: Datum im Titel; Brief Chamberlains an Sir Dudley Carleton vom 18. Februar 1613 bei Nichols, *Progr. James* II 588.

**19.** *[Francis Beaumont.] The Masqve of the Inner Temple and Grayes Inne: Grayes Inne and the Inner Temple, presented before... the Prince, Count Palatine and the Lady Elizabeth... London, F. K. for George Norton. s. a. 4°.*

Neudrucke: *The Works of Beaumont and Fletcher...* By Alexander Dyce. London 1843—1846. Vol. II 451 ff. — Nichols, *Progr. James* II 591 ff. — *English Masques...* By H. A. Evans. London 1897, p. 88 ff.

Aufführung: 20. Februar 1613.

Chronologie: Datum im Titel. Ursprünglich geplant für Dienstag den 16. Februar, dann verschoben auf Samstag den 20. d. M.:

Briefe Chamberlains an Carleton vom 18. Februar (Nichols, *Progr. James* II 589), an Winwood vom 23. d. M. (ebd. p. 601) und an Carleton vom 25. Februar (ebd. p. 602).

20. *The description of a Maske: presented... At the Mariage of the Right Honourable the Earle of Somerset: And the right noble the Lady Frances Howard. Written by Thomas Campion... London, E. A. for Laurence Lisle, 1614. 4°.*
Die sogenannte „Squires' Masque".

Neudrucke: Nichols, *Progr. James* II 707 ff. — *The Works of Dr. Thomas Campion.* Edited by A. H. Bullen. London 1889, p. 211 ff.

Aufführung: 26. December 1613.

Chronologie: Datum aus dem Titel („*on Saint Stephens night last*"). Briefe Chamberlains vom 25. November 1613 (Nichols, *Progr. James* II 704) und vom 30. December d. J. (ebd. 725). Howes in der Fortsetzung von Stowes *Annales* unter dem Jahre 1613.

21. *The Irish Masqve at Covrt, by Gentlemen, the Kings Servants.* (Zuerst in: *The Workes of Beniamin Jonson.* London, Stansby, 1616, fol. pag. 1000.)

Neudrucke: *The Works of Ben Jonson.* By W. Gifford. Vol. VII 285 ff. — Nichols, *Progr. James* II 719 ff. — *Masques... by Ben Jonson,* ed. Morley, p. 181 ff.

Aufführungen: 29. December 1613 und 3. Jänner 1614.

Chronologie: Das Datum der ersten Aufführung steht fest: vgl. Howes (Stowes *Annales* 1615, p. 1005); Chamberlain an Alice Carleton, ddo. 30. December 1613 (Nichols, *Progr. James* II 725). Die Wiederholung fand am 3., nicht, wie bisher angenommen, am 10. Jänner statt, Howes a. a. O.: „*to performe it againe uppon the Monday following*"; in dem Berichte Chamberlains vom 5. Jänner 1614, wie er bei Nichols II 733 steht, ist „*they are appointed to perform it again on Monday*" fehlerhaft abgedruckt für „*they were appointed*" u. s. w., wie richtig zu lesen in *The Court and Times of James the First... Letters... Transcribed... by Thomas Birch.* London 1849. Vol. I 287.

# 1614.

22. *The Maske of Flowers. Presented By the Gentlemen of Graies-Inne... vpon Twelfe night, 1613. Being the last of the Solemnities and Magnificences which were performed at the marriage of the... Earle of Somerset... London, N(icholas) O(kes), 1614. 4°.*

Neudrucke: Nichols, *Progr. James* II 735 ff. — *English Masques ... by H. A. Evans,* p. 100 ff.

Aufführungen: 6. Jänner 1614; 7. Juli 1887.

Chronologie: Datum aus dem Titel. Vgl. noch die Briefe Chamberlains vom 9. December 1613 (Bacons Antheil) und vom 5. Jänner 1614 (Nichols, *Progr. James* II 705, 734).

Über die interessante Wiederbelebung der Maske am 7. Juli 1887 (Bearbeitung von A. W. à Beckett) vgl. *Academy* 1887 (XXXII 81); *Athenaeum* 1887 II 95; *Saturday Review* LXIV 78. Die Verfasser sind wohl die drei Unterzeichner der Vorrede: *J. G., W. D., T. B.* Ihre Namen wären vielleicht aus der Handschrift Harl. 1912 *(Admittances to Gray's Inn)* zu ermitteln.

## 1615.

23. *Mercvrie vindicated from the Alchemists. At Covrt By Gentlemen the Kings Servants.* (Zuerst in: *The Workes of Beniamin Jonson.* London, Stansby, 1616, fol. pag. 1004.)

Neudrucke: *The Works of Ben Jonson.* By W. Gifford. Vol. VII 245 ff. — Nichols, *Progr. James* III 80 ff. — *Masques ... by Ben Jonson,* ed. Morley, p. 187 ff.

Aufführungen: 6. und 8. Jänner 1615.

Chronologie: Gifford lässt diese Maske noch undatiert. Nichols hat im Hinblick auf die Reihenfolge der Masken in der ersten Folio (1616) die Nachrichten in den Briefen Chamberlains vom 5. und 12. Jänner 1615 auf das vorliegende Stück bezogen *(Progr. James* III 27, 88; vgl. *Calendar of State Papers, Domestic,* 1611—1618, p. 269), wie ich glaube, mit vollem Recht. Denn bisher fanden wir noch immer die chronologische Anordnung der Masken in dieser Ausgabe durch andere Zeugnisse bestätigt.

Vielleicht darf man die satirische Erwähnung des „*master of the duel, a carrier of the differences*" (Gifford VII 254) mit einigen um diese Weihnachtszeit vorgefallenen Streitigkeiten zwischen Hofleuten in Verbindung bringen, über welche Carleton einen Bericht aus der emsigen Feder Chamberlains erhielt *(The Court and Times of James the First* I 357). Am Hofe des *rex pacificus* war ja die Austragung eines Streites mit Waffen in der Hand strengstens verpönt.

24. *The Inner Temple Masque. presented by the gentlemen there. Written by W(illiam) Browne.*

Handschrift im Emmanuel College, Cambridge.

Gedruckt in: *The Whole Works of William Browne ...* Edited ... by W. Carew Hazlitt. London, Roxburghe Library, 1868. Vol. II 239 ff.

Aufführung: 13. Jänner 1615.

Chronologie: Das Datum im Titel des Manuscripts lautet: Jan. 13. 1614, also wohl 1615 neuen Stils. So auch bei F. W. Moorman, *William Browne.* Straßburg 1897, p. 9 (Quellen und Forschungen LXXXI). Fleays Vermuthungen (I 42) werden damit hinfällig.

## 1616.

25. *The Golden Age restor'd. In a Maske at Court, 1615. by the Lords, and Gentlemen, the Kings seruants.* (Zuerst in: *The Workes of Beniamin Jonson.* London, Stansby, 1616, fol. pag. 1010.)

Neudrucke: *The Works of Ben Jonson.* By W. Gifford. Vol. VII 259 ff. — Nichols, *Progr. James* III 124 ff. — *Masques ... by Ben Jonson,* ed. Morley, p. 194 ff.

Aufführungen: 1. und 6. Jänner 1616.

Chronologie: Die letzte Maske in der Folioausgabe von 1616. Das Datum im Titel; 1615 bedeutet 1616 neuen Stils. Vgl. auch Finnetts *Philoxenis*, p. 31. Deutliche Anspielungen auf die im October 1615 ans Licht gezogene Ermordung Sir Thomas Overburys.

## 1617.

26. *The Vision of Delight, Presented at Covrt in Christmas, 1617.* (Zuerst in: *The Workes of Benjamin Jonson. The second Volume.* London, Meighen, 1640, fol. pag. 16.)

Neudrucke: *The Works of Ben Jonson.* By W. Gifford. Vol. VII 297 ff. — Nichols, *Progr. James* III 457 ff. — *Masques ... by Ben Jonson,* ed. Morley, p. 215 ff.

Aufführungen: 6. und 19. Jänner 1617.

Chronologie: Wir haben keinen Grund, von der Datierung in der Folio abzugehen, da eine Maske für die Weihnachtszeit (d. h. 24. December bis 6. Jänner) 1616—1617 ausdrücklich bezeugt ist. Sie wurde am 19. Jänner wiederholt (Brief Chamberlains an Sir Dudley Carleton vom 18. Jänner 1617 bei Nichols, *Progr. James* III 248. Die Grafen Buckingham und Montgomery tanzen mit der Königin: daher kann diese Notiz nicht mit Nichols auf Jonsons *Masque of Christmas* bezogen werden, in welcher Tänze des Hofes gar nicht vorgesehen sind). Dazu stimmt ganz gut, dass die Rolle des *Delight* „stilo recitativo" gesungen wird, wie eine ganze Maske Jonson-Laniers aus demselben Jahre: *Lovers Made Men.*

27. [Ben Jonson.] *Lovers made Men. A Masque Presented in the Hovse of ... Lord Haye ... For the entertaynment of Monsieur Le Baron De Tovr. 1617.* s. l, s. i. n. 4°.

Neudrucke: *The Works of Ben Jonson.* By W. Gifford. Vol. VII 287 ff. (u. d. T.: *The Masque of Lethe*). — Nichols, *Progr. James* III 247 ff. — *Masques ... by Ben Jonson,* ed. Morley, p. 209 ff.

Aufführung: 22. Februar 1617.

Chronologie: Datum im Titel der Gifford unbekannten Quarto und in der Folioausgabe von 1640. Vgl. Briefe Chamberlains vom 22. Februar und 8. März 1617 in *The Court and Times of James the First*, vol. I 459, 462.

28. *Cupid's Banishment, a Masque presented to her Majesty, by younge Gentlewomen of the Ladies' Hall, in Deptford at Greennwich ... By Robert White.*

Manuscript William Upcotts (früher John Evelyns), gedruckt bei Nichols, *Progr. James* III 283 ff.

Aufführung: 4. Mai 1617.

Chronologie: Datum im Manuscript.

## 1618.

29. *Pleasure reconciled to Vertve. A Masque. As it was presented at Covrt before King Iames. 1619.* (Zuerst in: *The Workes of Benjamin Jonson.* The second Volume. London, Meighen, 1640, fol. pag. 22.)

Neudrucke: *The Works of Ben Jonson.* By W. Gifford. Vol. VII 313 ff. — Nichols, *Progr. James* III 500 ff. — *Masques ... by Ben Jonson,* ed. Morley, p. 222 ff.

Aufführungen: 6. Jänner und 17. Februar 1618.

Chronologie: In dieser Maske trat Prinz Karl, abgesehen von einer kleinen Rolle in *Thetys' Festival* (Finett bei Nichols, *Progr. James* II 360; von Gifford VII 198 fälschlich auf Jonsons *Masque of Oberon* bezogen), zum erstenmal als „Masquer" auf; vgl. „our young master Sarles ... prince of Wales, the first time he ever play dance"; Gifford VII 385. Nun haben wir ausdrückliche Zeugnisse, dass dieses Ereignis im Hofleben am 6. Jänner 1618 eintrat: Finett, *Philoxenis,* p. 48, bei Nichols, *Progr. James* III 456; Brief Chamberlains ebd. 464 *(Calendar of State Papers, Domestic, 1611—1618, p. 512);* Edw. Sherburn an Carleton unter dem 10. Jänner 1618 *(Calendar of State Papers, Domestic Series, 1623—1625, with Addenda;* p. 552). Über die Hinzufügung der Antimaske *For the Honour of Wales:* Chamberlain ddo. 21. Februar 1618 bei Nichols, *Progr. James* III 468; Nath. Brent an Carleton unter demselben Datum *(State Papers* XCVI 24) und Gerrard Herbert einen Tag später an denselben Adressaten *(State Papers* XCVI 27). Vgl. noch die Aufzählung der Maskierten in den Reden der drei Walliser mit dem erwähnten Brief Chamberlains bei Nichols III 464; ferner Orazio Businos *Anglipotrida,* citiert in Harrisons *Description of England,* ed. *Furnivall,* Part II (Book III), p. 56*. London, Shakspere Society, 1878; auch den Brief G. Herberts vom 12. Jänner 1618 *(Calendar of State Papers,* 1611—1618, p. 512). Wir haben also allen Grund, die Datierung der Folio, durch welche sich Gifford und Nichols (*Progr. James* III 499) beirren lassen, endgiltig aufzugeben. Überdies war Jonson zu Anfang 1619 noch in Schottland!

30. *A maske presented on Candlemas nighte at Coleoverton, by the earle of Essex, the lorde Willobie Sr Tho Beaumont Sr Walter Devereux Mr Christopher Denham*

*Mr Walter T　　　　Mrs Ann R.　　　　Mrs An
Burnebye Mrs Susann Burnebye Mrs Elizabeth Beaumont Mrs
Katherine Beaumont Mrs Susann Pilkingetun to Sr William
Semer and the ladie Francis Semer.*

Manuscript: Moderne Abschrift (1808) einer wahrscheinlich von Sir Thomas Beaumont hergestellten Copie; in der Dyce Collection des South Kensington Museums, Manuscript Nr. 86. *(A Catalogue of the printed books and manuscripts bequeathed by Alexander Dyce.* London 1875, vol. I, 6. Vgl. Hazlitt, *Manual for the Collector of Old Plays*, p. 152.) Zum erstenmal gedruckt im Anhang der vorliegenden Untersuchungen.

Aufführung: 2. Februar 1618.

Chronologie: Der Katalog der Dyce-Collection und Hazlitt beschränken sich darauf, eine beiläufige Datierung (1615—1622) wiederzugeben, welche R. H. Beaumont in einem der Handschrift beigebundenen Briefe (ddo. Oxford, 31. August 1808) versucht. Doch lässt sich der Tag der Aufführung leicht ermitteln. Sir William Seymour (Semer) heiratete nach dem Tod seiner ersten Gemahlin, der unglücklichen Arabella Stewart, die Schwester des im Titel der Maske genannten Grafen Essex, Frances Devereux. (April 1617, nicht 1618, wie im *Dictionary of National Biography* zu lesen ist; vgl. *Calendar of State Papers, Domestic*, 1611—1618, p. 515; *The Court and Times of James the First* I 460). Im August 1618 wurde er durch den Tod seines Bruders Lord Beauchamp *(Dict. Nat. Biography;* Nichols, *Progr. James* III 219 n). Somit kann der im Titel erwähnte Lichtmesstag nur der des Jahres 1618 sein. Dazu stimmt, dass Walter Devereux am 2. September 1617 zum Ritter geschlagen wurde (Nichols III 422) und dass Sir Thomas Beaumont, hier noch als einfacher Ritter bezeichnet, am 17. September 1619 den Titel *Baronet* erhielt (G. E. Cokayne, *Complete Peerage*. London 1887).

Verfasser. Ich habe bereits oben (p. 218) meiner Überzeugung Ausdruck gegeben, dass uns in dieser Maske ein Werk Jonsons erhalten ist. Zusammenfassend sei hier nochmals auf die in meiner Ausgabe des Stückes angezogenen Parallelstellen aus Gedichten dieses Meisters, ferner auf die Composition des Spieles verwiesen: die Form mit einer Antimaske wurde fast ausschließlich von Jonson gepflegt (vgl. p. 178). Auch die Verwendung mythologischer Figuren neben Gestalten des Volksglaubens ist nur bei Jonson zu belegen (p. 216 ff.).

Jonson stand ferner zur Familie Beaumont in freundschaftlichen Beziehungen: man lese seine Episteln an Francis und John Beaumont und den Tribut der Verehrung, welchen ihm der Sohn des letztgenannten im *Jonsonus Virbius* zollte (ed. Gifford VIII 181, 335; IX 360). Es ist ferner bekannt, dass der Dichter häufig auf den Landsitzen der Adeligen weilte (Gifford I, p. CXLI).

Ich schmeichle mir indes nicht, die Autorschaft Jonsons nachgewiesen zu haben, und führe daher die Maske weiter unter den anonymen Stücken. (**)

**31. [? *John Marston: The Masque of Grayes Inne; with the Antimasques of Mountebanks.*] Fragment.**

Manuscripte: 1. In der Bibliothek des Duke of Devonshire. Gedruckt *a)* von J. P. Collier in: *Inigo Jones. A Life... And five Court Masques.* London, Shakespeare Society, 1848, p. 111 ff.; *b)* von Bullen nach Colliers Text in *The Works of John Marston.* London 1887, vol. III 417 ff.

2. *The first anti-masque of mountebanks, as it was performed at the court 16 February 1617—1618.* Brit. Mus., Ms. Addit. 5956, f. 74 ff. Zeigt wenig Abweichungen von dem Ms. Devonshire. Nur die scenischen Weisungen sind ausführlicher, ohne indes das Ganze verständlicher zu machen.

3. Eine Handschrift im Besitze John Nichols; gedruckt in *The Progresses... of Queen Elizabeth.* I. Auflage, vol. II, Sig. J 2; II. Auflage, vol. III 332 ff. Bewogen durch einige kleine Übereinstimmungen der Fabel mit der *Maske vom Proteus* (1595) hat Nichols die *Masque of Mountebanks* mit diesem Denkmal in Zusammenhang gebracht. Eine solche flüchtige Ähnlichkeit der beiden Stücke ist in der That vorhanden, begründet durch das Personal: Ritter und Knappen. Die Voraussetzungen der Handlung in den beiden Masken gehen aber weit auseinander: in der *Masque of Proteus* werden die Ritter auf Grund eines Vertrages befreit, hier durch die Macht der Liebe. Dort sind die Knappen (Pygmäen) mit den Rittern im Berg eingeschlossen, hier trauern sie um ihre Herren u. s. w. — Das Manuscript Nichols' ist in arge Unordnung geraten. Der Chorus z. B. in zwölf *heroic verses* (Progr. Eliz.[1], p. 62) gehört deutlich zur *Main Masque* der *„long obscured knights"*. Im Ms. Devonshire stehen diese Verse auch an richtiger Stelle als *Last Song* (p. 130). Die zwei letzten Zeilen der Rede der *Obscurity* (ebd.) liegen wohl den ersten Versen des „Chorus" bei Nichols (p. 62) zugrunde.[1]) Die Worte *„wee will shew you a peece of footemanshipe"* (Nichols, p. 64) gehören hinter das Recept *„For a Rupture"* (p. 65), wo sie das Ms. Devonshire richtig hat (p. 117). Sonst sind die Unterschiede zwischen diesen beiden Handschriften nicht gerade erheblich. Es fehlen bei Nichols folgende Stellen des Ms. Devonshire: *the Muses — expectations* (p. 117); *The universe — passe* (p. 118); *Paradox. But harke — upp* (p. 122). Dagegen fehlt der *Last Songe* (Nichols, p. 74) bei Devonshire. Aus den Paradoxen fehlen bei Devonshire[2]): *Masculine* 10, 11, 16, 21; *Feminine* 2, 3; *Neuter* 1, 5, 8, 10, 11; *Epicene* 8, 9, 14. Sonst noch einige Umstellungen; z. B. *Song* 4 und 3 des *Mountebank*,

---

[1]) Einen köstlichen Fehler in diesen Versen wollen wir doch nicht mit Stillschweigen übergehen, zumal wir mit einer leichten Correctur die ehrenwerte Gesellschaft des *Gray's Inn* vor dem in dieser Lesung gelegenen Vorwurf der „Trunkenheit und gänzlichen Versunkenheit" retten können. Statt *„Yet let us not to much (in) lyccor* (i. e liquor) *delight"* ist natürlich zu lesen: *„lyke our delight"*.

[2]) Vgl. Ms. Additional, fol. 83: *„The following paradoxes were read at Grayes Inn but left out at Court to avoyd tedioussnes."*

Nichols, p. 62—63. In weitaus den meisten Fällen hat Ms. Devonshire die richtige Lesart.

Später ist Nichols zur Einsicht seines durch die Zusammenstellung der *Masque of Proteus* und der *Masque of Mountebanks* begangenen Fehlers gekommen und hat das letztere Stück richtig datiert; vgl. *Progr. James* III 88 n, 466—468.

Alle Handschriften überliefern die *Main Masque* unvollständig.

Aufführungen: 1. In *Gray's Inn* 2. Februar 1618. 2. Bei Hofe 19. Februar 1618.

Chronologie: 1. Die Aufführung in *Gray's Inn*: Datum in einer mir unbekannten, bei Nichols, *Progr. James* III 466 n, erwähnten Handschrift; Brief Chamberlains an Carleton vom 7. Februar 1618 bei Nichols III 467.

2. Die Aufführung bei Hofe: Datum im Ms. Additional 5956 (s. o.); Chamberlain an Carleton ddo. 21. Februar 1618 (Nichols III 468); Nath. Brent an denselben Adressaten, 21. Februar 1618: „*On thursday night the maske of Grayes Inne pleased tolerably wel ... there was in it som wittie ribalderie that made the companie merrie.*" (*State Papers* XCVI, Art. 24.) Gerr. Herbert an Carleton ddo. 22. Februar 1618: „*Grayes Inn maske was ... thursday night ... one called Paradox ... was much comended*" (*State Papers* XCVI, Art. 27).

Verfasser: Collier will auf dem Deckel der Hs. Devonshire den Namen Marstons und im Text Correcturen von seiner Hand gefunden haben (p. XIX). Die Nachricht ist wie jede nicht controlierbare Angabe Colliers mit größter Vorsicht aufzunehmen. Bullen ist von der Autorschaft Marstons keineswegs überzeugt, da Colliers Manuscript verloren zu sein scheint. Vgl. Fleay II 82.

Theile der Antimaske stehen in *Sir Thomas Ouerbury His Wife. With additions of new characters ... The foureteenth Impression*. London 1630. Z. B. „*Paradoxes, as they were spoken in a Maske, and presented before his Maiesty at White-Hall*" (Sig. V 2); „*The Mountebankes Receipts*" (Sig. V 5). In den ersten Auflagen fehlen diese Auszüge. Natürlich erwachsen aus der Aufnahme dieser Bruchstücke für den 1613 verstorbenen Overbury keinerlei Ansprüche auf die Autorschaft derselben.

## 1619.

32. *The Inner-Temple Masqve. Or Masqve of Heroes. Presented ... By Gentlemen of the same Ancient and Noble Hovse. Tho. Middleton.* London, John Browne. 1619. 4°.

Neudruck: *The Works of Thomas Middleton ...* By Alexander Dyce. London 1840. Vol. V 133 ff.

Aufführung: Jänner 1619.

Chronologie: Eintragung in das *Stationers' Register*: „*1619 10 July The Temple Maske. — An 1618*" (= 1619 neuen Stils). Das Weihnachtsfest 1618 fiel auf einen Freitag, worauf *Fasting Day* Bezug nimmt (ed. Dyce, p. 139). Aufgeführt nach Dreikönig (ed. Dyce 141, Z. 21) und vor Lichtmess (p. 144, Z. 1) 1619.

## 1620.

33. *Pans Anniversarie; or, the Shepherds Holy-Day ... As it was presented at Court before King James. 1625. The Inventors, Inigo Iones. Ben: Jonson.* (Zuerst in: *The Workes of Benjamin Jonson.* The second Volume. London, Meighen, 1640, fol. pag. 118.)

Neudrucke: *The Works of Ben Jonson.* By W. Gifford. Vol. VIII 41 ff. — Nichols, *Progr. James* III 987 ff. — *Masques ... by Ben Jonson,* ed. Morley, p. 882 ff.

Aufführung: 19. Juni 1620.

Chronologie: An dem Datum der Folio (1625) haben schon Nichols und Fleay Anstoß genommen. Beide gehen von der unzweifelhaft richtigen Voraussetzung aus, dass die Maske im Sommer (vgl. die einleitende Scene der Blumen streuenden Nymphen) und zur Feier eines Gedenktages aus dem Leben König Jakobs aufgeführt wurde, also zur Wiederkehr des Tages seiner Krönung am 25. Juli oder zum 19. Juni, seinem Geburtstag. Da Jakob am 27. März 1625 starb, kann also das Datum in der Folio nicht richtig sein. Nichols schließt aus der im ganzen eingehaltenen chronologischen Anordnung der Stücke in der Gesammtausgabe auf das Jahr 1624; Fleay entscheidet sich für 1623 (*Biograph. Chronicle* II 14; im Widerspruch zu I 309).

Das richtige Datum bestimme ich mit Hilfe einer in den *Notes and Queries* (Ser. I, vol. XII, p. 485) abgedruckten Rechnung aus dem Jahre 1620: „*For the Princes Masque*" (vgl. Arcas = Prince Charles, Gifford VIII 45). Hier werden Costüme und Requisiten erwähnt für folgende Personen der Antimaske in *Pan's Anniversary*:

*Tooth Drewer, Judgler, Prophet, Clocke Keeper, Clarke, Fencer, Bellowes Mender, Tinker, Mouse Trappman, Cornecutter, Tinderbox Man, Scribe (= Clarke).*

Dass dieses Stück eine Weihnachtsmaske war, wie in den Notes and Queries angenommen wird, geht aus dem Document keineswegs hervor. Es wird nur zum Schluss ein noch unbezahlter Posten über die Auslagen einer Antimaske zu Weihnachten 1620 hinzugefügt. Der für diese ausgeworfene Betrag stimmt nicht zu den Kosten von *Pan's Anniversary.*

Als Tag der Aufführung ist der Geburtstag des Königs zu bezeichnen, welcher am 19. Juni 1620 zu Windsor gefeiert wurde (Nichols III 610). Am 25. Juli d. J., dem Krönungstag, war der König auf einer Bereisung des Landes.

Durch die neue Datierung dieser Maske wird auch die Deutung des Mausefallenhändlers auf Maynard (Fleay II 14) hinfällig. Eine andere Aufführung zu Windsor: siehe *Masque of Gypsies.*

## 1621.

34. *Newes from the New World discover'd in the Moone. A Masque, as it was presented at Covrt before King Iames.*

(Zuerst in: *The Workes of Benjamin Jonson*. The second Volume. London, Meighen, 1640, fol. pag. 39.)

Neudrucke: *The Works of Ben Jonson*. By W. Gifford. Vol. VII 349 ff. — Nichols, *Progr. James* III 636 ff. — *Masques ... by Ben Jonson*, ed. Morley, p. 242 ff.

Aufführungen: 6. Jänner und 11. Februar 1621.

Chronologie: Die Folioausgabe gibt als Datum 1620, i. e. 1621 neuen Stils an. Anspielung auf Jonsons Fußreise nach Schottland (1618 bis 1619). Vgl. John Finett, *Philoxenis*, p. 71, 73 (Nichols, *Progr. James* III 685, 658), und einen Brief Lockes an Carleton, ddo. 7. Jänner 1621 (*Calendar of State Papers, Domestic*, 1619—1623, p. 212).

35. *The Masque of the Gypsies. Written by Ben: Jonson. London, J. Okes, 1640.*

In: *Q. Horatius Flaccus: His Art of Poetry. Englished By Ben: Jonson. With other Workes of the Author, never Printed before. London, J. Okes, 1640.* 12°, pp. 41 ff.

Manuscripte: Eines in der Bibliothek Richard Hebers (Autograph?), von Gifford benützt. Ein anderes, unvollständiges, finde ich unter den *State Papers*, CXXII, Art. 58 (vgl. *Calendar of State Papers, Domestic*, 1619—1623, p. 281).

Neudrucke: *The Works of Ben Jonson*. By W. Gifford. Vol. VII 365 ff. — Nichols, *Progr. James* III 673 ff. — *Masques ... by Ben Jonson*, ed. Morley, p. 253 ff.

Aufführungen: 3. August, 5. August, 9. (?) September 1621.

Chronologie: 1. Aufführung zu Burley on the Hill, 3. August: Brief Chamberlains an Sir Dudley Carleton, ddo. 4. August (Nichols, *Progr. James* III 709). 2. Aufführung zu Belvoir Castle, 5. August: Anspielung auf die Gowry-Verschwörung (5. August 1600) in einigen bei dieser Wiederholung eingeschobenen, kaum von Jonson herrührenden Versen (Gifford VII 417). 3. Aufführung zu Windsor, circa 9. September, mit erheblichen Änderungen; vgl. Nichols, *Progr. James* III 716.

## 1622.

36. *[Ben Jonson.] The Masqve of Avgvres. With the several Antimasques. Presented on Twelfe night. 1621.* s. l., s. i. n., s. a. 4°.

Neudrucke: *The Works of Ben Jonson*. By W. Gifford. Vol. VII 425 ff. — Nichols, *Progr. James* III 736 ff. — *Masques ... by Ben Jonson*, ed. Morley, p. 292 ff.

Aufführungen: 6. Jänner und 6. Mai 1622.

Chronologie: Datum im Titel (1621 = 1622 neuen Stils); bestätigt durch Sir John Finett, *Philoxenis*, p. 91 (Nichols, *Progr. James* III 735). Die Wiederholung bezeugt durch Finett, ebd. 105 (Nichols III 763: „a Maske, acted the Christmas before by the Prince").

## 1623.

37. *Time vindicated to himselfe, and to his Honors. In the presentation at Covrt on Twelfth night. 1623.* (Zuerst in: *The Workes of Benjamin Jonson.* The second Volume, London, Meighen, 1640, fol. pag. 92.)

Neudrucke: *The Works of Ben Jonson.* By W. Gifford. Vol. VIII 1 ff. — Nichols, *Progr. James* III 786 ff. — *Masques ... by Ben Jonson,* ed. Morley, p. 306 ff.

Aufführung: 19. Jänner 1623.

Chronologie: „*The masque is to be on Monday.*" Chamberlain an Carleton am 4. Jänner 1623 (*Calendar of State Papers, Domestic,* 1619—1623, p. 480).

„*Upon Sonday, being the 19th of January (1623) the Princes Masque appointed for Twelfe daye, was performed ... Antemasques were of tumblers and jugglers.*" Sir John Astleys Aufzeichnungen im Dulwich College bei Malone, *History of the English Stage (The Plays and Poems of Shakespeare,* 1821, vol. III 147). George Withers hier verspottete *Abuses Stript and Whipt* (1613) neu aufgelegt in den „*Juvenilia*" (1622).

Vgl. noch Finett bei Nichols, *Progr. James* III 784; Brief Chamberlains vom 25. Jänner (nicht Februar) 1623, ebd. 802 und in *Court and Times of James I.,* vol. II 356.

## 1624.

38. *[Ben Jonson.] Neptvnes Trivmph for the returne of Albion, celebrated in a Masque at the Court on the Twelfth night 1623.* s. l., s. i. n., s. a. 4°.

Neudrucke: *The Works of Ben Jonson.* By W. Gifford. Vol. VIII 21 ff. — Nichols, *Progr. James* III 948 ff. — *Masques ... by Ben Jonson,* ed. Morley, p. 320 ff.

Aufführung: Geplant für den 6. Jänner 1624.

Chronologie: Die Maske ist eine allegorische Feier der Rückkehr Prinz Karls von der Brautschau in Spanien (5. October 1623). Ursprünglich für den 6. Jänner 1624 angesetzt (Brief Chamberlains vom 8. Jänner in *The Court and Times of James I.,* vol. II 445; vgl. *Calendar of State Papers, Domestic,* 1623—1625, p. 145); dann verschoben (Chamberlain vom 17. Jänner, ebd. p. 446; *State Papers,* ebd. p. 149; Sir Henry Herberts *Office Book* bei Malone, *History of the Stage,* p. 227); endlich ganz aufgegeben (Chamberlain, ddo. 8. Jänner 1625: „*a Masque put off ... perhaps altogether, as it was last year*"; *Court and Times of James I.,* vol. II 490).

## 1625.

39. *[Ben Jonson.] The Fortvnate Isles and their Vnion. celebrated in a Masqve design'd for the Court, on the Twelfth night. 1624.* s. l., s. i. n., s. a. 4°.

Neudrucke: *The Works of Ben Jonson.* By W. Gifford. Vol. VIII 63 ff. — Nichols, *Progr. James* III 1012 ff. — *Masques . . . by Ben Jonson*, ed. Morley, p. 346 ff.

Aufführung: 9. Jänner 1625.

Chronologie: In der Folio von 1640 fälschlich mit 1626 datiert. Das richtige Datum im Titel der Quarto (1624 = 1625 n. S.). Anspielung auf die Verlobung Prinz Karls mit Henrietta Maria (November 1624):

„*And sing the present prophesy that goes,
Of joining the bright Lily and the Rose.*"

„*A Maske of the Prince on Twelf-night . . . put off till Sunday the ninth of January.*" Finett, *Philoxenis*, p. 143, bei Nichols, *Progr. James* III 1011. Vgl. noch Herberts *Office Book* bei Malone, *History of the Stage*, p. 228 („*Upon the Sonday night following, being the ninthe of January 1624, the Masque was performd*"), und Chamberlains Brief vom 8. Jänner 1625 (*The Court and Times of James I.*, vol. II 490).

Die *Main Masque* in diesem Spiel ist, wie bereits erwähnt, nur eine Bearbeitung desselben Theiles von *Neptune's Triumph*, und das Verhältnis der beiden Masken zueinander ist klar genug. Trotzdem ist es Fleay gelungen, alles zu verdrehen und zu verdeuten und *Neptune's Triumph* als das spätere Stück zu bezeichnen. Er klammert sich an das „*designed*" im Titel der *Fortunate Isles* und versteht dies als „geplant, doch nicht aufgeführt". Das vorausgehende „*celebrated*" übersieht er natürlich (übersetze: „gefeiert in einer für den Hof erfundenen Maske"). Die Nachricht von der Censierung eines „*new Play called the Masque*" durch Henry Herbert (Chalmers, *Suppl. Apology* bei Collier I 427) gehört in den December 1624, kann sich also nur auf die Weihnachtsmaske des Hofes von 1624/5, *Fortunate Isles*, beziehen, keinesfalls aber auf eine Darstellung dieses angeblich bei Hofe zurückgelegten Stückes im „*Fortune*"-Theater. Der Antheil der „*Palsgrave's Company*" an dieser Aufführung beschränkte sich selbstverständlich auf die Antimaske, in welcher immer professionelle Schauspieler auftraten.

Weiter: die Stelle „*why not this till now*" (*Neptune's Triumph*, Gifford VIII 28) hatte auch schon anfangs 1624, drei Monate nach des Prinzen Rückkehr, einen Sinn. — Eine ganz hervorragende Leistung der Hyperkritik ist Fleays Deutung von *pawn* (Gifford VIII 36, Z. 7) als „Bauer im Schachspiel" (mit Hinblick auf Middletons *Game of Chess!*): das Wort bedeutet weiter gar nichts als „Pfand!" — Die Behauptung, dass die oben angeführten Zeilen der *Fortunate Isles* „*And sing the present prophesy that goes*" u. s. w. in *Neptune's Triumph* ausgelassen wurden, liegt eigentlich schon außerhalb des Bereiches ernster Kritik. Die flüchtigste Vergleichung der beiden Masken muss zeigen, dass das Lied in *Neptune's Triumph* „*Ay, now the pomp of Neptune's Triumph shines*" (Gifford VIII 84) ein Jahr später auf dieselben Melodien (daher genaue Beibehaltung des Versmaßes) umgeschrieben wurde, um die nicht mehr actuellen Anspielungen auf die Rückkehr Karls aus Spanien zu beseitigen, und dass Jonson bei dieser Gelegenheit die sehr zeitgemäße Hindeutung auf die Verlobung des Prinzen mit der französischen Braut einschob. — Es ist wirklich erstaunlich welchen Wust von Unsinn (ich übersetze Fleays Lieblingsausdruck *nonsensical rubbish*, den er so oft auf ganz braver Leute Leistungen anwendet) der Verfasser des *Biographical Chronicle* auf zwei Seiten zusammendrängen kann.

## 1631.

40. *Loves Trivmph throvgh Callipolis. Performed in a Masque at Court 1630. By his Maiestie, with the Lords, and Gentlemen assisting. The Inuentors. Ben. Ionson. Jnigo Iones. London I. N. for Thomas Walkley, 1630. 4⁰.*

Neudrucke: *The Works of Ben Jonson.* By W. Gifford. Vol. VIII 87 ff. — *Masques ... by Ben Jonson,* ed. Morley, p. 861 ff.

Aufführung: 9. Jänner 1631.

Chronologie: Brief John Porys an Sir Thomas Puckering vom 13. Jänner 1631 *(The Court and Times of Charles the First* II 91: „*the same night [Sunday last] the masque was performed at the court with great splendour*"). — Petition, erwähnt in einem Briefe Josef Meads an Sir Martin Stuteville vom 10. Jänner 1631: „*that no more masques should be upon the Lord's day, but on some other days*" (*Court and Times of Charles I.,* vol. II 89).

Auf die Anordnung der Namen der Erfinder im obigen Titel bezieht sich folgende Stelle in einem Briefe Porys an Puckering vom 12. Jänner 1632: „*The last Sunday night the king's masque was acted in the Banqueting House, the queen's being suspended till another time by reason of a soreness which fell into her delicate eyes. The inventor or poet of this masque was Mr. Aurelian Townshend ... Ben Jonson being for this time discarded, by reason of the predominant power of his antagonist, Inigo Jones, who this time twelvemonth was angry with him for putting his own name before his in the title-page, which Ben Jonson made the subject of a bitter satire or two against Inigo.*" (*Court and Times of Charles I.,* vol. II 158 f.)

41. *[Ben Jonson.] Chloridia. Rites to Chloris and her Nymphs. Personated in a Masque, at Court. By the Queenes Maiesty And her Ladies. At Shroue-tide. 1630. London, Thomas Walkley. s. a. 4⁰.*

Neudrucke: *The Works of Ben Jonson.* By W. Gifford. Vol. VIII 99 ff. — *Masques ... by Ben Jonson,* ed. Morley, p. 367 ff.

Aufführung: 22. Februar 1631.

Chronologie: Die Angabe im Titel: „*At Shrouetide. 1630*" ist zusammenzuhalten mit der Nachricht in einem Briefe Sir George Gresleys vom 2. Februar 1631 *(Court and Times of Charles I.,* vol. II 95). — Die Maske ist ein Gegenstück zu der Maske des Königs von 1631, *Loves Triumph through Callipolis,* wie schon die Zahl der Masquers (fünfzehn) beweist. Anspielungen auf dieses Spiel in Jonsons *Expostula-*

*tion with Inigo Jones* (ed. Gifford VIII 117). — Vgl. noch *Calendar of State Papers, Domestic*, 1629—1631, pp. 509, 512 („*on Shrovetuesday*").

## 1632.

42. *[Aurelian Townshend.] Albions Trivmph. Personated in a Maske at Court. By the Kings Maiestie and his Lords. The Sunday after Twelfe Night. 1631. London, Aug: Mathewes, 1631. 4⁰.*

Aus demselben Jahre eine nur wenig abweichende Ausgabe mit demselben Titel; der Name des Verfassers wird am Schlusse genannt und die falsche Seitenzählung berichtigt.

Aufführung: 8. Jänner 1632.

Chronologie: Datum aus dem Titel. Vgl. den zur Datierung von *Love's Triumph through Callipolis* herangezogenen Brief Porys vom 12. Jänner 1632 und den *Calendar of State Papers, Domestic*, 1631 bis 1633, p. 207. (*)

43. *[Aurelian Townshend.] Tempe restord. A Masque Presented by the Qveene, and foureteene Ladies, to the Kings Maiestie at Whitehall on Shrove-Tuesday. 1631. London, A. M. for Robert Allet, 1631. 4⁰.*

Aufführung: 14. Februar 1632.

Chronologie: Datum aus dem Titel.[1]) Sonst wie oben zu *Albions Triumph.* (*)

## 1634.

44. *The Trivmph of Peace, A Masque, presented by the Foure Honourable Houses, or Innes of Court. Before the King and Queenes Majesties ... Invented and Written by James Shirley ... London, John Norton, 1633. 4⁰.*

Aus demselben Jahre noch zwei andere Ausgaben; vgl. Hazlitt, *Handbook.*

Neudrucke: *The Dramatic Works and Poems of James Shirley ...* By Alexander Dyce. London 1833, vol. VI 253—285. — *English Masques.* By H. A. Evans. London 1897, p. 203.

Aufführungen: 3. und 11. Februar 1634.

Chronologie: 1. Aufführung bei Hofe: Datum im Titel; vgl. ferner Garrard in den *Strafford Letters* (I 207) unter dem 27. Februar 1634: „*on Monday after Candlemas-day*". Martin Parkers Ballade: *The Honor of the Inns of Court gentlemen* (in *The Dramatic Works of Sir William Davenant.* Edinburgh 1872, vol. I 324: „*on Monday night, viz., the third of February, and the next after Candlemas*"). Ein anderes Lobgedicht auf die Maske: *Calendar of State Papers, Domestic*, 1633 bis

---

[1]) Nicht 13. Februar, wie bei Fleay; denn 1632 war ein Schaltjahr!

1634, p. 450. Sir Henry Herberts Tagebuch bei *Malone, History of the Stage* (1821), p. 236 (fälschlich datiert 2. Februar 1633—1634). Eingetragen in die *Stationers' Registers* schon unter dem 24. Jänner 1634.

2. Wiederholung in der *Merchant Taylors' Hall*: Brief Justinian Pagetts bei Collier, *Hist. Dram. Poetry* I 486: „... *(the King) hath sent to us to ride againe on Tuesday next to Merchant Taylers Hall, ... and to present our Masque*". Vgl. auch *Calendar of State Papers, Domestic*, 1633—1634, p. 464. (Tagesdaten falsch!)

45. *[Thomas Carew.]* Coelvm Britannicvm. A Masqve, At White-Hall in the Banqvetting Hovse, on Shrove-Tvesday Night ... 1633. London, Thomas Walkley, 1634. 4º.

Neudrucke: *The Poems of Thomas Carew ... Edited ... by W. C. Hazlitt.* London, Roxburghe Library 1870, pp. 195—236. — *The Poems and Masque of Thomas Carew ... Edited by J. W. Ebsworth.* London 1893, p. 129 ff.

Aufführung: 18. Februar 1634.

Chronologie: Datum aus dem Titel; vgl. Sir Henry Herberts Tagebuch bei Malone, *History of the Stage* (1821), p. 236.

## 1635.

46. *The Temple of Love, a Masque, Presented by the Queen's Majesty and her Ladies, at Whitehall, on Shrove-Tuesday, 1634. By Inigo Jones ... and William Davenant ...* London, Thomas Walkley, 1634. 4º.

Neudruck: *The Dramatic Works of Sir William D'Avenant.* Edinburgh, 1872—1873. Vol. I 281 ff. (Dramatists of the Restoration.)

Aufführung: 10. Februar 1635.

Chronologie: Datum nach dem Titel. Fleays Tagesdatum (18. Februar 1635) ist falsch, trotzdem er in recht hochmüthigem Ton die unrichtigen Angaben in der Ausgabe von Maidment und Logan (I 285) beanständet. Er begeht sogar genau denselben Fehler! Vgl. *Calendar of State Papers, Domestic*, 1634—1635, p. 482 und 510 („*performed with much trouble Feb. 10, 1635*").

## 1636.

47. *[William Davenant.] The Triumphs of the Prince D'Amour. A Masque presented by his Highness at his palace in the Middle Temple ...* London, Richard Meighen, 1635. 4º.

Neudruck: *The Dramatic Works of Sir William D'Avenant.* Edinburgh, 1872—1873. Vol. I 317 ff. (Dramatists of the Restoration.)

Aufführung: 24. Februar 1636.

Chronologie: Datum im Titel. Vgl. Sir Henry Herberts Tagebuch bei Malone, *History of the Stage* (1821), p. 287: „*Wensday the 23 of Febru. 1635*", ein kleiner Irrthum im Tagesdatum; denn Mittwoch war der 24. Februar. Eingetragen in die *Stationers' Registers* 19. Februar 1636 (Fleay I 99). Prinz Karl Ludwig von der Pfalz, vor dem diese Maske aufgeführt wurde, war im November 1635 nach England gekommen; sein Bruder Ruprecht, gleichfalls ein Zuschauer bei dieser Aufführung, folgte ihm anfangs 1636.

48. *The King and Qveenes Entertainement at Richmond. After their Departvre from Oxford: In a Masque, presented by the most Illustrious Prince, Prince Charles ... Oxford, 1636.* 4°.

Aufführung: 12. September 1636.

Chronologie: Datum im Titel. Woher mag Freund Fleay (II 345) seine Datierung (12. September 1634) haben? (*)

## 1638.

49. *Britannia Trivmphans, a Masque. Presented at White Hall by the Kings Majestie and his Lords, on the Sunday after Twelfth-night, 1637. By Inigo Iones ... and William D'Avenant ... London, Iohn Haviland ... 1637.* 4°.

Neudruck: *The Dramatic Works of Sir William D'Avenant.* Edinburgh 1872—1873. Vol. II 245 ff. (Dramatists of the Restoration.)

Aufführung: 7. Jänner 1638.

Chronologie: Datum nach dem Titel. Vgl. Davenant in der Einleitung: „*There being now past three years of intermission that the King and Queen's Majesties have not made Masques*"; also seit *The Temple of Love*, 1635. Vgl. auch *Calendar of State Papers, Domestic*, 1637—1638, p. 1 und p. 19.

50. *[Sir William Davenant.] Lvminalia, or The Festivall of Light. Personated in a Masque at Court, By the Qveenes Majestie, and her Ladies. On Shrovetuesday Night, 1637. London, Thomas Walkley, 1637.* 4°.

Neudruck: *Miscellanies of The Fuller Worthies' Library.* Edited by Alexander B. Grosart. Vol. IV (1872—1876), pp. 611 ff.

Aufführung: 6. Februar 1638.

Chronologie: Datum nach dem Titel. Über die Beziehung dieser Maske zu *Britannia Triumphans* und über Davenants Autorschaft vgl. meinen Aufsatz im *Beiblatt* XI 177.

51. *[Thomas Nabbes.] A Presentation Intended for the Prince his Highnesse on his Birth-day ... annually celebrated.* In: *The Springs Glory ... Together With sundry Poems, Epigrams ... By Thomas Nabbs. London, 1639.* 4°.

Neudruck: *The Works of Thomas Nabbes ... By A. H. Bullen.* London 1887. Vol. II 256 ff.

Aufführung: 29. Mai 1638.

Chronologie: Datum im Titel. Beachte die Beziehung der acht Masquers auf den achten Geburtstag Prinz Karls (geb. 29. Mai 1630). (*)

### 1639.

52. *A Masque, presented at Bretbie, in Derbyshire, on Twelfth Night, 1639.*
In: *A Chain of Poems, written by Sir Aston Cockayne.* London, Isaac Pridmore, 1658. 12º.

Neudruck: *The Dramatic Works of Sir Aston Cockain.* Edinburgh 1874, p. 1 ff. (Dramatists of the Restoration.)

Aufführung: 6. Jänner 1639.

Chronologie: Datum im Titel. Ob es nach altem oder neuem Stil gegeben, ist nicht zu entscheiden. Die Ausgabe in den *Dramatists of the Restoration* liest den Ort der Aufführung *Brethie*! Der Name lautet jedoch *Bretby*, *Bretbie*, auch *Bradby*; vgl. Ritter, *Geogr. stat. Lexicon*; Carlisle, *Topogr. Dictionary*. (*)

### 1640.

53. *[Sir William Davenant.] Salmacida Spolia. A Masque presented by the King and Queen's Majesties, at Whitehall. On Tuesday the 21st day of January 1639.* London, I. M. for Thomas Walkley, 1639. 4º.

Neudruck: *The Dramatic Works of Sir William D'Avenant.* Edinburgh 1872—1873. Vol. II 301 ff. (Dramatists of the Restoration.)

Aufführung: 21. Jänner 1640.

Chronologie: Datum im Titel. Der 21. Jänner fiel auf einen Dienstag im Jahre 1640, nicht 1639. Daher ist die Datierung im Titel nach altem Stil gegeben. Vgl. auch *Calendar of State Papers, Domestic*, 1639—1640, pp. 352, 365 („*performed last tuesday night. They say it was very good*"). Eine Wiederholung war, wie es scheint, für Fastnacht geplant; vgl. *Calendar of State Papers*, 1639—1640, p. 459 („*to dance again their mask*").

### 1653.

54. *[James Shirley.] Cvpid and Death. A Masque. As it was Presented before his Excellencie, the Embassadour of Portugal, Upon the 26 of March, 1653. Written by I. S.* London, 1653. 4º.

Neudruck: *The Dramatic Works and Poems of James Shirley...* By Alexander Dyce. London 1833, vol. VI 343—367.

Aufführung: 26. März 1653.

Chronologie: Datum im Titel.

## 1657.

55. *Fancy's Festivals: A Masque, As it hath been privately presented by many civil persons of quality And now at their requests newly printed, with many ... new songs ... Written by Tho. Jordan. London 1657. 4°.*

Chronologie: Das Datum der ersten Aufführung ist nicht zu ermitteln. (**)

---

### Berichtigung.

Zu p. 120. Ich finde nun doch Belege für franz. *masque* in der Bedeutung „Maskenspiel": Remy Belleau, ed. Marty-Laveaux, Paris 1878. Vol. I 284 und 291: *„vn masque le plus estrange qui fust onc."*

# Register

über die Verfasser, die Aufführungen und einige wichtigere Materien.

**A**rche yerd of Plesyer, The 77, 139, 143 f.
Arthur, Prinz A.s Hochzeit 26, 55, 73, 74, 76, 79, 80, 88, 94, 97, 120, 226, 287.

**B**acon, Francis 43, 53, 86, 98, 133, 145, 162, 188, 214, 229, 233, 240, 242, 258, 260 f., 262, 263, 264, 266, 267, 278, 281.
Beaumont, Masque of the Inner Temple and Gray's Inn 151, 156 f., 160, 174, 188, 232, 258, 261, 263, 266, 269, 274, 278, 280, 338, 349.
Bisham, Maskeraden zu B. 47, 53, 86, 88.
Boy-Bishop 105 f.
Bristol, Aufführungen zu B. 87, 90.
Browne, Inner Temple Masque 142, 150, 158, 175 f., 189, 225, 266, 351.

**C**ampion, Entertainment at Caversham House 172, 187, 225, 265, 276, 349.
— Lord Hayes' Masque 144 f., 153, 172, 186, 225, 229 ff., 241, 258, 261, 262, 263, 264, 294, 338, 348.
— The Lords' Masque 153, 157, 177, 187, 205, 208, 214, 225, 232, 234, 240, 247, 266, 272, 338, 349.
— The Masque of Proteus: s. Davison.

Campion, Masque of the Earl of Somerset 148, 157, 160, 178, 187, 189, 213 f., 227, 228, 233, 239, 246, 301, 338, 350.
Canterbury, Tournier zu C. 5.
Carew, Coelum Britannicum 150, 161, 176, 179, 181, 189, 205, 206, 228, 229, 239, 241, 242, 255, 259, 271, 272, 338, 363.
Cartell, A C. for a Challenge 60.
Cecil, Sir Robert 39, 41, 42, 44, 84, 94.
Challenge, Lee's Ch. before M. de Champany 60.
Chapman, Masque of the Middle Temple and Lincoln's Inn 140, 142, 147, 148, 149, 153, 176, 177, 207, 225, 241, 243, 247, 260, 261, 274, 349.
Churchyard, Thomas 30, 35, 45, 83, 87, 88, 90, 94.
Cockain, Masque at Bretbie 151, 171, 193, 365.
Cornish, William 77 f., 99.
— — Tryumpe of Loue and Bewte 99.
Cowdray, Maskeraden zu C. 40, 41, 43, 50, 51, 84, 86.

**D**aniel, Thetys' Festival 131 f., 140, 185, 243, 268, 270, 272, 276, 344 f., 353.
— The Vision of the twelve Goddesses 130 f., 138, 184, 190, 226, 242, 275, 339, 341 f.

Davenant, Britannia Triumphans 144, 150, 169, 180, 210, 224, 228, 229, 239, 241, 259, 278, 364.
— Luminalia, or, the Festival of Light 180, 212, 229, 256, 266, 270, 273, 338, 364.
— The Prince d'Amour 147, 169, 181, 200, 225, 229, 258, 260, 271, 338, 363.
— Salmacida Spolia 147, 180, 212, 235 ff., 239, 240, 268, 270, 282, 297, 365.
— The Temple of Love 147, 150, 168 f., 180, 211, 228, 241, 242, 260, 266, 268, 281, 363.
Davies, John 40, 44 f., 84 f., 86.
Davison und Campion, The Masque of Proteus 138 f., 140, 162, 227, 241, 340 f., 355.
Deep Desire 22.

Eltham, Maskeraden zu E. 7 f., 9, 28, 73, 306 ff.
Elvetham, Maskeraden zu E. 26, 35, 44, 54, 82, 83, 84, 94.
Entertainment at Richmond 179, 201, 222, 338, 364.
Essex, Earl of 42.
— The Device of the Indian Prince 53.

Ferrers, George 38, 58, 59 f., 84, 96, 109.
Festum stultorum 104 ff.
Forteresse dangereuse, La 27, 77.
Fortresse of Perfect Beautie 28, 88, 98.

Gardyn de Esperans, The 77.
Gascoigne, George 31, 39, 42, 51, 52, 59, 82, 84, 85, 86, 87, 93, 94, 97, 101, 139, 327 f.
Gesta Grayorum 19, 26, 88, 110, 133 ff., 137, 281, 340 f.

Goldingham, Maskenzug zu Norwich 54, 82, 85, 97.
Goldwell, Henry 28.
Gray's Inn Antic Masque 141.
Gray's Inn, Maskeraden des Gr. I. 90; s. auch Gesta Grayorum.
Greenwich, Maskeraden zu G. 38, 60, 61, 71, 122, 258.
Guildford, Maskerade zu G. 2.
Guilford, Sir Henry 72, 99, 111.
Guînes et Ardres, Maskeraden zu G. et A. 55, 70, 122, 128, 284.

Harefield, Maskeraden zu H. 23, 35, 40, 84 f., 86, 87.
Hatfield, Maskerade zu H. 85, 144.
Hengrave Hall, Maskerade zu H. 35.
Herbert, Lord H.s Masque 5
Hertford, Lydgates Maskerade zu H. 13, 15, 306, 308.
History of the Cenofalles (Cynocephali) 49, 93.
Howard, Sir George: Triumph of Mars and Venus 49.
Hue and Cry after Cupid: s. Lord Hadington's Masque (Jonson).
Hunnis, William 55.

Interlude of the Four Elements 99.

Jonson, The Masque of Augurs 116, 141, 149, 154, 163, 166, 175, 176, 177, 194, 213, 229, 248 f., 251, 259, 263, 272, 276, 358.
— Masque of Beauty 132, 135, 136, 224, 227, 232, 242, 256, 266, 267, 270, 271, 275, 279, 338, 339, 343.
— Masque of Blackness 114, 132, 136, 185, 228, 232, 239, 242, 243, 244, 245, 256, 261, 279, 338, 342.
— Chloridia 140, 159 ff., 176, 179, 180, 197, 198, 199, 228, 229, 235, 239, 241, 242, 248, 252, 254, 266, 361.

Jonson, Masque of Christmas 118, 216, 352.
— Fortunate Isles 8, 116, 150, 155, 159, 167, 171, 172, 196, 235, 248, 250, 259, 269, 270, 273, 276, 359 ff.
— The Golden Age Restored 140, 145, 149, 155, 158, 160, 165, 171, 202, 247, 261, 263, 266, 267, 352.
— The Gypsies Metamorphosed 220, 248, 270, 276, 338, 357, 358.
— Lord Hadington's Masque 142, 144, 148, 155, 167, 171, 172, 204, 228, 241, 244, 245, 258, 260, 267, 270, 273, 275, 338, 339, 344.
— The Hue and Cry after Cupid: s. Hadington's Masque.
— Hymenaei 144, 145, 148, 154, 158, 164, 165, 171, 184, 191 f., 195, 208, 232, 240, 242, 244, 245, 258, 260, 261, 266, 267, 268, 275, 342.
— Irish Masque 38, 152, 170, 219, 246, 247, 267, 348, 350.
— Love Freed from Ignorance and Folly 153, 166, 170, 174, 192, 194, 245, 261, 268, 269, 272, 345.
— Love Restored 140, 166, 172, 217, 242, 246, 267, 269, 272, 277, 281, 346 ff.
— Lovers Made Men 136, 145, 153, 155, 158, 167, 170, 193, 228, 247 f., 264 f., 352.
— Love's Triumph through Callipolis 149, 159, 164, 165, 169, 176, 177, 197, 198, 199, 201, 229, 235, 238, 242, 248, 252, 272, 361.
— Mercury Vindicated 140, 149, 154, 155, 167, 175, 189, 205, 238, 247, 261, 262, 267, 351.

Jonson, Neptune's Triumph 150, 159, 168, 178, 196, 229, 234 f., 248, 250, 252, 261, 263, 266, 267, 272, 299, 359, 360.
— News from the New World 150, 155, 162, 166, 167, 170, 221, 248, 249, 266, 357.
— Oberon the Fairy Prince 131, 142, 152, 171, 216, 234, 241, 242, 245, 263, 266, 272, 329, 345, 346, 358.
— Pan's Anniversary, or, the Shepherds' Holiday 151, 159, 178, 195, 228, 244, 248, 260, 276, 357.
— Pleasure Reconciled to Virtue 73, 140, 145, 149, 152, 165, 171, 175, 176, 178, 202, 219, 234, 241, 248, 261, 280, 339, 353.
— Masque of Queens 131, 140, 141, 144, 152, 153, 155, 164, 165, 172, 188, 210, 211, 212, 215, 233, 240, 242, 244, 245, 261, 266, 267, 338, 344, 346.
— Time Vindicated 89, 108, 151, 159, 163, 168, 175, 176, 195, 233, 239, 248, 275, 359.
— The Vision of Delight 146, 161, 162, 165, 175, 209, 221, 222, 233, 234, 240, 247, 261, 262, 264, 352.
Jordan, Fancy's Festivals 131 f., 222, 282, 366.
Jungfrauen, Die klugen und thörichten J. 22.

Kenilworth, Feste zu K. 22, 30, 34, 41, 44, 50, 52, 55, 84, 86, 87, 94, 326 ff.
Kennington, Maskerade zu K. 6 f.

Lady May 33.
Lady of the Lake 30.
Laneham, Robert 81, 326 ff.

Lee, Sir Henry 55, 60 ff., 87, 88.
Liberty and Constancy 23, 63, 87.
Lichfield, Tournier zu L. 5.
Lord of Misrule 103 ff.
Loue and Riches 86, 139, 207, 217.
Loyaltie and Bewtie 100.
Luminalia s. Davenant.
Lydgates Maskeraden 9—16, 18, 20, 75, 79, 80, 94, 116, 117, 129, 133, 290, 305 ff.

**M**aifeier 29, 32 f.
Marriage, The M. of the Thames and the Rhine: s. Beaumont.
Marston, Masque at Ashby House 136, 204, 225, 232, 266, 348.
— Masque of Mountebanks 213, 225, 260, 262, 270, 278, 355.
Maskeraden vor Eduard III. 1—5, 19, 64, 67, 115, 125, 288.
— vor Richard II. 6 f., 64, 115, 118, 125, 288.
— vor Heinrich IV. 7 f., 91, 115, 117.
— vor Heinrich VI. s. Lydgate.
— vor Eduard IV. 16.
— vor Heinrich VII. 17, 116.
— vor Heinrich VIII. 20 ff.
— vor Eduard VI. 38, 58, 75, 142, 144.
— vor Elisabeth 21 ff.
— vor Maria Stuart (geplant) 23 ff., 81, 87, 88, 139.
— vor dem Duc de Montmorency 25, 88.
Masque of Amazones and Knights 57, 80, 83, 95, 96, 121.
— of Cats 49.
— at Cole-Orton 172, 218, 225, 328 ff., 353 f.
— of Flowers 140, 141, 151, 158, 170, 214, 232, 241, 266, 278, 280, 338, 350 f.
— of Janus 53.

Masque of the Knights of the Helmet 135, 340.
— of Lethe s. Lovers Made Men (Jonson).
— of medyoxes 58.
— of the Twelve Months 140, 150, 158, 179, 207, 345.
— of the Four Seasons 142.
— of Squires s. Masque of the Earl of Somerset (Campion).
— The M. on Twelfth-Night 1512: 65 f., 124, 126.
— of ... six Virtues 22, 98.
— of Vices 339.
— of Wildemen 50.
Master of the Revels 110 ff., 276.
Merton, Maskerade zu M. 3.
Message, The M. of the Queene of Fairies 61.
Middleton, Inner-Temple Masque. Or Masque of Heroes 158, 175, 216, 225, 232, 356.
„Minneburg" 26 ff., 78, 88, 207, 325 ff.
Mumchance 118, 288.

**N**abbes, Presentation for the Prince's Birthday 144, 168, 174, 215, 364.
New Hall, Maskerade zu N. H. 122.
Noble Renomé, Maskerade der N. R. 20 f.
Norwich, Maskeraden zu N. 30, 35, 51, 54, 58, 82, 83, 84, 87, 88, 90, 94, 97.
Nottingham, Maskerade zu N. 23 ff., 81, 87, 88.

**O**rpington, Maskerade zu O. 51.
Otford, Maskerade zu O. 3.

**P**almers' mask 121, 126.
Pavilion on the place perilous 29 f.
Peele, George 40, 41, 55, 84.

**Q**uarndon, Maskeraden zu Q. 59.

**R**eading, Tournier zu R. 5.
Report als Erklärer 20, 77, 79.
Rex fabarum 105 f.
Riche Mount, The 72, 75, 241, 301.
Richmond, Maskeraden zu R. 72 f. und s. Entertainment at Richmond.
Ricorte s. Rycote.
Robin Hood 32 f., 66, 69, 82.
Roman d'Alexandre, Ms. Bodl. 264: 3, 69, 94, 125, 143.
Roo, John 100, 119.
Russel, Lady R.s Masque 52, 95.
Rycote, Maskeraden zu R. 59.

**S**hakespeare, King Henry VIII. 46, 55, 91, 111.
— Love's Labour's Lost 56, 80, 142.
— Timon of Athens 69, 262.
Shirley, Triumph of Peace 149, 152, 161, 164, 180 f., 209, 221, 228, 229, 239, 258, 274, 338, 362.
— Cupid and Death 209, 282, 338, 365.
Shrewsbury, Maskerade zu Shr. 51, 82, 94.
Sidney, Sir Philip: A Dialogue... at Wilton 47.
— The Lady of May 48, 83, 156.
Skogans Maskeraden 8.

Stoke-by-Nayland, Maskeraden zu S. 16, 17.
Sudeley, Maskeraden zu S. 46 f., 53, 84, 87.
Supplication of the owld Knight 61.

**T**able Ronde d'Arthur, La 5.
Tale, The olde Knighte's T. 61, 89.
Theobalds, Maskeraden zu Th. 40, 41, 42.
Time und Place 28.
Time and Veritas 21 f.
Townshend, Albion's Triumph 132, 172, 199, 362.
— Tempe Restored 174, 199, 362.

**U**nton, Sir Henry U.s Maskerade 52, 80.

**W**estminster Hall, Maskeraden in W. H. 73, 75.
White, Cupid's Banishment 140, 149, 158, 160, 177, 194, 241, 353.
William of Palerne 6, 115.
Wilton, Schäferdialog zu W. 47.
Windsor, Maskeraden zu W. 5, 9, 95, 317 ff., 357, 358.
Wolsey, Maskeraden bei W. 27, 46, 69, 73, 96, 97, 118.
Woodstock, Maskenrede zu W. 42.
Worthies, The Nine W. 55 f., 82, 216, 315.

# WIENER BEITRÄGE

## ZUR

# ENGLISCHEN PHILOLOGIE

UNTER MITWIRKUNG

VON

**D<sup>R.</sup> K. LUICK**
ORD. PROF. DER ENGL. PHILO-
LOGIE AN DER UNIVERSITÄT
IN GRAZ

**D<sup>R.</sup> R. FISCHER**
ORD. PROF. DER ENGL. PHILO-
LOGIE AN DER UNIVERSITÄT
IN INNSBRUCK

**D<sup>R.</sup> A. POGATSCHER**
ORD. PROF. DER ENGL. PHILO-
LOGIE AN DER DEUTSCHEN
UNIVERSITÄT IN PRAG

HERAUSGEGEBEN

VON

**D<sup>R.</sup> J. SCHIPPER**
ORD. PROF. DER ENGL. PHILOLOGIE UND WIRKLICHEM MITGLIEDE DER
KAISERL. AKADEMIE DER WISSENSCHAFTEN IN WIEN.

XVI. BAND.

WIEN UND LEIPZIG.
WILHELM BRAUMÜLLER
K. U. K. HOF- UND UNIVERSITÄTS-BUCHHÄNDLER.
1902.

# ERASMUS DARWIN'S
# TEMPLE OF NATURE

VON

LEOPOLD BRANDL

(WIEN).

WIEN UND LEIPZIG.
WILHELM BRAUMÜLLER
K. U. K. HOF- UND UNIVERSITÄTS-BUCHHÄNDLER.
1902.

Alle Rechte, insbesondere das der Übersetzung, vorbehalten.

K. k. Universitäts-Buchdruckerei „Styria', Graz.

# Vorwort.

Wenn ich mich in der vorliegenden Arbeit, zu der ich wertvolle Anregungen aus den Vorlesungen meines verehrten Lehrers, Herrn Hofrathes Schipper, und aus Besprechungen über den behandelten Gegenstand mit ihm empfangen, auch auf Gebiete begeben habe, die in der Regel nicht von der abstract philologischen und literarhistorischen Forschung betreten werden, so mögen einige vorausgesandte Worte dieses Unternehmen zu rechtfertigen suchen.

Nicht das, was gemeinhin unter einem Dichtungswerke verstanden wird, der poetische Text allein, war mir bei Erasmus Darwins „Tempel der Natur" das einzig Anziehende und Maßgebende; es galt vielmehr, sich in seinen ganzen Gedankenkreis, wie er uns in seiner Poesie und auch in seinen wissenschaftlich-prosaischen Darstellungen entgegentritt, und in seine ganze Zeit hineinzuleben und ihn aus dieser heraus, durch Vergleiche mit Vorhergegangenem und Nachgefolgtem, historisch zu erfassen. Diese Erkenntnis seines geistigen Wertes konnte unmöglich aus seinen Versen allein erfließen; dazu musste der ganze Mensch: Dichter, Philosoph, Naturforscher und Arzt, herhalten, und da ergab sich denn, dass die Bedeutung dieses Mannes, mehr in seiner Zeit als für sie, eine ganz außerordentliche war; in seiner Zeit, weil nur wenige vor ihm das Gesammtgebiet der Naturwissenschaften durchdacht hatten wie er, groß, klar, frei — und auch kühn! Und eben deshalb für seine Zeit unverstanden und bald nachher nicht mehr beachtet, weil von größeren Nachfolgern überholt. Was seine Theorien anlangt, wie wollten wir ihre oft geniale Kühnheit verdammen, da sie doch alle, so verschiedene Zwecke sie untereinander zu verfolgen scheinen, auf den großen Einheitsgrundsatz der gesetzmäßigen Entwickelung aus dem Uranfänglichen, dem *Ens Entium*, hinarbeiten! Sehen wir doch, wie seine großen Nachfolger, Männer wie Charles Darwin und Haeckel, die ihre Forschungen auf Grund eines weitaus sichereren, weil großartig angewachsenen Thatsachenmaterials durchführten, in den Ergebnissen ihrer wissenschaftlichen Thätigkeit gerade in unsern Tagen Gegenstand vielfacher, freilich oft auch nicht unbegründeter Angriffe sind: denn, abgesehen von der jeden Fortschritt hassenden Reaction, die geistige Errungenschaften grundsätzlich, wenn auch oft jeder wissenschaftlichen Grundlage entbehrend, bekämpft, verweigern auch die Vertreter der reinen Theorie und des starren *„ignorabimus"* Anschauungsreihen ihre Zustimmung, deren Glieder nicht Stück für Stück aus handgreiflichen Beweisen und Thatsachen erhellen, sondern deren durch sinnfällige Erkenntnis noch nicht ausgefüllte Lücken mit Hilfe streng logischer Schlüsse harmonisch überbrückt wurden. Wo aber bliebe der grundlegende Einheitsgedanke, wenn wir das Hüben und Drüben einer solchen Kluft, wie sie uns etwa in der Stammesgeschichte durch das Fehlen einer sei es zugrunde gegangenen oder noch nicht aufgefundenen paläontologischen Entwickelungs f o r m entgegentritt, nicht durch einen Act des logischen Denkens verbinden dürften und · sagen müssten: hier endet eine Reihe, dicht daran setzt eine andere ein — besteht ein Zusammenhang? — *Ignorabimus!* Soll hier das zufällige Fehlen einer F o r m der Lösung der Frage nach der Richtigkeit einer monistischen Weltanschauung Einhalt thun dürfen, durch die der Menschen g e i s t einzig und allein *„omnia intelligendo, licet non omnino"* Befriedigung finden kann? Zumal ja bereits in vielen Fällen nachträgliche Funde solche „logische Vergewaltigungen" vollinhaltlich zur Wahrheit bestätigt haben! Und leider! wie viele gibt es deren, die kein befreiender Gedanke losringt, die sich in ihrer Naturbetrachtung derart ans Einzelne halten, dass sie auch Nächstverwandtes nicht aneinanderzufügen wissen! Muss eine solche Weltanschauung nicht immer Torso bleiben? Man wirft unsern großen Monisten Dogmatismus vor, der in jeder Richtung schädlich sei; das letztere ist gewiss wahr! aber solange sich der Glaubenssatz mit der Thatsache und mit logischer Gesetzmäßigkeit deckt, ist er doch giltig, weil er sich dem V e r s t a n d e unweigerlich aufdrängt; und stellt eine neue Erkenntnisweise Vorstellungscomplexe in einem andern Lichte dar, und ergibt die Kritik eine vorläufige Unanfechtbarkeit derselben, so wird kein frei denkender Geist ihr seine Anerkennung versagen. Aber die Gesammtheit, die eine allem Sein und Geschehen zugrunde liegende Idee darf nicht darunter leiden! Wie schön gibt da ein Goethe'scher Gedanke den Einschlag: „Deshalb wir uns denn billig zu einiger Befriedigung in die Sphäre der Dichtkunst flüchten und ein altes Liedchen mit einiger Abwechslung erneuern:

>So schauet mit bescheid'nem Blick
>Der ewigen Weberin Meisterstück,
>Wie ein Tritt tausend Fäden regt,
>Die Schifflein hinüber, herüber schießen,
>Die Fäden sich begegnend fließen,
>Ein Schlag tausend Verbindungen schlägt.
>Das hat sich nicht zusammengebettelt,
>Sie hat's von Ewigkeit angezettelt,
>Damit der ewige Meistermann
>Getrost den Einschlag werfen kann."

\* \* \*

In solchen Dienst nun hat Erasmus Darwin seine Muse gestellt. Nach des großen Montaignes Grundsatz: „Ich lehre nicht, ich erzähle", gibt er uns einen Überblick über seine Weltanschauung, die auf dem Grundsatze, alles scheinbar Getrennte in elementarer Einheit zu sehen und aus ihr heraus zu begreifen, beruht, in poetischer Form; es ist eine Erkenntnis, wie sie altindischer Pantheismus, vorplatonische Philosophie und deistische Überzeugung für unsere Zeit vorbereitet haben, in symbolischem Schleier poetischer Allegorie und Metapher scheinbar verhüllt, thatsächlich aber, wie freilich erst nähere Betrachtung ergibt, in scharfem und klarem Ausdruck und mit einer Überzeugungstreue, als wäre sich der Dichter bewusst gewesen, dass er, selbst an großen Vorbildern (Epikur—Lukrez, John Locke) herangewachsen und gestählt, wie diese auf seine Zeit, auch seinerseits auf die Zukunft wirken werde; und dass er, so mit Vergangenem und Künftigem bewusstermaßen im innigsten Zusammenhang stehend, diesen Zusammenhang auch auf alles andere ihn Umgebende habe erstrecken müssen.

Und so hoffe ich denn, zeigen gekonnt zu haben, wie ein Werk, das sich auf den ersten Blick wie eine vorwegnehmende Abstraction aus unserer Zeit, der geistigen Herrschaft des Monismus auf allen Gebieten freier Forschung, der ihm scheinbar anhaftenden und auch wohl zur Last gelegten Phantasterei in den Grundzügen völlig entbehre und recht eigentlich seine Berechtigung in sich selbst trage: hat Erasmus Darwin es doch versucht, die ewig getrennte Kluft zwischen Idee und Erfahrung durch das Symbol zu überbrücken, das ihm, trotz aller Unvollkommenheit verständliche Erkenntnisvermittlung an seine Mit- und Nachwelt versprach nach der alten Lehre:

*Natura est infinita,*
*Sed qui symbola animadverterit,*
*Omnia intellegit,*
*Licet non omnino.*

# Inhalts-Verzeichnis.

|  | Seite |
|---|---|
| Einleitung | 1 |
| I. Die Entstehung des Lebens | 25 |
| II. Die Wiederhervorbringung des Lebens | 68 |
| III. Der Fortschritt des Geistes | 104 |
| IV. Vom Guten und Bösen | 156 |

# Verzeichnis

## der zu vorliegender Arbeit benützten Bücher.

Werke, die nur erwähnt oder einmal citiert werden, sind in dieses Verzeichnis nicht aufgenommen, sondern werden an Ort und Stelle mit entsprechender Genauigkeit genannt.

**Aristotelis** *Opera omnia*, Parisis, Editore Ambrosio Firmin Didot, MDCCCLIV.
**Bacon**, *The Works of* —, London MDCCLXXVIII.
**Baumeister**, Denkmäler des classischen Alterthums, Leipzig 1888.
**W. Bölsche**, Entwickelungsgeschichte der Natur, 2 Bde., Neudamm 1894.
— Das Liebesleben in der Natur, 2 Bde., Florenz und Leipzig, I. Bd. 1898, II. Bd. 1900.
**Brehm**, Thierleben, Hildburghausen 1869.
**Bryant**, *A curious account of ancient mythology*, London 1775, 3 Bde.
**Edmund Burke**, *The works of* —, London MDCCXCII, 8 Bde.
**Karl Claus**, Zoologie, Marburg 1897.
**George L. Craik**, *A compendious History of English Literature*, 2 Bde., London 1864.
**F. Creuzer**, Symbolik und Mythologie der alten Völker, 6 Bde., Leipzig und Darmstadt 1812, 2. Aufl. 1819.
**Charles Darwin**, Die Bewegungen und Lebeweise der kletternden Pflanzen, deutsch von Victor Carus, Stuttgart 1876.
— Die Entstehung der Arten, deutsch von Victor Carus, Stuttgart 1876.
— Die Abstammung des Menschen und die natürliche Zuchtwahl, deutsch von Victor Carus, Stuttgart 1875, 2 Bde.
— Der Ausdruck der Gemüthsbewegungen bei den Menschen und Thieren, deutsch von Victor Carus, Stuttgart 1874.
— *The Life of Erasmus Darwin*, London 1887.
— Reise eines Naturforschers um die Welt, deutsch von Victor Carus, Stuttgart 1875.
**Edward Gibbon**, *The Miscellaneous Works of* —, ed. by John Lord Sheffield, 7 Bde., Basil 1740.

**Ernst Haeckel,** Anthropogenie, 8. Aufl., Leipzig 1877.
— Das Protistenreich, Leipzig 1878.
— Natürliche Schöpfungsgeschichte, Berlin 1889.
— Der Ursprung des Menschen, Cambridge 1898.
— Die Welträthsel, gemeinverständliche Studien über monistische Philosophie, Bonn 1899.
**Hettner,** Geschichte der englischen Literatur von der Wiederherstellung des Königthums bis in die zweite Hälfte des 18. Jahrhunderts, 1660—1770, Braunschweig 1856.
**David Hume,** *The philosophical Works of —,* ed. by Green and Grose, 2 Bde., London 1875.
**Ernst Krause,** Erasmus Darwin und seine Stellung in der Geschichte der Descendenztheorie; mit seinem Lebens- und Charakterbild, von Charles Darwin, Leipzig, bei Günther, 1887.
**George Henry Lewes,** *The History of Philosophy from Thales to Comte,* 2 Bde., London 1867.
**Karl von Linné,** *Systema Plantarum,* bei G. N. Raspe, Nürnberg 1781.
— *Systema Naturae,* bei G. N. Raspe, Nürnberg 1781.
**John Locke,** *The Works of —,* 4 Bde., London MDCCLXXVII, 8. Aufl.
**Titi Lucretii Cari,** *De rerum natura,* ed. Thomas Creech, Londini MDCCXVII.
**Johannes Müller,** Handbuch der Physiologie des Menschen, 2 Bde., Coblenz 1837—1844.
**S. Philipp,** Über Ursprung und Lebenserscheinungen der thierischen Organismen, Leipzig, E. Günther.
**Ludwig Preller,** Demeter und Persephone, Hamburg 1837.
— Geschichte der griechischen Mythologie, Berlin 1894, 3. Aufl.
**Thomas Reid,** D. D., *The Works of —,* Edinburgh MDCCCLXXX, 8. Ausgabe, 8 Bde.
**Heinrich Ritter,** Geschichte der Pythagoräischen Philosophie, Hamburg 1826.
**G. John Romanes,** Die geistige Entwickelung beim Menschen, Leipzig 1893.
— Die geistige Entwickelung im Thierreich, nebst einer nachgelassenen Arbeit, „Über den Instinct" von Charles Darwin, Leipzig 1885.
**August Schleicher,** Die Darwinische Theorie und die Sprachwissenschaft, 2. Aufl., Weimar 1873.
**Anna Seward,** *Letters of —,* Edinburgh 1811, 6 Bde.
**John Horne Tooke,** ΕΠΕΑ ΠΤΕΡΟΕΝΤΑ, *or the diversions of Purley,* London 1857, 2. Aufl.
**Friedrich Überweg,** Grundriss der Geschichte der Philosophie, 8. Aufl., bearbeitet von Max Heinze, Berlin 1897.

Publius Virgilius Maro, ed. a. Christian Gottlieb Heyne, Lipsiae MDCCCXXX.
Warburton, *The divine Legation of Moses*, 5 Bde., London MDCCCXVI.
Worcester, *Dictionary of English Language*, London (ohne Jahrzahl).

Der Arbeit liegen zugrunde die Schriften Erasmus Darwins, und zwar:

1. *The Poetical Works of Erasmus Darwin, M. D., F. R. S., containing The Botanic Garden, in two Parts, and The Temple of Nature. With philosophical notes and plates.* In three Volumes, London 1806.

2. Zoonomie oder Gesetze des organischen Lebens, aus dem Englischen übersetzt von J. D. Brandis, Hannover 1795.

3. Phytonomie oder philosophische und physische Grundgesetze des Acker- und Gartenbaues, übersetzt von Dr. E. B. G. Hebenstreit, Leipzig 1801. — *Phytologia, or the Philosophy of Agriculture and Gardening,* London 1800.

4. *A Plan for the Conduct of Female Education in Boardingschools,* deutsch von W. Hufeland, Leipzig 1822.

# Einleitung.

Es ist nicht meine Absicht, dieser Arbeit eine ausführliche Biographie Erasmus Darwins vorauszuschicken; ein inhaltsreiches und authentisches Lebensbild des Dichters hat der hiezu jedenfalls Berufenste dargestellt, sein großer Enkel, Charles Darwin.[1]

Indessen scheint es mir nöthig, die wichtigsten Züge seines Lebens wie seines Bildungsganges und seiner Zeit hier anzuführen.

Erasmus Darwin wurde am 12. December 1731 zu Elston in der Grafschaft Nottingham als der vierte Sohn und das jüngste Kind des Rechtsanwaltes Robert Darwin geboren. 1741 wurde er nach Chesterfield auf die Schule geschickt, wo er neun Jahre lang blieb. 1749 begab er sich auf die Universität nach Cambridge, trieb dort vorwiegend philosophische und mathematische Studien und erlangte 1754 den Grad eines *baccalaureus artium*. Seine medicinischen Studien, die er auch in dieser Zeit betrieben hatte, setzte er dann in Edinburgh fort, kehrte aber bereits im folgenden Jahre nach Cambridge zurück und erwarb hier auch den Rang eines Baccalaureus der Medicin. Er gieng darauf wieder nach Edinburgh, wurde dort zum Doctor der Medicin promoviert und ließ sich dann als Arzt zuerst in Nottingham, danach in Lichfield nieder (November 1756), ohne besonderen Erfolg in seiner Praxis zu haben. In Lichfield fühlte er sich indessen bald heimisch, wozu einige glückliche Curen, die ihm bald einen guten Ruf verschafften, beitrugen. 1757 heiratete er eine liebenswürdige junge Dame, Miss Mary Howard, die ihm aber schon nach dreizehn Jahren glücklichster Ehe durch den Tod entrissen wurde. In Lichfield rief Darwin auch eine botanische Ge-

---

[1] *"The Life of Erasmus Darwin by Charles Darwin, being an introduction to an Essay on his scientific works by Ernst Krause."* Sec. ed. London 1887.

sellschaft, die sich allerdings nur auf wenige Mitglieder beschränkte, ins Leben; ihr verdanken die Engländer eine Übersetzung der Hauptwerke Linnés.

1781, elf Jahre also nach dem Tode seiner ersten Frau, heiratete Darwin die Witwe des Obersten Chandos Pole, dessen Kinder er vorher ärztlich behandelt hatte. Diesen Schritt scheint ihm das geistreiche Fräulein Anna Seward, seine Freundin und — nicht immer unparteiische — Biographin, bis zu seinem Tode nicht verziehen zu haben. Ist auch nirgends ein Verweis darauf zu finden, so ist es doch nicht unwahrscheinlich, dass gerade dieser Umstand den Wert ihrer Urtheile über den großen Dichtergelehrten wesentlich beeinträchtigt hat.[1]

Nach seiner zweiten Verheiratung übersiedelte Darwin nach Derby. Um diese Zeit befand er sich in der fruchtbarsten Periode seines wissenschaftlichen und dichterischen Schaffens. 1794 veröffentlichte er sein wissenschaftliches Hauptwerk, die vielgenannte „Zoonomie", an der er bereits 1771 zu arbeiten begonnen hatte. Mit Eintritt des neuen Jahrhunderts erschien seine „Phytonomie", eine Philosophie des Ackerbaues, wie er sie nennt, die in mancher Beziehung eine Ergänzung der „Zoonomie" genannt werden kann, in der sich außer theoretischen Auseinandersetzungen aber auch noch praktische Rathschläge finden, besonders was die Verbesserung des Bodens und seine Bestellung anlangt.

Seine poetischen Werke sind durchwegs nur ästhetische Umformungen seiner wissenschaftlichen und philosophischen Anschauungen und Überzeugungen; ihnen verdankt er das Verdienst und die Genugthuung, diese seine Ideen auch in Kreisen, die der Wissenschaft nicht so nahe standen, um abstract-prosaische Darstellungen über den Gegenstand, den

---

[1] Das Erstaunen und die Verwunderung des Fräuleins Seward über das Zustandekommen dieses Ehebündnisses zwischen *"a sage of no elegant external and sunk into the vale of years"* und einer so fröhlichen jungen Dame, wie Mrs. Pole, war fast ebenso grenzenlos, als ihr Bedauern darüber, dass die schöne Witwe, die von ihrem ersten Manne „bereits drei Kinder hatte", den berühmten Arzt, den poetischen und geistreichen Freund, der Lichfielder Gesellschaft entzog. Vergl. *"Letters of Anna Seward"*, 6 vol*·*, Edinburgh 1811, I 88.

Darwin behandelte, zu verstehen und sich dafür zu interessieren, bekanntgemacht zu haben.

Als sein Hauptwerk wird gewöhnlich der *"Botanic Garden"* bezeichnet, ein Lehrgedicht im großen Stile, das in zwei Theile zerfällt; der letztere Theil ist vor dem ersten erschienen (1788) und als ein Ausfluss der gründlichen botanischen Studien zu bezeichnen, die der Dichter um diese Zeit trieb.[1]) Das Thema erscheint in dem Titel *"Loves of the Plants"* angegeben und behandelt in geistreicher, anziehender, freilich oft überschwenglicher Weise die Geschlechtsverhältnisse der Pflanzen. Der außerordentlich günstige Erfolg des Werkes veranlasste nun Darwin, auch den ersten Theil zu veröffentlichen, der auch 1791 unter dem Titel *"The Economy of Vegetation"* erschien; diese Benennung ist nicht besonders treffend gewählt, denn wir haben es hier mehr mit einer Entwickelungs-Geschichte der Natur zu thun, bei der die Vegetation nur im letzten der vier Cantos eine Rolle spielt. Auch dieser zweite Band brachte Darwin einen nennenswerten Erfolg.

Chronologisch schiebt sich hier eine kleinere Prosaschrift: *"A Plan for the Conduct of Female Education in Boardingschools"*[2]) sowie die bereits erwähnte „Phytonomie" ein.

Endlich haben wir von ihm noch ein nachgelassenes Werk *"The Temple of Nature, or the Origin of Society"*, datiert vom 1. Jänner 1802 aus der Priorei bei Derby, dem letzten Aufenthaltsort des Dichters; in diesem letzten, vollendetsten Werke hat Darwin seine nunmehr durchaus gereifte Weltanschauung niedergelegt; wenige Monate nach der Fertigstellung desselben starb er (18. April 1802).

Erasmus Darwin hatte aus erster Ehe fünf Söhne (von denen zwei früh starben), aus zweiter Ehe vier Söhne

---

[1]) Vergl. Dr. Ernst Krause, Erasmus Darwin und seine Stellung in der Geschichte der Descendenztheorie, Leipzig bei Günther, sowie Miss Sewards Brief an Mrs. Piozzi vom 11. April 1798 und an Dr. Darwin, vom 20. Mai 1789, *"Letters"* II 260, 263. An der Veröffentlichung des Werkes selbst arbeitete Darwin bereits seit 1787, *"Letters of Anna Seward"* I 327; es erschien anfangs anonym.

[2]) Diese Schrift hat C. W. Hufeland ins Deutsche überarbeitet: „Anleitung zur physischen und moralischen Erziehung des weiblichen Geschlechtes", Leipzig 1822. Vergleiche dazu auch die bereits erwähnte Schrift von Ernst Krause über Erasmus Darwin, p. 115.

und drei Töchter; sein dritter Sohn, Robert Waring Darwin, Arzt und Physiker, ohne indessen jemals besonders hervorzuragen, wurde Vater des großen Charles Darwin, auf den sein Großvater nach den Gesetzen der latenten Vererbung eine ganze Reihe von charakteristischen Geisteszügen übertragen hat.

## Die Zeit, aus der Erasmus Darwin hervorgieng, und sein Verhältnis zu ihr.

Das Zeitalter der naiven Erfahrung und Natur-Erkenntnis, wie sie die ältesten griechischen Philosophen aus einer rein objectiv-unkritischen Betrachtung der Dinge um sie her erlangten, war einem Zeitalter gänzlicher Naturverachtung und rein begrifflichen Inhalts gewichen. Der Dualismus auf allen Gebieten der Reflexion, den Plato lehrte und den Aristoteles nicht zu überwinden vermochte, hielt die Welt zwei Jahrtausende im Banne. Eine dunkle Ahnung der Entwickelungs-Theorie, wie sie erst nach dieser Zeit sich durchrang, spricht zwar aus den aristotelischen Schriften zu uns, ein Ansatz, der würdig gewesen wäre, durch freiheitliche Forschung zu einer umfassenden Wahrheitslehre auf allen Gebieten ausgebildet zu werden; allein die unmittelbar nacharistotelische Zeit, die bereits den Keim des Niederganges in sich trug, rechtfertigte eine solche Erwartung nicht, sie war aller Vermittlungsversuche der dualistisch getrennten Principien Platos müde. Der Epikuräismus, zu welch schönen Hoffnungen er auch zur Zeit seines Gründers berechtigte und welch schöne Früchte er später noch, so in Lukrez' großem Werke *De rerum natura*, trug, verlor alle seine Bedeutung in der egoistischen Theilnahmslosigkeit seiner Anhänger und ihrem Streben nach materiellem Genuss; ebenso blieben Skepticismus und Stoicismus in verkehrter Unerschütterlichkeit und Selbstgenügsamkeit jeder wissenschaftlichen Forschung verschlossen. Mit Plato halfen sie den Boden für die religiös-mystischen Lehren des Christenthums bereiten, und das Institut desselben, die Kirche, kämpfte siegreich jedes Aufleuchten eines Geistesblitzes nieder.

Erst zur Zeit der Reformation wehte ein freierer Hauch durch die Welt; waren die Sätze eines Kopernikus bis dahin auch nicht anerkannt, der Kampf eines Galilei gegen die Finsternis und das stille, rege Schaffen eines Kepler verschafften ihnen Geltung; das 17. Jahrhundert brachte der Menschheit ein neues Weltenbild von ungeahnter Großartigkeit. Diese gewaltigen Umwälzungen auf dem Gebiete der wissenschaftlichen Naturforschung beeinflussten in hohem Maße das sonstige Geistesleben der Zeit; die experimentelle Empirie stellte freischaffendes Selbstbewusstsein über dumpfen Autoritätsglauben, zu dem Baco und Descartes in schärfsten Gegensatz traten, indem sie die natürliche Causalität wieder in ihre Rechte einsetzten. Einschränkend, doch an Tiefe fördernd, setzten die Skeptiker Locke, Hume und Berkeley dieses Streben fort. Anhänger naturalistischer Weltauffassung, repräsentieren diese drei Männer, die eine philosophische Schule bilden, den Übergang von den Anhängern absoluter Erkenntnis und absoluter Möglichkeiten zur Kritik Kants; dies ist die große Zeit, aus der Erasmus Darwin hervorging, im naturphilosophischen Lichte betrachtet. Sie stellte ihm seine Vorbilder auf, auf denen er seine eigenen Forschungen und Theorien aufbaute; die Lehren eines Locke bildeten den Grundstein zu seinen philosophischen Anschauungen.

Indessen hat Darwin auf diesem Gebiete noch andere Vorgänger, die zwischen ihm und den großen Denkern vor ihm ein engeres Bindeglied bilden. Das moralische Denken Darwins bewegt sich offenbar in den Bahnen der von Hutcheson aufgezeichneten Sittenlehre: auch nach ihm ist ja das wahre Ziel der Tugend die Förderung des allgemeinen Wohles der Menschen, nicht die Selbstgefälligkeit im Spiegel eigener Tugend. Seine Forschungen auf psychologischem Gebiet, die sich vorzugsweise mit der Untersuchung der Ideenverbindungen beschäftigen, stehen deutlich unter dem Einflusse Hartleys, der ja der Vater der englischen Associationspsychologie genannt wird,[1] wenn auch vor ihm Locke von Ideenassociation spricht. Weitaus wichtiger aber ist das Verdienst Darwins, die Kenntnis der ebenfalls schon von Hartley aufgestellten Beziehungen

---

[1] Vergl. Überweg, Geschichte der Philosophie, bearbeitet von Max Heinze, Berlin 1897, III, 150.

zwischen psychologischen und physiologischen Vorgängen und Erscheinungen bedeutend erweitert und vertieft zu haben; es ist ein bedeutsamer Schritt zur monistischen Weltauffassung hin, wenn er die principiellen Verschiedenheiten des seelischen Lebens und des mechanisch-leiblichen, die die dualistische Anschauung zu Ausgangspunkten ihrer Überzeugung macht, verwirft und mit Malebranche und nach dem Ausspruche des heil. Paulus glaubt, dass nur die letzte Ursache aller Bewegung allein immateriell, das ist Gott ist.[1]) Erasmus Darwin hat den von Priestley ausgesprochenen Satz, die Psychologie solle ein Theil der Physiologie werden, der Verwirklichung näher geführt, die sie in voller Größe erst durch Johannes Müller erreichen sollte.

Reflexionen solcher Art haben unserem Dichter oft den Namen eines Atheisten eingetragen,[2]) so auch von Miss Seward, die von einer *"hypothetical extravagance in the notes, which labours by the most ridiculous suggestions, to get rid of the Deity"* spricht.[3]) Gerade die Geschichte dieses Urtheils ist uns interessant und mag uns aufklärend sein über alle andern ähnlichen. Sehen wir von der echt weiblichen Inconsequenz des Fräuleins Seward überhaupt ab, so scheint sie nach dem Jahre 1798, wo sie obiges Urtheil abgibt (in dem Briefe an Rev. H. F. Cary vom 5. Juli), den Ideen Darwins näher gerückt zu sein; wir können nicht annehmen, dass sich ihre Ansicht im persönlichen Verkehr mit dem Dichter geändert haben sollte, denn Darwin kam nicht allzuhäufig nach Lichfield; wohl aber erschien im Jahre 1802 sein posthumes Werk *"The Temple of Nature"*, das Miss Seward las; obgleich der Dichter darin kein Wort seiner früheren Behauptungen zurückgenommen hat, kennzeichnet sie, nachdem sie allerdings zugegeben hatte, dass sie die Tiefe desselben nicht völlig erfasst habe,[4]) seinen Standpunkt folgendermaßen: *"far from being an atheistical system of mere materialism, it only demonstrates the unperishable nature of matter, and its constant progress after death, into other living animals through*

---

[1]) Vergl. Erasmus Darwin, Zoonomie, Section XIV 1.
[2]) Vergl. Charles Darwin, *The life of Erasmus Darwin*, p. 43.
[3]) Vergl. *"Letters of Anna Seward"* V 188.
[4]) Vergl. *"Letters of Anna Seward"* VI 82, *to Dr. Lister, June 20, 1803.*

*the medium of nutrition."* Ein Jahr später dehnt sie dieses Urtheil auch auf den *"Botanic Garden"* aus: *"Dr. Darwin's subject is a real operation of nature and of nature's God in the unaltering laws of his vegetable world."*[1]

Darwin war sicherlich Deist: Gott hatte den Anstoß zur Erschaffung gegeben, er war die große Ursache der Ursachen, das „*Ens Entium*";[2] aus seiner Hand stammt Leben und Tod; sie erfüllen nur

*"The silent mandates of the Almighty will*
*Whose hand unseen the works of nature dooms*
*By laws unknown — who gives, and who resumes."*
(Temple of Nature, Canto IV 345—47.)

Doch verwarf Darwin auf das entschiedenste jede Art der Offenbarung, deren Auslegern er auch die Betrachtung über den unsterblichen Theil des Menschen überließ;[3] gerade dieser Standpunkt geht aus seinem letzten Werke zur vollen Klarheit hervor.

Die Auffassung des Göttlichen hat bei Darwin auch entschieden pantheistische Anklänge; schon wenn er von der Unvergänglichkeit der Materie und ihrer unaufhebbaren Lebensfähigkeit spricht, scheint uns der Begriff Gottes mit demjenigen der Natur oder der Substanz zusammenzufallen; und ich glaube mit Berechtigung den Satz aussprechen zu können, dass die schaffende Kraft von Erasmus Darwin bereits als intramundanes Wesen gedacht war. Es ist dies, um wieder zu unserem Ausgangspunkte zurückzukehren, derselbe Standpunkt, den die alten Naturphilosophen Anaximander, Heraklit und Empedokles bereits eingenommen hatten, und deren Gedanken Lucretius Carus in hochpoetischer Form niedergelegt hat. Auf sein Verhältnis zu unserem Dichter werde ich später zu sprechen kommen. Immerhin ist der Standpunkt Darwins noch nicht abgeklärt und reich an dualistischen Zügen; er war eben, nicht wie Spinoza, dessen pantheistische Grundidee das Ergebnis bloß speculativer Reflexion war, auf dem besten Wege, auf Grund

---

[1] Vergl. *"Letters of Anna Seward"* VI 148, *to Mrs. Childers, March 30, 1804.*
[2] Vergl. „Zoonomie", Section XXXIX 4, 8.
[3] Ebd. Section XIV, I.

seines Naturstudiums zu demselben Resultate zu gelangen: dazu aber war seine Zeit noch nicht reif genug; erst seinem großen Enkel war es vorbehalten, diese Erkenntnis bahnbrechend einzuleiten.

Das ernste und aufrichtige Streben nach Wahrheit zeigt sich bei Darwin hauptsächlich in einem Punkte, den er vorzüglich mit Goethe gemein hat: er gehörte nicht ausschließlich einer festen Richtung an, die das eine in Bausch und Bogen annimmt, das andere verwirft; er war Eklektiker im vollen Sinne des Wortes. Oft führt er Meinungen an, die über einen Gegenstand auseinandergehen, und leitet daraus sein Urtheil ab. So stellt er einmal[1]) die Grundanschauungen Humes und Berkeleys der eines Führers der schottischen Reaction gegen den Skepticismus, des Philosophen Reid, gegenüber und zieht daraus seine eigene Schlussfolgerung; in derselben Weise wird er allen andern gerecht; er zieht die Ideen der alten Classiker und Denker ebenso heran, wie die der neueren Philosophen und Dichter; die Gedanken eines Dr. Warburton, dessen philosophischem Standpunkte er gewiss nicht huldigte, dienen ihm ebenso wie die geistvollen Ausführungen eines Bacon und Bryant über Mythologie und römisches und griechisches Alterthum; die Belege, die er zu vielen Stellen in seinen Schriften aus Virgil, Ovid, Horaz, Catull u. a. zu geben weiß, zeugen von großem Fleiße, den er, wie er ja überhaupt keinem Gebiete des Wissens ferne stand, auch ihrer Lectüre zugewandt, ja die er, wie erwähnt, sogar zu seinem Studium gemacht hatte; auf viele solcher Stellen hat er selbst hingewiesen, eine Unzahl anderer Beziehungen zu den Alten musste ja schon das Verhältnis der Stoffe außerdem ergeben. Ich habe mich bemüht, im Laufe der Arbeit solche Beziehungen, insbesondere zu Lukrez, nachzuweisen, der Darwin ja besonders nahestand.

### Die poetischen Werke Erasmus Darwins.

Erasmus Darwin hat außer verschiedenen kleinen, in Zeitschriften verstreuten Gedichten drei große Lehrgedichte geschrieben, die, außer seinen rein wissenschaftlichen Schriften,

---

[1]) „Zoonomie", Section XIV₁.

sein literarisches Hauptverdienst ausmachen. Er hat versucht, in glänzenden Versen, die er mit erklärenden Noten begleitete, seine ganze Weltanschauung und Naturauffassung niederzulegen; der unparteiische Leser muss gestehen, dass ihm dieses sein Werk, das er so großartig angelegt hat, in den Grundzügen vollkommen gelungen ist. Es ist vollkommen richtig, wenn Ernst Krause von Erasmus Darwin sagt,[1]) seine poetischen Werke seien von seinen wissenschaftlichen nicht zu trennen; schon die äußere Form zeigt ihre Verquickung; ein wie großer Meister seiner Sprache der Dichter auch war, er bedurfte der Erläuterungen in Prosa auf fast jeder Seite seiner Gedichte und, nicht genug damit, er fügte im Zusammenhang mit diesen am Ende jedes Bandes noch ausführliche Excurse *(additional notes)* hinzu, die besonders im dritten Bande, dem „Tempel der Natur", sein wissenschaftliches Hauptwerk, die „Zoonomie", in den Hauptzügen enthalten; erst aus diesen Theilen fügt sich das ganze Werk zu vollkommener Rundung; denn für die Darstellung rein abstracter Theorien hält Darwin die Prosa am geeignetsten (*Botanic Garden* II 65). Dieses Anbringen von Noten ist Darwin als eine Störung im Erfassen und in der ästhetischen Betrachtung vielleicht nicht mit Unrecht zum Vorwurf gemacht worden. Indessen kann man auch Miss Seward nicht Unrecht geben, wenn sie sagt: *"to me and to thousands, who may feel the poetic beauties of this work, the note is interesting and instructive. All poetic allusions to facts or to branches of science, not universally known, demand notes."*[2]) Die innige Verbindung, die sie mit dem poetischen Texte haben, und das nothwendige Verständnis, das erst durch sie in viele Stellen hineingetragen wird, drangen sie natürlich auch einer mehr oder weniger eingehenden Besprechung auf.

Das Versmaß der drei Lehrgedichte Darwins ist mit Ausnahme weniger lyrischer Einlagen im zweiten Bande des *"Botanic Garden"* durchwegs der *heroic verse*, der sich durch seine außerordentliche Glätte und Reinheit aus-

---

[1]) E. Krause, Erasmus Darwin und seine Stellung in der Geschichte der Descendenztheorie, p. 125.

[2]) *"Letters of Anna Seward"* I 73; vergl. auch die hierauf Bezug habende Stelle II 265.

zeichnet und den Darwin auch, was die Leichtigkeit und Ungezwungenheit des sprachlichen Ausdrucks anlangt, mit wunderbarer Meisterschaft beherrscht. Zur Schilderung von Vorgängen in der Natur und zu Stimmungsbildern verwendet er nicht selten lautmalende Verse, so z. B. wenn er die Schwimmbewegung des Seepferdchens schildert:

*"His watery way with waving volutes wins"*
(Economy of Vegetation, Canto III 279.)

Oder wenn er die schaurigen Töne in einer Geisternacht wiedergibt:

*"Shrill scream the famish'd bats and shivering owls,
And loud and long the dog of midnight howls"*
(Loves of the Plants, Canto III 13, 14.)

u. s. w. — Assonanz und Alliteration werden des öfteren auch bei Schilderungen von Kämpfen und Stürmen sehr geschickt verwendet. Ferner findet der Dichter im Metrum selbst Mittel zum Ausdruck für bedeutungsvolle Stellen; im Gegensatz zu dem gewöhnlichen jambischen Rhythmus tritt z. B. Taktumstellung des ersten Fußes ein, was dem Verse etwas Pathetisches verleiht. So z. B. die zwei Verse:

*"Daughter of woe! ere morn, in vain caress'd,
Clung the cold babe upon thy milkless breast,*

ein schmerzvoller Ausruf also, gegenüber dem folgenden, regelmäßigen Vers:

*With feeble cries thy last sad aid required"* u. s. w.
(Loves of the Plants, Canto III 401—403.)

Auf die Metrik sowie auf Stil und Sprache der drei starken Bände näher einzugehen, müsste Gegenstand einer besonderen, gewiss nicht uninteressanten Arbeit sein; nur auf eines will ich noch hinweisen, das darauf Bezug hat.

Im zweiten Bande, *"The Loves of the Plants"* (dem zuerst erschienenen), sind drei Aufsätze in Dialogform, sogenannte *"Interludes"*, enthalten, die mit dem Text unmittelbar nichts zu thun haben; in dem Gespräch nun, das Verleger und Dichter miteinander führen, stellt Darwin die mannigfachsten Beziehungen zwischen den verschiedenen künstlerischen Disciplinen in unterscheidender oder verbindender Weise auf. In dem dritten dieser Interludien behauptet er, dass eine völlige Übereinstimmung des Zeitmaßes in der Poesie und in der Musik bestehe und versucht dies an einzelnen Beispielen zu erläutern. Zum Schlusse dieser Betrachtung spricht er die Ansicht aus, dass alles was in gebundener Sprache geschrieben wurde, dem Zeitmaße nach unter den musikalischen Dreiviertel- oder Vierviertaltakt eingereiht werden könne, wenn man, wie bei der Composition, gestatte, dass dem Verse ein oder zwei Silben vorausgehen oder etwaige Reste (eines Taktes) folgen dürften. Ich sehe darin nichts anderes, als die doch gestattete Freiheit des Auftaktes einerseits und der Katalexe anderseits. Dann schließt er folgendermaßen: *"if this was attended to by those who set poetry to music, it is probable, the sound and sense would oftener coincide."*[1]

Auch die Interludien böten sich als ein umfangreiches Gebiet für eine eingehende Untersuchung dar.

Aus dem ersten derselben möchte ich nur noch den Unterschied erwähnen, den er zwischen Poesie und Prosa macht, einestheils, weil es gerade Bezug hat auf das Verhältnis der Noten zum poetischen Texte, dann aber auch, weil es überhaupt interessant ist, die Ansicht eines Dichters zu hören, dessen Feder auch in prosaischen Abhandlungen rein theoretischer Natur erprobt war, und der sich selbst über das von beiden Standpunkten aus eingeschlagene Verfahren Rechenschaft gibt.

Der erwähnte Unterschied liegt also für ihn nächst dem Messen der sprachlichen Ausdrücke darin, dass der Dichter vorzüglich fürs Auge schreibt, während der Prosaist mehr abstracte Ausdrücke gebraucht; denn an dem Grundsatze hält Erasmus Darwin überhaupt fest, dass die mittels des Gesichtssinnes percipierten Gegenstände die deutlichsten

---

[1] Hierin liegt eine wohlberechtigte Anticipation allerdings recht spät getroffener Maßnahmen: „Denn erst in der neueren Zeit, seit Richard Wagner, nähert sich die musikalische Composition immer mehr dem Metrum, und es hat den Anschein, als ob sie künftig einander noch näher kommen würden." Vergl. Minor, Neuhochdeutsche Metrik, 2. Aufl., Straßburg 1902, p. 17.

Ideen liefern.¹) So, sagt er, wäre der Vers in Popes *Windsor Castle:*

*"And Kennet swift, for silver Eels renown'd"*

dichterischer so ausgedrückt:

*"And Kennet swift, where silver graylings play"*,

da das *play* in uns die Idee eines sichtbaren Vorganges wachruft.

Dieser Ausdruck ehrlicher Überzeugung war, wie Dr. Krause treffend bemerkt,²) nörgelnden Kritikern ein willkommener Angriffspunkt; es hieß sogleich, Darwin hätte nur für das Auge geschrieben, dem Gemüth blieben seine Verse gänzlich verschlossen. Die *"Pursuits of Literature"* nennen seine Verse, wie Charles Darwin berichtet (p. 95),³)

*"Filmy, gauzy, gossamery lines"*

und

*"Sweet tetrandian, monogynian strains"*.

Auch Miss Seward wusste manches an Erasmus' Werken auszusetzen, wenn aus ihrem Urtheil auch hervorgeht, dass sie das Lobenswerte in ihnen überwiegend finde; der Hauptangriff auf ihn war indessen ein satirisches Gedicht, betitelt *"The Loves of the triangles and Allegoric Garden"*, erschienen in den April- und Maiheften des *"Anti-Jacobin"* von 1798;⁴) es richtet sich mit scharfem Spott gegen Schwächen des *"Botanic Garden"*, die allerdings nicht zu leugnen sind (sieh unten, Seite 14 f.), gegen übertriebenen Zierat, allzukühne Vergleiche, gegen unsinnige Hyperbeln, wie: „lachende Flüsse", „finster blickende Brücken", „beifallklatschende Küsten" u. a. m., endlich auch gegen die übermäßig häufige Einleitung oder Aufnahme der Vergleiche durch *so* und *thus*. Solche Übertreibungen sind thatsächlich

---

[1] Nachdem allerdings der Gesichtssinn vom Tastsinn zu körperlicher Perception sozusagen herangebildet wurde: Darwin nennt ja den Gesichtssinn die Sprache des Tastsinnes; vergl. *"The Temple of Nature"*, p. 101 ff.

[2] Über Erasmus Darwin, p. 130.

[3] *"The Life of Erasmus Darwin"*, p. 95.

[4] Daraus hat Craik in seiner Literaturgeschichte, II. Bd., p. 397 ff., Proben veröffentlicht, die den Witz und die satirische Schärfe desselben zur Genüge erkennen lassen.

ein leicht zugänglicher Angriffspunkt für literarische Satire. Im „Tempel der Natur" erscheint das alles bedeutend herabgestimmt, er ist auch nicht mehr Gegenstand des Spottes gewesen.

Aber schon früher erkannten bedeutende Dichter den Wert und die Vorzüge auch der ersten Werke Darwins, ohne die Fehler derselben kleinlich in den Vordergrund zu rücken. Cowper und Hayley schrieben begeisterte Oden zu Ehren seines „Botanischen Gartens", die mit denen der weniger hervorragenden Dichter Polwhale, Stephen, Mundy u. s. w. der Ausgabe seiner Werke beigegeben sind.

All das konnte aber das Sinken seines dichterischen Ruhmes nicht aufhalten; das Naturerkennen und mit ihm das Naturgefühl lenkte um diese Zeit die Poesie immer mehr von dem Gekünstelten, Geschraubten, Lehrhaften hinweg; die Bahnen, die sie besonders bei Burns, dann bei Scott und den Dichtern der „Seeschule" wandelte, giengen weit von der Darwins ab, große Lehrgedichte in künstlich gefeilten Versen zu schreiben; seine Art so zu dichten, war ein letzter Rest des Pseudo-Classicismus, der in seiner Zeit noch hin und wieder auftaucht; seiner Anschauungsweise nach stand er ja mitten im Zeichen des Naturerkennens.

Ich gehe nun auf Darwins erstes Werk, *"The Botanic Garden"* selbst, etwas näher ein. Wie schon gesagt, entspricht der Titel des ersten Gedichtes, *"The Economy of Vegetation"*, dem Inhalte desselben nur insofern, als erst der letzte Canto sich mit den Erscheinungen der Pflanzenwelt beschäftigt. Der erste, größere Theil enthält ein farbenprächtiges Bild der Entwickelung der Welt aus dem Chaos und die Entstehungsgeschichte der Erde. Gnomen, Sylphen, Nymphen und Salamander sollen, wie der Dichter in der Einleitung vorausschickt, den Apparat des Gedichtes bilden, wieder ein pantheistischer Zug, hinter Bewegungsthätigkeit die lebendige Kraft zu sehen, wie ja schon die alte Mythologie nichts anderes ist, als ein symbolischer Deckmantel für die Vorgänge in der Natur. An diese Elementargeister nun wendet sich die Göttin der Botanik in ihrem Vortrage und schildert das Werden der Weltengebilde aus dem Urfeuer, die Ablösung der Erde von der Sonne und die Phasen der Entwickelung ersterer: den Aufbau der Erdrinde, den Niederschlag des Urmeeres, die Äußerung der Thätigkeit im Erdinnern durch gewaltige Ausbrüche (bei welcher Gelegenheit sich auch der Mond von der Erde lostrennt) und Erdbeben, Aufwerfungen und Verschiebungen von Gesteinsmassen, das Aufsteigen der Inseln und des Festlandes aus dem Weltmeer.

Alles, was dann von der Entstehung organischen Lebens und der Bildung der höheren Schichten aus seinen massenhaften Recrementen handelt, ferner von dem langsamen Aufsteigen der Lebensformen unter gewissen Bedingungen zu höherer Vollkommenheit, all das kehrt theils in ausführlicher Behandlung, theils im Auszuge im „Tempel der Natur" wieder. Der vierte Gesang endlich wendet sich der Pflanzenwelt zu und findet seine weitere Ausführung und eigenartige Behandlung im zweiten Bande, der „Liebe der Pflanzen". Immer von der Grundlage des natürlichen Systems von Linné ausgehend, schildert er, oft von dem eigentlichen Thema abschweifend, Natur und Bau, Lebensweise, Erhaltungstrieb und endlich Krankheiten der Pflanzen.

Fassen wir diesen wie bekannt vor der „Liebe der Pflanzen" verfassten Band seinem späteren Erscheinen gemäß als den zweiten, so können wir diesen seinen letzten Canto, soweit er die Pflanzenwelt betrifft, als eine begriffliche Abstraction aus dem ganzen ersten Bande *(The Loves of the Plants)* ansehen; denn dieser enthält eine Aneinanderreihung von unzusammenhängenden Beispielen, an denen die theoretisch-allgemeinen Eigenschaften und Eigenarten der Pflanzen praktisch erörtert werden, eine Bildersammlung, wie der Dichter im Vorworte sagt, die, durch zarte Bänder[1]) zusammengehalten, über dem Kamin im Wohnzimmer einer Dame hängen mag. Diese Bilder sind denn auch mit großem Geschick und vieler Phantasie gemalt; dass freilich der Reichthum an Phantasie manchmal in Phantasterei ausartet, ist, wie schon bemerkt, nicht zu leugnen: die Heirat zwischen einer Trüffel und einem Gnomen, der Sprössling einer Verbindung von Rose und Nachtigall (ein Bild, das uns an persische Mythen erinnert), oder die Eifersucht, mit

---

[1]) Damit ist der Rahmen des Vortrages der Göttin gemeint, der auch hier wieder die untereinander durchaus zusammenhangslosen Bilder zu einem Ganzen vereint.

der das Feuer die Koketterie des Stickstoffes beobachtet, u. dgl. m. gefährden bedenklich die Stimmung, in die der Leser durch reizende Landschafts-Schilderungen und großartige Gemälde von verheerenden Schlachten, Seuchen u. s. w., die wirklich zum Herzen sprechen, versetzt wird.

Der Vorwurf zum *"Botanic Garden"* ist in seiner Eigenart oft missverstanden worden; wenn Craik in seiner Literaturgeschichte (Band II, Seite 395) von einer strengen Trennung zwischen Wissenschaft und Poesie spricht, die der Dichter stets beobachten müsse, weil ja die eine stets bestrebt ist, zu ordnen und zu reducieren, die andere, zu vergrößern und zu übertreiben, so vergisst er, dass Darwin den Leser ja nicht in den Ernst der Wissenschaft vertiefen, sondern ihn an leichter Hand durch seinen „Zaubergarten" und seinen „Tempel der Natur" führen will, um ihm Vergnügen zu bereiten.[1]) Seine poetischen Werke machen durchwegs den Eindruck, dass sie ihre Entstehung einem tiefinnerlichen dichterischen Drange verdanken,[2]) dass es dem von seinem Plane begeistert durchdrungenen Dichter darum zu thun war, indem er als Philosoph und Naturforscher die Ergebnisse seiner wissenschaftlichen Bestrebungen in schöner, poetischer Form niederlegte, auch in weiteren Kreisen Interesse zu erwecken und Anregungen zu geben, an denen es diesem Gegenstande zu seiner Zeit fast gänzlich fehlte. Das Opfer, dabei abstracte Gebiete zu betreten, die sich zu poetischer Darstellung weniger eignen, musste er der Vollständigkeit seines tief durchdachten Planes bringen, und wir müssen jedenfalls zugestehen, dass die Schwierigkeit, hier Dichter zu bleiben, in glänzenderer Weise von keinem andern hätte gelöst werden können.

In wenigen Worten sei es mir noch gestattet, auf die Beziehungen des *"Botanic Garden"* zu den alten Classikern wie zu neueren Dichtern zu sprechen zu kommen. Schon der Gegenstand an sich ist den griechischen und römischen Dichtern durchaus nicht fremd. Gerade die Pflanzen haben lyrischen sowohl als auch epischen und didaktischen Dichtern oftmals Bilder und Gleichnisse geliefert. Sogar

---

[1]) Vergl. die Vorreden zu seinen poetischen Werken.
[2]) Vergl. Ernst Krauses Schrift über Erasmus Darwin, p. 89.

Plinius fehlt oft nur das Versmaß, um Stellen seiner Werke zu den schönsten poetischen Verherrlichungen der Pflanzenwelt zu machen. Auch Virgil hat häufig derartige Vergleiche, so z. B. gestaltet er die reizende und rührende Episode von Nisus und Euryalus in der „Aeneïde" noch dadurch anziehender, indem er einen Vergleich mit den Blumen anstellt:

*„Purpureus veluti cum flos succisus aratro*
*Languescit moriens; lassove papavera collo*
*Demisere caput, pluvia cum forte gravantur."*[1])

(*Aeneïdos* IX 435—88.)

Ähnliche Stellen finden sich auch bei Claudian, dessen Epitheta Erasmus Darwin ja sein Motto zum zweiten Bande seines *"Botanic Garden"* entlehnt hat. Dem mythologischen Apparat, den Darwin seinen Gedichten gegeben hat, verdankt er den Namen *"the English Ovid"*, den ihm Miss Seward verlieh.[2]) Darwin bekennt sich selbst dazu, in einer Art geistiger Verwandtschaft mit dem großen Dichter der Metamorphosen zu stehen, wenn er sagt[3]): *"Whereas P. Ovidius Naso, a great Necromancer in the famous court of Augustus Caesar, did by art poetic transmute Men, Women, and even Gods and Goddesses, into Trees and Flowers; I have undertaken by similar art to restore some of them to their original animality, after having remained prisoners so long in their respective vegetable mansions."*

Dies entspricht eben der Anschauung Darwins über Mythologie, die ja in den frühesten Zeiten nichts anderes war als symbolische Naturerkenntnis, welche im Laufe der Zeit in unverstandenen Anbetungsformen erstarrte. Aus diesem Gefängnisse heraus die luftigen Götter Griechenlands und des sonnigen Italien zu erlösen, hatte er sich zur Aufgabe gemacht; unter seinen belebenden Händen wurde die Mythologie wieder die Naturbeseelung, die sie gewesen, und da unsere Sprache sich immer mehr einer abstracten Bildersprache nähert und bei näherer Betrachtung mit mehr oder weniger deutlichen Metaphern durchwirkt

---

[1]) Deleuze, *Les amours des plantes*, Paris, An VIII.
[2]) Vergl. *"Letters of Anna Seward"* V 335.
[3]) Vergl. die Vorrede zum *"Botanic Garden"* II.

ist, so kommt Darwin gerade als Dichter der sprachschöpferischen und zugleich mythenbildenden Phantasie am nächsten, weil er alle Anschauung in lebensvolle Metapher und die Erscheinungswelt in concrete Gestalten mit individuellem Gefühlsinhalt umwandelt; und wie die Poesie ehemals dem Lobe der Götter und Helden, der Anführung sittlicher Grundsätze und der Darstellung der Wunder der Natur geweiht war, so lag auch seiner Poesie dasselbe, in keiner Weise verminderte ethische Princip zugrunde, nur dass es mit dem Fortschritte des Wissens andere Formen angenommen hatte: der Dichter stand eben vor der Aufgabe, große, bedeutungsvolle Wahrheiten, Ergebnisse mühsamer Forschungen in poetischer Verherrlichung dem Gedächtnisse der Menschen zu überliefern; das spricht er auch deutlich in seinem letzten Werke aus:

"*Thy acts, Volition, to the world impart,
The plans of Science with the works of art.*"

(*Temple of Nature*, Canto IV 223, 224.)

Ähnliche Stoffe behandeln ferner Ämilius Macer (70—16 v. Chr.), wenn das ihm zugeschriebene Werk, „*De herbarum virtutibus*" (zuerst gedruckt Neapel 1477)[1], wirklich von ihm herrührt, ferner Walafried Strabo in seinem „*Hortulus*" (1512 gedruckt), bei den Franzosen la Croix und de Thou in vielen Stellen ihrer zahlreichen Schriften, sowie Paul Contant (1570—1632) in seinem Gedichte „*Le jardin et le cabinet poétique*"; die Italiener Savastani und Faluggi, der ein poetisches Werk „*Prosopopeiae botanicae*" verfasst hat, endlich die Engländer: Cowley (1618—1667) in seinen Gedichten, Henry Brooke in seiner "*Universal Beauty*", Richard Blackmore in seiner "*Creation*" u. a. Doch kann, Ovid vielleicht ausgenommen, von keiner dieser Schriften als von einem Vorbilde, das directen Einfluss auf Darwin gehabt hätte, die Rede sein.[2]

---

[1] Davon ist eine alte Übersetzung ins Englische ohne Angabe des Ortes und der Zeit (der Sprache nach aber ins 15.—16. Jahrhundert gehörig) "by Robt. Wyer" erschienen.

[2] Vergl. E. Krause, Erasmus Darwin, p. 138.

### Der „Tempel der Natur" und sein Verhältnis zu Lukrez.

Der "*Botanic Garden*" wird als das Hauptwerk Erasmus Darwins angesehen; schon der große Umfang und die eigenartige Behandlung des Stoffes stellten ihn in den Vordergrund und machten ihn bekannt. Der „Tempel der Natur" wird wenig genannt. Miss Seward sagt einmal von ihm, er sei weniger interessant und weniger glänzend, auch weniger verständlich und durchaus decent.[1]

Dies Werk ist, wie bereits erwähnt, ein nachgelassenes; der Dichter sah es im Drucke nicht mehr. Seine Eigenart tritt hier noch deutlicher hervor; haben wir für den „Botanischen Garten" literarische Ähnlichkeiten gefunden, so lässt sich hier nichts Vergleichbares aufbringen, wenn nicht der Versuch des römischen Dichters Lucretius Carus, der uns in seinem großen Lehrgedichte „*De rerum natura*", ebenso wie Darwin, ein großartiges, entwickelungsgeschichtliches Weltenbild zeigt.[2] Auch bei ihm begegnen wir geradezu wunderbaren Vorahnungen von verschiedenen Thatsachen, deren Erkenntnis erst auf den schwierigsten Wegen erfahrungsgemäßer Forschung nach und nach erlangt werden sollte. Wenn wir sehen, wie Lukrez im Zeichen seines verehrten Vorbildes Epikur uns als Ideal und letztes Ziel seiner Philosophie ein glückliches Dasein und die Befreiung der menschlichen Seele von thörichtem und dumpfem Aberglauben aufstellt, so haben wir darin eine deutliche Übereinstimmung mit Darwin zu erblicken, der, ein Verfechter friedlichen Schaffens, seiner Entrüstung und Trauer über das damals noch blühende Sclavenwesen, über die grausame Behandlung der Gefangenen, wie über unmenschliche Schlachten und Kriege in seinen Schriften, besonders nachdrücklich aber im „Tempel der Natur", oftmals Ausdruck gibt.

Sein Naturerkennen sucht Lukrez bereits durchaus auf dem Wege einer monistischen Philosophie: er behauptet klar und deutlich die Ewigkeit und Unsterblichkeit oder Unvernichtbarkeit des Stoffes wie der Kraft; seinen Ausfällen gegen die teleologische Naturanschauung liegt bereits

---

[1] "*Letters of Anna Seward*" V 88.
[2] Vergl. E. Krause, Erasmus Darwin, p. 138.

der Gedanke des Kampfes ums Dasein und der Selectionstheorie zugrunde; er leitet das Urelement des ganzen geistigen oder seelischen Lebens aus dem Urstoffe ab und leugnet damit von vornherein das dualistische Princip des Verhältnisses von Geist und Körper. Daher wendet er sich auch gegen die lächerliche Todesfurcht der Menschen, die er als ein Ergebnis erfundener Fabeln bezeichnet; alle menschliche Erfahrung leitet er in letzter Linie aus sinnlichen Wahrnehmungen ab, ein Satz, mit dem ja auch Locke die empiristische Richtung der Philosophie von neuem begründet hat. In seiner ausführlichen Darstellung vom Werden der Welt aus dem Chaos und ihren bestehenden Formen fällt er naturgemäß den Irrthümern seiner Zeit anheim, die ja das ptolemäische System völlig beherrschte; wunderbar ausgeführt ist aber die Urgeschichte der Erdenbewohner, die Entstehung der menschlichen Sprache, deren Beziehung zu der Thiersprache Lukrez bereits erkannte; sehr poetisch dargestellt sind endlich die allmählichen Fortschritte der Civilisation und die Entwickelung der Künste und Wissenschaften.

Dem Plane dieses großartigen Werkes entspricht in vieler Beziehung Darwins „Tempel der Natur", wie ich in einzelnen Fällen genauer zeigen werde; sein Werk ähnelt in den Grundzügen demjenigen des Lukrez; auch hier sind alle die großen Fragen eingehend erörtert: wie das Leben entstand, wie es sich ewig erhält, wie der Menschengeist sich zu seinen Höhen erhoben hat, und auf welchen sittlichen Grundlagen seine Weltanschauung beruhen soll — die vier großen Abschnitte des Werkes Darwins. Die Formen des letzteren sind bei der mehr abstracten Natur des Stoffes reiner und strenger gestaltet, die Abschweifung ins Mythologische gegenüber dem "*Botanic Garden*" erscheint vermindert; der Apparat des Gedichtes ist ungleich großartiger als vorher; der mächtige Bau des Tempels wird in den herrlichsten Farben geschildert, von seinen granitenen Grundfesten an bis hinauf zu seinem sternenbesäeten Dache. Im Lichte der aufsteigenden Morgenröthe opfert die Schar der Musen, von Urania geführt, der Göttin der Natur, deren erhabene Gestalt bedeutsam von Wolken verhüllt ist. Die Führerin der holden Schar bittet die Priesterin der Göttin, sie möge ihnen die Wunder des

Tempels zeigen, — und unter ihrer Führung durchwandern sie die von reinem Lichte erhellten Räume.

Was sie sehen, ist Inhalt des Vortrages der Priesterin; es ist die Zusammenfassung und das Ergebnis der mühsamen Forschung, von der wir bei Betrachtung des prophetischen Geistes Lukrez' gesprochen haben; auf der Höhe, die sie zu Darwins Zeit einnahm, bildet sie wieder nichts anderes als eine Vorstufe zu Höherem, Vollkommenerem, die unsere Zeit als Erbe dankbar betreten, und die ein Glied einer Reihe ins Unendliche ist.

Alles, was Darwin in seinem Leben auf dem Gebiete der Wissenschaft und Kunst geschrieben und gedacht hat, liegt in diesem seinem letzten Werke in höchster geistiger und formaler Vollendung vor uns; eben noch konnte er es vollenden, da hinderte ihn der Tod an weiteren Thaten.

Seine Größe lag darin, dass er, nie mit Erworbenem und Erkämpftem zufrieden, stets über seine Zeit hinaus gedacht hat. Auch das sehen wir am besten aus dem „Tempel der Natur". Was früher aus seinem Munde als Anregung gefallen und nicht etwa schon durchgedrungen war, fand hier seinen Platz; und nicht wenig Neues kam noch dazu. Viele dieser seiner Gedanken haben längst ihre Verwirklichung gefunden, manche sind auch unsern Tagen Problem geblieben; seine Zeit hat ihm aber auf solch hohem Geistesflug nicht folgen können; in den meisten seiner Gedanken war er ein *propheta in patria*, ein Prediger in der Wüste.

Dennoch hat er in vielem zu dem hellen Schein beigetragen, den das Morgenroth einer neuen Zeit über die in der Nacht geistiger Gefangenschaft schmachtenden Völker verbreitete. Auf allen Gebieten regte sich's mit neuem Leben; die französische Revolution, die mit machtvoller Hand die Fesseln auf politischem Gebiete zerriss, war wie ein Signal zum Erwachen auf allen Linien. Sie hatte Darwin schon früher mit machtvollen Versen begrüßt *(Economy of Vegetation,* Canto I 107 ff.), war doch auch er ein Revolutionär auf geistigem Gebiete und fühlte sich eines Sinnes mit den Trägern der freiheitlichen Ideen überhaupt, die die Welt durchzuckten.

Auch hier ist es wieder sein „Tempel der Natur", aus dem wir die Quintessenz dieser geistigen Revolution so recht erkennen, und ich glaube, nach all dem dieses sein letztes Gedicht das Hauptwerk seines poetischen Schaffens nennen zu müssen. Wie wenig es von seiner Zeit verstanden wurde, zeigt eine Bemerkung der "*Edinburgh Review*",[1]) die ich hier anführen will: "*If his fame be destined in anything to outlive the fluctuating fashion of the day, it is on his merit as a poet that it is likely to rest; and his reveries in science have probably no other chance of being saved from oblivion, but by having been 'married to immortal verse'.*"

In welchem Verhältnis nun diese „wissenschaftlichen Träumereien" zu unserer heutigen Naturphilosophie stehen, und wie Darwins philosophischer Standpunkt sich seinem poetischen Verdienst als ebenbürtiger Factor zur Seite stellt, will ich versuchen, in dem folgenden Theile dieser Arbeit zu zeigen.

Sie soll in erster Linie eine philologische Arbeit sein, ich habe mich aber bestrebt, auch das Philosophische und Naturwissenschaftliche, das naturgemäß in dem Thema enthalten ist, in keiner Weise zu vernachlässigen, und ich stellte daher als Plan der Ausführung folgende zwei Gesichtspunkte auf, von denen ich mich habe leiten lassen:

1. Die ästhetische Würdigung der poetischen Schönheiten des Werkes, nicht an der Hand einer wörtlichen Übersetzung, sondern einer getreuen Wiedergabe und Betrachtung der einzelnen Theile.

2. Die Kennzeichnung des wissenschaftlichen Standpunktes desselben mit besonderer Rücksicht auf die Theorie der Entwickelungsgeschichte.

Ich habe diese beiden Gesichtspunkte nicht scharf von einander getrennt, sondern bin auf die zwanglose Abwechslung, wie sie die fortschreitende Lectüre ergibt, eingegangen.

---

[1]) April 1803 (4. Ed. 1806), p. 401, vol. II. Vergl. Dr. Ernst Krause, Erasmus Darwin und seine Stellung in der Geschichte der Descendenztheorie, p. 175.

# THE TEMPLE OF NATURE.

**Motto:**
„Dieser schöne Begriff von Macht und Schranken und Willkür
Und Gesetz, von Freiheit und Maß, von beweglicher Ordnung,
Vorzug und Mangel, erfreue dich hoch; die heilige Muse
Bringt harmonisch ihn dir, mit sanftem Zwange belehrend.
Keinen höhern Begriff erringt der sittliche Denker,
Keinen der thätige Mann, der dichtende Künstler; der Herrscher,
Der verdient es zu sein, erfreut nur durch ihn sich der Krone.
Freue dich, höchstes Geschöpf der Natur, du fühlest dich fähig,
Ihr den höchsten Gedanken, zu dem sie schaffend sich aufschwang,
Nachzudenken. Hier stehe nun still und wende die Blicke
Rückwärts; prüfe, vergleiche, und nimm vom Munde der Muse,
Dass du schauest, nicht schwärmst, die liebliche, volle Gewissheit."
(Goethe, Gott und Welt, Metamorphose der Thiere.)

# I.
## Die Entstehung des Lebens.

Der antiken Epik vergleichbar, eröffnet der Dichter seine Darstellung des gewaltigen Ringens der Materie zu höheren Stufen der Belebung, des steten Kampfes in der Natur, des unaufhörlichen Förderns und Vorwärtsschreitens zum Vollkommeneren von innen heraus mit einem Anruf an die Muse.

Singe, o Muse, den Zorn des Peleiaden Achilleus — —! Selbst der göttliche Sänger der Ilias, der es wie keiner verstand, den organischen Zusammenhang der Dinge zu beobachten, Ursache und Wirkung, Grund und Folge in Übereinstimmung zu bringen, fühlte sich oft seiner großen Aufgabe gegenüber zu klein; aber von der Idee durchdrungen und von seiner Gottheit beseelt, ward sein begeisterter Gesang beredter Ausdruck des immerwährenden Kampfes in der belebten und unbelebten Natur, zwischen den Menschen und in ihnen selbst.

Von ähnlichem Standpunkte aus erscheint mir die Anrufung der inspirierenden Muse in dem Augenblicke, wo unser Dichter daran geht, sich mit dem gewaltigsten, erhabensten, aber auch dunkelsten Thema, das zu seiner Zeit bestand, zu befassen: dem ursprünglichen Werden des Lebens.

Sag' an, o Muse, wie konnten, als der Natur durch die erste große Ursache unveränderliche, unsterbliche Gesetze auferlegt worden waren, organische Formen aus dem Kampfe der Elemente entstehen und zum Leben erwachen? Wie konnte Liebe und Zuneigung mit gewaltigem Reiz das kalte Herz erwärmen, die schon erhobene Hand entwaffnen, mit Vergnügen erfreuen und mit Schmerzen kränken, wie die Gesellschaft in goldene Fesseln schlagen?

Aus diesen einleitenden Worten erfahren wir neben dem formellen Programm des Vorwortes nun auch den grundlegenden Plan des Inhaltlichen. Im Vorworte klärt er den Leser über Bedenken, die ihn von der Lectüre des Werkes abhalten könnten, von vornherein auf: kein tiefes geistiges Sichversenken soll ihn mühsam die verschlungenen Pfade geheimnisvoller Fragen führen; spielend will er ihm die Gebilde längst vergangener Zeiten zeigen, gleichsam im dichterischen Fluge an ihnen vorüberschwebend; freilich beschränkt sich diese flüchtige Betrachtungsweise hauptsächlich auf den poetischen Theil der Aufgabe, die er sich gestellt; den größeren Theil des Bandes füllen Betrachtungen, die dem poetischen Fluge eine retardierende Mäßigung auferlegen.

Inhaltlich lässt sich eine Zerfällung des Werkes in zwei Haupttheile vornehmen, den ersten, naturgeschichtlichen Theil, in dem es sich um den Begriff Leben handelt, den man also den biogenetischen nennen könnte, und in den zweiten, der, von dem Begriffe der Sympathie ausgehend, die allmähliche Bildung der menschlichen Gesellschaft darstellt, also den sociologischen Theil. Der biogenetische Theil sucht das organische Werden überhaupt zu veranschaulichen; die aufsteigende Reihe der Formen desselben war der Erkenntnis Darwins in der Vollständigkeit, wie sie sein großer Enkel und nach ihm Haeckel aufstellen sollten, noch verschlossen; aber bestand das organische Leben überhaupt nur einmal, so war eine Fortbildung und Ausgestaltung seiner Formen nach Anpassungsverhältnissen ohne weiteres einzusehen, und Erasmus konnte verständnismäßig an die Bildung der höchsten organischen Stufe, der Gesellschaft selbst, gehen. Vier ereignisvolle Zeitalter erzählen davon; ein fünftes steigt aus ihnen ans Licht hervor; sie erschließen das seidene Gewebe ihrer Freuden, doch auch die tiefen Töne ihrer Wehklage dringen an unser Ohr; mit gewaltigem Klange stoßen sie ins Horn des Ruhmes und künden von ihren Gesetzen, von ihrer Arbeit und von ihrer Liebe.

Die Liebe wird in einer mächtigen Anrufung verherrlicht:

Unsterbliche! Die du erhaben über dem Chaos waltetest, als der Morgen der Zeit noch nicht angebrochen war; die du das berstende Ei der Nacht[1]) zum Leben

---

[1]) Vergl. „Zoonomie", Section XXXIX 7, 9.

gebrütet, die du die junge Natur in staunendes Licht getaucht hast; die du mit weiten Armen in sanfter Umschlingung die durchs All wirbelnde Welt in ihrem ungeheuren Umkreis begreifst; ob du dich nun, in Tageslicht getaucht, auf hohem Sonnenthrone mit dem Silbergürtel der Planeten schmückst, oder ob du, auf ätherischen Schwingen herniedersteigend, den kalten Schoß der Erde mit Frühlingsstrahlen erwärmst, Tropfen zu Tropfen fließen machst, Atom an Atom fügst, Geschlechter aneinanderkettest oder Geist an Geist fesselst — hör' meinen Sang! Wiederhole du mit rosigen Lippen meine Worte, schreibe sie mit deinem blanken Pfeile nieder. Denn dann werden sie sanfte Augen an sich fesseln, und zarte Finger werden im Fluge die Seiten wenden; dann ist alle meine Mühe vergolten: Jünglinge und Jungfrauen werden mein lebendiges Lied singen; dies und ihr Lächeln ist mir reicher Lohn.

So schön und beredt dieser Anruf ist, die Göttin der Liebe hat ihn nicht erhört; der „Tempel der Natur" ist kein *"living lay"* geworden. Aber aus diesen Zeilen ersehen wir deutlich die Tendenz Darwins, seine Ideen weiter zu verbreiten, den Leuten seine Weltanschauung in angenehmer Form mitzutheilen, sie geistig anzuregen und für das Gebiet der Naturforschung im allgemeinen zu interessieren.

Der Dichter beginnt seine Darstellung mit einer Schilderung des Paradieses. Engel bewachten dort die goldene Wiege der Welt; vier gewaltige Ströme nehmen ihren Lauf durch das blühende Land; auf sonnenhellen Grasplätzen tummelten sich nackte Grazien, und unschuldige Cupiden bezauberten jede Lichtung,[1]) bis endlich Eva, die „schöne Braut", der schlangenzüngigen Beredsamkeit des Versuchers erlag und nun ihrerseits den liebevollen Gemahl mit Lächeln „süßer als die Frucht" bethörte und so für das ungetrübte Glück der Liebe ein Leben voll Beschwerde und Mühsal eintauschte. Da brach eine wüste Zeit herein: Felsen überstürzten einander und bedeckten, in wilder Großartigkeit sich aufthürmend, die verheerten Gefilde. Ewige Stürme umtosten die überhängenden Klippen und die Höhlen am

---

[1]) Auffallend ist hier die Mischung christlicher und mythologischer Gestalten.

Meer. Fahle Blitze spalteten die flüchtigen Wolken; Wirbelwinde sausten heulend um die Felsenküsten und wühlten das Meer bis zum Grunde auf, so dass der Sand seines Bodens in den tosenden Fluten zu tanzen begann.

So schlossen die Winde kriegerisch das Profane aus, das in unheiligen Haufen mit rauhem Tritt einzudringen strebt; nach innen aber umsäuseln sie lieblich den Zug der Muse an geheiligtem Ort und rufen mit sanfterer Stimme das Gute und Weise herbei.

Von der Berührung der Muse entzückt, theilt sich die Felswand; hell schimmern zu beiden Seiten die Krystalle des Felsinnern; während über ihnen unschädlicher Donner erdröhnt, treten die Liebesgötter und Grazien durch das hellglänzende Thor und sehen, wie sie paarweise dahinschreiten, mit fröhlicher Lust ihre schönen Gestalten in den spiegelglatten Wänden; endlich verlassen sie ungeduldigen Schrittes die Irrgänge und hören hinter sich die Felsen zusammenschlagen.

Hier nun, hoch in der Luft, erhaben ob allen Stürmen, erhebt dein Tempel, o Natur, seine mystischen Formen; von der Erde bis zum Himmel thürmt sich das ungeheure Gebäude auf, ohne dass eines Menschen Hand zum Baue mitgeholfen hätte.

Über viele Meilen erstreckt sich seine gewaltige Kuppel, und bis tief in die Erde hinab steigen die Rippen seiner Gewölbe. Tausende von Jaspis-Stufen führen in kreisenden Bogen den zögernden Novizen hinan. Oben tragen Tausende von Querbalken, die bald zusammenlaufen, bald wieder auseinander streben, auf ihren sich verzweigenden Armen das goldschimmernde Dach.[1])

Unzählige Kreuzgänge verbinden ungezählte Hallen, von deren Wänden geheiligte Symbole grüßen; sie bedeuten in ihrer rohen Darstellung längst vergessene Tage, zerstörte Kunstwerke, untergegangene Staaten; in jeder Linie aber liegt Leben.

Widerwillig und zornig neigt sich die Zeit, von der Sculptur gefesselt, über eine aufgerollte Schrift und

---

[1]) Die Schilderung ist sehr geschickt in Handlung umgesetzt, indem wir den Eindrücken des emporsteigenden Jüngers folgen.

schreibt finsteren Blickes die Zukunft mit goldenem Griffel ein.

Dazu gibt der Dichter ein vergleichendes Bild: So wurde Proteus[1]) an der Küste des salzigen Meeres von dem weisen Atrides mitten unter seiner schuppigen Schar mit Seetang gebunden, als er, ihn zu täuschen, bald die Gestalt eines Adlers, bald eines Pardels oder Ebers annahm, bis endlich seine Lippen sich öffneten und, wenn auch widerstrebend, in tiefen Tönen die Zukunft und die Vergangenheit verkündeten.

Darwin fügt hier in einer erklärenden Note hinzu, dass Proteus wahrscheinlich der Name einer hieroglyphischen Figur gewesen sei, die die Zeit vorstellte; ihre Form veränderte sich unaufhörlich, sie konnte die Ereignisse der Vergangenheit aufdecken und die Zukunft vorhersagen. Herodot, fährt er fort, zweifle nicht, dass Proteus ein ägyptischer König oder eine ägyptische Gottheit gewesen sei; Orpheus nenne ihn den Anfang aller Dinge, den ältesten der Götter und füge hinzu, dass er den Schlüssel der Natur habe; alles das könne leicht mit einer Darstellung der Zeit vereinbart werden.[2])

Auf diesen luftigen Höhen also, hoch über den Höfen mit ihren Säulengängen, weilt das Vergnügen; hier wurzeln die Bäume, deren zu lieblichen Lauben verflochtene Zweige wogenden Schatten werfen und das mit Stiefmütterchen gestickte Moos in ein vielfarbiges Halbdunkel hüllen; sie beugen sich unter der Last schwerer Früchte und hören doch nie zu blühen auf, da sie einander immer ablösen.

Auch das Erotische darf dem Ovidiker bei Schilderung einer so reizenden Scene nicht fehlen: auf Rosenbetten hingestreckt ruhen dort in anmuthiger Stellung leichtbekleidete Schöne; Grazien tanzen behenden Schrittes um sie herum und fröhliche Begierden entfalten ihre Schwingen über ihnen.

Hier versieht die junge Dione ihre köchertragenden Liebesgötter mit Waffen und schult ihre Nymphen und Tauben zu ihrem Dienste; um ihre lachenden Augen ruft

---

[1]) Vergl. Ovid, *Metamorphoses* VIII 781; Virgil, *Georgica* IV 388.
[2]) Vergl. Herodot II 112, 118; Virgil, *Aeneis* XI 262; *Odyssee* δ 35 ff. u. a. O.

sie bald den zündenden Blitz, bald das versehrende Lächeln; ihre Wangen färbt helles Roth, ihr Busen hebt sich von verführerischen Seufzern, und von ihren rosigen Lippen gleiten zauberische Worte, die das Herz in diamantene Fesseln schlagen.

In düsterem Zwielicht aber ruft der Dämon Schmerz seinen unsichtbaren Hof zusammen. Geißeln, Fesseln und Flammen sind in schrecklichen Gewinden an seinem ebenholzenen Thron zu schauen; zu beiden Seiten steht ein Heer von Krankheiten, das schaudernde Fieber führt die geisterhafte Schar an, Verzweiflung beschattet sie mit rabenschwarzen Fittichen, und das schuldbefleckte Gewissen schleudert tausend verwundende Pfeile.

Tief unten, in weiten, grabähnlichen Höhlen wohnt das Vergessen mitten unter namenlosen Gräbern; es zerstört prunkvolle Grüfte, stürzt lorbeergekrönte Büsten um und schüttet die Asche aus den zerfallenen Urnen. Hier athmet kein Frühlingshauch, kein Sonnenstrahl erglänzt in frohem Lichte, kein lustiges Lachen dringt bis hieher; über den grünlichen Boden und die feuchten Wände entlang kriechen schleimige Schnecken und fleckige Eidechsen; auf weißen Haufen zusammengewürfelter Gebeine kauert die Muse der Melancholie und netzt wehklagend mit ihren kalten Thränen die Reste früh erstorbener Schönheit; sie breitet ihre bleichen Arme aus und beugt ihren marmorweißen Nacken.

Ähnlich müssen wir uns die Höhle vorstellen, die Trophonias am Ägäischen Meere ausschaufelte; ungefährdet konnte der Wanderer das geöffnete eherne Thor derselben überschreiten; aber mit trauriger Weisheit belehrt, kam kein Lächeln mehr über die Lippen des Zurückkehrenden.

Interessant ist es zu bemerken, wie Darwins moderne Anschauungen an den alten Mythus anknüpfen; er sagt in einer Textnote (p. 12): Plutarch erwähnt,[1]) dass aus der

---

[1]) Plutarch, ed. Didot, Parisis MDCCCLV, Ps. 167, 58 sqq.: „Ἐν Τροφωνίου μεμάντευτα"· ἐπὶ τῶν σκυθρωπῶν καὶ ἀγελάστων. Οἱ γὰρ καταβαίνοντες ἐς Τροφωνίου λέγονται τὸν ἑξῆς χρόνον ἀγέλαστοι εἶναι· Ὁ γὰρ Τροφώνιος ἔχων τὴν κεφαλὴν τοῦ ἀδελφοῦ αὑτοῦ Ἀγαμήδους καὶ διωκόμενος ὑπὸ τοῦ Αὐγαίου, εὐξάμενος εἰς χάσμα ἐνέπεσεν, οὗ δὴ καὶ μαντεῖον ἐγένετο·

Höhle des Trophonius böse Weissagungen kamen. Aber die allegorische Geschichte, dass derjenige, welcher die Höhle betrat, nie wieder lächeln gesehen würde, scheint dazu bestimmt gewesen zu sein, den Grübler vor übermäßigen Erforschungsversuchen der dunklen Seite der Natur zu warnen; wenn wir aber, setzt Darwin fort, über die beständige Zerstörung organischen Lebens und ihren Grund nachgrübeln, so sollten wir uns anderseits auch erinnern, dass derselbe Stoff ja stets in andern Formen beständig erneut wird, und dass so die Gesammtsumme der Glückseligkeit in der Welt unverkürzt fortbesteht; dass ein Philosoph also wieder lächeln könne, wenn er die Augen von dem Sarge der Natur zu ihrer Wiege wendet.[1])

Inmitten all dieser Gruppen, fährt der Dichter in der Darstellung fort, thront majestätisch die Natur. Über Länder und Meere streckt sie ihre hundert Hände aus; thurmhoch überragt der Kopfschmuck ihre strahlende Stirn; unzählige Sprösslinge saugen an ihren hundert Brüsten; von ihrem Haupte wallt ein leuchtender Schleier hernieder und um ihre herrliche Gestalt fließt ein gesticktes und durchwirktes Gewand, das trotz aller Falten die Umrisse der mächtigen Glieder erkennen lässt, und dessen goldener Saum sich am Boden spreitet.

Wir erkennen in dieser meisterhaften Schilderung die Personification der sichtbaren Natur; in der übergewaltigen Erscheinung ihre unendliche Ausdehnung; in ihrem wallenden Kleide und ihren mächtigen Gliedern sehen wir Symbole des leuchtenden Firmamentes, der ragenden Felsen und Berge, der Ströme und Seen und der Vegetation, die die Erde mit bunten Farben, einem Kleide gleich, ziert. All die Mannigfaltigkeit der Formen, die Pracht der Gestaltung erscheint hier, am Altar der Natur, in ihrer Göttin auf ein räumlich Beschränktes gebracht.

Bis hieher reicht der Hauptsache nach die Exposition des Werkes, die nun allmählich auf den Vortrag der Muse hinüberleitet. Ich bin bis jetzt der Darstellung ziemlich genau und ohne Unterbrechung gefolgt, um die Art und

---

[1]) Zum Schlusse seiner Darstellung kommt der Dichter sogar zu der Ansicht, dass sich die irdische Glückseligkeit eher mehre als irgendwie vermindere; vergl. Canto IV 405—410.

Weise, wie Darwin seinen Leser in sein Gedankenreich einführt, genau zu kennzeichnen; die Lage ist nun genau gegeben: wir haben in flüchtigen Zügen den Tempel durcheilt, uns an seiner äußerlichen Pracht erfreut und stehen nun am Altare seiner Göttin:

Von diesem ersten aller Altäre entwendete das ruhmvolle Eleusis seine geheimen Symbole und seine mystischen Schriften: erst in späteren Altern errichtete man mit frommem Betruge jene herrlichen Tempel, in denen die Götter verehrt wurden.

Diese Stelle zeigt uns klar und deutlich die Ansicht Darwins, dass sich die Götterverehrung der ältesten Völker auf bloße Naturanschauung gegründet habe.[1] In folgendem gibt uns der Dichter eine schöne Schilderung der eleusischen Mysterien, die nach ihm der Naturverehrung der alten Griechen in Form von Spielen Ausdruck gegeben hätten.

Zuerst traten vor die erstaunte Menge (der Zuschauer) das Schweigen, die Nacht und das Chaos; schaurige Todesscenen, in düsteres Dunkel gehüllt, machten das schauende Auge erstarren und erschütterten die athemlose Brust. Dann wieder führte der junge Frühling, Hand in Hand mit dem beschwingten Zephyr, die Königin der Schönheit auf die blumige Wiese; entzückt schloss sich Hymen mit seinen Grazien und Liebesgöttern dem Zuge an; so erneuerten die maskierten Mimen feierlichen Schrittes die Prunkzüge vergessener Tage; dem rohen Haufen blieb ihre mystische Wahrheit verborgen, den berufenen Jüngling aber entzückten sie mit den Lehren der Weisheit. Jede wechselnde Scene betrat ein von Vaterlandsliebe beseelter Held, eine geheiligte Schönheit oder ein rettender Gott.

Diese Schilderung der Vorgänge bei den eleusischen Spielen ist typisch der Darstellung anderer angepasst: der ganze mythologische Apparat ist wieder aufgeboten, und die Deutlichkeit sowie die Authenticität der von den Schauspielern dargestellten Scenen dem Dichter augenscheinlich wohl bewusst.

In einer Note, die er erklärend hinzufügt, spricht er davon, dass die eleusischen Mysterien ägyptischen Ursprungs

---

[1] Vergl. die Einleitung, p. 16.

gewesen seien und später mit andern frühen Künsten und religiösen Anschauungen nach Griechenland gebracht worden wären; dass sie allem Anschein nach aus theatralischen Darstellungen der Philosophie und Religion jener Zeit bestanden hätten, die man, um sie nicht der Vergessenheit anheimfallen zu lassen, noch vor der Erfindung der Buchstabenschrift in hieroglyphischen Figuren aufgezeichnet hatte; er leitete somit, seiner Theorie gemäß, die mystischen Ideen der alten Griechen auf einen noch früheren Ausgangspunkt zurück, von dem aus kein allzu weiter Schritt mehr war zur Annahme der Entstehung derselben bei Naturvölkern selbst.

Diese Theorie gilt indes keineswegs als erwiesen; sie war nicht Darwins Eigenthum, sondern er hat sie aus Dr. Warburtons gelehrtem Werk *"The divine Legation of Moses"*[1]) geschöpft, woher ihm überhaupt die Kenntnis ätiologischer Mythenforschung gekommen zu sein scheint.

Dr. Warburton sagt dort (Book II, Sect. IV, p. 190 ff.): *"The first and original Mysteries, of which we have any sure account, were those of Isis and Osiris in Egypt; from whence they were derived to the Greeks — — — — — — by Cadmus and Inachus — — — —. But their end, as well as nature, was the same in all; to teach the doctrine of a future state."*

Zu diesen Betrachtungen hingeführt wurde der Bischof durch seinen Versuch einer Interpretation des berühmten 6. Buches der „Aeneïde"; ich führe nur folgenden wichtigen Satz an, der für uns hier in Betracht kommt: *"The purpose of this discourse is to show that Aeneas' adventure to the infernal shades is not other than a figurative description of his initiation into the Mysteries; and particularly a very exact one of the spectacles of the Eleusinian."*

Diese Theorie, die der geniale Gibbon einer vernichtenden Kritik unterzieht,[2]) sagt Erasmus Darwin zu, wenn auch weniger um der theologischen Tendenz des gelehrten Bischofs willen; es war vielmehr das Moment der Beziehung, der Verwandtschaft der religiösen Institute Ägyptens und

---

[1]) *By William, Lord Bishop of Gloucestershire*, 5 Bde., London MDCCLVI.

[2]) *"The Miscellaneous Works of Edward Gibbon, Esquire*, by John Lord Sheffield", Basil 1746, vol. VII, p. 206.

Griechenlands, der Anpassung eines älteren Systems auf fremdem Boden an fremde Verhältnisse, das ihn anzog.

Ich flechte hier die Besprechung eines längeren Aufsatzes über die Portlandvase (*Economy of Vegetation*, Canto I, 325) ein, der das Wesen dieses Gegenstandes nahe berührt und weitere Ansichten wie auch selbständige Theorien Darwins über die eleusischen Mysterien enthält.

Auch hier steht er ganz unter dem Einflusse der Theorie Warburtons. „Welcher Gegenstand", sagt er, „könnte erhabener und geeigneter für Darstellung auf einer Todtenurne sein, als die Sterblichkeit aller Dinge und ihre Wiederbelebung?" Die Darstellung dieser beiden Vorgänge bildet nämlich nach Dr. Warburton, entsprechend der Virgil'schen Schilderung, den ersten Theil der mystischen Darstellung zu Eleusis.

Dass diese Schilderung bei Virgil (im 6. Buch der „Aeneïs") mit den genannten Mysterien nichts zu thun habe, beweist Gibbon klar aus Anführungen alter Classiker (Plutarch, *Vit. Thes.*; Herodot, VIII 65; *Cicero, De natura deorum* I 42). Ich wende mich nun sogleich der Darstellung zu, die Darwin über das alte Denkmal von hervorragender Schönheit, die Portlandvase, gibt; das erste Feld enthält drei Figuren: die mittlere, eine weibliche Gestalt, die eine umgekehrte Fackel in der Hand hält, stellt nach ihm ein eleusisches Emblem des sterblichen Lebens (*mortal life*) dar; die andern beiden, ein Mann und ein Weib, sind nach ihm ebenfalls Embleme, und zwar des Menschengeschlechtes; sie erinnern stark an Adam und Eva; Dr. Warburton aber sieht in ihnen allegorische oder hieroglyphisch überlieferte Personen ägyptischen Ursprunges.

Das zweite Feld enthält nun nach Dr. Warburton, und im Anschluss an ihn nach Dr. Darwin, die Darstellung eines Haupttheils der eleusischen Mysterien; die erste Gestalt ist die Mane eines Menschen, die nach der Unterwelt gelangt. Zögernd tritt sie durch ein offenes Thor,[1]) ihr Irdisches, ein Gewandstück, bleibt daran haften.

Vor ihm befindet sich in ruhender Stellung ein herrliches Weib, das Symbol des unsterblichen Lebens, was Darwin

---

[1]) Darwin weist darauf hin, dass Aeneas bei Virgil (VI 126) auch durch ein ähnliches Thor schreite (*Economy of Vegetation*, p. 840).

daraus schließt, dass sie eine Schlange an ihrer Seite hat; diese ist ja bekanntlich wegen ihrer Häutung von altersher als Sinnbild der Unsterblichkeit angesehen worden. (Bacon, Quarto ed., London 1778, vol. V, p. 462, erzählt, wie Darwin angibt, die Sage, wie sie diese Göttergabe erlangt habe, folgendermaßen: *„illi [homines] gestientes et inepti, donum deorum asello imposuerunt. Inter redeundum autem laborat asellus siti gravi et vehementi; cumque ad fontem quendam pervenisset, serpens fonti custos additus, eum a potu prohibuit, nisi illud, quodcumque esset, quod in dorso portaret, pascisci vellet: asellus miser conditionem accepit atque hoc modo instauratio iuventutis, in pretium haustus pusillae aquae, ab hominibus ad serpentes transmissa est."*)

Ein neuerer Alterthumsforscher, Baumeister, deutet die liegende Gestalt als die Göttin Thetis und die Schlange als einen Meerdrachen, das Symbol ihres Elementes.[1]

Diese Gestalt nun stützt aus ihrer Ruhelage heraus den zögernden Schritt des Nahenden und scheint ihn der dritten Figur des schönen Bildes zuzuführen, die Darwin für eine Darstellung Plutos hält; er schließt dies aus dem bärtigen Gesicht der Mannesgestalt und ferner daraus, dass der eine Fuß desselben von Erde bedeckt sei *(buried in the earth)*; dieses letztere Merkmal kann ich aus der Darwins Ausführungen beigegebenen Abbildung überhaupt nicht entnehmen, vielmehr scheint mir der unsichtbare Theil des linken Fußes hinter der weiblichen Gestalt verborgen.

Über dieser Gruppe schwebt ein Liebesgott, der der in die Unterwelt eintretenden Mane mit einer Fackel voranleuchtet und ihr winkt, ihm zu folgen. Darwin erklärt diese Ansicht darüber so, dass die alte Liebesgottheit, die eine viel höhere Würde genossen habe, als die spätere Gestalt des Cupido, den Schlüssel zum Himmel, zur Erde und zum Meere besessen haben soll und, da sie außerdem als erste aus dem großen „Ei der Nacht" entsprungen war, den Weg des Lebens also zuerst betreten hatte, auch deshalb geeignet schien, den Führer aus diesem Leben in jenes zu machen. Diese Anschauung hat Darwin aus Bryants *Mytho-*

---

[1] Vergl. Baumeister, Denkmäler des classischen Alterthums, München, Leipzig 1888, p. 1802.

*logy* geschöpft.¹) Auch die Einführung dieser Gestalt, die in der alten Mythologie überhaupt eine bedeutende Rolle spielt, führt Darwin mit Bryant auf ägyptische Einflüsse zurück.

Zur Vollständigkeit des Bildes kommt er noch auf die Darstellung am Boden der Vase zu sprechen, als deren Gegenstand er eine eleusische Priesterin oder Hierophantin vermuthet; wenn sie mit dem Zeigefinger auf die Lippen deutet, so sei dies ein Befehl unverbrüchlichen Stillschweigens über alles, was die Mysterien betraf, dessen Bruch nach athenischem Gesetz die schwersten Strafen nach sich zog; er vermuthet, dass ähnliche, insbesondere ägyptische Darstellungen alle Symbole von Priesterinnen geheimer Mysterien gewesen seien. In sehr einleuchtender Weise fügt er, die Theorie auch hieher verfolgend, eine Erklärung hinzu, warum wir über dieses hervorragende Denkmal alter Kunst keine irgendwelche Aufzeichnungen erhalten haben: man fertigte eben, um das so streng gehütete Geheimnis aufrecht zu erhalten, keinerlei Beschreibungen der abgehaltenen Feierlichkeiten oder Erklärungen ihrer Bedeutung an; eher konnte man ihre Darstellung der bildenden Kunst anvertrauen, die die Vorgänge wohl veranschauliche, ihre Bedeutung aber nicht zur Klarheit hervorgehen lasse. Solche Bildwerke mochten dann den Eingeweihten *(initiated)* stets zur Warnung dienen, das geleistete Versprechen auf Geheimhaltung der Mysterien zu halten. Die andere Deutung, die Darwin über diesen verhüllten Kopf am Boden der Vase gibt: er stelle Atis, einen Eunuchen der Rhea oder Cybele vor, der, Mysterien lehrend, die Welt durchzog, entbehrt jeder Grundlage.

Was die Kritik dieser Erklärungsversuche Darwins anlangt, so ist es mir nicht gelungen, in der Kunstliteratur eine Stelle zu finden, die darauf Bezug nähme. Dagegen finden wir eine Erwähnung seiner Theorie in der ausgezeichneten Virgilausgabe von Heyne,²) die immerhin der Anführung wert ist:

---

¹) Bryant, *A curious account of Ancient Mythology*, 3 vol⁸·, London 1775; vergl. vol. II, p. 848—886.
²) Chr. Gottl. Heyne, *Publius Virgilius Maro*, Lipsiae MDCCCXXXII, p. 1022.

*„Nuper ingeniosus vir, Frasmus Darwin, ad carmen didacticum 'The Botanic Garden' nobile vas Portlandium ita interpretatus est, ut anaglyphum ad mysteria Eleusinia referret. Ita sane res se habet: multa passim in operibus priscae artis, in callatis maxime et scalptis, occurrere, symbolica et mystica, quae ad vitam animarum in inferis probabiliter referri possint; etsi difficile est in his satis sibi cavere, ne ingenii lusui indulgeamus."*

Hier ist also eine bestimmte Ansicht nicht ausgesprochen; ebenso skeptisch verhalten sich die neuesten Forschungen in Bezug auf die Deutung des Denkmals. Seit man gefunden hat, dass das Grab, in dem die Vase stand, nicht das des Kaisers Alexander Severus ist, seit man also die Darstellungen auf das Leben desselben nicht mehr ausdeuten konnte, sind viele allegorische und mythologische Erklärungsversuche vorgeschlagen worden; keine von ihnen kann Anspruch auf einen höheren Grad von Wahrscheinlichkeit machen. Den meisten Beifall hat noch die Ansicht Winckelmanns gefunden, der in dem Hauptbilde die Werbung Peleus' um Thetis sieht; da wir aber wissen, dass Thetis ihrem Liebhaber stets auszuweichen sucht, so können wir wieder nicht verstehen, warum sie ihn hier an sich zu ziehen sucht. Eine sichere Deutung ist also überhaupt unmöglich.[1]

Auch was Darwin über den Inhalt der eleusischen Mysterien[2] mit großer Bestimmtheit und ganz dispositionell angelegt zu sagen weiß, ist nicht mehr haltbar; dass man, mit Virgil zu gehen, Tod und Zerstörung aller Dinge einerseits und anderseits in der Hochzeit von Cupido und Psyche das Wiederaufleben der Natur scenisch dargestellt habe, ist nicht so gewiss; dass es an allegorischen Beziehungen zu Tod und Leben nicht gefehlt haben wird, ist freilich wahrscheinlich, nur können wir nicht in bestimmter Weise Punkt für Punkt der Darstellungen aufstellen, wie es der classificierende Ordnungsgeist Darwins gethan hat. Wir wissen nur von Rundzügen, Tänzen und Gesängen, auch die Fackelzüge, in denen Darwin den symbolischen Aus-

---

[1] Vergl. Friedrich Wolters, Die Gipsabgüsse antiker Bildwerke, Bausteine zur Geschichte der griechischen und römischen Plastik, Berlin 1885.

[2] Vergl. auch die Einleitung zum „Tempel der Natur".

druck für die Rückkehr des Lichtes und die Wiederbelebung aller Dinge (wie im altgermanischen Cult) sieht, sind uns bezeugt,[1] mehr aber nicht.

Wenn Darwin zum Schlusse der Note sagt, es scheinen auch die Geschichten (*histories*, im Sinne etwa wie *gesta*) berühmter Männer jener Zeit in Scene gesetzt worden zu sein, so hat er auch hier wieder an gemeinheroische Gestalten gedacht, denn er fährt fort: diese waren zuerst durch hieroglyphische Figuren dargestellt, aus denen dann später die ägyptischen, griechischen und römischen Gottheiten geworden sind; auch diese Ansicht geht auf die Warburton'sche Theorie zurück.

Entsprechend seinen Ansichten über jene Mysterien, soweit sie für die große Volksmenge in Betracht kamen (τὰ μυκρὰ μυστήρια), gibt Darwin noch eine Anregung zur Veredlung auch der heutigen breiteren Volksschichten durch Hebung ihrer Bildung auf eine höhere Stufe, die gerade für jene Zeit, wo der Pseudo-Classicismus einer freieren Richtung in der Dichtkunst Platz machte, hochbedeutsam ist; er sagt dort: Könnte nicht eine würdige Pantomime ins Werk gesetzt werden, die noch in diesem Zeitalter die Zuschauer mit Ehrfurcht erfüllen, gleichzeitig viele philosophische Wahrheiten durch angewandte Bilder erklären und sowohl unterhalten als auch unterrichten würde?

Wir sehen aus dieser Frage deutlich, wie Darwin den Selbstzweck der Dichtung zurückstellen kann, wenn es gilt, sie als wirksames Mittel der Belehrung zu betrachten und das Publicum durch anschauliche und eindringliche Beispiele zu erziehen; freilich konnte er da, wenn er in der Literatur Umschau hielt, kein solches Dichtungswerk entdecken, wie es seinem Wunsche entsprochen hätte; oder durfte er glauben, dass er, wie er auf dem Gebiete der didaktischen Poesie lehrhaft thätig gewesen, einen ähnlichen Nachfolger auf dem Gebiete des Dramas hätte finden können? Der Umschwung auf allen Gebieten, der in der französischen Revolution seinen Gipfelpunkt gefunden hatte, und der freiheitliche Geist, der durch die ganze Welt wehte

---

[1] Vergl. Preller, Geschichte der griechischen Mythologie, Berlin 1894, p. 198; ferner die Realencyklopädie von Pauly (Eleusinia).

und der auch Darwin voll und ganz durchdrang, von dem er nur das formale Äußere nicht abstreifte, machten auch in England alles verblassen, was die Dichtung an moralischem Einfluss auf das Volk zu äußern vermocht hatte, die moralisierenden Dramen eines Southerne, Rowe u. a., die noch im selben Jahrhundert wie Darwin ziemliche Erfolge errangen, ließen jetzt die Zuschauer kalt, denn ihre Ideen hatten sich überlebt. Die Zeit wies der Poesie andere Wege; gerade damals war es ja, als Walter Scott den Engländern eine Probe des Dramas der deutschen Stürmer und Dränger gab, indem er Goethes „Götz von Berlichingen" ins Englische übertrug. Unter solchen Zeichen musste wohl die Hoffnung Darwins, einen wie ethischen Grund sie auch haben mochte, als aussichtslos bezeichnet werden.

Nach dieser längeren Abschweifung, in der ich dem ausführlichen Aufsatze wie auch den Noten, die Darwin zu der Stelle im Texte gibt, Rechnung getragen habe, kehre ich wiederum zum Gegenstand zurück.

In purpurner Pracht zieht der Morgen herauf; dunkelrothe Thautropfen erzittern auf den Wiesen, und hoch oben erstrahlen die Zinnen des Tempels im ersten Sonnenglanze, vor ihm weichen tanzend die Schatten von dem Gefilde.

Da wallen lange Züge von Jungfrauen aus dem heiligen Hain und schreiten paarweise um den Altar: sie tragen Blumenkörbchen in der Hand oder schwingen im Dahinschreiten Weihrauchfässer; von der schönen Urania geführt, opfern sie mit reinen Händen der Göttin ihre Gaben.

Nur zum Theil bietet sich ihre Gestalt den staunenden Augen dar, Wolken verhüllen das übrige.

Noch immer einleitend, führt uns der Dichter jetzt an seine eigentliche Aufgabe heran: die Menschen, die sich, fromm und gut, an der Natur erfreuen (so verstehe ich den Zug der Jungfrauen) sehen die herrliche Gestalt der Göttin nur zum Theil, undeutlich, wie ein Gebirge morgens im Nebelschleier.

Der Dichter aber hat ein größeres Anrecht; er darf an ihrem Altare flehen:

Priesterin der Natur! Während deine Jünger sich in frommer Scheu vor dir beugen, ziehe du den geheimnisvollen Schleier fort; entfalte Reiz auf Reiz in schöner Folge und zeige die Göttin dem anbetenden Tag! Ihre Macht wird sich dann all den in Verehrung vor ihr knienden Ländern mittheilen, und Himmel und Erde werden Wohlgerüche auf ihren Altar streuen.

O lass die Muse mit zögerndem Schritt auf jedem sonnenhellen Pfade, in jedem grünen Verstecke weilen; lass sie, von deiner Hand geführt, die reich geschmückten Wände, die mit Bildwerken gezierten Gänge und die gemalten Hallen schauen; lass sie die stolzen Pyramiden, die erhabenen Triumphbogen durchforschen und im kleinen wieder erdzerfressene Urnen, spangrüne Münzen, finstere Götterbüsten, helmbeschirmte Heroen und die leuchtenden Formen der Schönheit prüfen.

Von deiner Stimme geweckt, von deinem Zauberstabe ins Leben zurückgerufen, werden all diese Wahrzeichen vergangener Zeiten ihre Lippen aufthun und ihre Arme ausbreiten; das Weib, dem Liebe den Tod brachte, wie der in der Schlacht gefallene Krieger werden aus ihren Gräbern steigen und wieder seufzen, wieder kämpfen. Dir wird es wie einst Orpheus, als er in das finstere Reich der Unterwelt stieg, gelingen, wesenlose Gestalten von neuem zu beleben und lauschende Schatten durch deine süßen Töne zu entzücken.

Ihn führte der Liebesgott durch das fürchterliche Thor des Todes; sein Lächeln munterte ihn auf, seine Fackel leuchtete ihm voran; vor ihm sperrte der dreiköpfige Höllenhund seinen Rachen nur zum Scherze auf und leckte seine Kinderhändchen.

Wie der Sänger dahinschreitet, umdrängen ihn die Scharen der Schatten; einsame Männer- und Frauengestalten, die traurig an Lethes Ufer stehen, die aber ihre irdischen Sorgen noch nicht aus seinen Fluten trinken lassen, eilen ihm zu. Und wie er anhebt zu singen, fühlt auch die Königin der Finsternis „die goldene Flamme seiner Töne" um ihre Brust spielen und die starre Hülle schmelzen. Und nun leiht auch sie ihre Hilfe, entzückt ihren Gemahl durch süße Worte und erweicht sein hartes Herz mit verführerischer Arglist, bis selbst Pluto lächelt. Der Sänger aber führte triumphierend seine zitternde Braut aus den düsteren Wohnungen der Unterwelt zum hellen Lichte empor; ach, nur zu bald sollte sie wieder zur finsteren Nacht zurückkehren, um nie mehr wiederzukommen.

Ich habe die schöne Darstellung der griechischen Mythe mit den Worten Darwins vollständig wiedergegeben, um zu zeigen, wie gestaltungskräftig er seine theoretischen Ausführungen und Erklärungsversuche der oben behandelten Portlandvase in Poesie umzusetzen vermocht hat; übrigens hat der Dichter mit diesem poetischen Bilde einen neuen Sinn in die bedeutungsvolle Gruppe hineingetragen, indem er für die eintretende Mane Orpheus und für die symbolische Frauengestalt die Gemahlin Plutos einsetzt, ebenfalls ein Erklärungsversuch, gegen den man nichts einwenden könnte; es ist dies eben ein neuer Beweis dafür, wievielerlei Deutungen hier möglich sind.

Die schöne Priesterin gibt dem Dichter Gehör; sie winkt ihm, ihr auf ihrem Wege zu folgen; herrlich erglänzt ihr prachtvoller Perlenschmuck, und die Falten des Seidengewandes, das ihre schöne Gestalt umgibt, rauschen im Winde.

Und wieder wendet sich der Dichter an sie:

„Erschließe mir vor allem, himmlische Führerin, aus welchem hellen Borne das irdische Leben hervorquoll, woher der zarte Nerv der Bewegung und des Fühlens stammt, woher die zusammenziehbare Faser und der ätherische Geist.

„Erschließe mir, wie Liebe und Zuneigung den Busen wärmen, ihn mit Freude erfüllen, doch auch wieder mit herbem Schmerze quälen, mit sanften Leidenschaften das Gewebe der Gesellschaft flechten und durch ihren Reiz den Wilden zum Menschen machen."

222

Diese Fragen wiederholen die bereits eingangs erwähnte dispositionelle Aufstellung des zweitheiligen Themas, das nun in seiner ersten Hälfte unmittelbar zur Behandlung gelangt. Ohne Zögern erfolgt die Antwort der Priesterin; sie bedarf keines Nachdenkens, das Geforderte ist ihr am geheiligten Altare der Natur längst zur Erkenntnis geworden:

*"God the first cause!"* Noch stammelt die junge Natur in ihrem irdischen Aufenthaltsorte; sie ist das Kind Gottes.

Mit dem Ausdrucke *"child of God"* will Darwin neben der *causa efficiens* der Entstehung der Erde in letzter Hinsicht überhaupt auch noch den jugendlichen Zustand derselben bezeichnen; denn er sagt in einer Note (p. 20), dass die Kalksteinschicht der Erde durch fortwährende Erzeugung von Kalk seitens der Muschelthiere, und durch die Rückstände von Thieren und Pflanzen die dieser übergelagerten Schichten beständig im Zunehmen und Wachsen seien; da nun nach Darwin das Ende dieses fortschreitenden Processes eine Verwandlung alles Flüssigen in feste Substanz ist; und da dieses Ende bei dem Unverhältnis der festen Theile der Erdoberfläche zu den flüssigen noch weit hinaussteht, so erhelle schon daraus der jugendliche Zustand der Erde.

Diese Ansicht geht nun ja entschieden über das Maß hinaus; denn wären zur Verdrängung der flüssigen Bestandtheile der Erdoberflächen in den Jahrhunderttausenden kommender Zeiten keine andern Factoren mit im Spiele, dieser Umstand allein würde dazu niemals ausreichen. Die ungeheure Leistungsfähigkeit jener Thiere hatte Darwin aber schon erkannt. Der moderne Naturforscher Wilhelm Bölsche sagt ausdrücklich, dass solche Reste gesellig lebender Seethiere ziemlich niederer Art, wie die Kalktheile riffbildender Korallen, trotz ihrer individuellen Kleinheit Gesteinsmassen von unglaublicher Dicke erzeugt haben;[1] allerdings setzt er für die Entstehungsdauer dieser Massen die allergrößten Zeiträume an; dies entspricht ja aber der Argumentation Darwins in keiner Weise.

Diese seine Theorie stützt Darwin weiter darauf, dass einige Theile der Erde jüngeren Bestehens seien als andere; die größere Höhe der Berge Amerikas im Vergleich zu denen der alten Welt rühre z. B. daher, dass ihre Gipfel und Hänge noch nicht so ausgewaschen worden seien, wie es bei denen der andern der Fall ist, dass sie sich also in einem noch ursprünglicheren Zustande befinden. In diesem Punkte steht Darwin noch durchaus auf dem Standpunkte der alten Werner'schen Erosionstheorie, die von der Thätig-

---

[1] Vergl. Wilhelm Bölsche, Entwickelungsgeschichte der Natur, Neudamm 1894, 2 Bde., II. Bd., p. 118. Vergl. ferner *"The Temple of Nature"*, pp. 179, 181 f.

keit der Sintflut ausgieng; dieser Standpunkt der „Neptunisten" ist längst aufgegeben worden.

Endlich kommt er, das Thema noch weiter fortsetzend, zu der aus seinem Munde höchst interessant klingenden und durchaus modernen Ansicht, dass auch die menschliche Gesellschaft, deren Künste und Wissenschaften in stetem Aufschwung begriffen sind, sich in einem noch sehr jungen Entwickelungszustand befinde, und zwar schließt er dies daraus, dass die geselligen Vereinigungen verschiedener Insecten, so der Bienen, Wespen und Ameisen, die man (wie er bedeutungsvoll hinzufügt) gewöhnlich dem Instinct zugeschrieben hat,[1]) längere Dauer und größere Reife aufweisen. Und thatsächlich ist ja, so weit menschliche Beobachtung zurückreicht, an dem Leben und Treiben dieser in förmlicher Arbeitstheilung zusammenlebenden Thiere nie die geringste Veränderung wahrgenommen worden, während doch die modernen Culturstaaten in ganz kurzen Zeitabschnitten unter den gewaltigsten und einschneidendsten Umwälzungen förmlich kaleidoskopische Bilder zeigen. In schönen Worten hat Bölsche in einem seiner jüngsten Werke[2]) auch dieser Idee Ausdruck verliehen: „Kein Zweifel, dass sie (die Biene) dem Menschen in ihrem tollen Liebesmärchen und Staatsversuch eine uralte, zähe Tradition bietet, die als solche auf seine paar menschlichen Cultur-Jahrtausende herabsieht wie auf ein winzigstes Zeitstäubchen. Er ist Planetenjugend, grünste noch — sie Planetenalter. Seit der Kreidezeit mindestens (die erst Schnabelthiere und Beutelthiere und vielleicht igelartige Insectenfresser, aber noch keine Affen und Menschen sah) bestehen jene Blütenpflanzen, die des Insectenbesuches zur Befruchtung bedürfen. So lange mag es auch Bienen auf der Erde geben. Sicher lebten sie schon in der Tertiärzeit, als der Mensch noch als Menschenaffe kletterte. So ungeheuer kann also auch die Tradition ihrer Gebräuche sein. Was sind dagegen Menschenstaaten, — die paar Jahrtausende, die Persepolis und Palmyra in die Wüstenöde gestürzt und Athen und Rom in archäologische Museen verwandelt haben!..."

---

[1]) Vergl. *"The Temple of Nature"*, p. 180.
[2]) Wilhelm Bölsche, Das Liebesleben in der Natur, 1. Folge, Berlin 1898, p. 367.

Dieser Jugendzustand der Erde, bemerkt Darwin zum Schlusse der Note, ist ein Zeichen, dass sie einst auch wirklich ihren Anfang nahm und somit ein starkes, natürliches Argument für das Bestehen einer Ursache ihrer Hervorbringung — der Gottheit.

Vom embryonalen Zustande an schlagen die wechselvollen Formen, die die Erde hervorbringt, immer höhere Wege ein; das Leben lässt sie heranwachsen, die Bewegung hilft ihnen zu größeren Kräften.

Ehe noch die Zeit begann,[1]) entstanden, vom flammenden Chaos ausgeworfen, die hellen Sphären, die das kreisende Weltall bilden. Aus jeder Sonne brachen mit raschem, gewaltigem Bersten mächtige Körper, der Erdkugel an Gestaltung gleich, hervor, und diese wieder trennten zweite „Planeten" von sich ab.

Dann, als gleichzeitig mit ihrem Entstehen ein ungeheures Meer mit mächtigen Wogen die uferlose Erde einhüllte, begann das organische Leben, von warmen Sonnenstrahlen in uranfänglichen Höhlen genährt, unter den Wogen zu erwachen.

Deutlicher als oben, wo von der Erosionstheorie die Rede war, äußert Darwin hier seine Ansicht, dass eine gewaltige Flut bis über die höchsten Gipfel gestiegen wäre, wie ja die versteinerten Muscheln, die sich in den Hochgebirgen finden, zu beweisen scheinen; „aber wir wissen heute, dass gerade in den beweisendsten Fällen jene Muscheln lange vor der Entstehung des Menschengeschlechtes lebten und der Ocean nachweislich nicht über die Alpengipfel weggestiegen war, sondern dass die Gebirgskette erst nachmals sich langsam und gesetzmäßig emporgegipfelt

---

[1]) *Ere time began:* Der Begriff Zeit scheint Darwin hier erst mit dem Aufblühen geordneter Verhältnisse im Weltall zu gelten; er lässt aber schon damals gewaltige Kräfte gewaltige Bewegung hervorbringen, und der Begriff Zeit ist doch ein unzertrennliches Correlat zu Bewegung — wir haben es hier eben mit einem dichterischen Bilde zu thun, das uns die ungeheure Ferne jener astrophysischen Vorgänge versinnbildlichen soll. Der Vers 230: *"And second planets issue from the first"* kehrt in Darwins poetischen Werken noch zweimal wörtlich wieder, und zwar *"Botanic Garden"* I, Canto I, v. 108, und *"Temple of Nature"*, Canto IV, v. 494, immer gelegentlich der Schilderung derselben Werdevorgänge.

und den alten Meeresboden mit hinaufgeschoben hat. Niemals ist für unser Wissen die bewohnbare Erde gänzlich von einer Wasserhülle umgeben worden..."[1])

Darwin setzt nun die ersten Bewegungserscheinungen und ihre Ursachen auseinander, wie sie auf unserem Erdball zur Hervorbringung des Lebens thätig waren. Zuerst entsprang die Wärme aus chemischen Auflösungsprocessen und verlieh dem Stoffe nach außen zustrebende Bewegung *(excentric wings)*. Mit starker Stoßkraft trennt sie die platzenden Massen und zerschmilzt sie zu Flüssigkeit oder macht sie durch Verbrennung gasförmig; dann scheidet die Anziehungskraft, wie Erde und Luft sich besonders lagern, die schweren Atome von den leichten. Mit rascher Umarmung vereint sie die Theilchen, die sich einander nähern, schwellt sie entweder zu Kugeln oder zieht sie fadenförmig in die Länge; diese Theilchen vereinigen sich untereinander zu Geweben, diese selbst schließen sich in größerer Ausdehnung zusammen, und durch die ätherische Flamme der Contractionskraft durchzuckt zum erstenmal junges Leben den fasergewobenen Bau. So entstehen elternlos, durch Urzeugung *(spontaneous birth)* die ersten Stäubchen belebten Erdenstoffes; aus dem Schoße der Natur geht Pflanze und Insect hervor, treibt Knospen, holt Athem und rührt die winzigen Glieder.

In einem sehr ausführlichen Excurs über Urzeugung geht Darwin vom rein wissenschaftlichen Standpunkt auf diese Frage näher ein *(additional note I)*; zur Kennzeichnung seiner Auffassung darüber glaube ich bei dem so häufig wiederkehrenden Thema jetzt nur weniges hervorheben zu müssen. Wie häufig, anticipiert er auch hier, den unvollkommenen Standpunkt seiner Zeit mit prophetischem Geiste erkennend, geistige Errungenschaften späterer Generationen; so wenn er sagt (p. 206): *"I hope that microscopic researches may again excite the attention of philosophers, as unforeseen advantages may probably be derived from them like the discovery of a new world."* Heute steht diese „neue Welt" in unendlich weitem Umfange leibhaftig vor unsern Augen; die Erasmus Darwin nur ahnte, hat sein großer Enkel

---

[1]) Bölsche, Entwickelungsgeschichte der Natur I 43.

bereits mit großem Scharfblicke erkannt und erforscht; sicherlich hatte die mikroskopische Forschung zur Zeit Erasmus' nach Swammerdam und Leuwenhoek eine gewisse Höhe erreicht und den naturwissenschaftlichen Bestrebungen ungeheuren Nutzen gebracht; aber die Hilfsmittel waren noch immer unvollkommen und hinderten die Schärfe der Bestimmung, die erst das 19. Jahrhundert bringen sollte. Darwin geht zurück auf die ihm als einfachste Individuen bekannten organischen Massetheilchen, die grüne Materie Priestleys, den Schimmelschwamm u. a., welche, wie er sagt, *"are universally produced in stagnant water"*, sie sind das Unterste, Älteste im organischen Reiche; von hier aus aber bleibt ihm die Lücke zum Anorganischen. Er begnügt sich damit, die Thatsache einer *generatio aequivoca* aufzustellen, ohne sich Rechenschaft über den dabei sich vollziehenden Process zu geben, weder in chemischer noch in physikalischer Weise. Dennoch aber war für seine Zeit sein Standpunkt, der wenigstens hier dem störenden Eingriff eines durchaus unlogischen, spontanen Schöpfungsactes sich entgegenstellt, ein ungemein hoher, ein umfassend vorbereitender für die Epigonen, umso wertvoller in seinem Besitze, als gerade sein geordneter Geist den widerstrebenden Stoff mit großer Klarheit erfasste und formte. Jedenfalls hat er vor andern dem neu eintretenden Jahrhundert den Weg gewiesen, den es, was die Naturwissenschaften betraf, wandeln sollte; so trifft das Wort Ernst Krauses hier trefflich zu, wenn er sagt: „So erscheint uns Erasmus Darwin unter den Naturforschern wie der Moses, der das Land seiner Sehnsucht von ferne sah, ohne es betreten zu können."[1])

Die Priesterin fährt in ihrem Vortrage fort:

Nun ist das zarte Gewebe des Lebens im Webstuhl der Natur gewoben, allüberall, auf der Erde, im Meer, in der Luft, oben und unten; Stäubchen an Stäubchen gereiht haben lebendige Linien gebildet; ein Reiz wirkt auf sie ein, und schon neigen und nähern sich ihre beiden Enden; so fügt sich Ring an Ring, und bald erfassen reizbare

---

[1]) Vergl. Dr. Ernst Krause, Charles Darwin und sein Verhältnis zu Deutschland, Leipzig 1885, p. 9.

Röhrchen¹) mit jungen Lippen die nährenden Kügelchen oder Würfelchen und, von neuen Begierden gedrängt, wählen sie bereits unter den sich ihnen darbietenden Nahrungsmitteln aus, verschlucken, verdauen sie und sondern sie ab oder speien sie aus. In abzweigenden Kegelformen *(concs,* Zapfen) verbreitet sich das lebende Gewebe zu Adern, die die Flüssigkeiten leiten sollen und zu rundlichen Drüsen.

260

Die etwas eigenthümliche Bezeichnung „Kegelformen" erklärt Darwin mit Bezug auf das Adernsystem folgendermaßen: Wenn auch jeder einzelne Theil einer Ader, Arterie oder Vene cylindrische Form hat, so kann man doch den ganzen Zweig einer solchen als einen Kegel fassen, denn es ist wahrscheinlich, dass der cubische Inhalt aller zu einem Stamm gehörigen Seitenadern dem des Stammes selbst gleichkommt; er schließt dies letztere daraus, dass sonst die Schnelligkeit des durchfließenden Blutes an verschiedenen Theilen des Körpers verschieden sein müsste, was für ihn „wahrscheinlich" nur bei abnormalem Zustande (Druck oder entzündlicher Reizung) der Fall sein kann. Die Kegelform entsteht dann offenbar so, dass die Verzweigungen eines Stammes, der ja in seinem Verlaufe selbst immer schwächer wird, da er nur ein geringeres Gebiet zu ernähren hat, ebenfalls an Stärke und Länge abnehmen und gleichsam einer Spitze zustreben. Allein die Basis dieser Theorie ist falsch. Wir wissen heute, dass die Geschwindigkeit des Blutumlaufes nicht an allen Stellen des Körpers dieselbe ist, sondern dass sich dieselbe in

---

¹) Vergl. dazu „Zoonomie" XXXIX₁: „Die erste Spur *(rudiment)* des Embryo ist ein einfaches, lebendes Filament, wird dann ein lebendiger Ring und endlich eine lebendige Röhre." Dazu auch „Phytonomie", deutsch von Hebenstreit, Leipzig 1801, Bd. I, p. 143 f. Man könnte diese Röhrchenbildungen als eine Anticipation seitens Erasmus Darwins von dem Haeckel'schen System des Gasträadenbaues ansehen, der außer der Endodermis und Exodermis nur Urmund und Urdarm aufweist; allerdings beruht die Ernährung bei diesen primitivsten Formen, die noch nicht einmal die Gestalt einer Röhre, sondern die eines Täschchens haben, auf bloßem Einziehen und Wiederausspeien der Nahrungsstoffe, aber auch Erasmus spricht ja (Vers 258) von *"imbibe"* und *"eject"*, was man auf eine solche ursprüngliche Nahrungsaufnahme beziehen könnte. — Vergl. auch Bölsche, Das Liebesleben in der Natur I 206.

den Stämmen vergrößert, in den Zweigen dagegen verringert.¹)

Ein rascher Überblick des Dichters über die Gebiete, auf die sich das Leben nunmehr erstreckt hat, folgt diesen Ausführungen: Blätter, Lungen und Kiemen athmen den belebenden Äther auf der grünen Oberfläche der Erde oder innerhalb des Bereiches der Wogen; so sind Winde und Fluten die ersten Gewalten, die den hemmenden Einfluss der jungen Kräfte emporkeimenden Lebens erfahren; indem dieselben ungeheure Mengen von Knochen, Schalen und Holz erzeugen, schieben sie ungeheure Lager von Thon, Kalk und Sand ins Meer hinaus und kämpfen so das feste Land dem immer kleiner werdenden Ocean ab. (Vergl. p. 22.) Gerade Reste von organischen Körpern sind es ja, erklärt uns die Note dazu (wie Kalkfelsen aus Schalen und Knochen, Thon, Lehm, Kohlenlager aus zersetztem Holz u. s. w.), die die moderne Geologie als Hauptmassen des Festlandes bezeichnet.

Aber nun wendet sich der Dichter auch der geistigen Entwickelung der Lebewesen zu. Durch alle Theile des Körpers ziehen sich langgestreckte Nervenstränge, deren Silberfäden sich vereinigen — da durchdringt das Gehirn auch schon jugendliches Empfindungsvermögen,²) heftige Erregung theilt sich jedem neuen Sinne mit, treibt das Blut in die frischen Wangen und schwellt die klopfende Brust. Aus Schmerz und Freude entsteht der rasche Wille *(volition)*, der den starken Arm erhebt oder das forschende Auge richtet, der mit dem Lichte der Vernunft den verwirrten Menschen leitet und der das Rechte und Unrechte auf seiner Wage wägt; aus diesem starken Wollen entspringt zuletzt ein dichter Schwarm von Associationen: 278 Gedanken knüpfen sich an Gedanken, Bewegungen an Bewegungen; aus ihnen fließen wieder in langen Zügen der Catenation³) eingebildete Freude und freiwilliges Weh.

---

¹) Vergl. Prof. Dr. A. Fink, Der Kreislauf des Blutes, Berlin 1872.
²) *Sensation;* Darwin versteht darunter die Begleiterscheinungen der Perception, Vergnügen oder Schmerz; vergl. „Zoonomie", Section II, 9.
³) Wenn fibröse oder sensorielle Bewegungen einander wechselseitig in fortschreitenden Zügen oder Haufen fortleiten, so nennt Darwin diesen Vorgang Catenation der thierischen Bewegungen; vergl. Section II, 11.

Wir müssen hier bemerken, dass Darwin einen Sprung über eine Kluft gewagt hat. Während der vorhergehende Abschnitt (p. 251 ff.) sich darzustellen bemüht, „wie alles zum Ganzen sich webt", also ein entwickelungsgeschichtliches Bild vor unsern Augen entrollt, verlässt der Dichter hier dieses sein System und stellt uns, allerdings in der Form zeitlicher Abfolge, die uns aber doch keinen Werdevorgang als solchen vortäuschen kann, vor abgeschlossene Thatsachen des höchsten Entwickelungszustandes, die sich ontogenetisch, d. h. hier im Lebenslauf der einzelnen menschlichen Individuen, fortwährend von neuem abspielen. Es wäre nicht minder interessant gewesen, gerade bei dieser Gelegenheit Erfahrungen zu vernehmen, die Darwin auf psychologischem Gebiete etwa im Thierreiche gemacht hatte, mit andern Worten, auf Entwickelungsstufen zu stoßen, die einen allmählich höher geführt hätten, und die, wenn sie auch erst durch seinen Enkel zu der ungeheuren Bedeutung gebracht wurden, die wir ihnen heute zuerkennen, doch auch schon zu des Großvaters Zeit der Beachtung nicht unwert gewesen wären, zumal dieser ja a. a. O. sehr scharfsinnige Beobachtungen über Thierleben mitgetheilt hat. Allzu hart ist der Zusammenstoß der beiden Vorstellungen, die hier aufeinanderfolgen: des, durch Reste organischen Lebens ungeheuer vermehrt, emporsteigenden, das Meer verdrängenden festen Landes und der ganz und gar nicht oder doch nur wenig differenzierten Urorganismen einerseits und des Bestandes der Empfindung, des Wollens und der Association anderseits für den Leser, der bisher einer concreten, zusammenhängenden Darstellung von aufeinanderfolgenden Thatsachen gefolgt war.

Die psychologischen Fähigkeiten und Thätigkeiten illustriert Darwin sehr hübsch durch Vorgänge im organischen Leben und anorganischen Geschehen: durch krystallene Bogengläser geschärft, sieht das Auge die Salztheilchen eines Soletropfens ebenso rasch in seinen Formen emporschießen, ebenso rasch strecken die Schimmelpflänzchen ihre feinen Würzelchen aus, um die Feuchtigkeit aufzusaugen.

Dieser Vergleich zieht den Dichter fort, überhaupt auf die Urformen organischen Lebens etwas näher einzugehen:

Die Linse zeigt dem staunenden Blicke Fädchen[1]) in selbständiger Bewegung und belebte Ringlein; nach allen Seiten frei treibt Monas durch den Wassertropfen dahin, ohne dass Glieder oder Gelenke ihr die Bewegung ermöglichten; dann schwimmt mit haarförmigen Saugröhrchen Vibrio einher und Vorticella wirbelt, ein deutliches Zeichen von Leben, ihre Räder herum, die ihr Nahrung zuführen. In wechselvollen Formen treibt Proteus durch die Flut, bald eine Kugel, bald in der Form eines Würfels, bald wieder einem Wurme ähnlich; endlich sieht man die riesige Milbe, wie sie roth aufschwillt und mit ihren mächtigen Gliedern ausgreift. (Vergl. *additional note I, Appendix*.)

Die Beobachtung all dieser winzigen Formen, die unter dem Mikroskope eine so große Mannigfaltigkeit aufweisen, im Wasser oder, um den Begriff zu erweitern, im Feuchten überhaupt, führt Darwin zu Betrachtungen über Lage und Beschaffenheit des Ortes, wo diese Urorganismen entstanden sein können. Und er behauptet, dass das organische Leben überhaupt in den „uferlosen Wogen des perlenreichen Oceans", wie er sich poetisch ausdrückt, erzeugt und genährt wurde.

Auch hier haben wir es wieder mit einer durchaus modernen Anschauung zu thun, natürlich müssen wir dabei von der bereits als ungiltig dargethanen Ansicht eines uferlosen Meeres absehen, darauf kommt es ja hier im Princip nicht an. Namhafte Gelehrte, wie S. Philipp[2]) und Simroth, haben in letzter Zeit zu dieser Frage gesprochen und haben dieselbe Ansicht geäußert wie hier Darwin; hören wir letzteren darüber: „Wenn man die großen Wogen des Oceans seine Athemzüge genannt hat, dann ist der Bereich der Lungenbläschen, die den Gasaustausch vermitteln, in der ewig unruhig geschäftigen Brandung zu suchen, die von der Schaumhaube der freien Wogen doch nur zeit-

---

[1]) Ich übersetze *"lines"* in Zukunft immer mit „Fädchen"; eine wörtliche Wiedergabe des Darwin'schen Ausdruckes würde doch bei unserer körperlichen Fassungsweise auch der mikroorganischen Welt den Sinn nicht richtig wiedergeben; die abstracte Ausdrucksweise des Dichters kommt eben nur seinen poetischen Bildern zugute.

[2]) „Über Ursprung und Lebenserscheinungen der thierischen Organismen", Leipzig, bei Ernst Günther, 1887, p. 27 f.

weilig bei stärkerer Luftbewegung unterstützt wird. Im hohen Meere kommen Luft und Wasser in Berührung, in der Brandung aber Luft, Wasser und Land, hier hat die Sättigung mit Gasen und mineralischen Lösungen zugleich stattgefunden. Wenn aber von den Gegensätzen alle Anregung ausgeht und abhängt, dann ist hier der Ort zu suchen, von dem aus die organische Schöpfung ihren Ausgang nahm und nach zwei Seiten ausstrahlte, nach dem Wasser und nach dem Lande."¹)

In diesen Gebieten also, fährt Darwin fort, bewegen sich die ersten winzigen Formen, noch unsichtbar dem durch das Vergrößerungsglas geschärften Blicke; aber Generation ersteht auf Generation, und die einzelnen Individuen erlangen neue Kräfte und stärkere Glieder; zahllose Pflanzenarten gehen aus ihnen hervor, wie auch die athmenden Reiche der Flossen, der Füße und der Schwingen.²)  302

In diesen Versen ist der Grundgedanke einer natürlichen Entwickelung und Schöpfungsgeschichte bereits zur vollsten Klarheit ausgesprochen; ausführlicher noch kommt Darwin auf diese Frage in seiner „Zoonomie" zu sprechen, aus der ich die entsprechenden Stellen anführen will: „... Wenn wir die große Ähnlichkeit des Baues bedenken, welche bei allen warmblütigen Thieren schon in die Augen fällt ..., so kann man sich des Schlusses nicht enthalten, dass sie alle auf ähnliche Art aus einem einzigen lebenden Filamente entstanden sind ... Von diesem ersten Rudimente bis zum Ende ihres Lebens erleiden alle Thiere eine beständige Umbildung ..." Vorsichtig, wie auf unsicherem Boden, fährt er dann fort: „Sollte es wohl zu kühn sein, sich da vorzustellen, dass alle warmblütigen Thiere aus einem einzigen Filamente entstanden sind, welches die erste große Ursache (vergl. *"The Temple of Nature"*, Canto III, v. 223) mit Animalität

---

¹) Heinrich Simroth, Die Entstehung der Landthiere, Leipzig 1891.
²) *"And breathing realms of fin, and feet, and wing"* (v. 302); ich habe den Vers hier wörtlich wiedergegeben, um zu zeigen, wie hübsch Darwin hier mittels der Synekdoche das Charakteristische der drei Hauptgruppen des Thierreiches herauszuheben und dem einen Hauptcharakteristicum desselben, der Function des Athmens, unterzuordnen weiß.

begabte, mit der Kraft, neue Theile zu erlangen, begleitet mit neuen Neigungen, geleitet durch Reizungen, Empfindung, Willen und Associationen, und welches so die Macht besaß, durch seine ihm eingepflanzte Thätigkeit sich zu vervollkommen, diese Vervollkommnung durch Zeugung der Nachwelt zu überliefern? Eine Welt ohne Ende!"[1])

Und im poetischen Text heißt es, die Reihe vervollständigend, weiter: Die mächtige Eiche also, die Riesin der Wälder, die den Donner Britanniens auf die Flut hinausträgt; der Wal, das riesige Unthier des Meeres, der stolze Löwe, der Herr der Wüste, der Adler, der sich in das Reich der Lüfte schwingt und dessen ungeblendetes Auge den Glanz der Sonne trinkt, endlich der allen überlegene Mensch, der stolz auf seine Sprache, seine Vernunft und sein Denken, mit erhobenem Blick geringschätzig von der Erde hinwegsieht und sogar seinen Gott nach seinem eigenen Bilde formt — sie alle entstanden aus Urformen von Form und Sinn, einem embryonalen Punkt, einem mikroskopischen Ens.

Deutlicher als sonst spricht aus diesen Worten der Darwinismus zu uns, wie er sich zwei Generationen später auf der breiten Grundlage jahrzehntelanger Vorarbeiten, die ein Mann mit gewaltigem Geiste zusammenfasste, zur größten Höhe erhob. Nicht indem er eine Theorie aus seinen Forschungen entnahm und sie als Erklärungsversuch für eine Reihe von Erscheinungen aufstellte, sondern indem er bereits Vorhandenes erweiterte und vertiefte und es an unleugbaren Thatsachen bewies, hat Charles Darwin verdientermaßen den ungeheuren Ruhm geerntet für eine Erkenntnis, auf die die Forscher zweier Jahrhunderte vor ihm, und unter ihnen als einer der ersten, bedeutungsvoll für das Wesen der ganzen Lehre, sein Großvater, Erasmus Darwin, hingewirkt haben.

Nachdem Erasmus Darwin dieses geistvolle Aperçu einer universellen Descendenz der organischen Lebewesen bereits hier aufgestellt und mithin als Schlussfolgerung gewissermaßen vorweggenommen hat, kehrt er zu der geordneten Darstellung der Entwickelung zurück; schon ist

---

[1]) „Zoonomie", Section XXXIX 4, 8.

die Differenzierung der Urformen auf einer gewissen Höhe angelangt: ungeheure Scharen von Schalenthieren bevölkern die Erdrinde auf dem Grunde der Oceane, deren Fluten noch nicht mit Salz versetzt sind. Im Laufe der Zeit nimmt ihre Ausdehnung gewaltig zu; die Inwohner der Kalkschalen sterben ab, diese selbst aber bleiben bestehen und bilden, beständig von neuem verstärkt, Korallenwände und sparrige Bergzüge unter der Oberfläche des Meeres, die sich von Pol zu Pol und mitten um den Erdball erstrecken.

Was der Dichter in dem nun folgenden Abschnitt seines Entwickelungsganges der Erdoberfläche vorbringt, könnte uns fast an seiner Anhängerschaft an die Erosionstheorie irremachen und verursachen, ihn den „Vulcanisten" beizuzählen; und wenn wir auch darin, dass er dem Feuer nun eine so große Mitthätigkeit am Bau der heutigen Erdrinde zumisst, hier nur den Nutzbarkeitsstandpunkt eines Erklärungsversuches für eine neue Art der Lebensäußerung erkennen können, so sehen wir in der Heranziehung dieser neuen Kraft doch bereits ein Zusammenwirken zweier mächtiger Factoren, das uns das Resultat ihrer Thätigkeit einsichtsvoller zu erklären vermag; in seiner Schilderung des Gewaltigen, Stürmischen dieser Vorgänge sehen wir übrigens auch hier ein Stückchen revolutionären Geistes in der Geologie, der später durch Cuvier in seiner Katastrophentheorie documentiert wurde („*Discours sur les révolutions de la surface de Globe*", Paris 1812).

Hören wir also die Darstellung:

Als nun gewaltige Feuer, die in tiefen Höhlen gefangen lagen, die feste Erde sprengten und die auf sie hereinbrechenden Wogen tranken; und als dann durch die ungeheure Dampf- und Gas-Entwickelung fürchterliche Explosionen eintraten, Lava-Inseln und Muschel-Continente sich bildeten, Felsen sich auf Felsen thürmten, Berge aufsteigend Berge erhoben und die ersten Vulcane hoch auf zum Himmel Feuer spien: da entstiegen Myriaden von Insecten[1] *(insects)* den Korallengärten und den kalten

---

[1] Mit *insects* bezeichnet Darwin mit den älteren Naturforschern, z. B. Linné, die einfachsten Thiere *(most simple animals;* vergl. *"Temple of Nature"*, p. 32, Note); so bezeichnet er a. a. O. p. 55 die Inwohner der Korallengehäuse als *coral insects* und in der „Phytonomie", Section IX 8, 1, legt er diese Bezeichnung dem Polypen, dem Bandwurm und dem Volvox bei.

Höhlen der Tiefe, krochen abschüssige Küsten hinan oder erklommen felsige Höhen; und als sich die meergeborenen Fremdlinge in trockener, freier Luft bewegten, da wirkte jeder Muskel schneller, jeder Sinn schärfer; die kalten Kiemen verwandelten sich in athmende Lungen, und die Luft trug von schleimigen Zungen Töne und Klänge dahin
384 *(aerial sounds)*.

Durch dieses gewaltsame Auftreiben des Bodens aus dem Wasser also, durch das diese Thiere niederster Art gewissermaßen ans Land gezwungen wurden, ergibt sich Darwin der Übergang von den Wasserthieren zu den Landthieren. Millionen von Zeiträumen, sagt er, mögen darüber hingegangen sein, ehe ihre Existenz sich dauernd bewährte; und unzählige Zeugungsacte durch vielleicht noch längere Zeiträume hindurch haben wohl erst die Mannigfaltigkeit des Thier- und Pflanzenlebens geschaffen, wie es jetzt die Erde bevölkert. Wir sehen also, welch ungeheure Zeitdauer schon Erasmus Darwin dem Entwickelungsgange bis zu den höher entwickelten Formen zumisst, eine Annahme, die durch die Rechnungen der neuesten Zeit nur bestätigt wird.[1])

Ein sehr hübsches Beispiel zur Veranschaulichung des eben behandelten Übergangs-Stadiums hat Erasmus Darwin aus der Pflanzenwelt gegriffen. In klaren Fluten wurzelnd lässt die Wassernuss *(trapa natans)* ihre in zahllose Fäden gespaltenen Blätter, glänzenden Locken gleich, im Wasser auf- und niedertanzen und trinkt mit diesen ihren eiskalten Kiemen das lebenspendende Gas.[2]) Breitere Blätter aber reichen über die Oberfläche des krystallhellen Wassers hinaus, und, indem ihr feuchter Beschlag in der Luft verdunstet, freuen sie sich der warmen Sonne und athmen die ätherischen Lüfte.

Und nun wendet sich der Dichter zu dem eigentlichen animalischen Übergangs-Stadium, den Amphibien, und zwar

---

[1]) Ernst Haeckel, Über den Ursprung des Menschen, Vortrag, gehalten zu Cambridge 1898, p. 51.

[2]) *Vital gas;* der Dichter geht hier nicht näher darauf ein, dass es sich hier, wie beim Athmen der Fische, um den Verbrauch der im Wasser befindlichen Luft (bei Pflanzen also um ungebundenen Stickstoff, bei kiemenathmenden Thieren um den Sauerstoff) handelt, wozu es einer größeren Ausdehnung des Respirationsorganes bedarf. (Daher auch die Spaltung der Blätter.) Vergl. *"Phytologia"*, Section IV, II 2, 3.

führt er als Beispiel die Kaulquappe an, die ihre amphibische Natur später, als Frosch, vollständig ablegt und sich zu einem Lungenathmer herausbildet: mit allen Attributen der Fische versehen, mit wiegenden Flossen und ruderndem Schwanze durchquert sie die Tiefen des Wassers; neue Glieder und Athmungswerkzeuge aber thun ihre zweite Geburt kund und fesseln sie, zum Einathmen trockener Luft bestimmt, an die Erde.

Aus tiefen Seen entspringt auch der gefürchtete Moskito, saugt den leichten Hauch des Windes in sich ein und trocknet seine zarten Schwingen; in glitzernden Schwärmen treibt er durch die Lüfte dahin und taucht seinen Rüssel in das Blut des Menschen.

Auch hier also ein Doppelleben: die Moskito, wie viele Insecten ähnlicher Art *(ephemera Cibellula* u. dgl.), legen ihre Larven ins Wasser, und daraus haben wir selbstverständlich den Vers

*"So from deep lakes the dread Musquito springs"* (347)

zu verstehen. Die Parallele liegt klar und deutlich: die eine, sozusagen unvollkommene Hälfte der *trapa* lebt unter Wasser, die andere erstreckt sich in die Luft und gedeiht im unmittelbaren Einfluss des Sonnenlichtes und der Luft; die Hälfte, oder wohl besser der weitaus größere Theil des Lebens jener Insecten, ihr Zustand der Unvollkommenheit, hat ebenfalls die Tiefen des Wassers zum Schauplatz; dann aber schwingt sich das vervollkommnete Insect über die Oberfläche des feuchten Elementes hinaus in das Reich der Lüfte.

Diese Parallele ist zwar rein äußerlich: wenn die in sargähnlicher Verschlossenheit vor sich gehende Entwickelung z. B. der Eintagsfliege zwei Jahre dauert, um einen kurzen Rausch höchster Freude hervorzurufen, so gehen Entwickelung und Wohlfahrt des Oben und Unten der Wassernuss Hand in Hand nebeneinander her. Aber eine wichtige Beziehung wenigstens ist hergestellt, ein neuer Beweis für den innigen Zusammenhang organischen Lebens im Wasser und außerhalb desselben erbracht. Schon etwas später spricht ja Darwin bereits mit klaren Worten den leitenden Gedanken aus, dass im Entwickelungsgang des Thier-Individuums noch der jetzigen Zeit die Deutung für seinen Ursprung aus dem Feuchten gegeben sei, ein Satz, der mit seinen praktischen Beweisen eine deutliche Anticipation des biogenetischen Grundgesetzes Haeckels ist.

Weiter nennt uns der Dichter die Diodonen *(diodon hystrix*, Sonnenfisch*)*, die

"*with twofold lungs the sea or air imbibe*",[1]

die Eidechse, deren einkammeriges Herz dunkles, kaltes Blut ausströmt, den halbvernünftigen Biber, der mit durchbohrtem[2] Herzen lange die Fluten des Eriesees durchschneiden kann, ohne Luft holen zu müssen; die Lamprete, die Kiemen und Lungen zugleich besitzt und so ohne Gefahr sich fest an den Felsen ansaugen kann, den die Wogen bald bespülen, bald wieder verlassen; den trägen Hammerfisch, der sich mit saugendem Maule an Schiffe hängt und ihren Lauf verzögert, endlich den ungeheuren Wal, der mit lungenartigen Kiemen athmet und mächtige Wassersäulen ausspeit, deren Schauer in mondhellen Nächten Regenbogen erzeugen,[3] höher organisierte Arten also, die hinsichtlich ihrer Lebensweise die Mitte zwischen Wasser- und Landthieren nehmen, mit welch ersteren sie den Aufenthaltsort (wenigstens zeitweise) theilen, indes sie hinsichtlich des Regenerations-Processes in ihrem Innern auf der Stufe der letzteren stehen. Wir folgen also auf Schritt und Tritt dem typischen Bestreben Darwins, die einzelnen Entwickelungsformen in strenger Aufeinanderfolge darzuthun und so eine geschlossene Reihe von Erscheinungen aufzustellen; es scheint hiebei nöthig, auf einige Stellen, die vielleicht aus sich selbst nicht völlig klar sind, näher

---

[1] Auch hier bedeutet "*sea*" natürlich die im Wasser ungebundene Luft.

[2] Bei den Thieren, die Erasmus Darwin als „amphibische Vierfüßler" bezeichnet, ist das *foramen ovale* der Herzkammerscheidewand offen; vergl. *additional note V.*

[3] Die Ansicht, dass Walfische durch die Nasenöffnungen Wasser ausspritzen, hat sich als irrthümlich herausgestellt; man sieht vielmehr den in Form einer Rauchsäule sich verdichtenden Wasserdampf, den der Wal ausathmet und der zu dieser Täuschung Veranlassung gab; vergl. K. Klaus, Zoologie, Marburg 1897, p. 763; zu dem Bilde vergl. "*The Loves of the Plants*", Canto I, v. 290 ff.

einzugehen. Stellen wir zunächst fest, dass Darwin einem Irrthum Linnés[1]) folgte, wenn er den Diodon seines angeblich zweifachen Athmungs-Systems halber unter die Amphibien einreihte, wozu die engen Kiemenspalten und die Büschelform der Kiemen dieser Lophobranchii die Veranlassung gegeben haben mochten; und dass Darwin ferner, der zoologischen Terminologie seiner Zeit zufolge, Thiere wie den Biber, die Wasserratte, die Otter und ähnliche „amphibische Vierfüßler" nennt: so ist immerhin die Erklärung, die er über den physiologischen Vorgang während des oft lange währenden Tauchens dieser Thiere gibt, sehr interessant, und zwar hauptsächlich wegen der Folgerungen, die er daraus ableitet: Die Circulation des Blutes, sagt er nämlich (*"The Temple of Nature"*, p. 214), kann infolge der Perforation der Herzkammerscheidewand den Weg durch die Lungen für einige Zeit vermeiden; da aber der nothwendige Verbrennungsprocess auf diese Weise nicht bewerkstelligt werden kann, so sieht sich das Thier bald gezwungen, an die Oberfläche des Wassers zurückzukehren. Die gleiche Beobachtung, fügt er, auf die höchsten Entwickelungsstufen bezugnehmend, hinzu, macht man beim Fötus aller Säugethiere, dessen *foramen ovale* vor der Geburt stets offen ist.

Da sei nun der Vorschlag gemacht worden, ein paar junge Hunde gleich nach der Geburt täglich drei- bis viermal durch einige Minuten unter Wasser zu tauchen, um so die Verschließung dieser Communication hintanzuhalten und die Thiere auf diese Weise „amphibisch zu machen". (!)[2]) Wer diesen Vorschlag gemacht hat, ob er ausgeführt worden und, wenn dies der Fall war, ob und mit welchem Erfolge er gelungen ist, verschweigt Darwin. So sonderbar der Gedanke klingen mag, über ihn zu lächeln sind wir nicht berechtigt; vielmehr müssen wir über die Kühnheit des-

---

[1]) Linné, *Systema naturae*, Vind. MDCCLXII, tom. I 411, 414.

[2]) Fälle ähnlicher Art, heißt es dortselbst weiter, sollen auch bei den indischen Perlenfischern vorkommen, ein Gedanke, der nach dem Gesetze der Anpassung und Vererbung schon einwandsfreier dastünde, als der eines das Individuum so vergewaltigenden Versuches; auch hier könnte natürlich besten Falls nur von der Vererbung einer dem Geschäfte des Tauchens mehr zusagenden Constitution die Rede sein.

selben staunen: denn auch hier haben wir es, wenn auch mit einer unvollkommenen, so doch nicht minder deutlichen Anticipation zu thun; hat doch der große Enkel Erasmus' klar bewiesen, dass — und wir können es kühnlich auf diesen concreten Fall anwenden — der Eintritt eines solchen Ereignisses (Rückschlages) bei Voraussetzung eines bestimmten Zeitausmaßes und des Einflusses gewisser Einwirkungen von außen (Existenzbedingungen) in einer Anzahl von Fällen unbedingt möglich wäre. Wie charakteristisch ist es, dass der Gedanke der Anpassung in dem Ideenkreise der Ahnen Charles Darwins bereits vorhanden war!

Nun sind wir dem Entwickelungsgange bis zu einer gewissen Höhe gefolgt, organisches Leben hat sich in niederen und höheren Formen allüberall verbreitet — der Dichter fasst jetzt das Ganze im Bilde der alten Mythe zusammen: Noch ehe die Wissenschaft lernte, Buchstaben zu Silben zu fügen und so das flüchtige Wort festzuhalten, als chemische Künste dem Menschen noch aus Bilderzeichen klar wurden[1]) und als die Sterngruppen die Gebilde von Löwen, Stieren und Bären annahmen, lange vor dieser Zeit stieg, wie uns die rohen Bilderzeichen Ägyptens melden, die junge Dione aus dem uferlosen Meer.

Hingerissen von dem Gedanken zollt die Priesterin diesem erhabenen Symbol des Lebens ihre Verehrung: Urbild der organischen Natur, Quelle alles Segens du! Strahlend von Schönheit tauchtest du aus dem ungeheuren Abgrund hervor! Dann schließt ihr Vortrag: Erhaben und unnahbar im Chaos gezeugt, bezauberte das Lächeln der jugendlichen Göttin die empörte Flut; sie machte Frieden zwischen den kriegerischen Elementen und erregte das Erstaunen und die Verwunderung des jungen Denkens.

Hier schweigt die Priesterin.

Die Darstellung hat ihren Höhepunkt erreicht: im Bilde der Venus ersteht die Schönheit des organischen Lebens aus der Tiefe des Meeres, das aus seiner fleckenlosen Bläue in tausend und tausend Formen hervorgeht,

---

[1]) *"The outlines of animal bodies, which gave names to the constellations as well as to the characters used in chemistry for metals, and in astronomy for the planets, were originally hieroglyphic figures..."* Additional note VI, p. 217.

sich regend bis zur höchsten Vollkommenheit — wahrlich ein Betrachtungsmoment, das Schweigen und Bewunderung hervorzurufen geeignet ist.

Vor ihrer überwältigenden Macht lassen sogar die Elemente von allem Kampfe

*"and young reflection wondered and adored"* (v. 378).

Diese letzte Verszeile ist an sich etwas schwer verständlich: die poetische Objectivierung von *young reflection* könnte man sich allerdings mit dem Mythus von der Erschaffung der Venus in Verbindung gebracht denken, wenn man demselben die Darwin'sche Erklärung zugrunde legt; aber die Sprache ist hier nicht ganz klar; lassen wir das Subject des Hauptsatzes *(the goddess)* auch hier gelten und fassen wir *reflection* als Object, so vermissen wir die Präposition *at* zu *wonder,* die ja, wenn der Dichter diese Fassung beabsichtigt hätte, bei asynthetischer Anreihung der beiden Sätze, v. 377 und 378, ganz leicht für das *and* hätte eintreten können:

*At young reflection wondered,*

wenn auch die unvermeidliche Nachwirkung derselben auf das Transitivum *and adored* nicht ganz gefällig gewesen wäre.

Wir müssen also, indem wir *reflection* als Subject betrachten, von der Nothwendigkeit der Präposition *at* absehen und hätten dann die Stelle so zu interpretieren: die jung erstandenen, höher differenzierten Lebewesen, die bereits mit den Elementen geistiger Fähigkeit begabt waren, staunten über die wunderbare Erscheinung (über nichts anderes also als über die Eindrücke, die sie empfiengen) und beteten sie an.

Die Darstellung hätte also folgenden Gang eingeschlagen: durch Urzeugung bildete sich der erste Lebenskeim, immer höhere Bahnen schlug sein phylogenetischer Entwickelungsgang ein, bis das Denken und das Erkennen als die höchste Stufe eine Art von Individuen über alle andern erhob. Für diese rauschte die herrliche Gestalt der Liebesgöttin aus dem Meer, der Wiege des Werdens; das bisher stumpfe und sinnlich-rohe Geistes- und Körperleben machte einem höheren, sittlichen Gehalt Platz, der Idee des Immerhöhersteigens, der Veredelung der Wahrheit in der Sinnenliebe, der Erkenntnis, dass einen darin nicht der Abfall zur Sünde übermannt, sondern dass einem in ihr ein Heiliges genaht.[1])

Niedergeschrieben hat Erasmus Darwin diesen erhabenen Gedanken nicht, ihn vielleicht auch nicht mit der Präcision durchgedacht; aber es liegt etwas Tieferes in der Anführung dieses Mythus gerade an der Stelle, wo Bewusstsein und Denkkraft in die Kette der fortlaufenden Entwickelung eintreten; und ich glaube, dass der Dichter diese ethische Ausdeutung des *wondered and adored* zum mindesten geahnt hat.

Und nun erfolgt die Antwort der Muse: sanfte Bewunderung strahlt aus ihren Augen, ihre Bitte ist erfüllt. Von deinem Stifte gezeichnet und von deiner Hand enthüllt, bricht heller Schein über das dämmerige, trübe Weltenbild; verwundert schaue ich die lebenspendenden Tiefen des Meeres und in dir, o Göttin, die Liebe aus den Wogen steigen.

Und als Zeichen des Verständnisses weist sie nochmals auf die einzelnen Punkte der Darstellung zurück; und wieder ist es uns, als hörten wir aus ihren Folgerungen die Erkenntnis von Wahrheiten heraus, die der Welt erst nach mehr als einem halben Jahrhundert werden sollte: noch immer schreiten die Schöpfungen der Natur, seien ihre Keime nun im Ei oder im Samen verschlossen, vom mächtigen Walde bis herab zum kriechenden Unkraut, all ihre schönen Formen, ihre Schmetterlinge und Würmer aus ihrer Eignung zum Feuchten zur Anpassung ihrer Existenz in der Luft fort. Auch den menschlichen Embryo *(nascent infant)* baden die ihn umflutenden Wogen des Mutterschoßes; ohne noch zu athmen, schwimmt er in ihm „mit durchbrochenem Herzen" *(perforated heart,* vergl. p. 56),[2]) regt sich langsam zum Leben und streckt seine jungen Glieder. Mit placentalen Kiemen trinkt er reinen Äther

---

[1]) Vergl. W. Bölsche, Das Liebesleben in der Natur, Bd. I, Cap. 1.
[2]) Darwin kannte wohl die Bedeutung und die Wichtigkeit der embryonalen Ernährung durch die Placenta als Vermittlung der Blutdiosmose zwischen Mutter und Embryo; vergl. dazu Haeckel, Anthropogenie, Leipzig 1877, p. 500 ff.

aus dem Blute der Mutter, bis er landend aus der warmen Woge auftauchend sich seinen Weg zutage bahnt; da fühlt er die kalte Luft und das durchdringende Licht, versucht seine zarten Lungen und bewegt seine geblendeten Augen. — Bald wird nun sein lockiges Haar im Winde flattern, bald wird er, nunmehr ein Bewohner des trockenen Luftreiches *(dry inhabitant of air)*, munter dahinschreiten.¹)

Deutlicher beweist uns dieser letzte Abschnitt, dass Darwin den Zusammenhang zwischen Phylogenese und Ortogenese geahnt hat, jene höchst bedeutungsvolle Beziehung, die nachher erst Haeckel zur allgemeinen Kenntnis und Giltigkeit gebracht hat. Die Ausführungen des Dichters legen es deutlich dar, dass die fötale Existenz des höheren Säugethieres, die von einem ganz andern Lebensprincip ausgeht als das des jungen Thieres nach der Geburt, ein deutlicher Hinweis auf die uralte Fischahnenreihe desselben sei.

Ein Bild der ungeheuren Fruchtbarkeit, mit der organisches Leben sich verbreitet, schließt, als wollte es dadurch den raschen Gang der Darstellung rechtfertigen, die poetische Antwort der Muse: wie uns schon alte Sagen erzählen, belebte auch der schöpferische Nil den Boden, den er bespült hatte; reiche Schätze organischen Schlammes ließ er zurück, wenn er sich wieder in sein Bett zurückzog; mit raschem Wachsthum schießt die junge Vegetation empor, Pomonas Hand füllt das Füllhorn von neuem, und Ceres lächelt aus weiten Kornfeldern, deren Wogen dem des Meeres gleicht. Plötzlich erzeugt, entspringen diesem fruchtbaren Boden Vögel, Landthiere und Reptilien, halb Thier, halb Erde noch; Löwen, Adler und Schlangen suchen sich dem zähen Boden zu entwinden und eilen davon.²) Wo

---

¹) Wenn der Dichter auch oft einen Entwickelungsgang in seinen einzelnen Phasen nur in den Ergebnissen der Vorgänge kennzeichnet, so wirkt es doch hier geradezu komisch, wenn er sich in seiner Darstellung zu dem Schlusse hinreißen lässt:

*"Gives to the passing gale his curling hair
And steps, a dry inhabitant of air,"*

wofür doch noch immer das Subject *nascent infant* gilt.

²) Darwin spielt hier auf die bekannte Geschichte in Ovids Metamorphosen I 428 an, aus der er in seiner Note selbst einige Verse

Wärme und Feuchtigkeit ihren zauberischen Hauch mischen und über schlammige Gefilde vereint ihre Schwingen ausstrecken, da nimmt die gefügige Erde empfindende Formen an, deren chemischer Veränderung das Leben triumphierend Einhalt thut. (Auf Darwins Stellung zu dieser Theorie komme ich später ausführlich zu sprechen [vergl. Canto IV].)

Auch die Muse ist nun zu Ende.

Der weihevolle Zug der jungfräulichen Schwestern schließt sich wieder, und Hand in Hand wandeln sie nach der Höhe des Porticus, dessen reichgeschmückter Architrav in den ersten Strahlen des jungen Morgens erglänzt; dort schützt sie das goldgezierte Dach vor dem heißen Mittag: leichten Schrittes naht sich Zephyr und fächelt ihren heißen Gesichtern Kühlung zu; sein milder Hauch trägt den Duft der Frühlingsblumen herauf, und seine Küsse scheuchen den tanzenden Reihen der Stunden schneller hinweg.

Nachdenklich aber und mit ungezwungener Anmuth steht Urania sinnend, den schönen Arm auf einen Säulensockel gestützt; dann thut sie, wie aus einem Traume erwachend, einen Schritt vorwärts, hebt ihren Arm und, die leuchtenden Augen niederschlagend, schaut sie hinaus auf die ungeheuren Gebiete des Meeres, des festen Landes und des Himmelsgewölbes; so führt sie durch die Gänge der Natur in mannigfachen Windungen den glänzenden Strom ihres Gesanges.

Was sie singt, ist Inhalt des zweiten Theiles: der Kampf der Elemente, Formentausch und Kürze des Lebens, doch stetes Neubeleben des glimmenden Lämpchens durch die Fackel der allmächtigen Liebe, die so im Kampfe mit der Zeit steht.

Die glatten Wände spiegeln das Lächeln der rosigen Lippen Uranias, und süßtönend hallt das Echo durch die Gänge.

---

citiert; vergl. dazu auch die Anmerkung Heynes in seiner Ausgabe von Virgil, *Georgica* IV 281, ferner Lucretius Carus, *De rerum natura* II 875 ff.

## II.
## Die Wiederhervorbringung des Lebens.

Wie kurz die Spanne des Lebens!

Mit diesem hippokratischen Ausrufe,[1]) den er der Muse in den Mund legt, beginnt der Dichter seine Darstellung von neuem. Wenige Stunden nur haben wir besessen, haben uns erwärmt, nur um zu erkalten, sind thätig gewesen, nur um zu ruhen; die verbrauchten Fibern leisten dem Reiz keine Folge mehr, lähmend bemächtigt sich das Alter der Menschen und ihrer Handlungen.

„Welch trübe Aussicht für einen Philosophen!" kann der Dichter sich nicht enthalten auszurufen. Aus vollem Herzen mag ihm dieser Ruf geklungen sein! Gehörte er doch zu jenen, deren Kräfte mitten im erfolgreichen Wirken versagten, mitten in der wissenschaftlichen Laufbahn, in der er vielleicht noch ein gutes Stück zurückzulegen wünschte. Manche seiner Ahnungen hätte er da schon nach kurzer Zeit bestätigt, manche seiner „Phantastereien" als wohlbegründet sehen können. Nicht leicht auch hätte der hippokratische Satz besser auf jemanden gepasst als auf Erasmus Darwin, der ja mit den Worten $\dot{\eta}$ $\delta\dot{\varepsilon}$ $\tau\dot{\varepsilon}\chi\nu\eta$ $\mu\alpha\varkappa\varrho\dot{\eta}$ insbesondere die ärztliche Kunst im Auge hatte, der viele andere dienen, die aber zu jeder ihre Beziehung finden kann; aber gerade in diesem Satze lag auch die wohlbegründete Hoffnung des Dichters, dass seine Gedanken dem Vergessen nicht anheimfallen würden; und hierin wieder der Keimgedanke des biogenetischen Grundgesetzes: das Individuum verfällt dem Tode, seine geistige Ontogenese aber hilft mit tausend andern dem allgemeinen, großen Geistesleben phylogenetisch zum Erreichen höherer Stufen und Ziele.

---

[1]) Ὁ βίος βραχὺς, ἡ δὲ τέχνη μακρή, ὁ δὲ καιρὸς ὀξὺς, ἡ δὲ πεῖρα σφαλερή, ἡ δὲ κρίσις χαλεπή. Hippokrates, Aphorismen 1.

Man könnte vielleicht glauben, es sei in die Worte Darwins durch die eben vertretene Ansicht zuviel hineingelegt worden, einerseits, weil die äußerliche Behandlung dieser Stelle nicht ohneweiters zu diesen Folgerungen berechtige, anderseits, weil sonst diese Gedanken bereits in den Worten Hippokrates' gelegen wären, Darwin also eigentlich nichts Neues gesagt hätte; wenn man aber dem Gedankengang des ganzen Werkes recht aufmerksam folgt, so wird man unwillkürlich durch tausenderlei größere und kleinere Indicien auf diese Meinung hingeleitet, ihr sozusagen zuerzogen.

Schön ist nun das herannahende Alter geschildert: Wenn die kalten Hände der Zeit die müden Sinne erfassen, die stumpfen Nerven eisig durchdringen und den zögernden Blutstrom hemmen, dann kehrt die organische Materie, vom Leben aufgegeben, durch Einwirkung chemischer Kräfte in ihre Elemente zurück.

Ähnlich, sagt er in einem hübschen Vergleich, hat die Wärme, die sich aus gährenden Massen entwickelte, die hitzigen Atome in Gas ausgedehnt, das sich nun aber, nachdem es sich beim Emporsteigen abgekühlt, in kalten Ringen auf den Flügeln der Schwerkraft langsam zu Boden senkt.

Die Frage über die „Ursache des Alters" gibt Darwin Gelegenheit, sich in einem längeren Excurs *(additional note VII, p. 220 ff.)* über Ansichten zu verbreiten, die zu interessant sind und zu wesentlich an die psychologischen und physiologischen Grundlagen des Werkes rühren, um hier unerwähnt bleiben zu können; er spricht dort seine Ansicht aus, dass die in ihrer ununterbrochenen Abfolge übermäßige Anzahl von Reizen, die innerlich und äußerlich unaufhörlich auf den Organismus einwirken, endlich, nachdem sie in der Jugendzeit des betreffenden Individuums eben durch ihre Häufigkeit bewirkt haben, dass es ihnen einerseits mit Erfolg begegne oder sie anderseits ertrage, nunmehr eine Abstumpfung des Gesammtsystems herbeiführen; es entsteht somit ein vermindertes Reactionsvermögen der Muskelfasern sowie mit ihnen der Sinnesorgane aus einer verminderten Ausgabe von sensorieller Kraft im Gehirn, die ihrerseits wieder — und hier schließt sich der Kreis — in der Unthätigkeit der Gehirntheile ihren

Grund hat, mit der aufgehobenen Incongruenz oder Neuheit der Erscheinungen hört ferner die Überraschung und infolgedessen weiterhin der begleitende Schmerz oder das Vergnügen und der aus ihnen entspringende Wille *(volition)* auf; mit andern Worten: Infolge der Catenation[1]) der verschiedenen Lebensthätigkeiten *(vital actions)* wird die sensorielle Kraft der Empfindung und des Willens herabgedrückt und infolgedessen immer schwächer produciert; die vitalen Bewegungen werden mit immer weniger Energie ausgeübt und hören endlich auf; dem Verfalle im Alter folgt der Tod.[2])

Der Abschnitt II des etwas langen Excurses führt den hochtrabenden Titel: *Means of preventing old age.* (Die Darstellung desselben hat Darwin aus seiner „Zoonomie", Section XXXVII₅, entnommen, wo die animalische Verdauung, Absonderung und Ernährung behandelt wird.) Er ist eine Art kurzgefasster Makrobiotik, die auf den alten Weisheitssatz hinaus will, in jeder Hinsicht die richtige Reizmenge zu finden und anzuwenden; in kurzem kommt er dabei auf Nahrungsweise und Abhärtung zu sprechen, erweist sich auch als Anhänger der Hydropathie, indem er als „den harmlosesten aller Reize" das warme Bad empfiehlt, und was der Rathschläge noch mehr. Bei aller guten Beobachtung ist hier vieles naturgemäß veraltet und lohnt sich nicht der näheren Einsichtnahme.

Wichtiger erscheint nur eine Erwähnung, die Darwin zu dieser Textstelle in einer Fußnote ausspricht (p. 48), und auf die ich hier in kurzen Worten zurückkommen will; es heißt dort: „Ehe das Menschengeschlecht sich zur bürgerlichen Gesellschaft *(civil society)* zusammenschloss, gab es weder Alter noch lange Krankheit; denn sobald die Geschöpfe zu schwach wurden, sich zu vertheidigen, wurden sie von andern erschlagen und aufgefressen, ausgenommen die junge Brut, die unter dem Schutze der Mutter stand; es befand sich also damals die Thierwelt in einem gleichmäßigen Zustande größter Stärke und Vollkommenheit. In

---

[1]) Wechselseitige Verbindung fibröser und sensorieller Bewegungen in fortschreitenden Zügen; vergl. „Zoonomie", Section I, II 11.

[2]) Vergl. George Henry Lewes, *History of Philosophy from Thales to Comte*, London 1867, 3. Ed., 2 Bde., II. Bd., 275.

dieser seiner Folgerung haben wir vollkommen deutlich den Gedanken des *struggle for life* vor uns; ich muss da auf eine Parallele in der „Zoonomie" (Section XXXIX 4, 7) zurückkommen, wo es nach einer glänzenden Darlegung der Anpassungsverhältnisse der Thiere und Pflanzen heißt: Die Vögel, welche ihren Jungen keine Nahrung bringen und folglich sich nicht verheiraten, sind mit Sporen zum Gefecht über den ausschließlichen Besitz der Weibchen versehen, z. B. Hähne und Wachteln. Es ist gewiss, dass diese Waffen ihnen nicht zur Schutzwehr gegen andere Feinde gegeben sind, weil die Weibchen derselben Art ohne Bewaffnung sind. Die Endursache dieses Streites unter den Männchen scheint zu sein, dass das stärkste und thätigste Thier die Art fortpflanze, welche dadurch verbessert werden sollte.[1]

Schon dieser Satz allein genügt, um zu zeigen, dass die Ideen Charles Darwins über diesen Gegenstand keine neuen waren, als er sie in seinem Hauptwerke *"On the Origin of Species"* aufstellte; es war eben neben der Erweiterung und Vertiefung des Entwickelungsgedankens insbesondere die Wucht und unwiderstehliche Überzeugungskraft, die er auf unterrichtete Leser durch richtige Verbindung, consequente Anordnung und Zurückhaltung in der Schlussfolgerung auszuüben verstand und mit der er seine Lehre trotz aller Anfeindungen zum siegreichsten Durchbruch brachte.[2] Denn abgesehen davon, dass selbst das berühmte Schlagwort *struggle for existence* schon vor Charles Darwin von Wallace in seiner ersten Veröffentlichung über die Zuchtwahl gebraucht wurde, der Gedanke dieses unaufhörlichen Kampfes in der Natur reicht bis ins Alterthum zurück und hat seinen schönsten poetischen Ausdruck in Lukrez' großem Werke „*De rerum natura*" gefunden; hier ist Bewegung selbst Kampf:

„*Si aequo geritur certamine Principiorum*
*Ex infinito, contractum tempore bellum:*
*Nunc hic, nunc illic, superant vitalia rerum*
*Et superant idem* — —" (II 573—576).

---

[1] Citiert nach der deutschen Übersetzung der „Zoonomie" von Hofrath J. D. Brandis, Hannover 1795.

[2] Vergl. Dr. Ernst Krause, Charles Darwin und sein Verhältnis zu Deutschland, Leipzig 1885, p. 85.

Allein der Vernichtungskampf, hier im Bilde des beständigen Ausscheidens des Unbrauchbaren,¹) findet eine starke Gegenströmung: mit ätherischem Feuer entzündet die Reproduction von neuem junges Leben; ehe noch das alte erlischt und die dämmernde Bühne des Alters verlässt, zieht auf ihr Machtwort die wiedererstehende Jugend siegreich ein; auf ihren Wangen lässt sie die Rosen der Schönheit erblühen, um ihre Stirn windet sie den Kranz der Freuden, sie setzt die Kette des Lebens fort, indem sie zartere Glieder hinzufügt; niemals endet so die unendliche Reihe des Seins.

Zu diesen letzten Versen haben wir einen bedeutsamen Aufsatz (*additional note VIII*, p. 236 ff.), der uns über das symbolische Hinzufügen neuer, zarter Glieder an die Kette des Lebens näheren Aufschluss gibt; aus ihm ersehen wir, dass Erasmus Darwin bereits durchwegs in den neuen Bahnen wandelt, die Friedrich Wolff vom Jahre 1759 an mit seiner *theoria generationis* auf Grund der Epigenesis eingeschlagen hatte; wir wissen,²) dass dieser große Mann lange Zeit gründlich verkannt wurde, dass er sogar außer Landes gehen musste, um nur sein Fortkommen zu finden; es ist hier nicht der Ort, auf eine Entwickelungsgeschichte der Naturwissenschaft näher einzugehen; hier sei nur bemerkt, dass die damals allgemein verbreitete und durch Autoritäten wie Leuwenhoek, Haller und Leibniz als einzig richtig anerkannte Ansicht herrschte, es finde bei der Entwickelung des Organismus keinerlei wirkliche Neubildung statt, sondern bloß ein Wachsthum und eine Entfaltung von Theilen, die alle bereits von Ewigkeit her vorgebildet waren und fertig dagewesen sind.

Die Anhänger dieser Evolutions- oder besser Präformations-Theorie konnten sich aber untereinander nicht einigen und stritten lange Zeit um Dinge, die wie Seifenblasen in dem neuen Hauche der Wolff'schen Lehre doch endlich vergehen mussten. Darwin hatte sich über ihren

---

¹) Auf das eigentliche Gebiet des Kampfes ums Dasein kommt der Dichter erst im IV. Canto zu sprechen.

²) Vergl. Ernst Haeckel, Anthropogenie, 2. Vortrag.

Standpunkt bereits erhoben, und es erinnert uns deutlich an die Epigenesislehre, wenn er (Vers 19) sagt, dass die Reproduction

*"With finer links the vital chain extends",*

da Wolff ja (im selben Bilde) die Entwickelung eines jeden Organismus aus einer Kette von Neubildungen bestehen lässt und es geradeaus verneint, dass es im Ei (Ansicht der Ovisten, Haller etc.) oder im männlichen Samen (Ansicht der Animalculisten) eine Spur von der Form des ausgebildeten Organismus gebe.

Erasmus Darwin geht an der Hand dieser Theorie die Entwickelungs-Geschichte der Zeugung Schritt für Schritt durch; die Grundzüge seiner Anschauung über dieselbe stützen sich auf sorgfältige Beobachtungen, die er theils selbst angestellt, theils von andern übernommen hat und die auch unsern modernen Erfahrungen entsprechen: er geht aus von Mikroorganismen, die sich durch Einzelzeugung (Spaltung, Knospung) fortpflanzen; einige höhere Ordnungen (Aphiden etc.) weisen daneben auch schon geschlechtliche Zeugung auf; es entstand der Hermaphroditismus und endlich die vollständige Trennung in die Geschlechter; die Gattungen von Lebewesen, welche uns letztere repräsentieren, nennt Darwin das *chef d'œuvre* der Natur und räumt ihnen den Rang der höchsten Entwickelungs-Stufe, die wieder im Menschen gipfelt, ein. Hoch bedeutsam ist das Schlusswort des Excurses, das ich dem kurzen Auszuge wörtlich hinzufügen will; es heißt dort (p. 244 f.): „Es mag aber bei dem gegenwärtigen Stande unseres Wissens über diesen Gegenstand kühn erscheinen, wenn wir annehmen, dass alle Pflanzen und Thiere, die jetzt bestehen, ursprünglich von dem kleinsten, mikroskopischen sich herleiteten, die ihrerseits wieder durch Urzeugung *(spontaneous vitality)* gebildet worden wären, dass sie durch zahllose Reproductionen während zahlloser Jahrhunderte allmählich die Größe, Stärke und Vorzüglichkeit der Form wie der Fähigkeiten erlangt hätten, die sie jetzt besitzen, und dass endlich solche erstaunliche Kräfte der Materie und dem Geiste ursprünglich von dem großen Vater der Väter verliehen worden wären, der Ursache der Ursachen, dem *Ens Entium*."[1]

Auch hier haben wir es wieder mit einer hervorragenden Anticipation mühsamer entwickelungsgeschichtlicher Forschung zu thun, die uns umso interessanter ist, als sie von dem Großvater dessen herrührt, der ihren Resultaten schon in verhältnismäßig kurzer Zeit Form und Geltung verleihen sollte. Hier sind es nicht mehr die schüchternen Erklärungsversuche von vorhin, sondern es ist ein mächtiges Ahnen des innersten Naturzusammenhanges, ein starkes, bewusstes Streben zur monistischen Auffassung des Weltganzen, ein Erkennen, dass der Mensch mit seinem Geiste nicht über der Natur, wohl aber als höchstes Entwickelungsproduct mitten in ihr stehe.

Die Art der Reproduction, die Fortpflanzung, das Wachsthum über das Individuum hinaus ist den organischen Lebewesen in besonderer Weise eigen; hier zeigt sich das Bild der Gliederanreihung am besten: Maschinen können sich mittels ablaufender Federn selbst am Boden fortbewegen oder mit nachgeahmten Schwingen in die Luft aufsteigen. In Glassäulen steigt und sinkt das Mercur, gehorsam dem Himmel, der über ihm hängt, oder es zeigt an der Scala die Größe der Wärme und Kälte an. Wenn aber das vollendetere Wesen aus feinen Drüsen ein zweites Selbst bildet, so verleiht ihm die Reproduction treulich denselben Charakter des Körpers und Geistes und trennt so das organische „Sein" *(Ens)* vom chemischen.

Wo mildere Himmel die junge Brut beschützen, welcher der warme Erdenschoß heilsame Nahrung gibt, ist jeder Spross mit höherer geistiger und leiblicher Kraft begabt, rasch eilen ihm die flüchtigen Stunden von hinnen. Jeder Jahreszeit trotzt er, jedes Klima erträgt er, und die Natur erhebt sich auf den Flügeln der Zeit.

Diese Zeilen enthalten neuerdings den Gedanken der Anpassung: in warmem, geeignetem Klima ist das organische Leben entstanden, seine Formen aber haben sich in ihrer beständigen Wiederhervorbringung, einen immer höheren Grad der Vollkommenheit erlangend, selbst dem

---

[1] Vergl. „Zoonomie", Section XXXIX 4, 8.

rauhesten Klima angepasst, so dass der langsame Abkühlungsprocess die Fülle von Leben auf der Erdoberfläche nirgends zu verdrängen vermocht hat. Ewig, wie die Zeit, ist auch dieses Leben, ist Natur; dahingetragen auf ihren gewaltigen Schwingen steuern sie beide der Unendlichkeit zu.

Wie das Leben widerstreitende Elemente anhält, das Schädliche zurückstößt, das Reine aber in sich aufnimmt; wie es die dahinflutende Masse mit Wärme durchdringt und selbst der Gasform für einige Zeit Festigkeit ertheilen kann, so befinden sich auch die organischen Gebilde in steter chemischer Veränderung: sie leben nur, um zu sterben, und sterben nur, um von neuem belebt zu werden; unsterblich aber geht die Materie aus dem Strome des Vergänglichen hervor, bloß die Gestalt verändernd, wenn der Schiffbruch eintritt.

*"Mounts from the wreck"*; ein schönes Bild, mit dem uns der Dichter hier seine Meinung veranschaulicht. Der Schiffbruch ist die letzte Etappe der ontogenetischen Entwickelung, der Tod und der beginnende Verfall des Individuums. Die Materie, die nur ihre Formen dem Verfall preisgibt, steigt gleichsam von dem Wracke desselben zu neuem Leben herab. Ihr kann der Sturm, der das Vergängliche vernichtet *(transient storm)*, dessen Wucht endlich auch das stolzeste Schiff zum Scheitern bringt, nichts anhaben.

Diesen ewigen Wechsel der Zustände und Formen haben bereits Lukrez und vor ihm die griechischen Naturphilosophen erkannt, durch ersteren ist diese Erkenntnis in schöner dichterischer Fassung bis auf unsere Tage gelangt:

> „*Mutat enim mundi naturam totius aetas*
> *Ex alioque alius status excipere omnia debet.*
> *Nec manet ulla sui similis res: omnia migrant,*
> *Omnia commutat Natura et vertere cogit,*
> *Namque aliud putrescitque ab aevo debile languet*
> *Porro aliud congrescitque contentibus exit.*
> *Sic igitur Mundi naturam totius aetas*
> *Mutat, et ex alio terram status excipit alter;*
> *Quod potuit, nequeat; possit, quod non tulit ante.*"
>
> *(De rerum natura,* lib. V 826—834.)

Dieses Bestehen der unsterblichen Materie bei beständiger Veränderung der Form, führt Darwin in einer Fußnote (p. 51) aus, scheint den Alten viele Schwierigkeiten gemacht zu haben, über die ihnen die Transmigrationslehre von Pythagoras nur in geringem Maße hinausgeholfen haben dürfte; aus ihrer Verwunderung über die Thatsache, dass die organische Materie in stetem Übergang von einem Geschöpf *(creature)* zum andern begriffen ist, sei, so schließt Darwin, diese wunderliche Lehre entstanden, nach der der belebende Geist sie (die Materie) begleiten muss.

Damit scheint aber Darwin, vielleicht gerade als Ovidiker (vergl. Ovid, *Metamorphoses* XV 153 f.), die pythagoräische Lehre allzu realistisch aufgefasst zu haben, während sich doch ein tief idealistischer Sinn in ihr findet.

Man sollte sie überhaupt nur als eine exoterische Einkleidung der Lehre von der Unsterblichkeit der Seele ansehen, nach der die Seelen wie Sonnenstäubchen in der Luft herumschweben, und zwar, wie es scheint, nicht bloß die noch nicht in thierische Leiber eingegangenen Seelen, sondern auch die, welche von den Körpern wieder geschieden sind; es führen also die Seelen zwischen ihren verschiedenen Einwanderungen in verschiedene Körper ein körperloses Leben. Finden wir ferner auch nur spärliche Nachrichten über die Belohnung des Guten, so scheint das ganze System der Seelenwanderung doch ein sittliches Moment in sich geschlossen zu haben, dass nämlich das Gebundensein der Seele an einen Körper als Strafe empfunden wurde.[1]) Dieses sittliche Moment ist bei Darwins natursymbolischer Ausdeutung der Mythologie nicht berücksichtigt worden.

Auch der Mythus von Adonis, von dem die Weisen des Ostens durch heiliges Symbol oder durch mündliche Überlieferung berichten, wie es im poetischen Texte heißt, ist vom Dichter sehr hübsch auf die Ewigkeit organischen Lebens ausgedeutet worden; die herrliche Gestalt des Adonis, dieses Sinnbildes des Lebens, erblüht, zu ewigem Wechsel bestimmt, immer von neuem.

---

[1]) Vergl. dazu p. 192; die Darstellung der Parallele stammt aus der Schrift Dr. Heinrich Ritters, Geschichte der pythagoräischen Philosophie, Hamburg 1826.

Auf syrischen Hügeln[1]) liegt der schöne Jäger todt, sein strömendes Blut färbt das schauernde Gefilde; widerstrebend[2]) und zögernden Schrittes steigt er zu den elysischen Schatten hinab und wandelt dort an der Seite Proserpinas. (Ein neuer Vorwurf zur Deutung der Darstellung auf der Portlandvase.)

Bald aber öffnet sich die Erde wieder, und das gähnende Grab gibt den Herrlichen mit allen Reizen der Jugend dem Tageslichte wieder; von neuem schließt ihn die junge Dione in ihre Arme.

Für eine Zeitlang mit hoher Freude beglückt, entzündet der Jüngling[3]) von neuem die goldene Lampe des Lebens und der Liebe, um aber, ach nur zu bald, den hellen Tag wieder zu verlassen und in das düstere Reich der Schatten zurückzukehren. (Vergl. I, v. 204.)

Durch diesen Mythus versinnlicht der Dichter uns einen bedeutenden Fortschritt in der Entwickelung: wie die schon von den Ägyptern verehrte Gestalt der Venus, die aus dem Meere taucht, ein Sinnbild der organischen Natur überhaupt und ihrer Schönheit ist, so birgt die Gestalt des Adonis die Vorstellung ihrer Belebung und des allumfassenden Lebensgeistes in sich, der mit der organischen Materie in beständiger Wechselbeziehung steht *(perpetually wooed or courted by organic matter)*. Ja, die Ansicht des Dichters geht sogar dahin, dass dieser Mythus späterhin den ersten Anstoß zu einer Religion gegeben habe, die eine Auferstehung vom Tod verhieß, da ja sein Tod und seine Wiederkehr (ἀφανισμός, εὕρεσις) durch viele Zeitalter hindurch im Morgenlande (Ägypten, Syrien) gefeiert wurde und dann ja auch in die Bibel übergieng.[4])

---

[1]) Mit Hinweis auf das Local des Cults.

[2]) Widerstrebend, denn er hatte Aphrodite das ihm freigestellte Drittel des Jahres geschenkt und damit seine größere Neigung zu ihr bekundet; vergl. F. Creuzer, Symbolik und Mythologie der alten Völker, Leipzig und Darmstadt 1812.

[3]) *Youth*, ein sehr hübscher Doppelsinn: in Bezug auf Adonis einerseits, in Bezug auf die Jugend, das junge, kräftige Leben anderseits.

[4]) Prophet Ezechiel VIII, 14, 124; über den interessanten Zusammenhang von Θαμμοῦς, Θαμμύς, Thamus — κίρις, κύρις — Ἄδωνις vergl. Creuzer, Symbolik und Mythologie der alten Völker II, 86 ff.; ferner Preller, Geschichte der griechischen Mythologie, Berlin 1894, p. 359 ff.

Diese Behauptung Darwins erscheint insofern gerechtfertigt, als wir es hier thatsächlich mit einem Naturmythus zu thun haben, also mit einer symbolischen Darstellung immer wiederkehrender, also „ewiger" Vorgänge; gerade dieser Mythus gehört zu jenen, die sich typisch, als rother Faden durch die Naturanschauung der arischen Völker hindurchziehen: der von Ares entsendete Eber, der Adonis tödtet, ist ein Bild des Winters, der zeitweiligen Vernichtung organischen Lebens; aber

*"Soon from the yawning grave the bursting clay
Restored the beauty to delighted day."* (II, 53, 54).

Und von dieser Seite gefasst, ist der Vergleich der schönen Sage mit dem Processe des Absterbens und der Reproduction im allgemeinen vortrefflich gewählt.

Im folgenden geht nun der Dichter auf das Wie der Reproduction näher ein, indem er eine Geschichte der Zeugung in poetischer Sprache darstellt, ein Gegenstand, den er in seiner „Phytonomie" (Section VII) in rein wissenschaftlicher Weise ausführlich behandelt hat.

Er spricht zuerst von der einfachsten und ursprünglichsten Art der Zeugung, die vom Vater auf den Sohn stattfinde und eine Geschlechtsverschiedenheit nicht kenne; diesen Satz begleitet er in der „Phytonomie"[1]) mit folgender Erklärung: „Der Uranfang jedes neuen Individuums ist ein Product des väterlichen Körpers und wird aus dessen Säften abgesondert, ein lebendes Filament, das außer gewissen allgemeinen Fähigkeiten der Reizung, Empfindung, Association und des Willens noch besonders angenommene Gewohnheiten und Neigungen, die dem Vater eigen sind, besitzt . . ."

Daher hat Darwin dieser Art von Zeugung den Namen *paternal progeny* gegeben. Hebenstreit, der deutsche Übersetzer und geistvolle Interpret der Darwin'schen „Phytonomie", bemerkt hiezu ganz richtig, dass diese Benennung schon nach dem Sprachgebrauche der Richtigkeit widerspreche, da ja der Begriff Vater ein nothwendiges Correlat zu Mutter sei; er hebt aber auch ferner hervor, dass es

---

[1]) Des folgenden Discurses halber citiere ich hier nach der deutschen Übersetzung von Hebenstreit, Leipzig 1801, I, p. 143 ff.

voreilig geurtheilt sei, wenn man organische Lebewesen, die ohne Geschlechtsvermischung ihnen ähnliche Individuen hervorbringen, als zum männlichen Geschlecht gehörig bezeichne, wenn ihnen alle erkennbaren Geschlechtsmerkmale mangeln; dass er (Darwin) endlich diesen Erzeugnissen dennoch eine Mutter zutheile, wenn er sagt: die aus dem Körper abgeschiedene lebendige Faser werde an einem passenden Orte mitten unter Stoffen abgesetzt, welche zu ihrer Ernährung dienen und ihren Begierden, Wünschen *(appetencies)* angemessene Bildungsfähigkeiten besitzen, und dass er hiedurch seine eigene Behauptung aufhebe. Hebenstreit ist der Ansicht, man solle die Hervorbringung solcher Organismen auf diesem Wege überhaupt nicht Zeugung nennen, sondern irgend einen andern Ausdruck, z. B. organische Formung, dafür wählen.

Schon durch diese einfache logische Widerlegung ist diese Ansicht Darwins als nicht richtig und unpassend dargethan worden; man findet sie auch in späterer Zeit nirgends erwähnt oder erörtert; die moderne Forschung nennt das Präcedens des ungeschlechtlich erzeugten Individuums das elterliche Individuum desselben,[1]) pflanze es sich nun durch Theilung oder Knospung fort; von einer *paternal progeny* ist keine Rede mehr.

Als ein Beispiel der Knospenzeugung führt uns der Dichter die Trüffel an, die, unter der Erde lebend, aus väterlichen Wurzeln knotig hervorsprießt; keine männlichen Staubfäden erheben sich ihr über den Boden und athmen die reine Luft; kein samengeborener Schössling pflanzt sein Leben durch weibliche Liebe fort. (Hier also der deutliche Hinweis auf Geschlechtslosigkeit.)

Aus jedem zur Knospung bestimmten Stämmchen treten Theilchen organischer Materie unter die Rinde; die einen fordern mit offenkundigem Bestreben andere, die die entsprechende Eignung dazu aufweisen, auf, sich mit ihnen zu vereinigen; rasch schließen sich so embryonale Fasern, die aus dem Strunke wachsen, zusammen und bilden einen lebenden Faden, an dem sich sogleich winzige Federblättchen bilden, die, aufwärts strebend, den Bereich der trockenen Luft und des

---

[1]) Ernst Haeckel, Natürliche Schöpfungsgeschichte, Berlin 1889, p. 171.

Lichtes suchen und Würzelchen ansetzen, die in die feuchte Erde hinabkriechen.¹)

Zwei Verse erregen bei dieser ganz sachlichen Auseinandersetzung unsere Aufmerksamkeit:

"... *While these with appetencies nice invite,
And those with apt propensities unite.*" (V. 77, 78.)

Es scheint nöthig, die hierauf bezughabende Stelle aus *additional note VIII*, "*Temple of Nature*", p. 238 f., mitzutheilen: "*As in the chemical production of any new combination of matter two kinds of particles appear to be necessary; one of which must possess the power of attraction, and the other the aptitude to be attracted, as a magnet and a piece of iron; so in vegetable or animal combinations, whether for the purpose of nutrition or for reproduction, there must exist also two kinds of organic matter; one possessing the appetency to unite, and the other the propensity to be united.*"²)

Wir haben es hier mit einer scharfsinnigen Beobachtung zu thun; der Dichter ist hier offenbar der Meinung, es äußere sich in diesem Bestreben und in dieser Eignung der einzelnen Tröpfchen unter der Rinde bereits ein Trieb, ein Hang zueinander; in solchen zarten Anfängen (immer phylogenetisch gesprochen) ist wohl der Weg zu der späten Anziehung der Geschlechter angedeutet, die sich ja erst nach vielen Zwischenstufen zur völligen individuellen Trennung entwickeln sollten.

Es ist nicht eben schwer, diese Meinung, wenn Darwin sie auch nicht geradewegs ausgesprochen hat, aus diesen Zeilen herauszulesen. Überall in der Natur begegnen wir ja Anziehungen und Vereinigungen; nach ganz genauer Regel stürzt sich Atom zu Atom, und als Product beider entsteht ein neuer Körper, der weder das eine noch das andere ist; so verhält es sich beim Zeugungsact mit Same und Ei, so

---

¹) An dem Beispiel der Trüffel gibt Darwin in seiner "*Phytologia*" dieser Art der Zeugung eine weitere Bezeichnung, indem er sie nach dem Modus des Wachsthums *lateral progeny* (Seitenzeugung) nennt (Section XVII 2, 5).

²) Der Passus ist nach Darwins eigener Angabe aus der „Zoonomie" XXXIX 8 herübergenommen; vergl. Hebenstreits Übersetzung „Phytonomie", Bd. I, p. 184 f., sowie die belehrende Fußnote des Übersetzers dazu (Section VII 8, 6).

auch im Anorganischen, wo Gravitation, Elektricität und Magnetismus bedeutende vereinigende Factoren ausmachen.

Indessen bewegt sich Erasmus Darwin auch hier nicht in der rechten Bahn; denn er geht zu weit, wenn er die Eigenschaften der Eignung und des Strebens an die Dinge aufteilt und sie nach ihnen handeln lässt. Es ist klar, dass wir im Anorganischen wohl von gegenseitiger Anziehung sprechen, nicht aber von *appetency* und *propensity*, also von Strebungen, ja sogar Trieben. Thäten wir dies, so müssten wir zwischen zwei Standpunkten unterscheiden und z. B. sagen, Sauerstoff habe das Bestreben, sich mit Wasserstoff zu Wasser zu verbinden oder umgekehrt; das Ergebnis ist im ersten und zweiten Falle dasselbe, jedem von beiden kann ich das Bestreben *(appetency)*, jedem die Eignung *(propensity)* zusprechen.

Sind wir aber in einem solchen Verhältnis interessiert, also für den einen Theil eingenommen, so ist unser Urtheil nicht mehr unbefangen; wenn ein Eisengeräth an einem feuchten Orte oxydiert, so sagen wir: das Wasser hat das Bestreben, das Eisen rostig zu machen, oder auch: das Eisen wird leicht rostig. Wir sind also geneigt, ein Activität oder Passivität anzunehmen, wo sie nicht ist; wo bliebe da aber der Wahrheitsbeweis für eine *generatio aequivoca*, deren Anhänger Darwin ja ist, nähme man nicht den Ausgangspunkt der organischen Entwickelung als einen gleichgiltigen Zersetzungsprocess an, sondern betheilte ihn gleich mit Strebungen und Trieben: das wäre nichts anderes als „der Gott, der nur von außen stieße", und nach so vielen Millionen Jahren des Erdenbestandes Lust bekommen hätte, mit schöpferischer Kraft Pflanzen, Thiere und Menschen zu bilden.[1]

Freilich gibt es eine moderne Richtung, die, idealistischer, die Psyche auch ins Anorganische trägt und „der Atome Hassen und Lieben" nicht mehr rein mechanisch fasst.[2] Darin kann man aber natürlich keine Identität mit Darwin suchen; denn diese Erkenntnis einer Beseelung des

---

[1] Vergl. S. Philipp, Über Ursprung und Lebenserscheinungen der thierischen Organismen, Leipzig 1887.
[2] Vergl. Wilhelm Bölsche, Das Liebesleben in der Natur, Leipzig 1898, Bd. I, p. 124.

Alls, so alt sie auch sein mag, hat erst auf der rein materialistischen Bewegung ihren Grund gefunden: ihr stand Darwin nur nahe und bewegte sich auf sie zu; und selbst der Standpunkt der heutigen psychogenetischen Forschung befindet sich noch ziemlich im Anfange einer gewaltigen Laufbahn, die sich ihr erschließen soll. Darwins Psyche stammt in letzter Linie aus seiner *causa causarum*, dem *Ens Entium*, Gott, zu dem er, entgegen allen atheistischen Vorwürfen, stets zurückkehrt, wenn er am Ausgangspunkte seiner genetischen Kette von Ursachen und Wirkungen angelangt ist, deren Endglied, wie er selbst sagt,[1]) an den Stufen von Gottes Thron befestigt ist.

Zu diesem ersten Capitel der Zeugungsgeschichte gibt uns Darwin eine Reihe von Beispielen: vor allem ist da der fruchtbare Volvox, „das Kugelthier", wie ihn Hebenstreit in der Übersetzung noch nennt *(globator)*, in dessen durchsichtigem Zellengebäude die Abkömmlinge bis zur fünften Generation wohnen,[2]) und den Darwin in die Classe der Insecten (ein, wie ja schon erwähnt, zur damaligen Zeit sehr weitgehender Artbegriff) einreiht, wenn er sagt: "*the analogy between the buds of plants and the adherent lateral progeny of some insects, as of the polypus, and taenia or tapeworm, and volvox — — —.*"[3]) Den Namen Kugelthier hat dieses merkwürdige Wesen übrigens behalten, obwohl wir es hier weder mit einem echten Thier noch mit einer echten Pflanze zu thun haben, sondern mit einem der gesellig lebenden Urwesen, Protisten, wie Haeckel sie genannt hat; die, wie es scheint, in der äußeren Hülle eingeschlossenen Einzelkörperchen sind nicht, wie zur Zeit Darwins noch angenommen wurde, Kinder, Enkel und Urenkel wie bei der *taenia*, sondern eine eigentliche Einschließung ist überhaupt nicht vorhanden; vielmehr haben wir es mit einer kugeligen Blase, einer Vorform des Urmagenthieres, der Gasträa, zu thun, deren Wand aus gleichartigen Zellen zusammengesetzt ist; diese trennen sich nach erlangter Reife, und jede einzelne bildet sich durch Theilung zum selben *volvox* aus.[4])

---

[1]) Vergl. „Zoonomie", Section XXXIX 8, 6.
[2]) Vergl. „Phytologie", VII 17.
[3]) Ebd. IX 3, 1.
[4]) Vergl. Haeckel, Anthropogenie, 19. Vortrag.

So schwimmt auch der „männliche" Polyp einher und wird Vater, indem ihm die kindlichen Nachkommen an alten Gliedern herauswachsen; und der einsame Bandwurm *(lone taenia)* verlängert seine flache Form durch förmliches Anstücken; weder Mann noch Weib, wächst das Junge aus dem hintersten Stammglied hervor; oder vom alten Gliede löst sich eine neue Wurmknospe und schiebt sich zwischen den neuen Sprössling und den alten.

Dem Geschlechte unbekannt, schwillt die trächtige Auster, und Koralleninwohner bauen immer von neuem ihre strahlenförmigen Schalen. Die Beobachtungen, welche Darwin in einer Fußnote hiezu (p. 55) über *ostrea sedulis* anführt und nach denen die Auster jeder geschlechtlichen Bildung fremd wäre, sind durch neuere Forschungen widerlegt worden: das erste Jahr bringt ihnen nämlich männliche, spätere Jahre geben ihnen auch weibliche Geschlechtswerkzeuge, so dass man also nicht berechtigt ist, die junge Brut einer *paternal progeny* zuzuschreiben; richtig indessen ist, was er hier über *coral-insets* sagt, dass nämlich das Construens dieser Kalkmassen, die Medusa, in ihrer Zelle festgehalten sei und sich also nicht mit einem ihrer zahllosen Nachbarn vereinigen könne; daher auch der Schluss auf die *paternal progeny* dieses Thieres.

In dem Verhältnis dieser Erzeuger zu ihrer Nachkommenschaft, die sie erhalten und ernähren, liegt wieder ein Höhepunkt der Situation: um beide Theile schlingt die himmelgeborene Storgé[1]) das große sociale Band: durch die Vereinigung all der neu erstehenden Bindeglieder geht es wie zärtliche Sorgfalt und sanfte Zuneigung.

In der erklärenden Note zu diesem bedeutenden Gedanken von den Uranfängen socialer Zusammenschließung erfahren wir zunächst die Bedeutung von Storgé als der Liebe von Eltern zu Kindern überhaupt. In einigen Citaten aus Reiseberichten zeigt Darwin uns mehrere hervorragende Beispiele der Bethätigung solcher elterlicher Liebe, die sich in erhöhtem Maße bei den entwickelteren Lebewesen, be-

---

[1]) στοργή, Liebe, Zuneigung, besonders elterliche und kindliche. Passow in seinem großen griechischen Wörterbuch findet στοργή in dieser Bedeutung bei Philemon, *Fragmenta*, p. 427, und in der *Anthologia planudis* (ed. Meineke), p. 185, 816, 4.

sonders im Thierreich, vergrößerte und ausgestaltete. Er sucht die Ursachen hievon theilweise auf physiologischem Wege zu erklären, indem er annimmt, dass diese Liebe (die sich z. B. in dem oft sehr schwierigen Herbeischaffen von Nahrungsmitteln äußert) der Eltern und insbesondere später, nach eingetretener sexueller Scheidung derselben, der Mutter zum Jungen auch mit daher stamme, dass diese sie von der Last ihrer Milch befreien. Schwierig (das gibt er selbst zu) sei es aber dann zu verstehen, wie die Liebe von jenen Müttern der Thierwelt entstand, welche diese Erleichterung durch das Säugen ihrer Sprösslinge nicht zu erfahren haben; wie ferner die weiblichen Vögel darauf kamen, wochenlang auf ihren Eiern zu brüten; und wie Raupen, wie die des Seidenspinners, vor ihrer Umbildung in ein schon gewobenes Haus von Seide sich einzuhüllen.

Solches und noch vieles andere, meint er, sei unerklärlicher Instinct; da aber die Thiere im Laufe der Zeit große Wechselfälle mitgemacht haben, „wie ja auch die unbelebten Theile der Welt sich wahrscheinlich noch jetzt in einem Zustande fortschreitender Verbesserung befinden", so liegt Darwin der Schluss nicht ferne, dass manche dieser sonst unerklärbaren Handlungen und Thätigkeiten in einem solchen früheren Zustande unter Umständen, in die wir keine Einsicht mehr haben, angeeignet und von den Vorfahren auf die Nachkommen durch Nachahmung oder „eine andere Art der Überlieferung" *(other kind of tradition)* übertragen worden seien. Krokodil- und Insecteneier, Fisch- und Froschlaich werden in warmem Klima von der Sonne allein ausgeheckt; andere Thiere aber kann die Erfahrung gelehrt haben, die Eier selbst auszubrüten, als sie einen höheren Grad von Vollkommenheit erlangten oder in ein kälteres Klima zogen.

Die Verbindung des Gedankens der Anpassung mit dem der Vererbung, der uns hier deutlich entgegentritt, zeigt uns wieder, wie drängend all diese Entwickelungsfragen schon in damaliger Zeit gelegen waren, und wie nahe ihnen insbesondere Erasmus Darwin stand. Ja, es ist interessant zu sehen, wie z. B. gerade hier der große Enkel unseres Dichters eben dort einsetzt, wo dessen Gedankenreihe endigt. Hören wir also Charles Darwin zu diesem Punkte[1]): „Man wird allgemein zugeben, dass für das Gedeihen einer jeden Species in ihren jetzigen Existenzverhältnissen Instincte ebenso wichtig sind als die Körperbildung. Ändern sich die Lebensbedingungen, so ist es wenigstens möglich, dass auch geringe Änderungen in ihrem Instincte für sie nützlich sein werden." Und weiter[2]): „Die Möglichkeit, ja sogar Wahrscheinlichkeit, Abänderungen des Instinktes im Naturzustande zu vererben, tritt durch Betrachtung einiger Fälle bei domesticierten Thieren noch stärker hervor." (Apportieren der Wasserhunde, Kreisen der Schäferhunde u. s. w.)

Charles Darwin hat eben die Thatsache des Variierens auch des Instinctes bei gegebener Veränderung der Existenzbedingung klar bewiesen, was Erasmus nur mit einer Reihe fast schüchterner Voraussetzungen anzunehmen wagte, da ihm das große Mysterium der geschlechtlichen Zuchtwahl, das jener in seiner Selections-Theorie enthüllt und damit auch den Schlüssel zu all den Schwierigkeiten gefunden hat, in keinerlei Klarheit bewusst war.[3])

Diese Liebe der Mütter, fährt Erasmus Darwin fort (p. 247), gerade bei Vierfüßlern, wo das Junge abgeleckt und gereinigt wird, ist so eng verknüpft mit dem Vergnügen des Geschmackes oder des Gaumens, dass die Natur die Jungen nur knapp vor der Gefahr des Aufgefressenwerdens seitens der Mütter gerettet zu haben scheint; er führt an, dass Hündinnen, Katzen und Schweine die Placenta fressen, ja oft sogar die Todtgeburt; durch welch feine Unterscheidung, sagt er zum Schlusse des Abschnittes, sind also diese Thiere vor der Vernichtung bewahrt geblieben! Ähnliche Triebe aus Affection führt er aus einem lateinischen Anonymus an, der aus Berosius geschöpft hat *(quod legitur in Berosi operibus)*.

---

[1]) Die Entstehung der Arten, aus dem Englischen von Victor Carus, Stuttgart 1876, Cap. 8, p. 289.
[2]) Ebd. p. 292.
[3]) Vergl. dazu noch insbesondere ein nachgelassenes Manuscript von Charles Darwin „Über den Instinct", abgedruckt in Dr. Ernst Krauses Ausgabe der gesammelten kleinen Schriften Charles Darwins, Leipzig 1886, p. 9 ff. und besonders p. 41.

Endlich schließt er darauf, dass die elterliche Liebe zu den Nachkommen bereits als vor der Theilung der einzeln fortzeugenden Individuen in Geschlechter bestehend anzunehmen, dass sie die Ursache zur Bildung einer sympathetischen Gesellschaft gewesen sei; denn es scheine eine gewisse Summe von angenehmen Empfindungen zu geben, welche die verschiedenen Absonderungen von Drüsen begleitet und welche die Behaglichkeit des Lebens im Gegensatze zu dem *taedium vitae* ausmacht (nach Darwins eigener Angabe seiner „Zoonomie" XXXIII 1, 1, entnommen). Mit specieller Beziehung auf diesen Fall der Storgé nun meint er, dass, nachdem ein Embryo oder Ei durch den Reiz der Absonderung und Aufnahme von Nahrungssäften im Mutterschoße eine solche angenehme Empfindung hervorbringen müsse, nach der Geburt durch Association ein ähnliches Vergnügen durch Anschauen und Berühren des geborenen Körpers entstünde, wozu bei den Säugethieren noch ganz insbesondere das der Milchabsonderung hinzukäme. In diesem innigen Zusammenhängen körperlich getrennter Individuen sieht Darwin ein großes Naturgeheimnis, *"one of those fine, almost invisible cords, which have bound one animal to another"*; er sieht aber darin auch eine Naturnothwendigkeit, deren Nichtbefolgung infolge hindernder Umstände schwere Schäden hervorzubringen geeignet ist.

Mit dem Begriff Storgé ist nun also ein Mittelding gefunden zwischen unbewusster Theilung oder Sprossung und bewusster Vereinigung, eine Vorstufe der Liebe, doch schon würdig des Beiwortes *heavenborn*, jenes leichte, umfassende Band, das dann in der Liebe selbst zur engumschlingenden Kette über Familien und Nationen hinaus auf einer höheren Entwickelungsstufe wird.

Ein äußerliches Manifest dieses Höherstehens, steigt die Göttin Form hernieder und schlingt ihre wie Silber glänzenden Arme zärtlich um die Schar ihrer Sprösslinge; ihre emporsteigenden Brüste schwellen unter Strömen von Milch, ambrosische Küsse wohnen auf ihren Lippen. Behende Freudengötter tanzen auf flinken Sohlen vor ihr her, fröhlich erglänzen ihre hellen Augen. Hinter ihr aber, auf dem mit Stiefmütterchen bewachsenen Gefilde, schreitet die junge Psyche mit Cupido in ihrem Zuge.

Mit der Erkenntnis des Formbegriffes¹) Hand in Hand geht die Fortentwickelung vor sich: ganz allmählich, fast unmerklich, sind wir von Storgé zu Cupido gelangt; von dieser höheren Stufe aus gewährt uns der Dichter nochmals einen Überblick über die weite, zurückgelegte Strecke:

In jenen Einzelgeburten machen keine zärtlichen Mütter ihre starken Kräfte zur Ernährung oder Vertheidigung ihres Nachwuchses geltend; jene gleich von vornherein verwaisten Kleinen *(babes)* werden nicht durch die nährenden Ströme der schönen Mutterbrust *(Beauty's orbs)* gelabt und aufgezogen; unverändert läuft ihre Reihe dahin, eine lange Anzahl von Geburten hindurch —

"*And fathers live transmitted in their sons.*"

Immer wieder sahen die vorüberrollenden Jahre unveränderte Arten mit gleicher Handlungsweise, gleicher Empfindungsbethätigung *(mind)*. Da auf einmal, während noch immer vergängliche Knospen abfallen und Scharen von „Insecten" vergehen, durchzucken höhere Bedürfnisse die „trächtigen Erzeuger" *(pregnant parents)*, und der heiße Wunsch taucht in ihnen auf, ein zarteres Geschlecht zu schaffen, das durch milchige Ströme reiner, ambrosischer Nahrung seine Nachkunft entzückte und zärtlich erzöge.

Auf die phylogenetische Übergangsperiode und ihren allmählichen Process schließt Darwin wieder mit bedeutsamer Anticipation des biogenetischen Grundgesetzes aus der Ontogenese sowohl pflanzlicher als auch animalischer Individuen; so sagt er in einer Note zu dieser Stelle des Textes (p. 57 f.): „Das erstemal gehen die Baumknospen nach einem Jahr des Bestandes zugrunde, ihnen folgen neue Knospen durch Einzelzeugung, die, größer und vollkommener ausgebildet, mehrere Jahre überdauern und geschlechtsbetheilte Blüten treiben; diese pflanzen sich ihrerseits wieder mittels Samens fort." Analoge Beobachtungen, die ihm deutlich diesen Fortschritt zeigen, theilt er auch von den Zwiebelpflanzen und den schon früher erwähnten Aphiden (Blattläusen) mit.

¹) Auf den Gedanken der Entstehung des Formbegriffes und der ästhetischen Empfindung überhaupt geht Darwin später ausführlich ein; vergl. Canto III, iii.

Auch diese Stufe der Übergangszeit, die uns die Natur in uralten Formen noch heute zu erkennen gibt, hat Darwin nunmehr genau präcisiert. Höher geht es im Laufe.

Der mächtige Wunsch ruft in schöpferischer Stunde die Kraft der Einbildung zuhilfe; mit geheimnisvollem Zauber waltet er über der Mutterfrucht und theilt die jugendliche Welt in die Geschlechter; mit sanfter Zuneigung erwärmt er den kahlen Schwarm und schenkt Männlein und Weiblein *(nymphs and swains)* die lächelnde Liebe.

Zum erstenmal hören wir hier von einer eigentlich geistigen Kraft. Der gewaltige, aber, wie Erasmus Darwin selbst dargethan hat, auch allmähliche Fortschritt zur gänzlichen Trennung und Unabhängigkeit der Elternindividuen ist zu bedeutend, als dass er zwanglos und unmittelbar als neues Glied der Entwickelungskette aus früheren hätte hervorgehen können und einer speciellen Begründung nicht bedürfte; Darwin versucht eine solche auch (Fußnote p. 58): „Man könnte nicht begreifen," sagt er, „dass die ersten lebenden Fasern, welche ein animalisches Lebewesen bilden sollten, in irgendwelcher, dem zukünftigen Thiere eigenthümlichen Formähnlichkeit mit Bezug auf dessen Vorfahren durch Einbildungskraft hervorgebracht worden wären; wohl aber durch Strebungen oder Eignungen, die im Laufe des Wachsthums der einzelnen Theile eine Ähnlichkeit in Bezug auf Form und Aussehen oder Geschlecht bewirken konnten, wie sie der Einbildungskraft des Vaters entsprachen."

Mit diesen psychologischen Einwürfen kennzeichnet Erasmus vorzüglich den historisch bedeutsamen, freilich aber unvollkommenen Standpunkt der damaligen Wissenschaft, was den Werdegang der Entwickelungsgeschichte anlangt; er hat hier einen Parallelismus zwischen zwei generellen Entwickelungsreihen aufgestellt, ihre Beziehungen, ja ihren Zusammenhang auf physiologischem, also so viel als empirischem Gebiete untersucht; anstatt nun aber diesen Zusammenhang auch auf psychologischem Gebiete nachzuweisen zu suchen, stellt er hier den deutlichen Gegensatz zwischen mechanischen Strebungen und Eignungen und der Einbildungskraft in der hier allerdings begrifflich noch sehr unklaren Form auf, ohne einen *modus aggrediens* dafür zu finden, und sie so zu verbinden, anstatt zu scheiden.

Wichtig war es aber schon, solche Beobachtungsthatsachen überhaupt zueinander in Beziehung zu setzen; ihren innerlichen Zusammenhang zu erkennen, die trennende Kluft zwischen den Erscheinungen ganz auszufüllen, lag eben nicht im Charakter der Zeit; auch hier ist Erasmus Darwin wieder der Moses, der sehnsüchtig hinüberschaut in das dämmernde Land der Geistesfreiheit, über dem bereits die ersten Lichter der nahenden Morgensonne erstrahlten; in ihrem vollen Glanze sollte sie ja erst seinem Enkel leuchten.

Die großen Nachfolger unseres Dichters auf dem Gebiete des Naturerkennens zeigten, dass die Wissenschaft der Psychologie, die uns mit dieser Wirkung der Einbildungskraft hier zum erstenmal bedeutungsvoll entgegentritt, ihre Thätigkeit viel weiter im Anfang aufnehmen müsse, dass sie in viel ursprünglicheren Gebieten ihre Ausgangspunkte habe.[1]

Es ist vielleicht behufs genauerer Kennzeichnung des Standpunktes der Moderne auf diesem Gebiete nicht uninteressant, zu erfahren, was Charles Darwin selber am Ende seines großen Werkes *On the Origin of Species*[2] sagt: „In einer fernen Zukunft sehe ich die Felder für noch weit wichtigere Untersuchungen sich öffnen. Die Psychologie wird sich mit Sicherheit auf den von Herbert Spencer bereits wohlbegründeten Satz stützen, dass nothwendig jedes Vermögen und jede Fähigkeit des Geistes nur stufenweise erworben werden kann. Licht wird auf den Ursprung der Menschheit und ihre Geschichte fallen."

Ist es nicht, als sähe auch Charles Darwin an dem seinem freien Auge trüberen Himmel ein leuchtendes, noch gewaltigeres Gestirn aufsteigen? Auch vor ihm breitet sich ein gelobtes Land, auch er ein Moses!

Und hören wir Haeckel[3] zu dieser Frage: „Die ganze Philosophie der Zukunft wird eine andere Gestalt gewinnen, sobald die Psychologie sich mit den genetischen Erscheinungen bekanntgemacht und dieselben zur Basis ihrer Speculation erhoben haben wird. Wenn man unbefangen die Lehr-

---

[1] Vergl. John Romanes, Die geistige Entwickelung im Thierreiche, Leipzig 1885.

[2] „Die Entstehung der Arten", deutsch von Victor Carus, 5. Aufl., 1872, p. 567.

[3] Ernst Haeckel, Anthropogenie, p. 661.

bücher der Psychologie prüft, welche von den namhaftesten speculativen Philosophen verfasst sind und welche heute noch in allgemeiner Achtung stehen, so muss man über die Naivetät staunen, mit welcher deren Verfasser ihre luftigen metaphysischen Speculationen vortragen, unbekümmert um alle die bedeutungsvollen ontogenetischen Thatsachen, durch welche dieselben aufs klarste widerlegt werden. Und doch liefert hier die Entwickelungsgeschichte im Verein mit der mächtig fortgeschrittenen Anatomie und Physiologie der Sinnesorgane, der natürlichen Seelenlehre die einzig sichere Grundlage."

An das alles als an etwas Concretes zu denken, war Erasmus Darwin weit entfernt; seine Psychologie, die er in seiner „Zoonomie" niedergelegt hat, bewegt sich in den schwerfälligen Constructionen seiner Zeit ohne ein eigentlich klares anschauliches Bild des Ganzen zu geben; trotzdem sieht man, wie er den Einheitsgedanken überall zum Durchbruch zu bringen sucht.

Skeptisch, oder wenigstens sehr vorsichtig, stellt er sich z. B. gleich darauf (Note p. 59, 60) den Ansichten Buffons und Helvetius' gegenüber, die da glauben, dass der Mensch den höchsten Gipfelpunkt einer lückenlosen Entwickelungskette bilde und zuletzt aus einer an den Mittelmeerküsten lebenden Affenfamilie hervorgegangen sei: dass nämlich diese Familie irgendwie erlernt habe, den *adductor pollicis* (Daumenbeugemuskel, auch Maus genannt) besonders zu gebrauchen und die Spitzen der andern Finger mit der des Daumens zusammenzubringen, was Affen für gewöhnlich nicht thun; und dass dieser Muskel nach und nach an Größe, Stärke und Thätigkeit zugenommen habe, wie eben die Generationen aufeinander folgten; durch diese erhöhte Thätigkeit des Tastsinnes hätten diese Affen klarere Ideen erhalten und allmählich Menschen werden können.

Vorsichtig, sage ich, weil er zu diesen Fragen nicht Stellung nimmt, sondern sich damit begnügt, sie einfach anzuführen; wir erkennen aber deutlich seine Neigung auch zu diesen Ansichten, wenn wir sie auch nicht unmittelbar ausgesprochen finden; denn es heißt an gleicher Stelle weiter: *"Perhaps all the productions of nature are in their progress to greater perfection! An idea countenanced by modern discoveries and deductions concerning the progressive formation of the solid parts of the terraqueous globe, and consonant to the dignity of the creator of all things."*

Dieser Satz enthält ja in weitestem Sinne den Entwickelungsgedanken. Unwürdig der Größe eines Schöpfers wäre es doch, bedürfte es bei jeder neuen Äußerung von Kraft und Leben im Kosmos seines Eingriffes. Gerade diese Erkenntnis weist Darwin einen für seine Zeit weit vorgeschobenen Posten auf dem Wege der jungen Naturforschung zu; es ist im Grunde derselbe Gedanke, der in Goethes Proœmion zu Gott und Welt ausgesprochen liegt:

„Was wär' ein Gott, der nur von außen stieße,
Im Kreis das All am Finger laufen ließe,
Ihm ziemt's, die Welt im Innern zu bewegen,
Natur in sich, Sich in Natur zu hegen,
So dass, was in Ihm lebt und webt und ist,
Nie seine Kraft, nie seinen Geist vermisst."

Den Gedanken dieser Übergangsstufe in der Zeugungsgeschichte, der ungeschlechtlichen zusammen mit der geschlechtlichen Fortpflanzung, wie sie uns die oben erwähnten Baumknospen und die Aphiden repräsentieren, nimmt nun im poetischen Texte ein Bibelbild auf: aus der Rippe des schlafenden Adam, der einen schönen Traum von unentweihter Liebe träumte, von einem Bilde, das seinen „einsamen Geist" entzückte und erfreute, bildete Gott, wie uns die ersten Seiten der Heiligen Schrift berichten, ein neues Geschlecht in der Mutter des Menschengeschlechtes. Leichten Schrittes dahinschwankend, schien die schöne Frauengestalt zu schwimmen; sie reckte ihre schmiegsamen Glieder und betrachtete, am sammetweichen Rasen des Euphratufers stehend, ihr lustig in den Wogen auf und nieder tanzendes Bild. Schon als ihr Leben begann, brannte leise die Liebesflamme in ihrer Brust; und mit ihrem Lächeln bezauberte sie den bewundernden Mann. — Ihre Schönheit wird in wenigen Versen geschildert. Entzückt trinkt Adam köstliche Leidenschaft aus ihren Augen; er fühlt den neuen Schauder eines jungen Wunsches und drückt die anmuthige Jungfrau an seine glühende Brust. Sie sinkt in seine geöffneten Arme und gibt sich, zärtlich widerstrebend, seiner Liebe hin.

[138]

Dazu lesen wir eine Stelle in der „Zoonomie",[1]) wo es heißt: „Diese Idee von der Reproduction der Thiere aus einem einzigen Filamente des Vaters scheint dunkel oder allegorisch angedeutet zu sein in der merkwürdigen Erzählung der Heiligen Schrift von der Bildung der Eva aus der Rippe Adams." Denselben Gedanken nimmt er nun in einer speciellen Texterklärung *(additional note X)* auf, wo er die Erzählung von der Erschaffung Evas ebenfalls als eine Allegorie hinstellt und sie auf eine hieroglyphische Darstellung ägyptischer Magier oder Philosophen (von denen ja auch Moses erzogen worden war) zurückführt; nach deren Meinung hätte sie die Bedeutung gehabt, dass ursprünglich beide Geschlechter beim Menschen vereinigt gewesen und erst später getrennt worden wären. Darwin ist nun der Ansicht, dass diese Sage, die später auch auf die Griechen übergegangen sei, als das Ergebnis tiefer Forschungen über den ursprünglichen Zustand thierischen Bestehens angesehen werden müsse.

Wir wissen schon von früher her, dass wir die Beziehungen zwischen verschiedenen Systemen von Religion, wenn solche auch bestehen, in der Weise, wie sie Darwin aufgestellt hat, nicht ohneweiters hinnehmen können; und gerade bei diesem alten, starren Glaubensdogma von der Erschaffung des Menschen muthet uns ein naturwissenschaftlicher Erklärungsversuch einigermaßen befremdend an; jedenfalls aber müssen wir die Wahl des Bildes, die der Dichter zur Illustration seiner Theorie einer *„lucina sine concubito"* und ihrer Fortbildung getroffen hat, als eine sehr geschickte anerkennen.

Aber auch hinsichtlich der Existenzbedingungen kennzeichnet Erasmus Darwin den Entwickelungsstandpunkt der geschlechtlichen Zeugung als einen Fortschritt gegenüber dem der ungeschlechtlichen Fortpflanzung: dort, wo kein neues Geschlecht die im Mutterschoße gehegte Frucht mittels nahrungsspendender Drüsen aufzieht, wo keine mütterliche Sorgfalt die ersten Schritte der Jungen lenkt, sie an ihrem Busen wärmt oder sie mit ihren Schwingen

---

[1]) Section XXXIX 2, 3; vergleiche dazu auch Hebenstreits Fußnote in seiner Übersetzung der "*Phytologia*", Bd. I, p. 144.

schützt, da legt rauhe Himmelsgegend oder schädliche Nahrung erbliche Krankheiten in die noch nicht widerstandsfähigen Geschöpfe; die schwächlichen Sprösslinge fallen solchen Krankheiten zum Opfer, bis der Tod das entartete Geschlecht auslöscht.

166 Auch hinsichtlich der Erblichkeitsfrage steht Erasmus Darwin auf einer verhältnismäßig hohen Erkenntnisstufe; Charles Darwin konnte seine Beobachtungen in dieser Beziehung nur bestätigen und erweitern, an sich fand er sie bereits vor. In einem längeren Excurse, *"Hereditary diseases"* überschrieben *(additional note XI)*, geht Erasmus auf diese Frage näher ein und stellt zunächst die Erfahrungsthatsache fest, dass erbliche Übel viel mehr die ungeschlechtliche als die geschlechtliche Nachkommenschaft zu befallen pflegen; diesen Satz erläutert er (p. 251) an einem sehr hübschen Beispiel: wenn ein Ableger von einem fruchttragenden Zweig eines Birn- oder Apfelbaumes genommen wird, hat er beobachtet, dass derselbe bereits im nächsten oder zweitnächsten Jahre Früchte hervorbringt, in eben der Zeit also, als wie, wenn er am Elternzweig fortgewachsen wäre; wäre aber der Apfelbaum beschnitten oder umgehauen, und würden Ableger aus den neuen Reisern des Stammes gewählt, so müssten diese zehn bis zwölf Jahre hindurch wachsen, ehe sie Früchte trügen, ebensolang also wie Bäume, die aus Samen gezogen werden; diese große Ähnlickeit im Verhalten der „Vorfahren und Nachkommenschaft" bei der Einzelzeugung, so schließt er nun, muss die letztere verschiedenen Krankheiten gegenüber empfindlicher machen, waren solche einmal von den Eltern *(parent,* also nicht einem Elternpaare, sondern einer Reihe von Vorfahren), sei es durch schädliches Klima, schlechte Nahrung oder irgendwelche Beschädigung erworben worden. Zur Vorbeugung des Ausbruches solcher Krankheiten empfiehlt er daher auch eine zweckmäßige Mischung des Samens — damit stehen wir bereits vor der Idee der Kreuzbefruchtung.

In folgendem dehnt er diese seine Erfahrungen *per analogiam* auch auf das Thierreich aus und spricht hier bereits mit großer Einsicht von den Schäden der Inzucht und von den erregenden Ursachen erblicher Krankheiten. Diese Betrachtungen gipfeln in einem bedeutenden Gedanken, der das Princip der geschlechtlichen Zuchtwahl vollkommen in sich schließt: "— — *The art to improve the sexual progeny of either vegetables or animals must consist in choosing the most perfect of both sexes, that is the most beautiful in respect to the body, and the most ingenious in respect to the mind; but where one sex is given, whether male or female, to improve a progeny from that person may consist in choosing a partner of a contrary temperament*" (p. 253).[1])

Natürlich dürfen wir uns nicht allzusehr über die Neuheit dieser Gedanken bei Erasmus Darwin wundern, diese Dinge waren ja besonders Landwirten und Züchtern ihrem Wesen nach längst bekannt.[2]) Charles Darwin, der sich zum erstenmal eingehend und von rein wissenschaftlichem Standpunkte mit dieser Frage beschäftigt hat, hat eben auch hier viel weniger Anspruch darauf, diese Ideen aus sich heraus geschöpft zu haben (und er hat ihn nie geltend zu machen versucht!), als vielmehr das große Verdienst, sie gesammelt und bekanntgemacht, aus einer Reihe von Erscheinungen solcher Art bestimmte Gesetze abgeleitet und so die Kenntnis des ganzen Gebietes erweitert und vertieft zu haben. Der ungleich größere Erfolg seiner Arbeiten als der seines Großvaters lag jedenfalls mitbegründet in der weitaus breiteren und sicheren Basis, die seine Bestrebungen zum Ausgang hatten und die mehr als ein Jahrhundert stiller Forschung sozusagen für ihn, den umfassenden Geist, zusammengetragen hatte.

Im poetischen Texte geht der Dichter nicht näher auf diese Fragen ein, sondern er begnügt sich mit einer kurzen Anführung der erblichen Krankheiten und ihrer Schäden, insbesondere bei der Inzucht: Gicht und Wahnsinn führen mit wilder, unverminderter Wuth ewigen Krieg mit der Menschheit, Scropheln entstellen die Formen der Schönheit, und die heimtückische Schwindsucht schleudert ihre unfehlbaren Pfeile, die ihr breites Gefieder an dem Herzblut der Jugend netzen.

Ein schönes Bild schließt diese traurigen Betrachtungen: Bei Sternenschimmer und Mondenschein, wenn leise, lustige

---

[1]) Vergl. Charles Darwin, Entstehung der Arten. p. 101 ff.
[2]) Ebd. p. 43.

Stimmen in der Runde flüstern und Gespenster, die das bleiche Licht der Phantasie vorzaubert, über den Boden huschen, da schreitet, getaucht in den tiefen Schatten eines Kirchthurmes, von dem herunter die Uhr in feierlich-langsamen Schlägen die scheidenden Stunden zählt, gern die poetische Melancholie zögernden Schrittes über die von Eiben beschatteten Gräber und beugt sich schweigend über die zahllosen Todten.

Dort sieht sie, wie Kinder in heißem Weh die Hände über dem Grabe der Mutter ringen, dort hört sie ein schönes junges Weib nach ihrem todten Kind unter der Erde rufen, hört, wie es mit halb furchtsamen Worten gegen den Rathschluss des Himmels sich auflehnt und mit schmerzlichen Seufzern den Nachtwind verstärkt.

Da ruft sie aus: O ernste Zeit! Aus dem Schoße der Natur nimmst du ihre schönen Sprösslinge in Empfang und trägst sie ihrem Grabe zu; du rufst alle ihre Söhne von den entlegensten Gestaden der Erde; keiner aber kehrt wieder, hinter dem sich einmal die Thore geschlossen haben.

204 Ein wunderschöner, ergreifender Gedanke, den der Dichter hinreißend ausgedrückt hat. Das Bild der klagenden Melancholie musste ihm, dem Milderer menschlichen Elends, der ein größtes Ausmaß an irdischer Glückseligkeit als Ziel irdischen Schaffens und Könnens ansah, im tiefsten Herzen gewohnt haben. Gleichzeitig aber enthält dieser Gedanke zwei Betrachtungsmomente in sich geschlossen, die Gegenstand späterer Ausführungen sind, die Darwin aber auch schon erwähnt hat (vergl. oben p. 69 f.). Ich möchte sie nochmals in den Aussprüchen zweier großer Forscher wiedergeben: „Leben ist ihre (der Natur) schönste Erfindung, und der Tod ist ihr Kunstgriff, viel Leben zu haben."[1] Und ferner: „Alles Lebendige, was vergeht, verliert bloß die Bedingung zur Äußerung des Lebens in der bestimmten Form, und die lebensfähige und beseelte Materie geht wieder in den Schoß der Natur zurück."[2] In diesen Gedanken findet der Dichter und Philosoph den Trost in der Betrachtung irdischer Trübsal.

---

[1] Vergl. Goethe, Naturaufsatz.
[2] Vergl. Johannes Müller, Handbuch der Physiologie des Menschen, 2 Bde., Coblenz 1837—44, II, 512.

Wieder ist ein Höhepunkt in der Darstellung eingetreten. Ergriffen von ihrer Schilderung hält Urania im Vortrag inne, ihr weißer Busen hebt sich unter stummen Seufzern. Die Muse stimmt in ihre Klage über „die Summe der Dinge" *(sum of things)* mit ein und faltet, ein Zeichen ihres Schmerzes, die Schwingen über ihrem Haupte.

Aber ihre Trauer verkehrt sich endlich in den frohen Gedanken: *to die is but to sleep.* Und sie wenden sich von dem Sarge der Natur zu deren Wiege; junge Freude lächelt auf ihren Lippen, und neue Neigung entbrennt in ihrer Brust. Ihrer ersten Beobachtung folgt eine zweite, ein wunderbarer Act, der sie aus derselben Wirklichkeit, die den Tod als ewigen Schattenstreifen durch ihre Hoffnungen schleift, wie eine ewige Sonne anstrahlt; auf die Frage, die die Muse an die schöne Priesterin *(hierophant)* richtet, folgt die erlösende Antwort:

Himmlische Führerin, deine Worte melden unverdiente Übel, die bereits das junge, schuldlose Wesen befallen. O sage, ob nicht ein freundlicherer Blick den athmenden Geschlechtern, den Sprösslingen irdischer Liebe die trübe Aussicht erhellt. 218

Lächelnd gehorcht Urania der Aufforderung der Muse und setzt in süßen Tönen ihre dankbare Aufgabe fort:

Auf breiten Schwingen steigt Cupido von überirdischen Reichen hernieder zum kyprischen Hain, in seine weitgeöffneten Arme eilt Psyche und umfängt ihn mit den Flügeln der Morgenröthe. Ihm hält ein purpurner Gürtel den Köcher mit den Pfeilen, die im Dahinschreiten silbern klirren.

Ihr schönes Haupt und ihren weißen Nacken umfließt ein dünner durchscheinender Schleier; zartes Gewebe schlingt sich um ihre herrlichen Glieder, bauscht sich im Winde auf und fegt den sammetweichen Boden.

So schreiten sie Hand in Hand dahin; um ihre Häupter wehen entzückte Zephyre und streuen Rosendüfte um sie her; helles Frühlingslicht umflutet sie, und glückliche Stunden lächeln ihnen auf ihrem Wege.

Die Darstellung der Psyche weist uns nach des Dichters Anmerkung auf die alte Coincidenz von Seele und Schmetterling zurück. (Vergl. die Abhandlung über die Portlandvase.)

Die Griechen nannten ein in warmen Sommernächten ausschwärmendes Insect Psyche; die Raupe desselben, die sich verpuppt, ist der Seele vergleichbar, die, einmal herabgesunken in die feuchte, materielle Welt und eingefangen in den sterblichen Leib, ihre Freiheit verloren hat. Endlich jedoch, weil ja das Leben nicht ganz erstarrt ist, zersprengt sie die Schale und geht hervor in herrlicher Gestalt, mit Flügeln bekleidet, die in den Farben der Iris schimmern. Der herrliche Schmetterling macht sich Luft, und aus dem schwülen Körper gewinnt so die Seele freien Himmelsraum; die Puppe, der träge Leib, bleibt zurück; die Seele flüchtet sich in ihre lichterfüllte, herrliche Heimat.[1]

Die Schwingen sind, nach der Meinung Darwins, dann nur mehr einer schönen Nymphe beigegeben worden, die auch Psyche genannt wurde, und aus der großen Popularität dieser Allegorie erst sei auch das oben erwähnte Insect zu diesem Namen gekommen. So seien auch die Darstellungen zu erklären, die einen Cupido zeigen, wie er einen Schmetterling mit seiner Fackel zu erwärmen versucht.

Hymen hört die leisen Schwüre des göttlichen Liebespaares und umwindet ihre strahlenden Stirnen mit Kränzen; an seinem Altar gibt er ihre willigen Hände zusammen. „Schaut her," ruft er, „Erde, Meer und allumspannende Luft, und ruft den Gottheiten der Geschlechtsliebe ein freudiges Heil zu!" Alle Lebensformen wird dieses Paar mit seiner Liebe beglücken, die willige Welt von Geschlecht zu Geschlecht vereinen; sein süßes Lächeln wird es in den ungeselligen Schoß der Erde ausgießen, ihm mit sanften Lüftchen zuwinken, mit freundlichen Stunden ihn erfreuen. Es wird den Kelch des Vergnügens ohne einen Tropfen Schmerzes füllen und eine goldene Kette um die Gesellschaft schlingen.

Der Gedanke des Liebesstaates liegt hier also deutlich ausgesprochen, des ersten geselligen Aneinanderschlusses durch die allgewaltige Macht der Liebe, deren höchstes Streben und Ideal, höher als der Begriff der Storgé es ist, ihre goldene Kette ungeachtet aller Ver-

---

[1] Vergl. F. Creuzer, Symbolik und Mythologie der alten Völker, Leipzig und Darmstadt 1819.

schiedenheiten und Entfernungen einigend um den ganzen Erdkreis zu führen.

Den jungen Morgen erwachender Mannheit durchflutet, auf purpurnen Schwingen getragen, neues Verlangen; mit sanftem Feuer dringt es in den jungfräulichen Busen, macht die blasse Wange erröthen und übt einen mächtigen Reiz auf das zarte Herz aus.

Ehe noch die schwachen Kräfte des flüchtigen Lebens verfallen und das ätherische Himmelsbild dahinschwindet, erneuert die Liebe mit zärtlicher Berührung das organische Gebilde, indem sie ein junges Sein bildet, ein gleiches und doch ein anderes. Ihre rothen Lippen verleihen ihm lebenskräftigen Odem, ihre Hände wehren die Pfeile des Todes ab; die Schönheit aber senkt sich auf ausgebreiteten Engelsschwingen auf das entstehende Leben herab und rettet die sinkende Welt. 258

„Beauty" und „Venus", müssen wir uns hier erinnern, sind dem Dichter oft gleichwertige Begriffe; der Gedanke, dass Schönheit die ganze Natur belebe, erinnert ihn an die herrlichen Verse, mit denen Lukrez sein großes Werk einleitet:

*„Alma Venus! — — — — — — —*

*— — per te quoniam genus omne animantum*
*concipitur visitque exortum lumina coeli."* [1])

Die ganze Darstellung klingt also in einen Dithyrambus auf Liebe und Schönheit aus, durch deren Einfluss alle Gattungen der Lebewesen auf höherer Stufe gezeugt werden, die ihnen nach ihrer Geburt den Anblick der Sonne, des Lichtes in bedeutsamer Weise, gewähren.

Schon im Pflanzenreiche hat die Liebe ihren Thron aufgeschlagen:

Auf den grünen Blättern wohnen geschlechtliche Freuden, Liebhaber und schöne Damen weilen in den Blumenblüten; der Staubbeutel beugt sein wachsames Haupt

---

[1]) Lukrez I, v. 2—5; es erübrigt hier eine Änderung festzustellen; im Text heißt es thatsächlich *lumina solis*; es wäre immerhin möglich und denkbar, dass wir es hier mit einer beabsichtigten Emendation Darwins mit Bezug auf das Epitheton *heavenborn*, das er der Liebe beilegt, zu thun haben.

aus seinem seidenen Bett über die entzückte Narbe; indem ihre Lippen sich treffen, ihr Lächeln sich vereinigt, saugen sie ambrosische Thautropfen aus der Nektarschale ihrer Liebe.

268 Eine Fußnote zu diesen Versen (p. 70) beschäftigt sich damit, diesen Process des Saugens näher zu erörtern: die Nektarschale, Linnés *nectarium*, sei eine Art Honigdrüse im Innern der Pflanze, die die Antherien und Stigmata derselben mit ihrem Secrete ernähre *(probably nourished)*. Die Blumenkrone ist nach ihm ein Athmungsorgan für die Zeugungstheile zum Zwecke eines weiteren Oxydationsprocesses des Pflanzenblutes behufs Hervorbringung des Antherienstaubes und eben des Honigs, der in seinem Behälter ebenfalls der Luft ausgesetzt ist, damit auch hier der Oxydationsprocess seinen Fortgang nehmen könne; und er führt hier die merkwürdige Begründung dafür an, dass viele Pflanzen diesen ganzen Apparat durch complicierte Vorrichtungen vor dem Eindringen von Insecten schützen und dass Blumenkrone und Nectarium mit den Antherien und Stigmaten nach Schwängerung des Pericarpiums abfallen.

Ernst Krause geht in sehr anziehender Weise auf diese Frage, die Erasmus Darwin schon in seiner *"Economy of Vegetation" (additional note XXXIX)* beschäftigt hat, näher ein.[1]) Er wundert sich darüber, dass Darwin die Werke von Koelreuter (1761) und Sprengel (1793), die den Mechanismus der Insecten a n l o c k u n g auseinandersetzen, unbekannt geblieben sein sollten; was die Darwin'sche Erklärung des Nutzens der Honig-Erzeugung anlangt, so sagt er: „Hätte ihm (Darwin), der später (nämlich nach der Abfassung der *"Economy of Vegetation"*) so eindringlich über den Schaden der Inzucht geschrieben, jemand das Zauberwort „Nutzen der Kreuzbefruchtung" zugerufen, so wäre es ihm sicher wie Schuppen von den Augen gefallen."

Wie nahe Darwin dabei einer Einsicht in diese Einrichtung kommt, zeigt seine Kenntnis der Thatsache, dass die Befruchtung sich nicht immer im selben Individuum an sich vollzieht: nicht immer sind die Paare in einer Pflanze von vornherein vereint; manchmal muss der be-

---

[1]) Dr. Ernst Krause, Erasmus Darwin und seine Stellung in der Geschichte der Descendenztheorie, p. 147 f.

fiederte Liebhaber erst auf den Schwingen Hymens die bebende Braut aufsuchen.

Die Erklärung für diese Vorgänge gibt Darwin abermals mittels der bereits (p. 75) besprochenen *"appetencies"* der männlichen und *"propensities"* der weiblichen Theile. Demnach bringen die Staubgefäße einen formbildenden, lebenskräftigen *(prolific)* Staub hervor, während die Griffel lebensfähigen Saft absondern; diese beiden kommen zuvor ins Pericarpium, stürzen aufeinander zu und bringen durch ihre Vereinigung neues Leben hervor. Durch neue Kräfte gebildet, sprießen aufstrebende Theilchen hervor, die sich zu einem Ganzen vereinigen und sich zu einer neuen Pflanze ausgestalten.[1]

Dazu gibt uns der Dichter ein hübsches Beispiel: von der schönen Vallisneria nämlich, die ihre Heimat im wogenden Rhein hat. In verliebten Schwärmen lösen sich die Staubgefäße von ihren Stämmen und umgeben, wie sie in den glashellen Fluten dahintreiben, die bewundernden Fruchtknoten; die liebeskranken Schönen erheben ihre duftenden Köpfchen und flüstern der kyprischen Königin ihre geheimen Liebesschwüre zu; wie die wachsame Hero fühlen sie innere Angst um ihre Liebhaber und schließen die Daherschwimmenden endlich in ihre Arme.[2]

Die Liebe lässt auch die männliche Ameise ihre zarten Flügel entfalten, und der Lampyris[3] schwingt seine Goldhäutchen. Der Glühwurm funkelt mit leidenschaftlichem Licht auf jedem grünen Hügel und entzückt das „Auge der Nacht". Neues Verlangen setzt auch die bunte Schnecke in Aufregung und zwiefältige Liebe vereint das doppelte Geschlecht.

In italischen Landen streckt der Morus dem warmen Strahl des Frühlings schüchtern seine Blätter entgegen;

---

[1] *swell into a seed*, frei, doch sinngemäß übersetzt. Ich erwähne dies hier ausdrücklich, um einem etwaigen Missverständnis vorzubeugen, das durch das hier vielleicht nicht ganz klare und passende *"seed"*, Same, entstehen könnte. Hier ist natürlich nichts anderes gemeint, als die neue, junge Pflanze.

[2] Vergl. die hübsche Darstellung in W. Bölsche, Liebesleben in der Natur, I 156.

[3] λάμπω ich leuchte, οὐρά der Schweif, die Linné'sche Classe der Coleopteren, in die auch der Glühwurm gehört.

auf ihnen kriecht in zahllosen Scharen der Seidenwurm herum und erntet den grünen Schatz ohne noch die Liebe zu kennen. Dann aber webt er mit kreisender Bewegung des Kopfes die zarten Vorhänge seines seidenen Bettes, Gewebe um Gewebe hüllt er so um seine Larve und schützt sich dadurch vor Sonnenschein und Sturm; zwölf lange Jahre träumt er von blütenreichen Hainen, von Honig, dessen Geschmack ihm noch unbekannt, und von höchsten Liebesfreuden. Dann aber erwacht er aus seinem Übergangszustand, neues Begehren durchzuckt ihn, er entdeckt sein Geschlecht und fühlt entzückt, dass es wie Feuer durch ihn läuft. Von Blume zu Blume eilt er mit honigbenetzten Lippen und sucht auf silbernen Schwingen sein in weichen Sammt gehülltes Liebchen.

306 Der Honig spielt dabei auch hier wieder die Rolle eines belebenden, anregenden Nahrungsmittels. Die Ansicht „eines Naturforschers", die Darwin zu diesen Versen citiert, darf hier nicht unerwähnt bleiben; wir haben es hier mit einem „Überentwickelungs-Theoretiker" in vollstem Sinne zu thun, wenn er aus dem Gleichnis ein Ereignis werden lässt: er stellt nämlich fest, dass es durchaus nicht unmöglich wäre, dass wir in den ersten Insecten Antherien und Stigmata von Blumen zu sehen hätten, die sich auf irgend eine Weise von ihrer Mutterpflanze[1]) getrennt, und dass nun einige Flügel, andere Flossfedern, andere wieder Klauen angenommen hätten, und zwar all das durch ihr unaufhörliches Bestreben, sich vor Schädlichkeiten zu schützen. Darwin tritt für diese Ansicht weder ein noch stellt er sich ihr gegenüber; auch nennt er, der sonst mit Quellenangaben nicht zurückhält, nicht den Urheber derselben — es wäre nicht so undenkbar, dass sie seinem eigenen Kopfe entsprungen wäre und er durch Unterschiebung seines *"naturalist"* ihr bei seinen Lesern eine objectivere Wirkung verschaffen wollte.[2])

Aber über all diese freundlichen Bilder junger, fröhlicher Liebe fällt ein düsterer Schatten.

---

[1]) Das Englische hat hier dem Deutschen in der Bezeichnung den Vortheil voraus, dass der Ausdruck *"parent-plant"* der hermaphroditischen Zeugungsweise der Pflanze Rechnung trägt, was dem einseitigen „Mutterpflanze" oder „Vaterpflanze" nicht möglich ist.

[2]) Vergl. *"Loves of the Plants"*, p. 9.

Der Dämon Eifersucht zerstört mit gorgonischer Miene die süßen Blüten des Vergnügens, an denen er keinen Antheil hat. Mit wildem Blick verfolgt er durch den zitternden Hain die Schritte der arglosen Liebe, oder er treibt seinen eisernen Wagen rasselnd über die Gefilde, schleudert seine brandrothe Fackel und entzündet die Flammen des Krieges.

Der Dichter geht nun auf die specielle Art des Kampfes ums Dasein, die geschlechtliche Zuchtwahl, poetisch schildernd näher ein; wiederum liefert ihm das Thierreich die sinnfälligsten Beispiele. Ich lasse am besten gleich das erste, eine hübsche Schilderung eines Hahnenkampfes, hier folgen. Die Hähne stehen einander in feindseliger Wuth gegenüber:

*"Of armed heels and bristling plumage proud,*
*They sound the insulting clarion shrill and loud,*
*With rustling pinions meet, and swelling chests,*
*And seize with closing beaks their bleeding crests;*
*Rise on quick wing above the struggling foe,*
*And aim in air the death-devoting blow."*

(II, v. 315—320.)

Ebenso wüthend fällt der heiser schreiende Hirsch seinen Gegner an, schlägt nach ihm und pariert mit seinem verzweigten Geweih. Kampflustige Eber greifen einander mit weißblinkendem Zahn an und wehren mit starkem Schulterschild den schrägen Stoß ab. 325

Die Scharen der Weibchen aber sehen in stummem Staunen zu und betrachten den Sieger mit bewundernden Augen.

Zu diesen Beispielen aus der Thierwelt gibt Darwin in seiner Textnote (p. 76) einen bedeutungsvollen Hinweis auf Ursache und Zweck dieser Kämpfe: es handle sich dabei ausschließlich um den ungestörten Besitz des Weibchens, was schon daraus hervorgehe, dass ja die Weibchen ohne diese Schutz- und Trutzwaffen leben müssen; da diese Kämpfe nur innerhalb derselben Art stattfinden, setzt er fort, so haben sich diese Vertheidigungs- und Angriffsmittel (förmlich nach gewissen Gesetzen der Anpassung) gleichartig aufeinander eingerichtet.[1]

---

[1] Vgl. dazu die höchst interessanten Abhandlungen Charles Darwins in seinem Werke „Die Abstammung des Menschen und die natürliche Zuchtwahl", 3. Aufl., Stuttgart 1875, II. Bd., p. 37 ff. u. p. 222 ff.

Diese Gleichartigkeit in der Kampfweise wie auch das beobachtende, abwartende Verhalten der Weibchen gibt dem Dichter einen günstigen Vorwurf für ein hübsches Bild, das diese Vorgänge illustriert:

So spornten, wie uns aus alten Romanzen berichtet wird, die Ritter ihre stolzen Schlachtpferde und legten die Lanzen zum Losstürmen ein. Derjenige nur, dessen gewaltige Tapferkeit mit unwiderstehlicher Kraft den gegnerischen Kämpfer und sein Ross über den Haufen warf, durfte sich froh vor der Schönen beugen und ihr Lächeln als herrlichen Lohn, höher als Gold, empfangen.

Die Idee dieses Kampfes zieht den Dichter zu einem weiteren Bilde fort, er schildert in wenigen Versen den Zwist, der um Helena entstanden war und seine Folgen.

Indes, endlich schweigt aller Waffenlärm.

341   Ehegelübde fesseln das verlobte Paar aneinander und vereinigen väterliche und mütterliche Sorgfalt. Das Vogelpaar pflückt mit sorgfältiger Auswahl weiches Distelhaar, graues Moos und verstreute Wolle und füttert das Nest mit Federchen aus. Dann treffen sich ihre verliebten Schnäbel und sie umwerben einander mit flatternden Flügeln.

Wochenlang wärmt das brütende Hänflingsweibchen, ohne seiner Ernährung zu achten, seine zukünftige Brut. Jedes fleckige Ei wendet sie mit „elfenbeinernen Lippen"[1]) um und brennt Tag für Tag heißer in liebevoller Erwartung; da hört sie den jungen Gefangenen in seiner Zelle zirpen und zerbricht die harte Schale in zwei Hälften.

Laut flötet die süße Nachtigall ihr sanftes Lied, ein sanfteres Werbemittel, mit dem das Männchen seine geliebte Braut entzückt und seine Kinderschar weckt; auf ein weiches Mooslager gebettet, rührt das lauschende Häufchen die jungen Schwingen und wispert dem Sange des Vaters nach.

In einer Textnote hiezu führt Darwin einige interessante Beispiele an, die, da sie nach den Beobachtungen verschiedener Forscher citiert sind, von seiner umfassenden

---

[1]) Bei jeder Metamorphose, die Darwin bei solchen Anlässen dichterisch anzuwenden pflegt, gilt ihm die Vermenschlichung des zu idealisierenden Wesens oder Dinges als strenge Regel, die einzuhalten ihn sogar zu dem merkwürdigen Bilde eines Hänflings mit elfenbeinernen Lippen vermocht hat.

Belesenheit in der einschlägigen Literatur zeugen. Beweise seiner eigenen überaus scharfen Beobachtungsgabe, die er besonders mit Bezug auf diese Fragen verwendet, finden sich vor allen Dingen in seiner „Zoonomie" (Section XVI 13). Was Darwin dort über Instinctshandlungen und Geistesleben der Thiere zu sagen weiß, führt sein großer Enkel Charles Darwin, nicht nur ausdrücklich an,[1]) sondern aus, der Übereinstimmung ihrer Ansichten geht in vielen Punkten hervor, dass die Beobachtungen und Forschungen seines Großvaters oft geradezu erschöpfend für ihn waren.

Auch die höher und höchststehenden Thiere unterliegen dem sanften Zwange; die Allbeherrscherin Liebe hebt sogar den Krieg der Bestien untereinander auf, beugt ihre stolzen Nacken und zwingt sie ihrem Wagen zu folgen Über die gehorsamen Thiere schwingt sie ihre silberne Peitsche, nur die Faulen spornt sie an, die Wilden reißt sie zurück. Langsam rollen die silbernen Räder dahin, und so fährt die himmlische Psyche in stolzer Schönheit einher. Der stattliche Stier und das Schlachtross, die mit Donnerstimme das Echo wachrufen, folgen mit Herden zahmer Hausthiere ihrem Wagen und stimmen in den Triumph der Allbeherrscherin Liebe mit ein.

Auch das schuppige Reich eilt froh zur Küste; mit rascher Flosse bewegt es sich in welligem Zuge, und viele glatte Köpfe tauchen über die Flut.

Endlich naht sich das Reich der Lüfte huldigend dem Zuge: auf breit entfalteten Schwingen gießen die befiederten Völker flutende Schatten weit über ihn hinaus.

Interessant und bezeichnend sind die Ideen, die Darwin in den Textnoten zu den beiden letzten Absätzen (pp. 80 ff.), und zwar zunächst über das Princip der Bewegung der Fische anschließt. Er sagt dort: die linke schiefe Ebene des Schwanzkörpers z. B. schlägt das Wasser zuerst zur Seite, dann die rechte; diese beiden Stöße treten zueinander in Gegensatz und bewirken so eine Vorwärtsbewegung des Fisches. Diese Art der Kraftäußerung scheint Darwin nun besser und zweckmäßiger als etwa die des Ruderns, wo die Wassertheilchen durch die Schläge zurückweichen, und die

---

[1]) Vergl. Charles Darwin, Ausdruck der Gemüthsbewegungen bei den Thieren und Menschen, Stuttgart, 1874, p. 78 (deutsch von Carus).

ausgeübte Kraft sich somit als der Unterschied zwischen der Schnelligkeit des eintauchenden Ruders und der des zurückweichenden Wassers darstellt. Könnte man daher nicht, meint er zum Schlusse, eine diesem Fischschwanze entsprechende Maschinerie am Hintertheile eines Bootes anbringen und so bewirken, dass, sei es nun durch die Kraft des Windes, des Dampfes oder der Hand, eine größere Wirkung als mit einfachem Rudern erzielt werden würde? Bei Berücksichtigung der Phantasie Erasmus Darwins könnte man fast glauben, er habe mit seinem geistigen Auge einen Schraubendampfer vor sich gesehen, der ja im Princip nichts anderes ist als eine Verwirklichung dieses seines Gedankens. In der zweiten Note macht er auch über das Technische der Flugbewegung einige Bemerkungen, verhält sich hier aber skeptischer in Bezug auf die Übertragung derselben auf den Menschen zu praktischen Zwecken als bei den Fischen; allerdings denkt er dabei an eine getreue Nachahmung des Vogelfluges: die Muskelbewegung des menschlichen Armes, sagt er, ist zu unvollkommen um irgendeinen flügelähnlichen Apparat in entsprechender Weise zu beherrschen. Eher traut er solche Kraft den Beinen und Füßen zu, mittels deren man vielleicht eine leichte Maschinerie in entsprechender Weise bewegen könnte; er vergisst aber nicht hinzuzufügen, dass solche Versuche seiner Meinung nach wohl in keinem Falle einen wirklichen Nutzen hervorbringen würden.

Und nun kehrt er zur Schilderung des Siegeszuges der Liebe zurück.

Paar um Paar der gefiederten Begleiter schießt dahin und schmettert liebesfrohe *(gay impassioned)* Lieder in die Lüfte. Auch Insecten fliegen in Schwärmen auf oder lassen sich in lustig leichten Ringgebilden vom Winde dahintragen; die Goldflügelchen schwingend, tummeln sie sich alle um den Wagen herum. Endlich gesellen sich Faune, Dryaden, Nereiden, Tritonen und Najaden als die allegorischen Vertreter der Elemente und Führer der einzelnen Gruppen dem Zuge bei.

Auch die entzückte Flora, die von ferne zusieht,[1] grüßt mit stummer Huldigung den Triumphwagen und beugt ihr

---

[1] Ein hübscher Ausdruck für das Unvermögen der Pflanzen, sich gleich den beweglichen Thieren am Zuge zu betheiligen. Entsprechend ist auch die stumme Huldigung Floras zu verstehen.

Knie vor der Gottheit; ihr braunes Haar umflutet ihre nackte Brust. Sie ruft in ihre purpurnen Heiden hinaus und nach ihren blühenden Lauben, macht ihre grünen Juwelen aufspringen[1]) und öffnet alle ihre Blumen. Über das schöne Paar im Wagen[2]) schüttet sie einen Rosenschauer aus und krönt ihre Häupter mit Hyacinthenkränzen.

Schneerosengewinde und Primelketten verbinden die Zedernspeichen und lasten schwer auf den silbernen Rädern, so dass die Geschwindigkeit derselben sich noch verlangsamt. Um die zarte Achse schlingt sich rankend Geißblatt, und duftender Jasmin umklammert die gebogenen Federn.[3]) Helle Maßliebchenkränze schmücken das sammtene Gezäum, und Ringlein aus Veilchen geflochten halten die silbernen Zügel zusammen. Schneeweiße Lilienguirlanden zieren die Rückseite, zu beiden Seiten hängen Tulpengewinde.

So rollt der Wagen langsam dahin. Die liebesdurstigen Blumen hauchen ihre süßen Düfte aus und lispeln dem Winde mit leisen Grüßen zu. Ihre geschlossenen Blüten entfalten sich, sie nicken mit ihren grünen Stengeln und schwenken ihre Goldglöckchen. Von jedem entzückten Hain aus athmen sie Seufzer und jubeln den Gottheiten der Geschlechtsliebe zu.

Vorwärts schreitet seinen erhabenen Weg Hymen in goldgelbem Gewande über den ganzen Erdball hinweg. Über brennenden Sand und eisbedeckte Berge geht er, durch die blauen Gefilde der Luft und durch das salzige Bett des Oceans. Aus seiner leuchtenden Fackel gießt er himmlisches Licht über den weiten Bereich des Tages sowohl wie der Nacht. Mit süßer Beredsamkeit ruft sein tönereicher Mund alles zusammen, was da jung und schön ist, und hält es mit seinen Reizen gefangen. Seine goldene

---

[1]) Ein hübsches Bild für das Aufbrechen der Knospen.

[2]) Auf dem Wagen befinden sich *"Love"* und *"Psyche"*; *"Love"* ist dabei als Personification des männlichen Individuums gefasst.

[3]) Der Triumphwagen der Liebe gieng also auf Federn! Bei der detaillierten Aufzählung des Baues und der einzelnen Bestandtheile desselben muss man sich unwillkürlich daran erinnern, dass Dr. Darwin selbst einen Wagen für seinen eigenen Gebrauch erbaut und eingerichtet hatte und daher die Vorzüge der Federn zu wohl zu schätzen wusste, um sie der zarten Göttin nicht angedeihen zu lassen.

Lampe färbt mit ätherischem Strahl die erröthende Wange und erhellt das lachende Auge. Mit heimlichen Flammen wärmt er der Jungfrau Busen und erhellt dem ungeduldigen Bräutigam den Weg in ihre Arme. Mit Liebesleben erfüllt er das ungeheure Reich der Natur und entzündet all ihre Feuer von neuem, wenn sie zu erlöschen drohen.

Ein Bedürfnis des Schauens, des Genießens eines innerlichen Anblicks thut dem Vortrage der schönen Lehrerin, der nun in begeisterte Schilderung übergegangen ist, Einhalt. Mit wohlgefälligem Lächeln blickt sie auf den herannahenden Zug und beginnt dann von neuem:

Hütet euch vor Amor,[1] ihr Nymphen, und lauscht mit ängstlichem Ohr auf seine klirrende Bogensehne! Flieht beim ersten Laut des noch fernen Pfeiles, oder schirmt das beunruhigte Herz mit demantenem Schilde! Verbergt euch, ihr Jungfrauen, in geheimen Schatten und hütet das vestalische Feuer in eurem Busen!

Die Schönen, an die die Warnung ergeht, scheinen diese indessen nicht allzu ernst zu nehmen; wie dankend beugen sie sich vor der Rathgeberin, verbergen aber dabei ein verhaltenes Lachen, ein Lachen aber, das sich selbst bestraft.[2]

---

[1] Im Texte wieder *love;* um der deutschen Wiedergabe aber den Charakter zu wahren, übersetze ich es hier mit „Amor", indem ich so gleichzeitig die vom Dichter beabsichtigte Personification beibehalte.

[2] Hier empfinden wir es allerdings sehr störend, wenn der Dichter, an dieses hübsche Bild unmittelbar anschließend, eine anatomisch-physiologische Abhandlung über den Process des Lachens und des Lächelns folgen lässt. Wenn man sich verleiten lässt, die Note mitzunehmen, so erfährt man aus ihr nicht viel mehr als die Mittheilung der damals schon längst bekannten Thatsache, dass das über ein gewisses Maximum hinausgehende Vergnügen Schmerz wird; ferner einige Bemerkungen über die dabei stattfindenden Gesichtsmuskelbewegungen, die wir hier weiter nicht zu berücksichtigen brauchen. Was die Interpretation dieser Stelle anlangt, so habe ich zu bemerken, dass sich aus "and bow with laugh repressed and smile chastised" hinsichtlich des Wortes "chastised" ein Doppelsinn ergeben könnte: es kann eine zu "repressed" synonyme Bedeutung annehmen, aber auch so viel wie „bestraft" bedeuten; ich habe mich für das letztere entschieden, indem ich dadurch das Flatterhafte, Leichtsinnige der begleitenden Nymphen, das Darwin durch das verstohlene Lächeln darstellen will, besser gekennzeichnet glaube.

Nun bringen die begleitenden Nymphen auf ihren Wink klares Wasser aus der sprudelnden Quelle herbei; in krystallenen Schalen leuchten die heilkräftigen Fluten, unentweiht durch aufdringlichen *(immodest)* Wein. Dann eilen sie dahin, wo aus uralten Wurzeln der Baum der Erkenntnis seine ragenden Zweige in die Lüfte streckt. Von ihm pflücken sie und setzen die nun nicht länger verbotenen Früchte in schöner Auswahl vor der Muse nieder. Frei von aller Sorgenlast setzen sie sich nieder und nehmen froh an dem geistigen Festmahl theil; vom Guten und Bösen sprechen sie, von Ursache und Wirkung, von himmlischer Thätigkeit und von den Gesetzen der Natur.

Dieses Bild belegt der Dichter mit einem biblischen Beispiel.

So war es, als Engelgestalten, die nach Syrien gesandt worden waren, im Cedernschatten bei Abrahams Zelt saßen. Der anbetende Patriarch bot ihnen erfrischenden Trunk in reichlichem Maße *(a spacious bowl)*: süßes Wasser, das er aus den dürftigen Rinnsalen herbeiholte. Obst- und Fruchtkerne schafft er aus seiner Vorrathskammer und stellt reichlich Milch und Butter auf den Tisch; indessen bäckt seine Gefährtin auf dem heißen Herde feines Mehl, das sie zu ungesäuerten Kuchen geknetet hat. Die himmlischen Gäste trinken in langen Zügen das klare Nass, lächeln ihren Wirten zu und kosten irdische Nahrung. Und während von ihren Lippen gar süß die Worte fließen, baden sie ihre Füße und falten ihre silbernen Flügel zusammen.[1]

458

Die letzten Abschnitte bereiten auf den Inhalt des dritten Cantos vor: der nunmehr erlaubte Genuss von den Früchten des Erkenntnisbaumes lehrt die Menschen den gesellschaftlichen Zusammenschluss, und wir sehen im selben Bilde die sich darauf aufbauende, fortschreitende Entwickelung des menschlichen Geistes.

---

[1] Moses *Genesis*, Cap. 18, v. 1—8.

## III.
## Der Fortschritt des Geistes.

Hierophantin und Muse erheben sich mit ihrem Gefolge; in weitere Höhen und größere Tiefen führt ihr Weg.

Es sind symbolisch die Errungenschaften menschlichen Geistesstrebens damit angedeutet, insbesondere liegt der Fortschritt der Naturerkenntnis in diesem Wege zum Höhern und Tiefern ausgedrückt; und all das Herrliche, das sie darauf erblicken, zeigt uns der Dichter mit ihren Augen.

An gewaltigen Säulen vorbei, über Bodenflächen, weißglänzend wie Porzellan, und durch getäfelte Gänge schreiten sie, schauen die luftigen und tiefunterirdischen Sitze der Natur, ihre herrlichen Paläste und ihre grünen Verstecke und dringen sicheren Schrittes in ihre Labyrinthe ein, wo sie für künftige Gäste einen führenden Faden zurücklassen.

Zuerst geht's durch das blaue Reich der Lüfte oder in die salzigen Tiefen des Oceans; sie erforschen das Gebiet des sonnenheißen Äquators und der eisigen Pole, die fruchtbare Oberfläche wie auch die Erzhöhlen der Erde. Oder sie betrachten, wie Sauerstoff und Stickstoff miteinander gemengt in luftiger Masse um den Erdball wogen, oder wie jener mit Wasserstoff vereint in unermesslichen Fluten mächtige Wogen bildet, die sich schäumend dahinwälzen.

Dann lösen sie froh mittels des Prismas das siebenfach gewundene Band des Lichtes auf oder beugen die silbernen Haare des Tages durch die Linse zu einem Punkte. Dann wieder beobachten sie, wie zwei elektrische Ströme zusammenwirken, um den harzigen und glasigen Funken zu bilden.[1] Unter den Wellen bewaffnen sie den wilden Gymnotus[2] und verleihen dem Torpedo[2] seine betäubende Kraft

---

[1] *resinous and vitreous fire*, die Bezeichnung entspricht den beiden Arten der Elektricität insofern, als geriebenes Glas positive, geriebenes Harz (Gummi, Kautschuk) negative Elektricität liefern.

[2] *Gymnotus electricus*, Zitteraal, *torpedo*, Zitterroche; an diese Erwähnung elektrischer Erscheinungen schließt sich ein langer theore-

oder sie verwandeln durch galvanische Leitung das sich erhitzende Wasser in Gas.

Sie beoachten ferner, wie an den Polen entgegengesetzte Fluida weilen, die die zitternde Nadel anziehen oder abstoßen;[1]) wie die Schwerkraft nach unsterblichen Gesetzen die außen treibenden Stoffe nach einem Mittelpunkt zieht; wie die Wärme die Meere, Lüfte und Länder durchdringt, mit unhemmbarer Kraft die mächtigen Massen ausdehnt und wie endlich im Kampf der Elemente der erste Funke aufblitzte und zum Leben aufflammte.

In sehr hübscher Weise ist hiemit der Canto, der den Fortschritt des Geistes zum Gegenstand hat, eingeleitet. Man könnte diese ersten Verse fast ein Motto nennen, das den Leser in die richtige Stimmung versetzen soll: das Hinschreiten der göttlichen Gestalten auf ihren Forschungsweg, das Aufflammen von Geistesblitz um Geistesblitz, die endlich wie zu einer großen Flamme zusammenschlagen und hell den herrlichen Tempel der Natur erleuchten — kurz, das Werden menschlichen Geistes und seiner Erkenntnis.

Und wiederum richtet die Muse dieselbe Bitte an die Hierophantin:

O schöne Priesterin der Natur! deren forschendes Auge 37 die Reiche der Unordnung und Finsternis durchdringt, Anfang und Ende des unermesslichen Raumes märkt, wie auch der endlosen Zeit! Unsterbliche Führerin! O, lehre mich gütig den Fortschritt des Geistes! Lehre mich, wie Liebe, Gefühle und Neigungen aus verschwindenden, unmerklichen Sinnesanzeichen hervorgehen; wie aus der nachgiebigen Berührung und dem beweglichen Gesichte die ungeheuren Säulen menschlicher Wissenschaft erstanden. Denn mit gigantischem Geiste schreitet ja der Mensch, ein unbedeutender kleiner Zwerg, dahin, alles ermessend und erwägend, sich selbst aber unfassbar.

In der Identificierung des Geistesriesen und Körperzwergen liegt ein schönes Bild von der Herrschaft des

---

tischer Excurs über Elektricität überhaupt *(additional note XII)* an, den ich hier, bei der Betrachtung des poetischen Textes und nothwendig erklärender Anmerkungen füglich übergehe.

[1]) Erasmus Darwin wusste natürlich noch nicht, dass die geographischen und magnetischen Pole nicht identisch seien.

Intellects über den Leib; uralt ist ja der menschliche Leib, er trägt an sich die Schrift von Äonen; das bisschen Menschengeist muss das Individuum in der kurzen Zeit seines Bestehens in sich aufnehmen durch rastlose, mühsame Thätigkeit. Aber dieser individuelle Geist steigt aus Millionen seiner Besitzer empor und vereinigt sich zu einem riesigen Ganzen, das uns in der Cultur verkörpert liegt, einem so ungeheuren Complex, dass es ein Messen daran nicht gibt, seitens desjenigen, der selbst alles zu messen wagt — ein schönes Bild von der Größe und Unvollkommenheit des Menschengeistes.

Bereitwillig lächelt die Priesterin der Muse Gewährung und setzt ihre Aufgabe fort. Wissbegierige Nymphen drängen sich in glänzenden Scharen herzu, und ein Chor von Jungfrauen lauscht dem Gesange. Faune, Najaden und Cupiden bilden das übrige, bekannte Publicum.

Wir erfahren zunächst über die physiologischen Grundanlagen und Principien, auf denen sich das Geistesleben überhaupt aufbaut: ein äußerer Reiz stößt auf ein Sinnesorgan, das dadurch in Thätigkeit versetzt wird; aus der dabei nöthigen Kraftäußerung entsteht entweder Schmerz oder Vergnügen, und so kommt die Perception außenliegender Dinge zustande.[1])

Ein schönes Bild illustriert auch hier die theoretische Angabe: Wenn jene Wälder, jene grünen Wiesen und glänzenden Ströme, wie sie da drüben, von den Sonnenstrahlen erhellt, dem Blicke sich darbieten, auf einen hellen Punkt zusammengeschoben, aufgerollt auf der beweglichen Fläche des inneren Auges erscheinen: da gehorcht der Geist dem Silberstachel des Lichtes und „Irritation" bewegt die Sehnerven.

---

[1]) Die „Bewegung", also Thätigkeit des Sinnesorganes, die eine bestimmte fibröse Configuration, wie Darwin es nennt, zur Folge hat, ist ihm synonym mit dem Begriffe Idee; erst die hinzutretende Aufmerksamkeit und somit auch das unzertrennlich mit ihr verbundene Gefühl des Schmerzes oder des Vergnügens führt zu dem Begriff der Perception (vergl. „Zoonomie", Section I, 11, 8). Der Dichter erläutert diese Behauptung durch ein erklärendes Beispiel von einem Baum, auf den ich (etwa infolge seiner Größe und Schönheit) aufmerksam geworden bin *(perception)* oder an dem ich ohne Aufmerksamkeit vorbeigehe, ohne ihn indessen zu übersehen *(irritative idea)* "The Temple of Nature", p. 96.

Aus Freuden oder Schmerzen ergeben sich diese Vorgänge von neuem und tragen die blühenden Reihen der Einbildungskraft hoch empor. Inmitten der schweigenden Nacht erschrecken unheimliche Spukgestalten die schaudernden Sinne; oder das Idealbild der Schönheit entzückt das geschlossene Auge; jede vorbeiziehende Gestalt erfreut das stockende Herz, und die jugendliche „Sensation" durcheilt jeden Nerv.

Damit ist für Darwin die zweite Stufe geistiger Thätigkeit erreicht: die Sensation folgert er gewissermaßen als eine secundäre Erscheinung, die sich aus dem durch die erste Stufe, Irritation, Hervorgebrachten, also bereits Vorhandenen, aufbaut. Nachdem nämlich die Irritation Perception und mit dieser Schmerz oder Vergnügen hervorgebracht hat, ist man nicht darauf beschränkt, anzunehmen, dass diese Folge nach einiger Dauer ohneweiters aufhören müsse; ein zweiter Fall ist vielmehr der, dass sich daraus fibröse (d. i. muskulare) Bewegungen ergeben können; Vergnügen oder Schmerz in diesem wirksamen Zustande ist es, was Darwin unter den Begriff Sensation stellt. (Vergl. „Zoonomie" II, II, 9.)

Eine weitere Folge-Erscheinung ist als dritte Stufe der Wille, der aus der raschen Empfindung entspringt wenn das Vergnügen uns erfreut oder die Angst uns peinigt. Ihm verdankt es die Erinnerung, dass sie mit gebieterischer Stimme Gedanken hervorzurufen vermag, die längst im Strome der Zeit untergegangen sind, dass sie in klaren Zügen die ereignisreiche Geschichte vergangener Tage enthüllt. Mit seiner Hilfe stellt die Vernunft das Gute dem Bösen gegenüber, vergleicht das Gegenwärtige mit dem Vergangenen und schließt daraus auf die Zukunft. Jedes unbeachtet vorbeieilenden Augenblickes bemächtigen sich die wilden und unregelmäßigen Züge der Phantasie, aber sie stören nicht die Ideenströme der Nacht und eure Träume im Mittagssonnenschein, o heilige Musen.

Aus dem Willen leitet Darwin also als Folge-Erscheinungen Rückerinnerung, Vernunft und merkwürdigerweise auch die Wirkungen der Phantasie ab, die gleichwohl im Traume oder angesichts der Musen ungestört vor sich gehen, ohne von Willensacten unterbrochen zu werden: im Traume sind wir oft Mittelpunkt der wunderbarsten Geschehnisse, ohne irgendwie das Gefühl des Erstaunens oder der Neuigkeit zu haben; dem genialen Künstler gelingt es, unsern Ideenzug an den seinen zu fesseln, uns oft willenlos mit sich fortzureißen.[1]

Und hören wir im Anschlusse hieran gleich weiter:

85 Die geheimnisvolle Gewalt der Suggestion zeigt uns ideale Scharen in Zügen oder Gruppen.

Im Gegensatz zu den bereits erwähnten Ideen der Rückerinnerung haben wir es hier mit solchen zu thun, die durch vorhergehende Ideen suggeriert werden, also ohne jede Beeinflussung, wie etwa einen Willensact, eine Art von Anreihungsvermögen besitzen;[2] auch sie waren einst durch wirkliche Reizungen hervorgerufen worden, sind aber unter dem Einflusse der Zeit und anderer sich aufdrängender Ideen wieder aus dem Bewusstsein entschwunden —

"*immersed ideas from the wreck of time*" (v. 76).

Ein Bild erläutert diesen Gedanken:

Mit flüchtigen Fingern greift die Nymphe in die süßtönende Harfe und schlägt die Saiten; und wie sie mit sanfter Stimme den berückenden Gesang ertönen lässt, ergänzen die folgenden Klänge des Instrumentes ihr Lied: Association lenkt die vorüberziehenden Züge der Töne in ihrem Banne dahin, und süß schwingt die Musik an das entzückte Ohr.

Der Suggestion, der Fähigkeit also, einem Vorstellungselement ein nächstes anzureihen, folgt die letzte Stufe, die Association, welche die Vereinigung dieser Vorstellungselemente ermöglicht; dieser Process wird uns auch wirklich sehr gut durch die Musik versinnlicht, die eine deutliche und gefällige Übereinkunft der einzelnen Reihentheile beabsichtigt.

---

[1] Vergl. dazu Interlude I in "*The Loves of the Plants*", p. 71, über ideale Gegenwart.

[2] Hiezu gibt Erasmus Darwin ("*Temple of Nature*", p. 97, zu Vers 73) das bekannte Beispiel einer rückgängigen Reihe z. B. des Hersagens des ABC von rückwärts, oder ähnliches, ein Princip, das ja zur Festigung der Gedankenreihen besonders auch in der Pädagogik Berücksichtigung gefunden hat. Vergl. dazu noch „Zoonomie" II, II 10.

Die psychologischen Anschauungen, die Darwin hier poetisch und in seiner „Zoonomie" auch wissenschaftlich exact (wenn man diesen Ausdruck für die damalige Psychologie gebrauchen darf) niederlegt, ausführlich festzustellen und ihre Beziehungen zu den Zeitgenossen und Vorgängern genau zu untersuchen, wäre die interessante Aufgabe einer selbständigen Arbeit; hier genauer darauf einzugehen, hieße den Rahmen dieser Abhandlung überschreiten. Schon in der Einleitung habe ich gezeigt, dass Darwins Psychologie in der Associations-Theorie Hartleys gipfelt. Im übrigen sehen wir dabei in allem die Einflüsse Lockes und Humes, deren empiristische Lehre eine breite Basis Darwinischer Reflexion bildet; die ganze Anlage des Werkes, das stete Zeigen, Lehren und Vortragen, das Schauen und Fühlen, das Forschen im heiligen Tempel der Natur, all das lässt deutlich die Ansicht durchkennen, dass alle unsere Erkenntnis nur aus der Erfahrung stamme, dass es in Bezug auf sie nichts Überkommenes, sondern nur Erworbenes gebe.

Die Grundzüge des Geisteslebens sind nunmehr entwickelt; Darwin geht nun noch einmal auf das Thierreich zurück und stellt fest, dass den einzelnen Thiergattungen im Gegensatz zum Menschen von Haus aus specielle Schutzmittel aus Gründen der Anpassung mitgegeben sind und führt die einzelnen Beispiele dafür an. Zu diesem Gegenstande sagt er in seiner „Zoonomie" (XXXIX 4, 8): „Da Lauf und Wasser den Thieren in hinlänglicher Menge gegeben sind, so sind die drei großen Gegenstände des Verlangens, welche die Formen mancher Thiere durch die Anstrengungen derselben, diesem Verlangen genügezuleisten, verändert haben, die der Wollust, des Hungers und der Sicherheit. Aus diesen drei „Gegenständen des Verlangens" sowie aus dem Bedürfnis eines großen Theiles der Thierwelt, den ausschließlichen Besitz eines Weibchens zu erlangen, leitet Darwin die Vorzüge und besonderen Eigenschaften der Thiere, ihre *"armour"*, ab; dem Nahrungsbedürfnis anderseits schreibt er wieder die vollkommenere Ausgestaltung einzelner Organe, z. B. des Elephantenrüssels zu; und drittens ist es der Erhaltungstrieb, das Sicherheitsbedürfnis, das Form und Farbe des Körpers, wie geringere oder größere Vollkommenheit einzelner Theile bedingte.

Auch hier stehen wir bereits auf classischem Boden: es ist das Gesetz der natürlichen Zuchtwahl und des Kampfes ums Dasein, der dem Stärkeren, Vollkommeneren Bestand sichert, ein Gesetz, welches Erasmus Darwin in wesentlicher Übereinstimmung mit den Gedanken Charles Darwins über diese Fragen hier aufstellt.[1]

Und nun wendet er sich zum Menschen.

Er allein, der Stolze, in jammernder Schwachheit geboren, steht da, ohne Schutz der Hörner, ohne Federschmuck. Keine schärferen Fähigkeiten der Sinne lehren den jungen Denker *(Reasoner)* die Verfolgung der Beute auf raschen Füßen oder auf dem Fluge durch die Luft. Aber ihm ist die von feinem Tastsinn durchnervte Hand gegeben, die an Vollkommenheit hoch über allen Thieren steht; sie ist das erste Geschenk des Himmels. Unbewaffnet mit Klauen, biegen und schließen sich die Finger, deren Spitzen sich wie rivalisierend dem biegsamen Daumen gegenüberstellen. Sie fühlen mit geschärftem Sinne den feinen Linien der Gestalt nach, durch sie entzücken klare Ideen den denkenden
116 Geist.

Der diesen Versen zugrunde liegende Gedanke ist von Darwin schon öfters geäußert worden:[2] die Thatsache ist ja bekannt, dass der Mensch bei seiner Geburt ohne alle specifische Eignung, die ihm das Thier voraus hat, dennoch imstande ist, in **vieler** Beziehung einen hohen Grad von Vollkommenheit zu **erlangen**. Diese Befähigung sieht Buffon und mit ihm Erasmus Darwin in der großen Überlegenheit der Verstandeskraft, die ihrerseits wieder dem feinen Tastsinn des Menschen zu verdanken ist; dessen Vermittler ist aber die Hand. Und nun zeigt er, dass nicht nur die mit handähnlichen Werkzeugen ausgerüsteten höheren Thiere, wie etwa Affe, Elephant u. s. w. den Huf- oder Krallenthieren gegenüber mit weitaus größeren geistigen Fähig-

---

[1] Charles Darwin hatte natürlich vieles hinzuzufügen oder einzuschränken; so z. B. bezweifelt er, dass das Geweih des Hirschen als dessen Vertheidigungswaffe vollkommen sei, und spricht den Gedanken aus, dass die Verzweigungen desselben (die ja dem Thiere beim Kampfe eher zum Nachtheil gereichen) auch als Zierat von Nutzen wäre; vergl. Die Abstammung des Menschen und die natürliche Zuchtwahl, Stuttgart 1875, Bd. II, 237 ff.

[2] Vergl. die Textnote zu Vers 122, Canto II, p. 59.

keiten begabt seien, sondern, dass sich dieses intellectuelle Übergewicht auch bei vielen Insecten, die feine Tastorgane besitzen, bemerkbar macht.

Zu dieser letzteren Ansicht kommt Charles Darwin allerdings auf einem andern Wege, dem der Physiologie;[1]) er sucht in erster Linie in den außerordentlich großen Dimensionen der Kopfganglien, z. B. der Hymenopteren, den Grund ihres hohen Intellects. Erasmus geht hier fast um einen Schritt weiter; während sein Enkel bloß eine physiologische Thatsache feststellt, könnte man in seiner Ansicht fast einen Erklärungsversuch dafür sehen, der diese schon als etwas Posteriores hinstellt.

Das Nachfühlen der Gestalt erklärt Darwin in einer Textnote (p. 102) folgendermaßen: Wenn die Idee der Festigkeit erregt wird, so kommt dies von dem Drucke eines außenbefindlichen Körpers auf irgendeinen Theil des ausgebreiteten Tastorganes; der so gedrückte Theil des Sensoriums ähnelt in seiner Gestalt nun vollkommen der des drückenden Körpers: wir nehmen also mit der Idee der Festigkeit gleichzeitig die Idee der Gestalt in uns auf; die häufige Wiederholung dieses Vorganges verschafft uns dann die Vorstellung von der Außenwelt.

Da nun das ganze Universum, mit allem, was darin ist, eine gewisse Form der Gestalt besitzt, so ändert sich naturgemäß bei der Bewegung irgend eines seiner Theile auch die Gestalt des Ganzen. Da aber Bewegung nichts anderes ist, als ein beständiger Wechsel der Gestalt, so schließt unsere Idee von der Bewegung auch eine wirkliche Ähnlichkeit mit der Bewegung selbst ein, die sie hervorbrachte.

Daraus, so schließt er seine Ausführung, begreifen wir die Genauigkeit der mathematischen Wissenschaften, da sie jene Eigenschaften der Körper erklären, welchen unsere Idee (Vorstellung) von ihnen genau gleicht, während wir all unser anderes Wissen aus Versuchen zu schöpfen genöthigt sind, nämlich durch Beobachtung der Wirkungen, die ein Körper auf den andern ausübt. (Vergl. dazu „Zoonomie", Section XIV 2, woher alle diese Theoreme genommen sind.)

---

[1]) Vergl. Charles Darwin, Die Abstammung des Menschen und die natürliche Zuchtwahl, II, p. 69.

So wird uns also durch die feinen Tastorgane die „Gestalt in der Idee" inne, die Basis für die Grundbegriffe des Denkens, die Quelle jeder Kunst:

"*Time, motion, number, sunshine or the storm*
*But mark varieties in Nature's form.*" (v. 129, 130.)

Doch der Formbegriff, durch den Tastsinn allein erlangt, wäre nur unvollkommen.

Langsam nur konnte das greifende Organ felsenerbaute Berge und sich dahinwindende Küstenstriche wandernd erfassen; keine entsprechenden Vorstellungen konnte die winzige Milbe oder die embryonale Ameise auf bloßes Tasten hin wachrufen.

Aber wie jede Masse die Sonnenstrahlen zurückwirft, so sammelt das helle Glas des Auges dieselben, bricht sie zu einem Brennpunkt und malt das lebensvolle Bild auf die Netzhaut (übertragen: *the nerve*).

138

Zu dieser poetischen Darstellung des Sehens gibt der Dichter eine hübsche Parallele: denselben Vorgang haben wir vor uns, wenn in einer Dorfscheune oder Schaubude durch die sphärische Linse (der Zauberlaterne) die weiße Wand beleuchtet wird — da schweben der Reihe nach Gestalten, bunte, tanzende Schatten, über das helle Feld:

Symbol der festen Form ist farb'ges Licht,
Des Tastsinns stumme Sprache das Gesicht. (v. 143, 144.)

Berkeleys Ideen sind es, die Darwin zur Interpretation der beiden citierten Versstellen benützt; er selbst verweist darauf: „Wir sehen nur Farben," sagt er in der Textnote p. 103, „Helles und Dunkles in den Vorsprüngen und Vertiefungen; wenn also solch ein Farbenreiz die Retina in einer bestimmten Form, etwa in der eines Kreises, trifft, so wissen wir erfahrungsgemäß, dass sich ein greifbarer Körper vor uns befindet, der uns durch sein verkleinertes Abbild auf dem gereizten Theile der Netzhaut repräsentiert wird. Durch Gewohnheit nun werden wir instand gesetzt, solche Ideen sofort zurückzurufen; so dass unsere durch den Gesichtssinn erregten Ideen,[1]) obgleich sie im kleinen

---

[1]) Vergl. „Zoonomie", Section XIV 8.

der Form der farbigen Originale ähneln, uns in anderer Hinsicht nur als eine Art Sprache dienen, die uns mittels erlangter Associationsfähigkeit die körperliche Idee der Gegenstände *(tangible idea of bodies)* vermittelt.[1]) Daher kommt es auch, dass gerade dieser Sinn durch die Kunst des Malers zu unserem Vergnügen und zu unserer Belehrung getäuscht wird."

Es ist das eine Bemerkung von großem Scharfsinn: thatsächlich können wir ja von der gewohnheitsmäßigen Vermittlung der Außenwelt durch bestimmte Associationen des Gesichtssinnes als von einer Sprache reden, die sich dann aber nicht nur auf die Darstellung des Natürlichen, Wirklichen beschränken, sondern auch auf die des Wunderbaren erstrecken würde. Zur Verdeutlichung dieser Ansicht möchte ich hier ein Beispiel im Sinne Darwins geben: Was die Darstellung des Wunderbaren anlangt, denke ich etwa an das Bild Böcklins „im Spiel der Wellen", eine schöne Lüge: die verkörperten Geister des Wassers sind zur Hälfte sinnfällig durch den Fischschwanz an ihr Element gebannt, zur andern Hälfte erheben sie sich theils als idealisierte, theils als ungestalte Menschen über die Flut. Unsere Vernunft sträubt sich gegen diese Auffassung; aber das Gesicht als Sprache bildet aus zwei ihm gewohnheitsmäßig bekannten Begriffen, Fischschwanz und Menschenleib, einen Combinationsbegriff, sozusagen ein zusammengesetztes Hauptwort, und zwingt uns so, die Idee des Künstlers anzuerkennen, der uns etwas Nichtbestehendes als wirklich vorgetäuscht hat. Am vollkommensten wird die Täuschung bei Nachbildung wirklicher Dinge: die Trauben des Zeuxis und der Vorhang des Parrhasius beweisen das höchste Maß künstlerischer Vollendung.

Das Widerstreben im Anerkennen von irgendwelchen Vorstellungen bildet die Überraschung; schon im Porticus

---

[1]) Die Ausdrücke, deren sich Darwin bedient, sind hier nicht immer die klarsten; wir suchen bei dem Begriffe *"tangible ideas"* vergeblich nach einer sinngemäßen Vorstellung, geben wir dem Worte *tangible* nicht die freiere, eigentlich erst Folgebedeutung körperlich; nach Berkeleys Auffassung des Materiellen allerdings thut man sich in der Wahl der Ausdrücke behufs Auseinanderhaltung von geistig und körperlich wohl nicht allzuschwer, wir hätten eben auch bei *tangible* zwingend an etwas rein begrifflich zu Erfassendes zu denken.

des Lebens erwacht sie, mit zurückweichenden Schritten und weitgeöffneten Augen.

146    Im Porticus des Lebens! Überraschung also schon bei der Geburt! Und Darwin definiert sie in einer Textnote als eine plötzliche Unterbrechung der gewohnten Gedankenreihen durch einen heftigen Reiz, den ein außer uns befindlicher Körper auf uns ausübt! Die nothwendige Voraussetzung hiezu muss eine embryonale Geistesbethätigung, ein Seelenleben im Mutterleibe sein. Und das nimmt Darwin auch an: Der Fötus, heißt es in der Textnote weiter, muss viele Empfindungen erfahren *(experience sensations)*, vor allen die des Widerstandes, der Gestalt, der Flüssigkeit, der Wärme, der Bewegung, der Ruhe, des Gefühls *(taste)*. Daraus folgert er weiter, der Embryo müsse in schlafendem und wachendem Zustande auch Ideenzüge besitzen. Da diese Züge nun bei der Geburt durch die plötzliche und heftige Empfindungs-Einwirkung der trockenen und kalten Atmosphäre, durch die Härte äußerer Körper u. s. w. unterbrochen werden, so wird die Überraschung in hohem Maße erregt. In der „Zoonomie" (XXXIX 4, 8) geht er noch weiter und schreibt dem Embryo sogar Willenskraft zu, die sich in der häufigen Veränderung der Stellung desselben äußere.

Die neuere Forschung[1]) verhält sich diesen Ansichten gegenüber viel reservierter: sie stellt nur fest, dass die Seele des Embryos sich während der ganzen Zeit der Einschließung desselben in einem schlafähnlichen Zustande befindet, im sogenannten Keimschlafe liegt, den man wohl mit dem Winterschlafe der Thiere vergleichen kann; dann aber stellen sich hier auch physiologische Gründe wirkungsvoller ins Feld als dies vor hundert Jahren der Fall sein konnte: das Ergebnis dieser Forschungen ist die Thatsache, dass das Gehirn, das durch seine Größe und Gliederung sich beim erwachsenen Menschen als eine höchste Entwickelungs-Stufe auszeichnet, beim Embryo noch im achten Monate, wo der ganze andere Körper schon vollkommen ausgebildet ist, außerordentlich primitiv bleibt, so dass es doch etwas zu viel ist, wenn man bei ihm Züge von Ideen annimmt.

---

[1]) Insbesondere Preyer und Haeckel; vergl. Haeckel, Die Welträthsel, Bonn 1899, p. 169.

Diesen seinen Erklärungsversuch für die „Überraschung des Embryos" führt Darwin nun in weiterer poetischer Darstellung aus:

Eine schöne Jungfrau, Neuheit, deren strahlender Zug hoch über die Wolken steigt und tief ins Meer taucht, macht verführerisch mit ihren stets wechselnden Reizen die jungen Sinne erbeben und bringt das zarte Herz in Aufruhr.[1]) Neugierde gesellt sich hinzu: mit spürenden Händen und suchenden Lippen verlangt sie nach den Umrissen der Form. Leichtfüßig dahingaukelnd, rollt[2]) sie den hellen Spiegel ihres rastlosen Auges über Meere und Länder und durch den Bereich der Luft; es erblickt wilde Gruppen rasender Leidenschaften, Hunger und Wollust an ihrer Spitze, Liebe und Hass, Hoffnung und Furcht treten ihm nahe; namenlose Laster schließen den düsteren Zug.

Aber auch zum Altar der Tugend geht ein Weg; dahin führt den jungen Menschen die Philanthropie in ihren ersten Anfängen; mit göttlicher Stimme ertönt ihm ihr Ruf. Die Augen zum Himmel erhoben, deutet sie mit zeigendem Finger nach himmlischen Wahrheiten und unsterblichen Thaten.

Da diese reine Sprache des Gesichtes die uns durch den Tastsinn klar gewordenen Ideen beherrscht, so sind es auch gerade die Augen, welche die herrlichen Gestalten der Schönheit staunend erfassen und dadurch das stockende Herz in sanfter Aufregung erzittern machen.

Das zarte Kind, das warm aus seiner Zelle kommt, fühlt den kalten Schauder des frühen Lebensmorgens. Mit ausgebreiteten Händen umklammert es die sammetweichen Rundformen der Mutterbrust und nimmt mit saugenden Lippen den Milchbrunnen in sich auf; Wärme und Wohlgeruch trinkt es aus dem lebendigen Bächlein und schaut mit stummem Entzücken die schön geschwungene Wellenlinie; anbetend küsst es den paphischen Altar und lernt so frühe schon, da es so die vollkommene Form erprobt hat, ideale Schönheit an der Mutterbrust erkennen.

---

[1]) Vergl. dazu Edmund Burke, *An Essay on the Sublime and Beautiful*, Part I, Section I: *Novelty.* (London 1742, 3 Bde.)

[2]) *rolls*, Darwin wählte diesen Ausdruck wohl zur Versinnlichung der Kugelgestalt des Auges; ich habe ihn daher auch wörtlich wiedergegeben.

Darwin erläutert diesen Gedanken ausführlicher in seiner „Zoonomie"; zur besseren Einsicht in ihn will ich die Hauptsache davon anführen;[1]) es heißt dort: Unsere Perception der Schönheit besteht im Wiedererkennen derjenigen Gegenstände vermittels des Gesichtssinnes, welche erstens uns bereits vorher Liebe eingeflößt haben durch das Vergnügen, das sie mehreren andern unserer Sinne gewährt haben, z. B. dem Sinn für Wärme, dem Gefühl, dem Geruch u. s. w., und welche zweitens einige Analogie in der Form mit solchen Gegenständen haben.

Als solche Analogien führt Darwin an: die sanften Abstufungen der aufsteigenden und abfallenden Oberfläche einer Landschaft oder die Form einer antiken Vase, deren Anblick uns einen „Strahl der Freude" empfinden macht; sie gewähren uns eine unbewusste Bestätigung des Satzes, den der geistreiche Hogarth zuerst ausgesprochen hat — die Wellenlinie sei zuerst aus dem Tempel der Venus genommen worden.

In erster Linie erlangt der Mensch nach Darwin also Sinn für die weibliche Schönheit, die seiner Perception zunächst steht, die gleichzeitig das Gefühl der Liebe in ihm erweckt.

Nun aber macht Darwin eine Scheidung: „Wir haben hier auseinanderzuhalten", sagt er (p. 107), „sentimentale Liebe und thierische Leidenschaft; erstere besteht in dem Verlangen oder der Empfindung, einen schönen Gegenstand anzuschauen, ‚ihn zu umarmen' und zu grüßen; um sie handelt es sich hier; die letztere gesellt sich, als ein bloßer Naturprocess, nur von ungefähr hinzu."

Nicht mit Unrecht verspottet G. H. Lewes in seiner „Geschichte der Philosophie" diesen eigenthümlichen Gedankengang Darwins, der auch hier entwickelungsgeschichtlichen Motiven entsprungen ist; es ist allerdings schwer zu denken, dass der Begriff der Schönheit auf solche Weise schon in der frühesten Jugend des Menschen zustande kommen sollte; noch eigenthümlicher will uns aber die Art und Weise bedünken, in der Darwin den Begriff des Schönen in entwickelungsgeschichtlicher Vollendung als den „Wunsch zu umarmen" zu generalisieren versucht. Er folgert dies

---

[1]) Section XVI.; Darwin verweist in der Anmerkung selbst auf diesen Abschnitt.

aus der Annahme, dass das Charakteristicum des Schönen stets das sei, dass es Gegenstand der Liebe ist, und sagt weiter: Die gemeine Sprache aber bedient sich häufig des Ausdruckes „schön", wo er sich mit dem Begriff des Schönen nicht deckt, wo besser „angenehm" stünde; ein griechischer Tempel kann uns die angenehme Idee des Erhabenen geben, ein gothischer Tempel die der Mannigfaltigkeit, ein modisches Haus die der Nützlichkeit; Musik und Poesie können uns durch Ideenassociation Liebe einflößen, aber keines dieser Dinge kann schön genannt werden, es sei denn metaphorisch, weil wir keinen Wunsch haben, es zu umarmen und zu grüßen.[1])

Diese hausbackene Art der Auffassung des Schönen war eine nothwendig aufzustellende Ansicht desjenigen, der sie von materiellen Beziehungen und Formenanalogien herleitete. Ist es aber nicht eine innige Hingabe, ein geistiges Umfassen, ein andachtsvoller Gruß, wenn wir ein herrliches griechisches oder gothisches Bauwerk bewundern? Wir können wohl sagen, dieser Tempel ist schön; denn wir empfinden bei seinem Anblick eine herzliche Freude und innere Genugthuung über ein harmonisches Ganze. Da Darwin aber darauf ausgeht, die weichen, runden Linien in der Natur *per analogiam* als in seine Begriffe des Schönen gehörig zu charakterisieren, so könnte man eher sagen, dass es seine Absicht war, die Liebe des Menschen zu dieser schönen Natur rege zu machen und ihn zur Rückkehr zu ihr zu bewegen, ein Streben, das nicht nur für ihn, sondern ja für seine ganze Zeit bezeichnend ist. Denn der Mensch liebt die Natur; er umarmt Berg und Thal, Sonne und Mond und den im Morgenlichte erstrahlenden Berg; überall grüßen ihn runde, mannigfach geschwungene Linien, die Bogenbuchten der Meeresküste, die schneegekrönten Kuppen des Hymettos und Appenins unter ewig lächelndem Himmel und die sich dahinwindenden Flüsse im grünen Land, der Horizontkreis und die blaue Luftschale, auf der die Götter wandelten; und dass wir in ihr die Liebe finden, die uns so viel Schönheit gibt, vor deren Herrlichkeit kleinliches

---

[1]) Vergl. dazu auch Edmund Burkes *Essay on the Sublime and Beautiful*, I. Bd., S. 180, Section XIII: *"beautiful objects small"*.

Menschenwerk verschwindet — das allerdings hätte der Naturphilosoph sprechen können und, wenn man ihn recht verstehen will, so hat er's auch!

Schönheit und Liebe! Zwei Correlativa der Anpassung! Auf raschen Rädern, einem Sterne gleich, fährt der junge Eros[1]) hernieder und springt von seinem leuchtenden Wagen. Ihm, dem Gotte der sentimentalen Liebe, jauchzen engelbeschwingte Grazien zu. Zu seinen Füßen breitet die Erde ihr blumiges Beet und neigt um sein Haupt ihre Silberblüten; die dunklen Wolken zerstreuen sich, die wilden Winde rasten; lächelnd beruhigt der Ocean seine tosende Flut; über die hellen Wogen spielen schon die Lichter des Mittags, der Himmel grüßt ihn mit seiner Strahlenflut.

Dieses Bild hat seinen bestimmten, vom Dichter selbst angegebenen Vorwurf in Lukrez I, 6—8; auch dort begrüßt der Dichter die Personification der Liebe — Venus, als erste *res naturae*, bei deren Anblick alles Toben der Naturgewalten schweigt.

Heiß wie der Sonnenstrahl, rein wie neuer Schnee erglüht der entzückte Gott für die jugendliche Dione; mit bewundernden Augen freit er um die schöne Göttin! Durch die Falten ihres zartgewebten Gewandes erblickt er ihren weißen Hals und ihre wie Elfenbein glänzende Schulter, halb verhüllt von den darüber hinwallenden blonden Locken. Mit stummem Entzücken trinkt er das flüchtige Roth, das ihres Busens wogenden Schnee wärmt und färbt. Mit heiligen Küssen bedeckt er ihre Reize und umfängt die Schöne mit platonischen Armen. Oder, wenn die thauigen Hände des Schlafes die Lider über ihre blauen Augen schließen, bewacht er jedes Lächeln, das in den „Träumen des Tages" (day-dreams)[2]) über ihr rosiges Antlitz spielt: er zählt die wirren Härchen der Locken, die sich um ihr Ohr ringeln und ihre Wangen beschatten, athmet den reinen Wohlhauch ihres Mundes und schlürft mit leiser Berührung holden Genuss von ihren Rosenlippen.

---

[1]) Der männliche, ältere Theil der Liebesdualität; vergl. Bacon, vol. V, p. 197, Quarto ed. London 1778.

[2]) *day-dreams*, etwa Träume vom Tage, d. h. die von der Phantasie gebildeten unwillkürlichen Reproductionen wirklicher Geschehnisse „am Tage", also zur Zeit des Bewusstseins.

Mit keuscher Verführungskunst beherrscht er die weiblichen Herzen und schlägt die Gesellschaft in silberne Fesseln.

Fassen wir nun kurz die Momente zusammen, die der Dichter bei der Bildung der Gesellschaft im Auge hat: ein dreifaches Band der Liebe ist es, das sich nach ihm um organisches Leben schlingt. Zuerst ist es die himmelgeborene Storgé,[1]) die Elternliebe, das Morgenroth aller socialen Entwickelung; sie ist in der instinctiven Sorgfalt gelegen, die, bei Darwins ursprünglicher *"paternal progeny"*, der „Vater" dem „Sohne" angedeihen lässt. Ihr folgt auf einer höheren Entwickelungsstufe die Geschlechtsliebe, der die vorgeschrittenen Lebewesen ihre Entstehung verdanken.[2]) Über beiden schwebt in vergeistigter Klarheit die platonische Liebe, die Hingabe an alles Schöne und Gute, die das Unreine, Schlackenhafte ausscheidet.

Diese Auffassung der socialen Verkettung ist heute nicht veraltet; ja wir müssen staunen, wie übereinstimmend wir sie in allerneuester Zeit in einem modernen Werke[3]) wiederfinden: auch dort spinnt sich das große sociale Gewebe bei der Eltern- und Kindesliebe an, die in jedem Ididuum neu aufblühend, eine „Dauerliebe" im vollsten Sinne des Wortes bedeutet, einen Gegensatz zu der höheren „Misch- und Distanzliebe" der Eltern untereinander, d. h. Mischliebe auf niederer Stufe, wo Liebesact und Regenerationsact zusammenfielen, Distanzliebe, wo auf höheren Stufen die Scheidung beider Theile eintrat — immer aber die Liebe als Gründerin des socialen Instituts.

Abermals kommt der Dichter auf seine Idee der Schönheitsauffassung zurück; wir stehen vor einer neuerlichen poetischen Verherrlichung des Hogarth'schen Gedankens, dass die weichen und runden Linien, die die Basis für den Schönheitsbegriff bilden, ursprünglich aus dem Tempel der Venus stammen:

206

Wenn der weite Blick des Auges hügelige Gefilde, sanft abfallendes Waldgebiet oder in weiten Bogen geschwungene Meeresbuchten überfliegt und dann zum blauen Himmelsgewölbe aufsteigt; oder wenn er, schärfer gespannt,

---

[1]) Vergl. p. 78, zu Canto II, v. 92, *additional note IX.*
[2]) Vergl. p. 92, zu Canto III, v. 250.
[3]) Bölsche, Das Liebesleben in der Natur II 141 ff.

den Perlenschimmer bewundert, der um die gewundene Schale spiraliger Voluten spielt; oder der gefälligen Rundung der glatten Oberfläche etruskischer Vasen folgt, wo[1]) die auf schönen Formen eingegrabenen Linien dieselben zarten Curven ergeben, die die weibliche Brust schwellen; wenn die zahllosen Freuden, die die zärtliche Mutter sanft um die Wiege unserer Kindertage ausgießt, in lebendigen Zügen unverlöschbarer Freuden in unserer Brust durch den Gesichtssinn als Vermittler erstehen: dann ruft das erfinderische Auge der Phantasie die göttliche Form von neuem zurück und lächelnd sitzt der Geschmack[2]) auf dem Altar der Schönheit.

Wo die riesigen Pyramiden Ägyptens stehen und ihre Schatten über den in der Glut erzitternden Sand hinausstrecken, oder wo auf hohen Felsen, weit über den tosenden Fluten des Oceans, eine Panoplie von Wäldern wogt, da streift der „Geschmack" gern mit weitgeöffneten Augen herum und vergisst in bewunderndem Staunen fast zu athmen; oder er krönt, wagenden Schrittes höher klimmend, die gewaltigen Gipfel der Berge mit seinem erhabenen Arm.[3])

---

[1]) *When;* wenn es sich hier nicht um einen Druckfehler oder eine irrthümliche Auffassung handelt, so möchte ich hier *when* zu *where* emendieren. Denn wenn Darwin auch die Conditionalsätze mit *if* und *when* nicht genau scheidet, so würde hier dennoch der Übergang von ersterem auf letzteres umso merkwürdiger sein, als sich zwischen beiden Gedanken nicht einmal ein besonders deutlicher syntaktischer Einschnitt befindet; da das *if* der ersten Prämisse bereits fünf Nebensätzen vorsteht, so ist kein Grund zu sehen, warum das nicht auch bei der sechsten der Fall sein sollte; vielmehr fasse ich diese „sechste Prämisse" gar nicht als solche, sondern als relative Anknüpfung zur fünften und somit als zu ihr gehörig; dann aber müsste eben *where* statt *when* stehen.

[2]) Ich gebe hier *taste* mit Geschmack wieder, als die kürzeste und einfachste Bezeichnung, und verstehe darunter das Vermögen der richtigen Beurtheilung des Schönen und Passenden; es lässt sich indessen nicht umgehen, dafür auch mitunter den Begriff „Gefühl" einzusetzen (vergl. p. 114).

[3]) Ein für die Art und Weise, wie Darwin abstracte Begriffe personificiert, charakteristisches Beispiel: Der „Geschmack" nimmt ganz Form und Wesen seines menschlichen Trägers an; dieser Anthropomorphismus tritt besonders im letzten Bilde hervor: der Geschmack krönt mit erhabenem Arm die Gipfel der Berge *(crests their high summits with his arm sublime);* der Sinn ist der, dass reizvolle und großartige Landschaften, wie die angedeuteten, den empfänglichen Menschen in einen gewissen Zustand der Gefühlsäußerung versetzen.

Diese letzten Gedanken geben uns die Disposition zu einem am Ende des Bandes beigefügten längeren Excurs *(additional note XIII)*, "*Analysis of taste*" überschrieben, von dem ich das Wesentliche hier wiedergeben will. Abermals von Berkeley'schen Ideen ausgehend, die ja auch den Gesichtssinn als oberstes und edelstes Perceptionsmittel erklären, definiert Darwin hier den Begriff "*taste*" als das Vergnügen, das auf eine bestimmte Quantität eines Sinnenreizes sich ergibt. Die Erörterung, sagt er daselbst (p. 306), soll sich hier nur auf die Reizungen des Gesichtsorganes beziehen und sich nur gelegentlich auf solche des Ohres erstrecken; bei dieser Erweiterung des Themas bleibt Darwin seinem Bestreben treu, aus einem Grundgedanken alles andere Homogene abzuleiten: hier ist dieser Grundgedanke die Erscheinung eines Gesichtsreizes; was Darwin dabei über den Gehörsinn vorbringt, steht in engster Analogiebeziehung damit. (Vergl. auch "*The Loves of the Plants*", Interlude III.)

Diese Quelle des Vergnügens, die aus dem „Geschmack" entspringt, sieht Darwin als eine vierfache an: erstens entspringt sie, wie das ja bereits Gegenstand poetischer Erörterung war, einem gewissen Grad von Neuigkeit der Formen, der Farben, der Zahl, der Verbindung und Abfolge sichtbarer Gegenstände; sie bewirkt die beständige Fröhlichkeit, das lebhafte Wesen der Jugend. Hört diese Neuigkeit auf, so fällt es wie ein düsterer Schatten auf sie, der das Herannahen des ernsteren, bedächtigen Alters anzeigt.[1]) Aber auch das fortschreitende Leben erschließt den Quell des Vergnügens von neuem, indem es die Freude an der Wiederholung mit sich bringt, wenn es auch dem Vergnügen an der Neuigkeit diametral entgegengesetzt zu sein scheint; dass beide in ihrer Wirkung dasselbe Ergebnis haben, nennt Darwin eine Erscheinung von großer metaphysischer Merkwürdigkeit, wie er überhaupt alle Erklärung derartiger Vorgänge in den Bereich der Metaphysik verweist. Zunächst erläutern uns einige Beispiele die theoretische Auseinandersetzung: der Kehrreim eines Liedes oder das Notensystem, dessen beschränkte Anzahl von Tönen zu den

---

[1]) Vergl. dazu den schönen, trefflich zu dieser Stelle passenden Vers: „*Nec mora vivendo procuditur ulla voluptas*", Lucretius III 1904.

mannigfachsten Wiederholungen Veranlassung gibt, kann Vergnügen in uns bewirken, und so finden wir wenigstens eine äußerliche Erklärung des metaphysischen Problems in der leichter und kräftiger werdenden Perception wiederkehrender Erscheinungen durch die Vereinigung zweier mentaler Kräfte: des neuhinzukommenden Reizes und der Association. So wirkt die Wiederholung also vergnügenerregend auf uns etwa beim Tanze, wo Stellung und Bewegung sich stets erneuern, beim Anblicke eines griechischen Tempels durch die Regelmäßigkeit seiner Anlage, also die Wiederkehr der einzelnen Theile, in der Landschaftsmalerei u. s. w. Ein Excess in der Wiederholung aber würde jedes Vergnügen zerstören und ein Herabsinken desselben zur Eintönigkeit und Abgeschmacktheit bewirken.

Nun kommt Darwin auf die einzelnen Abstufungen der künstlerischen Auffassung näher zu sprechen: eine geschickte Verbindung von Neuigkeit und Wiederholung bringt den Eindruck des Malerischen hervor; nach der bereits besprochenen Hogarth'schen Theorie (p. 116) kann dann zu dem Vergnügen über das Malerische, vorausgesetzt, dass dieses viele leicht geschweifte Bogenformen und glatte Oberflächen zum Gegenstand der Darstellung hat, das Gefühl der Schönheit hinzutreten; überwiegt das Neuartige in dem Verhältnis der beiden Theile, so erscheint uns das Object romantisch; ragen die Formen desselben weit über das gewöhnliche Maß entsprechender Dinge hinaus, so wird in uns das Gefühl des Erhabenen rege.

Was nun die dritte Quelle des Vergnügens anlangt, so zeigt sie uns eine der angekündigten Analogie-Stellungen zwischen Gesichts- und Gehörsinn; schon der Name, den Darwin ihr gibt, deutet darauf hin: die „Melodie der Farben". (Vergl. dazu *Loves of the Plants*, Interlude III.) Es handelt sich dabei um die bekannte, von Newton festgestellte Thatsache, dass gewisse Farben, nebeneinander gebracht, im Auge einen angenehmeren Eindruck hervorrufen, als etwa zufällig nebeneinander gerathene. Newton nennt solche Farben *opposite colours*. Die Erklärung dafür ist eine rein physiologische; mögen einige hübsche Beispiele, wie sie Darwin anführt, das Theorem verdeutlichen: Newton fand, dass die relative Breite der Regenbogenfarben den Intervallen der Tonleiter entspreche. Darwin leitet daraus die Theorie ab, dass somit dasselbe Verhältnis zwischen „primären Tönen und primären Farben"¹) in Bezug auf ihre Gegenüberstellung bestehe, und dass daher auch die Empfindungen, welche beide erregen, von denselben Gesetzen beherrscht werden müssen; darin nun sieht er eine „Schwesterschaft" *(sisterhood)* zwischen beiden Disciplinen und erachtet somit die Bezeichnung „Melodie der Farben" für gerechtfertigt, die in diesem Zusammenbestehen bestimmter Farben gelegen sei, eine Thatsache, die Maler und Ziergärtner, bewusst oder unbewusst, vielfach verwendet und dadurch das Vergnügen der Beschauer in höherem Grade erregt haben.

Den vierten Arm der Quelle endlich, deren Gesammtheit den Begriff „Geschmack" ausmacht, stellt uns die Association dar, eine angenehme Empfindung von gewissen Formen und Farben sichtbarer Gegenstände von vornherein *(previous)*. Auch hier liegt ein Berkeley'scher Gedanke zugrunde: Berkeley schon nennt in seinem *"Essay on Vision"* das Gesicht die Sprache des Tastsinnes, associiert also die beiden; thatsächlich vermittelt uns ja schon im frühesten Kindesalter der Tastsinn die Körperlichkeit der Außenwelt,²) und es ist endlich nur mehr Gewohnheit des Auges, eine erworbene Fähigkeit, dass wir ohne den Tastsinn imstande sind, uns von der Körperlichkeit außenbefindlicher Gegenstände zu überzeugen.³) Dazu kommt das Gefühl der Annehmlichkeit bei Gedankenreihen, die ohneweiters mit der Perception gewisser Arten von Gegenständen verknüpft sind.

Diese vier Functionsfähigkeiten schließen sich also, so können wir den Gedankengang kurz zusammenfassen, zu einer Einheit zusammen, durch die alle ästhetischen Gefühle der Menschheit, vom Malerischen bis zum Erhabenen, vom Freudigen bis zum Traurigen und Schrecklichen hindurchweben; es ist der Begriff des Geschmackes, jenes Gesammtausdruckes angenehmer Erregungen, doch auch

---

¹) So bezeichnet Darwin die einfachen Töne der Tonleiter und die einfachen Farben des Regenbogens.

²) Vergl. Canto III, v. 144, p. 112: *"tangible ideas of bodies"*.

³) Wobei allerdings auf die Stellung der Augen zueinander, die das körperliche (stereoskopische) Sehen begünstigt und die offenbar ein altes Anpassungsproduct ist, nicht vergessen werden darf.

wieder herabgestimmter Gefühle, die äußerliche Reizungen in uns hervorbringen. Die Wesenheit dieses Begriffes ist Darwin willkommener Vorwurf zu weiterer Personification:

Die Arme gefaltet, überschaut er (der Geschmack) mit wehmüthigem Blick die Stätten, wo zerbröckelnde Säulentrümmer die verfallene Herrlichkeit von Theben, Palmyra, Babylon und Balbek bezeichnen; umgefallene Obelisken, zerschmetterte Hallen, entwurzelte Bildsäulen und gähnende Gräber weisen auf längst vergangene Tage des Glanzes und der Pracht; von poetischer Melancholie durchdrungen, schreitet er durch zerstörte Städte und über verwüstete Fluren,[1]) oder er fliegt, erhaben ob aller Kleinlichkeit, auf den ausgebreiteten Schwingen der Zeit dahin und schaut das Schicksal des ewig Wechselnden.

Allein auch die Gefühle, welche die Lebensschicksale der Menschen und deren künstlerische Darstellung auf dem Theater erregen, gehören in seinen Bereich; in schöner Darstellung zieht der Dichter sie hier in den Kreis seiner Betrachtung.

242 Wenn die strömenden Augen der Schönheit heißes Weh verkünden, oder wenn die Tugend in unverdienter Nothlage tapfer standhält; wenn die Liebe in sanfter Zuneigung, der sich aber so oft bitterer Schmerz beigesellt, aufseufzt, oder aufkeimendes Mitleid den verwandten Geist durchdringt, dann bethaut tiefempfundenes Gefühl jede Wange und der in Mitleidenschaft gezogene *(impassioned)* Geschmack wirbt um die tragische Muse.

In einer Note hiezu bemerkt Darwin, dass das Bewusstsein der Noth anderer dem Zuschauer manchmal auch Vergnügen bereite, da es eine vergleichende Idee *(comparative idea)* zu seinem eigenen Glückszustande wachruft. Er beruft sich dabei auf eine Stelle in Lukrez,[2]) die er bereits einmal, im Interlude II, und zwar ebenfalls zu diesem Gegenstande, erwähnt hat; ich gehe auf diese Erörterung etwas näher ein, um die Ansichten Darwins in ästhetisch-theoretischer Beziehung einigermaßen klar zu machen.

---

[1]) Offenbar eine Anspielung auf die damals gerade aufblühende Alterthumsforschung, die dann besonders durch die Gründung der ägyptischen Akademie von Napoleon manifestiert wurde.

[2]) *„De rerum natura"*, lib. II. v. 1 ff.

Das Interlude II ist, wie bereits in der Einleitung bemerkt wurde, ein Dialog zwischen dem Dichter und seinem Verleger, welch letzterer sich über Fragen der Kunst und künstlerischer Auffassung von ersterem unterrichten lässt.

Ich greife aus diesem Dialoge die Stelle heraus, die uns mit Bezug auf das Citat aus Lukrez hier naheliegt. Der Verleger fragt da,[1]) wie man das Grässliche vom Tragischen begrifflich unterscheiden könne; der Dichter antwortet ihm darauf, er sehe das letztere als den Ausfluss einer Nothlage an, die mit Mitleid eng verbunden sei; dieses hänge wieder mit Liebe zusammen, die ja die angenehmste unserer Leidenschaften ist. Das erstere denkt er sich wieder als Ausfluss einer Nothlage, die aber Furcht *(disgust)*[2]) erregt; diese ist wieder mit dem Hasse, einem unserer unangenehmsten Gefühle, verbunden.

Wir haben also hier den alten empedokleischen Standpunkt, von dem aus die Welt mit Lieben und Hassen regiert wird, auch in das Gebiet der Ästhetik hineingetragen. Dabei ergibt sich ein bedeutender Unterschied, um hier ein Gegenbeispiel anzuführen, mit den strengeren und auch ethisch höherstehenden Ansichten Lessings, die Darwin immerhin bekannt sein mochten; hatten zehn Jahre doch genügt, ihnen weitgehenden Ruf zu verschaffen. Wenn Lessing sagt, dass das tragische Unglück des Helden so beschaffen sein müsse, dass wir unter gleichen Bedingungen für uns selbst fürchten würden,[3]) so weiß Darwin, wie einschränkend, dagegenzuhalten (wenn ich mich in diesem Vergleiche dieses Ausdruckes bedienen darf), dass in den Kelch der Tragödie ein paar süße Tropfen gemischt seien, die uns trösten und uns unsere Thränen wert machen, das Gefühl nämlich, wie

---

[1]) *"The Loves of the Plants"*, p. 115.
[2]) Ich vermeine die freie Wiedergabe von *disgust* mit „Furcht" dadurch rechtfertigen zu können, dass ich die Lessing'sche Auffassung dieses Wortes mit der Bedeutungssphäre des Darwin'schen Begriffes *"disgust"* in Übereinstimmung zu bringen und zu identificieren suche; die Nothlage eines andern wird uns wohl kaum jemals „Widerwillen" oder „Ekel" einflößen. sondern immer nur Mitleid und wohl auch Furcht erregen. Gerade aus jenem „Widerwillen", dem Entgegenwollen und nicht Entgegenkönnen ergibt sich ja der Zwiespalt in uns, den wir Furcht nennen, in der trefflichen Übersetzung, die Lessing von dem homerischen φόβος, dem „Grausen der Flucht", gibt.
[3]) Vergl. „Hamburgische Dramaturgie", Stück 75, 1768.

sich aus dem Folgenden ergibt, dass wir für uns selbst nichts zu fürchten haben. Das scheint mir nun aber durchaus nicht der Sinn jener Verse in Lukrez zu sein, auf die Darwin hier anspielt (p. 115) und die ich hier folgen lassen will:

*„Suave mari magno turbantibus aequora ventis*
*Et terra magnum alterius spectare laborem.*
*Non quia vexari quemquam'st jucunda voluptas,*
*Sed, quibus ipse malis careas, quia cernere suave'st*
*Suave etiam belli certamina magna tueri*
*Per campos instructa, tua sine parte pericli."*

(II 1—6.)

Es sind die Verse, derentwegen Lukrez mancher Vorwurf gemacht wurde (ed. Creech, Londini MDCCXVIII, p. 63), die aber doch nichts anderes sind, als einleitende Worte des Dichters an seinen Mäcen Memmius, die als eine Aufforderung zum Studium der Philosophie aufzufassen sind:

*„Sed nil dulcius est bene quam munita tenere*
*Edita doctrina Sapientum templa serena;*
*Despicere unde queas Alios, passimque videre*
*Errare, atque viam palanteis quaerere vitae,*
*Certare in genio, contendere nobilitate*
*Nocteis atque dies niti praestante labore*
*Ad summas emergere opes, rerumque potiri — —".*

(Ebd., 7—13.)

Also, angenehmer als am Ufer des Meeres die Gefahren der Stürme oder von sicherem Orte die Schrecknisse des Schlachtfeldes zu schauen (ist der Sinn dieser Verse) ist es, von den lichten Höhen der Weisheit herabzublicken auf die lächerlichen Irrwege der Menschen.

Wir können somit nicht sagen, dass ein Gedankenzusammenhang zwischen der angezogenen Stelle bei Lukrez und den Ausführungen Darwins bestehe. Darwin hat entweder die Stelle nicht richtig verstanden, in dem er das *suave spectare*... absolut fasste, ohne den folgenden Comparativ *sed nil dulcius* damit in Verbindung zu bringen, oder er hat den von ihm gedeuteten Sinn absichtlich hineingelegt, um seine formalen Anschauungen auf dieses classische Vorbild zu stützen. Der Schluss der Note (p. 115) besagt weiter noch, dass er (Darwin) solche schreckliche Situationen (also wie die des Schiffbruches) vielmehr dem Schrecklichen oder Grässlichen zuzähle, als dem Tragischen, dass sie ihrer Neuigkeit halber wohl Gegenstände der Neugierde, nicht aber des Geschmackes sein können und mehr Schmerz als Vergnügen erregen müssen. Dieser Schluss muthet einen fast an, als hätte Darwin Lukrez hier in eben dem besprochenen Punkte widerlegen wollen, in dem er doch mit ihm übereinzustimmen sich den Anschein gab. Jedenfalls hat die Anführung der Stelle aus Lukrez Darwin hier wenig oder nichts genützt.

Kehren wir nun zum Texte zurück: ein weiteres Gebiet, in dem der „Geschmack" herrscht, öffnet sich vor unsern Augen.

Wir sehen eine strohgedeckte Hütte am Rande eines purpurnen Moores *(purple moor)*[1]; rothbackige Kinder spielen fröhlich vor der Thür. Mit Moos bewachsen ragt das Gezweig einer uralten Eiche; die zottige Haarfülle an dem munteren Fohlen, der bärtige Ziegenbock mit seinen hellen Augen, die durch das dichte weiße Haar hindurchglänzen, und die rasche Bewegung, in der er behend eine verfallene Mauer erklimmt und den Epheu abknabbert, der ihren gänzlichen Einsturz hindert: all das entzückt mit ländlichem Reiz den ruhigen Geist und zeigt den bewundernden Augen ein schönes Gemälde. Freudig kehrt der Geschmack in unserer modernen Zeit zur jungfräulichen Natur zurück.

Wie ein froher Ruf erklingt dieser letzte Satz. Wir erkennen hier wieder den echten, wahren Naturfreund in Darwin, der sich gern aus dem Getriebe der Welt zu stiller, beschaulicher Einsamkeit zurückzog; und wie klagend ruft er in einer Anmerkung (p. 115) zu der schönen Schilderung des ländlichen Bildes aus: Selten sehen wir in der Nähe von Städten, selbst nicht in den bebauten Theilen des offenen Landes reine, unverfälschte Natur! Gepflügte Felder, abgemähte Wiesen, schnurgerade Hecken, gestutzte Bäume, an Schweif und Ohren verstümmelte Thiere, das ist die nutzbringende oder schlecht angewendete Thätigkeit der

---

[1] Das Epitheton *purple* erweckt zugleich die Vorstellung des Sonnenunterganges in uns, der ja der Landschaft stets ein Gepräge der Schönheit und des Friedens gibt.

Menschen! Denn alle diese Änderungen beeinflussen die Bildung des Bodens, der Pflanzen und Thiere. Und damit zieht er einen hübschen Schluss auf seine Theorie der Geistesbildung: wenn uns daher, fährt er fort, gelegentlich der Anblick etwa eines unbeforsteten Waldes und seiner wilden Bewohner gewährt wird, so unterhält uns nicht nur die größere Mannigfaltigkeit der Formen, sondern der Reiz der Neuigkeit entzückt uns gleichzeitig, der ja, wie wir schon gesehen haben, nur ein niederer Grad der Überraschung ist.

Denn über solchen Gegenden waltet der Genius Form; auf silbernen Sohlen schwebt er herab und schmückt mit hellern Thautropfen, Edelsteinen gleich, den aufsteigenden Morgen; sanfteres Licht gießt er über den Mittagshimmel aus und bedeckt mit hellern Perlen die Stirn der Nacht; mit zarterem Farbenschmelz macht er die Blüte im Frühling erglühen, mit süßerem Hauch umweht ihn der liebesheiße *(enamoured)* Zephyr. Mächtiger rauschen die klaren Ströme, und frischere Farben erglänzen in ihren hellen Fluten. Und seine Schritte umschweben die zarten Gestalten der Schönheit, Anmuth und Liebe.

Von dem Gebiete der bloßen Perception kommt der Dichter nunmehr auf eine höhere Stufe geistiger Ausgestaltung, auf die Reproduction, zu sprechen.

Wenn bei dem lebenden Individuum körperliche Ruhe sensorielle Kraft anhäuft, dann schmieden *(forge)* die ungeduldigen Sinne, zu wechselseitiger Verbindung gereizt, neue Ideen, die gaukelnd vorüberziehen, und wiederholen so, in lange Ströme zerdehnt oder zu zahllosen Schwärmen angehäuft, die flüchtigen, den Sinnen immer wieder entschwindenden Formen, die sich entweder in den Zügen des Willens *(trains of volition)*[1] erheben oder mit funkelnden Gliedern die Kette der Phantasie zusammenschließen, oder endlich, einzeln aus klarer Quelle fließend, vereint den endlosen Lauf der Association verfolgen.

[1] *Trains of volition:* man muss sich hiebei stets erinnern, dass Darwin sensorielle Actionen meist als „Züge", „Ketten" oder „Schwärme" aufstellt, wobei die Vorstellung der zeitlichen Abfolge derselben oder der Aufeinanderfolge ihrer einzelnen Theile zugrunde liegt; so spricht er beispielsweise („Zoonomie", Section II) ebensowohl von Zügen sensorieller als auch fibröser Bewegungen, deren wechselseitiger Austausch einen gemeinsamen „Zug" *(catenation)* ergibt u. s. w.

Die Ursache dieser psychischen Vorgänge schreibt Darwin einestheils der Anhäufung von Lebensgeist *(spirit of animation)* im thierischen Individuum zu, der sich im Zustande der Ruhe einzelner sonst in steter Bewegung befindlicher Organe, etwa durch den Schmerz der Kälte- oder Hungerempfindung oder einer andauernden Stellungseinnahme zu erkennen gibt; anderseits aber vermeint er ihn wieder aus unserer Neugierde, unserem Trieb nach Neuigkeit ableiten zu können (vergl. p. 115); indessen hält er, wie er in der Fußnote auf Seite 117 versichert, für die unmittelbare Ursache unseres Strebens zur Thätigkeit die größere Leichtigkeit, die uns aus der Nachahmung von Bewegungen erwächst, indem wir uns hier durch Tast- und Gefühlssinn die Idee der Umrisse von Gegenständen (auf die sich ja unsere Bewegungen alle beziehen oder mit denen sie wenigstens unbedingt im Zusammenhange stehen sollen) erwerben. Diese Beobachtung, fügt er hinzu, habe schon Aristoteles gemacht, der den Menschen ein nachahmendes Thier nannte *(imitative animal)*[1].

---

[1] „Τὸ ζῷον μιμώμενον", „Zoonomie", Section XV 7; diese Stelle habe ich vergeblich in Aristoteles zu finden gesucht; dagegen findet sich eine ganz sinnfällige Stelle, ed. Didot, Parisiis MDCCCLIV, „Περὶ Ποιητικῆ", ϑ. 2: „τό τε γὰρ μιμεῖσθαι σύμφυτον τοῖς ἀνθρώποις ἐκ παίδων ἐστί, καὶ τούτῳ διαφέρουσι τῶν ἄλλων ζῴων ὅτι μιμητικώτατόν ἐστι — —" Vielleicht ist aber hier die Übersetzung von ζῷον durch *animal* keine ganz passende, wenn wir denken, dass Darwin doch den entwickelungsgeschichtlichen Gedanken der Nachahmungsbefähigung des Menschen als ein Erbtheil vom Thiere im Auge hat, während Aristoteles, der hier speciell von der Poesie (einem ausschließlichen Eigenthum des Menschen) spricht, mit ζῷον sicherlich nicht Thier, sondern Geschöpf, Wesen o. a. meint und außerdem a. a. O. „ΠΕΡΙ ΤΑ ΖΩΑ ΙΣΤΟΡΙΩΝ", Θ, ζ mit Bezug auf diese beiden Vergleichstheile eine der hier von Darwin gegebenen Interpretation geradezu entgegengesetzte Ansicht ausspricht: „Ὅλως δὲ περὶ τοὺς βίους πολλὰ ἂν θεωρηθείη μιμήματα τῶν ἄλλων ζῴων τῆς ἀνθρωπίνης ζωῆς, καὶ μᾶλλον ἐπὶ τῶν ἐλαττόνων ἢ μειζόνων ἴδοι τις ἂν τὴν τῆς διανοίας ἀκρίβειαν ..." Ich bin der Ansicht, dass Darwin durch Burkes *"Essay on the Sublime and Beautiful"* gerade auf diese Aristotelische Betrachtung gelenkt worden sei; denn man erkennt auch hierin die immerhin große Bedeutung dieses Essays für die in seinem *"Temple of Nature"* ausgesprochenen Ideen. In Part I, Section XVI, *"Imitation"* überschrieben, bemerkt Burke am Schlusse seiner Ausführungen, dass Aristoteles so viel und so bedeutsam über die Macht der Nachahmung in seiner „Poesie" gehandelt habe, dass jedes weitere Eindringen *(discourse)* in diesen Gegenstand unnöthig sei.

Diese Thatsache beschränke sich dann nicht auf Individuen, sondern habe sich der ganzen Welt in ihren Sitten und Übereinkünften mitgetheilt.[1])

Diese Ansichten stellt der Dichter nun auch in sehr schöner Weise im poetischen Texte auf:

Wenn also die suchenden Hände mit leiser Berührung die Umrisse fester Körper beschreiben und wenn die Sprache der beweglichen Augen das örtlich beschränktere Auffassungsvermögen des Tastsinnes auf entfernte Gebiete der Erde und des Himmels unterstützt, dann erheben die so durch Tasten und Schauen geklärten Ideen den raschen Sinn zum Gefühle des Schmerzes oder der Freude; daraus erst entspringt das schöne Vermögen der „Imitation", das die Umrisse der äußeren Dinge (auch ohne ihr jeweiliges Vorhandensein in der Perceptionssphäre) nachbildet. Unaufhörlich thätig, schenkt sie der Welt die sittlichen Tugenden *(moral virtues)*, Sprachen und Künste. Anfänglich sammelt der erfreute Geist mechanische Kräfte, Mittel zu kommenden Zwecken, Ursachen für spätere Wirkungen (das heißt wohl, die sich auf Erfahrung stützende Kenntnis des Causalnexus), dann aber lernt er von andern (etwa bereits ausgeprägteren) Geistern Freude und Furcht, ansteckendes Lachen und mitfühlende Thränen.[2])

Was so ein Sinn auf den leichten Reiz von außen hin schon zu erfassen vermag, das lernt ein anderer durch Nachahmung.

Dazu nun führt der Dichter einige hübsche Beispiele an, die uns den Sinn dieser seiner Ansicht näher erhellen sollen:

So, sagt er, lernt im anmuthigen Tanze der wohlgesetzte Tritt von dem Ohr die zeitliche Übereinstimmung, das heißt, der eine auf den äußern Reiz reagierende Sinn (hier also der Gehörsinn) bildet das nothwendige Mittelglied zwischen diesem Reize (den durch die Musik verursachten Schallwellen) und den mit ihm im Zusammenhange stehenden übereinkömmlichen Körperbewegungen, besonders also denen der Füße in unserem Falle.

---

[1]) Vergl. „Zoonomie" XXII, Section 2.
[2]) Vergl. Charles Darwin, Reise eines Naturforschers um die Welt, deutsch von Victor Carus, Stuttgart 1875, p. 286.

Oder ein anderes hübsches Bild: Wenn der Pinsel eines jungen Künstlers ruhende Nymphen in Tizians lebendigen Farben malt, diese leuchtenden *(glowing)* Glieder und schönen Wangen, das wellige Haar, den reizenden Busen und die verführerischen Mienen, dann zeichnet er unter entzückten Seufzern das Bild einer Schönen nach, das noch in seinem Auge besteht.

Wir sind also bereits bei dem Begriff der Reproduction angelangt. Darwin erklärt den Vorgang dabei folgendermaßen (Note auf Seite 119), er meint: da ja der Theil des Tast- oder Sehorganes, der von außen her gereizt wird, in der Form zum wenigsten jenem äußern Gegenstande gleichen muss, da ja nur so die Idee von ihm zustande kommen könne (vergl. Canto III, Note zu v. 144; p. 113), so kann man sagen, dass er (der betreffende Theil des Organes) die Gestalt des Gegenstandes nachbilde und somit diese Nachahmung als mit der Existenz sowohl des Menschen wie auch anderer Thiere gleichzeitig *(coeval)* annehmen; das würde aber, fügt er vorsichtig genug hinzu, die Begriffe von „Perception" und „Imitation" durcheinanderbringen, „welch letztere doch besser aus der Thätigkeit des einen Sinnes, der die eines andern nachahmt, heraus definiert wird" (wie uns vorhin das Beispiel vom Tanz gezeigt hat). Zum Gegenstande noch ausführlicherer Betrachtung macht Darwin dieses Thema in seiner „Zoonomie" (Section XXII 3, 1); hat er es aber fast selbst gefühlt, dass ihn die theoretischen Auseinandersetzungen auf diesen Gebieten trotz meisterhafter Handhabung der Sprache nicht bei jedermann zu voller Klarheit führen würden,[1]) so hilft ihm hier wieder ein schönes poetisches Bild, das uns seine Ansicht besser erhellt als lange Abhandlungen, über die Schwierigkeit hinweg. (Auf das weitere Theoretische dieser Fragen gehe ich nicht mehr ein.)

Als der große Angelo in dem staunenden Rom die mächtigen Säulen des Domes von St. Peter aufstellte, Quader auf Quader fügte und ein neues Pantheon hoch

---

[1]) Vergl. die Vorrede Darwins zu seiner „Zoonomie", deutsch von Brandis, p. VIII.

in den erschreckten Himmel hieng,¹) da waren alle die gewaltigen Pfeiler, wie sie sich nun einander zuneigen, nun wieder in die Lüfte emporstreben, alle die reichgestalteten Architrave, das gewölbte Dach, die Kreuzgänge, deren breite Bogen mächtige Rippen stützen, wo ein heiliges Echo die andächtigen Lieder wiederhallt; der mittlere Altar, ein Weihthum des Herrn, den die Weisen bewundern und zu dem die Könige flehen; der himmelhohe stählerne Baldachin, der, unerschrocken vor der Zeit, auf gewundenen Säulen emporragt, in ätherischen Farben auf den beweglichen Flächen *(rolling tablets)* seiner Augen vorher schon aufgerollt, und seine treue Hand nahm den gewaltigen Plan mit seiner Nachbildung von der Netzhaut ab.

Ebenso sieht Darwin, wie gesagt, die Nachahmung auf allen andern Gebieten; Gemälde von Blumen oder Bilder von menschlichen Formen erregen Vergnügen, das sich von der genauen Übereinstimmung der Nachbildung mit dem Urbild herleitet; wir freuen uns über die mimische Darstellung auf der Bühne, wenn sie genau der Wirklichkeit entspricht. Eine phantasiereiche Ansicht bestätigt ihm die Wahrheit dieser Aufstellung auch auf dem Gebiete der Architektur: er meint, ein Theil des Vergnügens, das wir bei der Betrachtung des Inneren gothischer Dome (er führt als Beispiel die King's College-Kapelle in Cambridge und die Lincoln-Kathedrale an) empfinden, könne wohl aus dem Gefühl von der Nachahmung jener herrlichen Haine *(avenues)* voll von riesigen Bäumen herkommen, die früher religiösen Ceremonien als Weiheplatz dienten (p. 21).²)

Ihre höchste Vollendung aber hat die Nachahmung auf dem Theater erfahren, und so singt der Dichter im folgenden mit gefälligem Ausdrucke „der scherzenden, der ernsten Maske Spiel" ein schönes Lob.

In jedem Zeitalter erfreute die Muse der Nachahmung das aufhorchende Theater *(attentive stage)*; das majestätische Einherschreiten wie auch das tragische Innehalten des

---

¹) Beim Anblicke der Kuppel des Pantheons soll Michel Angelo geäußert haben: „Ich werde sie in die Lüfte versetzen." Vergl. dazu Madame de Staël, *Corinne ou l'Italie*, 2 vol°., Paris 1807. Bd. I, p. 126.

²) Ich verweise auf eine poetisch schöne Darstellung gerade dieses Gedankens in Fritz Lienharts Drama „Gottfried von Straßburg", 3. Act.

Herrschers, der Tod des Helden für die Sache seines Vaterlandes, die Thränen, die die sterbende Mutter über ihr geliebtes Kind weint, die Glut des Liebhabers und die Ängstlichkeit der Jungfrau, die kichernde Nymphe, die auf der Bühne ihr komisches Spiel treibt, Harlekine und Spassmacher, die das Theater mit Tanz und Gesang, durch „endlose Züge" (vergl. p. 128, Anm.) von Ärgernissen, Liebeleien und Scherzen erschüttern — sie alle verdanken der Muse der Nachahmung *(Mimicry)* ihre Entstehung.

Zu den klaren Bildern der Form gehören also: die Statue des Bildhauers, das Lied des Dichters, die Landschaft des Malers und der Plan des Baumeisters; die Nachahmung aber kennzeichnet den Geist des Menschen überhaupt.

Damit endet der Dichter seine Auseinandersetzung. Fassen wir das Ergebnis kurz zusammen: vier feste Grundformen der Kunst unterscheidet er — die Erzeugnisse der Bildhauerei, der Dichtkunst, der Malerei und der Baukunst; aber nun die große Unterscheidung: nur das originelle Genie des wahren Künstlers kann dieses Nachahmungsvermögen auch productiv gestalten, den in sie gelegten Plan eigenartig zur Ausführung bringen; wenige nur sitzen so zur Rechten der göttlichen Muse. Aber auch der großen Menge erwächst mannigfaltiges Vergnügen in endlosem Wechsel aus diesem Nachahmungsvermögen, das durch den äußeren Reiz des Kunstwerkes auf die entsprechenden Sinnesorgane in Kraft tritt.[1]) *"Many thousands tread in the beaten paths of others, who precede or accompany them for one who traverses regions of his own discovery."* (Vergl. *"Temple of Nature"*, p. 123, Note.)

Im folgenden geht Darwin nun auf Objecte der Nachahmung ein, die nicht so sehr dem Gebiete der Kunst als vielmehr der Nothwendigkeit und Nützlichkeit angehören, und beschäftigt sich dabei zunächst mit der Sprache, deren Entstehung er ebenfalls auf das Nachahmungsbestreben des Menschen zurückführt; es gibt zwei Wege, sagt er (p. 123,

---

[1]) Vergl. dazu *"Temple of Nature"*, p. 120: *"— — — our ideas, when we perceive external objects, are believed to consist in the actions of the immediate organs of sense, in consequence of the stimulus of those objects; — — —"*

Note), durch welche wir mit den Leidenschaften anderer bekannt werden: erstens, indem wir die Wirkungen derselben durch den Gesichtssinn wahrnehmen, wie bei Ärger und Furcht; dies erkennt er deutlich an Kindern, die ja, lange noch ehe sie sich der Sprache bedienen können oder sie auch nur verstehen, durch eine finstere Miene der Eltern erschreckt, durch ein Lächeln erheitert werden; zweitens, wenn wir uns in die Stellung versetzen *(put ourselves into the attitude)*, die jede Leidenschaft naturgemäß verursacht, so werden wir selbst bald von dieser Leidenschaft bis zu einem gewissen Grade erfasst; so vergrößert man z. B. durch lautes Schimpfen und Fluchen selbst die zornige Stimmung, in der man sich befindet; während ein nachgeahmtes Lächeln auch in unangenehmer Gesellschaft eine heitere Laune zum Theil verwirklicht. Darwin beruft sich dabei auf Burke, der in rein theoretischer Weise die gleichen Anschauungen äußert: *"by the contagion of our passions we catch a fire already kindled in another, which probably might never have been struck out by the object described."*[1]

Es sind dies, fährt Darwin fort, natürliche Zeichen, mittels deren wir einander so verstehen; und doch baut sich auf dieser geringen Basis die ganze menschliche Sprache auf: denn ohne natürliche Zeichen hätten keine künstlichen je erfunden oder verstanden werden können.[2]

Gehen wir nun zunächst auf die poetische Behandlung dieses Gegenstandes näher ein; da heißt es im Texte: Wenn heftige Begierden oder sanfte Gefühle die erstaunten Verstandeskräfte zur Wuth oder zur Liebe führen, dann entstehen associierte Züge von Muskelbewegungen, treiben das Blut in die Wangen oder machen die lachenden Augen aufflammen; und so findet die immer thätige Nachahmung die idealen Züge, die durch verwandte Geister gehen; ihre mimischen Künste erregen associierte Gedanken —

*"And the first Language enters at the sight"* (v. 342).

---

[1] *"Philosophical inquiry into the origin of our ideas of the sublime and beautiful"*, Part V, Section VII, *"How words influence the passions."*

[2] Diesen Satz citiert Darwin aus Thomas Reid, *Inquiry into the Human Mind* (8th ed. Edinburgh 1880), Chapter IV, Section II, *On Natural Language;* die Ideen, die darin enthalten sind, stimmen im wesentlichen mit denen Darwins über diesen Gegenstand überein.

Ist uns auch die Bildersprache Darwins aus vielen Beispielen bekannt, so scheint es mir doch nöthig, den verwickelten psycho-physiologischen Vorgang, der Darwin zum Vorwurf obiger Zeilen dient (ich habe sie wörtlich wiedergegeben), seiner Natur nach kurz zu wiederholen; die letzte, an sich etwas paradox klingende Zeile ist dann klar verständlich.

Die Fibern, welche die Muskeln und Sinnesorgane ausmachen, heißt es in der „Zoonomie" (Section IV 1), besitzen ein Vermögen sich zusammenzuziehen; und weiter (Section II 2), solche Zusammenziehungen unserer Muskeln und Sinnesorgane können unwillkürlich miteinander associert werden; daher also der Ausdruck des Erstaunens, der Freude u. s. w. auf den Wangen und in den Augen ohne jegliches Zuthun einer bestimmten Willensrichtung, eine **stumme Sprache** also jener Ideenzüge *(ideal trains)*, die in diesem Augenblicke den Geist durchziehen. Diese Zeichen, denen ursprünglich keinerlei Absicht zugrunde lag, andere von inneren Vorgängen zu benachrichtigen, theilen sich ebenso unwillkürlich verwandten Geistern *(kindred minds)* durch Nachahmung mit und wirken dort auf dieselbe Ursache zurück, die dann alsbald erkannt wird: es ist also klar, dass die erste Sprache ihren Zutritt zum Geiste durch das Auge erhielt.

Eine Bestätigung dieser dem logischen Denken vollkommen zusagenden Idee erhalten wir von dem großen Enkel unseres Dichters; er sagt: Bei gesellig lebenden[1]) Thieren ist das Vermögen gegenseitiger Mittheilung zwischen den Gliedern einer und derselben Gemeinde von der größten Bedeutung für sie; diese Mittheilungen werden meist mittels der Stimme bewirkt; es ist aber sicher, dass Geberden und ausdrucksvolle Stellungen[2]) in einem gewissen Grade gegenseitig verstanden werden.[3])

---

[1]) Das sociale Moment war ja auch eine Vorbedingung bei Erasmus Darwin.

[2]) Zu denen Charles Darwin insbesondere auch die Ausdrucksweise des Auges zählt; vergl. p. 215, 216 des unten citierten Werkes.

[3]) Vergl. Charles Darwin, Ausdruck der Gemüthsbewegungen, deutsch von Victor Carus, Stuttgart 1872, p. 60.

Auch Erasmus Darwin bringt nun zunächst einige hübsche Beispiele gegenseitigen Verständnisses aus dem Thierreiche bei; im poetischen Texte heißt es da:

So stehen eifersüchtige Wachteln oder Dorfhähne einander kampfbereit gegenüber, mit gereckten Hälsen und gesträubten Federn. Von wortloser Beredsamkeit entflammt, kennt jeder die gegnerische Leidenschaft des drohenden Feindes. So auch heulen ausgehungerte Wölfe um Mitternacht, blutdürstige Schlangen zischen und wilde Hyänen knurren; zornige Löwen sträuben die Mähne und peitschen die Seiten mit gewaltigen Schweifschlägen. So tritt der Wilde mit geballter Faust, ein finsterer Kämpe, vor den Gegner hin; er schwingt den Arm und rollt die Augen, suchend, wo er am besten den geplanten Hieb anbringe; überall verbindet die geheimnisvolle Kraft der Association innere Leidenschaften mit äußeren Zeichen.

Von diesen stummen Geberden nahm zuerst der Austausch unsichtbarer Gedanken seinen Anfang im Thiere wie im Menschen; und noch in unsern Tagen entfaltet die Bühne durch mimische Kunst Geberdenspiel aus alter Zeit; auch dem begeisterten Redner dient die Geberde zu größerem Nachdruck der durch Worte allein schwächeren Beredsamkeit.

So gieng die erste Sprache als Lachen und Weinen aus der Wiege hervor, ein Kind der Nachahmung. Dann gesellt sich jedem Gedanken ein verwandter Ton bei und so bildet sich die süße Symphonie der Worte; Zunge und Lippen articulieren, die Kehle moduliert mit leiser Schwingung den Klang *(note)*; Liebe, Mitleid, kriegerische Stimmung *(war)*, der Schrei, der Gesang, das Gebet, alle diese Äußerungen des Innenlebens bringen rasche Erschütterungen der elastischen Luft hervor.

Es ist also schon nach Erasmus Darwin ein ganz allmählicher Entwickelungsgang, als dessen Endergebnis sich die articulierte Sprache darstellt, ein Gedanke, dem später besonders auch Charles Darwin festere Form verliehen hat: Der Mensch gebraucht nicht bloß unarticulierte Ausrufe, Geberden und ausdrucksvolle Mienen, sondern hat noch außerdem die articulierte Sprache erfunden, wenn freilich das Wort „erfunden" auf einen Process angewendet werden kann, der sich durch zahllose, halb unbewusst gethane Abstufungen vollzogen hat.[1])

Wir können demnach hier, in einer so bedeutsamen Frage, wie es die „Entstehung der Sprache" ist, eine völlige Übereinstimmung der beiden Forscher, Großvater und Enkel, wenigstens in den Grundzügen, feststellen, ein neuer Beweis, welch hohen Standpunkt Erasmus Darwin auch in diesem Capitel der Entwickelungsgeschichte länger als ein halbes Jahrhundert vor den grundlegenden Arbeiten Charles Darwins eingenommen hat.

Einer hübschen Parallele könnte hier noch Erwähnung gethan werden, die wir zu den beiden letzten Verszeilen (369, 370) bei Charles Darwin finden; er sagt: „Nach einer sehr weit verbreiteten Analogie können wir schließen, dass dieses Vermögen (nämlich des oft gesangähnlichen Schreiens vieler Affen) besonders während der Werbung der beiden Geschlechter ausgeübt sein wird, um verschiedene Gemüthsbewegungen auszudrücken, wie Liebe, Triumph, Eifersucht, und gleichfalls um als Herausforderung für die Nebenbuhler zu dienen."[2]) Das Charakteristische an dieser Parallele ist hier wieder, dass Charles Darwin das bereits mit derselben sicheren Festigkeit für das Thierreich ansetzt, was Erasmus hier noch als Ergebnis der höchsten Entwickelungsstufe, also beim Menschen, ansieht. Die fortschreitende Naturforschung hat eben das Psychische der Lebenserscheinungen immer mehr nach rückwärts projiciert.

Nun ist also das Individuum zu voller Erkenntnis der Sinneskräfte gelangt: So tragen, heißt es im poetischen Texte weiter, die ersten Töne in lustigen Zügen die lautlichen Symbole gedachter Dinge dahin, nennen jeden geringfügigen Wechsel und verleihen dem raschen Tastsinn, dem Ohr und dem Auge wirksame Kräfte; oder sie unterwerfen die abstracten Formen der Schönheit, der Weisheit, der Zahl, der Bewegung und der Ruhe dem Begriffe. Wieder neue Töne geben beifügende Gedanken kund, wie etwa die Lautbilder „hart", „wohlriechend", „klangvoll", „süß" oder

---

[1]) Charles Darwin, Der Ausdruck der Gemüthsbewegungen bei den Menschen und Thieren, Stuttgart 1874, p. 60.

[2]) „Die Abstammung des Menschen und die natürliche Zuchtwahl" (1871), Bd. I, p. 47.

„weiß"; die nächsten wieder wählen flüchtige Bilder von Handlung, Leiden, Ursachen und Wirkungen; oder sie bezeichnen mit erhabenen Schritten das Dasein in dem Hin- und Wiederfluten der ereignisreichen Zeit.

Sie steht im Mittel der Natur, die Riesenform der Zeit; ungezählte Hände bewegt sie im Äther; sie treibt die hellen Planeten ihre silbernen Bahnen und steuert die ungeheure Sonne wieder in andere Systeme, bis die letzte Posaune unter dem Brüllen des Donners den furchtbaren Satz hinausschmettern wird: die Zeit soll nicht mehr sein!

Die Zeit ist hier sehr hübsch durch eine sich bewegende Gestalt ausgedrückt; hört diese Bewegung „beim Ruf der letzten Posaune", also bei einem allgemeinen Zusammenbruche, auf, so ist natürlich im selben Augenblicke auch ihr Correlativbegriff „Zeit" nicht mehr.

Zuletzt, schließt Darwin diesen Gedankengang ab, schreitet die Abkürzung *(abbreviation)* kühn und stark einher, einen flüchtigen Zug von Worten mit sich führend; mit lieblicher Geschwätzigkeit eilt sie zu Hermes und heftet Schwingen an seine Stirn und an seine Fersen.

Dieses hübsche Bild ist nicht Darwins Eigenthum; es entstammt einem schönen Kupfer in dem von unserem Dichter zu diesem Gegenstande öfters herangezogenen Werke John Horne Tookes, *ΕΠΕΑ ΠΤΕΡΟΕΝΤΑ, or the diversions of Purley;*[1] ihm hat Darwin auch die Gedanken zu seiner unten besprochenen Abhandlung entnommen. Es ist ein vorzüglich sprachphilosophisches Werk, das sich in erster Linie mit der Entstehung der Sprache überhaupt, dann aber in ausgedehnter Weise mit etymologischen Fragen beschäftigt, die den Zweck haben, eine Einheit des Systems der Sprache überhaupt, nachgewiesen an den indogermanischen Idiomen, darzuthun; der Verfasser erklärt selbst den hohen Zweck dieses Bestrebens (p. 7): "*I acknowledge, that the subject is not entirely new to my thoughts; for though languages themselves may be, and usually are acquired without any regard to their principles, I very early found it impossible to make many steps in the truth and the nature of human understanding, of*

---

[1] *Revised and corrected, with additional notes, by Richard Taylor,* London 1875.

*good and evil, of right and wrong, without well considering the nature of language, which appeared to me to be inseperably connected with them."*

Die Grundlage dieses Werkes ist wieder bei Locke zu suchen; Tooke hat es sich angelegen sein lassen, die Ideen, welche jener im dritten Buche seines *Essay concerning human understanding* niedergelegt hat (er handelt dort über die Sprache), zu erweitern und, wo es noth that, zu verdeutlichen. Auch Darwin musste, von seinem entwickelungsgeschichtlichen Standpunkte aus, der Gedankengang des großen Philosophen anziehen; denn von dem Grundsatze ausgehend, dass es keine angeborenen Ideen gebe, sondern dass sie erst nach und nach auf dem Wege der Erfahrung erkannt würden, ergab sich Locke für diesen speciellen Gegenstand die naturgemäße Folgerung, dass auch der Ausdruck der Ideen nur allmählich zur Entwickelung gelangen konnte, dass zuerst die zur Hervorbringung articulierter Laute geeignete Veranlagung im Menschen bestand, die ihn der Sprache nachmals fähig machte, und dass erst das Bewusstsein dieser Veranlagung einen Zusammenhang zwischen der Lautäußerung und den innerlichen Vorstellungen ergab.[1]) Das alles kam den Anschauungen Darwins ja gelegen und liegt auch seinen Theorien stillschweigend zugrunde. Umsomehr muss es uns wundernehmen, wenn Darwin hier Lockes gar keine Erwähnung thut (p. 326): *"Little had been done in the investigation of the theory of language from the time of Aristotle to the present aera — — —."* Wir können uns das nur so erklären, dass Darwin der Wichtigkeit der Sache halber eine umfassende Behandlung des Gegenstandes wünschte, der in dem großen Werke Lockes eben nur als nothwendiges Glied einer Kette eingeschaltet ist, und den erst Horne Tooke eigentlich aus der Menge der andern Disciplinen abstrahierte.

In seiner Abhandlung *"The Theory and Structure of Language"* (*additional note XIV*), die wir, gepaart mit der folgenden und letzten des Werkes *"Analysis of articulate sounds"* (*additional note XV*) als eine Art wissenschaftlichen

---

[1]) John Locke, *An Essay concerning human understanding*, Book III, chapt. I, § 1, 2.

Commentars zu den zuletzt besprochenen Versen (etwa 363—394) ansehen können, stellt Darwin, immer auf Horne Tooke fußend, das Zustandekommen des Aufbaues wie auch die physiologische Grundlage der Sprache überhaupt dar; ich bemühe mich, seine Ansichten des weiteren in einem übersichtlichen Auszuge davon klarzulegen: er geht von dem bereits oben erwähnten Gedanken aus, dass sich die Sprache in frühen Zeiten der menschlichen Gesellschaft aus niederen Elementen einer Verständigung zwischen den Individuen bildete und sich so nach und nach ausgestaltete und vervollkommnete.[1]) Zuerst belegte man das Allerhäufigste und -nöthigste mit Namen einfachster lautlicher Zusammensetzung, so Personen und Örter, Feuer und Wasser, diese Beere und jene Wurzel; die sich beständig aufdrängende Scheidungsnothwendigkeit zwischen der Ein- und Mehrzahl der Dinge wurde anfänglich wohl durch Hinzufügen eines Wortes, bald aber auf bequemere Art und Weise durch einen Wechsel in der Endung bewerkstelligt; viele solcher Namen wurden gleichartigen Erscheinungen bald allgemein beigelegt,[2]) es wurde also nöthig, sie für die individuelle und allgemeine Bedeutung zu unterscheiden; das geschah durch Einführung des bestimmten und unbestimmten Artikels. Ferner: den Ideen ganzer Dinge reihten sich an Wichtigkeit wohl zunächst jene Namen von Ideen an, die Theile oder Eigenschaften von Dingen bezeichneten; diese Bezeichnungen mochten ihrerseits wieder von den Namen anderer Dinge hergeleitet und andern beigegeben worden sein, die ihnen in dieser Beziehung ähnelten; auch Steigerungsformen solcher Wörter erwiesen sich bald als nöthig, auch behufs ihrer Darstellung wurde ein neuer Endungswechsel eingeführt: man hatte also das Eigen-

---

[1]) Vergl. dazu die hübsche Definition in A. Schleichers Schrift, Die Darwin'sche Theorie und die Sprachwissenschaft (gemeint ist hier natürlich Charles Darwin), Weimar 1873, p. 7: „Die Sprachen sind Naturorganismen, die, ohne vom Willen des Menschen bestimmbar zu sein, entstunden, nach bestimmten Gesetzen wuchsen und sich entwickelten und wiederum altern und absterben." Vergl. ferner die Ausführung p. 24 ff. derselben kleinen Schrift.

[2]) Da ja nicht jedes einzelne Ding einen besonderen Namen haben kann; vergl. dazu auch Locke, *On human understanding*, Book III, chapt. III, § 1, 2.

schaftswort in seinen Formen. Der Ausdruck allgemeiner sowie besonderer Ähnlichkeit wurde so häufig, dass behufs seiner Darstellung „eine andere Art des Adjectivs", das Adverb, eingeführt wurde, das sich wieder durch einen Endungswechsel oder durch ein Suffix kennzeichnete; und wie die früher erwähnten Adjectiva bei Substantiven stehen und eine theilweise Ähnlichkeit ausdrücken (z. B. hat Papier neben „weiß" noch andere Eigenschaften), so stehen diese bei Verben und drücken eine allgemeine Ähnlichkeit aus: ich spreche kühn, ich denke frei. Ferner: die fortgesetzte Kette von Ursachen und Wirkungen, die die Bewegungen oder die wechselnden Configurationen des Universums ausmachen, sind so deutlich in Thätiges und Leidendes getheilt, dass es sich als nothwendig herausstellte, dies auch in der Sprache ersichtlich zu machen; wieder wurde dazu ein Wechsel der Endung ausersehen, und es entstanden die Participia; aber auch die verschiedenen Zeiten der genannten Bewegungen verlangten in ihrer Relativität nach Ausdruck. Hier, meint Darwin, kam man in allen Sprachen überein, dies, ohne länger auf nominale Bildung Rücksicht zu nehmen (wie dies wohl früher geschah),[1] durch den Endungswechsel zu verdeutlichen. Ebenso wollte man auch die actuelle oder wirkliche Existenz des besprochenen Dinges sowie die Zeit und den thätigen oder leidenden Zustand desselben in der Sprache berücksichtigt wissen. Auch hier endlich wurde der Endungswechsel zuhilfe genommen, und er ergab, indem er so das obengenannte Particip in das eigentliche Zeitwort verwandelte, die verschiedenen Zeiten und Moden. Die große Mannigfaltigkeit des Endungswechsels in allen Sprachen, so schließt Darwin seine Ausführung, entsteht daher durch die Abkürzungen, die an Stelle neu hinzukommender, ergänzender Wörter gebraucht wurden und noch werden (Horne Tooke erklärt ja z. B. die Conjunctionen *if* und *an* für Überreste eines ursprünglichen *"to give"* und *"to grant"*. (Vergl. *"Temple of Nature"*, p. 327.) Dieses Verfahren gibt der Sprache Knapp-

---

[1] Ebenfalls ein in das Gebiet des „Kampfes ums Dasein" einschlägiger Gedanke; die nominale Differenzierung erwies sich als schwerfällig und unzweckmäßig und wurde zu Gunsten des geeigneteren Endungswechsels ausgeschaltet.

heit und Raschheit, und man kann sagen, dass esde m Gotte der Beredsamkeit ungezählte Schwingen verleiht.

Es dürfte nicht uninteressant sein, diesem Gedankengang Darwins und seiner Vorgänger den eines modernen Forschers, August Schleichers, zu dem selben Gegenstande gegenüberzustellen, dessen praktische Beispiele oft in die „Abkürzungstheorie" Erasmus Darwins (wenn ich sie so nennen darf) einschlagen. Schleicher führt aus:[1] „Der Bau aller Sprachen weist darauf hin, dass seine älteste Form im wesentlichen dieselbe war, die sich bei einigen Sprachen einfachsten Baues (z. B. beim Chinesischen) erhalten hat. Kurz, das, wovon alle Sprachen ihren Ausgang genommen haben, waren Bedeutungslaute, einfache Lautbilder für Anschauungen, Vorstellungen, Begriffe, die in jeder Beziehung, das heißt also als jede grammatische Form fungieren konnten, ohne dass für diese Functionen ein lautlicher Ausdruck, sozusagen ein Organ, vorhanden war. Auf dieser urältesten Stufe sprachlichen Lebens gibt es also weder Verba noch Nomina, weder Conjugation noch Declination u. s. f. Versuchen wir dies wenigstens an einem einzigen Beispiele anschaulich zu machen. Die älteste Form für die Wörter, die jetzt im Deutschen That, gethan, thue, Thäter, thätig lauten, war zur Entstehungszeit der indogermanischen Ursprache *dha*, denn dies *dha* (setzen, thun bedeutend: aind. *dha*, abakt. *da*, gr. ϑε, lit. und slav. *de*, goth. *da*, hd. *ta*) ergibt sich als gemeinsame Wurzel aller jener Wörter. — — — Auf einer etwas späteren Entwickelungsstufe des Indogermanischen setzte man, um bestimmte Beziehungen auszudrücken, die Wurzeln, die damals noch als Wörter fungierten, auch zweimal, fügte ihnen ein anderes Wort, eine andere Wurzel bei; doch war jedes dieser Elemente noch selbständig. Um z. B. die 1. Pers. Präs. zu bezeichnen, sagte man *dha dha ma*, aus welchem im späteren Lebenslaufe der Sprache durch

---

[1] „Die Darwin'sche Theorie und die Sprachwissenschaft", p. 21 ff.; indem ich diese Stelle citiere, habe ich stets den von Darwin festgehaltenen „entwickelungsgeschichtlichen Sprachgedanken" im Auge, etwa gegenüber einer philologisch-kritischen Untersuchung dieser Theorie, die ja hier nicht in Betracht kommt; sind doch alle philosophischen Disciplinen, die Darwin hier erörtert, nur Beiträge zu seinem großen, einheitlichen *Ens*, dem ihn auch diese Frage um einen Schritt näher bringt.

Verschmelzung der Elemente zu einem Ganzen und durch die hinzutretende Veränderungsfähigkeit der Wurzeln *dhadhāmi* (aind. *dádhāmi*, abakt. *dadhāmi*, gr. τίθημι, ahd. *tóm, tuom* für *tĕtómi*, nhd. thue) hervorgieng. In jenem ältesten *dha* ruhten die verschiedenen grammatischen Beziehungen, die *verbale* und *nominale* sammt ihren Modifikationen noch ungeschieden und unentwickelt, wie solches sich bis jetzt bei den Sprachen beobachten lässt, die auf der Stufe einfachster Entwickelung stehen geblieben sind. Ebenso, wie mit dem zufällig gewählten Beispiele, verhält es sich aber mit allen Worten des Indogermanischen."[1])

Der beiden Anschauungen zugrunde liegende Hauptgedanke ist also derselbe: auch die Sprache unterliegt, wie jedes organische Gebilde, natürlichen Gesetzen, nach denen sie sich fortwährend umbildet und verwandelt, aus einfachen Grundbestandtheilen (Nomina, Namen von Ideen) heraus zu differenziertester Ausgestaltung.

Mit dieser Fortbildung der Sprache haben die Bestandtheile ihres Schriftbildes nicht gleichen Schritt gehalten. Das beklagt Darwin in der sich unmittelbar daran schließenden Abhandlung *"Analysis of Articulate Sounds" (additional note XV p. 347 ff.)*, wo er über die Unvollkommenheit und Unzulänglichkeit des Alphabetes spricht; in einer Art von kurzem Abriss der Lautphysiologie erörtert er zunächst die Lautbildung und bespricht dann, darauf sich stützend, den Bau des Alphabetes; es besteht nach ihm aus 31 Buchstaben die er in folgende Gruppen getheilt hat:[2]) *Mute and antesonant consonants, and nasal liquids [P, B, M, T, D, N, K, Ga, NG (v)]; sibilants and sonisibilants [W($_M$) sibilant, W sonisibilant, F, V, Th (Φ) sib., Th (θ) sonisib., S, Z, SH (Χ) J (Υ), H, Ch (in Scotch ℸ)], orisonant liquids [R, L], four pairs of vowels [Aw, ah, a, e, i, y, oo, o].*

---

[1]) Diese Anwendung der Darwin'schen Theorie, wie sie Schleicher auch im folgenden weiter ausführt, ist später vielfach bestritten worden; vergl. dazu John Romanes, Die geistige Entwickelung beim Menschen, p. 264 ff., über Sprachwurzeln.

[2]) Ich führe die Namen der Gruppen hier wörtlich an, weil sie zum Theil Eigenthum Erasmus Darwins sind; die Zeichen in ( ) sind Lautbilder, welche er für die unvollkommenen Bezeichnungen des Alphabets vorschlägt.

Seine Anregungen auf dem Gebiete der Schriftverbesserung schließt er mit schönen Worten; er hofft, nun die Zeiten des Krieges vorbei sind, dass der thätige Geist aller Völker sich wieder jenen Wissenschaften zuwenden werde, die die Existenzbedingungen des Menschengeschlechtes verbessern, und so solle denn auch das Alphabet einer durchgreifenden Reformation unterzogen werden, die vielleicht das Etymologisieren der Wörter schwieriger macht, die aber die Aneignung moderner Sprachen weitaus erleichtern solle. Diese aber sind, in dem Maße als die Wissenschaften sich mehr und mehr verbreiten, auch ihrerseits auf langsamem, aber sicherem Wege zu größerer Deutlichkeit und Genauigkeit, als sie die alten besessen; und so, meint er, werden Metaphern in der Conversation nicht mehr nöthig sein und nur mehr als dichterischer Schmuck verwendet werden.

Im folgenden geht nun der Dichter abermals einen Schritt weiter, indem er auf die Bedeutung der Sprache in Bezug auf den „Fortschritt des Geistes" zu sprechen kommt:

Wie die weichen Lippen und die schmiegsame Zunge geschickt sind, mit andern Geistern Gedanken auszutauschen,[1]) und wie der Ton, das Symbol des Empfindungsvermögens, in getrennten Gliedern (Wörtern, Sätzen) die langen Ideenzüge darstellt: so entspringt aus dem klaren Erfassen äußerer Dinge die bewegliche *(facile)* Kraft der Erinnerung.

Von hier aus nimmt das Reich der Vernunft, das über die ganze Welt herrscht, seinen Ausgang und scheidet den Menschen vom Thiere, doch auch wieder den Menschen vom Menschen; in allem steht ihm Vernunft zur Seite, sie misst mittels gedachter Linien Ellipsen, Kreise, Tangenten, Ecken und Bogen und stellt Wechselbeziehungen zwischen ihnen auf; prüfend wiederholt sie ihre Untersuchungen mit sorgfältiger Erwägung und bestimmt jeden Unterschied

---

[1]) Hiezu eine hübsche Parallele bei Lukrez:

*„Hasce igitur penitus Voces cum corpore nostro*
*Exprimimus, rectoque foras emittimus ore*
*Mobilis articulat verborum daedala lingua*
*Formaturaque labrorum pro parte figurat."*

(De rerum natura IV 553—556.)

und jede Übereinstimmung in den Erscheinungen. Mit lebendiger Willenskraft wählt sie unermüdlich Mittel zur Erreichung bestimmter Endzwecke aus und Ursachen, um bestimmte Wirkungen herbeizuführen. Ihr Name verleiht aller menschlichen Wissenschaft Wert; auf der Grundlage der Natur baut sie die Werke der Kunst auf.

410

Ausgehend von dem Gedanken, dass das klare Bewusstsein der Ideen, das wir ja, wie bekannt, zunächst durch den Tastsinn allein, dann erst in Verbindung mit dem Gesichtssinn erlangt haben, unser Erinnerungsvermögen bewirkt, behauptet Darwin also hier, dass dieses Bewusstsein und der von ihm stammende Gebrauch der Willenskraft den Menschen über das Thier erheben, ihm die Herrschaft über die Welt und die Gewalt gegeben haben, die Natur durch Ausübung der Kunst in seinen Dienst zu stellen. (Vergl. *"Temple of Nature"*, p. 129 f., Note.)

Schon vor ihm hatte John Locke diese Unterscheidung getroffen; er sagt: *"It may be doubted, whether beasts compound and enlarge their ideas — — to any degree; this, I think, I may be positive in, that the power of abstracting is not at all in them; and that the having of general ideas,*[1]*) is that which puts a perfect distinction betwixt man and brutes, and is an excellency, which the faculty of brutes do by no means attain to. For it is evident we observe no footsteps in them of making use of general signs for universal ideas; from which we have reason to imagine, that they have not the faculty of abstracting, or making general ideas, since they have no use of words, or any other general signs.*

*"Nor can it be imputed to their want of fit organs to frame articulate sounds, that they have no use or knowledge of general words, since many of them, we find, can fashion such sounds, and pronounce words distinctly enough, but never with any such application. And on the other side, men, who through some defects in the organs want words, yet fail not to express their universal ideas by signs, which serve them instead of general words; a faculty, which we see beasts come short in. And therefore, I think, we may suppose, that it is in this that the species of brutes are discriminated from man; and it is that proper difference wherein*

---

[1]) Gleichbedeutend mit *notions*.

*they are wholly separated, and which at last widens to so vast a distance: for if they have any ideas at all, and are not bare machines (as some would have them) we cannot deny them to have some reason. It seems as evident to me, that they do, some of them in certain instances reason, they have sense, but it is only in particular ideas, just as they received them from their senses. They are the best of them tied up within those narrow bounds, and have not (as I think) the faculty to enlarge them by any kind of abstraction."*[1])

Diese Scheidung, die Locke zwischen der psychischen Natur des Thieres und des Menschen macht, ist also noch eine ziemlich unbedingte; zum mindesten bestreitet er, und wohl nicht nur für die unserer Erfahrung zugänglichen Perioden der Weltgeschichte, die Möglichkeit einer Fortentwickelung der thierischen Psyche, die er ja immerhin bis zu einem gewissen Grade zugibt.

Hier nun geht Darwin einen gewaltigen Schritt weiter, wenn er sagt:

„*Whence Reason's empire o'er the world presides,
And man from brute, and man from man divides.*"

(III, v. 401, 402.)

Dieser Satz stellt ein ganz neues entwickelungsgeschichtliches Zwischenglied zwischen den Menschen und das unvernünftige Thier hinein, noch eine Classe von „Menschen", die aber viel niederer ist als die, aus welcher ein Goethe oder ein Shakespeare hervorgegangen; zur vollständigen Einsicht in eine rein naturgemäße Entwickelung, die die geistigen Fähigkeiten parallel zur phylogenetischen Namensgeschichte der einzelnen Lebeformen durchgemacht haben, und die heute bei der mehr und mehr zum Lichte dringenden monistischen Weltauffassung sich in wissenschaftlichen Kreisen fast überall Eingang verschafft hat, fehlt hier Darwin nur mehr das **deutlich ausgesprochene** Zugeständnis, das man dem Fortschritte auch der Thierpsyche unbedingt gemacht und dadurch den principiellen Unterschied zwischen Mensch und Thier auch dahin aufgehoben hat.

---

[1]) "*An Essay concerning human understanding*", Book II. chapt. XI, § 10, 11.

Lassen wir zu diesem Punkte einen geistvollen, neueren Forscher zuworte kommen, der diesen zuletzt gekennzeichneten Standpunkt mit klarer Unzweideutigkeit vertritt:[1] „Wenn wir den großen Fortschritt bedenken, den, gemäß der Entwickelungslehre, der paläolithische Mensch bereits über die höheren Affen hinaus zurückgelegt haben muss, und wenn wir nicht übersehen wollen, dass alle Rassen des heutigen Menschen den ungeheuren Vortheil einer Sprache besitzen, wodurch sie das Resultat ihrer eigenen Erfahrung ihrer Nachkommenschaft vermitteln, so scheint mir die Schwierigkeit vielmehr darin zu liegen, wie es zu erklären sei, dass, mit einem solchen Vorsprung und solchen Vortheilen, die menschliche Rasse sowohl zur Zeit ihres ersten Auftretens in der geologischen Geschichte als auch mit Rücksicht auf die große Mehrzahl der bestehenden Rassen in dem lang andauernden Stillstand ihres geistigen Lebens noch so sehr an das Thier erinnern kann."

Durch diese Gegenüberstellung der beiden Ansichten, des empirischen Philosophen einerseits, der sich, getreu seinem Grundsatze: *nihil est in intellectu, quod non fuerit in sensu*, hier damit begnügt, die seinen Sinnen zugänglichen Thatsachen festzustellen, ohne ihren inneren Zusammenhang zu ahnen, — des modernen Naturforschers anderseits, dem der Geist überall in der Natur sichtbarlich entgegentritt und für den es einen Geist außer der Natur nicht gibt, der also den Zusammenhang anscheinender und äußerlicher Verschiedenheiten wohl erkannt hat, glaube ich, das Fortschrittliche der Entwickelungsfrage, an der ja Darwin so regen Antheil nahm, genügend gekennzeichnet zu haben.

Lockes erkenntniskritischer Verstand hat ihr entschieden einen bedeutenden Grundstein gelegt: das ernste Ringen nach Erkenntnis „als höchstes Gut des Menschen", wie schon Spinoza es nennt, war ja auch der Hauptgedanke, der seine ganze Philosophie durchzieht und die Formen, in die er sie schmiedete, wurden zu einer festen Norm für lange Zeit in England und darüber hinaus. Sicherlich verdankt Erasmus Darwins Naturerkenntnis ihm zum großen Theile

---

[1] John Romanes, Die geistige Entwickelung beim Menschen, Leipzig 1893, p. 15 f.

die Höhe, die sie in seinem letzten Lebenswerke "*The Temple of Nature*" einnimmt, indem er ihr die breite Basis empirischen Erkennens und philosophischer Schulung überhaupt verliehen.

Und wir können wohl sagen, Erasmus Darwin ist der erste gewesen, der hier einen Schritt weiter gewagt, indem er in die mannigfaltigen Erscheinungen anorganischer Gestaltung und organischen Lebens den Entwickelungsgedanken hineingetragen hat — schüchtern oft nur, wie wir gesehen haben, und ohne festen Halt, einen Funken nur in das gehäufte Stroh veralteter Dogmatik, einen Funken aber, der nachmals zu gewaltiger Flamme emporschlagen sollte, für die es heute kein Erdrücken und Ersticken mehr gibt.

Kehren wir nach dieser längeren Abschweifung zum Thema zurück; der Mensch ist also auf der höchsten Stufe vernünftigen Denkens angelangt, er bildet Urtheile, ist willensthätig, unterwirft Naturkräfte seinen Interessen und erfüllt die Welt mit den Erzeugnissen seiner Kunst.

Beispiele und Vorbilder wunderbarster Art dafür fand der feine Beobachter im Thierreich, besonders bei den Insecten, die, mit feinstem Tastsinn begabt, den Menschen in manchen Künsten und Findigkeiten weit übertreffen. Viele derselben, sagt er (p. 131, Note), müssen schon, nach Maßgabe verschiedener Umstände, vor den gegenwärtigen erworben worden sein, da ja der große Erdball mit allem, was ihn belebt, sich in einem Zustande beständiger Veränderung und Vervollkommnung befindet.[1]

Die Wespe heftet ihr Papierhaus an die Wohnungen des Menschen; die fleißige Biene füllt, vor Frost gesichert, für den Winter ihre wächsernen Zellen; die kluge Spinne webt mit klebrigem Faden ihr festes und doch ungemein feines Netz; wenn Muttererwartungen die Sorgen des Zaunkönig-Weibchens vergrößern, so macht es sich auf die Suche nach Federn und bettet die Wiege mit Moos aus; ihrer Verwandlung bewusst, kleben die Raupen der Seidenspinner ihre Fäden an die Blätter und spinnen sich ein.

---

[1] Mit deutlichem Anklang an die oben behandelte Frage stellt Darwin hier diese Beziehung zwischen Größtem und Kleinstem auf; vergl. Bölsche, Entwickelungsgeschichte der Natur, Bd. II, p. 533.

Sag an, fährt er nun mit Beziehung auf all diese wunderbaren Leistungen fort, entsprangen diese zarten Willensäußerungen auch klaren Ideen der forschenden Sinne? Wurden sie durch Nachahmung vom Vater auf den Sohn vererbt oder in stummer Sprache überliefert? Oder giengen sie aus irgend einem uranfänglichen Zustande von Mückenlarven oder winzigen Milben hervor und übertrugen sie vorsorglich von niederen zu höheren Insecten-Arten *(on each vicissitude of insect-state)*? Weise in der Gegenwart und nicht blind für die Zukunft, ketten sie das vernünftig handelnde Thier auch niederer Art *(reptile)* an das Menschengeschlecht:

Diese Antwort führt Darwin zur höchsten Höhe des entwickelungsgeschichtlichen Gedankens; nachdem er im 1. und 2. Canto, „Production und Reproduction des Lebens", Urzeugung der Organismen und Einheitlichkeit ihrer Entwickelung in ihren mannigfachen Formen dichterisch dargestellt hat, ist der Kernpunkt des bedeutungsvoll „Fortschritt des Geistes" genannten dritten Cantos der Satz, dass auch die Psyche immer höhere Ziele anstrebe und ihr höchstes im Menschen erreicht habe; dass uns dabei einzelne Stufen ihres Entwickelungsganges wunderbar deutlich erhalten sind, dass es Überhebung im Menschen wäre, das nicht anzuerkennen und an teleologischen Dogmen wie etwa dem des Daseins der Natur um seinetwillen festzuhalten:

*"Stoop, selfish Pride! survey thy kindred forms,*
*Thy brother Emmets and thy sister Worms!"*[1]

(v. 433, 434.)

Die ehrliche Überzeugung Erasmus Darwins von der großen Natureinheit, seinem *"living Ens"*, ist hier seinen mangelhaften Beweismitteln, die erst seinen großen Nachfolgern zu durchschlagender, überzeugender Kraft auch in theoretischer Beziehung erstehen sollten, weit vorausgeeilt; mit diesen Worten hat er das Ergebnis der Forschungen Darwins des Enkels und Haeckels vorweggenommen: das ununterbrochene Band eines einheitlichen Entwickelungs-

---

[1] Vergl. „Zoonomie" XVI 16, 4; *"Temple of Nature"*, Canto IV, v. 428.

ganges spinnt sich vom ersten Aufflackern des organischen Lebensfunkens bis zur reinsten Flamme seiner Entwickelungshöhe.

Das Übergewicht über die andern organischen Lebenserscheinungen verdankt der Mensch eben nur größerer Energie und Thätigkeit der Willenskraft, dem unterscheidenden Plus seiner Entwickelungsstufe, das ihn zu seiner weltbeherrschenden Höhe emporgerungen.

Deine mächtigen Thaten, o Wille, so ruft der Dichter jene gewaltige Geisteskraft an, begleiten stets die Ausführung eines Werkes, soll diesem ein befriedigendes Endziel gesichert sein. Das Mittel dazu: seine Wünsche und seine Bedürfnisse auszudrücken, die Sprache, zeichnet den Menschen besonders aus. Für zukünftige Werke formen und verfeinern seine Hände in der geistgewaltigen Schule der Kunst unermüdlich neue Werkzeuge; für Geld müht er sich ab, zukünftige Wohlfahrt zu erlangen, zum Himmel sendet er mit lauter Stimme seine gewinnsüchtigen Gebete. Ihn entzückt süße Hoffnung, finstere Furcht durchdringt ihn; Laster wie Tugend ziehen ihn in ihre Arme.

In all diesen Fähigkeiten: dem Anfertigen fördernder Werkzeuge, dem Arbeiten um Geld, sieht Darwin nur Mittel und Anstalten, „Vergnügen" hervorzubringen; sie alle, wie auch das Gebet zur Gottheit, das ja auch nur ein Werben um Glück ist, sind der menschlichen Natur charakteristisch zu eigen.[1]) Und welches Ergebnis krönt all das Hasten und Drängen?

Unangefochten ragt im Plane der Natur die Denkfähigkeit des Menschen über alles empor, aber nur die wenigen wahrhaft Denkenden ziehen die Arbeit der Ruhe vor, und auch sie denken nur, um zu irren; erkennen nur, um zu trauern! —

An diese Erkenntnis knüpft Darwin die Bemerkung (p. 134, Note), dass es Philosophen gegeben habe, die aus diesem Grunde glaubten, das Erwerben von Kenntnissen vermindere die Glückseligkeit ihres Besitzers; eine Meinung, die, wie er meint, sich durch so lange Zeit von der Wissbegierde und dem daraus entstandenen Elend **der ersten Menschen** herleiten mag.

---

[1]) Vergl. *"Temple of Nature"*, p. 138, Note.

Eine solche Anschauungsweise aber verwirft unser Dichter gänzlich: Vorhersicht und Macht des Menschengeschlechtes werden durch Willensbethätigung im Erwerben von Kenntnissen bedeutend erhöht; mittels ihrer Hilfe kann vielem Übel ausgewichen, kann viel Gutes gewirkt werden, ohne dass deshalb die Sinnenfreuden, in so reichem Maße *(so extensively)* als nur ein Thier oder ein Wilder sie genießt, beeinträchtigt zu werden brauchen. (Diesen aber ist ja das Reich geistiger Freuden verschlossen, ein beklagenswerter Verlust, den sie freilich nicht selbst empfinden.)

Dieser Gedanke wird nun in ein schönes poetisches Bild gekleidet:

In Edens Hainen, der Wiege der Welt, stand ein schöner Baum mit geheimnisvoll geschlossenen Blüten; an schweren Zweigen hieng die gereifte Frucht der Erkenntnis; in süßer Unschuld flogen die ruhigen Stunden dahin: Liebe und Schönheit erwärmten die gesegneten Gefilde, bis unsere betrogenen Voreltern die lockende Frucht pflückten und dadurch der Unterscheidung zwischen Recht und Unrecht inne wurden. Seitdem bildete das Denken Gutes und Böses, wie es in Zügen den Menschengeist durchwogte, in seinem hellen Spiegel ab, und das Gewissen empfand von da ab die Schmerzen der Scham, des Mitgefühls und der Schuld, zumal als um des Hungers willen Blut vergossen wurde.

Aus diesen schrecklichen Geisteszuständen greift der Dichter das Mitgefühl *(sympathy)* heraus, das ihm für spätere Zeiten einen Vorwurf auch für freundlichere Bilder gibt und mit schönerem Lichte die Menschen erfreut. Wir verdanken es der Nachahmung.

Wenn sie den raschen Blick beobachtend umherschweifen lässt, mit der mimischen Kunst ihrer Hände associierte Gedanken erregt und die Seele mit Sorgen oder Entzücken bestürmt, dann erscheinen die umschatteten Scenen des Lebens heller und schöner, und sanfte Bewegung durchzieht den fühlenden Geist.

So erregt also, nach der Ansicht Erasmus Darwins, die Nachahmung unsere Sympathie; ein fröhliches Gesicht löst auch in unserem Innern Fröhlichkeit aus, ein trauriges stimmt uns selbst herab; in vielen andern Dingen bemerken wir dasselbe; immer wirkt jene Function, die in der

Psychologie Darwins eine so große Rolle spielt, auf uns (vergl. Canto III, v. 294 ff.). Dieses auch im moralischen Leben mächtige Agens ist die Begründung aller unserer intellectuellen Sympathien mit den Freuden und Schmerzen anderer und bedeutet daher für uns die Quelle aller menschlichen Tugenden.[1])

Ähnliche Theorien wurden noch in neuerer Zeit, etwa von Bain *(Mental and Moral Science,* 1868), aufgestellt; dass z. B. der Grund der Sympathie in der starken Nachwirkung liege, welche wir für frühere Zustände des Leidens oder Vergnügens empfinden, u. s. w.; sie hat erst Charles Darwin in die rechte Bahn gelenkt: er sieht in der Sympathie als solcher, wie sie auch entstanden sein mag, einen Instinct, der besonders auf geliebte Gegenstände gerichtet ist, und zwar in derselben Weise, wie sich bei Thieren die Furcht besonders gegen gewisse Feinde richtet; er bemerkt dazu weiter:[2]) Da die Sympathie hiedurch eine bestimmte Richtung erhält, so wird die gegenseitige Liebe der Mitglieder einer und derselben Gemeinschaft ihre Grenzen erweitern. Immerhin aber gibt auch Charles Darwin ausdrücklich zu, dass die Kraft der Sympathie durch Selbstsucht, Erfahrung und Nachahmung verstärkt wird.

Man könnte mir den Vorwurf machen, es sei diese Art der Vergleichung eine etwas gewagte deshalb, weil nicht ohneweiters einzusehen sei, dass die Begriffe von Sympathie bei dem phantasiereichen Dichter des 18. Jahrhunderts und dem nüchtern denkenden Naturforscher der zweiten Hälfte des neunzehnten dieselben seien; wenn wir hier zwischen beiden auch keine vollständige Übereinstimmung, keine Deckung finden, so rechtfertigt sich die Vergleichung doch durch das Interesse an dem Auffassungsverhältnis von Großvater und Enkel, an jenem nothwendigen Ingrediens, das wir in des jüngeren Darwins Begriff von Sympathie finden. Wie in so vielen Fällen, so lagen auch in dem empiristischen Naturalismus, als dessen Vertreter Erasmus Darwin, der philosophische

---

[1]) Die pathologische Seite der Sympathie behandelt Erasmus Darwin für sich ausführlich in seiner „Zoonomie", Section XXXV.

[2]) Charles Darwin, Die Abstammung des Menschen und die natürliche Zuchtwahl, Bd. I, p. 69.

Schüler Lockes, uns entschieden entgegentritt, noch viele dualistische und mystische Züge verborgen. Charles Darwin, dessen geklärte Anschauungsweise all das längst abgestreift hat, sieht in der Sympathie nicht mehr die Quelle aller Tugenden; Schmerz und Freude über äußere Vorgänge sind ihm bloße Reflexwirkungen, Handlungen sympathischer Freundlichkeit, die wir andern erweisen, der Ausfluss instinctiver Hoffnung, im Austausch Gutes zu erfahren.

Erasmus Darwin hat seine Auffassung von der Sympathie in schöne poetische Form gekleidet.

Der Seraph Sympathie steigt vom Himmel herab und neigt sein strahlendes Haupt über die Erde; in das kalte Menschenherz haucht er himmlische Glut und träufelt Liebe von seinen funkelnden Schwingen. Segnend schweift sein milder Blick über die Welt, alles erschauend. Sein Ohr vernimmt die Klage des Einsamen, es trinkt jeden leise geflüsterten Seufzer. Er drückt die Klinke an der versperrten Thür des bleichen Unglückes auf, er öffnet die geballte Faust des Geizes den Armen; er entriegelt das Gefängnis, befreit den Sclaven, gießt seine sanfte Sorgfalt über die zur Unzeit Schwermütigen aus, deutet mit erhobener Hand nach den Reichen über den Sternen und erfreut die Welt mit allumfassender Liebe.

In den verstörten Sinn stehlen sich seine schmeichelnden Worte hinein und lehren das selbstsüchtige Herz, was andere fühlen; mit heiliger Wahrheit lenken sie jeden irrenden Gedanken in die rechte Bahn zurück, verbinden Geschlecht mit Geschlecht, vereinen Seele mit Seele; vom Himmel herab steigt der moralische Gedanke, der dem Wilden den Drang zur Geselligkeit einflößt. 484

Dieser Schlusssatz, das Ergebnis der Auseinandersetzung, zeigt uns Erasmus Darwin noch ganz als den Idealisten. Damit etwas Gutes geschehe (hier also das Zusammenschließen der Gesellschaft), muss ein moralischer Gedanke *a priori* vorhanden sein. Wie ganz anders urtheilt hier Charles Darwin! Er findet gerade das umgekehrte Verhältnis heraus: Das sogenannte moralische Gefühl, sagt er, ist ursprünglich aus den socialen Instincten entstanden, also eine rein empirische Erkenntnis — sollte eine Gesellschaft bestehen, so müsste sie gewisse Normen moralischer

Natur aufstellen, auf die sich ihr Bestand gründete.¹) Indem der große Enkel des Dichters so den Gedanken der Gesellschaftsgründung als etwas aus äußeren Gründen bewirktes Priorisches, die moralischen Grundlagen ihres Bestandes dagegen als etwas daraus naturgemäß Resultierendes ansah, ist er gerade auf umgekehrte Weise zu dem Causalnexus von Gesellschaft und Moral gekommen.

Aber eben dieser Moralitätsgedanke kann damit seine Bestimmung und sein ethisches Ziel nicht in bloßer Selbsterkennung finden, die in ihrer auf das Individuum beschränkten Ausschließlichkeit dem Aufgehen einer Vereinigung in einem Gemeingedanken entgegenstünde; und so erklärt Erasmus Darwin den berühmten Ausspruch Sokrates' „γνῶθι σεαυτόν!" für einseitig, da sein Urheber nicht hinzufügte: „Erkenne auch andere Menschen!" Nur der christliche Hauptgrundsatz enthalte einzig und allein die volle Wahrheit, jener Satz, der in leuchtenden Lettern über dem Altar der Natur eingeschrieben steht:²)

"*In Life's disastrous scenes to others do,*
*What you would wish by others done to you.*"
(v. 487, 88.)

Bezeichnenderweise hat Darwin diesen Gedanken des Christenthums, den selbstlosen Altruismus, mit einem Naturerfordernis in Einklang gebracht: würden alle Völker, schließt er seine Ausführung darüber (p. 137, Note), dem Gebote „Liebe deinen Nächsten wie dich selbst!" aufrichtigen Herzens Folge leisten, die gegenwärtige Glückseligkeit der Menschheit würde sich vertausendfachen.

Begeistert von diesem erhebenden Gedanken wünscht er ihn überall gehört, überallhin verbreitet: Traget, ihr Winde, dies heilige Gesetz über die ganze Welt; ihr Völker, hört es, ihr Könige, gehorcht ihm!

Die Priesterin schließt ihre Rede.

Athemloses Erstaunen durchdringt die anbetende Menge, macht das weitgeöffnete Auge erstarren und fesselt die stumme Zunge. Verstummt die Klage des Mangels, verhallt

---

¹) „Die Abstammung des Menschen", I 83.
²) Vergl. Erasmus Darwin, *A Plan for the Conduct of Female Education in Boardingschools*, deutsch von W. Hufeland, Leipzig 1822, Abschnitt IV.

der Schrei des Elends — milde trocknet das schöne Mitleid jedes feuchte Auge. Mit süßer Stimme wendet sich der Friede an die seraphische Gestalt der Tugend — diese schließt ihn an ihr hochklopfendes Herz.

Auf das ideale Ziel der vollkommenen Einheit in gemeinsamen Bestrebungen, das Ziel, das uns der Dichter hier in schöner, phantasiereicher Gestaltung bereits als verwirklicht zeigt, bewegen wir uns langsam, aber mit stetem Fortschritt über die immer höher führenden Stufen der Erkenntnis zu. Wie oft war dieser Gedanke seither Gegenstand der Erörterung! Jedes ehrliche, sociale Streben hat ihn zum Gipfelpunkt seiner Bemühungen. Und dass er auch einem **naturgemäßen Entwickelungsgange** als Ergebnis vorgezeichnet ist, das hat in unsern Tagen, ganz im Sinne Erasmus Darwins, obgleich unabhängig von ihm, niemand schöner ausgesprochen als Wilhelm Bölsche, dessen Worte ich hier zum Schlusse anführe: „— — — es soll sich erst erfüllen, dass alle Menschen auf Erden eine einzige Hilfsgenossenschaft, einen Stock, ein höheres Individuum wirklich bilden. Wir hoffen es, haben es aber noch nicht. Immerhin kann die allgemeine Tendenz nach einer Universal-Stockbildung des Menschenthieres auf Erden nicht schärfer bezeichnet werden, als gerade mit diesem äußeren Idealwort. Was die Quallen und Korallen sich wahrlich noch nicht träumen ließen, darauf steuern wir in all unsern besten Momenten bereits bewusst hin; auf den Versuch, sämmtliche fünfzehnhundert Millionen Menschen zu einem Stock, einem Baum, einem unermesslichen, erdumspannenden Riff zusammenzukeilen, — zu dem einen wahren Überindividuum — dem Übermenschen ‚Menschheit'. Christus ist gewissermaßen der große Markstein, auf dem diese oberste Stockbildung zum erstenmal als Wegweisung bewusst angeschrieben stand. Das Gebot ‚Liebe deinen Nächsten wie dich selbst!' war die allgewaltige Stockparole gegenüber aller **Personenweisheit**."[1]

---

[1] „Das Liebesleben in der Natur", II 128 f. Es bedarf keines besonderen Hinweises, wie genau diese letzte Gegenüberstellung Bölsches mit Erasmus Darwins Ansicht übereinstimmt.

## IV.
## Vom Guten und Bösen.

Wie in den vorhergehenden Cantos das naturgemäße Entstehen des Belebten aus dem Unbelebten und die Bildung des Geistes seinerseits aus dem Belebten gezeigt, also ein Weltbild gemalt wurde, „in dem alles zum Ganzen sich webt", so wird hier sozusagen recapitulierend nochmals die geistige Welt als Entwickelungsstufe, innig verbunden mit der materiellen, dargethan und die sich aus dem so klargelegten Entwickelungsgebilde ergebende Summe des Glückes und des Unglückes gezogen.

In geschickter Weise knüpft der Dichter an den vorhergehenden Canto an. Die Muse klagt, dass nur allzu wenige im weiten Gebiete der Natur dem heiligen Rufe der Sympathie Folge leisten, die ja, wie wir gesehen haben, die einzige Führerin zu einer höheren Einheit, der des wahren Menschenthums ist.

Unhemmbare Begierden entstehen aus den den Menschen eigenthümlichen Trieben, und nur zu oft unterliegt das reine Denken der Selbstsucht.

Glücklich ist da der Weise, der gelernt hat, in den Naturgesetzen Ursache und Wirkung zu erkennen! Mit gelassenem Blick schaut er in das gierige Grab und fürchtet nicht die Stimme des unerbittlichen Schicksals.[1]

Überall in der Natur wüthet der ewige Kampf ums Dasein; der Dämon Krieg entfaltet sein Banner, und das laute Krachen der Geschütze zerreißt den Himmel; Schwerter klirren an Schwerter, Pferde rennen zusammen, Menschen-

---

[1] *inexorable fate*, ein Citat, das nach des Dichters eigener Angabe ziemlich wörtlich aus Virgil, *Georgica* II 490, entnommen ist, wo es heißt:

„*Felix qui potuit rerum cognoscere causas,*
*Quique metus omnes, et inexorabile fatum*
*Subjecit pedibus, strepitumque Acherontis avari.*"

brüder zerstampfen einander, und ganze Völker gehen so zugrunde. Der Tod schwingt seine ungeheure Sense in riesigem Bogen, und schaudernd verlässt das Mitleid die blutigen Gefilde.

Ganz ähnlich findet sich der Gedanke dieses Kampfes bei Lukrez ausgesprochen, nur dass er ihm eine weitere Fassung gegeben hat:

„— — — *Sic rerum summa movetur*
*Semper, et inter se mortales mutua vivunt,*
*Augescunt aliae gentes, aliae minuuntur;*
*Inque brevi spatio mutantur saecla animantum:*
*Et, quasi Cursores, vitai lampada tradunt.*"

(*De rerum natura* II 74—78.)

Und wie Lukrez dem Gedanken dieser ewigen Zerstörung ein weiteres Feld gibt, so verallgemeinert ihn auch Erasmus Darwin; nicht unter den Menschen allein richtet ja der Daseinskampf solche Verheerungen an, auch im Thierreich, ja selbst im Pflanzenreich wird er mit Nachdruck geführt.

Wolf und Wölfin zerreißen mitleidlos das unschuldige Lamm. Der kreisende Adler schießt aus der Höhe herab und packt die arglose Taube. Lamm und Taube aber nähren sich ihrerseits wieder von lebender Natur, indem sie das junge Gras abweiden und Samenkörner zermalmen.[1]

Nicht schont die Eule, die, ein Minstrel der Nacht, auf ihrem leisen Fluge süße Töne singt,[2] noch auch die hungrige Nachtigall den Glühwurm, dessen Dahinschweben sie entzückt, wie er mit heller Lampe die mitternächtige Stunde

---

[1] Auch dieser Satz ist einer Stelle aus Virgil, *Bukolika* II 64, entnommen, wo allerdings die Bedeutung eine andere ist. Dort wird nämlich dargethan, wie jedes Geschöpf mehr seinem Vergnügen nachgeht, und es ist ein dichterischer Effect damit verbunden, die Arten des Vergnügens abstufend so aneinanderzureihen:

„*Forte laena lupum sequitur, lupus ipse capellam*
*Florentem cytisum sequitur lasciva capella.*"

[2] Hier hat die Gegenüberstellung poetischer Gegensätze den Dichter wohl etwas hingerissen; Eulen, deren eigenthümliche, alles eher als angenehme Töne zu so vielen durchaus nicht freundlichen Vorstellungen des Aberglaubens geführt haben, "*smit with sweet tones*" zu nennen, ist etwas befremdend.

erhellt, den grünen Stamm hinanklettert und die schlafende Blume tödtet.¹)

Die giftige Stechfliege begräbt ihre zahllose Brut im Leibe der Hirsche, der Stiere oder Pferde; die hungrigen Larven, von der Wärme des Körpers ausgeheckt, fressen sich ihren Weg durch das lebendige Eingeweide und dringen so bis ans Tageslicht vor.²) Die geflügelte Schlupfwespe bohrt mit scharfem Stachel die Larven anderer Insecten an, um so ihr Junges unterzubringen; der grausame Gast wühlt sich auf seidenweichem Wege hinein und zerstört die Lebensorgane seiner Stiefmutter. Die gierige Libelle ferner verschlingt mit Kiefern von Stahl ganze Insecten-„Provinzen" bei einer Mahlzeit. Streitbare Bienenschwärme erheben sich auf raschelnden Flügeln und tödten einander zu Tausenden mit giftigem Stachel.

Auf diesen letzten Punkt, als den interessantesten, kommt Darwin ausführlicher in der „Phytonomie" (Section XIV 3, 7) zurück; dort heißt es: *"The bees of one society frequently attack those of another society, plunder them of their honey, and destroy most of them in battle; in this respect resembling the societies of mankind!"* Darwin selbst beobachtete mehrere solche Raubkriege auf seiner Besitzung und berichtet, dass die Hartnäckigkeit beider Theile eine außerordentliche gewesen sei; erst nach langen vergeblichen Versuchen sei es ihm durch gänzliche örtliche Absonderung gelungen, sie zu trennen.

---

¹) *And slay the sleeping flower*: ich halte den Ausdruck *slay* hier für die Bezeichnung eines schädlichen Einflusses seitens der Leuchtkäfer auf die Blumenblüte. Die sorgfältige Beobachtungsweise, die Erasmus Darwin den Erscheinungen auf diesem Gebiete widmete, macht aber den Schluss schwer, es handle sich hier um eine unrichtige Auffassung, etwa hinsichtlich der Nahrungsaufnahme dieser Thiere, die allenfalls der Pflanze zum Schaden gereichen könnte; denn wir wissen, dass die Leuchtkäfer sich von Schneckenschleim und Schneckeninnerem nähren; eine Verzeichnung dieser Beobachtung findet sich zwar weder in Linnés *Systema naturae* noch in dem einschlägigen Capitel von Darwins „Phytologie" (II. Theil, Section XIV, *Diseases of Plants*), das ist aber noch kein stricter Beweis, dass Darwin sie nicht gekannt haben sollte; mir erscheint die Stelle etwas unklar.

²) Es ist indessen bewiesen, dass die Östridenlarven nicht, wie Darwin in seiner Note behauptet (p. 143), die Drehkrankheit der Schafe u. s. w. verursachen. Vergl. Brehm, Thierleben, Leipzig 1877, IX 472.

Aber auch über das Thierreich hinaus herrscht der Krieg.

Selbst die lächelnde Flora lenkt ihren Schlachtwagen durch die dichten Reihen der Pflanzenkrieger. Gräser, Sträucher und Bäume erheben sich mit kräftiger Bewegung nach Licht und Luft und ringen noch hoch oben in der Luft *(in the skies)*.[1] Unten aber kämpfen die Wurzeln mit gegenthätigem Bestreben um Feuchtigkeit und Boden; um die hohe Ulme schlingt sich schmeichelnd der Epheu und erdrosselt in tödlicher Umarmung den vergebens widerstrebenden Freund.[2] Giftiger Thau fließt aus dem Holze des Mancinellabaumes und versengt mit zehrender Berührung die Pflanzenwelt um ihn herum.[3] Dicke schwärzliche Blätter, an aufstrebenden Halmen gewachsen, schmälern mit Brand und Mehlthau die reichen Kornfelder, und Scharen von Insecten fressen mit ruhelosem Zahn die zarten, noch kaum entfalteten Knospen und bohren die sich zerblätternden Blüten an.

Auch in dem „schuppigen Reich der Fische" wird der gewaltige Kampf unaufhörlich und mit der gleichen Unerbittlichkeit geführt. So zeigt sich dem erstaunten Tage in der Luft, auf der Erde und im Meere ein einziges großes Blutschauspiel, ein ungeheures Grab thut sich vor ihm auf; der Arm des Hungers schleudert seine Todespfeile nach

---

[1] Dieser Gegenstand, des eigentlichen Pflanzenlebens, ist erst von Charles Darwin zu einem ausgedehnten Felde wissenschaftlicher Untersuchungen gemacht worden; der Hauptsache nach hat er die Ergebnisse derselben in seinem Werke „Die Bewegungen und Lebensweise der kletternden Pflanzen" (deutsch von Victor Carus, Stuttgart 1876) niedergelegt, wo er mit Beziehung auf unsere Stelle sagt (cap. V, p. 141): „Pflanzen werden Kletterer, damit sie, wie vermuthet werden kann, das Licht erreichen und eine große Fläche der Einwirkung des Lichtes und der freien Luft aussetzen können."

[2] Vergl. dazu die schöne Auffassung, die Goethe in seinem Gedichte „Amyntas" in dieses verderbliche Verhältnis legt. Dort legt der Geschädigte sogar Fürbitte ein:

„Soll ich nicht lieben die Pflanze, die, meiner einzig bedürftig,
Still mit begieriger Kraft mir um die Seite sich schlingt?"

[3] *Mancinella*, vergl. *manchineel (hippomane mancinella)*, ein Baum auf Westindien, der um seinen giftigen weißen Saft bekannt ist.

Tausenden von Opfern und macht die kriegslustige Welt zu einem großen Schlachthaus.

66. Nicht alsogleich wird, wie wir sehen werden, der Dichter sich über die Ursache dieses ungeheuren Kampfes gerecht; er stellt die Frage nach ihr nicht wie sein classischer Vorkämpfer Lukrez mit klarer und deutlicher Präcision:

> *„Praeterea genus horriferum Natura Ferarum*
> *Humanae genti infestum terraque marique,*
> *Cur alit, atque auget? Cur anni tempora morbus*
> *Apportant? Quare mors immatura vagatur?"*[1])

Denn zur Beantwortung dieser Frage fehlen ihm noch weitere Voraussetzungen, die er in den folgenden Punkten aufbaut und damit zu einem wirklichen Resultate gelangt. (Vergl. Capitel IV.)

Interessant sind die Betrachtungen, die Erasmus Darwin an diese Idee des Kampfes anknüpft: Da Pflanzen niedere Thiere sind, sagt er (p. 147, Note), die am Boden haften, und da die sich fortbewegenden Thiere dieselben als Beute betrachten oder auch einander gegenseitig nachstellen, so kann man die Welt thatsächlich ein **großes Schlachthaus** nennen.

Und nun greift er aus diesem Treiben eine praktische Lehre heraus: Da die verdaute Nahrung der Pflanzen (also ihre Secrete) hauptsächlich aus Zucker besteht, aus dem wieder Pflanzenschleim, Stärke und Öle sich bilden, so scheint es, dass der in den Pflanzengefäßen vor sich gehende Process der Zuckerbereitung die große Lebensquelle aller organisierten Lebewesen ist. Sollte nun, fügt er bedeutsam hinzu, unsere fortgeschrittene Chemie jemals die Kunst entdecken, Zucker aus erdigen oder gasförmigen Stoffen ohne die Beihilfe der Vegetation herzustellen, so würde die Nahrung für die Thiere ebenso reichlich werden als Wasser, und sie könnten, ohne einander nachstellen zu müssen, so dicht wie Grashalme auf der Erde leben, ohne eine andere Einschränkung als die des Raumes zu gewärtigen zu

---

[1]) *„De rerum natura"* V 219—222.

haben.[1]) Wir haben es hier wieder mit einer der vielen Anticipationen nachmaliger Fortschritte der Wissenschaft zu thun: thatsächlich erfüllte sich die Hoffnung Darwins im Princip bereits fünfzig Jahre nach dieser Äußerung, als es zum erstenmal gelang, organische Körper aus anorganischen Stoffen herzustellen.[2])

Des Interesses halber bleibt ferner noch seine Ansicht über den Grund des besprochenen Verhältnisses zwischen Pflanze und Thier zu erwähnen; er meint, zur Zersetzung von Wasser und Luft und zur Umwandlung in Zuckerstoff waren mehr oder weniger ausgebreitete Wurzel- und Blätteranlagen unumgänglich nothwendig; das wäre aber, schließt er weiter, völlig unvereinbar mit der beweglichen Lebensweise der Thiere, die daher zum großen Theile auch von Pflanzen leben und so eine bereits zubereitete Masse (die sie selbst also nicht herzustellen imstande sind) in sich aufnehmen und sie zum Zwecke höherer Belebung und größeren Empfindungsvermögens weiter verarbeiten. Es ist charakteristisch, wie Darwin überall Entwickelungsbeziehungen aufzustellen bemüht ist: wenn er hier die Pflanzen als „niedere Thiere", also Entwickelungspräcedenzen ansieht, so bedienen sich die höherstehenden Thiere selbst bereits derselben zu eigener Erhaltung und Ausbildung. Ein weiteres Indicium zur Frage des „Kampfes ums Dasein".

Und nun fährt er fort:

Überall also sieht man das Walten des unerbittlichen Schicksals; ihm beugt sich auch die hohe Stirn des Menschen, hinter der die stolzen Gedanken wohnen; auch die Weisen, Heiligen und Helden kann die Liebe dem Grabe nicht entreißen, die Tugend kann sie davor nicht schützen. Die andern aber drückt der Mangel mit Kälte und Hunger, wie das Übermaß an Völlerei, Hitze und Arbeit; Peitsche, Stachel und Sporen bedrängen sie, das auflodernde Feuer

---

[1]) Krause theilt mit („Erasmus Darwin und sein Verhältnis zur Geschichte der Descendenztheorie", p. 197), dass er diese Stelle schon im I. Bande des *"Botanic Garden"*, p. 470, der von ihm benützten Ausgabe *(The Economy of Vegetation,* London, Johnson 1791) gefunden habe, wonach die Äußerung noch um zehn Jahre jünger wäre.

[2]) Vergl. das ebengenannte Werk Dr. Krauses über Erasmus Darwin, p. 196 f.

stellt ihnen nach, und deine Eisenfaust, verfluchte Sclaverei![1])
Endlich beladen die Scharen der Krankheiten, angeführt von
der Üppigkeit, das menschliche Leben mit unauslöschlichen
Schmerzen. Hier lacht die Trunksucht hervor; gieriger als
Waffen wüthet sie mit ihren verhängnisvollen Reizen verheerend unter den Völkern;[2]) stöhnend folgen ihr Gicht
und Wassersucht, fröstelnde Gebrechlichkeit und grinsender
Schmerz. Mit buhlerischem Lächeln grüßt sie die verblendeten
Menschen und rächt so alle ihre Grausamkeiten gegenüber
den ihnen an Macht unterlegenen Thieren. Dort wieder
verblenden die verfluchten Zaubersprüche des Aberglaubens
ihren Sinn und legen dem gefolterten Geiste Fesseln an;
quälende Gestalten erscheinen ihnen in ihren Träumen
und erschrecken das Ohr der Einbildungskraft mit wildem
Geschrei; selbst über das Grab wirft sie einen tiefen Schatten,
und das Gewissen macht den Menschen mit Tausenden von
Stichen toll.

Die Erwähnung des Grabes enthält eine gegen die
Methodisten gerichtete Spitze (sieh die Note p. 150, *Temple
of Nature);* diese Secte hatte zu Darwins Zeit den größten
Theil ihres Idealismus eingebüßt, und die Frömmelei, die
mystische Schwärmerei und Verführungskunst der Führer
und Anhänger derselben mussten dem frei und ehrlich
denkenden Manne längst ein Dorn im Auge sein. In der
genannten Note theilt Darwin mit, dass es den theatralischen Predigern dieser Methodisten durch Ausmalung und

---

[1]) An vielen Stellen, ja man kann sagen, jede Gelegenheit benützend, wendet sich der Menschenfreund Darwin gegen die verwerfliche Institution der Sclaverei; ein Beispiel für viele sei auch aus seinen Prosaschriften genannt. In der „Phytonomie" (Section VI, Abschnitt V 3) spricht er über die Gewinnung des Zuckers aus dem Rohre, ein Geschäft, das, wie oben ausgeführt wurde, Darwin in seiner Bedeutung wohl bekannt war und das zu damaliger Zeit, was den Betrieb anlangt, fast gänzlich in den Händen von Sclaven lag, und schließt seine Auseinandersetzung mit den Worten: "*Great God of Justice! grant, that it may soon be cultivated only by the hands of freedom, and may thence give happiness to the labourer as well as to the merchant and consumer.*"

[2]) Darwin lehnt sich hier an eine von ihm nicht belegte Stelle aus Horaz (?) an, die ich, was ich um des Zusammenhanges willen gern gethan hätte, nicht ausfindig machen konnte: „— *saevior armis Luxuria incubuit, victumque ulciscitur orbem.*"

Androhung grässlicher Höllenqualen oft gelungen sei, auf Kosten ihrer Zuhörer, meist unschuldiger und harmloser Leute, die sich dann einbildeten, die größten Verbrechen begangen zu haben, ein genussreiches Leben zu führen; die intellectuelle Feigheit des Publicums, fährt er fort, ist aber so groß, dass jede Stimme der Vernunft schweigt. Viele aber rettet das Lächerliche aus den Händen der *"madmaking doctors"* (so nennt Darwin sie treffend), wie es etwa die Farcen von Samuel Foote[1]) darstellen, obgleich auch dieses Mittel bei Leuten, die bereits von der Hallucination ergriffen sind, sich als zu schwach und daher unwirksam erweist.

Diese Betrachtung lässt der Dichter in ein poetisches Bild trauriger Geistesverwirrung ausklingen.

Am Throne der Vernunft sitzt der Wahnsinn mit verzerrten Zügen; oder die Melancholie nimmt ihn ein und hüllt die Scene durch ihr endloses Suchen nach Vergessenheit und Streben nach dem Grab in ein freiwilliges Düster. „Association" gesellt sich hinzu, und ihre Züge erregen geistige Leiden, die die Brust zerreißen, den Tod aus dem alles überflutenden Ocean der Zeit herbeirufen und schon entschwundene Sorgen von neuem aufleben heißen.

Nach der bereits bekannten Ansicht Darwins fließt Elend wie Glück dieser Welt aus vierfacher Quelle: Reiz, Empfindung, Wollen und Association, Begriffe, welche uns die Ergebnisse der Nerventhätigkeit repräsentieren; diese ja bildet, durch Fortleitung, unsere Ideen. Es scheint nicht nöthig, diese schon besprochenen Gedanken hier nochmals zu erörtern; von Wichtigkeit ist hier aber die Erklärung des praktischen Beispieles über Association, die Darwin in einer Note (p. 151) beifügt; ihr Inhalt[2]) ist, wie er selbst angibt, aus der „Zoonomie" herübergenommen: Es gibt, sagt er dort, unangenehme Töne, welche, wie man zu sagen pflegt, das Zahnklirren *(toothedge)* hervorbringen. Jeder hat nun in seiner Jugend wiederholt in das Glas oder irdene

---

[1]) Samuel Foote (1720—1777) wandte sich insbesondere in seinem besten Lustspiel *"Minor"* satirisch gegen Whitefield und die Methodisten.

[2]) Sieh „Zoonomie", Section XVI 10; nachdem er bereits von den Lauten, z. B. der Kuh und des Esels, gesprochen hat, die infolge der von vorhergehenden Associationen beeinflussten Gemüthsbewegungen weder schreckliche noch erhabene Ideen einflößen.

Gefäß gebissen, in welchem ihm seine Nahrung gegeben wurde, und infolgedessen eine sehr unangenehme Empfindung in den Zähnen bekommen; diese Empfindung, meint er, sei von der Natur bestimmt worden, uns zu warnen, die Zähne an Dinge zu wagen, die härter als sie selbst sind. Der klirrende Laut, der zwischen der Schale und den Zähnen hervorgebracht wird, ist mit dieser unangenehmen Verbindung associiert, und jedesmal, wenn nachher ein solcher Laut zufällig durch das Zusammentreffen zweier harter Körper hervorgebracht wird, fühlen wir durch Ideenassociation die ihn sonst begleitende unangenehme Empfindung in den Zähnen,[1] „die einem mit nur eingebildetem Schmerz *(ideal ills)* die Brust zerreißen". Das Beispiel steht zwar zu dem pathetischen Eingang in einem recht kleinlichen Verhältnis, ist aber für Darwins Associationstheorie recht bezeichnend.

Ein anderes Übel, das danach angethan ist, der „Vernunft" den Thron streitig zu machen:

Hier wieder hütet der zerlumpte Geiz bei versperrter Thür seine nutzlosen Schätze vor den hungersterbenden Armen, füllt die verlorenen Stunden mit Elend und Sorge aus und lebt einem Bettler gleich dahin, um seine Erben zu bereichern.[2]

Und weiter: Gedankenlose Volkshaufen verführen deine Gestalten, o Betrügerei, wenn du, ein Heiliger im groben Büßergewande oder ein Wolf im Schafskleide, vor sie hintrittst.[3] Auch der Ehrgeiz zählt Tausende von Opfern. Der

---

[1] Vergl. dazu Johannes Müller, Handbuch der Physiologie des Menschen, Coblenz 1837—1844, 2 Bde., II, p. 106.

[2] Der Vorwurf zu diesem Bilde stammt nach Angabe Darwins aus „*Juvenal*" (Sat. XIV 135—137), doch sind meiner Ansicht nach die zwei von ihm citierten Zeilen ohne die dritte, vorhergehende hier nicht sinngerecht; das Citat sollte also lauten:

„*Sed quo divitias haec per tormenta coactas*
*Quum furor haud dubius, quum sit manifesta phrenesis*
*Ut locuples moriaris egentis vivere fato?*"

[3] Die Trennung dieses Gedankens von dem früher erwähnten Ausfall gegen die Methodistensecte ist sicher keine unbeabsichtigte; dem Missverständnisse sollte kein Raum gegeben werden, es kehre sich die Spitze lediglich gegen diese eine religiöse Vereinigung, die ja nicht allein ihre Wölfe im Schafskleide predigend in die Lande schickt.

höllische Neid schaut mit finsterer Miene drein und zerstört heimlich die Freudenblüten anderer. Oder es fällt die jähe Eifersucht in den Hain ein und verkehrt den hellen Mittagssonnenschein der Liebe in finstere Nacht.

Aber noch andere gewaltige Feinde bedrohen das Menschengeschlecht; der Kampf der Elemente tritt mit seinen furchtbaren Wirkungen an dasselbe heran.

Hier brechen wilde Wasser über das Land herein und fegen alles hinweg; Felder und Wälder verschwinden in der Tiefe; ein furchtbarer Vulkan hüllt die Gegend durch ungeheure Explosionen in Feuersfluten ein; die gähnende Erde begräbt, ihre Kiefern schließend, ganze Völkerschaften, die ungewarnt auf ihren Gräbern lebten; oder die Hungersnoth erfasst mit ihrer Tigerpranke Millionen und verschlingt sie mit unersättlichem Rachen.

Aber auch in den Lüften lauert Gefahr. Die fahle Pest schreitet im Bündnis mit dem Tode heimtückisch über den schaudernden Erdkreis; mit vulkanischen Dünsten[1] beschwingt sie ihre schnellen Pfeile und taucht ihre giftigen Dolche in faulige Gruben. Sie zerstört sogar das im Frühlingsglanze der Schönheit erblühende Geschlecht und führt es, fremd all den Herrlichkeiten der Erde, zum frühen Grabe.

Diesen betrüblichen Betrachtungen schließt sich eine ergreifende Klage des Dichters an, die ihm ein rein subjectives Gefühl eingibt; er vergisst den fortlaufenden Vortrag der Priesterin und unterbricht denselben:

---

[1] Der Dichter spricht hier (p. 153, Note) die Ansicht aus, es nähmen die epidemischen Affectionen, die man gemeinhin in den Begriff „Influenza" zusammenfasst, ihre Herkunft von vulkanischen Ausdünstungen, die oft große Gebiete der Atmosphäre verseuchen. Ebensowenig wie diese besteht die folgende zurecht, es rührten die eigentlichen „ansteckenden" Krankheiten von den fauligen Ausflüssen sich zersetzender thierischer oder pflanzlicher Materie her, da man bei solchen Zersetzungsproducten im Falle einer Ansteckung immer annehmen muss, dass diese nur einen günstigen Nährboden für die eigentlichen Krankheitserreger abgeben; immerhin steuerte die Ansicht Darwins auf das richtige Ziel los und wenn man bedenkt, dass die in den Grundzügen heute noch giltigen Theorien A. v. Plenciz' zur Zeit Darwins (1762) noch Gegenstand heftiger Angriffe waren, so muss man den Standpunkt Darwins, der jenem sich nähert, als einen relativ sehr vorgeschrittenen bezeichnen.

Selbst ich, dessen Verse widerstrebend den wechselvollen Zustand der Dinge unter dem Monde singen, neige mich mit stillem Seufzen über all das Sterben und trockne eine geheime Thräne aus meinem Auge; ich höre durch die Nacht ein großes Stöhnen und all das mir verborgene Trauern über Übel, die nicht meine sind; hingestreckt auf mein Lager, klage ich, von mitleidsvollem Schmerze erfüllt, mit klopfendem Herzen, klage ohne Ruhe zu finden.

Ach, wo kann da das Mitgefühl trotz alles Sinnens einen hellen Gedanken finden, der den trauernden Geist tröstete? wo einen Strahl des Lichtes auf diesem Erdenwallen, der dem Menschen die Göttlichkeit seines Gottes bewiese?

131

Einen schönen Gedanken, anknüpfend an jenen Grundstein aller Tugend, die Sympathie, stellt Darwin zur Erreichung dieses Zieles auf und findet ihn in der Erziehung; man sollte, räth er, Kindern schon in frühester Zeit Gefühl für alle heilbaren Übel einpflanzen, die sie an andern bemerken, ohne aber dabei so weit zu gehen, sie in der Erkenntnis unheilbarer Gebrechen, an denen ja unsere jetzige Welt so reich ist, ihr eigenes Glücksgefühl zerstören zu lassen; denn durch die aus einer solchen Betrachtung entstehende Melancholie wird die Summe des allgemeinen Glückes *(public happiness)* noch verringert. Auch für eine solche Art der Übertreibung führt er Beispiele an. Confucius habe, sagt er, seine Lehren derart angelegt, dass sich die Gentoos in Indien sogar während einer Hungersnoth weigerten, das Fleisch von Thieren zu essen, um dem Tode zu entgehen (ein Idealismus, wie ihn die Lehre Buddhas heute wohl nicht mehr erleben dürfte), ja, dass sie infolge dieser verirrten Sympathie sogar Flöhe und Moskitos ruhig an ihrem Leibe saugen ließen.

Schon früher hatte Darwin den Gedanken aufgestellt, dass die Erziehung die Mittel dazu leihen müsste, diesen Lichtstrahl sittlichen Fühlens zur Erde zu lenken. Er that dies in dem dazu berufensten Werke, seinem *"A Plan for the Conduct of Female Education in Boardingschools"*, einer rein pädagogischen Absichten entsprungenen Schrift, wo er Beispiele anführt, wie man behufs Erzielung der von ihm geforderten sittlichen Feinfühligkeit bereits bei Kindern vorzugehen habe; auch dort bemüht er sich nachzuweisen, dass diese Tugend des Mitgefühls, einmal erreicht, die Quelle vieler Tugenden des geselligen Lebens sei.¹)

Der eingehenden Betrachtung des großen Erdenkrieges, der menschlichen Leiden, ihres Trostes und ihrer Abhilfe, folgt nun ein starkes Gegengewicht. Der Priesterin erwidert die Nymphe, und rasch aufsteigender Zorn blitzt aus ihren Augen. Sie stellt sich gewissermaßen als Vertreterin der Natur, deren geschmälerte Vorzüge sie nun auch ins rechte Licht setzen will, der Muse entgegen:

Hört mich, ihr Söhne der Zeit! Wenn die Muse in weichen Tönen Klagelieder singt und mit zitternder Hand die Summe der Dinge abwägt, dann belädt sie traurigen Gemüthes die Wagschalen nur mit dem Bösen und vergisst das Gute; wenn aber eine stärkere Hand den Wagebalken hält und an seinen Enden das Gute wie das Böse anhäuft, dann senkt er sich mit starkem Ausfall dort, wo das Gute weilt, denn schwerer wiegt das gewichtige Gold.

Hört mich, ihr Söhne der Zeit! Kräfte des Lebens sind es ja auch, die den Elementen Einhalt thun und ihre Kämpfe hemmen. Sie formen ja auch die organische Masse, indem sie schwärmende Atome, Äther, Luft und Gas miteinander vereinigen; und wie sie ergreifen, verdauen und ausscheiden, verleihen sie dem lebendigen *Ens* (d. h. also der absoluten Möglichkeit lebendigen Bestehens) den Wert des Seins; aus diesem Sein (der realen Existenz der Dinge)²) entspringt für uns jeder Reiz und aus diesem wieder brechen in freundlichen Gruppen die Züge des jungen Vergnügens hervor und lassen ihre blauen Augen umherschweifen.

Mit diesen wenigen Worten der Nymphe hat der Dichter es verstanden, ein prächtiges Bild seiner optimistischen Weltanschauung zu entwerfen: Die Präponderanz des Guten

---

¹) Die Wahrheit dieses Satzes haben auch moderne Pädagogen zugestanden; so sagt z. B. Tuiskon Ziller (Allgemeine Pädagogik, Leipzig 1884, p. 895 f.): „Das Sittliche insbesondere entwickelt sich theils aus sympathischen Gefühlen, die sich an die Kenntnis der äußeren Zeichen für das Wohl und Wehe anderer, auch der Thiere, anschließen, theils aus dem Sinne für das Schöne — — —."

²) Ein Plus, in dem Darwin gänzlich von Berkeley abweicht, der das Bestehen der Körper ja nur in ihrem Wahrgenommenwerden gelten lässt.

über das Böse auf Erden; sie repräsentiert ihm aus aller Naturbewegung heraus das Walten der Gottheit, zu der ihn, den vom Banne dumpfen Aberglaubens Befreiten, sein innerstes Denken und Fühlen immer von neuem untrüglich hinführt. Hatten die alten Philosophen auch bestritten, sagt er in der Note (p. 155 f.), dass die Welt aus Atomen bestehe und ihren verschiedenen Erscheinungen unveränderliche Eigenheiten aus der Hand der Gottheit zugeschrieben, so würde gerade die atomistische Theorie, weit davon entfernt, Atheismus zu predigen, durch die Mannigfaltigkeit ihrer Verbindungen die Beweisgründe für die Existenz einer Gottheit als des ersten Urgrundes aller Dinge verstärken, denn wir hätten dann ein großes Analogiebeispiel für den beständig an uns herantretenden Erfahrungssatz von Ursache und Wirkung durch die ganze große Natur hindurch.

Der Kampf in der Natur ist Darwin eben durchaus nicht Folge eines sinnlosen Mordgedankens,[1] sondern er bewirkt die der Neuaufnahme von Leben entsprechende Ausscheidung. Die Existenzphase also, die beispielsweise unser Leben bildet, hätten wir dann, um dem Bilde Darwins treu zu bleiben, als einen Verdauungsprocess zu betrachten, dem unser Eintritt in die Welt als eine der unzähligen Neuaufnahmen voraufgegangen ist und dem die Ausscheidung des sei es nun durch Alter oder durch Schwäche u. s. w. eingetretenen Unbrauchbarwerdens unweigerlich folgen muss — der Sinn seines *seize, digest, secrete* auf das Menschenleben angewendet; und so verhält es sich überall. Da wir es nun innerhalb unserer Existenzphase mit einer fortgesetzten Kette von äußeren und inneren Reizen zu thun haben, von denen der weitaus größere Theil vom Reize der Neuheit an sich trägt, so folgert Darwin entsprechend dem Übergewicht des Guten auch das Übergewicht irdischer Freuden über den Schmerz; in schönem Contrast zu den düsteren

---

[1] Diesen Gedanken drückt Ernst Haeckel mit Bezug auf das Menschengeschlecht sehr schön aus: „Die Geschichte der Zweige des Menschengeschlechtes, die als Rassen und Nationen seit Jahrtausenden um ihre Existenz und ihre Fortbildung gerungen haben, unterliegt genau denselben ‚ewigen, ehernen, großen Gesetzen‘, wie die Geschichte der ganzen organischen Welt, die seit vielen Jahrmillionen die Erde bevölkert." „Welträthsel", 1899, p. 312 f.

Bildern menschlichen Elends malt er uns diese Freuden in poetischer Form aus.

Mit Entzücken fühlen wir den mächtigen Reiz[1]) des kühlenden Zephyrs oder der erwärmenden Sonnenstrahlen auf uns einwirken; mit Entzücken auch athmen wir den Duft der Blumen, kosten die süßen Früchte, unter deren Last sich die Zweige neigen, bewundern das Singen und Klingen im frühlingsfrohen Hain oder trinken fast vergehend von berauschender Liebe.

Da schauen die bewundernden Augen mit langem Blick die abwechslungsreiche Landschaft mit all den bunten Lichtern, die über sie hinwegspielen. Mächtige Felsen strecken die nackten Brüste über den Strom hinaus und werfen die Strahlen zurück; ihre Gipfel säumen hoch in den Lüften wogende Wälder, die unten in der Flut als tanzende Schatten erscheinen. An den Seiten steigen grüne Grasplätze an, die den funkelnden Strom in seinen Windungen dahinführen; in Pausen trägt der leichte Wind das Murmeln der Wellen nach den hohen Ufern, und so plaudert ein ländliches Echo das Thal entlang. Weit hinten erheben sich die matten Formen der Hügel in luftiger Pracht und ihre blauen Gipfel verschmelzen mit dem Himmel.

Der schönen Landschaftsschilderung reiht der Dichter einen neuen ästhetischen Genuss an, den des Anhörens Händel'scher Musik; er kleidet ihn in ein ebenso begeistertes Bild: ein ähnlich mächtiges Vergnügen, sagt er, fühlen wir, wenn, von Händel in gemessene Töne gesetzt, die Trompete schmettert oder die Trommel hallt. Durch entzücktes Erstaunen erregt, lauschen wir dann nachgebildeten Schlachten oder vermeintlichem Donner; oder wenn die weichklingende Laute in süßen, gefühlvollen Tönen von grausamen Nymphen oder gebrochenen Schwüren klagt, die der leichte Wind dahinträgt, so trinken wir voll Wonne ihre melodischen Klänge. Wenn aber die junge Schöne *(young beauty)* in höheren Regionen die Töne der Liebe erschallen lässt, da entzücken seraphische Klänge unsere niedere Sphäre und

---

[1]) Die vier Grundbegriffe *Irritation*, *Sensation*, *Volition* und *Association*, aus denen Darwin nun alles Vergnügen ableitet, hat er bereits zu Anfang des Canto III ihrer Natur und ihrer Entstehung nach eingehend erörtert; vergl. p. 106 f.

lauschend lehnen sich selbst die Engel zum Himmel hinaus um zu hören.¹)

Die Zusammenstellung dieser beiden Quellen des Vergnügens, des Beschauers einer schönen Landschaft, also durch den Gesichtssinn, und des Genießens eines großartigen „Musikgemäldes" durch den Gehörsinn ist durchaus keine zufällige, sondern drückt recht deutlich die innigen Wechselbeziehungen aus, die Darwin bereits früher, im Interlude III, *"Loves of the Plants"* ausführlich erörtert hat; wenn er dort die mathematischen Beobachtungen Newtons über Farben und Töne discutiert, einen Parallelismus ihrer Reizungen und eine Einheit der Gesetze ihrer Empfindungen nur aufstellt, erläutert er diese hier an dem Maßstab des Vergnügens, das beide Disciplinen im Menschen erregen, näher, indem er für sie drei gemeinsame Hauptpunkte hervorhebt; als ersten die Erregung des betreffenden Sinnesorganes: verfügt der Sinn über eine entsprechende Anhäufung von sensorieller Kraft, so bildet schon der äußere Reiz und die mit ihm verbundene Perception eine Quelle des Vergnügens.²) Eine weitere ergibt sich, wenn Stärke und Richtung der Erregung nicht gleich bleiben, sondern wenn eine gewisse Mannigfaltigkeit darin

---

¹) Die Begeisterung Darwins für Händel, dessen Wirken ja noch zum Theil in seine eigene Zeit fällt, ist nebst der großen Bedeutung des musikalischen Genies Händels auch daraus erklärlich, dass der Boden, auf dem Händel'sche Musik gedieh, zum größten Theil England ist. Hier brachte man ihr, wenigstens später, ungetheilten Beifall entgegen, die Originalität ihrer tonmalerischen Technik ließ ihn einzig groß in den Augen des Publicums dastehen. Ferner ist es besonders, was die dramatische Musik Händels anlangt, ihr Zusammenhang mit der classischen Mythologie, deren wundersame Vorkommnisse sie so gut wiedergibt, die eine Art geistiger Verwandtschaft zwischen ihrem Autor und Darwin bildet; war doch auch bei ihm Allegorie und Personification das Um und Auf seiner poetischen Werke. Vergl. *"The Botanic Garden"* I, Canto IV, VII — *young beauty*: hier ist offenbar auf den einer Frau zufallenden Sopranpart in den vielen kirchlichen Compositionen und Oratorien Händels angespielt.

²) Darüber, wie über das Folgende handelt Erasmus Darwin genauer und an der Hand praktischer Beispiele in der „Zoonomie", Section XL 6, wobei er allerdings nur den Gesichtssinn berücksichtigt ich ziehe aber, um die Parallelisierung deutlicher zu gestalten, die; beiden, diesen Gegenstand erklärenden Noten *(Temple of Nature*, p. 157 ff.) in der Besprechung zusammen.

eintritt, eine Abfolge von Erregungszuständen, die zueinander in einem gewissen Gegensatz stehen; Darwin verdeutlicht diese Bedingung des Vergnügens durch ein Beispiel: Wenn jemand, führt er aus, eine sitzende Beschäftigung hat, bei der sich der Körper lange Zeit in gebückter Haltung befindet, so findet sich allmählich eine unbezwingliche Lust zum Strecken und Dehnen ein, die eine Thätigkeit der Muskulatur im entgegengesetzten Sinne bewirken und so einen Ausgleich herbeiführen soll. Außer diesen beiden Quellen des Vergnügens nennt Darwin dann noch eine dritte, die in der Association der unter den angegebenen Verhältnissen erlangten Perceptionen mit andern zusagenden Gefühlen, wie dem des Erhabenen, Schönen oder Nützlichen ihren Ausgang hat. Auch hiezu bringt er ein Beispiel (Zoonomie, Section XVI 10): Wenn wir das Rollen eines Wagens auf der Gasse auf einige Augenblicke für Donner halten, so erfahren wir eine erhabene Empfindung in uns, welche aber sogleich aufhört, wenn wir gewahr werden, dass es das Geräusch einer mit sechs Pferden bespannten Kutsche ist. Diese allgemeinen Erläuterungen wendet er in der folgenden Note (p. 158 f.) speciell auf den Gehörsinn als den Vermittler der Musik und der Dichtung an.

Aber auch das ideelle Gebiet öffnet sich den irdischen Freuden in reicher Fülle: Neu noch dem jugendlichen 183 Menschen, erstehen sie, geführt von der Sensation,[1]) aus den feinen Bewegungen der erregten Sinne. In eingebildeten Schwärmen fliegen sie durch die Luft dahin, verschönern den hellen Tag und erleuchten die Nacht. Überallhin streut die Hand der Phantasie ihre Zauberformeln *(spells)* und gibt unwirklichen Dingen Form und Gehalt; sie bedeckt die dürre Wüste mit Früchten und Laubwerk und erhellt das Leben mit höherem Fühlen und feinerem Geschmack.[2]) Froh beherrscht sie Richtschnur und Regel und führt den Pinsel des Malers wie den Meißel des Bildhauers. Mit ätherischem

---

[1]) Vergl. *"Temple of Nature"*, p. 96 f., Note.

[2]) Welch schöner Gedanke liegt in dieser Gegenüberstellung des menschlichen Lebens und der unfruchtbaren Wüste! Der Menschengeist musste auf seiner mühsamen, beschwerlichen Karawanenfahrt verschmachten, böte ihm nicht die Phantasie in freundlichen Oasen Erquickung und Nahrung und neue Kräfte zur Weiterreise!

Strahl entzündet sie das Feuer des Dichters; sie lässt die kunstlose Schalmei des Hirten lieblich ertönen und besaitet auch die heroische Leier. Fröhlich drehen sich auf ihr Geheiß die engelgleichen Formen der Schönheit, Anmuth und Liebe auf leichten Sohlen um die lauschenden Nymphen.

Sie umgaukelt den Patrioten, wenn er im heiligen Zorn das Racheschwert für die Sache des Vaterlandes zieht: auf seiner Stirn wird der Kranz unverwelklicher Ehre erblühen, oder Jungfrauen werden um sein Grab knien und ihn beweinen.

Sie dringt selbst in Klosters Schatten ein; sie betritt auch dein Schlafgemach, o träumende Jungfrau! Seliges Entzücken erweckt sie in dir: über deinem Bette ertönen bezaubernd himmlische Stimmen, und Engel schweben auf ausgebreiteten Schwingen hernieder.[1]

Bewogen durch die Gebilde der Phantasie, suchten auch Howard, Burdett und Moira[2] die Zellen auf, wo Mangel,

---

[1] Dies schöne, dichterische Bild illustriert ein dem Texte beigegebener Kupfer von Füeßli: *"The power of Fancy in dreams"*. Im Vordergrunde schlummern zwei Frauengestalten, die eine unscheinbarer und im Schatten liegend, die andere, halb aufgerichtet, von wallendem weißen Gewande umflossen und von hellem Lichte bestrahlt, das aus der Decke bricht; ihre Brust schmückt ein Kreuz. Die verzückte Stellung, in der sie sich befindet, die ausgebreiteten Arme und der Ausdruck des Gesichtes lassen erkennen, dass sie es ist, der die Erscheinung im Traume vorschwebt. Diese selbst nimmt den Hintergrund des Bildes ein; die schwarzen, wolkenähnlichen Gebilde, die zu den Seiten hereindringen, weichen vor dem hellen Schein des wie erwähnt von oben hereinflutenden Lichtes und enthüllen so ebenfalls zwei weibliche Gestalten, von denen die eine, in majestätischer Haltung aufrecht schwebend, mit der Rechten nach oben weist, als wollte sie andeuten, woher sie gekommen; die andere aber, eine Engelsgestalt mit mächtigen Flügeln, mit den Händen eine Art Tastatur berührt, vor der ein aufgeschlagenes Heft liegt; diesem Instrument entstammen offenbar die „himmlischen Töne" *(celestial voices)*, von denen in der Darstellung des Dichters die Rede ist. Das Bild bringt die vom Dichter im poetischen Texte dargestellte Correlation zwischen Gesichts- und Gehörsinn hübsch zum Ausdruck.

[2] John Howard, der berühmte Reformator des englischen Gefängniswesens (1726—1790), trat besonders in seiner Schrift *"State of the Prisons in England and Wales"* (1777) und *"Account of the principal lazarettoes in Europe"* (1789) erfolgreich für eine Besserung des Loses englischer Gefangener ein, nachdem er auf seinen vielen Reisen Erfahrungen in diesem Gebiete gesammelt hatte. (Vergl. *"Botanic Garden"* II, p. 110). Sir Francis Burdett (1770—1844) setzte im Verein mit andern

Leid und Schuld in Dunkelheit gehüllt wohnen; mit der Fackel des Mitleids erhellten sie die schaurigen Orte, trockneten das nasse Auge und erleichterten die harten Ketten; mit freudiger Hoffnung erwärmten sie die mitternächtig kalte Luft und bannten den Dämon der Verzweiflung von der Erde; dann wieder zum Lichte und zu den Freuden der Menschen emporsteigend, wendeten sie sich mit freundlicher Beredsamkeit an das Ohr der Mächtigen, ihr strenges Geheiß zu widerrufen, zu bewirken, dass sie ihren Arm ausstreckten und ihre zitternden Opfer vor dem gähnenden Grabe retteten. Diese edlen Männer begrüßt die Einbildungskraft mit ihrem süßesten Lächeln, ihnen öffnet sie all ihre gehäuften Freuden, um ihr Lager streut sie, vereint mit der Hand des Mitleids, helle Blumen des Glückes, den Sonnenschein des Geistes; Famas laute Posaune aber nennt sie mit mächtigen Tönen des Beifalls, und Tugend krönt sie mit unsterblichen Kränzen.

Wir haben den Menschenfreund in Darwin schon früher von einer schönen Seite kennen gelernt: in beredten Worten hat er die Thätigkeit des sanften Mitleids geschildert, das menschliche Elend dargestellt; in seinen früheren Werken hatte er energischen Protest gegen das Sclavenunwesen eingelegt[1]) und hier spendet er den Reformatoren der Gefängniseinrichtungen ein schönes poetisches Lob; auch in diesen Bestrebungen war es ihm nur vergönnt Vorkämpfer zu sein ohne die Resultate seiner Nachfolger zu erleben, zu denen aber in nicht geringem Maße beigetragen zu haben ihm das Verdienst unleugbar gebürt.

---

wichtigen politischen Actionen die Thätigkeit Howards fort; er verschaffte sich Einblick in die Misswirtschaft des Coldbath Field Prison, allein die Enthüllungen darüber hatten nur zur Folge, dass Burdett kein Gefängnis des Königreiches mehr besuchen durfte. Immerhin trugen seine Bemühungen zur Aufklärung über die traurigen Zustände der englischen Gefängnisse bei. Francis Earl of Moira (1754—1826) endlich, Governor General of Bengal, bemühte sich während der Hauptperiode seiner politischen Thätigkeit (1791—1803) in seinen *Political Letters, Speeches* u. s. w. die schrecklichen Zustände (auch was Gefängnisse anlangt) in Irland und Indien zu verbessern.

[1]) Ich halte es für zu weitgehend, diese Sache hier näher zu behandeln; zu vergleichen ist dazu: "*Economy of Vegetation*", Canto II, VI,, VII. *Loves of the plants* III, 439; Charles Darwin, *The life of Erasmus Darwin*, p. 46.

Der Dichter wendet sich nun dem dritten, höchststehenden Grundbestandtheil der menschlichen Geistesthätigkeit, dem Willen als neuer Quelle des Vergnügens zu.

228 Mit bedeutsamen Worten wendet sich die Muse an ihn: Deine Thaten, o Wille, theilen der Welt die Grundzüge *(plans)* der Wissenschaft in Worten der Kunst mit;[1]) sie geben der stolzen Vernunft das Vermögen der Vergleichung, sie wärmen jedes Klima und erhellen jede Stunde. In der Wiege des jungen Lebens, ehe noch das Aufdämmern geselliger Gemeinschaft seinen Schliff an den Menschen legte, erstand ihm der Stab, der ihn stützte, der Bogen, der ihm als Waffe diente, das Boot, das ihn über die Flut trug, die Hütte, die ihn schützte, Feuer, Kleidung, Pflugschar und Schwert; alles Nutzbringende ward ihm auf dein bildsames Wort, o Wille.

Mit dem Wachsen der Cultur gestalteten sich auch die Ergebnisse der Willenskraft großartiger:

Ein Newton senkte, von dir gelenkt, den welteträthselnden Blick ins All und erklärte Ursache und Wirkung der Vorgänge in demselben. Ein Herschel verfolgte mit Hilfe von Spiegellicht die leuchtende Reise der Gestirne durch die Nacht und entdeckte neue Trabanten, die sich in leuchtendem Bogen um den georgischen Stern schwingen.[2])

242 Ein Archimedes zog, durch dich erleuchtet, Figuren in den Sand, packte mit mechanischem Griffe einander nahekommende Fahrzeuge und schleuderte die Stürmenden von

---

[1]) *"Thy acts, Volition to the world impart*
*The plans of Science with the works of art."* (IV 223, 24.)

Mit diesen stolzen Worten kennzeichnet der Dichter seine eigene Aufgabe, gewissermaßen das Endziel seines Strebens: das Ergebnis seines jahrelangen Forschens auf fast allen Gebieten des Wissens in künstlerischer Form der Welt darzubieten und ihr so den doppelten Genuss zu verschaffen, abstracte Wissenschaft zu hören und ästhetisches Vergnügen dabei zu empfinden.

[2]) *Georgian star*, der von Herschel am 13. März 1781 mittels seines Spiegelteleskopes entdeckte und von ihm zu Ehren König Georgs III. *Georgium sidus* genannte Planet Uranus, dessen Auffindung Herschels Ruhm begründete; bald nachher fand er auch die vier winzigen Monde des neuen Planeten: Ariel, Umbriel, Titania und Oberon, an denen er die erste große Ausnahme in der einheitlichen Bewegungsrichtung des Planetensystems feststellte; vergl. W. Bölsche, Entwickelungsgeschichte der Natur, I 339.

den zu oberst gekehrten Wracks (*inverted wrecks*) ab;[1]) dann rief er voll Stolz über seine Erfolge, mit denen er seine Vaterstadt Syrakus zu schützen vermochte und die er, während die Menge sich lärmenden Belustigungen hingab, in stiller Einsamkeit errungen hatte: Gebt mir einen festen Punkt, und ich will die Welt bewegen![2]) So leitete ein Savery seinen dehnkräftigen (*explosive*) Dampf in eiserne Kammern, den Wasserstrahl steigend zur Höhe zu heben; die Riesenform dieser schweren Masse donnert empor, schießt dann plötzlich herab und scheint die Lüfte zu erschüttern.

Die Erwähnung dieser Erfindung ist nicht neu. Darwin brachte sie bereits im *"Botanic Garden"* I, Canto I, v. 253 ff.: dort rufen geschäftige Nymphen Savery herbei und führen unter seiner Leitung denselben Versuch aus; auch hier ist das Ergebnis das gleiche:

*"Quick moves the balanced beam, of giant birth,*
*Wields his large limbs and nodding shakes the earth."*

(261, 62.)

Gemeint ist ein Hebeapparat in großen Dimensionen, wie Darwin dort in einem dem Texte beigegebenen längeren Excurs mittheilt; er erklärt ihn daselbst und gibt die Verbesserungen an, wie z. B. das Ventil von Newton und Cawley, die nachmals angebracht wurden. Interessant sind auch seine Ansichten, die er über die Verwendung des Dampfes bei Wasserfahrzeugen und Luftschiffapparaten an der angeführten Stelle nennt; ich gehe indessen hier nicht näher darauf ein.

Vom Willen ferner geleitet, lehrte auch Isis an den Ufern des Nils, wo wogende Flachsfelder blühten, die faserigen Stengel zu binden und sie mit Hämmern von den

---

[1]) Letzteres eine Anspielung auf die von Archimedes erfundenen Kriegsmaschinen, die seiner Vaterstadt besonders gegen die Römer gute Dienste leisteten. Ersteres scheint Archimedes die Erfindung der Enterhaken zuschreiben zu wollen, die dieser aber im jugendlichen Alter von siebzehn Jahren gemacht haben müsste, denn mit ihrer Hilfe erfocht der römische Consul Duilius 260 gegen die Karthager den Seesieg bei Messena; dabei erscheint es doch außerdem sehr unwahrscheinlich, dass gerade die Gegenpartei die neue Erfindung mit solchem Erfolg angewendet haben sollte. Vergl. auch die Darstellung in *"Botanic Garden"* I, IV 371 ff.

[2]) Das berühmte Δός, πη στῶ, καὶ τὴν γῆν νικήσω;

anhaftenden Hülsen zu befreien; die Kunkel mit Lockenhaar von Flachs zu umgeben und mit anmuthiger Bewegung die tanzende Spule zu drehen; dann durch Ausspreiten gleichmäßig gelegter Faden die Länge des Gewebes zu bestimmen und das Schiffchen hindurchzuschießen.¹)

So zeigte auch Arkwright, wie man die Kapseln der Baumwolle auslesen und die Pflanzenwolle in Fäden ausziehen sollte: er entwirrte ihre Faserknoten mit Stahlzähnen und kleidete die Welt in silberhelles Gewebe.²)

264

Auch auf dem Gebiete der Geschichtschreibung erwies sich der Wille als unumschränkter Herrscher:

Du lehrtest, o Wille, apostrophiert ihn die Nymphe weiter, längst hinabgesunkene Zeitalter, in Buchstaben den geflügelten Gedanken festzuhalten, mit stummer Sprache die beschriebenen Seiten zu füllen und dem Gesicht die verschollenen Klänge ferner Tage neuerdings ertönen zu lassen.³)

---

¹) Die Erzählung, dass Isis die Menschen die Spinnerei gelehrt habe, ist ein uralter Mythus, dessen vollkommene Ausbildung sich erst bei den Griechen im Demetercult vollzogen zu haben scheint; zwischen den Mythologien der beiden Völker, Ägypter und Griechen, hat es ja, offenbar durch Vermittlung ihres Verkehrs miteinander, unleugbare Beziehungen gegeben. Wir haben nun das Zeugnis, dass bei den Ägyptern *Neith* (Νηίθ, auch *Sais* genannt) das Gewand der Natur webte (Creuzer, Mythologie der alten Völker III 456), dass diese Gottheit nichts anderes war als eine Steigerung des Begriffes Isis (ebd. I 809) und dass sie sich später gänzlich mit ihr identificierte; vielleicht haben wir es hier bei Darwin mit einer specialisierten Anspielung auf diesen Mythus zu thun.

²) Über diesen Gegenstand gibt Darwin eine ausführliche Darstellung *"Botanic Garden"* II, p. 81 ff., wo er Arkwrights Erfindung erklärt; merkwürdigerweise erwähnt er nichts von der Anfechtung der Prioritätsrechte, die Arkwright für seine Erfindung geltend machte, ein zu damaliger Zeit Aufsehen erregender Vorfall. Was den letzten Vers (264) *"and with the silver tissue clothed the world"* anlangt, so ist es eine poetische Trope, die in ihrer Kürze recht hübsch die Wichtigkeit der Erfindung veranschaulicht.

³) Wo immer von sinnlichen Eindrücken die Rede ist, zeigt sich Darwin als Associationspsychologe: das Lesen eines Geschichtswerkes bringt also zunächst nach einer Richtung eine sinnliche Vorstellung hervor; diese aber reproduciert vermöge der Association andersgeartete Vorstellungen, so dass der phantasiereiche Leser bei der Lectüre etwa der Darstellung einer Schlacht die einzelnen Vorgänge sich förmlich vor seinen Augen abspielen sieht und außerdem noch glaubt, kriegerischen Lärm zu vernehmen. So erklärt sich Vers 268: *"and gave to sight the evanescent sound."*

Höher aber preist der Dichter in dieser Hinsicht die jetzige Zeit; ihr ist ein gewaltiges Mittel dazu gegeben, das frühere Geschlechter entbehren mussten: Heutzutage ist uns ein glücklicheres Los beschieden, ruft er aus; die aufgeklärten Länder verfügen über die Bemühungen der unsterblichen Presse auf allen geistigen Gebieten; in ihrem Schoße genährt, gedeihen die Sprösslinge der Wissenschaften, und aufstrebende Künste trotzen durch sie den zerstörenden Einflüssen der Zeit.

Diesen Gedankengang setzt Darwin in einer Note dazu (p. 165) fort: Da dem öffentlichen Leben, führt er aus, ein so mächtiger Factor gegeben ist, so ist die richtige Handhabung desselben eine überaus wichtige Sache, die man aus ihrer Natur heraus verstehen muss. Und er fragt sich nun: Wie ist die Presse zu solcher Macht gelangt? Die Antwort darauf folgt sogleich: Die Erfindung der Buchdruckerkunst hat auf die Angelegenheiten des menschlichen Lebens einen so großen Einfluss ausgeübt, dass man von diesem Zeitpunkte an eine neue Ära in der Geschichte ansetzen muss; sie verbreitete die Kenntnis sowohl der schönen Künste als auch der praktischen Wissenschaften überall hin und bewirkte trotz aller Einschränkungen und Zwangsausübungen eine stets fortschreitende Erschließung von Mitteln zur Hebung des geistigen Niveaus der Völker. So wurde auch durch die Reformation, die ihre Bedeutung ja zum großen Theile der Erfindung der Buchdruckerkunst dankt, die Kraft des Aberglaubens ungemein verringert; Astrologie, Wahrsagerei, Hexerei und Vampyrismus sind aus allen Gesellschaftskreisen verschwunden.[1]

Diesen Satz kann Darwin aber doch nicht umhin etwas einzuschränken; er gibt zu, dass auch in „unserer aufgeklärten Zeit" manche noch „so schwach sind" *(are still so weak)* an die Wunder des thierischen Magnetismus oder des

---

[1] Eine kühne Behauptung, die Darwin hier, wenn auch für das kältere, nüchternere England aufstellt! Spielen doch noch in unsern Tagen Aber- und Wunderglaube in fast allen Gesellschaftsclassen eine große Rolle, mit dem Unterschiede vielleicht, dass die rohe Form ihrer Äußerung sich jetzt unter einem nicht so durchsichtigen Deckmantel birgt! Vergl. dazu Ernst Haeckel, Die Welträthsel, p. 348 ff.

magnetischen Heilverfahrens zu glauben; als Gegenmittel hält er hier immer die **freiheitliche Presse** für am tauglichsten; wenn ihre Freiheit gewahrt bleibt, schließt er seine Note, so wird das Volk, dem sie dient, durch die fortschreitende Verbreitung des Wissens wenigstens niemals in einen Zustand so abscheulicher Sclaverei verfallen, wie er heute in China besteht.

Die hohe Bedeutung, die Darwin einer unbeeinflussten, freiheitlichen Presse zumisst, ist uns, auch nach dieser Richtung, ein Beweis seiner freien, offenen und gerechten Denkungsart. Seiner hier und an vielen Stellen ausgesprochenen Aufforderung, Wissen zu verbreiten, ist er selbst als glänzendes Beispiel in seinen poetischen Werken vorangegangen. Als ein gewaltiger Ruf ergeht diese Aufforderung an seine Heimat:

Ihr vaterländischen Helden, die ihr für die glorreiche Sache der Gerechtigkeit, des Erbarmens, der Freiheit und der Gesetze die britische Jugend an den Altar der Tugend ruft und den Senat mit der Stimme der Wahrheit erschüttert, öffnet ihr taube Ohren, gebt ihr verblendeten Augen Einsicht, verleiht ihr dem Gemeingeiste einige Thatkraft. O rettet ihr, da feindliche Reiche in wilden Kriegen gegeneinander wüthen, da allerorten Heere auf Heere stoßen und Meere unter kämpfenden Flotten erbrausen, o rettet in dieser ereignisreichen Stunde den Baum der Erkenntnis vor dem Beil der rohen Macht! Segnet die leidenden Völker mit förderndem Frieden und hütet die Freiheit der unsterblichen Presse. Dann wird euch unsterblicher Ruhm, auf historischen Blättern prangend, von Alter zu Alter fortleben, und künftige Sänger werden mit begeisterter Stimme euern geheiligten Namen in Liedern verewigen.

Die Mahnung Erasmus Darwins war nicht in den Wind gesprochen; die ungeheure Wichtigkeit der Pressfreiheit war dem englischen Volke schon vom ersten Augenblicke bewusst, als es sich dieselbe unter harten Kämpfen als Gipfel und Schlusstein der gewaltigen Einrichtungen ihrer Verfassung von 1688 errungen hatten. Eingriffe, die später häufig dieses sein Recht bedrohten und auf die sich auch der schöne Mahnruf Darwins bezieht, hat es immer aufs schärfste zurückgewiesen. „Gebt den Ministern", sagte einmal ein berühmter Parlamentsredner, „ein demoralisiertes Oberhaus, gebt ihnen einen gewaltthätigen, herrschsüchtigen Fürsten, gebt ihnen einen kriechenden Hof, und lasst uns die freie Presse, so will ich sie herausfordern, die Freiheit Englands auch nur um ein Haarbreit zu verletzen."[1]) Auch Hume weiß die Freiheit der Presse in England zu rühmen und zu würdigen; weder ganz monarchisch, wie in Frankreich, noch auch ganz republikanisch, wie in Holland, sei die englische Regierung, sagt er im Essay II, *"Liberty of the Press"*, entsprechend dem Satze des alten Tacitus: *Nec totam servitutem, nec totam libertatem pati possunt Romani*, ein Satz, den Voltaire in der „Henriade" nachmals so passend auf die Engländer bezogen hat:

*"Et fit aimer son joug à l'Anglois indompté*
*Qui ne peut ni servir, ni vivre en liberté."*

Und das sei auch, setzt Hume fort, der Grund der Freiheit überhaupt und insbesondere der Pressfreiheit; wenn jedes einzelne der genannten Systeme auch seine Vortheile mit sich bringe, so messe sie doch den Handlungen der Menschen einerseits große Willkür zu und lege ihnen anderseits bedeutende Beschränkungen auf. Die englische Regierung aber bestehe aus einer Mischung beider Gegensätze, bei der die Freiheit prädominiere; der diese Freiheit repräsentierende Volksgeist nun muss beständig wach erhalten werden, und das erzielt nichts eher als die Pressfreiheit.[2])

Dass diese Frage ein Jahrhundert später noch ebenso actuell war, zeigt wie die Engländer auf ihre Rechte geschaut haben und wie sie dieselben zu wahren wussten!

Schließlich gelangt der Dichter zum vierten Punkte des Gegensatzes, den er gegen den Pessimismus aufstellt, zur Association.

Deine Macht, wendet sich die Nymphe an sie, bringt sodann ideale Gedankenreihen hervor, die an flüchtige Worte geknüpft sind. Du trägst den lauschenden Ohren den stolzen Gedanken zu, indem du der Sprache das aus-

---

[1]) Sieh Hettner, Geschichte der englischen Litteratur, Braunschweig 1858, p. 123 ff.

[2]) *"The philosophical Works of David Hume"*, ed. by Green and Grose, London 1875, vol. I, p. 94 ff.

drucksvolle Wort gibst, das dir in wechselreichem Ton die Thatsache des Seins, des Leidens oder des Handelns offenbart und auf raschen Schwingen den unsichtbaren Flug dahinschwindender Zeit bezeichnet.[1])

Von deiner Stimme gerufen, vereinigen sich aufeinanderfolgende Gedanken, nach Zeit oder Raum geordnet, zu endlosen Strömen; daher bietet die Muse der Geschichte der Welt in jedem Zeitalter ein interessantes Blatt dar, auf dem sie mit ihrem Pinsel die feinen Farbenabstufungen *(tints)* von Sitten und Menschen, einer Landschaft gleich, aufträgt.

Deinem Rufe folgend, stellt die Ähnlichkeit *(resemblance)* ihre Schwestergedanken in leuchtenden Zügen oder Schwärmen dar. Mit ihrer Hilfe entwirft die Einbildungskraft aus losen Analogien ihre schönen Gebilde; all die gewinnende Trefflichkeit feinen Witzes wendet sie auf, die Nymphen der Poesie und Prosa damit zu schmücken.

In gelungener, charakteristischer Weise verwendet hier (p. 168 f., Note) der Dichter die bekannte und noch heute geläufige Definition Lockes über den Witz. Locke sagt: *"Wit lies most in the assemblage of ideas, and puts those together with quickness and variety, wherein can be found any resemblance or congruity, thereby to make up pleasant pictures, and agreeable visions in the fancy",*[2]) wozu nach Darwins Angabe Addison hinzufügt, dass diese sowohl Überraschung als Freude voraussetzen müssen. Dazu nun bemerkt Darwin, diese Ideen noch mehr generalisierend: Vielleicht könnte man unter Witz[3]) im weiteren Sinne die ganze schöne Literatur begreifen, ebenso wie man das Wort Geschmack mit Bezug auf alle angenehmen sichtbaren Gegenstände anwendet, so dass wir damit das in der Beschreibung oder Schilderung enthaltene Erhabene, Schöne, Pathetische, Lächerliche meinen könnten.

---

[1]) Mit Beziehung darauf, dass die Perceptionen des Gehörsinns die Grundlage für die zeitliche Auffassung bilden (wobei besonders die Abfolge der Worte in Betracht kommt) im Gegensatz zum Gesichtssinn, der seinerseits die räumlichen Vorstellungen vermittelt.

[2]) *"An Essay concerning human understanding"*, Book II, chapt. IX, § 2.

[3]) Man sieht, wie sehr die Bedeutungssphäre des englischen Wortes hier über das Deutsche hinausreicht: Witz wird hier geradezu zu Geist.

Auch hier begegnen wir wieder einer der vielen Beziehungen, die Darwin zu bereits gegebenen Begriffen (hier also zu *"taste"*) zu geben sucht. Er hält die Bedeutungssphäre des Begriffes „Witz" nach der von Locke gegebenen und durch Addison ergänzten Definition für zu eingeschränkt und coordiniert sie durch seine Erweiterung der des Begriffes *"taste"*.

Aber noch weiter hinaus erstreckt sich das Reich der Association:

Auf deinen mächtigen Wink, setzt die Nymphe fort, gehen Ursache und Wirkung gehorsam deinen Gesetzen Hand in Hand einher; auf den Ruf des Willens steigen sie in verbundenen Gruppen auf, unterhalten, erfreuen und belehren den Menschen und dienen ihm auf mannigfache Weise. Jetzt heißen sie ein mächtiges Gebäude hoch in die Lüfte emporsteigen, dann wieder weisen sie gehorsamen Flüssen den Lauf durchs Land; mit ungezählten Wagen erfüllen sie die belebten Straßen und bevölkern die Meere mit triumphierenden Flotten.

Deine zauberische Berührung lässt eingebildete Formen in farbigem Lichte erscheinen, dir eine Sprache der Augen;[1]) sie verzeichnet auf den leeren Seiten des Gedächtnisses vorbeigezogene Stunden, liebliche Scenen der Jugend und verschwundene Züge des Vergnügens; durch dich, o Antinous,[2]) führt sie wiegenden Schrittes den herrlichen Tanz in rhythmischem Zeitmaß; entzückende Anmuth umstrahlt den Jüngling, Ungezwungenheit führt ihn auf seinem Wege dahin. Athemlose Zuschauer aber bewundern die leichtschwebende Gestalt und selbst im vestalischen Busen lodert verbotenes Feuer auf.

Oder wenn Cäcilia morgens, das schöne, andachtsvolle Antlitz gen Himmel hebend, ihr Morgengebet haucht *(breathes)*, dann steigen von ihren süßen Lippen und aus ihrer schwellenden Brust innige Töne empor, die tief in das schmelzende Herz eindringen. Ihre Hände greifen in die Saiten der melodienreichen Harfe, die so als sanftes Echo ihrem Gesang antwortet. Da erheben sich freundliche

---

[1]) Vergl. p. 112.
[2]) Ein schöner Jüngling in Begleitung Kaiser Hadrians, Gegenstand vielfältiger, künstlerischer Darstellung, z. B. Ebers, Der Kaiser.

Bilder des Segens in verlockenden Zügen und erfreuen die
336 Welt mit Melodie und Liebe.¹)

In diesen Bildern hat Darwin sich neuerdings bemüht, die Bedeutung der Association als Grundgedanken der Psychologie darzuthun. Er fand zu diesem Ende schon bei Hume Bedeutendes vorliegen, der seinerseits schon die Wichtigkeit dieses Capitels erkannt hatte; am besten werde ich seine Ansicht darüber hier anführen: er hat den Ursprung der Ideen klargelegt, spricht dann über das Gemeinsame derselben und kommt zu folgendem Satze: *"Though it may be too obvious to escape observation, that different ideas are connected together; I do not find that any philosopher has attempted to enumerate or class all the principles of association; a subject however, that seems worthy of curiosity. To me there appear to be only three principles of connexion among ideas, namely Resemblance, Contiguity in time or place, and Cause and Effect."*²) Er interpretiert diese Gedanken sehr hübsch durch Beispiele: Der Anblick eines Bildes, sagt er zu Punkt eins *(resemblance)*, lenkt unsere Gedanken unwillkürlich auf das Original desselben; und wenn wir zweitens von einem Gemache des Hauses sprechen, so drängt sich uns natürlicherweise der Gedanke an die andern auf *(contiguity in place)*; endlich können wir uns drittens angesichts einer Wunde der Betrachtung über den Schmerz, den sie verursachen muss, nicht verschließen *(cause and effect)*.

Darwin nun erklärt sich mit dieser Eintheilung Humes für einverstanden, geht aber noch weiter, indem er jeden der drei Eintheilungspunkte sozusagen als eine intellectuelle Facultät aufstellt. Ist hier also die erste beispielsweise besonders stark ausgeprägt, so haben wir es mit Individuen zu thun, denen die Poesie, der Schmuck der Rede sowie überhaupt jede vernunftgemäße Analogie zugebote³) steht.

---

¹) Vergl. dazu die Darstellung in *"Botanic Garden"* I, Canto IV, v. 260 f.

²) *"The philosophical works of David Hume"*, vol. II, p. 17 ff., Section III, *"On the association of ideas"*. Vergl. ferner Erasmus Darwin, Zoonomie, Section X, III, ₂.

³) Meist müsste wohl auch auf dem Gebiete der Analogie selbst eine facultative Einschränkung gemacht werden; bestünde diese nicht zu Recht, so würde wohl jeder Dichter sein Werk selbst zu illustrieren,

Finden wir Leute, die große Gedankenmassen in zeitlichem oder räumlichem Zusammenhang aufweisen, so können wir annehmen, dass sie in der Geschichte des Menschengeschlechtes und in den Wissenschaften, die es gepflegt, wohl bewandert sind. Jene endlich, die Ideenmassen von Ursache und Wirkung in sich vereinigen, stellen sich als Leute von thatkräftiger Klugheit heraus, die Armeen zum Siege führen, Königreichen zum Gedeihen verhelfen oder Wissenschaften entdecken und vervollkommnen, die das Leben der Menschen verbessern und verschönern.

Der Beweis, den Darwin in diesem ganzen Abschnitte für das Übergewicht des Guten und Schönen auf dieser Welt geführt hat, ist ihm dichterisch vortrefflich gelungen; das Schauen und Hören, das kräftige Wollen, in dessen Gefolge Freiheit und Macht den Menschen beglücken, ist so lebendig dargestellt, dass die hellen Farben und Töne die nicht minder meisterhaft gezeichneten düsteren Schatten des endlosen, großen Erdenkampfes weitaus überstrahlen. Die Phantasie, der der Dichter ein so großes Lob singt, hat ihren Gefolgsmann in seinen Schilderungen hoch über irdisches und prosaisches Ungemach in höhere, reinere Sphären erhoben; der Nachdruck, mit dem er Künste und Wissenschaften hervorzuheben und ins rechte Licht zu stellen bemüht ist, ist ein so großer, dass die zu Anfang dieser Erörterung von der Nymphe aufgestellte Behauptung, das Gute überwiege in der Goldwage ethischer Betrachtung das Schlechte, nun zum Schlusse vollständig gerechtfertigt erscheint.

Wir können sagen, dass der Dichter mit dieser seiner Weltanschauung als mit einer großen und schönen Lehre an jeden einzelnen herantritt und ihm zeigen will, wie er die kurze Zeit seines Bestehens nützen sollte. Denn nicht lange dauert das frohe Treiben des Individuums.

Damit wendet sich der Dichter einem neuen Gegenstande zu: dem Endziel aller Freuden und aller Leiden, der individuellen Vernichtung; aber nicht um darin Schreckliches zu sehen, mit Goethe charakterisiert er sie vielmehr als den „Kunstgriff der Natur, viel Leben zu haben".

---

jeder Componist seine Texte selbst zu verfassen imstande sein; manche geistgewaltige Männer allerdings, wie z. B. Richard Wagner und Michelangelo, erhoben sich auch über diese Schranke.

Bald verlieren die mit lebendigem Sein durchdrungenen Formen, die hinfälligen Kinder der Zeit, das ihnen zugemessene Geschenk des Lebens. Der Reiz auf die Muskelfibern bleibt unbeantwortet,[1]) das Gefühl verlässt den unempfindlichen Körper; unzählige Sprösslinge aber versehen dafür die öden Stunden mit neuem Leben und erfüllen so, mit dem Tode um die Wette, das stumme Gebot des allmächtigen Willens, dessen Hand unsichtbar und nach uns unbekannten Gesetzen über die Werke der Natur verfügt, der gibt und immer wieder hinnimmt.

In diesem Neuerstehen jungen Lebens, dessen mannigfache Arten er nun schildert, findet der Dichter jene große Macht, die selbst der Tod nicht zu bewältigen vermag und damit einen neuen Beweis für das Übergewicht des Guten im weiteren Sinne, was das Wachsthum über das Maß des Individuums, die Fortpflanzung anlangt.

Jede fruchtbare Eiche, heißt es im poetischen Texte weiter, bringt Tausende von Eicheln hervor, die die Herbststürme weit hinausstreuen, jede reife Mohnblume verschüttet zehntausend und noch mehr Samenkörnlein, die der Wind von ihren leichten Trägern hinwegbläst; die zahllosen Sprösslinge jenes außerordentlich lebentreibenden Geschlechtes der Blattläuse saugen mit gierigem Rüssel den Honigsaft aus den Pflanzen; ganze Scharen umschwärmen die Blätter mit Eiern oder Jungen und nehmen hängend jeden Ast ein, der sich ihnen darbietet.

Bei einer solchen ungeheuren Production, fügt Darwin in der Note (p. 172 f.) hinzu, stellt der Kampf sich hier zur rechten Zeit ein;[2]) die gefräßigen Insectenlarven, die nach ihrer Verwandlung oft ausschließlich von Honig leben, vertilgen unzählige Blattläuse, die bei ihrer enormen Fruchtbarkeit die gesammte Vegetation zerstören würden. Eine ungeheure Anzahl von Schmetterlingsraupen wird von Wespenlarven verzehrt, und im übrigen wissen sich die Pflanzen auch selbst vor gänzlicher Zerstörung zu schützen.[3])

Aber auch für höher entwickelte Thiere gibt Darwin uns Beispiele von geradezu wunderbarer Zeugungskraft:

---

[1]) Vergl. p. 64 ff.
[2]) Dem Sinne entsprechend ergänzt.
[3]) Vergl. auch Ernst Krause, Erasmus Darwin u. s. w., p. 173.

Zwitterliebende Thiere, wie Schnecken und Würmer, suchen ihre Geburtsstätte unter dem Boden auf, wo sie ihre weißen Eier, vor Frost und Wasser sicher, aufhäufen und ihre Kinderstuben *(nurseries)* mit unzähligem Nachwuchs erfüllen. Zuerst schwamm die Kaulquappe noch mit ruderndem Schwanze dahin — da athmet sie durch neue Lungen und versucht ihre jungen Glieder. Als beidlebiger *(amphibious)* Frosch verlässt sie dann die Scharen ihrer Schwestern und schwimmt in Massen, lebendigen Inseln gleich, an der Oberfläche der Seen dahin.¹)

Hieran nun schließt er eine für den entwickelungsgeschichtlichen Standpunkt hochbedeutsame Bemerkung an; er sagt (p. 173, Note): Der Fortschritt einer Kaulquappe von einem Fisch zu einem vierfüßigen Thier dadurch, dass diese allmählich ihre Glieder vorschiebt, dann das Wasser verlässt und die trockene Luft einathmet, ist ein Gegenstand von großer Merkwürdigkeit, da er so außerordentlich dem anfänglichen Zustand aller andern Vierfüßler und auch der Menschen ähnelt, die im embryonalen Zustand selbst „Wasserthiere" *(aquatic animals)* sind und erst bei ihrer Geburt „Luftthiere" *(aerial animals)* werden. (Vergl. „Zoonomie" XXXIX 8.)

Es ist das ein bedeutungsvolles Ahnen jenes Zusammenhanges und jener innigen Wechselbeziehung zwischen Keimes- und Stammesgeschichte tiefer und ursachlicher Natur, von der Haeckel sagt, dass ihre Erkenntnis bei den Forschern erst eine Errungenschaft der neuesten Zeit sei.²) Nach dem eben citierten klaren Ausspruche Darwins können wir dieses Ahnen, welches, wie Krause treffend sagt, das biogenetische Grundgesetz *in nuce* aufstellt, mit vollkommener Berechtigung als eine principielle Erkenntnis ansehen, und es konnte, da diese Gedankenrichtung einmal bestand, auch zur Ausgestaltung des ganzen Ideencomplexes einer natürlichen Phylogenie nicht mehr weit fehlen; jedenfalls war in der bloßen Vergleichung der Natur des fötalen Säugethieres

---

¹) Hier ist offenbar auf die Paarungszeit der Frösche angespielt, während der sich diese Thiere in ansehnlichen Scharen an der Oberfläche meist stehender Gewässer zusammengesellen; vergl. Brehm, Thierleben, Hildburghausen 1869, Bd. V, p. 868.

²) Ernst Haeckel, Anthropogenie, 1891, I, p. 6.

und der Kaulquappe bereits ein bedeutender Schritt dahin gethan.

Der wandernde Hering kommt in Myriaden vom Eismeer nach Süden, um hier einen wärmeren Strand zu suchen. Unermessliche Tiefen und unbekannte Klimas durchforscht er und bedeckt mit seinem Laich riesige Strecken der Küste.[1]

All diese Geschöpfe, schließt der Dichter seine Betrachtung, würden, durch fortlaufende Erzeugung immer mehr anwachsend, Meere, Luft und Erde übervölkern.

Auch der menschliche Nachwuchs würde sich, vom Klima begünstigt und von der Nahrung gefördert, binnen kurzem in furchtbaren Horden über den ganzen Erdball hin verbreiten, fegten nicht Kriege, Seuchen, Krankheit und Hungersnoth die überflüssigen Myriaden hinweg. So treiben also ohne Unterbrechung neue Formen zum Leben, während die alten vergehen, Insectenschwärmen gleich, die aus dem Schoße der Mittagsstunde auffliegen und auch nicht länger als diese kurze Zeit leben. In gleichmäßigem Ringen wetteifern Geburten und Todesfälle[2] und jede Pore der Natur strotzt von frischem Leben, das vom Indus bis zu den Polen knospet und athmet und die weite Oberfläche der Erde entflammt (*kindles*)[3].

---

[1] *unfathom'd depths and climes unknown explores* (875), ein hübsches Bild für die enorme Ausdehnung eines laichenden Heringschwarmes; vergl. dazu die anschauliche Darstellung in Bölsche, Das Liebesleben in der Natur, I, p. 16.

[2] Wie schön poetisch drückt dies im gleichen Sinne auch Lukrez aus:

„— — *miscetur Funere Vagor*
*Quem pueri tollunt, visentes luminis oras:*
*Nec nox ulla diem, neque noctem aura secuta'st*
*Quae non audierit mistos Vagitibus aegris*
*Ploratus, mortis comites et funeris atri.*" (II, 576—580.)

[3] "*Which buds or breathes from Indus to the Poles,*
*And Earth's vast surface kindles, as it rolls!*" (881, 82.)

Diese Stelle ist wörtlich entnommen aus "*Botanic Garden*" I, Canto IV, v. 419—420, wo diese Verse ebenfalls den Schluss einer außerordentlich schwungvollen Darstellung des Hervorgehens des Lebens aus dem Samen bilden. Dort wie hier gibt Darwin die Lavoisier'sche Erklärung ab, dass sich das Leben auf die Oberfläche der Erde beschränke, und erklärt sie so, dass organische Körper, um ihre veränderliche Existenz aufrechtzuerhalten, in leichte Wärme und Sauerstoff gleichsam getaucht sich befinden müssen.

In diesen Sätzen müssen wir denn auch die Beantwortung der (p. 160) erwähnten Lukrez'schen Fragen mit voller Deutlichkeit und Klarheit erblicken. Ich möchte hier über Ernst Krause, dessen Urtheile über Darwin sonst an berechtigter Zustimmung nichts zu wünschen übrig lassen, hinausgehen: Der ungeheuren „Überproduction" zu steuern, heißt es zusammenfassend in der „Zoonomie" (XXXIX₄), findet dieser Kampf statt, dessen Endursache zu sein scheint, dass sich das stärkste und thätigste Individuum oder die übergeordnete Art, welche durch ihn verbessert werden soll, fortpflanze. Das ist kein Ahnen der Wahrheit mehr, wie Krause meint,[1] es ist die Wahrheit selbst, die Wahrheit jenes Gesetzes des Kampfes ums Dasein, wie es später Charles Darwin in feste Formen fasste.

Bei einem solch ungeheuren Sterben, das erst wieder die Lebensbedingung für die organischen Formen in all ihrer Fülle ergibt, liegt dem Dichter nunmehr die Frage nahe, was denn aus all der lebenskräftigen Masse, die aus den bezeichneten Gründen unaufhörlich verfällt, geschieht, wie sie sich zu der neugebildeten verhält. Im folgenden beantwortet er diese Frage, ausgehend von der Gleichartigkeit der organischen Materie überhaupt.

Ob nun ein Herrscher oder ein Pilz stirbt, nur kurze Zeit liegt die organische Masse leblos; kaum eilen kurze Stunden oder Jahre hinweg, als geheimnisvolle Kräfte die Masse verändernd auflösen. Zu neuem Leben geboren, schwirren unzählige Insecten umher, neue Knospen entsprießen der noch mikroskopisch kleinen Pflanze. Ihre jugendlichen Sinne, ihre noch nicht abgenützten Körper empfinden feinere Reize und werden von reineren Lebensflammen erwärmt; neu erstehende Freuden entspringen aus den mannigfachen Reizen; sie strecken die Wurzeln in die Länge oder bewegen die Flügel der Insecten.

Eine ganz ähnliche Ansicht über die Wiederbelebung todter organischer Masse fand Darwin schon bei seinem classischen Vorbilde, bei Lukrez, der sich folgendermaßen darüber auslässt:

---

[1] Krause, Erasmus Darwin u. s. w., p. 173.

*„(Cedit enim retro de Terra quod fuit ante,
In terras: et quod missum 'st ex Aetheris oris,
Id rursum Coeli rellatum templa receptant:)
Nec sic interimit mors res, ut Materiai
Corpora conficiat, sed coetum dissupat ollis:
Inde aliis aliud conjungit, et efficit omnes
Res ut convertant formas, mutentque colores,
Et capiant Sensus, et puncto tempore reddant."*

(II [998] 1001—1005.)

Also: der Tod ist aber nicht imstande, dass er die „Samenkörper" (eine Bezeichnung, die unsern „Atomen" entspricht) selbst angreife; er löst nur ihre gegenseitigen Verbindungen auf, und es bilden sich aus denselben Stoffen neue mit andern Formen und Farben, mit Empfindung begabt, um sie im nächsten Augenblick wieder herzugeben.

Was Darwin, wir können sagen, mit Lukrez hier poetisch ausgedrückt hat, findet er einer näheren Erklärung für bedürftig, die er auch in einer für seinen Standpunkt in der Geschichte der Entwickelungstheorie interessanten Weise gibt (p. 175 f.); er sagt dort: Durch die ungeheuer vielen Geburtsprocesse bei den größeren und die „selbständige Erzeugung" *(spontaneous production)* bei den mikroskopisch kleinen Insecten wird jeder Theil organischer Materie, der von den Überbleibseln pflanzlicher oder thierischer Körper auf oder nahe der Oberfläche der Erde herrührt, sogleich neu belebt. Und dies trägt, wenn auch viele der besagten Insecten nur kurze Zeit leben, dadurch aber, dass sie die Anzahl lebender Organismen vergrößert, mit zur Totalsumme irdischer Glückseligkeit bei.[1]

Mit diesem Darwin'schen Gedanken, dass die beständige Mehrung des Lebens, wie auch das ganze Höherstreben organisierter Wesenheiten auf ein größeres Ausmaß von Glückseligkeit abziele, haben wir uns bereits vertraut gemacht. (Vergl. 160 ff.) Zu denken gibt uns hier aber die Gegenüberstellung der „Geburtsprocesse" *(births)* höherer Insecten[2] und der selbständigen (also Ur-)Zeugung der

---

[1] Merkwürdigerweise kommt Krause in seiner ausführlichen Schrift über Darwin auf diesen Punkt gar nicht zu sprechen!

[2] *Insects;* wir müssen uns dabei erinnern, dass sich die Linné'sche Terminologie mit der heutigen durchaus nicht mehr deckt; unter

kleinen; und was sollen wir davon halten, wenn Darwin weiter unten (p. 177) sagt: *"The sum total of organized nature is probably increased rather than diminished, when one large old animal dies, and is converted into many thousand young ones?"*

Ist das nicht noch ganz Standpunkt uralter ägyptischer Mythologie? Nicht mit andern Worten dasselbe, wenn Archelaos die Bienen „der verwesenden Kuh geflügelte Kinder" nennt? oder der von Augustin aufgestellte Satz, dass der Schöpfer den einzelnen Thierleibern die Fähigkeit eingepflanzt habe, die verschiedenen Gattungen von Würmern und Insecten durch Putrefaction hervorzubringen? Beschränkt bei Darwin vielleicht durch den Ausdruck: *spontaneous productions of the microscopic ones!*

Hier, in der Schließung des Lebenskreislaufes, lag Darwins Theorie im argen.

Freilich gab es einen Schließpunkt, wo Aus- und Eingehen sich vereinigen; keineswegs war die recrementale Materie verloren und unbrauchbar.

Und schon vierzig Jahre später formulierte der geniale Physiologe Johannes Müller[1] seine Ansicht darüber folgendermaßen: „Sobald aber die sogenannte todte Materie mit dem vorhandenen Organismus in Wechselwirkung kömmt, und von demselben in dieselbe Structur verwandelt und dem Lebensprincip des Organismus unterworfen wird, tritt auch die in ihr latent gewesene Fähigkeit zum Leben in einer bestimmten Form in Äußerung, und die Form des Wirkens ist durch die schon vorhandene Organisation in ihrer Grenze eingeschlossen."[2]

Aus diesem Satze ist die Theorie der unmittelbaren Umbildung, der Darwin anhieng, einer Wechselwirkung und

---

diesem Namen begreift Darwin u. a. *polypus, taenia, corals, shell-snails, dew-worms* ... Vergl. *"Temple of Nature"*, pp. 29, 54, 55; „Phytologie", p. 190.

[1] Im Princip freilich war auch er noch Anhänger dieser *generatio spontanea*, die er an Infusorien, Eingeweidewürmern, Spermatoceen u. a. m. bewiesen glaubte; vergl. sein Handbuch der Physiologie des Menschen, Coblenz 1837—1844, 2 Bde., I, p. 8ff. Vergl. auch über die Versuche, die Erasmus Darwin diesbezüglich anstellte, *"Temple of Nature"*, p. 194 f. *(additional note I)*.

[2] Müller, Physiologie, II 513.

Structurverwandlung gewichen. Neue Lebensäußerung geht nicht aus sich selbst hervor, sondern bedingt einen vorhandenen Organismus; ungeheure Mengen „todter" organischer Materie nimmt der Boden auf, aus ihm gewinnen sie ungezählte Pflanzen als Nahrung durch seine Processe der Endosmose, wobei die Umwandlung stattfindet; und die Pflanze selbst wieder dient den Thieren zur Nahrung — darin hat der Kreislauf seine Schließung gefunden.

Aber der Standpunkt Darwins auch in dieser Frage war ein historisch durchaus berechtigter. Schon bei ihm war der Gedanke der Urzeugung durch die genannte Einschränkung auf das mikroskopisch Kleine kein nekrobiotischer mehr, wie bei den Alten; Johannes Müller hatte der Fortschritt schon theilweise über den Standpunkt der Plasmogenie erhoben, und selbst die neueste Forschung (Nägeli) konnte noch nicht vollständig von der logischen Forderung der Urzeugung wenigstens für die Gebilde höchst einfacher, undifferenzierter organischer Materie (der Moneren) abkommen.[1]) Auf diesem Gebiete ist es den wissenschaftlichen Nachfolgern Darwins auch nach hundert Jahren noch nicht gelungen, in das gelobte Land einzuziehen.

Der Dichter fasst nun alle die besprochenen Erfahrungssätze in schöner poetischer Schilderung zusammen:

Heere kämpfen gegen Heere, sie bedecken die Felder und erfüllen die Wogen mit verwesenden Leichen; wenige nur, verhältnismäßig, entkommen der Hungersnoth, wenige der Seuche; Erdbeben verschlingen oft halbe Königreiche — und doch sind, wie die Natur so in den zerstörenden Stürmen der Zeit dahinsinkt, alle die Trümmer des Todes nur Verwandlungsformen; der Stoff taucht immer von neuem aus dem Grabe empor, fühlt neue Begierden, brennt mit neuer Empfindung, erlangt mit der ersten Blüte der Jugend ausgeprägtere Sinnesgaben, und Liebe wie Vergnügen schüren das aufflackernde Feuer.

Und er citiert dazu jenen berühmten Ausspruch des heil. Paulus: Tod, wo ist dein Stachel; Grab, wo ist dein Sieg![2])

---

[1]) Vergl. Ernst Haeckel, Anthropogenie, 1874, p. 368.
[2]) *Paulus ad Corinthos* I, cap. XV, v. 55.

Dieser Spruch passt vortrefflich als Schlusswort für die Betrachtung, deren Grundgedanke ist, dass der Tod nicht sowohl ein positives Übel, als vielmehr höchstens die Entziehung eines individuellen Gutes bedeute.[1]) Wir können aber füglich bestreiten, dass der Heilige zu der in seinem Spruche enthaltenen tiefen Wahrheit auf dem Wege ähnlicher Reflexion gelangt ist wie Darwin und vor, mit und nach diesem viele andere Forscher, die die Resultate langer Forschungen furchtlos und, leider auch lange vergeblich, aller Welt verkündeten; das zeigt aber recht die Eigenart Darwins: der Ausspruch passte in seinen Gedankengang und er nahm ihn auf, ohne sich lang um logische Voraussetzungen zu kümmern.

Und der Dichter fährt fort in seiner Schilderung des Glücks:

Unsterbliche Glückseligkeit erwacht aus abgelebten Reichen, wie aus dem Schlafe, frisch und neu gekräftigt; sie ruft den Weisen in lauten und hellen Klängen an und schmeichelt mit süßen Tönen seinem lauschenden Ohr. Sie gibt der wiedererstehenden Hülle neues Leben und neue Formen und trägt Licht in die Dämmerung des wiederkehrenden Lebenstages.[2])

Dieses Neuerstehen organischen Lebens vergleicht er mit dem Phönix, der, mit einem Sterne gekrönt, aus der eigenen Asche emporsteigt, und, ein anderer und doch derselbe,[3]) sich glanzvoll in die Lüfte schwingt. So, meint er, hätten sich schon die alten Ägypter in ihrer bilderreichen Ausdrucksweise die Zerstörung und Wiederbelebung aller Dinge vorgestellt.[4])

---

[1]) Vergl. Erasmus Darwin, Phytonomie, XIX 7, 2.

[2]) Vergl. dazu als modernen Ausdruck gleichen Gefühles die schöne Darstellung in Bölsches Liebesleben in der Natur, Bd. I, p. 69 ff.

[3]) *"And soars and shines, another and the same"* (416); dieser Vers ist wörtlich entlehnt der Darstellung des Neuerstehens der Natur, *"Botanic Garden"* I, Canto IV, v. 392.

[4]) In neuerer Zeit ist dieser Mythus als Symbol einer bestimmten astronomischen Periode gedeutet worden (vergl. Grässe, Beiträge zur Erklärung der Sagen des Mittelalters, Dresden 1850); sicherlich sollen erst die berühmtesten Lehrer der christlichen Kirche darin ein Bild der Lehre von der Auferstehung des Fleisches erblickt haben; vergl. Creuzer, Symbolik und Mythologie der alten Völker, Bd. I, p. 283.

Später dann sei es wieder Pythagoras gewesen, der die beständige Stoffwanderung von einem Körper zum andern während des Lebens sowohl als nach dem Tode beobachtet habe, eine Erkenntnis, die er dann später in seine Lehre von der Seelenwanderung kleidete.

Thatsächlich galt ja bei den Pythagoräern die Seele als zur Strafe an den Leib gefesselt,[1]) und der Dichter konnte nicht so ganz mit Unrecht sagen, dass zuerst „der Weise" *(the Sage* = Pythagoras) die griechischen Jünglinge in den öffentlichen Tempeln mit wissenschaftlicher Wahrheit lehrte, wie die ruhelosen Atome von Leben zu Leben wandern.[2])

Mit großer Phantasie ergeht er sich in diesem Thema des weiteren:

So können dieselben Organe, die heute noch das giftige Bilsenkraut oder die duftende Rose zusammensetzen, schon mit der nächsten Morgensonne neue Formen bilden, etwa im Helden finster blicken oder in der Schönen lächeln; eine Wahrheit, aus der der erleuchtete Weise den moralischen Satz aufstellte, dass der **Mensch immer der Freund des Menschen** sein und dass er mit Zärtlichkeit auf alle lebenden Formen, auf die Ameise als Schwester, auf den Wurm als Bruder schauen sollte.[3])

Schon in der „Zoonomie" (Section XVI 16, 4) hat Darwin die Ansicht aufgestellt, dass man die Geschöpfe, die man für unvernünftig zu halten geneigt ist, bei deren genaueren Beobachtung aber sich so viel Wunderbares ergibt, besser würdigen sollte; er schließt seine Ausführungen dort mit dem Ausruf:

Geh, du Faullenzer, und lerne Künste und Kunstfleiß von den Bienen und Ameisen!

Geh, du stolzer Vernünftler, und nenne den Wurm deinen Bruder!

---

[1]) Auch Ritter ist geneigt, die pythagoräische Lehre von der Seelenwanderung nur für eine exoterische Einkleidung der Lehre von der Unsterblichkeit der Seele anzusehen. Vergl. seine „Geschichte der pythagoräischen Philosophie", Hamburg 1826, p. 218.

[2]) Vergl. dazu auch Überweg, Geschichte der Philosophie, über den Pythagoräismus, Creuzer, a. a. O. III 446.

[3]) Vergl. *"Temple of Nature"*, Canto III, v. 434 s.

Wenn wir von den poetischen Übertreibungen wie in v. 421—424 absehen — welch hoher Gedanke liegt diesen Ausführungen Darwins zugrunde! welche Welt öffnet sich den Augen des beobachtenden Forschers, die Tausenden verschlossen bleibt, wie sie sehend und doch blind herumlaufen! Und welche Herzensgröße spricht folgerichtig auch aus diesen Worten, die unwillkürlich in allen seinen Schriften wiederkehren![1]) In der Naturerkenntnis Darwins liegt auch seine Ethik begründet, und sie kommt am schönsten und reinsten dort zum Ausdruck, wo die Natur ihr Gegenstand ist.

Zum drittenmal wendet sich die Nymphe an die Söhne der Zeit.

Mit überzeugenden Worten hat sie ihnen gezeigt, dass Gutes das Böse überwiege; mit gewaltiger Kraft der Rede hat sie sie aufgefordert, Mann für Mann dazu zu helfen, dass ein immer größeres Ausmaß an irdischer Glückseligkeit erzielt werde. Nun sollen sie über ihr letztes Schicksal erfahren und die Schriftzüge lesen, die ihr Grab bezeichnen.

Der Berg aus Marmor mit seinen spatigen Abhängen wurde von Myriaden von „Nationen" im Zeitlaufe von Äonen aus der Tiefe heraus erbaut; diese ungeheuren Scharen bildeten ihre gewundenen Schalen und Korallengärten und -Kammern, bis Feuer aus Erdenmitten mit unbezwinglicher Gewalt die urersten Inseln aus der Tiefe zum Tageslicht emporhoben.[2])   436

Von Pol zu Pol dehnte sich dann eine mit Sand erfüllte Schicht aus; ungeheuere Lager von Thon, Mergel und Kohle, schwarze Manganerze, Zinkstein und der dunkle Stahl auf seinem magnetischen Throne — sie alle erstanden in der Tiefe der Moräste oder auf den höchsten Höhen der Berge aus thierischen oder pflanzlichen Überresten.[3]) Diese

---

[1]) Vergleiche dazu auch seine Schrift *"A Plan for the Conduct of Female Education"*, ins Deutsche überarbeitet von Hufeland, Leipzig 1822, p. 22.

[2]) Vergl. dazu eine moderne Darstellung, etwa Wilhelm Bölsche, Entwickelungsgeschichte der Natur, Bd. II, p. 428.

[3]) Eine genaue wissenschaftliche Darstellung der geologischen Entwickelung der Erde gibt Darwin in *"Botanic Garden"* I, *additional note XXIV*, p. 358 ff.; sie stimmt in manchen Punkten mit dem heutigen Stande der geologischen Forschung durchaus überein. Speciell für die hier angemerkte Stelle möchte ich die entsprechenden Passus heraus-

schlossen sich aus ihren Elementen wieder zum Leben zusammen, ihren Nahrungsbedürfnissen nach passten sie sich an bestimmte Formen an, die verschiedenen absondernden Drüsen bewirkten durch ihre Thätigkeit nach und nach Verfeinerungen, und so gesellte sich durch die richtige Erregung der Sinne das segensreiche Bewusstsein des Seins dem Bestehen als solchem hinzu.

Diese Stelle erinnert uns deutlich an den zweiten Ruf, den die Nymphe an die Söhne der Zeit ergehen ließ; dort hieß es

"— — — *the powers of life*
*Arrest the elements, and stay their strife;*
*From wandering atoms, ethers, airs, and gas,*
*By combination form the organic mass;*
*And, — as they s e i z e , d i g e s t , s e c r e t e , — dispense*
*The bliss of Being to the vital Ens*"

(IV 145—150.)

Wir haben also hier wie dort in der Abwickelung der Aufnahme-, Verdauungs- und Absonderungsprocesse ursprüngliches, primitives Leben vor uns;[1] das Subject derselben empfindet bereits, wie uns das höherstehende "*Being*" gegenüber dem einfachen *Ens* bezeichnet, und hat also auf niederer Stufe ein niederes, auf höherer Stufe ein höheres, ausgebildeteres Bewusstsein;[2] eine abfolgende Reihe von solchen

---

heben: "*7.) On some parts of the islands and continents of granite or limestone were gradually produced extensive morasses from the recrements of vegetables and of landanimals; and from these morasses, heated by fermentation, were produced clay, marl, sandstone, coal, iron, all which were stratified by their having been formed at different and very distant periods of time. 8.) In the elevation of mountains, very numerous and deep fissures necessarily were produced. In these fissures many of the metals are formed, partly from descending materials, partly from ascending ones raised in vapour by subterraneous fires — — —.*" Vergl. dazu auch Ernst Krause, Erasmus Darwin und seine Stellung in der Geschichte der Descendenztheorie, p. 188.

[1] Thatsächlich bestand ja die erste organische Lebensthätigkeit in nichts anderem als in Nahrungsaufnahme, Verdauung und Ausscheidung. Vergl. S. Philipp, Über Ursprung und Lebenserscheinungen der thierischen Organismen, Leipzig, bei E. Günther.

[2] Dazu sagt Darwin in der Phytonomie XIX 7, 2, dass man bei der auffallenden Ähnlichkeit, welche in so vielen andern Punkten zwischen der vegetabilischen und thierischen Organisation stattfindet, wohl annehmen müsse, dass so wie bei jenen, auch bei diesen ein gewisses

Lebensprocessen (welchen Begriff Darwin etwa in dem Worte *progeny* fasst), eine phylogenetische Reihe also, wie die moderne Forschung sagen würde, erzielt dann eben Formen von immer höherer Vollkommenheit.

Mit diesen Betrachtungen tritt der Dichter an das Gebiet der Paläontologie heran, das er, da es nach dem Stande der damaligen Forschung noch auf das Gewöhnlichste und Allgemeinste beschränkt war, in ganz kurzer Weise und mit specieller Beziehung auf seine Glückseligkeitstheorie hier überblickt

Überall, sagt er, wohin der Blick sich wendet, weilt er auf Resten und Trümmern einstmaligen Lebens; und so sind die massigen Berge, die sich hoch über die Lande thürmen, die gewaltigen Felseninseln und Sandgebiete, die dem forschenden Blick in trüber Ferne entschwinden, ungeheure Denkmäler vergangener Freuden![1]

450

Verkündet es über den ganzen Erdball, wie das Wiedererstehen siegreich mit dem Tode kämpft, und wie der aus diesem Kampfe resultierende Glückseligkeitsbegriff über alle Zeiten dauert; wie das immer mehr anwachsende Leben jeden Himmelsstrich bevölkert und wie die jung aufkeimende Natur sich die Zeit unterwirft.

Die überwältigenden Perspectiven, die sich so dem Blicke des Forschers und Dichters zugleich aufgethan haben, führen ihn zu einer Verherrlichung der letzten Ursache all jener geschilderten Vorgänge, des Schöpfers.

---

Gefühl der Lust mit der Bereitung, dem Umlauf und der Absonderung der Säfte verknüpft sei; wir haben also hier wohl die Idee der Pflanzenpsyche vor uns, wie sie Fechner in seinem „Seelenlieben der Pflanzen" nochmals aufs gründlichste ausgebildet hat.

[1] *"The strata, which are incumbent on the calcareous ones, which consist of coals, sand, iron, clay, and marl are all of them believed to have been originally the products chiefly of vegetable organisation; whatever changes they have since undergone in the long process of their decomposition, and that all those solid parts of the earth have been thus fabricated from their simpler elements by vegetable and by animal life, and have given pleasure to those organized beings, which formed them, at the time of their production.*

*"We hence acquire this sublime and interesting idea, that all the calcareous mountains in the world, and all the strata of clay, coal, marl, sand, and iron, which are incumbent on them, are Monuments of past felicity of organized nature! — and consequently of the benevolence of the Deity!"* „Phytologie", Section XIX 7, 8.

Thut hoch in goldenen Lettern die unermessliche Freigebigkeit des Herrn der Natur kund, der die anziehende Kraft der Sonne erhält und lenkt, der die Planeten ihre silberne Bahn führt, der mit Wärme und Licht den goldenen Tag erhellt und seinen Geist belebend in den Thon haucht, der endlich aus unsichtbarer Hand die allgemeine Ursache nach unveränderlichen, unsterblichen Gesetzen wirken lässt.

462

Weiter noch öffnete er den Blick und dringt ins „Kernholz des Philosophischen" (p. 181 f., Note):

Ewigen Wechsel sehen wir allenthalben; die Rückstände „todter" organischer Materie gehen nicht in ihre ursprünglichen Elemente auseinander; ihr Auflösungsproduct besteht vielmehr aus Stoffen, die sich wiederum zu reicherer Nahrung anderer eignen; so wird die Summe des Lebens, wiederholt er nochmals, und mit ihr die Glückseligkeit organischer Existenz größer und größer, bis endlich dieser Erdenball im ungeheuren Weltenbrand zerstieben und sich in seine Grundbestandtheile auflösen wird.

Dasselbe Schicksal harrt allen Sonnen und Planeten, alle werden in ein großes Mittelchaos zusammenbrechen; aber in diesem Zusammenbruch liegt schon wieder der Anstoß zum Hervorgehen einer neuen Welt, die ihre Entwickelung durchmachen und vergehen wird wie diese!

Diese großen Ereignisse, schließt er die Note, mögen das Ergebnis der unveränderlichen Gesetze sein, die dem Stoffe von der großen Ursache der Ursachen auferlegt wurden, dem Vater der Väter, dem Ens Entium.[1])

Ein mächtiges Verlangen und Suchen nach Wahrheit, das kein Misserfolg niederzuringen imstande ist, spricht aus diesen Worten zu uns; ein Streben, das wir, in seiner Wesenheit gleich, vor einem Jahrhundert als Erbe übernahmen und das wir, wieder ein Jahrhundert später, als Erbe weitergeben werden: ein ewiger, starker, innerer Herzensdrang, dessen volle Befriedigung uns versagt ist.

Dem Dichter, der in seiner Person die Begriffe von Kunst und Wissenschaft vereinigte und zu schönem Einklang brachte, war es gegeben, dieses Streben, das vielen

---

[1]) Vergl. „Zoonomie", Section XXXIX 4. 8.

ja gar nicht bewusst, vielen nur ein halbes Ahnen ist, auch in herrlich klarer Weise zum Ausdruck zu bringen.[1]

Seine Zeit hat ihn nicht verstanden; ein früher Vorbote wie er war, verhallte seine Stimme, ja seine Lehren wurden von vielen verlacht und verspottet.

Und doch gehen schon seine Worte auf dasselbe hinaus, was in unsren jüngsten Tagen ein moderner Forscher, der hier oft genannt wurde, Wilhelm Bölsche, der Menschheit zurief: Aus dem Nichts kommt ihr, in das Nichts geht ihr! Dieses Nichts zu erklären mit dem ewigen **Entwickelungsgedanken**, in ihm das Ganze zu ahnen, von dem wir nur die zufälligen paar Querschnitte sehen, durch die gerade unsere Existenzphase eben durchschneidet — das ist zuletzt die wesentlichste Aufgabe aller Naturerkenntnis, aller Weltanschauung.[2]

Dies und nichts anderes hatte Erasmus Darwin sich zur Aufgabe gestellt, und er hat diese seine Aufgabe schön gelöst; wir müssen bewundernd zu dem Meister aufblicken, der solches vermochte.

Der Vortrag der Nymphe ist zu Ende.

Entzückt von ihren Worten und erstaunt zugleich steht die Muse da; die andern klatschen freudigen Beifall, der donnergleich den Tempel durchhallt und mit leisem Echo in alle Gänge dringt. Um den Altar der Natur strahlen himmlische Lichter, das Gesicht der Göttlichen überfliegt es wie Siegeslächeln.

Ein schönes Andachtsbild schließt das Werk.

Die goldene Sonne sinkt hinab — der Abendgesang fordert den Tribut von Uranias Munde. Sie macht sich auf und ruft ihre Gefährtinnen aus den Laubgängen und den gewölbten Hallen herbei. Die schönen Jungfrauen paaren sich zum Zuge und schreiten zum Tempel der Natur; ihre weißen Gewänder erhellen den ernsten Hain mit wunderbarem Lichte. Sie überschreiten die mächtigen Bogen, ersteigen die Höhe, eilen durch erzene Gitter und summende Flüstergänge und scharen sich um ihre Gottheit. Auf goldene Sitze lassen sie sich nieder; die glänzende Versammlung gleicht an Schönheit dem bestirnten Firmamente.

480

---
[1] Vergl. Ernst Krause, Erasmus Darwin u. s. w., p. 176.
[2] „Das Liebesleben in der Natur", Bd. II 388.

Und da erheben sie ihre Stimme.

Zuerst richten sie ihren Gesang zum Himmel. In vollen Klängen steigt die mächtige Weise empor, bald zur Höhe anschwellend, bald zu tieferen Tönen sich senkend. Leise antwortet ihr süße symphonische Begleitung: die Sängerinnen haben die Harfen erhoben, und ihre Finger gleiten über die Saiten; melodisch ertönen die Flöten unter dem Hauche der rothen Lippen, und Cimbeln erklirren in den erhobenen Händen.

Sie singen, wie die Sonnen aus feuriger Masse hervorbrachen, wie sie ihre hellen Strahlen in die weite Leere ergossen und die sich öffnenden Augen der jugendlichen Natur mit ihrem Lichte beglückten; wie aus jeder dieser Sonnen leuchtende Kugeln sich lösten, und wie zweite Planeten aus den ersten entstanden.[1])

Dann wendet sich ihre sittlich erhebende Weise *(moral strain)* der Erde zu und schildert, wie die Inseln aus dem uferlosen Meer emportauchten, wie funkelnde Ströme und fruchtbare Haine entstanden, dem sterblichen Menschen ein Paradies zu sein.

Erhabeneren Schwung nimmt ihr Lied an.

Die Liebe, die vom Himmel herab zu den Menschen kam, und der Lohn, der in reineren, höheren Regionen zu erwarten steht, sind sein Gegenstand. Und ihr Gesang erzählt, wie die Strahlen der Tugend das jugendliche Auge treffen, wie sie in das entzückte Herz Einlass finden; wie sie die Kälte des Alters erwärmen, mit sanftem Glanz das schreckliche Düster des Todes vergolden und die schaurige Nacht des Grabes erhellen. Wie die grimmigen Gewissensbisse mit vergiftetem Pfeil das schuldige Herz erreichen, ob es gleich in demantenem Panzer sich verhülle: zögen wilde

---

[1]) Die Idee hiezu ist glücklich aus Virgil *(VI. Ecloge)* herübergenommen. Dort nähern sich zwei Satire zusammen mit *Aegle (Αἴγλη)* der schönsten der Najaden, dem schlafenden Silen, und dringen in ihn, er möge ihnen ein Lied singen. Silen wählt zunächst einen kosmogonischen Stoff zum Gegenstand seines Vortrages:

"— — *Canebat uti magnum per inane coacta
Semina terrarumque, animaeque, marisque fuissent;
Et liquidi simul ignis; ut his exordia primis
Omnia, et ipse tener mundi concreverit orbis."* (v. 31—34.)

Furien doch auch den blutbefleckten Tyrannen von seinem wankenden Thron herab in die Reiche ungeahnter Qualen.[1]

Der Vortrag dieses erhabenen Gegenstandes[2] wird wunderbar unterstützt.

Geheimnisvolle Musik ertönt unter unsichtbaren Händen, und in den Chorgesang der Jungfrauen mischen sich Engelstimmen; so hallt der zitternde Vielklang von Gängen zu Gängen und erreicht das gewaltige Dach des Tempels, von wo er tausendfach zurückschallt. Durch jeden feinsten Nerven schwingen die klaren Klänge, da sie an das entzückte Ohr gelangen und dringen bis ins mittönende Herz.

Da verstummt die süße Musik, leise schwingen die Saiten aus. Stille schwebt auf unbeweglichen Schwingen über ihnen. —

Langsam neigt sich Urania gegen den Altar und schreitet die Stufen hinan; hoch oben angelangt, schwingt sie von der Mitte desselben das flammende Rauchfass, das die Luft mit Wohlgerüchen durchzieht.

Und dreimal beugt sie sich in feierlichen Pausen vor der Göttin und zieht mit ängstlicher Scheu den geheimnisvollen Schleier von ihrer Gestalt hinweg. Demüthig kniet sie dann vor dem erhabenen Heiligthume nieder und schlägt die Augen auf:

Da trifft ihr entzückter Blick die **göttliche Wahrheit**. —

Für Darwin ist der Weg zu dem Räthsel gelöst, das die Menschheit seit den Anfängen des Denkens beschäftigt; Urania hat ihm den Schleier von dem Geheimnis genommen, das dem ägyptischen Weisen, dem griechischen Orphiker und dem Mystiker des Mittelalters gleich undurchdringlich verhüllt zu sein schien.

Aber nichts Schreckliches sieht, die so kühn das Bild der Göttin aufdeckte; sie liest in ihren Zügen göttliche

---

[1] Die Spitze dieser uns ganz miltonisch anmuthenden Stelle richtet sich gegen die Tyrannei der Machthaber; so reiht sich diese Bemerkung sinngemäß den vielen Stellen in seinen Werken zur Seite, in denen Darwin für die Freiheit des Individuums nach jeder Richtung hin eintritt.

[2] Die Andachtsübung stellt uns eine nochmalige kurze Wiederholung und Übersicht des ganzen Gedankenganges dieses Werkes dar.

Wahrheit: ein Begriff, dem wir uns, so unerreichbar er uns, absolut genommen, ist, mehr und mehr nähern sollen.

Jeder große und freie Denker trug und trägt diesen Gedanken, dies Endziel alles Wissens, bewusst in sich; jeder hat ihm als Grundsatz zu höherem Aufsteigen, größerer Vollkommenheit gehuldigt. Und in unsern deutschen Landen war es ein Geistesheld wie keiner, der diesem Gedanken am schönsten Ausdruck verliehen — Goethe, in „Gott und Welt". Dort stehen als Motto die einfachen Worte:

„Weite Welt und breites Leben,
Langer Jahre redlich Streben,
Stets geforscht und stets gegründet,
Nie geschlossen, oft geründet,
Älteres bewahrt mit Treue,
Freundlich aufgefasst das Neue,
Heitern Sinn und reine Zwecke,
Nun! Man kommt wohl eine Strecke!"

Erasmus Darwin ist eine gute Strecke gegangen. Mit einem durch thatkräftige Arbeit erworbenen, in sich abgeschlossenen Complex von Thatsachen ist er an neue Forschungen gegangen; kein Gebiet war ihm fremd, kein Gegenstand, dem er sich nicht näher befreundet hätte. Treu nach dem Goethe'schen Wort zeigen uns seine Werke, dass er sein Forschen niemals abgeschlossen hat. Sein letztes Werk, der „Tempel der Natur", stellt uns in seiner hohen Vervollkommnung wohl bedeutende Fortschritte, aber keinen Abschluss dar.

Die herrliche Erkenntnis der Natur, die Goethe durchdrungen, ist auch ihm zutheil geworden.

Wie dieser verehrt er in der Allmutter ewiges Leben, Werden und Bewegen.

Der Tod ist auch ihm nur ihr Kunstgriff, viel Leben zu haben; und ihre Krone sieht auch er in der Liebe, durch die allein man ihr nahe kommen könne, die einen für alle Mühe schadlos halte.

Mit seinem außergewöhnlichen Wissen verband Erasmus Darwin eine wunderbare Kraft und Geschicklichkeit in der Handhabung der Sprache, die er zu dem edelsten Zwecke benützte: seiner Naturerkenntnis ästhetische Formen zu verleihen, die den Kreis des Interesses an seinen poetischen Werken ungemein über ein exclusiv-gelehrtes Leserpublicum hinaus erweiterten.

Die vielen Feinde und Neider, die Darwin hatte, die kleinlichen Angriffe, welche die natürlichen Schwächen und Fehler eines so gewaltigen Werkes wie das seinige, ohne es historisch zu erfassen, ins Caricaturenhafte verzerrten, können ihm seinen Ruhm nicht rauben, den er als Vorläufer einer gewaltigen Ära entwickelungsgeschichtlicher Forschung und nicht zum wenigsten als Dichter errungen.

Jedenfalls können wir seine Witwe nicht der Überhebung zeihen, wenn sie auf sein Grabdenkmal die Worte setzen ließ:

*"Of the rare union of talents, which so eminently distinguished him as a Physician, a Poet and Philosopher, his writings remain a public and unfading testimony."*

# Register.

Addison 180 f.
Anaximander 7.
Angelo, Michel 181.
Archelaos 189.
Archimedes 174.
Aristoteles 4.
Arkwright 176.
Augustin 189.

Baco 5, 8, 35.
Bain 152.
Baumeister 35.
Berkeley 5, 8, 112, 121, 123.
Berosius 80.
Blackmore 17.
Böcklin 113.
Bölsche, Wilhelm 42, 43, 155.
Brooke, Henry 17.
Bryant 8, 35.
Buffon 85.
Burdett 172.
Burke 134.
Burns 13.

Cary, H. F. 6.
Catull 8.
Cawley 175.
Cicero 84.
Claudian 16.
Confucius 166.
Contant, Paul 17.
Cowley 17.
Cowper 18.
Craik 15.
Croix 17.
Cuvier 53.

Darwin, Charles 1, 4, 52, 58, 66, 80, 84, 88, 89, 99, 110 f., 136, 137, 149, 152, 154, 187.
— Robert Waring 1, 4.
Descartes 5.

Empedokles 7, 125.
Epikur 18.

Faluggi 17.
Foote, Samuel 168.

Galilei 5.
Gibbon 88 f.
Goethe 8, 23, 39, 86, 146, 183, 200.

Haeckel 26, 56, 61, 77, 84, 149, 185.
Haller 67, 68.
Händel 169.
Hartley 5, 109.
Hayley 13.
Hebenstreit 73.
Helvetius 85.
Heraklit 7.
Herschel 174.
Herodot 29, 84.
Heyne 36.
Hogarth 116, 119, 122.
Horaz 8.
Howard, John 172.
— Mary 1.
Hume 5, 8, 109, 179, 182.
Hutcheson 5.

Kant 5.
Kepler 4.

Koelreiter 94.
Kopernikus 4.
Krause, Ernst 9, 12, 46, 94, 185, 187.

Leibniz 67.
Lessing 125.
Leuwenhoek 46, 67.
Lewes 116.
Linné 2, 14, 57, 94.
Locke 5, 19, 109, 139, 145 f., 147, 153, 180 f.
Lukrez 4, 7, 8, 18 ff., 66, 70, 93, 118, 124 ff., 157, 160, 187, 188.

Macer, Ämilius 17.
Malebranche 6.
Moira, Francis 173.
Müller, Johannes 6, 189 f.
Mundy 13.

Nägeli 190.
Newton 122 f., 170, 174, 175.

Orpheus 29.
Ovid 8, 16, 17, 71.

Paulus, der Heilige 6, 190.
Philipp, S. 50.
Plato 4.
Plinius 16.
Plutarch 30, 34.
Pole, Chandos 2.
Polwhale 13.
Pope 12.

Priestley 6, 46.
Pythagoras 71, 192.

Reid 8.
Rowe 89.

Savastani 17.
Savery 175.
Schleicher 142.
Scott 13, 39.
Severus, Alexander 37.
Seward, Anna 2, 6, 9, 16, 18.
Shakespeare 146.
Simroth 50.
Sokrates 154.
Southerne 39.
Spinoza 147.
Sprengel 94.
Stephen 13.
Strabo, Walafried 17.
Swammerdam 46.

Tacitus 179.
Thou 17.
Tooke, John Horne 188 f.

Virgil 8, 16, 34.
Voltaire 179.

Wallace 66.
Warburton, Dr. 8, 33, 34.
Werner 42.
Winckelmann 37.
Wolff, Friedrich 67 f.

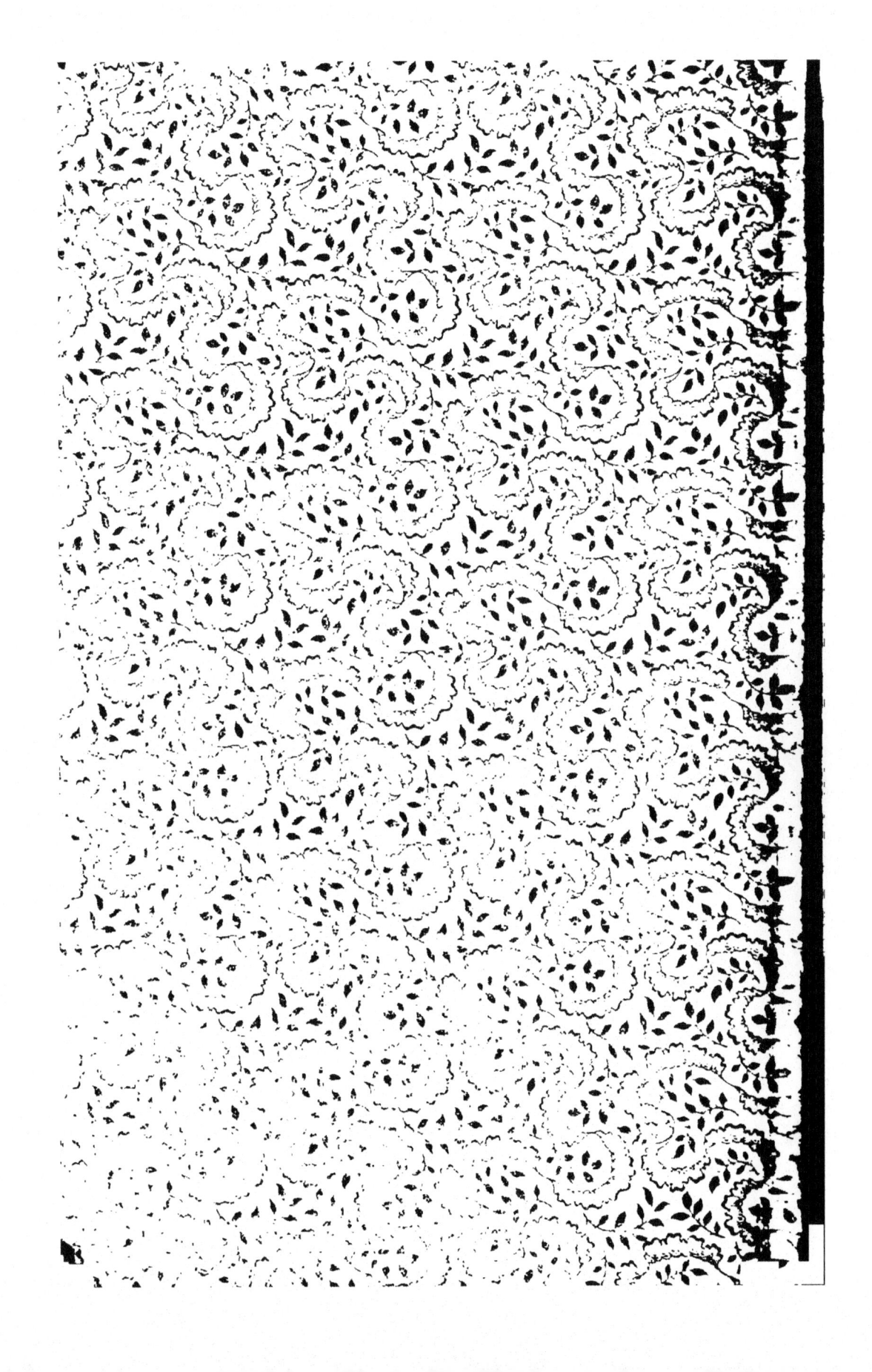

CPSIA information can be obtained at www.ICGtesting.com
Printed in the USA
BVOW09s2156280515

402355BV00004B/23/P